ირმა გელოანტია

イルマ・ゲリンティ
もしくはジョージア的表象の

小島 亮 თომ კოჯიმა

　やや唐突な問いかけから始めよう。そもそも「素朴派」と後年呼ばれた一連の画風には共通点はあり得たのであろうか、という問題である。よく指摘されるように「素朴派」の画家たちはアカデミックな画壇（サロン）とは無縁で、しばしば美術の基礎教育さえもなく、職業的にも生業を持っていた。彼らの作品は技巧的にも「稚拙」に見えるが、ひとたびその流儀で世界を認識してしまうと制度的な「精巧さ」は途端に安逸なステロタイプに見えてしまう。「稚拙」さこそ精巧なデフォルメに認識論的旋回を遂げ、既成の「完成された」美術作品を一瞬にしてぐらつかせる。そして「素朴派」の魔法にかかってしまうと、世界をそのようにしか「見る気がしなくなる」のである。

　もちろん現在、「素朴派」はれっきとした制度的芸術の一角を占め、美術市場において巨大なマーケットを作り出していて、もはや「素朴」は精巧な技風の一種に転じている。制度化されて精緻になった代償として1世紀前の「素朴派」の有した過激さは消滅したとも言える。私は「素朴派」について考えるたびに松本清張の『青のある断層』を思い出す。本作はスランプに陥っていた画壇の大家に銀座の画商が持ち込んだ青年の絵についての短編である。大家はこの絵に衝撃を受けボロボロになるまで研究をし尽くし、画風を一変するくらいの影響を受ける。一方、青年画家は絵が売れ始めると技術を磨き上げ、より完成度の高い作品を作る力量を身につける。しかし作品の完成度を増すに従って絵画の力は逓減し、やがて画商も大家もこの青年を見捨て、一方大きなインスピレーションを受けた大家は新時代を構築する…。

　ところで、ある意味では後期印象派の対偶的存在とも言えるアンリ・ルソー（「素朴派」といえばすなわち彼を想起する）を代表格にして、19世紀転換末から20世紀初期のヨーロッパ諸地域、とりわけ周縁地域に独特な非サロン的画家が登場する事

実は改めて注目していい。ルソーは「アンデパンダン展」のような機会やアポリネールたちとの交友に恵まれなかったら、長きに亙って無名画家だった可能性が高く、他の作家は生前は文字通り孤高の存在であった。彼らの作風は国際的に「素朴派」として一括されるも、それぞれの出身地域では逆説的にも今日「国民的画家」、すなわちナショナリスティックな文脈で絶賛されている。一例をあげれば、リトアニアのチュルリョーニス、ハンガリーのチョントヴァーリ、そしてジョージアのピロスマニらであり、各地域を網羅すればこの名簿はさらに大きく膨れあがるに相違ない。なおユダヤ人の出自でもあり、さらに比較的早期からヨーロッパ中心部のアヴァン

Flirting
canvas oil, 150-100cm, 2014

● イルマ・ゲリンティア もしくはジョージア的表象の現前

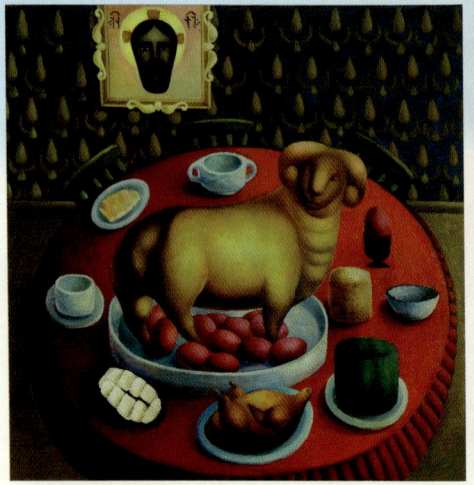

Easter cake
Canvas, oil 70×70, 2018

Invaders of Eden
Canvas,oil 100×80, 2017

　ギャルド芸術運動と連携したために「素朴派」には包含されないシャガールもこの名簿に加えても構わない。今一人「表現主義」と分類されることの多いロシア出身のマリアンネ・フォン・ヴェレフキンも追加すれば、さらに全体像は把握しやすくなる。先述のようにヨーロッパ周縁地域、いずれもロシア帝国、オーストリア・ハンガリー二重君主国の僻地を出身地にし、異文化なり異社会との交接点で絵と触れ合った人物である。

　むしろ評価は逆であるべきで、私見では「素朴派」なる一括法を潔く放擲し、シャガールを中点に置いて、別個の概念、例えば「現象派」（もちろん現象学を意識してはいる）のごとき命名をもって一括すべきであると考える。「現象派」と命名することによってムンクやゴッホとの距離も一気に近づき、「素朴派」の位置がよりはっきり見えてくるとは言えないだろうか。現代美術史の領域にアーノルド・ハウザー（ハウゼル・アルノルド）あたりが本格的な関与をしていたなら、既成の「流派」とは異なる観点で 20 世紀を見直し、より社会思想史に触れ合う概念を創出したと推測する。

　まず「現象派」の共通項を捉えると、19 世紀までのサロン画壇や少なくとも前期印象派にも継承された風景（世界観）そのものを即時的かつ非正統的に転倒してしまったという事態に気がつく。

　彼らの描いた絵が後年「ナショナリスティック」な意味づけをなされるのは真の皮肉であったかもしれない。ピロスマニの世界は「国民」というよりも「民衆」をモチーフにした点で普遍的世界に連なるし、チュリョーニスやチョントヴァーリは、決して「民衆」を描いたのでなく、彼らから見た「オリエンタル」な異世界の形象化を行ったのである。「国民＝国家的」と言うなら、そもそも 19 世紀以降のサロン画壇こそそうしたイメージの「創造」を担っていた。「現象派」には別段それらへの対抗意思もなかったし、おそらく興味さえもなかったに相違ない。彼らにしてみれば「世界」をあくまでも「私」的に描いただけであり、視線は「民族誌的（ethnomethodological）」であっても「民族的」（ethnic）ではない。制度的に分析・総合されたり構成された世界の自明性を剥ぎ取り、「そう言えばそのようにもものは見える」とでも表現しようのない「別なリアリティ」を垣間見せただけである。「ナショナリズム」あるいは「民衆的」文脈から捉えようとしても、いずれの枠に収まらず、例えばシャガールの絵の世界を「ユダヤ（民族）的」と評価してもなにごとも語ったとことにはならないだろう。

　さてイルマ・ゲリンティアの創造世界を述べるに際して「素朴派」の再検討から始めたのは、彼女を「シュールレアリズム」の画家として紹介する安逸な理解（たとえば http://www.londonart.co.uk/）や「素朴派」に分類されそうなさらなる誤解をあらかじめ禁じ手にしておきたかったからである。イルマの画法はよく見ると納得できるようにきわめて正統的、かつアカデミックな方法を用いていて、間違っても「素朴」ではない。反対にトビリシのシェルヴァシゼ美術学校時代にはセザンヌやモネをそれぞれ想起させる作品を描いていたのであった。

　イルマの初期作品は習作以上の完成度をすでに持ち、こうした方向を追求しても彼女は独自な画風を確立できた可能性は高い。逆に現在の画風を確立するには大きな「世界観の転換」を必要とした事情を

Still liffe
oil canvas,60-50cm, 1997

Sunrise
oil on canvas, 100-100cm,1997

推察するのである。それはイルマには安定した若き画家人生は与えられず、後述するようにアブハジア内戦に巻き込まれて「難民」としてトビリシに移住をさせられたことと、今世紀の転換期のジョージア美術界の新動向を彼女独自の方法で内在化させたことに関係するように思われる。

　まずイルマの個人史をここで紹介しておこう。彼女は1978年に旧ソ連邦アブハジア自治共和国のスフミに生まれたジョージア人である。実は日本の大相撲史上最初のコーカサス出身の力士・黒海（黒海太）が1981年にスフミに生まれたミングレル人（ジョージア人としての自意識を持つ少数民族、ソ連政治家のベリヤもその一人）で、イルマと多くの接点があり、その噂を彼女もよく聞いたらしい。イルマも黒海もともに現在はジョージアの首都・トビリシに住む理由は1991年のソ連崩壊後、アブハジア自治共和国内で勃発した内戦と民族浄化によってジョージア人が「国外」退去を余儀なくされたからに他ならない。アブハジア内戦については、同時期に世界の耳目を集めていたユーゴスラヴィア内戦に隠れて日本ではほとんど知られていないから少し触れておこう。アブハジアはソ連時代に自治共和国として地位を認められていたが、スターリン時代にはジョージア人移住促進政策が行われ（フルシチョフ時代には撤回された）、アブハジア自治共和国内ではジョージア人が相対的多数派を占めるに至った。もともとこの地域はジョージア人（ミングレル人を含む）、ロシア人、アルメニア人、ギリシャ人マイノリティも共存する典型的な多民族地域ではあった。とは言え、自然条件にも恵まれ、2014年冬季オリンピック開催地ソチ（ロシア連邦共和国）、バトゥミ（ジョージア・アジャリア自治共和国）とともにスフミは有名なリゾート地として安定した地位を築いていた。スターリン時代を除いて民族的に相対的少数派であったアブハジア人をソ連が優遇したのは、地域的覇権者であったジョージア人を抑止

するためにアファーマティブな措置をアブハジア人に対して行ったためである。ところが、このアファーマティブ・アクションは「ソ連の平和」を前提としていたため、1991年のソ連崩壊後、あっさりと「平和」も音を立てて崩れ去ったのである。かくて相対的多数派であったジョージア人は独立したジョージアにアブハジアを吸収する要求を掲げ、国家ナショナリズムの高揚するジョージアからは出兵もなされた。これに対して相対的少数派であったアブハジア人はロシアに救護を求め、ロシア軍の援助のもとでジョージアと対抗、アブハジア地域内ではユーゴ紛争と同じく「昨日の隣人」同士が民族浄化を伴う酸鼻な戦闘を繰り広げた。「宗教紛争」（アブハジアはムスリムが多く、ジョージアは正教会）として扱われる場合が多く、実態はいまひとつ複雑と言える。より都市的で「大きな」ジョージア人と、超大国ロシアをパトロンにしたより農村的で「小さな」アブハジア人がそれぞれの「平和」を求めて戦争に至ったと理解した方がリアリティに近いだろう。とりわけユーゴ内戦と並行する1992～93年は、ボスニアの民族浄化が相互に刺激を与え、ジョージア人死者1万3000～2万人、アブハジア人死者3000人と推定され、ジョージア国内に難民として移住したジョージア人は25万人におよび、今なお2000人前後の行方不明者を数えている。

　この内戦はロシアを後ろ盾としたアブハジア人の「勝利」に終わり、日本人の記憶から完全に忘れ去られて今日に至っている。なお南オセチアとアブハジアは極めてよく似た構図を呈し（しばしばアブハ

Decorative flowers
canvas,oil 70-72cm, 2012

● イルマ・ゲリンティア もしくはジョージア的表象の現前

A couple in a boot
camvas,oil 100-80cm, 2009

Wedding
canvas oil,50-50cm, 2017

ジア戦争と混同される）、こちらは今日に至るも軍事的緊張は継続している。なお「8月戦争」（2008年）以降、ロシアとジョージアは断交し、ロシアはアブハジア共和国を承認してアブハジア国民にロシアのパスポートを提供して国際的孤立を救済する措置をとった。

　＊なお、この記述は Afmed Famaz, Opportunity, Identity, and Resources in Ethnic Mobilization: The Iraqi Kurds and the Abkhaz of Georgia, Lexington Books, 2017 による。

　イルマはジョージアの首都トビリシに1993年に移住を余儀なくされ、94年にトビリシに再建されたシェルヴァシゼ美術学校（A.Shervashidze School of Fine Arts）に入学し97年に卒業する。その後、98年にトビリシ国立芸術アカデミーに入学し、2004年に卒業後早くも画家としての人生を歩み始める。そしてこのトビリシの芸術アカデミー時代に彼女の後年の創作を決定する一つの発見と一つの再発見をするのである。まず「発見」は即座に納得できるようにフェルディナンド・ボテロの大きな影響である。ここに紹介するイルマの作品はボテロと極めてよく似た「神話的モチーフの脱神話化」たる肥満体を特徴としている。聖書的世界や祝祭空間の描き方にも明らかな影響を見て取れ、これは自明過ぎるので言うまでもあるまい。

　ところがイルマの世界をボテロに引き寄せて解釈しようとするとどこかしら過剰な余白、もしくは落ち着かない違和感を抱いてしまうのは何故であろうか。この問題への回答こそ「再発見」、つまりはピロスマニへの根源的な問い直しではなかったかと推測するのである。イルマの21世紀以降の作品群は、およそピロスマニと違っているのに関わらず、そう表現したければ「ゲシュタルトとしてのピロスマニ風」を漂わせている。「全体」から受け取る感覚は、この作品群がピロスマニと関わりのある画家によって描かれたとしか言いようのない何ものかであり、この特色は近年になればなるほど際立っている。これはイルマの内的な進展にほかならず、ボテロの大きなシャドーを引きずった若手画家がジョージアの現代画家に進化してゆくプロセスと了解できる。そして90年代にジョージアの若手画家たちが起こしたピロスマニ再評価運動とイルマの「再発見」は直接的関係を持つのである。それは「民衆世界を対象にした」（社会主義的論脈でも継承可能な）「国民的画家」から「ポストモダンの同時代人」としてピロスマニを再解釈し直す大きなムーブメントであった。このプロセスはイルマの作品理解とも深く関わる重要な問題なので若干触れておこう。

　ソ連併合以降のジョージアの美術界はロシアのそれと大きく異なるわけではなかったが、20世紀前半期の構成主義美術の展開くらいまでの動向は—ロシアがその舞台となった事実も与って—知識としてはよく知られていた。ロシア帝国（エスニックな起源は様々）、特に各地のユダヤ人芸術家は20世紀初期のアヴァンギャルドの担い手であったし、ボルシェヴィズムとアヴァンギャルドの文字通りの「前衛」的統一戦線は20年代初期までは維持されていた。とりわけ建築の領域ではアヴァンギャルドは換骨奪胎された形態ながら社会主義時代にも生き延

Adam and Eve
canvas oil, 100-80cm, 2017

Tamer
canvas oil,100-80cm, 2017

び、今日、公共施設の建築などがモダニズムとの連続性の中で再評価されている。フランス人なら「ムッソリーニ的」とでも表現するような役所やバウハウス様式を明らかに継承した団地群（のちに来日したブルーノ・タウトもロシア・バウハウスに関与した人である）など「ソ連の風景」は結構モダンな建築から出来上がっているわけである。

絵画の世界では「社会主義レアリズム」は後期印象派の延長線上に「政治的モチーフ」を刻印した独自な表現主義の一種とも評すべきであり、決して「レアリズム」的サロン画壇まで後退したわけではない。ジョージアの場合も基本的にソ連の美術史のコロラリーとして理解でき、ピロスマニは「民衆画家」のような枠組みで公的に評価され、そこに外挿的展開は可能であったのである。通念に反して、ソ連時代は大きな制約の下、「民族文化」は公認され復興すら行われていた。そもそもソ連時代の文化は「形式は民族的、内実は国際的」とされていたのである。ジョージアにおいて、ソ連の民族文化政策はピロスマニを比較的早くから認識する条件にさえなり、スターリン末期の 50 年代に一大ブームを作り出していた。スターリンがジョージア人であったゆえの例外的措置でもなかった事実は、同じような軌跡を歩んだリトアニア（60 年代初頭まで反ソ・パルチザン闘争を展開していた）のチュルリョーニスでも然りであることから理解できる。この動向はフルシチョフ時代のゲオルギー・シャンゲラーヤの大傑作『放浪の画家ピロスマニ』（モスフィルム、1968 年）を生み出す土壌となった。この作品は、イデオロギー的限定など一切なく今日見直しても生命力の尽きない名作であり、もはや古典的地位を占めている。ちなみにシャンゲラーヤは、ソルジェニーツィンが『イワン・デニーソヴィチの一日』を『ノーヴィ・ミール』に公表した（できた）1961 年にピロスマニのドキュメンタリーを制作（1962 年公開）していて、68 年の作品はその拡大版である。このソ連のピロスマニへの対応は死後まで非公然であったシャガールと大きな違いと言っていいだろう。いずれにしても「民衆的想像力」という肯定形で制度的に認知されたピロスマニは、ジョージアの美的想像力の源泉であり続ける幸運に恵まれつつも、アヴァンギャルドな解釈はソ連時代には公然とはできなかった。西欧ではピロスマニはピカソに天啓を与えたように、その「過剰」さの源泉でさえあり得たが、ソ連の場合は表立ってこうした解釈はできなかった。

めぐらされた「禁制」の存在こそ、シャガールが解禁された 87 年あたりを起点として、怒涛のごとくモダニズム以降の芸術的展開がジョージアを席捲した理由であり、コスモポリタンな（ソ連時代には「シオニスト的」とでも評価されそうな）「否定形」の美的表現があっという間に流行したのである。時あたかも思想的にもポストモダニズムが猖獗を極めていた事情もあって、制度的な「知」や「美」への拒否はたちまちファッションと化した。90 年代にリトアニアで生活していた私は、リオタールからデリダやフーコーの翻訳が本屋に並び、ポストモダニスト若手評論家が簇生する姿を見て、「浅田彰現象」に揺れた 10 年前の東京在住時代を思い出していたものであった。

安逸な「ポストモダン」現象に疑問符を提示し、大きな衝撃を与えたのが若くして世を去ったカルロ・カチャロヴァ（Carlo Kacharava,1964 〜 94）である。彼はまさにペレストロイカ期以降のジョージア現代美術史を大きく旋回させた優れた画家で、

● イルマ・ゲリンティア もしくはジョージア的表象の現前

Fight with snake
cardboard,oil 140×75, 2018

20世紀以降のほぼすべての現代絵画の手法を遍歴かつ内在的に通過して、最終的には「なぜジョージアが（美術界に）存在しないのか？」という問いかけに復帰した。彼自身がそうであったように、安逸なナショナリズムをテーマ化するのでなく、同時代美術を超越するジョージア人固有の営みを追求し、ここから「現前する現象派」としてピロスマニを再評価するに至るのである。カチャロヴァは早世したけれども、この世代以降のジョージアの現代美術は国際的に見ても極めて豊かな才能を輩出して国際的にも評価が定まっていて、Oleg Timchenko, Mamuka Tsetskhladze, Lia Shvelidze, Mamuka Japharidze, Vakho Bughadze,Kotesulaberidze, Murtaz Shvelidze ,Gia Gugushvili, Koka Tskhediani, Ushangi Khuramashvili, Giorgi Ugulava, Lana Tsagareishvili, Zura Afkhazashvili などよく知られている画家だけでも数え切れない。今やトビリシは現代美術の拠点とさえ評して差し支えないのである。2010年にはジョージア現代美術センター（Center of Contemporary Art-Tbilisi）も開館する。まさに90年代から21世紀初に至るジョージア美術の興隆期にイルマはスフミからトビリシに移住し、疾風怒濤の中で美術作家としての歩みを始めることになるのである。

　さてイルマの作品である。このように見てくると「ゲシュタルトとしてのピロスマニ風」と彼女のトビリシ移住以降の若手ジョージア美術界の新動向の深い関わりがよく理解できるだろう。あえてディテールの相違点を指摘すれば、ピロスマニはモノクロームな暗色を用いたのに反して、イルマの場合は明色を用いた多彩色を好んで使用している。さらに明らかに聖書からヒントを受けたモチーフをイルマは描き、しばしば舞台となっている海は間違いなく黒海であろう。ちなみに表紙絵のFriendshipという皮肉なタイトルの作品は、知恵を象徴するフクロウが、『ヨハネの黙示録』の赤い馬に乗っている。知恵の獲得が神の怒りに触れた周知のストーリーは、イルマによって黙示録と繋げられたわけである。この新解釈は、アダムとエヴァを「どこにでもいそうな」イメージで描いたAdam and Eve とともに彼女の世界観を如実に示している。最近になって、イルマの作品にはルネ・マグリットの影響が強く出ているように見えるも、シュールレアリズムという概念に留める理解を超えて、私はピロスマニを巨峰とする「ジョージア現象派」の新展開としてその作品を読み取ってゆきたいと考えている。（本誌編集長）

イルマ・ゲランティア
(ირმა გელანტია, Irma Gelantia)

ここに掲載したイルマ・ゲランティアの作品の著作権は作者に属し、無断転載を厳重に禁止する。表紙はFriendship@Irma_Gelintia 2107（canvas oil 50-50cm）である。The copyrights of all the pictorial works shown in this volume by Irma Gelantia are strictly protected. Do not cite without the artist's official permission.

個が集い、実を結ぶ。

文理融合7学部がワンキャンパスに集結する総合大学

■**工学部** 機械工学科／都市建設工学科／建築学科／応用化学科／情報工学科／ロボット理工学科／電気電子システム工学科／宇宙航空理工学科 ■**経営情報学部** 経営総合学科 ■**国際関係学部** 国際学科 ■**人文学部** 日本語日本文化学科／英語英米文化学科／コミュニケーション学科／心理学科／歴史地理学科 ■**応用生物学部** 応用生物化学科／環境生物科学科／食品栄養科学科（食品栄養科学専攻、管理栄養科学専攻） ■**生命健康科学部** 生命医科学科／保健看護学科／理学療法学科／作業療法学科／臨床工学科／スポーツ保健医療学科 ■**現代教育学部** 幼児教育学科／現代教育学科（現代教育専攻、中等教育国語数学専攻）

愛知県春日井市松本町1200　入試相談ダイヤル **0120-873941**（ハナサクヨイ）　中部大学 検索

CONTENTS　アリーナ◉第21号

口絵　イルマ・ゲリンティア　もしくはジョージア的表象の現前◉小島 亮　1

特集◉学問史の世界　佐々木力と科学史・科学哲学

・巻頭言　近代性における芸術と科学について　佐々木力学問の位置◉ルーイス・パイエンソン　12
・論考
　三題噺―斜交いからの佐々木力論―◉野家啓一　16
　近世ヨーロッパ数学のアラビア数学的起源
　　　―ハイヤーミーからデカルトへ◉ロシュディー・ラーシェド　24
　ライプニッツのパリ時代の無限小概念◉エーバーハルト・クノープロッホ　31
　数学的証明概念の多様性◉イオアニス・M・ヴァンドラキス　37
　サボー・アールパードの数学史に関する業績◉クトロヴァーツ・ガーボル　43
　ユークリッドで布教する―19世紀中頃のアジアにおける『原論』受容問題◉三浦伸夫　54
　『発微算法』と傍書法―関孝和はいつ傍書法を創案したか―◉長田直樹　65
　和算に賭けた青春―岩井雅重の夢―◉小林龍彦　77
　『三上義夫著作集』の余白に◉柏崎昭文　89
　藤澤利喜太郎と研究義務◉ハラルド・クマレ　97
　ジョセフ・ニーダムと朝鮮科学史認識再考◉金成根　106
　佐々木力教授と中国科学院大学◉任定成・張欣怡　113
　どのような物理学者が量子力学や相対性理論に〝反対〟したのか？
　　　―1940年代におけるモスクワ国立大学物理学部教員の群像―◉市川浩　123
　帝国日本の近代林学と森林植物帯
　　　―19世紀末台湾の調査登山と植生「荒廃」―◉米家泰作・竹本太郎　138
　古地図と近代地図のはざま
　　　―明治期に日本で作製された朝鮮全図とソウル都市図―◉澁谷鎮明　153
・佐々木力　未発表論考
　ガロワ理論は歴史的にいかに特徴づけられるのか、
　どのように日本では受容されたのか、ガロワはどうして決闘を挑まれたのか？　168
　芸道論的観点からみた純粋数学　182
・佐々木力　著作目録　191　／　・佐々木力　略年譜　207

◎ポートフォリオ[1]　佐々木力　人と学問

　佐々木力先生とブラジル◉本山省三　210
　国際学術的視野から見た佐々木力教授◉劉鈍　215
　佐々木力教授―弟子のために自己犠牲を惜しまぬ手本◉周程　220
　学問的情熱の畸人―佐々木力先生のスケッチ◉陳力衛　223
　数学史家としての佐々木力先生とわたし◉烏雲其其格　226
　佐々木力先生と『数学史』◉泊次郎　230
　私の学問的な数学史への道―佐々木科学史学との出会いを振り返る―◉髙橋秀裕　233

科学史家としての佐々木力氏●東慎一郎　239
　　佐々木力さんと魯迅・中国トロツキー派のことなど●長堀祐造　244

◎ポートフォリオ［2］　佐々木力　科学史研究への道
　　佐々木力君の中学時代の思い出●小澤俊郎　248
　　半世紀ぶりの再会●府田清隆　250
　　1968年前後の東北大学新聞社と佐々木力さん●織田勝也　252
　　広島における佐々木力さん●久野成章　256
　　「1968年5月、パリ」の写真を見る●明石健五　259

◎ポートフォリオ［3］　研究の前哨・余滴
　　内村鑑三の再臨運動とは何だったのか●赤江達也　264
　　「アトムの子」はいかにつくられたか？●河西英通　269
　　鍼灸の地位はなぜ低いのか？―私の中国留学経験から―●野口　創　274
　　志賀直哉の見た発光生物●道広勇司・大場裕一　278
　　日本農業に迫り来る危機と、世界最先端のイスラエル農業●竹下正哲　283
　　「孤高の画家」山内龍雄の三作品／孤高の美●佐々木力　292

◎インターフェイス
　　マックス・ヴェーバーにおける「歴史―文化科学方法論」の意義
　　　　―佐々木力氏の質問に答えて―●折原　浩　295
　　マッテオ・リッチ「訳『幾何原本』引」― 翻訳と注釈の試み―●葛谷　登　308
　　トロツキイとアメリカン・プラグマティズム
　　　　―「佐々木力先生から学んだこと」にもとづいて―●笠松幸一　325

◎名古屋を読む　　庄司達「布による空間造形」●中山真一　338
◎自著を語る　　ダムと民の五十年抗争～紀ノ川源流村取材記●浅野詠子　347
◎新刊旧刊
　　『グローバル近代の危機：アジアの伝統と持続可能な未来』●磯前順一・鍾 以江　351
　　『ひきこもりの国民主義』●磯前順一　363
　　『アルフレッド・シュッツ』●星川啓慈　366
　　『大正＝歴史の踊り場とは何か　現代の起点を探る』●影浦順子　371

◎記憶の歴史学
　　中部大学と私………科学者・飯吉厚夫の歩み 第3回●聞き手・岩間優希　500
　　越境による抵抗、あるいは抵抗のための越境 2
　　　　………高橋武智氏に聞く●聞き手・岩間優希　469
　　テロルの「兇弾」………白鳥事件・高安知彦氏の手記●今西　一　447
　　奥羽山脈の麓から東北大学へ………佐々木力学問への道程 1●佐々木 力　400

編集後記　501

減災と復興
明治村が語る関東大震災
武村雅之 著

明治村に移築された建造物のうちの多くが関東大震災を潜り抜けていた。建物が語りかけてくる災害の実相に耳を澄まし、歴史上最大の被害を出した自然災害に人々はどう対処したかを検証、災害軽減の道筋を考える。

本体2,200円

金準泰詩集（キム ジュンテ）
光州へ行く道

1980年5月、「光州事件」の渦中に発表された1篇の詩は、韓国民衆の運命を変えた。抵抗と民主化の代表的文学作品を日本初出版。

金 正勲訳　　本体1,800円

ナゴヤ・ピース・ストーリーズ
ほんとうの平和を地域から
平田雅己・菊地夏野 編

平和は私たちが自分自身でつくるもの！　地域を現場に平和活動に取り組むさまざまな人たちの文章を収録 平和のために行動する〈ヒント〉満載。　本体1,800円

元来宗教家ハ戦争ニ反対スベキモノデアル
反戦僧侶・植木徹誠の不退不転
大東 仁 著

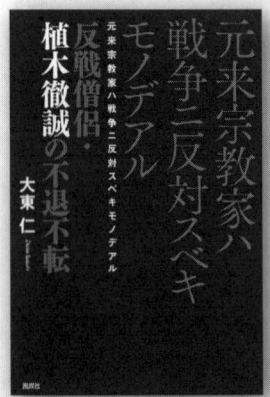

僧侶として、戦時下に反戦・反差別を説き、4年間投獄。いくどもの失敗と蹉跌を繰り返し、なお「平和」と「平等」を求めてやまなかった仏教者の生。俳優・植木等の父。

本体1,400円

風媒社 | 〒460-0011　名古屋市中区大須1-16-29
TEL.052-218-7808　FAX.052-218-7709　http://www.fubaisha.com

特集

学問史の世界
佐々木力と科学史・科学哲学

●特集：学問史の世界　佐々木力と科学史・科学哲学

近代性における芸術と科学について
——佐々木力学問の位置

ルーイス・パイエンソン●ウェスタン・ミシガン大学歴史学教授
岩間優希　訳●中部大学国際関係学部専任講師

　現在私が考えている問題について少し書き留めておくことにしたい。それは1860年頃から1989年まで続く高度近代性の芸術と科学についてである。私のテーマは広大なものだが、友人・佐々木力の学問領域に及ぶものではない。彼はアイザック・ニュートンがそう言われたように、比類ないのだ。

　読者諸氏にとって最も重要な事柄を扱わないことをお詫びさせてほしい。愛についてである。誰でも愛を深く感じることができる。なぜなら愛は素人が専門家よりも優れているただ一つの領域だからだ。善について扱わないこともお詫びしたい。人格の高潔さに対する善の関係といったような、今日でも有用な多くのことを言うのは可能である。善は、美がそうであるように、時代によって変わらない性質を持つかのようで、それゆえ善の諸基準は私が信じて育ったもの——進歩——を伴わないように見えるのだ。

　私の関心事を紹介する一つの方法は、私が頭と手の関係に取り組んでいるとお伝えすることである。自然界を理解するのは頭の担当、そして自然界に材料の構成物を追加するのは手の担当だ。これは科学と芸術の関係として効果的に表わされる。もちろん、化学者が詩を書いたり、芸術家が自然主義者になることもあるが、私が考えているのはそのようなことではない。

　私たちの世界理解といえる科学は、想像されているであろうよりも広い。ヨーロッパで言語や人間の過去に関する研究が人間科学として知られているのと同じように、科学博物館の中には日常的な物が収蔵されている。物理学者ロバート・オッペンハイマーは彼のプリンストンの高等学術研究所において、科学を二つの極の間の連続体として捉えた。一つの極は数学、そしてもう一つの極は歴史である。理論天体物理学は数学の極に近く、一方で進化生物学は歴史の極に近い。経済学はおそらく両極の中間地点に近いだろう。少なくともこの物の見方は、私たちが最も高く評価するもの、例えば偉大な文学といったテーマの研究に名誉ある地位を与えるという利点がある。

　芸術はどこに置かれているのだろうか？　私が意味しているのは、世界中で見られる事柄に関係した芸術活動のことで、芸術史研究のことではない。後者ならもちろん人間科学である。私は芸術を、ギリシャ人たちが見ていたように見るというのが理に適っていると考える。彼らにとって、芸術家はテクニクゥースστεχνικούςであり、技術者あるいは物の創造者であった。（これは新約聖書の中でイエスに与えられた職業、テクトーンτέκτων〔大工〕の職業観にも関わりがある。）芸術家が技能と策略によって出世したという見解は、西欧でルネサンスを通じて存続した。可能ならば、レオナルド・ダ・ヴィンチについて考えてみて欲しい。自分のノートを暗号で書きつけ、当時学びの手段としてすでに流布していた印刷本（1493年の『ニュルンベルク年代記』のような）に挿絵の寄稿を断ったらしい実利的な人々のことを、彼は注意深く観察した。レオナルドの時代から18世紀までの間、芸術家はひとまとめにされていた職人や装飾家から自分たちを区別するのに奮闘した。彼らは絵画、彫刻、建築、そしてついには写生にまでいわゆる美術（Fine Arts、フランス語では

Beaux-Arts、スペイン語ではNobles Artes、ドイツ語ではSchöne Künste）を発明することで、それを成し遂げたのだった。美術が発明されねばならなかったのは、風車小屋や塊鉄炉から時計や肖像画の製作までの全てを含め、発明の技巧として芸術が理解されるようになるためであった。(1881年に開館したアメリカ初の国立博物館であるモール地区のスミソニアン芸術産業館の、芸術には多様な意味がある。）今日、発明の技巧は技術（technology）と呼ばれている。20世紀の芸術家に対する一つの見方は、彼らが台座から美術を叩き落し、技術に戻ってきたということだ。この急激な動きを推進した前衛芸術家たちは、その台座が低俗でくだらない派手派手しいものにとって代わられるとは予想しなかっただろう。

これらすべては、科学と芸術が区別された活動だということをただ表わしている。過去2世紀の間、物理学と歴史は同じ箱に一緒に入れられていたが、一方の絵画や彫刻と、もう一方の機械工学はそれぞれ別の箱に入れられていた。しかし、ここは蛙が水中に飛び込む場所である。科学と芸術の二つの領域は別れていても、彼らは基本的なアプローチや信念を共有できるのだ。

いい例はアインシュタインとピカソである。今のところ私の知る限り、彼らは会ったことはなく、第一次世界大戦以前にはお互いを知りもしなかった。しかし、それでも、一般相対性理論とキュービズムは両方ともこの時代に登場し、空間の新しい幾何学的見方や高度な抽象化の推進といった一定の特徴を共有しているのは当然のことなのだ。なぜそうなのか？ ヨーロッパの飲み水に関係があるのか、ひょっとして気味の悪い超能力が働いているのか？

私の信ずるところ、答えはもっと興味深いものである。理論物理学と油絵は特定の文化的様相の中で活動するという前提から始めよう。そうすると、もし似たようなことが物理学者と芸術家の両方によって同じ時代と場所で生み出されたとしたら、物理学者と芸術家の両方を特定の方向に共通して駆り立てる何かが文化の中にあると仮定することは理に適っている。これらの力は長年に渡ってしゃれた名前が与えられてきた。歴史家は「時代の精神」（Spirit of the Times）、「時代精神」（Zeitgeist）、「ヴィジョン・ドゥ・モンド」（Vision du Monde）の感性を彼らがつくり上げるのだと述べてきた。これら感性の近代的な作品には、エルンスト・ゴンブリッチのメンタル・セット、トーマス・S・クーンのパラダイム、ユルゲン・ハーバマースの生活世界、そしてピエール・ブルデューのハビトゥが含まれる。ルネサンスの男性や近代女性、ロマン派散文や古典的服飾などについて語る時、私たちはこうした考え方に訴えているのだ。言ってみれば、科学と芸術は知的に関わりが強いわけではないのだから、彼らの共通した物の見方はその時代と場所における基本的なモチーフやテーマなのだと考えるのにいい根拠なのである。

1910年頃の理論物理学と油絵における共通モチーフとは、新観念論的抽象（Neo-Idealist abstraction）であることが分かる。（この年はよい目印である。作家ヴァージニア・ウルフは1910年12月頃に世界は変わったと書いた。）新観念論という言葉によって私は、カントやヘーゲル流の一般的伝統に沿った世界の見方を意味している。もちろんカントやヘーゲルは知の巨人であったが、彼らの思考様式はその入り組んだ散文をまったくものともせず、ヨーロッパで19、20世紀に支配的なものだった。なぜなら当時のヨーロッパ知識人たちがすっかり観念論者だったのには別の理由があるからだ。もし新観念論的抽象が1910年におけるヨーロッパ・パラダイムの要素であるならば、それを持続させる環境下での庶民の日常体験に目を向ける必要がある。

新観念論の重要性を明確にする上で、私は唯物論を無視しているわけではない。啓蒙時代に登場してから、唯物論は庶民の日常生活を改善するのに役立ってきた。しかしながら、マルクス、レーニン、そしてトロツキイの深い洞察にもかかわらず、社会経済の場から抑圧と愚かさを取り除くための諸計画は、西欧ブルジョワジーが保持する伝統的で未熟な考え、例えば個人崇拝や政治政党の絶対視、人命軽視などを借

●特集：学問史の世界　佐々木力と科学史・科学哲学

用したのである。部分的にはこれらの考えのせいで、過去6世代にわたり人類は恐ろしい代償を払っても遅々とした歩みでしか前進できなかった。

　この前進は、広い範囲の資本主義者、ファシスト、そして社会主義者の政治体制という文脈の中で起こった。数々の思想は戦争と権力乱用の不穏な空気を突き破ったことにも言及するのが公正だろう。起きたことの恐ろしさは矮小化しないが、私たちは励みになる文化的創造を挙げることができる。ヘルマン・ヘッセやパブロ・ネルーダの文章、リヒャルト・シュトラウス、セルゲイ・プロコフィエフ、オリヴィエ・メシアンの音楽、マルク・ブロック、エーリヒ・アウエルバッハ、フェルナン・ブローデルの歴史学、ウンベルト・ボッチョーニ、フアン・グリス、パウル・クレーの芸術、レフ・ランダウ、ジョセフ・ロートブラット、リータ・レーヴィ＝モンタルチーニの科学、そしてもちろんアルベルト・アインシュタインの公式。肝心なのは（トロツキイ、ディエゴ・リベラ、アンドレ・ブルトンによって書かれた1938年の有名なマニフェスト「独立革命芸術のために」が説明するように）、政治は活気に満ちた文化的生活のための条件をつくり出すことはできても、政治的ドグマが独創的な思考を指し示したり呼び起こしたりすることはできないということだ。重要な思想は高潔さを持っている。彼らは他とは異なる思考によって、誰も考えつかない素晴らしい作品をもたらすのである。

　19世紀後半の室内家具、とりわけ人や動物の絵柄ではない模様の壁紙が急激に増加したことや、膨大な量のいわゆるペルシャ絨毯貿易のうちに、新観念論的抽象を見いだせるのは不思議なことではない。工学の学生は、教室を飾る複雑な曲面の石膏模型をじっと見つめたが、これらの物体は、廃墟となったパルテノン神殿やコロッセオのカラー画像とともに、正しく理解するためには相当の想像力を必要とした。抽象は、第一次大戦前の数十年間に欧米で普及した電気の街燈やテーブルランプが映し出すドラマチックな陰影の中にもある——私たちはこうした陰影を表現派の芸術、少し後にはF・W・ムルナウ、

ロベルト・ヴィーネ、フリッツ・ラングの映画や、同じく相対論から地球物理学までの科学領域でも見ることができる。知識人たちはピカソやアインシュタインが、身近でありながらもうまく言語化できなかったことを公式化したのだと気がついた。彼らを引きつけたのは、新しさの衝撃ではなくむしろ認識の衝撃であったのだ。

　認識の衝撃は政治領域ではお馴染みのものである。それはボナパルト主義的指導者の登場に見ることができ、彼らの語りは、現実を何となく不愉快に思う民衆の感情にはっきりとした形を与える。認識の衝撃は新しい装置の受容にも関係がある。ファスナー、トランジスタ・ラジオ、テフロン加工の調理器具は、よい生活のために必要とされたのではないし、されているのでもない。そうではなく、彼らはもっと早く服を着たり料理をしたり、嫌な環境から逃れたりしなければと認知された必要性に反応しているのである。認識の衝撃は国家政策の劇的な変更の要因にもなる。米ソ間の大惨事に対する脅威が減少した後、日本での突然の大事故は、清潔と健康を好む国ドイツにすぐさま原子力放棄を決定させた。韓国と北朝鮮の親善回復は、頭が悪くて下品なある外国人の話術によるものではなく、むしろ形式的な核で何かをすることは割に合わないと突然認識したためである。

　子どもの頃から好みだった容姿の面影を持つ相手を選ぶ点で、人々は恋に落ちることを認識の衝撃だという。キューピッドの矢に射抜かれた後、恋人は言うだろう。「あなたのこと、ずっと前から知っていたような気がする」。認識の衝撃は、ケプラーの法則やベンゼン環、DNA分子などで世界の調和が明らかにされた科学的発見の衝撃のようなものである。それは極めて重要な革新を承認することであり、心理分析の面談を何度も受けてたどり着く自己の発見と同じで、なかなかやってこない。

　この視点からすれば、キュービズムと相対論がセンセーションを巻き起こしたのは、彼らが予想もしなかった場所にたどり着いたからではなく、それどころか人々に期待されたものだったからなのだ。庶民は彼らの時代と場所の感覚は持っているが（そうでなければ、家庭を持ち

家族を養うことはできない)、自分たちが知っていることを明確化する専門家ではない。彼らは、「美しい日ですね」と言う時には美についての、礼儀正しくする時には善についての、多額の出費の為に資金をかき集める時には事実についての確固とした見解を持っている。しかし、彼らの状況に共鳴する騎士がいれば誰にでもついていくだろう。だからこそ、知識人たちは彼らの見解を人道的な表現で提示するべきなのだ。非道な形で見解を発信しようと待ちかまえている怪物たちもいるのだから。ピカソとアインシュタインは特定のコミュニティに向けて描いたり書いたりしたわけだが、彼らが生み出したものの幅広い魅力は、近代人の感性を持つ人々の間に響くヴィジョンを彼らが提供したことを示している。

私が提示していることは、アメリカの名士ヘンリー・アダムズが1900年のパリ万博で恐れたもの、つまり機械とプラグマティズムの関係性を軽視していることに注目していただきたい。私の視点は、産業革命期の実利的な男性や女性は、どの世紀にも存在する実利的な人々と同類ではないかということを示しているのだ。市場で足場を得るのには躍起になるが、思想史を決定づけることはない人々である。イタリアの未来派やジョン・ケージの音楽、音と光の多様なインスタレーションといった、自分たちを機械に固着させるいくつかの前衛芸術運動とは、まったく文化の路地裏に過ぎなかったのではないか。今日の私たちを取り巻く宗教的原理主義者たちは、ある人たちが説明するように近代によって周縁化されてきたというよりも、観念上の近代の中に縛り付けられてきたのではないか。もし近代とは観念的で本質上は実際的なものでないのなら、私の視点はなぜ今日のポストモダン——モダン的なものの反対である——において、政治的合言葉がプラグマティズムとパッチワークなのかを説明しやすくする。

ポストモダンの愚かな側面は、海面上昇や天然資源の減少、生物相の急激な変化への対処を拒んでいることによっても特徴づけられるだろう。しかし私が近代性の中の芸術と科学について概説してきたことは、絶望する必要はないことを示している。良質で有用な思想は、悪質で破壊的な時代にも生まれるのだ。近い将来の技術は、膨大な化石燃料で生成される電気を不要にする手頃な価格の蓄電池を生み出すかもしれない。生化学の進歩は、家庭で自分たちの食料を生産することを可能にさせるだろう。新しい材料がコンクリートや石油化学製品の必要性を終わらせるだろう。量子コンピューティングは、個人の考えを誰にも知られずに伝達する方法を再建するかもしれない。これらの発展がいつ詩や音楽、造形芸術に訪れるのか予想することは難しいが、原初的な恐怖と足枷から解放された多数の思考で目が眩むことを期待せねばなるまい。多くの学びと体験があり、多くの喜びの領域がある。世界観は、来たるべき無数の人々の喜びに満ちた労働に依拠しているのだ。

佐々木力は、この希望に満ちた思考の枠組みを用意する手助けをしてきた。彼は母国で学問を修めてから、ヨーロッパ知識の追加的理解を修得した——はじめは西欧で「近世科学」として知られているものを、その後は過去数百年の数学を。ギリシャ・ローマ科学の研究にも向かい、そしてイスラーム数学と現在では呼ばれているものの探求もした。さらにまだある。彼は数年にわたり中国数学に専心し、中国語にも熟達した。その上、広くマルクス主義について書くなど、革新的政治にも関与し続けた。これほどの範囲の業績を成し遂げた学者は一握りしかいない。私はもっと多くの人々が彼の辿った道の後に続くような、よりよい未来がやってくることを期待している。

Lewis Pyenson

佐々木力と同じく1947年生まれ。「科学帝国主義三部作」(*Cultural Imperialism and Exact Sciences: German Expansion Overseas 1900-1930*, New York: Peter Lang, 1985; *Empire of Reason: Exact Sciences in Indonesia 1840-1940*, Leiden: E. J. Brill, 1989; & *Civilizing Mission: Exact Sciences and French Overseas*, Baltimore: The Johns Hopkins University Press, 1993) をもって知られる。*The Young Einstein: The advent of relativity* (1985) は、日本語訳されている (板垣良一・勝守真・佐々木光俊訳『若きアインシュタイン 相対論の出現』共立出版, 1988)。

●特集：学問史の世界　佐々木力と科学史・科学哲学

特集論考●学問史の世界　佐々木力と科学史・科学哲学

三題噺─斜交いからの佐々木力論─

野家 啓一●東北大学名誉教授・総長特命教授

はじめに

　佐々木力氏の学問的業績について、真正面から客観的に（？）論じることは、いささか面映ゆく、照れくさい思いを禁じ得ない。それというのも、佐々木さん（と長年のご厚誼に免じて呼ばせていただく）と私は数学科と物理学科と学科こそ違え、同じ大学の同じ学部（東北大学理学部）の出身であり、彼は私の二年先輩という近しい関係にあるからである。当然ながら、佐々木さんの文武両面（？）での活躍ぶりは学生時代から存じ上げていたし、おまけに彼も私ものちには本来の専門から逸脱し、科学史と科学哲学というマイナーな分野へと＜転向＞を果した同業の仲間でもある。

　さらに付け加えれば、私は大学卒業後の1972年に、東京大学大学院に開設されたばかりの科学史・科学基礎論専門課程（「科哲」と略称される）に籍を置いたが、ほどなく佐々木さんも数学科の博士課程を離れ、伊東俊太郎教授のもとで数学史の指導を受けるため、同じ駒場の科哲研究室に研究生として所属された。次には1976年に佐々木さんがプリンストン大学歴史学科に所属しながら科学史・科学哲学プログラムの院生として留学に出立されたが、そのあとを追うかのように、私は1979年に同じプリンストン大学の哲学科に客員研究員として滞在する機会を得たのである。したがって、私は科学史・科学哲学の分野に関するかぎり、これまで佐々木さんには即かず離れずの関係で兄事してきたといってよい。正面切って論ずることが少々面映ゆい理由である。

　それゆえ、ここでは正面からではなく斜交いから、客観的にではなく主観を交えながら、ほぼ半世紀に及ぶ佐々木さんとの交流を振り返りつつ、あまり世に知られていない佐々木力像を描き出すことを試みたい。その際のキーワードを選ぶとすれば、「岩井洋」「プリンストン」「東北人」ということになろう。タイトルを三題噺としたゆえんである。

1.「岩井洋」の頃

　私が東北大学理学部に入学したのは1967年のことだが、1968年頃から佐々木さんは東北大学新聞社で大学新聞に現代数学論などの論考を掲載し、紙面に健筆をふるっていた。新聞社の中心グルー

のえ・けいいち◎1949年仙台市生まれ。東北大学理学部物理学科卒業、東京大学大学院理学系研究科科学史・科学基礎論博士課程中退。南山大学専任講師、プリンストン大学客員研究員、東北大学文学部教授、同理事・副学長を経て2013年より現職。専門は哲学・科学基礎論。主な著書に『物語の哲学』（岩波現代文庫）、『パラダイムとは何か』（講談社学術文庫）、『科学哲学への招待』（ちくま学芸文庫）、『歴史を哲学する』（岩波現代文庫）、『はざまの哲学』（青土社）などがある。

プが「レフト」と呼ばれる純粋トロツキスト系統であったため「新聞社官僚」と陰口を叩く者もいたが、現在の稚拙ともいうべき水準の大学新聞と比べてみると、思想的・文化的にもかなり高度な内容であったと記憶する。おそらく私が最初に目にしたのは、佐々木さんが「岩井洋（いわい・よう）」のペンネームで書いた「教育構造の追求」という論説であった。ちなみに、筆名の由来は「岩井」が佐々木さんの母方の姓、「洋」はその頃いささか憧れていた同級の女子学生の名だと本人から聞いたことがある。その論考にはマルクスやヘーゲルはもとより、ローザ・ルクセンブルク、トロツキー、サルトルなどが縦横無尽に引用されており、それを受けて次のように続けられていた。

「我々は、実践的＝惰性態（資本家自身にとってはなおさら自己疎外を含む）として教育課程を見ることを得たが、その過程における我々の歴史＝内＝存在（広松渉）は労働者としての実践的な『環境の変更と人間的活動、あるいは自己変更』（フォイエルバッハテーゼ）とであった。そこにおいての階級闘争における最も意識化された産出者は、自己及び被教育者の実践的＝主体的＝全面的な人間像である。」（『東北大学新聞』第470号、1968年11月25日）

ここに明示的に言及されているように、1960年代末の新左翼運動・大学闘争の末端に連なった学生たちにとって、マルクス主義哲学者廣松渉の影響は圧倒的であった。当時の変革の時代を象徴する知的ヒーローと言っても過言ではない。佐々木さんの文体や用語にも、その刻印はまぎれもなく表れている。たとえば、やはり岩井洋の筆名で書かれた「マルクス主義と評議会運動」と題された次のような文章がある。

「マルクスの『資本論』は、これら＜科学＞＝近代科学の比肩しうるものではない。われわれの視座を常に、社会的・歴史的なものに置き、エンゲルスの『自然弁証法』が、萌芽的に示していたように、共同主観的存在様相概念によって解明さるべきは、つまり＜科学＞などの近代的学の諸形態に他ならない。（中略）近代的世界は、端的に機械的世界として了解され、その意味で、科学的世界了解の地平にあるといってよい。」（『東北大学新聞』第495号、1969年11月5日）

「共同主観的」や「科学的世界了解の地平」などは明らかに廣松渉の用語圏にある言葉である。それと呼応するかのように『東北大学新聞』第501号（1970年1月15日）には、廣松渉自身が「門松暁鐘（かどまつ・ぎょうしょう）」のペンネームで「"現代"批判のための試奏的序説」と題する論考を寄稿している。おそらくは佐々木さんの慫慂によるものであろう。

さらに、同じころの『東北大学新聞』（第525号、1970年11月5日）には、今度は佐々木力の実名で「ヘーゲルと現代思想」と題する、当時文学部におられた細谷貞雄教授へのインタビュー記事が掲載されている。これはヘーゲル研究者として知られ、ハイデガーの『存在と時間』の優れた翻訳者でもあった細谷教授の、当時の思想状況に対する証言という意味で、今日なお再読に価する貴重な記事である。たとえば現象学について、細谷教授は「フッサールのヘーゲルへの無理解は『厳密な学としての哲学』の中でも明らかであり、晩年の『危機』の構成をとってみれば、そのフォーマライズの仕方は、ある意味でヘーゲルの『歴史哲学』に似ていなくはない。しかしそんな程度で、やはりフッサールの解決の仕方からは一歩も出ていない訳ですね。現象学というものは、ゲシュタ

●特集：学問史の世界　佐々木力と科学史・科学哲学

ルト心理学を少し広めたものという偏見が私にはあるもんで・・・」と否定的な評価を与えている。それに対し、佐々木さんは「数学との関連で『幾何学の起源』を読み、これはいけると思ったんですが、間主観性とか生活世界とかの概念への、弟子であるハイデガーからの逆の影響というものが、大部あるんではないでしょうか」と食い下がっている。フッサールの『危機』はこの年（1970年）の4月に部分訳が刊行されたばかりであり、この時点でそこから間主観性や生活世界などのキーコンセプトを掴み出し、それらへのハイデガーからの逆影響を指摘するとともに、さらに未訳の「幾何学の起源」の潜勢力にまで言及するとは、佐々木さんの慧眼と洞察力に驚かざるを得ない。

　それからほどなく、佐々木さんは満を持したかのように、鮮烈な論壇デビューを果たす。『思想』1970年12月号に掲載された論文「近代科学の認識構造」がそれである。当時、この廣松渉ばりの文体で綴られた論考に接したものは、「佐々木力」とは廣松渉の科学論の領域での新手のペンネームではないのか、と疑った人もいたと聞く。たとえば、次のような一節である。

「子供にとっては、対象がその名前を告げられたときにはじめて認識されたことになる事実を省みるまでもなく、概念＝概念語の意味 signifié は、共同主観的＝間主観的 (intersubjectiv) に形成されたイデアールな形象であり、言語形象 signifiant そのものが、『意味懐胎の場』であり得る限り、言語的了解は成立し得る。（中略）制度化された、言語共同体においては、この signifiant の作用性格の故に、共同主観的に同一の語で呼ばれるものは、同一の概念的意味を有する、という信憑が生ずる。」（『思想』第558号、56-57頁）

　「イデアールな形象」といった用語法をはじめ、明らかにこの一節には、廣松渉が前年の『思想』7月号に発表した論考「言語的世界の存在構造」からの影響が歴然としている。「佐々木力」を廣松渉のペンネームと疑った者がいたのも、故なしとしない。しかし、この言語論的考察を数学基礎論上の問題と重ね合わせ、さらにそれを「自然的世界の意味的重層構造」にまで展開した功績は、佐々木さんの独創と言わねばならない。そしてこの論考の末尾には、驚くなかれ「ささき　ちから・東北大学大学院修士課程・数学」と明記されていたのである。

　こうして佐々木さんが科学史・科学哲学への転身に着実に一歩を踏み出していた一方、当時の私はと言えば、物理学を続けて大学院に進学すべきか、科学哲学への転身を敢行すべきかで迷いに迷っていた。そのような迷いに踏み切りをつけ、科学哲学の方向へと背中を押してくれたのは、やはり廣松渉の論文であった。『思想』1969年2月号に掲載された「世界の共同主観的存在構造」と題された論考がそれである。どうして理学部物理学科の学生が『思想』を手に取る気になったのかは、今となっては思い出せないが、やはり当時の知的ヒーローであった「廣松渉」の名前に惹かれたのだと思われる。そして、頁を繰ると間もなく、次のようなさりげない「注」にぶつかった。

「アインシュタインの相対性理論とマッハ主義との関係については、拙稿「マッハの哲学と相対性理論」（マッハ『認識の分析』創文社刊、附録）を一覧願いたい。」（「世界の共同主観的存在構造―認識論の新生のために―」、『思想』第536号、6頁）

　この「注」を目にした途端、私がやりたかったのはこういうことだった、という思いが胸を去

来した。ただちに、当時は絶版であった（のちに法政大学出版局から再刊）創文社版『認識の分析』を古書店に探しに行ったことは言うまでもない。それを機に、私は暗中模索のまま分岐点を曲がってしまい、科学哲学への道を歩み始めたのである。

こう考えてみると、佐々木さんも私も、廣松渉というお釈迦様の大きな掌のうえで、進むべき道を示唆されていたような気がする。あるいは数学と物理学という本道から科学史・科学哲学という脇道へと誘惑するメフィストフェレスの役目を果してくださったのが廣松渉だったと言うべきか。しかし、それから四半世紀後に、佐々木さんと私がともに『廣松渉著作集』（全16巻、岩波書店）の編集委員を務めることになろうとは、お釈迦様でもご存じないことであったに違いない。

2．聖地「プリンストン」

以上のようなわけで、1960年代末の政治の季節の中で、「理学部闘争委員会」などを間にはさみながら佐々木さんと私の付き合いは始まったが、最も濃密な時間と空間を共有し合ったのは、1970年代の末、アメリカのプリンストンにおいてであった。冒頭に記したように、佐々木さんは1976年からプリンストン大学歴史学科に大学院生として籍を置き、のちに『デカルトの数学思想』（東京大学出版会、2003）として翻訳刊行される Ph.D. 論文の執筆に余念がなかった。私の方は1976年に名古屋の南山大学に職を得たが、さいわいフルブライトの奨学金を貰うことができ（そのときの審査委員は伊東俊太郎教授であった）、1979年8月から一年間、客員研究員としてプリンストン大学へ向かうことになったのである。

当時のプリンストン大学は科学史方面ではトーマス・クーン、チャールズ・ギリスビー、マイケル・マホーニィ、ジェラルド・ギーソンの各教授ないし准教授を擁し、まさに「黄金時代」を誇っていた。他方の科学哲学方面では、私のアドバイザーを務めてくださったリチャード・ローティ教授をはじめ、ソール・クリプキ、デイヴィッド・ルイス、トマス・ネーゲル、ギルバート・ハーマン、マーガレット・ウィルソンなど錚々たる哲学者から成る陣容で、西海岸のUCLAと覇を競っていたのである。

私がプリンストンに到着したころ、佐々木さんはキング・ストリートにある一軒家（すぐ近くのマーサー・ストリートには、アインシュタインの旧宅があった）を借りて八木沢敬さん（現カリフォルニア大学ノースリッジ校教授）とルームシェアをしていた。プリンストンに着いた旨を連絡すると、さっそく私と妻を夕食に招いてくれ、特製のカレーライスをふるまってくれたのである。特製たるゆえんは、通常なら小麦粉と玉ねぎを炒めてカレールーを作るところだが、その手間を省いてジャガイモを形が崩れるまで煮込んでとろみをつける、というレシピにあった。佐々木さんが台所に立つというのも驚きであったが、そのカレーがけっこう美味しかったことも重ねての驚きであった。

次の日からプリンストン滞在4年目の佐々木さんの案内で、大学図書館の使い方（中核のファイアストーン・ライブラリーはもとより、ゲスト・オリエンタル・ライブラリーに日本語の書籍が集められていること、日本語の新聞が読める場所など）、スチューデント・ホールでの食事の注文の仕方、プリンストン高等研究所への道筋、スーパーでの買物のしかた、学外のレストランのランキング、等々を懇切に指南していただいた。要するに、プリンストンで「生きる知恵」を授けてもらったのである。それから佐々木さんが東大に赴任してプリンストンを去るまでの半年間は、東大の黒

●特集：学問史の世界　佐々木力と科学史・科学哲学

田亘教授がプリンストン高等研究所に滞在されたことも加わり、次のような詩句で表現するのがふさわしい日々であった。「若し俺の記憶が確かならば、俺の生活は宴であった。誰の心も開き、酒といふ酒は悉く流れ出た宴であった。」（ランボオ『地獄の季節』小林秀雄訳）

また私が車を手に入れてからは、私が佐々木さんの運転手（アッシー君）の役目を務めることになった。一緒に車で一時間ほどのニューヨークへ向かい、途中でどうも太陽の位置がおかしいと思いはじめ、フリーウェイを逆にフィラデルフィアの方向へ向かっていたことに気づいた、という事件（？）も、今となっては楽しい思い出である。ニューヨークでは、Barns & Noble などの巨大な新刊書店や幾つかの有名な古書店を案内してもらったが、佐々木さんの本に対する嗅覚の鋭さと目当ての本を見つける速さは敵うものではなく、歴史家の文献収集とはこうでなくてはならないのか、と感心することしきりであった。

そのころ佐々木さんはイムレ・ラカトシュの *Proofs and Refutations* 翻訳を進めていた（邦訳タイトル『数学的発見の論理』共立出版、1980）。その「訳者あとがき」には、次のような一節があるので、往時をしのぶよすがとしておきたい。

「翻訳は異境のプリンストンでなされた。その際、プリンストン大学哲学部で学んでいる八木沢敬君、および前述の渡辺博君が、訳文を読んでくれ、貴重な示唆を与えてくれた。また、南山大学から1年間の客員研究員としてプリンストンを訪問している野家啓一君も、校正の段階で目を通してくれた。」

この翻訳作業や『数学の歴史』全10巻の企画などの縁で、佐々木さんは共立出版のPR誌『蟻塔』に「プリンストン便り」を1979年3月から一年間8回にわたって連載しており、それが出るたびにコピーを頂戴した。プリンストンの歴史や現況に関する私の情報は、ほとんどがこの連載から得たものである。先の岩井洋名の佶屈贅牙な政治論文とは異なる、佐々木さんのポエティックな麗筆の一端をここに紹介しておこう。

「筆者がプリンストンのある一群の科学史家や科学哲学者と研究をともにする目的で、この地に住まい始めたのは1976年8月末のことであった。ニューヨークの雑踏からバスで1時間半、キングストン周辺のカーネギー湖に浮かぶヨットの色彩を目にするあたりから、森の町プリンストンは始まる。『森の中に大学があり、大学の中に街がある』。ニューヨークとフィラデルフィアのちょうど中程の大学町の風景はまずこのようであった。鬱蒼と生い茂る深い木立の中に点在するゴシック風の建物—これがキャンパスの第一印象であった。」（『科学史的思考』お茶の水書房、1987、203–204頁）

まさにプリンストン大学周辺の風物を描いて間然するところのない文章である。とくに「森の中に大学があり、大学の中に街がある」という表現は言い得て妙であり、私自身のプリンストンの印象もまさにその通りであった。その意味で、佐々木さんにとってプリンストンは自身の学問的修行を完遂させた「聖地」であった。その聖地において、佐々木さんの学問的骨格を形作るべく導いてくれた司祭こそ、トーマス・クーンにほかならない。先に挙げた学位論文『デカルトの数学思想』

はクーンの追憶に捧げられている。また、その序文には「20世紀後半の科学観の転回に巨大な役割を果たした偉大な学者というだけではなく、私個人の科学史・科学哲学というプロフェッションにおける最大の師と言えば、やはりクーン先生を措いてない」と記されている通りである。

クーンが晩年に到達した科学史・科学哲学の境位は「歴史的科学哲学」(historical philosophy of science) と呼ばれている。その意義とポテンシャルについては、佐々木さんが翻訳の筆を執ったクーン没後の論文集『構造以来の道』(みすず書房、2008) に収められた解説「トーマス・S・クーンと科学観の転回」に情理を尽くした筆致で描かれている。佐々木さんは「ラディカル・クーニアン」を自称しつつ、このクーンが示唆しながらも道半ばに斃れた路線を継承し、さらにそれを「文化相関的科学哲学」(Intercultural Philosophy of Science) へと拡張し、最終的には「自然哲学の多文化主義的転回」(Multicultural Turn of Natural Philosophy) を敢行しようと試みている。その成果が近作の『反原子力の自然哲学』(未来社、2016) にほかならない。この労作については、本誌『アリーナ』第19号（2016年11月）に長文の書評を寄稿したので、それを参照いただければ幸いである。ただ、佐々木科学史・科学哲学の現在的到達点を知るためには、本書への言及は欠かせないので、ここでは自己引用で恐縮だが、共同通信からの依頼で執筆した短文ヴァージョンの書評を再録させていただく。

書評：佐々木力『反原子力の自然哲学』

日本大震災と福島原発事故を経て、科学技術と社会との関係が、さらには私たち自身の自然観そのものが根底から問い直されている。本書はその問いに対する大胆かつ正面切った回答である。

著者は日本を代表する科学史家であり、ここ数年は北京の中国科学院大学で教鞭をとってきた。この中国体験は著者の目を「東アジア伝統自然哲学の可能性」へと向けさせた。その帰結は単なる東西融合ではなく、東アジア発の科学技術文明転換への呼びかけである。

立論の土台となっているのは、「市民科学者」高木仁三郎と「希望の詩人」栗原貞子から継承した反原子力の志、そして著者の恩師トーマス・クーンのパラダイム論を空間的・地理的に発展させた「文化相関的科学哲学」の構想である。ちなみに「パラダイム」とは、科学研究の土台となる一群の前提事項を意味する。

著者はまず、近代科学の基盤をなすフランシス・ベイコンの自然哲学を吟味し、それがテクノロジーの開発と結合し、次第に「自然」科学から「不自然」科学へと変貌してきたことを指摘する。その趨勢は、原子力技術にいたって頂点に達し、「反自然」科学へと転化する。放射能は人間には制御不可能であり、原子力は人類に災厄をもたらす「死のテクノロジー」だからである。

だが、著者は「反科学」を唱えるわけでも先端技術を否定するわけでもない。むしろ科学技術は、エコロジーとハイテクを結びつける「生のテクノロジー」をめざすべきだと主張する。

そのさいに手がかりとなるのは、荘子の「人為によって天の自然を滅ぼしてはならぬ」という訓戒に見られる古代中国の自然哲学である。さらに著者は、伝統中国医学を西洋医学とはパラダイムを異にする「癒しの術」ととらえ、両者の共存をはかる「パラダイム多元主義」を提唱する。

20世紀の科学は、原爆など軍事技術と密接に結びついてきた。それを東アジアの自然観を基礎に「生のテクノロジー」へ転換させようとする著者の企図には大いに共感できる。未来を担う若い世代に一読を勧めたい。

●特集：学問史の世界　佐々木力と科学史・科学哲学

(2016年7月共同通信配信)

3．「東北人」の矜持

　さて、三題噺の最後は「東北人」としての佐々木力である。佐々木さんは自分が東北の田舎町出身であることを隠そうとしないどころか、むしろそのことを自らのアイデンティティの根拠としている。これは同じ東北出身の私としても誇らしいとともに、学ぶべき点でもある。たとえば佐々木さんが東京大学教養学部に赴任した際に『教養学部報』に寄せた新任教官の自己紹介は次のように始まっている。

　「私は日本の敗戦まもない1947年宮城県北部の寒村に生まれた。実直な職人夫婦の四男である。近くの町古川市にある古川高校を経て東北大学理学部に入学。1965年のことであった。（改行）理学部での専攻は数学。順調にいけば数学者になるはずであった。」（前掲書『科学史的思考』105頁）

　それが順調にいかなかった経緯については、すでに述べたとおりである。宮城県北部の寒村とは小野田町（市町村合併により現加美町）のこと、古川市は現在では大崎市に併合されている。その故郷については、次のように回想した一文がある。畑氏とは動物文学者の畑正憲氏のことである。

　「私は魚取沼の存在する宮城の寒村小野田に生まれた。畑氏が歩いた中羽前街道は、今日国道347号線になっている。おそらく畑氏が一泊した部落は漆沢ダムが建設された地の近くであろう。国道は今ではそのダムまで舗装されている。私が今年廃校になった東小野田中学校（その校舎は亡父が建てたものである）を卒業して、古川高校に進学したのは1962年であったが、その頃は小野田から古川まで舗装されていない道をバスで通学しなければならなかったのである。（中略）大学の長期休暇には、老母が一人住む小野田に必ず帰郷することにしている。」（前掲書『科学史的思考』112頁）

　まことに郷土愛あふれる一文だが、あろうことか、その郷里が「放射性指定廃棄物最終処分場候補地」に選ばれたのである。その経緯と住民による反対運動の詳細については、『反原子力の自然哲学』第5章に詳しく述べられているが、佐々木さんはそこに「私が、郷里の加美町の北方に位置する宮崎地区の田代岳箕輪山が、放射性指定廃棄物最終処分場の候補地になっているのを知ったのは、2014年1月に北京から一時帰国した直後であった」（同書359頁）と記している。友人たちと一緒に町長に面会を求めてアポなしで役場に押し掛けるなど、その後の佐々木さんを含めた住民たちの行動については同書を見ていただくほかはないが、その根底にあるのは「私の郷里の町（加美町小野田地区）は、農林業中心で、少年時代、米とブナ林のほかはなにもない町であり、私たちのほとんどは、都会に集団就職をして出て行くか、あるいは私を含めたごく少数者は、進学のために都会の学校に入った」（同書、369頁）という自らのルーツの自己確認であり、それゆえにこそ「ブナの森が全国有数に美しい加美町を『核のゴミ』＝『死の灰』捨て場にしてはならないのだ」（同書、370頁）という切実な思いである。また佐々木さんは、近隣の船形山のブナ林を保全する運動にも参加していたと記憶する。そうした活動の原点にあるのは、まぎれもない東北人としてのゆるぎな

い矜持なのである。

　ところで、加美町の処分場反対運動の経緯を確かめるために、当該箇所を読み返していると、思いがけず次のような告白的回想（？）にぶつかった。

　「私は古川高等学校在校時代、古川市在住の同級生から、そのひどい小野田弁をからかわれたものであった。よく人は東北弁のひどさをからかう。東北弁の中心的方言と見なされている仙台弁などは、もっとはるかに辺鄙な農山村出身の私たちにとっては標準語に近い。その東北弁よりはるかに強烈な伊達藩北部の方言を話す少年からすら、からかわれたのであった。」（同書、370頁）

　私もまた仙台弁の圏域に住む者の一人だが、たしかに佐々木さんの話し言葉（パロール）には独特のイントネーションがあり、いまだに小野田訛りが抜けていない。漢語を駆使した廣松渉ばりの書き言葉（エクリチュール）とは大違いである。それで思い出した事件（？）がある。私がプリンストンに着いたばかりの頃、佐々木さんにショッピングモールを案内してもらった折のことである。文房具店で私が買物を済ませると、佐々木さんはタイプライターの修理を交渉しているらしい。若い女性の売り子が、佐々木さんに向って何度も"What?"と聞き返している。どうも佐々木さんは自分の住所を伝えているようなのだが、"King Street"を小野田訛りで"Tchingue Street"と発音するので相手に通じないのである。それを傍らで聞きながら、アメリカに4年も住んでいながら英語が通じないこともあるのだ、また英語にも東北訛りがありうるのだ、と妙に感動（？）したことを覚えている。どうしても通じないのに業を煮やした佐々木さんは、最後に"Tchingue Street, that is the husband of Queen Street!"と叫んだのであった。

　この小野田訛りに一定の法則性があることを発見（？）したのは、書評のために『反原子力の自然哲学』を読んでいたときであった。法則性の動かぬ文献的証拠（？）はその最終頁に見出すことができる。以下のような箇所である。

　「本書に籠められている学問思想的メッセージは、2011年3月の東日本大震災が主要に襲った東北地方出身の容易に『まつろわぬ』（不正に屈服せず）、いたって『ちかねぇ』（気の強い）科学史家・科学哲学者によって発せられている。」（同書、457頁）

　まさに佐々木さんの自己確認のような一文だが、私が見逃さなかったのは「ちかねぇ」という表記である。これは東北地方ではわりとポピュラーな言葉だが、仙台弁では「きかない」あるいは「きかねぇ」と発音する。「なんてきかねぇガキだべ」といった具合である。もともとは強情を意味する「利かぬ気・聞かぬ気」から来た言葉だと思われるが、佐々木さんはそれを「ちかねぇ」と表音化している。つまり、子音のK音が訛ってTch音に転化しているのである。これが方言学で何と呼ばれる音韻変化かは知らないが、これを適用すれば、プリンストンでの"King Street"から"Tchingue Street"への転化も「小野田訛りの法則」として見事に説明できることになる。

　何とか三題噺の落ちがついたところで、斜交いからの佐々木力論の筆を擱くこととしたい。古稀を迎えて益々意気軒高な佐々木さんのさらなるご活躍とご健筆を祈る次第である。

●特集：学問史の世界　佐々木力と科学史・科学哲学

特集論考●学問史の世界　佐々木力と科学史・科学哲学

近世ヨーロッパ数学のアラビア数学的起源
——ハイヤーミーからデカルトへ

ロシュディー・ラーシェド●フランス学術研究センター名誉教授

東慎一郎訳（東海大学現代教養センター准教授）

Roshdi RASHED, The Arabic Origins of Modern European Mathematics: al-Khayyām–Descartes

　本論考では数学における近代性について考えたい。数学における近代は、ルネ・デカルト（1596-1650）と彼の同時代人たち、なかんずくピエール・ド・フェルマー（1601/1607-1665）に始まる。彼らによって、17世紀前半の終わり頃、西ヨーロッパで数学が近代化されたのである。ヨーロッパで始まったこうした数学は、歴史の中でどのように位置づけられるのだろうか。そしてそれ以前の数学から何を引き継いだのだろうか。

　数学における近代とは、たんに新しい定理が生み出されただけではなく、新しい研究プログラムが始まったことを意味する。1630年から1640年のあいだの10年足らずの期間に、まずジル・ペルソンヌ・ド・ロベルヴァル（1602-1675）によりサイクロイドの研究が着手される。これはデカルトやフェルマーによっても取りあげられる。1638年にロベルヴァルはサイクロイドの弧に囲まれた面積を求め、すぐデカルトやフェルマーによっても同じ成果が挙げられる。そこにヴィンチェンゾ・ヴィヴィアーニ（1622-1703）、エヴァンジェリスタ・トリチェッリ（1608-1647）の研究も加わる。こうして、その後発展することになる、超越曲線の幾何学的解析が始まる。同じ10年のあいだに、デカルトとフェルマーは、任意の代数曲線の x 座標の点に関して、そこでの接線の傾きを求める方法を与えるが、1639年にはフロリモン・ドボーヌ（1601-1652）が、その逆の——すなわちある x 座標とそこでの接線の傾きとの代数的関係から曲線を求めるための——方法を与える。こうして逆接線問題の研究が始まり、微分幾何学の研究テーマになる。同じ1639年にはジラール・デザルグ（1591-1661）が射影幾何学への貢献を行なっている。1640年にはフェルマーが無限降下法を生み出し、数論を一新する。この3年前にはデカルト『幾何学』（1637）が出版されている。

　かくも短い期間に、かくも多くの重要な成果が生み出されたことは、数学史においてはほかに例を見ない事象であり、こうした作品のひとつひとつが数学史の中に厳密に位置づけられなければな

◎1936年生まれ。カイロ大学で数学と哲学を学んだあと、フランスで修学。フランスの国立学術研究センター（CNRS）でアラビア科学史を推進。1994〜97年の3年間、東京大学教授。国際科学史アカデミー元副会長。
著作は多く、アラビア数学史研究を大幅に刷新。*Entre Arithmétique et Algèbre. Recherches sur l'Histoire des Mathématiques Arabes*, Collection « Sciences et philosophie arabes. Études et reprises », Les Belles Lettres, Paris 1984 は邦訳『アラビア数学の展開』（三村太郎訳、東京大学出版会、2004年）もされている。
Athanase Papadopoulos, "Roshdi Rashed, Historian of Greek and Arabic mathematics" (https://hal.archives-ouvertes.fr/hal-01653436/document) に詳細な業績紹介がある。

らない。本論考ではデカルトにとって主要な研究分野であった代数幾何学に問題の焦点を絞ることにする。

デカルトの『幾何学』ははたして新しい研究プログラムだったと言えるだろうか。それは新しい成果を生んだと言えるだろうか。幾何学と代数学の歴史、そして1619年から1637年までのデカルト自身の思想的発展をもとに考えてみよう。従来は、アポロニオス（前262-192）の円錐曲線論を「代数化」したのがデカルトであったとされてきた。しかし、近年の研究により、代数幾何学の歴史について新しい知見が生み出された。またこの歴史にデカルトが何を貢献したかについても、より正確に認識できるようになった。

現在、10世紀の幾人かの数学者たちが、二次および三次の幾何学の問題を当時まだ新しかった代数学の問題に翻訳したことがわかっている。中には、円錐曲線の交点により生じた三次方程式を解こうと試みた者もいた。しかし、約1世紀半後になってやっと、ウマル・ハイヤーミー（1048-1133）が単位量や次元といった理論的道具立てを揃えたうえで、そうした翻訳を一般化することになる。ハイヤーミーは二重の翻訳、すなわち三次の幾何学的問題の代数式への翻訳、そして三次および四次の方程式をふたつの円錐曲線を使って解くという翻訳、を行なった。言ってみれば、代数幾何学の出生は、ハイヤーミーに先行すること1世紀以上、アル＝フワーリズミー（780前後-850前後）の根源的な著書が出た時代を出発点として発達を始めていた多項式の代数学と、9世紀半ば以降、アポロニオス『円錐曲線論』に基づき発達していた円錐曲線の研究が交わったことまで遡ることができる。こうした交流は、幾何学の問題に応じ10世紀に起きた様子がわかるが、これを体系化したのがハイヤーミーであった。

なぜ、このときこの場所で、このふたつの研究の流れが合流したのだろうか。この背景には、ハイヤーミーにいたる2世紀ほどのあいだに発達していたふたつの分野がある。ひとつ目の分野は、多項式研究と代数式の理論からなる。ふたつ目は、さらにふたつの幾何学の領域に分けられる。ひとつ目は円錐曲線の交点の作図に関連しており、これは三次および四次の問題を、円錐曲線のみを使って系統的に解いてゆくというものであった。ここではもはや、時折生じる個別的問題を解くことが問題になっているわけではない。これはたとえばアスカロンのエウトキオス（480前後-540前後）の場合に見られる。今や、幾何学的問題を探究するための方法が生まれる。研究されたのは大部分三次の問題であったが、中には二次の問題もあり、いずれにせよ円錐曲線のみが使用された。この枠組みの中で、たとえばイブヌル＝ハイサム（965前後-1040前後）は解の存在や解の個数を研究した。そのさい、ハイサムは、分析と総合の手法を動員し、また漸近線や点の位置、とりわけ曲線の接点に基づき研究している。

こうした研究は9世紀から始まっていたが、10世紀後半は、アル＝クーヒー（10世紀）やハイサムといった数学者たちによって活発に研究されることになる。ここから代数学に役立つ方法や技法がもたらされ、また作図法の新しい基準が生まれることになる。これ以降、作図においては、従来の定規とコンパスに加えて円錐曲線も利用可能になる。これは大きな飛躍であった。同時に、この同じ幾何学者たちにより幾何学の命題や論証において運動が取り入れられるようになる。それまでは幾何学的な変形によって作図がなされていた。しかし、物理的な運動ではなく、時間を度外視した幾何学的な運動（移動、回転等）が、上述のいずれかの器具を使い、厳密に再現可能な形で取り入れられるようになる。

●特集：学問史の世界　佐々木力と科学史・科学哲学

　ハイヤーミーの研究の背景にある幾何学の領域のうち、ふたつ目とは、幾何学における運動を再現して円錐曲線を作図する方法をめぐる、理論面および実践面からの研究である。10世紀までに見られた、点による作図に加え、10世紀末になると曲線の連続的作図が問題とされるようになる。こうした曲線は代数学や光学、そして鏡、レンズ、アストロラーベ等の製作にかかわるものであった。楕円を作図する試みはそれまでもあったが、この時期になると連続的作図がそれ自体として問題になる。それも、二次曲線全体が対象として想定される。のみならず、作図に必要な器具の製作も目的とされるようになる。こういった動きの背景には、曲線の連続性を証明するという問題以外に、曲線の交点が存在することを保証しなければならないという事情が存在した。こうした研究は、幾何学の作図において、また三次および四次方程式の代数的解法において役立つだろうと考えられたのである。こうした問題が理論的問題として研究されると同時に、直線、円、それに円錐曲線を作図できる「完全コンパス」をはじめとする、新しい器具の設計と開発も行なわれた。

　こういった研究からやがて、曲線の分類における中心的課題が研究されるようになる。それは作図に必要な運動の種類と数による曲線の分類である。たとえば，アル＝クーヒーは完全コンパスについてはじめて論考をものした人物であるが、完全コンパスによって描かれる曲線——直線、円、そして三種類の円錐曲線——をまとめて「計測可能な」曲線と呼んだ。比例論で表わせる曲線、という意味である。こうした曲線は、単一の連続運動によって描かれる。複数の運動でも構わないが、その場合は同質の運動でなければならない。そして、それらは比例論で取り扱える必要がある。アル＝スィジーはアル＝クーヒーより年少の同時代人であったが、彼も同様に、曲線を運動の種類と数に従って分類している。すなわち、第一に「計測可能な」もの、あるいは幾何学的なものであるが、それはアル＝クーヒーと同じように定義される。つぎに、ふたつの異なる連続的運動によって描かれるものは、計測可能でも幾何学的でもなく、機械的曲線とされるが、それでも「規則的で秩序立っている」。例として螺旋が挙げられる。そして最後のタイプの曲線は計測不能なもので、規則性も秩序もない。

　このような曲線の分類は、代数幾何学の歴史において非常に重要な意味を持つ。以上のような一次および二次曲線の分類により、分類の基準自体も変わり、「計測可能な」曲線と「計測不能な」曲線の区別が、比例論で取り扱えるか否かを意味する区分になる。この区分が、デカルトにおいては「幾何学的」すなわち代数的曲線と、「機械的」すなわち超越曲線の区分にまで発展することになる。

　すでに見たように、この同じ10世紀において、アル＝クーヒーのような数学者たちにおいて新たな要請が出てくる。必要な場合は〔交点あるいは解の〕存在が証明されなければならないこと、および厳密な幾何学的作図が与えられなければならないこと、である。イブン＝サールの機械的作図法やアル＝クーヒーの完全コンパスの例を見たが、その結果、交点の存在が証明可能で、かつ作図も可能であるような曲線に研究が限定されることになる。こうした要請があったからこそ、このとき一次および二次の平面曲線の分類が可能になったのであり、また「機械的」曲線の方はあまり研究されないという事態も生じたのである。

　もうひとつ、研究の限界に関する問題があった。「計測可能な」曲線が定義されながら、なぜこうした研究は二次以下の曲線に留まったのだろうか。三次および「超三次」曲線が知られていたにも拘わらず、である。すなわち、この段階では誰も三次曲線を作図しようとはしなかったのである。こういったことが研究されるには、あらゆる平面曲線がその式によって研究されるようになる必要

があった。つまり、17世紀を俟たねばならなかったのだ。

　ハイヤーミーは曲線の分類にあまり関心を示していない。彼は幾何学において運動を考えることを嫌っていたと伝えられている。また曲線の交点の存在についても証明の必要はあまり強く感じていなかったようだ。そのため、彼の研究は代数方程式の幾何学的表現に限定されることになる。しかし、これは同時に、代数幾何学が産声を挙げた瞬間でもある。

　他方、ハイヤーミーの後継者、シャラフ・アッ＝ディーン・アッ＝トゥースィーは、交点の存在の証明を重視し、また曲線の連続性を保証するために運動概念も導入し、さらにはいくつかの曲線の代数的性質も研究した。こうして、ハイヤーミーの代数幾何学は、50年しか経たないうちに解析的な方向へと転換されることになる。

　この状況はデカルトの『幾何学』まであまり変わらない。デカルトは一方でハイヤーミー以来の伝統を完成し、他方で運動に関するさまざまな問題点を踏まえたうえで新しい伝統を開始している。『幾何学』はふたつの主要な基軸から構成されている。ひとつは、幾何学の問題をひとつの変数からなる代数方程式に帰着させること、もうひとつは、こうして得られた方程式の解法をふたつの「幾何学的」曲線の交点の作図へと帰着させることである。なお、曲線のうちひとつは可能な限り円でなければならない。

　ひとつめの軸に関して言えば、1619年から1632年1月——デカルトがパッポスの問題を解いたとされる時期——より前までのあいだのある時期、デカルトはハイヤーミー同様、すべての三次方程式を円錐曲線の交点によって解いていた。1637年の『幾何学』において、彼は、ハイヤーミーと同じく、すべての三次および四次の方程式をふたつの円錐曲線の交点によって解いている。そして、やはりハイヤーミー同様、当面は解の存在という問題には取り組んでいない。彼は五次および六次の問題については

$$y^3 - 2ay^2 - a^2y + 2a^3 = xy$$

で表わされる三次パラボラを使っている。しかし、彼は三次式に登場する無理数について明確な認識に到達しているとは言えない。したがって、デカルトは、ハイヤーミーのアプローチを洗練しはするものの、本質的変容を加えずに繰り返すに留まっている。

　『幾何学』の議論の第二の基軸はどうだろうか。デカルトは23歳のとき、ベークマンに宛てて、次のような、自らも「野心的」と呼ぶプログラムを開陳している。それは、幾何学の問題をその解法に必要な曲線によって分類すること、そして曲線の種類をその作図に必要な運動によって分類する、というものだった。また、デカルトはこういった分類によってあらゆる幾何学の問題を解けるだろうという、根拠あるとは言いがたい信念まで書いている。

　こういったプログラムは、円錐曲線を超えて曲線の分類を行なってゆくことを目指していたように見える。そのさい、古代人たちの概念以外は用いないことが要請されている。古代人たちは、代数を持ち合わせていなかったばかりに、こうした曲線間の違いを明確にすることができなかったとされる。デカルトの運動の概念は、アリストテレス主義の伝統から取られたもので、何ら運動学的な取り扱いもされていないし、また代数的な面も見られないものである。

　この方向での研究の途上、デカルトは、運動概念だけでは「幾何学的」曲線と「機械的」曲線の

区別ができないことに気づいたものと思われる。この区別には、ふたつの問題が混在している。曲線上の点の作図可能性と、ふたつの曲線が交わる場合、それらの交点が存在するかどうかという問題である。アッ＝トゥースィーの場合と異なり、デカルトは円錐曲線を超えて三次以上の曲線を研究した。彼は曲線を表わすために代数方程式を用いるが、代数方程式を用いる場合は点による曲線の作図しか行なえず、したがって、「幾何学的」曲線しか作図できなくなる。よってデカルトは「機械的」曲線の代数的取り扱いができない。実際、こうした問題が解決されるためには、ゴットフリート・ヴィルヘルム・ライプニッツやヤーコプ・ベルヌリを俟たなければならない。彼らは機械的曲線が代数方程式ではなく微分方程式で表わされなければならないことを明らかにした。デカルトは、幾何学的曲線の性質がすべてその式から導出されることに気づいていないわけではなかったが、こちらも、その研究が行なわれるためには若きアイザック・ニュートンを俟つ必要があった。

　デカルトより前は、曲線の式という概念は、きわめて限定された意味しか持たず、それに関する研究プログラムが構成されることはなかった。12世紀のアッ＝トゥースィーも式を使って曲線の研究を行ったが、円錐曲線の場合を除いては、多項式と曲線そのものをはっきりと区別できなかった。まさしく円錐曲線より高次の曲線へと考察対象を広げ、また代数学的に取り扱うことのできる曲線を分類することにより、デカルトははじめて自らのプログラムを構想することができたのだった。そのプログラムの実現は未来の課題となる。そこからはふたつの研究の流れ——代数幾何の流れと微分幾何学の流れ——が生まれることになる。前者にはガブリエル・クラメールやエティエンヌ・ベズーが、後者にはベルヌリ兄弟が属するであろう。

　ただ、デカルト以外にもこうした代数幾何学の研究に取り組んだ者がいた。フェルマーもまた代数幾何学の確立に貢献したのである。フェルマーは当初はデカルトとは独立に研究を行なっていたが、のちにはデカルトに従いながら、同時にいささか彼とは相反するような仕方で、研究を行なうことになる。フェルマーの開拓した道について理解するためには、10世紀に開かれた数学史の章を見ておかなくてはならない。ひとつは幾何学的変形、もうひとつは〔ディオファントス的な〕不定解析である。9世紀半ば以来、アポロニオス流の幾何学的方法に倣って、拡大（homothety）、移動（translation）、相似そして反転（inversion）による軌跡の変換が研究され始めていた。12世紀のシャラフ・アッ＝ディーン・アッ＝トゥースィーは代数幾何学によりこうした研究を行なっている。ところが、フェルマーはまさしくこうした研究を1636年4月に完成した『平面軌跡について』において行なっている。フェルマーの研究と10世紀の研究の類似性は、たとえば、その構造や成果に着目しながら、フェルマーの著作を『既知のことがらについて』と題されたイブヌル＝ハイサムの著作と比べてみれば、はっきりと理解できる。

　1637年にフェルマーは『平面・立体軌跡序論』を、原稿を回覧する形で発表する。この著作は、デカルトの『幾何学』とは独立したものであった。フェルマーはそこで曲線を多項式で表わそうとしているが、それは『平面軌跡論』との関連で見るべきである。フェルマーが軌跡を代数式に翻訳するさい、その目的は曲線の特徴づけを行なうことであり、曲線のその他の性質を導き出すことではまだない。これはデカルトの『幾何学』とは明らかに異なったプログラムである。フェルマーの『序論』は、不定解析とふたつの未知数からなる不定式との関係を直観的に把握していたことから成立した著作だったのである。

　『序論』では主題にならなかった代数式であるが、フェルマーは1637年末に、『序論』への付録

においてこの主題を取り扱うことになる。そのとき、すでにフェルマーはデカルトの著作を研究していたに違いない。彼はそこで、自身の言葉によると「あらゆる三次および四次の問題をパラボラと円の作図により解くこと」(Fermat, 1896, p. 99) を試みている。

　フェルマーが式と代数曲線の研究を行なうのはだいぶあとのことだった。そのさい、フェルマーは言ってみれば頂点から着手している。すなわち、デカルトが『幾何学』で提示した式と曲線の分類を批判することから始めている。そのために、フェルマーは代数幾何学の基本的な考え方をいくつか再検討した (Rashed, 2005, pp. 1-64)。これがフェルマーの『三部論考』(*Dissertation tripartite*) の主題であった。彼はそこで二種類の代数式の区別に到達している。すなわち、「曲線を構成する」もの、そして変数がひとつであるもの、である。長いあいだ、幾何学的曲線の式を研究していたフェルマーは、この分類により、それまでよりもはるかに明確な仕方で曲線を式によって分類できた。まさしくこうした理由からフェルマーはデカルトの始めたプログラムに貢献したと言えるのである。

　後になるとフェルマーは、あらゆる $2n + 1$ 次あるいは $2n + 2$ 次の式が、ふたつの $n + 1$ 次の曲線の交点によって解かれうると述べ、ベズーの定理の逆へと道を開くことになる。他方、フェルマーが $2n + 1$ 次あるいは $2n + 2$ 次の式を解く際に用いるのは、もっぱら不定解析から得られた方法である。私が知る限り、フェルマーは代数解析において初めて不定解析の手法を用いた数学者であった。

　一言で言うと、フェルマーは軌跡の点ごとの変換から出発し、あらゆる軌跡、とりわけ円錐曲線の式の探究へと導かれた。こうして彼は代数幾何学の研究へと導かれ、デカルトの影響のもと、式と代数曲線の関係を研究するようになる。そのさい、フェルマーはそれまで別々の分野であった不定解析の技法と代数幾何学とを橋渡ししたのだった。というのも、代数的に扱われる曲線が本質的には円錐曲線に限定されている間においては、数学者は代数幾何学と不定解析を関連づける必要はまったくない。これはまさしくハイヤーミーが、そしてアッ＝トゥースィーもまた、置かれていた状況であった。他方で、不定解析に関心を持ち、代数幾何学の伝統に属していなかった数学者たちも、こうした関連づけをやはり行なわなかった。それは、抽象的な代数計算を研究していた、アブー＝カーミル (830頃-900頃) からヴィエトまでの数学者たち、あるいは数論に関心を持っていた、アル＝フジャンディー (940前後-1000) から『平方の書』におけるレオナルド・フィボナッチ (1170頃-1250頃) やムハンマド・バーキル・アル＝ヤズィー (16世紀) までの数学者たちのことである。不定解析と代数幾何学との関連づけを可能にしたのがまさしくデカルトの成果であった。デカルトの代数曲線の理論のお蔭で、フェルマーは不定解析の手法を代数幾何学にあてはめることができた。しかし、そうすることによりフェルマーはデカルトのプロジェクトを先へと進めることができたわけなのである。

　結論を述べよう。17世紀前半における数学の近代を代表する成果として、われわれは代数幾何学とデカルトによるその推進を挙げるだろう。しかし、この代数幾何学という例は、数学における近代という概念の複雑さを示している。9世紀以降のアラビア数学における成果を無視するならば、この概念は意味明瞭でなんら問題を含まないように思われる。その場合、数学における近代とは、代数学とアポロニオスの『円錐曲線論』(より正確にはその最初の四巻) の交わった結果として考えられる。しかし、今やわれわれは、数学における近代とは、代数学と、『円錐曲線論』を継承し

ながら、デカルトの『幾何学』に先立つこと6世紀の時期に開かれた新しい数学との交わるところであったことが認識できた。円錐曲線論を用いた幾何学的作図の研究や、連続的作図の研究がなければ、ハイヤーミーにおける代数幾何学の誕生も、またアッ＝トゥースィーにおけるその最初の変容も、理解できないだろう。だからといって、17世紀における数学的近代の誕生は、11世紀に起きたことのたんなるコピーでもないし、また完全に新しい始まりでもない。

ちょうど見たことから明らかなように、こうした二者択一にこだわる必要はない。デカルトの『幾何学』を解読するには、その前史にあたるハイヤーミーやアッ＝トゥースィーを見ておく必要があるのであり、またその後史にあたるニュートン、ライプニッツ、クラメール、ベズー、そしてベルヌリ兄弟を見ておく必要がある。フェルマーの『序論』や『三部論考』についても同じで、その前史としてアル＝ハイサムやデカルトについて理解し、またその後史としてベルヌリ、クラメール、そしてベズーについて理解しておいて、はじめてその独自性や革新性が理解できる。『幾何学』の例を取ってみても、それはまったくの新しい始まりではなく、多くの根源的な著作同様、新しいスタイルを導入している。それは受け継いだ伝統を回復し、新たな適応を行ない、修正している。また、それは代数幾何学や微分幾何学に見られるような新たな数学の発展をも可能にしている。デカルトの『幾何学』やフェルマーの二著について、一面的な理解を避けたいのであれば、それらと伝統との緊密な関係や、それらに胚胎する新たな可能性を認識しなければならないだろう。こうした新たな可能性が現実化されることにより、数学における近代そのものがひとつの伝統に変わってゆくわけなのである。

参考文献

Dieudonné, J. (1974). *Cours de géométrie algébrique*, 2 vol., Paris, PUF.
Fermat P. (1896). *Œuvres de Fermat*, P. Tannery et Ch. Henry (eds), vol. III, Paris.
Mahoney, M. (1973). *The Mathematical Career of Pierre de Fermat*, Princeton University Press.
Rashed, R. (1993). *Les Mathématiques infinitésimales du IXe au XIe siècle*, vol. IV, London, al-Furqan.
—— (1997). "La Géométrie de Descartes et la distinction entre courbes géométriques et courbes mécaniques," J. Biard et R. Rashed (éds), *Descartes et le Moyen Âge* (Études de collection philosophie médiévale, LXXV), Paris, Vrin, p. 1-22.
—— (2000). *Les Catoptriciens grecs*. I : *Les miroirs ardents*, Textes établis, traduits, et commentés, Collection des Universités de France publiée sous le patronage de l'Association Guillaume Budé, Paris, Les Belles Lettres.
—— (2004). *Œuvre mathématique d'al-Sijzí*. Volume I: *Géométrie des coniques et théorie des nombres au Xe siècle*, (Collection Les Cahiers du Mideo, 3), Louvain-Paris, Éditions Peeters.
—— (2005). *Geometry and Dioptrics in Classical Islam*, London, al-Furqán.
Rashed R., Vahabzadeh, B. (1999). *Al-Khayyam mathématicien*, Paris, A. Blanchard.
al-Ṭusi, Sharaf al-Din (1986). *Œuvres mathématiques. Algèbre et Géométrie au XIIe siècle*, texte établi et traduit par R. Rashed, 2 vol., Paris, Les Belles Lettres.

特集論考●学問史の世界　佐々木力と科学史・科学哲学

ライプニッツのパリ時代の無限小概念

エーバーハルト・クノープロッホ ●ベルリン工科大学名誉教授

佐々木力編訳（中部大学中部高等研究所特任教授）

Eberhard KNOBLOCH, Leibniz's Prisian Conception of Infinitely Small

1. 序論

　2008年に、ライプニッツのアカデミー版『全集』（LBS）の数学関係の第Ⅶ部門の新しい2巻が日の目を見た。それらは、総印刷ページ数1600にも及び、1673年から76年にかけてのパリ滞在時代に書かれた無限小数学についての思索を含んでいる。内容はとても豊饒で、ライプニッツが無限小や無限の概念についてどう考えたのかについての新史料を提供しており、彼の微分積分算法の発明に新しい光を投じてくれる。本論考においては、ヴァルター・S・コントロと私が編纂した第4巻に集中して論じたいと思う。

　まず、ライプニッツによる無限小とそれに関連した諸概念――「最小量」（minimus）、「指定不可能量」（inassignabilis）、「任意に指定可能なものよりも小さい量」（minor assignabili quavis）、「任意の有限者（すなわち「数」（numerus）よりも小さい量（minor quolibet finito）、「無限小部分」（infinitesima pars）、「（差が）無（となるであろう）量」（nulla (erit differentia)）、「不可分者」（indivisibilis）、「想像可能な任意の線分よりも小さい量」（minor qualibet recta quae fingi posset）、「任意に与えられる〔量〕よりも小さな量」（minor qualibet data (quantitate)）、「構成の単位」（unitas constructionis）――について解説したい。これらの諸概念は、同等ではなく、いくつかは首尾一貫しておらず、いくつかは定義不可能である。明らかに、ライプニッツは、「任意に与えられる量よりも小さい」とか、「無限定に小さい」とかを、無限小の首尾一貫した実り多い定義として使用した。無限小量とは、変量であり、ヴァイヤーシュトラース流のイプシロン-デルタ論法の言語で記述可能である。

　ついで、第4巻で議論されているものから問題を選んで紹介する。主たる問題は、円弧、転換定理、特性三角形とか、円の求積、コンコイド・シッソイド・螺旋とかの曲線、パラボラを回転して生成されるパラボロイド、回転双曲線、逆接線問題、球、スフェロイド、一般ケプラー問題とかの問題、

◎ 1943年生まれ。国際科学史アカデミー元会長、ヨーロッパ科学史学会元会長。ライプニッツ数学研究をもって世界的に知られる。数学史・数学哲学およびルネサンス・テクノロジーに関心を寄せる。著作としては、「行列式計算についてのライプニッツの研究」（1974）がもっとも著名。

いわゆる『数学集成』(Collectio mathematica)、研究プログラム研究（幾何学の目標、代数の不完全性、級数理論）、無限と不可分者に関する諸問題である。

「（幾何学的）積について」(De ductibus) と「指定不可能者の三角法」(Trigonometria inassignabilium) は、とくに興味深い〔LSB VII, 4, n. 26 & 27〕。そこにおいて、ライプニッツは、不可分者と無限小量を用いて、157の幾何学的命題を導いており、彼のアプローチの発見的豊かさは、結果のこの圧倒的豊饒性によって説得力をもって示されているのである。

2. 古代の方式——アリストテレス、アルキメデス、エウクレイデース

ライプニッツの量概念の用法を理解するためには、古代のやり方を把握しておかなければならない。まず、アリストテレスの量理論から始める。

アリストテレスは、『形而上学』(Metaphysica V, 1020a) において、こう定義している。「量 (ποσὸν) とは諸部分に分割可能 (διαιρετὸν) なものである」。量は二種であり、「数多」と「大きさ」である。「数多」(πλῆθος) は数えられ (ἀριθμητὸν)、「大きさ」(μέγεθος) は測られうる (μετρητὸν)。

これら三つの定義はすべて、可能性の様相において、行為、ひとつの対象について実行できる作用に基づいている。アルキメデスが、今日われわれが、アルキメデスの公理と呼んでいる定式は、このアリストテレス的伝統の中にある［Knobloch, 2008］。彼は『球と円柱』において、それを「前提」(λαμβανόμενον) と呼んでいるにすぎないのではあるが。

さらに、等しくない線や、等しくない面や、等しくない立体があるとして、より大きいものは、たがいに比較可能な大きさのうちで、より小さなものを倍加して、任意に指定された大きさ (παντὸς τοῦ προτεθέντος) を超えるようにすることができる (δυνατόν ἐστιν)。［Archimedes, De sphaera et cylindro I.11, 16, Postulata 5］。

換言すれば、一定の量が与えられていれば、それらで何らかのことができる。取り尽くし法による証明において、アルキメデスは、彼の「前提」を倍加の形態は用いずに、エウクレイデースが『原論』で論証したような分割の形態を用いている。エウクレイデースは書いている。「二つの大きさが置かれている (ἐκκειμένων) とするとき、より大きなものから、その半分よりも大きい大きさを差し引くとするなら、その半分よりも大きい大きさが残り、そして、このことがつねに繰り返されるならば、置かれた (ἐκκειμένου) より小さな大きさ、よりも小さいある大きさが残るであろう。［Eucleides, Elementa X, 1］。

ライプニッツが、無限小概念を定義するために、可能性の様相をどのように採用しているかをわれわれは見ることになるであろう。

3. ライプニッツの無限小概念

1673年、きわめて重要で、よく定義されたものだけを決める以前に、ライプニッツは、無限小量を記述するために多くの相異なる概念を用いている。

「最小量」(minimus)

「最小量」(minimum seu punctum) はニコラウス・クサヌス (Nicolaus Cusanus 1401-1464) から採られた［LSB VII, 4, n. 7］が、「点」(punctum) とか、「指定不可能量」(quantitas inassignabilis）とは同一ではない［*LSB* VII, 4, n. 16, 4］。というのは、クサヌスにとって、点は量ではなく、アリストテレスの量の定義によれば、「非量」（non-quantum）であるからである。ケプラーと同じく、ライプニッツは、「最小弧」（minimi arcus）とか、「最小諸部分」（minimae partes）について語っている［*LSB* VII, 4, n. 10 & 16, 4］――これらの対象は、現実には定義不可能なのであるが。しかし、彼は、「最小部分」（minima pars）を、「指定可能ないかなるものよりも小さい量」（minor assignabili quavis）と述べて、定義している。このような量は、ゼロに相違なく、実際に、この不可避の結論を導き出している（「指定可能ないかなるものよりも小さい量」minor assignabili quavis, を見よ）。彼は、「最小諸部分の差異」、すなわち、二つの「最小諸部分」（minimae partes）のあいだの差を考察している。

「最小縦線のあいだの差は、考えられうると言わないが、想像されうる任意の直線よりも小さい」（Differentia … inter duas minimas applicatas minor est qualibet recta quae non dicam cogitari, sed fingi possit.）［*LSB* VII, 4, n. 16, 4］。

第VII部門第4巻の第7論考（n. 7）において、彼は未だに、「最小量」（minimus）を「無限小」（infinite parvus）と同一視はしていない。「最小弦ないし第一弦」（minima seu prima chorda）とは、「任意に指定可能なものよりも小さい」（qualibet assignabili minor）ということなのである。「無限小幅」（latitudo infinite parva）とは、「任意に与えられるもの〔幅〕よりも小さい」（qualibet data minor）ことである。

「無限小」(infinite parvus)

第7論考は、1673年4月ないし5月に書かれた。「無限小」と「任意に与えられる量よりも小さい」の同一視は、ずっと応用することなく、なされている。本質的な語は、「与えられる」（data）である。そのことによって、われわれはこのライプニッツの概念を、19世紀のε-δ（イプシロン-デルタ論法）の言語に翻訳可能にさせる。この定義によれば、「無限小」は変量なのであり、定量なのではない。それゆえ、対応する部分は、「無限定部分」（partes indefinitae）と呼ばれる。［*LSB* VII, 4, n. 10］.

「指定不可能」(inassignabilis)

ライプニッツは、第39論考（n. 39）において、無限小のもうひとつの定義を与えている。「指定不可能量ないし無限小」（inassignabilis seu infinite parva）である。それは、先立つ定義の意味での変量と適合している。したがって、「有限すなわち指定可能線」について述べている。［*LSB* VII, 4, n. 40, 1］．このことは、「量」（quanta）を、「指定可能なもの」（assignabilia）、すなわち「記号で記述可能な対象」と特徴づけたニコラウス・クサヌスを思い出させる。第4巻の第16論考においては、「指定可能量」なる属性は、なかんずく、「部分」（pars）、「いくつかの」（aliquota）、「大きさ」（magnitudo）に帰属させられる。だが、そこでライプニッツは、点は指定可能でない量ないし線であるとも述べている。これは、最小-定義と適合的であるが、無限小の「任意に与えられるものよりも小さい」-定義と同等なわけではない。第26、27論考において、ライプニッツは、

●特集：学問史の世界　佐々木力と科学史・科学哲学

「指定不可能量の三角法」(trigonometria inassignabilium) を特性三角形を用いて仕上げている。この問題は次節で取り上げることにしよう。

「任意に指定可能な量よりも小さい」(minor assignabili quavis (sc. quantitate))

ライプニッツは、第7論考 (n. 7) において、任意に指定可能な量よりも小さい弦に言及しているが、第16論考4 (n. 16, 4) においてだけ、このような弦、あるいはもっと一般的には、このような量は、かならずゼロに等しくなければならないと結論づけている。

「差はゼロであろう、すなわち、同じことだが、任意に指定可能なものよりも小さいと同一である」(differentia erit nulla vel quod idem est assignabili qualibet minor).

「任意の有限なもの〔数〕よりも小さい」(minor quolibet finito (sc. numero)) [*LSB* VII, 4, n. 16, 1].

分子が有限数で、分母が無限数である分数は「任意の有限数よりも小さい」(minor quolibet finito numero).

「(線分の) 無限小部分」(infinitesima pars (lineae))

第16論考1 (n. 16, 1)、ないし第38論考 (n. 38) において、ライプニッツは、「線分の無限小部分」(infinitesima pars lineae) に言及している。おそらく、この術語は、ニコラウス・メルカトール (*c.* 1620-1687) の『対数技法』(*Logarithmotechnia*, 1668) を研究した成果である。[Probst, 2008, 95-106; 103].

「不可分者」(indivisibile [indivisibilis])

アリストテレスないしニコラウス・クサヌスによれば、部分のないものは量ではない。それゆえ、ライプニッツの考えでは、幾何学や算術では無益である。[Knobloch, 2008, 175; Probst, 2008, 103]. その理由によって、1673年春に、彼ははっきりと述べている。

「注：不可分者は、無限小部分、ないしはそれの知覚可能な量との比（ないし差）が無限であるようなものとして定義されなければならない」(Nota: Indivisibilia definienda sunt infinite parva, seu quorum ratio ad quantitatem sensibilem (vel differentia) infinita est). [*LSB* VII, 4, n. 16, 1]

「ないし差」(vel differentia) なる付加語は余計である。この定義は、「任意の有限な指定可能な数よりも大きい」(major quolibet numero finito assignabili) なる無限の概念の理解を前提する。[*LSB* VII, 4, n. 16, 1]. ここでとてつもなく重要なのは、ライプニッツにとって、不可分者が、算術や幾何学のコンテクストにおいてもまた、加えられうる量であるという事実である。[*LSB* VII, 4, n. 10; 38]

「構成の単位」(unitas constructionis)

不可分者の幾何学においては、計算における一と同一視される変量として、無限小の構成の単位を前提している（*LSB* VII, 4, n. 10, 29）。

「無限まで分割されるすべての作図において、線分か、あるいは、等しい無限定の部分に分割される直線である作図の単位を探さなければならない」(constructionis seu linea … seu … recta quae … dividitur in partes indefinitas aequales.) [*LSB* VII, 4, p. 359].

ライプニッツは、以上のような相異なる無限小概念を、彼の微分積分学発明の前史においてきわめて枢要な役割を演ずる、とても多様な諸問題に役立てた。ディートリヒ・マーンケ（1884-1939）がこの主題についての基本的論考［Mahnke, 1926］を執筆したとき、現在では、*LSB* VII, 4において読むことができる未刊の草稿を参照せねばならなかったことに注意せねばならない。

それらの問題とは、円弧［*LSB* VII, 4, n. 17］、変換定理［n. 12；16, 1；27；39］、特性三角形（パスカルの『4分円の正弦論』*Traité des sinus du quart de cercle*（1658）から援用されて、n. 24に初出）、円の求積（n. 27；31；32；33；40；42；44；45；算術的求積は、n. 42において、1673年秋になされた）、サイクロイド・コンコイド・シッソイド・螺旋・パラボロイド・廻転双曲線などの特殊曲線［*LSB* VII, 4, p. XXIV ff.］に関してである。

ライプニッツの方法の豊かさは、二つの長篇論考、第26論考（n. 26）「(幾何学的) 積について」(De ductibus) と、線の和による77の求積を含む第27論考（n. 27）「指定不可能量の三角法」(Trigonometria inassignabilium) において、とくに示されている。[Mahnke, 1926, 38].

以上の考察から、われわれは、以下の結論に到達する。ライプニッツのパリ時代の1673年における無限小概念は、たがいに同等なわけではない。それらのいくつかは首尾一貫しておらず、いくつかは定義することができない。解法は、いたるところ、用いられることなく、出現する。それは、ヴァイヤーシュトラース流のイプシロン - デルタ論法の言語で、「任意に与えられた量によりも小さい」として記述できる。この定義は、量を定義する古代の操作的諸定義から採られている。

4．結　語

ライプニッツは、不可分者を、アルキメデスとパスカルの考えを結び合わせた無限小量として用いた。アルキメデスの証明法は、厳密性の規範として役立った。ライプニッツの方法は、結果の豊かさと精確さを結合させたものであった。それは、ライプニッツのパリ滞在時代の主として1675年執筆の傑作『系が数表なしの三角法であるような、円・楕円・双曲線の算術的求積』(*De quadratura arithmetica circuli ellipseos et hyperbolae cujus corollarium est trigonometria sine tabulis* [Leibniz 1993]) に示されているような直示的証明によって、アルキメデスの間接的証明に代わるようなものであった。

参考文献

省略記号：*LSB* = Leibniz, Gottfried Wilhelm, *Sämtliche Schriften und Briefe*, herausgegeben von der Berlin-Brandenburgischen Akademie der Wissenschaften und der Akademie der Wissenschaften zu Göttingen, Siebente Reihe *Mathematische Schriften*,

●特集：学問史の世界　佐々木力と科学史・科学哲学

Vierter Band 1670-1673 *Infinitesimalmathematik*, Bearbeiter: Walter S. Contro, Eberhard Knobloch, Berlin, Akademie-Verlag, 2008, 905 pages; Fünfter Band 1674-1676 *Infinitesimalmathematik*, Bearbeiter: Uwe Mayer, Siegmund Probst, Heike Sefrin-Weis, Berlin, Akademie-Verlag, 2008（ローマ数字は部門，アラビア数字は巻を示す）．

Archimedes（1880-1972）*Archimedis opera omnia cum commentariis Eutocii*. Heiberg, Johan Ludvig (Ed.) Leipzig, Vo1. 1, 1880, 2nd ed. 1910; Vol. 2, 1880, 2nd ed. 1913; Vo1. 3 (Eutocius), 1881, 2nd ed. 1915. Reprinted, Stamatis E.S. (Ed.) 3 vols, Stuttgart, 1972.

Aristoteles（1831-1870）*Aristotelis Opera* Omnia. Bekker, I (Ed.) Berlin. New ed., Gigon O. (Ed.), 1960-.

Eucleides（1883-1886）*Euclidis opera omnia*. Heiberg, Johan Ludvig (Ed.) Leipzig. Vol. 1 (*Elements* i-iv), 1883. Vol. 2 (*Elements* v-ix), 1884. Vol. 3 (*Elements* x), 1886. Vol. 4 (*Elements* xi-xiii), 1885. Vol. 5 (*Elements* xiv-xv - scholia to the *Elements* with prolegomena critica).

Goldenbaum, U. and D. Jesseph (eds.) (2008). *Infinitesimal Differences, Controversies between Leibniz and his Contemporaries*, Berlin-New York: Walter de Gruyter.

Knobloch, E. (2008) "Generality and Infinitely Small Quantities in Leibniz's Mathematics: The Case of his Arithmetical Quadrature of Conic Sections and Related Curves," in [Goldenbaum, Jesseph, 2008, 171-183].

Leibniz, Gottfried Wilhelm (1993) *De quadratura arithmetica circuli ellipseos et hyperbolae cujus corollarium est trigonometria sine tabulis*, ed. E. Knobloch, Göttingen: Vandenhoeck & Ruprecht.

Mahnke, D. (1926). "Neue Einblicke in die Entdeckungsgeschichte der höheren Analysis," *Abhandlungen der Preußischen Akademie der Wissenschaften*, Jahrgang 1925, Physikalisch-mathematische Klasse, Nr. 1, Berlin: Verlag der Akademie der Wissenschaften, 1926 (64 pages and 4 tables).

Probst, S. (2008) "Indivisibles and Infinitesimals in Early Mathematical Texts of Leibniz," in [Goldenbaum, Jesseph, 2008, 95-106].

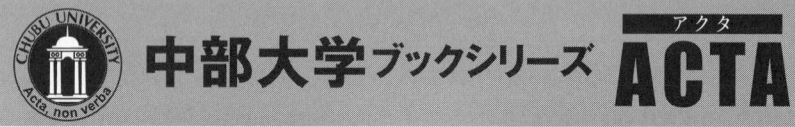

Acta28
非核地帯　核世界に対峙するリアリズム
福島崇宏　800円

Acta29
芭蕉忍者説再考
岡本　聡　1000円

特集論考●学問史の世界　佐々木力と科学史・科学哲学

数学的証明概念の多様性

イオアニス・M・ヴァンドラキス　●ヘレニック・オープン大学員外教授
佐々木力補筆【中国・日本の伝統数学の部分】・編訳（中部大学中部高等学術研究所特任教授）

Ioannis M. VANDOULAKIS, The Diversity of the Conception of Mathematical Proofs

はじめに

　証明は数学のなかで中心的役割を果たし、数学者・数学史家・数学哲学者のあいだで、その概念が精確にはいったいかなる意味をもつのか、また歴史において、そしてさまざまな文化共同体において、どのようであったについて、おおいに議論がなされてきた。

　本エッセイは、2005年夏から、ギリシャのアテネとロドス島において、数学史一般、とりわけ、数学における証明概念について論議を重ねてきた、佐々木力教授との今後の討論の深化を望んで綴られたものである。佐々木教授とは、その後、2008年6月初旬に、フランスの国立学術研究センター(CNRS)が企画しパリ第一大学で開かれた論証に関する国際会議で討議し合い、交流を深めた。佐々木教授は、そのシンポジウムで、「ユークリッド（エウクレイデース）公理論数学と懐疑主義──サボー説の改訂」について講演し、シカゴ大学のイアン・ミュラーらによって注目された。長文の英文講演稿は、公刊を待っているところである。

　そして、2009年7月下旬にハンガリーのブダペストで開催された国際科学史会議で数学史に関するセッションを共同で組織したあと、8月初旬にはギリシャに移動し、東京大学の定年退職を翌年に控えた佐々木教授を顕彰する小さな国際会議をエーゲ海を臨む内海保養地のカメナヴルラで組織することができた。かつて東京大学における数学史の同僚で、フランスCNRSのロシュディー・ラーシェド教授が組織委員会の名誉会長、私が事務局長であった。会議の名称は「地中海と東方での数学諸科学と哲学──佐々木力教授顕彰シンポジウム」であり、ギリシャのいくつかの財団、メディアの支援を得た。会議は、多くの参加者がブダペストからアテネに飛び、8月3日（月）の夜、貸切バスでアテネからカメナヴルラまで移動することから始まった。8月4日（火）朝から会議での討議がなされ、佐々木教授は、7日（金）まで連日、4つの英語で講演を試みた。初日が、私のインタヴューを介しての数学史家としての自伝的回想、第2回目が、古代ギリシャと古代中国の数学

◎1960年にクレタ島生まれ。国立モスクワ・ロモノソフ大学（Московский государственный университет имени М. В. Ломонóсова）から古代ギリシャ数学史に関する研究で博士号取得。ロシア科学アカデミーおよびフランスCNRSの研究員。2015年に現代ギリシャ語で『古代ギリシャ数学史』を刊行。

●特集:学問史の世界　佐々木力と科学史・科学哲学

思想の比較論、第3回目が、近世西欧の政治体制と数学の役割といった話、第4回目が、フランス革命後の第二の科学革命と連動した数学における解析革命、についてであった。会議最終日の7日の夕刻には地元の海鮮ギリシャ料理を会議参加者全員でとった。8日（土）午前には、貸切バスで、カメナヴルラを出発し、デルポイの神殿跡を見学して、アテネに戻った。その後、私と佐々木教授と教授の次兄の佐々木守氏はフェリーに乗って私の故郷のクレタ島に向かい、その島のミノア文明遺跡などの見学を楽しむことができた。

その後も佐々木教授とは国際会議などで交流を深化させてきた。2012年秋に、教授は勤務先を北京の中国科学院大学に定めたために、中国数学史ないし日本数学史を専門的に研究するようになった。2016年秋に日本の中部大学中部高等学術研究所に勤務するようになってからは、『日本数学史』の完成に邁進されているとうけたまわっている。

今回のエッセイが基づく議論には、国立アテネ工業大学のペトロス・ステファニアス（Petros Stefaneas）との共同研究が盛り込まれていることをお断りしておく。最後の文献案内を参照されたい。

1. 20世紀初頭の数学基礎論論争を経て、もっと広範な「証明事象」概念を導入する…

20世紀前半の数学哲学においては、数学的証明と数学的事実（真理に対応するものと考えられる）の概念が、主要な基礎論的プログラムの内部で説明されてきた。いわゆる「数学基礎論上の危機」は、数学的証明の「古典的」（classical）と「構成的」（constructive）な概念の基本的識別を際立たせる結果となった。ヒルベルトと彼を後継したブルバキは、「古典的証明」の標準を定義し、直観主義者のブラウワーと彼の高弟のハイティングは、構成的証明の標準を提起した。この識別は、数学的定理の証明のために、どのような認容された公理と推論規則に依存するかを明確にした。他方で、コンピューター使用の証明が1970年代に出現したことによって、証明なるものの理解をはっきりとさせる結果を導いた。その代表例として「四色問題」のコンピューターによる証明を、正当な証明として認めるかどうかという問題を生み出したのであった。

現在のところ、「証明」の一般的に受容されている定義といったものはないと言うことができよう。とりあえずは、「証明」（proof ないし demonstration）ということで、一定の文化共同体によって真理として確立させることのできる議論として理解しておくものとする。

20世紀初頭の数学基礎論上の論争から、帰謬法による存在定理を認容する「古典的」証明と、それを認めない「構成的」証明の対立が生じたことを先述したが、対立は、証明に用いる認容公理群と認容推論規則の相違となって現われるにいたった。「古典的」証明の定式化にもっとも貢献したのはヒルベルトであった。彼は、自然数の形式的公理化と論理学の形式化の成果を基礎に、無矛盾性の証明をもって数学体系の真理性の保障とするプログラムを提唱した。だが、この「証明論」のプログラムは、ゲーデルが著名な「不完全性定理」によって1930-31年に示したように、自然数論を含む数学体系については、うまくゆかない。ただし、ゲンツェンが示したように、形式化された数学体系外の超限帰納法を用いれば、当該体系の無矛盾性は証明可能である。一定の性質をもつ数学的対象の存在が、この対象を構成する方法を提供することによって示せれば、「構成的」と呼ばれる。この考えは、ブラウワー-ハイティング-コルモゴロフによる直観主義的論理学の解釈、マルコフの構成的数学等々の試みによって提唱されている。構成の仕方は数学者によって多様であり、

このような証明の帰結は、自動的に真となるわけではかならずしもない。真として認容されるためには、理解、点検、解釈が必要とされるのである。

　ここで、私は、数学史を広範に包括する「証明」よりも広い概念を導入したいと希望する。最近、私は、「証明」（proof）よりは、もっと広義の「証明事象」（proof-event）なる概念を、数学史にとって基本的な方法論的道具として役立つのではないかと考え始めている。「証明事象」は、数学的事実ではなく、特定の所と時に出現するものであり、普遍的に繰りかえされるものではない。「証明事象」ないし「証明すること」（proving）なる考えは、ジョセフ・アマディー・ゴーゲン（Joseph Amadee Goguen, 1941-2006）によって、かなり非公式的に2001年に使われ始めた。それは通常の「証明」よりはずっと広く、古代ギリシャで生まれた必当然的＝アポディクティックな標準的証明、弁証法的、構成的、非構成的証明を含むだけではなく、コンピューターによる証明をも包含する。「証明事象」は、「証明子」（prover）なるエージェントが重要な役割を演ずる。「証明子」とは、数学に従事する人だけではなく、器械もが大きな役割を果たす。東アジアの算木とか算盤とかは代表的算術器械であるし、現代のプログラム内蔵型コンピューターも「証明子」となる場合があるかもしれない。人と器械の組み合わせもおおいにありうる結合である。

　本エッセイでは、ゴーゲンが導入した「証明事象」なる広い概念が、数学史における証明を研究するための基本的な方法論的道具として大きな役割を演ずるであろうことを主張する。この概念枠においては、「証明」は純粋にシンタクティックな対象として理解されるのではなく、数学に従事する人および器械という、少なくとも二つのエージェントが働く社会史的過程としてとらえられる。このことは、証明することのコミュニケーション的側面に注目させるであろう。こうして数学史家は研究において、本質的に「証明事象」を研究するものと考えられる、とわれわれは主張する。というのも、数学的証明は、現在、史料として利用可能な、しばしば完全には形式化不可能な多くの非形式的構成要素を含み、理解と検証を呼びかけるある種の意味論的内容をもつからである。今後の歴史的研究では、「証明事象」が生き生きとして働く、証明解釈の過程がとりわけ注目されることになるであろう。将来、問題解決に課せられる条件によって、証明事象の分類が試みられ、さらに、共通の特徴を分有する数学史における証明事象の広範な類別について語ることができるようになるであろう。

2. ギリシャ以前・オリエント数学文化における解法手順から古代ギリシャの証明概念の創成へ

　エジプトとメソポタニアの文化は、算術的・幾何学的問題を解決する手順を発展させたが、証明概念と思わせる考えを見いだすことは困難である。だが、シュメルやバビロニアで得られた結果のあるものは、純粋に経験的やり方だけで正当化されたとは考えられず、論理的推論がたしかになされたものと思われるが、記録はない。問題の解決は断定的に提示され、手順の正しさや結果の真理性を問題にする者を厳密に説得する試みはない。中国や日本、マヤやインド文化においても、かなり高度の数学的事実は確立されたが、これらの文化で証明概念が追求されたか否かについては数学史家のあいだで議論がなされている。

　ところが、新しい認識が古代ギリシャで生まれる。証明が求められるさまざまな型の推論が遂行され始める。世界の構造についての一般的言明に関して、証明、すなわち形而上学的・存在論的証

●特集:学問史の世界　佐々木力と科学史・科学哲学

明を考案する試みは、ソクラテス以前の哲学にすでに現われている。法廷において裁判官を説得させる議論もなされていた。欺瞞的推論を妥当な証明として提示する詭弁的推論はソフィストによってなされたものとアリストテレスやプラトンによって見なされた。アリストテレスの時代までに、証明はその前提の資格によって分類されるものと理解された。彼は、推論には、必当然的(apodictic)論証と弁証法的(dialectical)な二種類からなるという類別をなした(『分析論後書』と『トピカ』)。前者は、真の前提から必然的に真の結論を導く。後者はそうではなく、当事者双方が規約的に合意された前提から当事者の他方を説得しようとするのであるが、真理に必然的に到達するということはない。前者は数学的論証と同一と見なされ、後者は、弁証法にかかわり、議論（前提の分析）に基づくものとされた。厳密な数学的論証の考えは、幾何学との関連で注目され、エウクレイデースの『原論』で例示される公理論的な幾何学的論証推論の礎石となった。

3. ヨーロッパと東アジアの代数解析的証明の比較

17世紀に証明の新概念が生まれた。その先駆的形態として、フランソワ・ヴィエト（1540-1603）が、1591年刊の『解析技法序論』において、アラビアのアルジャブルと、イタリア・ルネサンスのコス代数を改変して、ある種の記号代数を創始した。幾何学の代数化は、ヴィエトの後継者のひとりマリノ・ゲタルディ（Marino Ghetaldi, 1566[68]-1626）の遺作『数学的解析と総合』(1630)やデカルトの『幾何学』(1637)に見られるごとく、幾何学的命題を代数的手順で証明する可能性を生み出した。18世紀の微分積分学の基礎づけ問題への取り込みは、古代ギリシャ以来の直観的な幾何学証明の確実性を格下げすることとなった。19世紀になると代わってボルツァーノやコーシーによる代数解析的な厳密性の規準が支配的となった。この傾向は、デーデキント、カントルらの集合論的連続体論に受け継がれてゆく。

本節の以下の記述は佐々木教授の助けを借りた。

ここで、古代中国では、計算器械的算術として、筭籌ないし算木を用いた算学があったことが注目されるべきである。古代中国数学の古典『周髀算経』の趙爽注に見える「勾股弦定理」（三平方の定理）の「解剖証明法」（現代的には「組合転変原理」ともいわれている）、『九章筭術』の劉徽注の「出入相補原理」は直観的証明の事例であり、また、劉徽注における計算事例は代数解析的証明と解釈できるかもしれない。が、ギリシャの必当然的な論証的総合法の段階には到達しておらず、アリストテレス『分析論後書』のような論証法についての哲学的著作も中国や日本にはなかった。

中国の宋朝時代ないしその直後には、算盤＝ソロバンが使われ出したことがわかっている。さらに、イスラーム数学の影響があったかどうかは未だ判然としないが、中国的方程式技法として、天元術が始まった。中国での宋元時代であった。中国的算盤は、室町時代後期には日本に渡り、そして16世紀末までには、天元術解説書として、朱世傑の1299年刊の『筭學啓蒙』が日本人の手に入ったものとされる。

こうして宋元時代の中国数学を、おそらく李朝朝鮮を経由して導入させ、江戸時代に入って、独自に開花させたのが、日本近世数学＝和算であった。和算の初等的書物の代表例は、吉田光由（1598-1672）が出版した『塵劫記』（初版1627）であるが、算盤による計算事例がたくさん盛られている。また、高等数学の分野では、關孝和（?-1708）の思想に基づくものと考えられている『解見題之法』には三平方の定理のごく簡単な直観的証明が見られる。

さらに關の高弟、建部賢弘（1664-1739）の傑作草稿『綴術算經』（1722）の円理技法には帰納的推論が使用されているものの、不完全帰納法の形態で、たとえばヤーコプ・ベルヌリの『推測術』（1713）に見られるような近代ヨーロッパの完全帰納法の定式化には到達していない。

ただし、『塵劫記』やその他の和算書には、アポディクティックな証明はなくとも、いくつかの証明事象は存在し、その算術としての説得性がどの程度あるかについては、今後の仔細な議論がなされることがおおいに期待される。中国・日本を中心とする東アジア数学の在り方は、われわれの証明事象概念が検討されるべき、重要な数学史的事例となっているのである。

4.「証明事象」の代表的類型

ここで、これまで議論してきた証明と証明事象について、中間的に、類型論を提示しておくこととしよう。

第一に、視覚に基づいた証明事象が挙げられる。

第二に、構成的ないし生成的証明事象がある。

第三に、前提ないし仮設に基づいた公理論的証明事象がある。

視覚に基づいた直観的証明事象は、洋の東西を問わず、見受けられる。『原論』第1巻に見られるいわゆる「ピュタゴラスの定理」の厳密で視覚化可能な証明、中国の劉徽による「出入相補原理」、近世日本の三平方の定理の証明試行は、その事例である。証明が古代ギリシャにだけ見られると考えるのは、いまや神話というべきである。

エウクレイデースの『原論』の第7-9巻は数論についての巻であるが、それは第一の型にも、第三の型にも属さない。第二の型に属する。インド式計算法、東アジアの器械的計算法がどうなのかについては、さらに検討されるべきである。

第三の、公理論的数学は、たしかに古代ギリシャの『原論』とその先駆的形態に初めて出現した。そして、その後、ヒルベルトにいたるまで、あるべき数学理論の典型とされるようになった。だが、われわれの考えによれば、それは証明事象の一事例にすぎない。

5．コンピューターによる「証明事象」

1976年に、有名な「四色問題」への「証明」がアッペルとハーケンによってコンピューターを利用することによって与えられた。この「証明」を正式の証明として認めるか否かが数学者のあいだで熱心に討議された。同様の証明は、1996年にマッキューンの「ロビンス代数のすべてがブール代数」であることをコンピューターで示す「方程式証明子」（equational prover）によっても提示された。このコンピューターによる証明は、他の数学的言語に翻訳しなければ人間に理解可能なものとはならないことに注意しなければならない。

そして、インターネットのウェブ上での共同作業による証明が注目されるようになっている。さらに最近では、ケンブリッジ大学の2009年フィールズ賞受賞者ガワーズが「数学における共同作業的証明は可能か？」といった問題を彼のウェッブ上で公開して注目された。これは、ある定理の証明について、代替の、より明晰な証明の発見を呼びかけたもので、同じくフィールズ賞受賞者の

●特集：学問史の世界　佐々木力と科学史・科学哲学

カリフォルニア大学ロサンジェルス校のタオによっても支持され、新たな発展を見せている。この新規の実験的な研究プログラムは、新規の数学的実践と共同作業といった特性をもっているために新たな問題を生み出している。証明概念の多様性について考えさせる問題と言えるであろう。

結　語

　疑いなく、数学的証明は数学の心臓部にある。だが、この概念は、伝統的に、数学哲学において、精神から独立な所と時のない抽象的存在であるか、あるいは、純粋にシンタクティックな対象と見られてきた。だが、この見方は、現代の数学史的観点から見て、狭隘である。数学の対象は、完全には形式化できず、解釈と検証を求める、なんらかの意味論的内容をもつ。それで、20世紀後半になって、数学史に研究スタイルの転換が必要とされたのであった。これが、本エッセイにおいて、ゴーグェンの「証明事象」を導入した主たる理由なのである。この概念を援用することによって、数学的証明と問題解決は社会的・文化的プロセスとして理解される。このアプローチは、数学的証明の本性を社会的文脈において理解する新しい光を投ずるであろう。このような概念を導入すれば、より的確な数学の解釈を可能にするであろうし、また、研究対象である文化共同体を世界の数学遺産の中に統合しうるであろうことを私は信じて疑わない。

　本エッセイで開陳したアプローチが、21世紀のコンピューター利用社会の数学を先入見なく歴史の中に位置づけ、さらに、東アジアの伝統数学にも新たな光を投ずることを希望する。

参考文献

Joseph A. Goguen,"What is a proof," http://cseweb.ucsd.edu/~goguen/papers/proof.html (2001; Accessed 15-3-2014)；Ioannis M. Vandoulakis & Petros Stefaneas, "Proof-events in History of Mathematics," *Gaṇita Bhāratī* 35 (1-4)(2013)，pp. 119-157; I. M. Vandoulakis, "Was Euclid's Approach to Arithmetic Axiomatic?" *Oriens-Occidens: Cahiers du Centre d'histoire des sciences et des philosophies arabes et médiévales*, 2 (1998), p.141-181; I. M. Vandoulakis, "Styles of Greek arithmetic reasoning,"『数学史の研究』(*Study of the History of Mathematics*)，RIMS 研究集会報告集 *Kôkyûroku*, No.1625 (2009), pp. 12-22; I. M. Vandoulakis, & Liu Dun (eds), *Navigating across Mathematical Cultures and Times: Exploring the Diversity of Discoveries and Proofs*. World Scientific (forthcoming).

特集論考●学問史の世界　佐々木力と科学史・科学哲学

サボー・アールパードの数学史に関する業績

クトロヴァーツ・ガーボル◉エトヴェシュ・ロラーンド大学自然科学群科学史・科学哲学講座准教授

川村真也（中部大学中部高等学術研究所 国際ESDセンター研究員）・佐々木力　訳・附論

Gábor Kutrovátz, Árpád Szabó and His Work on the History of Mathematics

　サボー・アールパード（Szabó Árpád）は、ハンガリーの古典文献学者であり、科学史研究者でもあった。彼のもっとも重要な科学史上の貢献は、古代ギリシャにおける数学史研究である。このエッセイでは、彼の生い立ちを提示し、つぎに、彼の中心的な発見について考察する。サボーの研究は、彼の時代の支配的な見解とは対照的であったが、最終的に、彼の考えの受容は広範に認められる。

生い立ち[1]

　サボーは1913年10月16日に生まれた。1931年にブダペストのパーズマーニ・ペーテル大学（現在のエトヴェシュ・ロラーンド大学）に入学してギリシャ語とラテン語の古典を学び、1935年に博士号を取得した。その後も古典文献学と古代史についての研究を続け、フランクフルトのヨーハン・ヴォルフガング・ゲーテ大学にて、1939年に教授資格も取得した。彼の関心は、文献学から民俗学、文化史、宗教史といった幅広いテーマに及んだ。

　彼は第二次世界大戦の勃発前にハンガリーに戻り、1940年、ティサ・イシュトヴァーン大学（現在のデブレツェン大学）で古典文献学の教授に就任し、1948年に学科が閉鎖されるまで勤務した。そこで彼は、20世紀後半の科学と数学の歴史家・哲学者のもっとも影響力のあるひとりとなったラカトシュ・イムレ（Lakatos Imre）の教師であったことは注目に値する。サボーとラカトシュは、ラカトシュが1956年にハンガリーを去った後でさえ、1974年のラカトシュの死までずっと親しい友人であった。

　この時期、サボーは、*Perikles kora: Történeti és politikai áttekintés*〔ペリクレスとその時代──政治史的概観〕、Budapest: Franklin Társulat, 1942、や *Demosthenes és Athén*〔デモステネスとアテネ〕、Budapest: Franklin–Parthenon, 1943、など広く読まれたギリシャの歴史と文化

Kutrovátz Gábor ◎ 1999年、エトヴェシュ・ロラーンド大学自然科学群を修了し、物理学、天文学、英語による科学教育の学位を受ける。なお同年から同大学科学史・科学哲学科の助手、2009年からは准教授を務めている。2003年には同大学人文学群で哲学の学位を獲得、その後、ブダペスト工業・経済大学（現在のコルヴィヌス大学）で「技術史」の博士学位を得る。プラハのカレル大学、クラコフのヤギェウォ大学など中東欧の大学とのかかわりも深い。エトヴェシュ大学のウェブサイト http://hps.elte.hu/~kutrovatz/page_2/ora_h.htm に詳細な研究業績の紹介がある。

●特集：学問史の世界　佐々木力と科学史・科学哲学

若きサボー・アールパード
Emlékkötet Szabó Árpád születésének 100. évfordulójára〔サボー・アールパード生誕100年記念特輯〕*Magyar Tudománytörténeti Szemle Könyvtára 100 Magyar Tudománytörténeti Intézet*, Budapest 2013 より転用 ©Mike Brown

に関する一連の書を出版し始めた。これらの本では、古代ギリシャの検討をしながら、同時代の政治的および文化的状況に間接的に言及した。彼は、歴史を学ぶことの大きなポイントは、「われわれ自身の時代の理解を向上させることだ」と主張した。とくに、これらの書には、世界大戦時の反民主的で反人間主義的な思想的雰囲気の間接的かつ暗示的な批判が含まれている。

このような民主主義的態度により、共産党が次第にハンガリーで権力を獲得したあとも、彼は戦後の数年間、認容された学者としてあり続けることができた。そして、古代史に関する人気を博した書を出版し続けることができた。不完全だが、それらを挙げれば、*Sokrates és Athén*〔ソクラテスとアテネ〕、Budapest: Szikra, 1948；*Óperzsa novellák*〔古代ペルシャの短編文学〕、Budapest: Egyetemi nyomda, 1948；*Mágia és vallás*〔魔法と宗教〕、Budapest: Budapest Irodalmi és Művészeti Intézet, 1949；*Homéros*〔ホメーロス〕、Budapest: Akadémiai kiadó, 1954, *A trójai háború.*〔トロイア戦争〕、Budapest: Ifjúsági kiadó, 1956, *Aranygyapjú, Görög mesék és mondák*〔黄金の羊毛──ギリシャの物語と伝承〕、Budapest: Móra kiadó, 1977；*Hellász h hősei*〔ギリシャの英雄たち〕、Budapest: Móra kiadó 1985；*Szophoklész tragédiái*〔ソフォクレスの悲劇〕、Budapest: Gondolat, 1985; *Odüsszeusz kalandjai*〔オデュセウスの冒険〕、Budapest: Seneca, 1996。これらの書では、主題についての乾いた純粋な説明を提供するのではなく、現代的で、しばしば非学術的な読者や子供にとっても理解しやすく、親しみやすい魅力的な方法で話題を提示した。

しかし、サボーは共産党イデオロギーの擁護者にはならなかったので、戦後は恒久的な大学の地位を得られなかった。彼はブダペストのエトヴェシュ大学の相異なる学科のような、さまざまな制度で講師として働かざるをえなかった。彼は非常に人気のある教師であり、つねにたくさんの聴衆で満杯の講義室で講義を行ない、当時の数多くの学生を啓発し、刺激を与えることができた。彼の教育技法、熱心な方式、思想的霊気は、学生たちにとっては伝説的なものとなった。

1956年の共産党政府に抗するハンガリー革命は、彼のキャリアにとって転換点になった。彼は、大学での手順的諸問題を議論するために委員会を呼びかけたが、それは、革命の失敗後、反乱の政治的行為として解釈された。それにより彼は教授の称号を奪われたうえに、大学からも解雇され、その後、ハンガリーでの教育活動を33年間禁止された。しかしながら、1958年に、ハンガリー科学アカデミーの数学研究所で働き始めることができた。その時期、彼はギリシャの弁証法の歴史に焦点を当てた研究を始めたこともあり、そのトピックは彼をギリシャ数学の研究に導いて行った。1950年代に、彼はほとんどはハンガリー語とドイツ語でその問題についての多数の論文を出版した。続いて、彼の論文は国際的な注目を集め、会議やワークショップへの招待を多く受けることとなった。残念なことに、この時代においては、多くの場合、西側諸国を訪問することは危険である

(「移民してしまう可能性がある」）と考えられていたため、政府から出国の許可は得られなかった。

それにもかかわらず、1960年代の初めに、サボーは世界的に数学史家によって広く知られるようになり[2]、彼は、*Osiris*、新しく創刊された *Archive for History of Exact Sciences* [3], *Mathematische Annalen* [4], *Scripta Mathematica* [5] など、もっとも著名で、もっとも広く読まれている学術雑誌に論文を出版している。その題目についての彼の主要な作品は、1969年に出版された *Anfänge der griechischen Mathematik* [6] であり、それは1978年に英語に翻訳された[7]のを手始めに、ギリシャ語（1973）、フランス語（1977）、日本語（1978）〔中村幸四郎・中村清・村田全訳『ギリシア数学の始原』玉川大学出版部〕など、いくつかの言語に翻訳された。

1970年代、サボーの研究焦点は、天文学史と地理学史をも包含するようになっていった。そうした彼の関心はエルッカ・マウラ（Erkka Maula）との共著の、もうひとつの本にまとめられており、*Untersuchungen zur Frühgeschichte der griechischen Astronomie, Geographie und der Sehnentafeln*〔ギリシャ天文学・地理学・弦関連数表（三角法に関する数表）の早期の歴史研究〕[8]に集約されて、1982年にアテネで出版された。この本は、晷針（グノーモン）、天文学的日時計の使用に焦点を当てており、この器具を用いることが、その後の何世紀にもわたって西洋の科学的伝統に暗黙裏に持続した、ギリシャの幾何学的世界モデルがどのように形成したのかが研究している。また、ギリシャ数学において幾何学的であることの強調が天文学理論とどのように相互交流したか、そして、この相互作用が古代後期の天文学的諸著作において三角法の出現をどう促したのかについて検討している。この研究は後年1992年にミュンヘンで出版された別の本、*Das geozentrische Weltbild*〔地球中心的世界像〕[9] に拡大された。

サボーは1983年に数学研究所から退職したが、彼の仕事は続いた。彼は、エウクレイデース『原論』のハンガリー語翻訳版（1983年）を監修し序文を執筆した．彼はハンガリー語で大衆向けの本を出版した。たとえば、*Antik természettudomány*〔古代自然科学〕、Budapest：Gondolat, 1984；*Matematikai müveltségünk keretei Középkor és reneszánsz* (T. Tóth Sándor との共著)〔数学リテラシーの枠組み、中世とルネサンス期を中心に〕、Budapest：Gondolat, 1988；*A görög matematika Tudománytörténeti visszapillantás*〔ギリシャ数学、科学史的再考〕、Piliscsaba–Budapest：Magyar Tudománytörténeti Intézet, 1997、である。彼はギリシャの哲学とその遺産に焦点を当てた学術雑誌（*Existentia* と呼ばれる）の創設者兼編集長を務めた。彼はまた哲学史に関する諸著作を出版した。

彼は、共産党時代が終わった年である1990年にハンガリー科学アカデミー会員に選ばれた。その時まで、彼はすでに多数の外国のアカデミーや研究所の名誉会員であった。彼はさまざまな大学で、いくつかの地位を提供されたが、すべて辞退した。1994年、彼はハンガリー科学史研究所を設立した。

サボーは2001年9月13日に逝去した。

ギリシャ数学に関するサボーの観点[10]

古代ギリシャの数学は、つねに科学史の中でもっとも研究され、もっとも論争されてきた話題のひとつであり、20世紀半ば、その主題はその分野の最前線にあった。現代政治のトピックでは、サボーとハンガリーの読者にとってはギリシャの民主制の研究が光を放つように、それは、科学史

●特集：学問史の世界　佐々木力と科学史・科学哲学

の学者にとって、高度に抽象的で、公理的―演繹的なギリシャ数学の伝統は、現代数学と、その抽象的で、公理的―演繹的な基礎の本性に関する重要な諸問題を照らしている。これらの研究は、主要に、学問的背景が数学である学者たちによって行なわれ、彼らは、不可避的に現代の数学理論を歴史分析の文脈や枠組みとして利用した。

　数学史家の大部分とサボーは、ギリシャ数学のもっとも顕著で、もっとも特異な特徴は、推論の演繹的スタイルであるという一般的な見解を共有していた。これまでの数学的関心を呼んだ文化の中に見られない（または非常に淡い）痕跡は、ギリシャの数学的活動の多くの帰結のひとつというわけではなかった。ギリシャ人の発見以来、演繹的方法は数学的思考のもっとも基本的な特徴のひとつとなったのだった。こうして、数学史における中心的な問題のひとつは、演繹的な数学がどのように、また、なぜ出現したかなのである。

　数学的背景をもった歴史家にとっては、その理由が何であれ、彼らはたしかに本性において数学的であろう。そのほとんどの説明には、たとえば、（自然）数からすべてを構築することができないなどの通約不可能性の問題、すなわち、数学における無理量の発見が含まれており、ギリシャ人は基本的な不一致から数学的知識を保全する必要があったので、一貫した理論的枠組みに数学的命題を埋め込む純粋に合理的な方法を発展させた。最終的に彼らは、公理的―演繹的な幾何学理論は、量に関する一般的かつ抽象的な主張を定式化する方法でもあるため、通約不可能性のような問題を回避する効果的な方法であることを認識し、言い換えれば、問題の集約的な分析によって、数学的領域の固有の構造を発見することが可能になった。

　しかし、サボーは、古典文献学とギリシャ史という非常に異なる背景をもっており、近代数学に精通していなかった彼は、ギリシャ語の専門的知識とギリシャ文化的な習慣の全般的理解において、彼の専門性を築き上げることとなった。さらに、彼は、ギリシャ数学のテキストで用いられる用語を分析した。その分析は、意味、意図、動機といったそれまで隠されていた下層を明確にした。証明と基本原理を記述するために使用される用語と、証明に用いられる用語は、演繹的実践が、ギリシャ的弁証法、すなわち論争の技法に起源をもつことを示していた。したがって、数学的な証明は、ギリシャ哲学と思想風土の特徴であり、批判的議論的なより広範な文化的実践に組み込まれていたことを示したのであった。

　とりわけ、彼は、数学的用語とエレア派の哲学的断片とのあいだのいくつかの概念的および用語的な諸概念を特定し、固定的な議論パターンの最初の痕跡（たとえば、矛盾による証明）、それに対応する論理的諸原理と手順の認識があることを明らかにした。広い文化的な文脈からの問題に接近してゆくと、数学は、ギリシャの数学的実践が解明された時点で、推論に基づく議論的探究の重要性が認識された唯一の分野というわけではなかった。議論についての認識の歴史は、反経験的で純粋に思想的な議論の力が最初に認められた紀元前5世紀のエレアの哲学派から始まったことをわれわれは知っている。哲学の歴史において、エレア派の議論は、古代ギリシャの主要な思想的文化における多くの部分による異議と見なされていたことは明らかであるように思われる。サボーは、演繹的数学の伝統の起源は、まさしく同一の異議までたどり戻されるのであり、数学的思考を形作り、古典的なギリシャ数学の出現を促した反経験的枠組みを示唆したのはエレアにおける弁証法学派であったと主張したのであった。

　それを示すのは、ギリシャ数学における間接的証明（矛盾による証明）の過多と言ってよい役

割なのである。エウクレイデスの『原論』に必要以上に間接的な証明があることは長いあいだ認識されてきたのであるが、これは、そのような推論形式を使用するある種の「熱意」を反映している。しかし、すぐに弁証法の分野で不可欠な道具となった間接的証明を最初に探究したのはエレア派であった。さらに、二つの大きさに共通尺度がないことを示すためには間接的議論が必要なのであるから、間接的議論を使用しなければ、通約不可能性の危機が発生していない可能性がある。これは、通約不可能性の発見以前にさえ、演繹的な数学思想の発展が始まったことを示しているのだが、それは当時広く受け容れられている見解に反している。のちにアポロニオスとアルキメデスの時代のギリシャの数学的伝統の頂点にあって、間接的証明が、無限小的な計算（取り尽くし法として知られている）の原動力となったことは注目に値する。

反経験的推論パターンの使用は、エレア派と数学のあいだのいくつかの可能性ある連携の唯一の事例というわけではない。サボーは、たとえば、いくつかの明示的なエレア派の見解とピュタゴラスの数の理論のあいだ、あるいは、いくつかの数学的公理と要請とゼノンの有名な「パラドックス」とのあいだに、数多くの概念的および用語的関係を発見できると主張している。（また、文献学的研究は、ギリシャ数学がピュタゴラス的音楽と比例の研究に大きく恩恵を受けていることを示唆している。）彼のもっともよく知られている議論は、弁証法の語彙と、数学の公理的—演繹的蓄積と関連した用語（「定義」、「公理」、「要請」などのギリシャ語の用語）との密接な関係を示したことである。

要約すると、サボーは、演繹的数学が古代ギリシャのエレア派の挑戦によって始められた思想的革命に起源をもつことを示唆しているのである。彼のハンガリー語論文のひとつで、彼は「体系的で演繹的な数学は、歴史の最初期段階では、哲学の特別な分枝なのであり、より精確には、エレア派の弁証法であった」と主張している[11]。その後、彼は、演繹的枠組みを幾何学に応用することが、最終的にギリシャ人をして哲学と区別された数学の真性の特徴を認識するようになるまでは、ピュタゴラス派的な数理論と、その一部に沿って、そして部分的には本質的な批判的修正に沿って、エレア派哲学から発展したことを示した。こうして、数学は、みずからの基盤構築のための長い独立戦争の結果として、紀元前5世紀から4世紀にかけて独立した学問となったのであった。

サボーの時代における優勢な見解

一部の歴史家は、サボーの観点を受け容れ、洞察に満ちていると感じたが、中には強く反対した人もいた。後者は、古代ギリシャ数学の体系的研究が始まった19世紀から20世紀にかけての数学の歴史を支配していたいわゆるインターナリスト（数学はその学問内部で発展するとする考え）的伝統を代表している。H. G. ソイテン（Zeuthen）、P. タヌリ（Tannery）らは、紀元前5世紀と4世紀の利用可能なソーステキスト（とくにエウクレイデスの『原論』）のテクニカルおよび概念的分析を提供することによって、ギリシャの数学的発展を再構築することを目標とする研究を開始した。そのような再構成は、古代テキストを文脈から外し、その「数学的内容」を「表現形式」（後者は偶然的で無関係なものとして無視された）から分離することによって行なわれた。再構成は必然的にわれわれの現在の数学概念に依存し、その内容は、現在の数学になるものを参照して特定されることとなる。上述の見解では、数学の歴史は相互に関連した数学的概念や命題の発展として現われており、数学的知識の発達は、これらの概念関係のネットワーク上での思想的熟達の向上にあ

●特集：学問史の世界　佐々木力と科学史・科学哲学

る。したがって、近代的な数学のより良い理解は、「不体裁な」表現や「ぎこちない」表現のことばを取り除き、元の問題を私たち自身の年齢のより適切な数学的言語で再定式化することによって、古代数学のテキストの実際の内容を明らかにすることができよう。それは、数学史は数学自体の内的ことがらであることを意味する。

　インターナリストの歴史記述の伝統は、初期ギリシャ数学の洞察的かつ首尾一貫した解釈を発展させたことに留意しなければならない。その主要な概念のひとつは「幾何学的代数」であり、エウクレイデースにおいて解決された数学的問題の多くが「幾何学的衣装」をまとった本当は代数的問題であるという視点を表わしている。ギリシャ人が代数的諸問題を幾何学的な言語を使って解いた理由はいくつかあるかもしれない。たとえば、(i) 同じ単位でいくつかの大きさ（量）を測ることができないことのスキャンダラスと思われた発見、すなわち、それらは通約不可能なのであり、任意の二つの整数の比としては表現できないが、線分（たとえば、正方形の辺と対角線）として表現することに問題はない。(ii) バビロニアの代数的数学知識の、ギリシャ数学の最初期の、主に幾何学的な伝承への統合。この考えに従えば、エウクレイデース（アポロニオスとアルキメデス）の仕事の大部分は、幾何学的代数として、あるいは誤解を招きやすいが、不可避である幾何学的文脈における代数的問題解決として再解釈することができる。そして、これは、演繹的な、後年には公理論的な数学的様式の出現が、通約不可能性の問題によって引き起こされた基礎論的危機への体系的反応の結果として見られるようになる。

　ギリシャ語テキストにおける偶発的な表現形態から本質的な数学的内容を救う可能性は、われわれの数学的知識が言及する数学的真理と実在の独立した存在と永遠の妥当性を前提としている。この見方は、数学的リアリズムないしプラトニズムと呼ばれている。そうした観点によれば、古代ギリシャ数学と近代数学は同じ真理を表現しているのであり、一定の、われわれから、またわれわれの認識の企てから独立した数学の領域に属している同一の事態なのである。数学史は、これまでで、よりよい、より適切な道具によって、この数学的領域を発見するプロセスともっともよく見なされるのである。この観点の顕著な事例は、本質的にプラトニストであるブルバキ・サークルの中心的数学者であるアンドレ・ヴェイユ（André Weil）から得られる：「エウクレイデース『原論』の第V巻と第VII巻の内容を適切に分析することは、大きさ自身の加法群上に働く乗法群として扱われるので、群の概念や演算子群の概念なくして適切に分析することは不可能である」[12]。すなわち、エウクレイデースのようなギリシャ人は、演算子の群の概念を持たなければ、精確な記述の可能性が出て来るずっと以前に、真理の領域について半意識的に適切な主張を定式化する夢遊病者であったのだ。

サボーの見解の受容

　明らかに、インターナリストは、解釈の枠組みとして、近代数学の代わりに、文献学と概念の歴史を解釈の枠組みとして用いるアプローチに強く反対した。ことに、上述のように、このアプローチは、数学が（最初の純粋な形態で）弁証法と哲学に多大な恩恵を受けているという見解をもたらしたからであった。これを説明してみよう。指導的論理学史家であるウィリアム・ニール（William Kneale）は、以下のような方法でサボーの見解に反対する：「私は、ある哲学者がそれについて著述し、それが妥当なのだと数学者に言うまでは、数学者が彼らの論理的に妥当な推論パターンを用

いることができないといったことを前提すべきだとは思わない。事実、これは、二つの研究、論理学と数学が関係する道なのではないことがわれわれにはわかっている」[13]。二つの分野間の関係に関する標準的な観点によれば、数学的知識は形式体系においてのみ適切に表現され、これらの体系の一般的な特徴（構文構造、推論の諸規則など）は論理学によって決定される。数学における論理学の役割は、数学理論が構築されている正しい枠組みを規定し、数学諸理論のメタ理論を提供することなのである。

しかしながら、エレア派の論理的「知識」（それが意味するものは何であれ）がギリシャ数学のメタ理論として役立つには不十分であったことは明らかである。アリストテレスの三段論法でさえも、その目的には適していない。他方、現代論理学は、ヤン・ルカシェヴィチ（J. Łukasiewicz）と彼の後継者が示したように、古代理論を「適切な」形式で再構成するための枠組みを提供している。この再構成主義的プログラムは、ギリシャ人が数学的対象の領域に関する真の陳述をどのように推測するにしても、彼らの論理的なギャップや誤りは、その表現の本来的で不器用な言語から彼らの理論を奪い、そうして、現代の論理学によって提供される正しい形式的な基礎の上にそれらを再構成することによって。歴史記述のインターナリスト的嗜好にきれいに適合するというわけなのである。

これが数学史の正しい方法であるのであれば、サボーはその分野で論理学が果たす役割を誤解していたことになる。数学者たちは、ニールが警告しているように、哲学者が研究を進める方法を彼らに事前に教える必要はなく、論理学はのちに再構成の段階で舞台に入ってくるのである。もうひとりの批判者、カレル・ベルカ（Karel Berka）も同様の結論に達し、「数学史の中で、数学者が数学の発展に積極的に影響を与えたのと同時に哲学者がいたというような事例はほとんどいない」[14]と注記している。数学の自律性は維持されなければならないのだ。こうした観点の擁護者にとって、サボーの混乱は、数学の外部の要因に依存する歴史的説明の失敗の一例なのである。

しかし、インターナリストの歴史記述は、科学史一般の中で、1960年代と70年代に深刻な批判に直面することとなった。いわゆるポスト・クーンの伝統を代表する多くの「エクスターナリスト」の歴史家は、それが展開される社会的および文化的文脈を無視するのでは、歴史科学は正しく理解できず、そして、インターナリスト的再構成では、彼らの問題をとらえることができないと主張した。ギリシャ数学に関しては、この批判のたぶんもっとも強力で高度な論争を巻き起こした解説は、セベタイ・ウングル（Sebetai Unguru）によって公式化された。彼は、彼の観点にもっとも影響力をあたえた源泉はサボー・アールパードであったと認めている。1975年の論文「ギリシャ数学の歴史を書き直す必要性について」[15]において、ウングルは、ギリシャ数学を理解することは数学者ではなく歴史家の仕事であると主張し、歴史家だけが過去の文化の実践（数学的なものを含む）を研究するための適切な方法論的道具を持っていると論じている。

ウングルの主張は、当時のサボーの観点よりもさらに強い反対に遭った（ファン・デル・ヴァールデン（B. L. van der Waerden）[16]やアンドレ・ヴェイユ（André Weil）[17]のような著名な専門家の攻撃）のだが、彼の一般的なアプローチは今日では広く受け容れられている。数学史上もっともすばらしい作品は、インターナリストのよりもエスクターナリストのものである（この二分法の妥当性をしばしば否定しながら）。サボーの業績は、彼の時代から非常に有力で有益なことが証明されたこの伝統の早期の一事例なのである。彼の主張のいくつかのテクニカルな細部は、最近の

●特集：学問史の世界　佐々木力と科学史・科学哲学

研究の光に照らし合わせてみればいくぶん誇張されているようであり、精査が必要であるかもしれないが、まさしくそれは、彼が擁護した方向の線に沿って、専門性の標準が精細になっているからなのである。彼の研究は、古い方法論やアプローチを超えて進歩する道を示し、今日の数学史の専門的な文化の出現に大きく貢献したのである。

《注》

(1) この部分は主に私のつぎの拙稿に基づいている：Gábor Kutrovátz: "Szabó Árpád" *Magyar Tudomány* 162/6: 828-831. 2002.
(2) "Der älteste Versuch einer definitorisch-axiomatischen Grundlegung der Mathematik" *Osiris* 14: 308–369. 1960-62.
(3) "Anfänge des Euklidischen Axiomensystems" *Archive for History of Exact Sciences* 1: 37–106. 1960-62.
(4) „Der Ursprung des „euklidischen Verfahrens" und die Harmonielehre der pythagoräer" *Mathematische Annalen* 150: 203–217. 1963.
(5) "The Transformation of Mathematics into Deductive Science and the Beginnings of its Foundation on Definitions and Axioms. I–II" *Scripta Mathematica* 27: 27–49, 113–139. 1964.（伊東俊太郎・中村幸四郎・村田全訳『数学のあけぼの―ギリシアの数学と哲学の源流を探る』、東京図書、1976）
(6) *Anfänge der griechischen Mathematik*. Budapest–München–Wien, 1969. Akadémiai – R. Oldenbourg.
(7) *The Beginnings of Greek Mathematics*. Budapest, Akadémiai – Dordrecht, Reidel Publishing Company. 1978.
(8) *ENKLIMA : Untersuchungen zur Frühgeschichte der griechischen Astronomie, Geographie und der Sehnentafeln*. Athen, 1982. Academy of Athens.
(9) *Das geozentrische Weltbild. Astronomie, Geographie und Mathematik der Griechen*. München, 1992. Deutscher Taschenbuch Verlag.
(10) 残りの部分は私の以前の論文に基づいている：Gábor Kutrovátz: "Mathemtics, Logic and Philosophy from a Historical Point of View: The Beginnings of Deductive Mathemitics" In Péter Körtesi (ed.): *Proceedings of the 3rd Conference on the History of Mathematics and Teaching of Mathemtics*. Brassov, Fulgur Publisher, 2005. Pp. 80-86.
(11) 私の翻訳から：Á. Szabó: "A matematika terminusainak euklidészi alapjai" [Eucledian Foundations for Mathematical Terminology] In: *A görög matematika*. Magyar Tudománytörténeti Intézet, 1997: 134.
(12) A. Weil: "The History of Mathematics: Why and How" (In: *Collected Papers*. New York, Springer-Verlag. 1979. Vol. 3) p. 439. (Paper from the International Congress of Mathematicians, Helsinki 1978.)
(13) W.C. Kneale: "Commentary to Árpád Szabó's 'Greek Dialectics and Euclid's Axiomatics'". In: I. Lakatos (ed.) : *Problems in the Philosophy of Mathematics*. Amsterdam, North Holland. 1967: 9.
(14) K. Berka: "Was There an Eleatic Background to Pre-Eucledian Mathematics?" In: J. Hintikka, D. Gruender and E. Agazzi (eds.) : *Theory Change, Ancient Axiomatics and Galileo's Methodology. Proceedings of the 1978 Pisa Conference on the History and Philosophy of Science*. Dordrecht-Boston-London, D. Reidel Publishing Company. 1981. Vol. 1: 127.
(15) S. Unguru: "On the Need to Rewrite the History of Greek Mathematics" *Archive for the History of Exact Sciences* 15: 67-114. 1975.
(16) B. L van der Waerden: "Defence of a 'Shocking' Point of View" *Archive for the History of Exact Sciences* 15: 199-210. 1976.
(17) A. Weil: "Who Betrayed Euclid?" *Archive for the History of Exact Sciences* 19: 91-93.

特集論考◎サボー・アールパードの数学史に関する業績

佐々木力による附論

　サボー（アールパード）Szabó Árpád（1913～2001）の経歴は上記に邦訳されているクトロヴァーツの論考で略述されているとおりであるが、私自身が得た情報によって若干訂正の必要があるように思われる。ハンガリーでは、姓名は姓→名の順に記す。以下、サボー先生の私自身が掌握しているかぎりでの略歴、並びに日本での数学史研究におけるサボー先生の貢献の歴史的位置づけを試みる。

　サボーはハンガリーの古代ギリシャ数学史家にして古典文献学者。ハンガリー語でサボーは「裁縫師」の意味。祖国のパーズマーニ・ペーテル大学（現在のエトヴェシュ・ロラーンド大学）に学び、1935年に博士号、ドイツのフランクフルト大学で1939年に教授資格を取得した。27歳にして正教授として1940年から母国のティサ・イシュトヴァーン大学（現在のデブレツェン大学）で古典文献学を教えるも、旧勤労党の独裁下、48年に学科が廃され失職。その後、エトヴェシュ・コレギウムやパーズマーニ・ペーテル大学（1950年からエトヴェシュ・ロラーンド大学）で講師をしながら、古代史についての著述と市民への講演に専念。戦後すぐユダヤ人学生のラカトシュ・イムレに共産党入党を勧められ、その勧めに応じる一方、古代ギリシャの理論数学についてラカトシュと共同で探究することを約束しあった。サボーは歴史、ラカトシュは哲学という分担であった。ところが、ハンガリー共産党のスターリン主義的政策になじめず、56年秋のハンガリー革命を支持。立ち入って言えば、スターリン言語学批判の廉で、52年までに党から追放された。革命時には、ブダペストのエトヴェシュ大学の革命委員会議長に選出された。革命敗北直後にラカトシュは英国に出、ケンブリッジ大学で学ぶこととなった。他方のサボーは57年「反体制」のゆえをもって大学教育を禁じられ、以後33年間、国立大学の教壇に立てなかった。この時期にギリシャ数学史に研究を集中し、58年には科学アカデミー数学研究所研究員となる。やがてギリシャ数学史の著作が高評を得て、その国際的知名度が公職への部分的復帰を促進した。古代ギリシャ数学の起源をエレア学派の非経験主義的思潮に求める学説を唱道し、60年頃からは国際的に注目され、海外渡航も政府によって認められ、74年夏の国際科学史会議のさいに来日している。69年ドイツ語原著刊の『ギリシア数学の始原』は親交のあった中村幸四郎らによって邦訳され、78年に公刊されている。90年、政権の転換後、コシュート・ラヨシュ大学（現在のデブレツェン大学）名誉教授、ハンガリー科学アカデミー正会員となり、92～94年、カーロイ・ガシュパール改革派大学教授を務めた。94年創設のハンガリー科学史研究所の初代所長に就任した。András Máté, "Árpád Szabó and Imre Lakatos, Or the relation between history and philosophy of mathematics," *Perspectives on Science* 14 (2006), pp. 282–301 はラカトシュとの思想的交流について記述している。

　マーテーの上記論考に明らかなように、サボーは、みずからの学生であったラカトシュの勧誘によって、一時は、ハンガリー共産党の党員になった。だが、その党がスターリン主義的性格を強

1978年のサボー教授
Az irracionalitás fölfedezése〔不合理性の発見〕In memoriam Szabó Árpád (1913–2001), *Ponticulus Hungaricus* V. évfolyam 10. szám・2001. október より転用

●特集：学問史の世界　佐々木力と科学史・科学哲学

めるに従って、1956年革命時には、革命側を支持した。さらに、ラカトシュが英国に脱出してから、そして、ラカトシュが保守派に転向しても終生友情を失うことはなかった。そういったラカトシュの主としてハンガリー時代の政治思想的経歴並びにサボーとの交流については、Alex Bandy, *Chocolate & Chess* (*Unlocking Lakatos*) (Budapest: Akadémiai Kiadó, 2009) が、政権転換後に可能となった仔細な調査に基づいて、秘話めいた話を数多く提供している。私は、この書を中部大学の同僚の小島亮教授（『アリーナ』編集長）にブダペストから買い求めていただき、ひもといた。

私のサボーの人物ならびに学業についての関心は、日本での数学史の恩師であった中村幸四郎先生（1901〜1986）の大きな学恩によっていると述べても過言ではない。中村先生は、西田幾多郎門下の哲学者の下村寅太郎(1902〜1995)の強い思想的影響を受け（とりわけ1941年刊の『科学史の哲学』）、大阪大学の年下の同僚であった原亨吉先生とともに、古代ギリシャにおける理論数学の成立に尋常ならざる関心をもっていた。もっとも、原先生はパスカルなど近世フランスの数学者を主要関心の対象とした。中村先生の古代ギリシャ数学への関心は、ドイツ留学時代に芽生えたヒルベルトによる公理的思考の起源の探究とも結びついている。先生はヒルベルトの『幾何学基礎論』の訳者であった（ちくま学芸文庫、2005）。

このような学問的関心から、サボーの1960年の画期的論考が出版されるや中村先生は熱心に精読した。そしてサボーと親交を確立するにいたった。頻繁に交信するだけではなく、ハンガリー語まで学んだはずである。

中村先生は、エウクレイデースの『原論』の邦訳作成に携わるだけではなく、サボーのドイツ語原典が1969年に公刊されるや、その邦訳を『ギリシア数学の始原』として1978年に出版している。

サボーは、1974年夏に第14回国際科学史会議が東京と京都で開催されたさいに来日し、その折には、共立出版で講演している。私は、東京に数学史研究のために仙台から出て来たばかりだったのだが、その講演を聴いている。それのみならず、前記国際会議の数学史に関するセッションで、ギリシャの公理論数学の始原について講演するのも聴いている。会議期間中、サボーは中村先生といつも連れ立って歩いていた。だが、その時の私は、サボーが、他の欧米諸国の学者同様、海外に自由に渡航が許されるものと考えていた。

1975年になって、私が古代ギリシャの分析（解析）と総合についての所見を求めてサボー先生に書信をしたためるや、先生は、至極丁寧な書翰とともに、みずからが執筆した論考が収録された書物を送ってくれたものだ。

そうして、私は1976年夏にプリンストン大学に本格的な数学史研究をなそうとして旅立った。プリンストン滞在中に、前記のギリシャ数学の始原についての邦訳が出版され、私は友人に買い求めてもらい、その訳書が到着するや、精読した。

岩波書店からの拙著『科学革命の歴史構造』上・下二冊が1985年に公刊され、さらに『近代学問理念の誕生』が1992年に出版されるや、下村先生は、私宛にそのたびごとに長文の書信を寄せられた。読書アンケートかどこかに「後生畏るべし」とも書かれていた。明らかに過褒の文面であった。だが、年少の学徒を鼓舞せんとする意図は明白であった。こうして1980年代後半から私の逗子通いが始まった。下村先生のお宅は逗子にあった。先生は、京都の西田幾多郎門下で数学哲学そしてライプニッツ哲学を専修した学徒であった。先生は戸坂潤の名前を挙げ、私をも西田に始まり下村・戸坂と続くその序列の末席に連なるものと見なしていたはずだ。そのことは、中村先生の恩

恵があってのことだと今にして思う。

　私は1980年春に東京大学に職を得たのだが、その勤務期間の最後に近い時期に、拙著『数学史』のギリシャ数学史に関する著述をしていた。サボーを読み直した。ところが、そのときには、サボーの観点は、私にとってもはや説得力をもたなくなってしまっていることに気づいた。2007年1月のことであった。ただちに私は『思想』のためにかなり長い論考を書いた。2008年6月号所載の「ユークリッド公理論数学と懐疑主義──サボー説の改訂」がそれであった。2007年10月には、四川師範大学の国際会議で、英語での講演も試みた。"The Euclidean Axiomatic Mathematics and Scepticism: The Szabó Thesis Revised" であった。フランスからその会議に参加したある研究者は、かなり長文のその講演原稿を一気に読み終わったと言っていた。2008年6月初旬には、フランスの国立学術研究センター（CNRS）が主催し、パリ第一大学で開かれた論証に関する包括的な国際シンポジウムでも講演した。シカゴ大学のイアン・ミュラー教授は、私の話が終わるや、"Interesting!" と叫んだ。私のサボー説の改訂のための主要論点は、ギリシャ懐疑主義思想についての認識が深まったことに起因していた。サボーの問題提起がまったく時代遅れになってしまった、というわけではいささかもない。前記英文論考は、フランスの国立学術研究センターが編纂する論文集の中に印刷公刊されるのを待っている段階である。

　2009年7月末、ブダペストでの国際科学史会議の数学史についてのセッションで、私はギリシャと中国の数学思想を対比する講演をなした。講演が終了するや、二人のハンガリー人数学史家が演壇に近づいてきて告げた。「私たちは、あなたが講演中に言及したサボー教授の元学生である。サボー先生のギリシャ数学史についてのセミナーは公的には不許可だったので、先生の自宅で私的になされた。私たちはその時にそのセミナーに参加した学生なのだ」。私は驚いた。サボー先生は、ハンガリー革命のあと、数十年にわたって、公的な教育の機会を奪われていたのだった。彼は政治的迫害に耐え、「艱難のなかで学」んだ学者だったのだ。

　サボー先生の古代ギリシャにおける理論数学の成立についての学説は、たしかに多少は時代遅れになったかもしれない。しかし、その哲学史との関係、政治社会史的背景についての広く深い識見、なかんずく弁証法＝対話論法についての所見は、先生の政治思想的観点ともども、後生を魅惑し続けるであろうと私は信ずる。人によっては、私の数学史上の歴史理論でもっとも独創的なのは、ギリシャ数学についての立論であると指摘する。もしそうなら、サボー先生の大いなる学恩を思うべきであろう。サボー先生は、私の数学史研究の原点に位置し続けるにちがいない。今日、私は古代中国数学についての研究の延長上に、江戸時代の日本数学＝和算をも論じた『日本数学史』についての著述を完成しつつある。その研究視点もまた、サボー先生のギリシャ数学を見る眼があってこそかもしれない。

　クトロヴァーツはクーンの科学史的観点を正しくとらえている。私の日本における数学史上の最大の恩師は中村幸四郎先生であった。先生がもっとも尊敬していた数学史家は、ハンガリーのサボーであった。中村先生も、それからサボー先生も、人倫に関してまさしく畏敬するに値する人物であった。私は、直接の恩師クーン先生だけではなく、中村先生、そして本論考の主人公のサボー先生に同時代に巡り会えたことを僥倖と思っている。サボー先生の政治的節操もすばらしいものであったと、ここで敢えて最後に強調し、特記させていただくこととしたい。

●特集：学問史の世界　佐々木力と科学史・科学哲学

特集論考●学問史の世界　佐々木力と科学史・科学哲学

ユークリッドで布教する
──19世紀中頃のアジアにおける『原論』受容問題

三浦伸夫 ●放送大学客員教授

　科学が展開する歴史には、ある理論や科学作品の受容問題というのがある。理論や作品が次世代にあるいは他の文明圏にどのように受容され、それが契機となりその後どのように発展していったのかを見定めるものである。さて今日の科学技術の基礎に数学があることを否定するものはいないであろう。その数学は西洋近代に成立した西洋数学であり、決して伝統的な中国数学でもなければアラビア数学でもないし、日本の数学である和算でもない。しかしながらそれら3つの文明圏では西洋とは異なる独自の伝統数学が存在していた。ところが19世紀中頃に各文明圏は西洋と接し、近代科学を移植する中で、その基礎となる西洋数学を翻訳を通して受容することになる。ここでは、伝統的に西洋数学の最も基本テクストであったユークリッドの数学書『原論』の導入過程を比較し、西洋近代に接したときの各文明圏の対応の仕方を検討する[1]。

ユークリッド『原論』

　最初に、ユークリッドとその『原論』について説明しておこう。ユークリッドは紀元前300年頃の古代ギリシャの数理科学者であるが、生涯の詳細は不明である。ギリシャ語で著作しているのでギリシャ人とすると、名前はギリシャ語ではエウクレイデスとなる。今日英語ではユークリッドと呼ばれており、ここでは馴染みのあるこの英語名を用いることにする。著作の中でも『原論』全13巻が彼の主著である。それはギリシャ語ではストイケイア、つまりアルファベットを意味し、数学の基本原理を筋道立てて述べた作品であることを示す。その冒頭には定義、公準、公理が置かれ、それらをもとに次々と順を追って命題が論証されている。命題の最後は、「これが証明すべきことであった」、つまり QED（ラテン語で Quod erat demonstrandum）という言葉で証明が終わる。この論証に基づいた記述スタイルは、その後の数学のみならずその他多くの学問の記述形式を決定づけた。今日どの数学書もすべてこの形式で書かれているといってよい。したがって、『原論』は数学史上もっとも影響を与えた数学書であると言えよう。

　ギリシャ語で書かれた『原論』は、やがて1000年以上もたってから9世紀にアラビア語に訳され、

みうらのぶお◎1950年生まれ。東京大学大学院理学研究科科学史・科学基礎論博士課程単位取得退学（理学修士）．神戸大学大学院国際文化学研究科教授を定年退職後現職。専門は比較数学史、比較文明論。著書は、『フィボナッチ』（現代数学社）、『古代エジプトの数学問題集を解いてみる』（NHK出版）、『数学の歴史』（放送大学教育振興会）など。デカルト、ライプニッツ、エウクレイデスなどの数学の翻訳などを手がける。数学を広く文化として捉えることに関心をもつ。

アラビア数学の基本となった。さらに12世紀にはそのアラビア語訳からラテン語に訳され、西洋中世大学における標準テクストとなった。16世紀頃の西洋では、今度はギリシャ語から直接ラテン語に訳され、西洋世界にあらためて紹介された。同じ頃、ギリシャ語あるいはラテン語訳から、今度はイタリア語、フランス語、ドイツ語、スペイン語、英語、さらには中国語などに翻訳されることになる。そして西洋ではこれら俗語訳が数学教育の基本テクストとなっていった。その間、翻訳、注釈、縮約版など様々な種類の『原論』が出版されたのである。20世紀初頭になっても、英国ではこの『原論』（ただし様々な英訳）が大学教育のテクストとして用いられていた。また19世紀には『原論』に見られる平行線の議論を再検討する中で、非ユークリッド幾何学というまったく新しい数学分野が誕生した。『原論』は実に2000年以上にわたり数学の教育と研究に影響を与え続けた、西洋数学の基本となる作品なのである。

19世紀に非西洋諸国が西洋近代科学に接したとき、その西洋数学の基本であり続けた『原論』にまず立ち向かうのは当然といえよう。そこで日本、中国、アラビア語圏における対応を次に検討してみよう。

日本

日本ではすでに江戸時代に、『原論』の漢訳である『幾何原本』が中国から船載され持ち込まれていた。しかし本格的導入は明治になってからで、山田昌邦訳の『幾何学』(1873) が最初である。これは『原論』の第1巻の一部を3分冊で印刷したものである。しかしその影響は知られていない。

その後の影響で重要なのは、山本正至、川北朝鄭訳の『幾何学原礎』(1875-78) である[2]。アメリカ人エドワード・ワーレン・クラーク (1849-1907) が静岡学問所にて、『原論』についておそらくは英語で講義し[3]、その内容を両人が和訳口述筆記したものが『幾何学原礎』である。まだ幾何学の教科書がほとんどない日本にあって、お雇い外国人教師の講義を口述筆記して出版することはよく行われていた。その場合、多くはすでに刊行されたテクストを教師が講義で読み上げたりするのであるが、しばしば教師自ら解説を付け加えたり省いたりすることもあった。

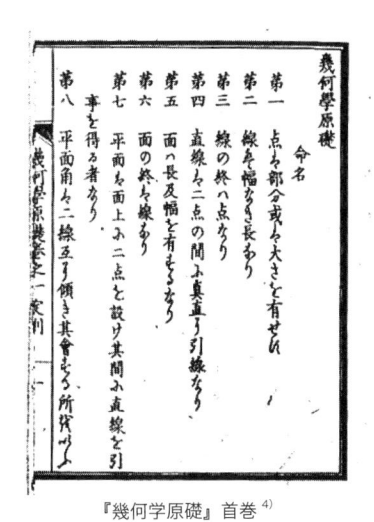

『幾何学原礎』首巻[4]
（出典：東北大学図書館　林文庫 0450）

クラークは、ニューハンプシャー州のポーツマスに生まれた。ラトガース大学に在籍していたが、中退し、ジュネーブの神学校に移り、フランス語と神学を学ぶ。勝海舟がグリフィスにアメリカ人教師をほしいとの要請をしたところ、グリフィスを通じて友人クラークがそれに応えて1871年に来日した[5]。彼は静岡学問所で2年間教えた。そこでは英語、仏語、蘭語で洋学が教えられ、学生数は250名で、そのうち英学は100名であったという[6]。その後クラークは、明治政府による教育や政治の東京集中政策により、不本意ながら東京開成学校（東京）に移り、そこで1年間「理化学」教師として教えた。静岡や東京では講義のない日曜日にはバイブル・クラスを開催し、キリスト教の布教に熱心に努めたようである。その際、日本にはまだ聖書はなかったので、故国アメリ

カから持参した聖書を学生に与えたという[7]。クラークは日本に滞在する際に、当時まだキリスト教は禁教であったので、キリスト教を教えることを禁ずる契約書に署名するよう求められたが、それを断った。しかし思いがけないことにその条項は削除されたという[8]。これで彼は布教はできると考えたようである。まだ禁止令の最中であったとき、クラークは東京開成学校校長の畠山義成(1842-76)にバイブル・クラス設立を希望する旨相談した[9]。そのとき畠山は、「日本の学生がキリスト教の福音を研究して、それを守ることを心から願うと言った」、とクラークは述べている[10]。

クラークは西洋の科学文明の背後にはキリスト教があることを説いたと考えてよいであろう。ただしそれを如実に語る資料は残されていない．科学史家渡辺正雄はそのことを次のように述べている。

> 西洋文明の根本はキリスト教であり、日本人がそれを受け入れることこそ真の近代化であると彼は考えた。そこにお雇い教師の仕事の真の意義があるとした。…このような活動をなしとげた人々をグリフィスが取り上げたように、クラークも勝海舟を取り上げた。Katz Awa[11]の終章でクラークは、晩年の勝がキリスト教信仰をもって死を迎えたことを伝えている[12]。

さて『幾何学原礎』には短い英文の序文が付けられている。そこには精神の訓練のため幾何学を利用することの重要性が強調されている。曰く、「幾何学の証明は、精神にもっとも気高い訓練を与え、とりわけ推論力に活力を与えるものとして、長きにわたって称賛されてきた」。ここでは決して『原論』が実用的で応用できるということを説いているのではないのである。精神の訓練のための幾何学という考え方は、北米のプロテスタント系の人々の数学に対する考え方そのものなのである。おそらくクラークは講義やバイブル・クラスでそのことについてしばしば触れていたと思われる。しかしこのクラークの思想を、訳者や学生がどれほど理解したかは定かではない。この思想を表明しておくために、訳文の『原論』にわざわざ英文で序文を付ける必要があったのであろう。『幾何学原礎』出版の時点で、クラークはすでに帰国（1875年3月）していたから、なお一層そのことを残しておく必要があったのかもしれない。たしかにクラークは宣教のために来日したのではなく、日本の若者に西洋科学の基礎を教えるという目的で雇用された。そのために彼が日本語で講義ができるほどに日本語を学んだかは不明だが、少なくとも彼自身が『原論』を日本語に翻訳したのではない。彼は日本に永住する意図はなかったが、日本には大変強い印象を持ったようで、帰国後フロリダ州で購入した自らの農園にShizuokaと名付けている。

ところで北米系の英訳『原論』に対し、蘭学系の『原論』には宗教性は結びつかない[13]。先の山田昌邦が『幾何学』を訳したときに参考にしたと思われるのが近藤真琴（1831-86）の文章である。近藤は当初蘭書に接したとき次のように述べている。第1巻の直線の定義「直ぐなる筋は二つの点の間の近道なり」を、「たやすきことのみ、ことありげにあげつらふ」と述べて、『原論』の真意をまったく理解できなかったようだ[14]。しかしやがて徐々に意味を解するようにはなったが、オランダのメイトコンスト（測量術）をゼヲメトリ（幾何学）と解し、しかもその幾何学は有用でなければならないと考えていたふしがある。彼は幾何学＝実用測量術とみなしていたようで、そこにはキリスト教に関する事柄はひとかけらも見られない。

特集論考◎ユークリッドで布教する− 19世紀中頃のアジアにおける『原論』受容問題

中国

　中国ではすでに清朝初めに、イエズス会士マテオ・リッチによる口述、徐光啓による筆記で、『原論』1−6巻が『幾何原本』として漢語に訳されていた。原本はラテン語訳のクラヴィウス版『原論』である。その後もフランス語などによる西洋幾何学書が漢語訳されていた。しかしそれらの中国数学への影響は限定的であった。

　中国の数学は1842年の南京条約で開国するや状況が一変する。1864年アメリカのプレスビテリアン（長老派）宣教師カルヴィン・ウィルソン・マティーヤ（狄考文1836-1908）が騰衝（とうしょう）[15]にやってきた。彼はスコットランド系アイリッシュで、ペンシルヴェニアの神学校を卒業後、プレスビテリアン教会で働いた後に中国に来た。その後彼は各地を伝道して回るも、必ずしも受け入れられず、方針を変え、学校教育へと力を向けた。そして結局彼は45年間も中国に滞在することになった。アメリカの宣教師たちはとりわけ教育に重点を置いたのである。というのも、中国が広大な土地という理由だけではなく、宣教師が必ずしも自由に移動できたわけではないので、中国では出版や土地での教育が最も効率的と考えられたからである。マティーヤの学校では西洋科学と中国の伝統的学問とが並行して教えられていた。前者には算術、代数、幾何学、三角法、化学、地理学、そして実験科学が含まれている。彼は科学実験を行い、そのための器具を制作し、それらは当時中国最大で最良の科学器具コレクションとなった。「中国語は数学や科学には本来不向きであると考える者がいれば、またジョン・フライヤーのように、官話で執筆しないばかりか、アラビア数字は中国の学生にはあまり馴染みがないように思えるとして用いず、伝統的漢数字を好んだ者もいた」[16]。そのようななかでマティーヤは革新的な数学教育方針を持っていた。アラビア数字導入と、度量衡、税金、金利などの日常の具体的問題を日常の言葉を通して学ぶという姿勢である。先程述べた『幾何原本』1−6巻に加え、新たにワイリー[17]と李善蘭によって残りの7−15巻が訳され（1865）、『原論』はついに全15巻が漢訳された。しかしそれは極めて衒学的文体で、西洋数学を学ぶ際、初等教育には向かないと考えられた。また本来の『原論』には練習問題が付いているわけではなく、この漢訳『幾何原本』も同様である。日常語で書かれた教育的な幾何学書が必要とされていたのである。マティーヤは「中国語の数学」という短編で、中国数学史を概観した最後に、次のように述べている。

> 諸科学の知識が中国で普及せねばならないとしたら、それらは学校で教えられるべきであり、学校で教えられるとするなら、書物はその目的に適するように与えられねばならず、また人々に届くような文体で印刷されねばならない[18]。

　こうして彼は中国人鄒立文（すうりつぶん）とともに、それを満たした『形學備旨』10巻2冊（1885）を、アメリカ長老派教会が上海に設立した美華書館（The American Presbyterian Mission Press）から出版した[19]。ここで「形学」と名付けたのは、幾何学は「量の学」（science of quantity）であるし、量地法は測量術であるので、「最も適切な名前として私は形学、The science of figures を提案する。というのも形と呼ばれるすべての幾何図形に関してであるから」と述べている[20]。そこにはエイリアス・ルーミス（1811-1889）による英語著作『幾何学原理と円錐曲線』（1849）[21]からの中国

語抜粋などが含まれているという。しかし単なる翻訳ではなく、実用に供するように書き換えられ、学習用にと日常出くわすような練習問題が160問付け加えられている。マティーヤは組版に精通しており、フォントを変えたり、レイアウトに工夫をこらしたりして、とても見やすい仕上がりになっている。記号を用いているのも特徴で、＋は±、—はTなどが用いられ、見やすく工夫されている。初等幾何学のテクストが少ないなか、1910年までに16版を数えた[22]。

マティーヤは、数学こそが儒教の拘束から当時の中国人たちの精神を解放することができると考えていた。実際、本書の書評をしたアメリカ人宣教師ウィリアム・マーティン（丁韙良1827-1916）は、冒頭で次のように述べている。

『形學備旨』冒頭（『古今算学叢書』所収）．
（出典：東北大学図書館　林文庫2968）

> ユークリッドの到来は、中国史においてキリスト教の導入に次ぐ重要性な時代の到来を告げるものである。というのも、キリスト教が中国人の精神状況に影響を与えるのと同様、この日以降科学の支配の長い準備期間が始まり、それによって中国人の精神状態と身体状態に影響を与えることになるからである[23]。

さらにマティーヤは上から目線の辛辣な言葉で次のように述べている。

> ［普通の中国人は］ロバのようなもので、酔っ払った目をしており、回転するように仕向けられた粉挽き器の中心にしっかりと結び付けられた頭部を持ち、同じ古い道をぼうっとして気長にトボトボと歩くようなものだ。内容豊富な数学と科学だけが、ロバの目隠しを取り払い、…精神の力を均整の取れたように進化させ、自分自身で考え行動する刺激を与えることができるであろう[24]。

ともかくもマティーヤは幾何学教育を通じて中国人の文明化を図り、それが布教につながると考えた。ただしこのキリスト教がらみの数学教育に、中国数学史家の錢宝琮（1892-1974）は次のように手厳しく批判している。

> 晩清期、西洋の宣教師たちは沿海各地にほしいままに学校を建てて中国の青年子弟をひきこみ、かれらのために服務する者を育成せんとした。これがかれらの文化侵略活動の一環をなすことはいうまでもない[25]。

これは政治的発言なのであろうか、それとも当時のキリスト教宣教と中国の伝統とに齟齬をきたしていたのであろうか。

アラビア語圏

アラビア語圏では、すでに中世に『原論』のギリシャ語からアラビア語訳がなされ、さらにペルシャ語にも訳されていた。中世アラビア世界では『原論』へ多くの注釈がなされたことも知られている。ところでそのアラビア数学の伝統は19世紀になってもなお生き続けていたようである。1801年にはナシールッディーン・トゥーシー（1201-74）がかつて校訂したアラビア語訳『原論』が、イスタンブールでそのまま出版されている。さらに、いわゆる偽トゥーシー版『原論』（マグリビーが訳したのでマグリビー版とも呼ばれる）も、1876年にはフェズで、1881年にはテヘランで出版されている。つまりアラビア語圏では、伝統的アラビア数学の枠内で『原論』が長期にわたって読まれ続けていたのである。このことは中世アラビア数学の伝統が、いまだ19世紀になっても長々と息づいていたことを物語る。19世紀までに仏独など西洋ではすでに高度な科学が展開していたことはよく知られているが、ナポレオンのシリアとエジプトへの侵攻（1798年）まで、アラビア語圏では西洋科学は本格的には導入されることはなかった。

ヴァン・ダイクは1857年、英訳『原論』をアラビア語に訳し、『幾何学の基礎の書（キターブ・フィー・ウスール・ハンダサ）』としてベイルートで出版した[26]。原典は明示されてはいないが、内容から判断してジョン・プレイフェアー（1748-1819）が英訳したプレイフェアー版1-6巻である。これはそれまで中世から存在していた『原論』アラビア語訳とは内容や記述方式において一線を画すものである。まず訳者について述べておこう。

ヴァン・ダイク（1818-1895：正式にはコーネリアス・ヴァン・アレン・ヴァン・ダイク）は、ニューヨーク州のキンダーフックで生を受けた。名前からわかるように、彼はオランダ植民者の子孫で、家族間ではオランダ語を使用していた。フィラデルフィアのジェファーソン医学校で1839年医学博士号を取得したが、医者ではなく牧師となった。そして米国海外宣教委員評議会（American Board of Commissioners for Foreign Missions）、つまりアメリカンボードの支援のもとにシリアに向かう。アメリカンボードは、アメリカのニューイングランドの会衆派教会によって組織された無教派的な海外宣教組織である。その中東での目的は、ムスリムをキリスト教に改宗し、さらにその地に住むギリシャ正教信徒に福音をもたらすことであった。他方ヴァン・ダイクのそこでの任務は、医学校卒ということから、現地での医療活動にあった。当時は、まだ中世アラビア医学の古典であるイブン・シーナー『医学典範』が用いられていた時代であったので、未熟ではあるがヴァン・ダイクの西洋式治療法は功を奏したようである。のちに彼はシリアのプロテスタント系カレッジで、内科と病理学の教授となった。

彼は持ち前の語学力を駆使しアラビア語を習得し、エリ・スミスとともに聖書を初めてアラビア語に訳した（1864,65）ことで歴史上名前がよく知られている。当時アラビア語話者であるキリスト教徒は世界中で4000

アラビア語訳『原論』表紙（ヴァン・ダイク訳『幾何学の基礎の書』1857）（出典：Lutfi M. Sa'di, George Sarton and W. T. Van Dyck, "Al-Hakīm Cornelius Van Alen Van Dyck (1818-1895)", Isis 27 (1937), p.41）。

万人ほどいたというが、聖書はまだラテン語ヴルガータ版からのアラビア語訳しかなく、ヘブライ語や古代ギリシャ語に基づく正確な訳が切望されていたのである。ヴァン・ダイクはヘブライ語、シリア語、古代ギリシャ語にも通じ、その適任であった。さらに彼は『原論』をはじめ、化学、対数などに関する西洋の科学書もアラビア語に訳し、そのうえ地理学、代数学などの教科書もアラビア語で執筆した。彼はシリア・プロテスタント・カレッジで、化学、天文学、気象学などの講義も担当していたからである。彼は現地で西洋科学を英語で講義したのではないことに注意しよう。現地に入り、人々にわかるように直接アラビア語で講義し、また西洋のテクストを自らアラビア語に訳したのである。現地で彼は、アラビア語で賢者を意味するハキームとも呼ばれ、尊敬され親しまれていた。実際彼はトルコ帽をかぶり、現地の服装で過ごしていた。

　ところでイスラーム圏での『原論』の近代最初の訳は、フセイン・ルフク・タマーニー（?-1817）とセリム・アガとの共訳で出版された[27]。それは英語版ボニーキャッスル『幾何学の基礎』（1825）のオスマン語訳（アラビア文字を用いたトルコ語で、オスマン帝国の公用語）である。原本ボニーキャッスルの書は1789年ロンドンで刊行され、イギリスでは当時最もポピュラーな『原論』の一つであった。19世紀になるとオスマン帝国では西洋科学技術への関心が高揚してきた。軍事技術学校教師のフセイン・ルフク・タマーニーはその他多くの西洋科学書をオスマン語に翻訳している。他方で、相変わらずアラビア語でも科学書が書き続けられていたことに注意せねばならない。こうしてアラビア語訳『原論』はヴァン・ダイクを待つことになる。

　ところで中東でのアメリカンボードの当初の目的は、必ずしも達成されたわけではなかった．というのも、布教が必ずしもうまくはいかなかったからである。そこで布教方針を変更することになった。それはまずは教育の充実と、それにより文明化を促進することで、それが布教に功を奏することになると考えるものである。こういった教育を利用した布教方針は、プロテスタント、カトリックを問わず歴史上でよく見られる。アメリカ原住民やアジア地域へのキリスト教布教も同じ対応をすることがあった。ここで教育の中でも科学を取り入れるのも常道である。実際当時は「算術で餌を仕掛ける」という言葉も使われたようで[28]、科学のなかではとりわけ数学が重要とされた。そこで「ユークリッドで布教する」ことになるのである。ではなぜユークリッドなのか。

19世紀英国の『原論』

　日本に来たクラーク、シリアに行ったヴァン・ダイク、中国に行ったマティーヤは皆アメリカのニューイングランドや東部出身という共通点がある。その地はかつてイギリスの英国国教会から逃れてきたピューリタンが多く住む所であった。さらに宣教を目的としたアメリカンボードが誕生したところでもある。彼らの数学思想の背景には、スコットランドで18世紀に流行した経験主義哲学、つまり「コモンセンスの哲学」が見られるように思える。

　経験主義哲学では数学は常に経験に結びつかねばならないと考えられた。幾何学は常に推論上のチェックを目による感覚を用いて継続して行うので、この幾何学こそもっとも確実な学問であると考えられていた。こうして幾何学は知力を向上させるので、教育において重視されていたのである。なにも教育に幾何学が重要というのはこの時代に限ったことではない。古代ギリシャでも中世アラビアでも教育における幾何学の重要性は指摘されてきた。しかしそれを制度化したところが18世紀イギリスの特徴である。エジンバラ大学数学教授ジョン・レズリー（1766-1832）によると、

数学の研究には2つの主要な目的があるという。まず図形や量の美しい関係を発見すること。しかしより重要なのは、幾何学を通じて若者の忍耐力と推論力を訓練するというものである。そのためには順に論理を追って命題を証明するという古代ギリシャ幾何学、なかでもその典型であるユークリッド『原論』がもっとも推薦されるべきテクストであるとされた。数学の問題は確かに代数計算で解けるかもしれないが、しかしそのような人工的で機械的方法では精神には何ら永遠の刻印は残さないというのである。つまり総合幾何学的思考法が代数的思考法に優先されていたのである。

それでは『原論』をそのまま教育に用いればよいかというとそうでもない。グラスゴー大学数学教授ロバート・シムソン（1687-1768）は、ギリシャ幾何学とりわけエウクレイデス研究に一生を捧げた数学者として有名である。彼の訳出した英訳『原論』（1756）は、その後英国ならずアメリカ、そしてポルトガル語、スペイン語、フランス語、ドイツ語にも訳され、全世界の教育現場で広く読まれ続けることになった。しかしその訳文はたしかにギリシャ語原典に忠実ではあるが、それがかえって学習のためのテクストにふさわしくはない場合もあった。忠実で正確な訳が必ずしも初等教育にはふさわしいとは言えないのだ。このことは中国での『原論』の翻訳事情とよく似ている。

さて『原論』の原典の意をくみながらも、それを初心者向けに書き直した英訳『原論』が誕生した。それがプレイフェアー版『原論』（1795）である[29]。これは当初こそ売れ行きは良くはなかったようであるが、すぐさまその訳文が簡潔であると理解されるようになり、イギリスでは30版、さらにアメリカでは33版も出版されることになった。19世紀中頃の英語圏においては、『原論』といえばボニーキャッスル版にかわってこのプレイフェアー版なのであった[30]。

アラビア語訳、中国語訳『原論』がすでに存在していたとしても、それらとは異なる、教育という目的を持った『原論』が必要とされた所以である。こうしてヴァン・ダイクは新たに『原論』の訳に挑戦した。それが英訳プレイフェアー版である。しかしより教育にふさわしくなるように、ときに語法や形式に変更を加えている。翻訳が現場で有益となるために、その翻訳内容を変えたり付け加えたりすることはよくみられる。だからこそ翻訳という受容を通じて科学は次の段階に進むのである。さてヴァン・ダイクによる最も顕著な変更は記号の使用である。本来の『原論』は数学書といえども文章で書かれており、そこに記号はまったくない。プレイフェアーはそこにいくらか記号を導入している。それをヴァン・ダイクはさらに工夫し、とりわけ第5巻の煩瑣な比例論では記号によって説明し、きわめて理解しやすい仕上がりとなっている。

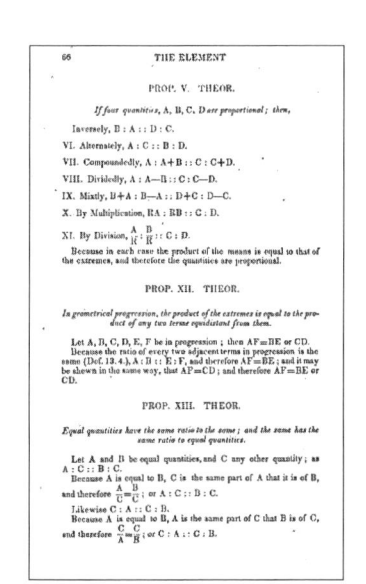

プレイフェアー版『原論』（1836年ニューヨーク版）第4巻．主な命題だけが選択され、また記号で書き換えられている。

最後に

以上、19世紀の日本、中国、アラビア語圏における『原論』受容を見てきた。その受容に関わったのは北米のプロテスタント宣教師たちであった。彼らは当初、北米での普通の高等教育を受けたにすぎないが、その後、篤い信仰心を持つようになった。それは当時高等教育に自然

神学[31]が浸透していたからかも知れない。そして非西欧諸国の人々に論理的思考を植え付けることが結局布教につながると考えたようである。そのためには幾何学が有効であり、その模範が『原論』であった。もちろん「ユークリッドで布教する」という強い意図のもとで『原論』の導入を試みたというわけではないが、彼らの幾何学に対する考え方の背景を調べていくと、あえてそのように彼らの思考を捉えるのも可能ではなかろうか[32]。

ここで聖書と『原論』の翻訳時期について一言述べておく。宣教師たちには聖書が最も重要で、その翻訳こそ急がねばならなかった。したがって中国におけるように、まず聖書が先行して訳された。そしてそれが終わり余裕ができたら、科学書などの翻訳に移ることになる。これが普通の方法であろう[33]。しかし日本の場合は、宣教師たちが来日したときはまだ禁教の時代であった。聖書は公には出版できず、まず科学書が翻訳されたのであろう。シリアの場合は、必要とされた聖書はギリシャ語とヘブライ語という古典語からの翻訳でもあり、解釈などにかなりの時間を要したことが科学書の翻訳に比べて遅れた原因であろう。何れにせよ、聖書と『原論』とはほぼ前後して訳され、非西欧圏へと導入されたのである。

西洋数学とは無縁であった3つの文明圏の数学ではあるが、歴史や社会の相違に応じて様々な受容形態が存在したことが見えてくる。それぞれの文明圏では『原論』とその論証数学がともかくも導入されたが、しかしその背景にある数学に対する考え方、つまり青年教育における数学の論証性の重要性は現地の人々には十分には理解されなかったようである。さらにその背景に見え隠れするキリスト教布教も必ずしも成功したわけではない。しかしその後徐々にではあるが非西洋諸国の伝統的数学がことごとく西洋数学に置き換わっていったのも、当初の彼ら宣教師たちの翻訳と導入という基礎的な仕事があってのことであろう。

	聖書の翻訳（プロテスタント）	『原論』の翻訳または翻案
中国	1824モリソン『神天聖書』[34]	1857ワイリー・李善蘭『続幾何原本』（墨海書館） 1885『形學備旨』（美華書館）
シリア	ヴァン・ダイクとエリ・スミス 1864『新約聖書』 1865『旧約聖書』	1857『幾何学の基礎の書』
日本	1880プロテスタント共同訳『新約聖書』 1888プロテスタント共同訳『旧約聖書』	1875-78『幾何学原礎』（文林堂）

聖書と『原論』の翻訳

```
1756  シムソン         ⇒  『幾何学源礎』
1789  ボニーキャッスル   ⇒  フセイン・ルフクのオスマン語訳
1795  プレイフェアー    ⇒  ヴァン・ダイクのアラビア語訳
1849  ルーミス         ⇒  『形學備旨』
1862  トドハンター     ⇒  長澤亀之助『宥克立』1884
```

18世紀後半－19世紀の主な英訳『原論』とその影響

参考文献

1) 本稿執筆にあたり次の論文を参考にした。Gregg De Young, "Translating Playfair's Geometry into Arabic: Mathematics and Missions", in Nathan Sidoli and Glen Van Brummelen (eds.), *From Alexandria, Through Baghdad*, Berlin, Heidelberg, 2014, pp.503-527.
2) 詳しくは次を参照。鈴木武雄「『幾何学原礎』の翻訳者山本正至について：和算から洋算への転換」、『数理解析研究所講究録』1739号（2011）、138-148頁；薩日娜「ユークリッド『原論』前六巻の最初の日本語訳について」、『哲学・科学史論叢』（東京大学教養学部哲学・科学史部会）第14号（2012）、1-21頁。
3) クラークはフランス語でも講義したことが知られている。
4) この箇所は序文、訳語対照、使用図形、第1巻の命名（定義）と確定（公準）と公論（公理）を含む。首巻の次が第1巻となる。
5) クラークはラトガース大学でウィリアム・エリオット・グリフィス（1843-1928）と出会い、生涯の友人となる。渡辺正雄『お雇い米国人科学教師』、講談社、1976、155頁。
6) E.W.クラーク『日本滞在記』（飯田宏訳）、講談社、1967年、234頁（訳者解説）。
7) クラーク、前掲書、235頁。
8) 渡辺、前掲書、158頁。
9) 畠山はクラークとラトガース大学で同窓であった。日本での再会の後、畠山はクラークをしばしば援助した。クラーク、前掲書、237頁。日本人留学生はラトガース大学への留学が極めて多かった。「日本の数学100年史」編集委員会（編）『日本の数学100年史』（上）、1983年、55頁。
10) クラーク、前掲書、132頁。初期の宣教師の役割については、フュルベック（フルベッキ）を中心に述べた数学者藤沢利喜太郎の次が詳しい。藤沢利喜太郎「日本の教育並に文明に及ぼしたる宣教師の功績」、宣教開始50年記念委員会（編）『開教五十年記念講演集』、1909年、175-195頁。
11) クラークは勝海舟を尊敬し、次の著作を出している。E.Warren Clark, *Katz Awa "The Bismarck of Japan" or the Story of a Noble Life*, New York, 1904. グリフィスは『日本のフルベッキ』を英文で1900年にニューヨークで出版している。
12) 渡辺、前掲書、164頁。
13) 当時のオランダ数学書は概して実用学習書で、そこには当時のヨーロッパ大陸の潮流から『原論』の要約が含まれることがあった。
14) 田中矢徳『幾何学教科書』（明治15年）への近藤による序文より。『近藤真琴伝』、攻玉社学園、1986年、168頁。田中矢徳は近藤の開設した学校攻玉社の卒業生。
15) 中国雲南省の都市で、当時イギリスとの交易の拠点の一つで、今日の蓬莱市。
16) Joseph W. Dauben, "Internationalizing Mathematics East and West: Individuals and Institutions in the Emergence of a Modern Mathematical Community in China", in Karen Hunger Parshall and Adrian C. Rice (eds.), *Mathematics Unbound: The Evolution of an International Mathematical Research Community, 1800–1945*, Providence, 2002, pp.253-285, とくにp.273.
17) 本稿に関連して、ワイリーについても触れねばならないが、目下のアメリカのプロテスタント系ではなくこちらは英国系なので、稿をあらためて論じたい。ワイリーもロンドン宣教会（London Missionary Society）から上海に送られ、墨海書館で数学のみならず多くの西洋科学書を中国語に翻訳し、また中国文化を英文で紹介した。ワイリーについては、Alexander Wylie, *Memorials of Protestant Missionaries to the Chinese : Giving a List of Their Publications, and Obituary Notices of the Deceased*, Shanhae, 1867 が詳しい。
18) C.W.Mateer, "Mathematics in Chinese", *Chinese Recorder* 9 (1878), pp.372-378.
19) 祝捷「《形学备旨》的特点与影响初探」、『中国科技史杂志』、35（2014）、16-25頁。
20) C.W.Mateer, *op.cit.*, p.373.
21) Elias Loomis, *Elements of Geometry and Conic Sections*, New York, 1949, v. 序文によると、これは『原論』にルジャンドルの長所を織り交ぜた作品で、『原論』そのものの訳ではないが、『原論』の形式で幾何学を論じている。
22) 祝捷、前掲書、21頁。
23) W. A. P. Martin, "Dr Mateer's Geometry - A Review", *Chinese Recorder* 17 (1886), pp.314-316. ここでは『形学備旨』は *A New Geometry in China* と呼ばれ、マティーヤが「編纂」したと書かれている。またそこではマティーヤの文体は "low Mandalin" と評され、また他でも "colloquial Mandarin" とされ、出版には難色が示されていたようである。David Wright, *Translating Science: The Transmission of Western Chemistry Into Late Imperial China, 1840-1900*, Leiden, p.321.
24) C.W.Mateer, *The Chinese Recorder* 14 (1883), pp.463-469.
25) 銭宝琮（編）『中国数学史』（川原秀城訳）、みすず書房、1990年、355頁。
26) 円の計測、立体幾何学、平面・球面三角法を含む312頁の書。Lutfi Sa'di, George Sarton and W. Van Dyck, "Al-Hakīm Cornelius Van Alen Van Dyck", *Isis* 27 (1937), pp.20-45.
27) Ekmeleddin İhsanoğlu (ed.), *Osmanlı matematik literatürü tarihi*, v.2, İstanbul,1999, pp.271-272.
28) Gregg DeYoung, "Evangelism,Empire, Empowerment: Uses of Geometry Textbooks in 19th Century Asia", in *The Proceedings of the 12th International Congress on Mathematical Education Intellectual and attitudinal*

●特集：学問史の世界　佐々木力と科学史・科学哲学

challenges, 2012, Korea, np.
29) 初版は、John Playfair, *Elements of Geometry*, Edinburg & London, 1795. 1－6巻に、立体幾何学、平面幾何学、球面幾何学が付け加えられている。
30) Amy Ackerberg-Hastings, "Analysis and synthesis in John Playfair's Elements of Geometry", *British Journal for the History of Science* 35（2002）, pp.43-72.
31) 啓示によらず自然理性に基づく神学。
32) 本稿と直接には関係ないが、『原論』の伝承とキリスト教は少なからずの関係がある。ギリシャ語からアラビア語に翻訳した一人は、ネストリウス派キリスト教徒イスハーク・イブン・フナイン、またアラビア語からラテン語に翻訳した一人は、キリスト教聖職者バスのアデラード。「16世紀のエウクレイデス」と呼ばれたのは、イエズス会のクラヴィウス。中世西洋で『原論』に注釈を加えた数少ない人物に、キリスト教神学者アルベルトゥス・マグヌスがいる。
33) 劉建輝「近代中国におけるプロテスタント宣教師の文化活動：上海・墨海書館を中心に」、『日本研究』（国際日本文化研究センター紀要）30（2005）、295-304頁。
34) モリソンは1813年に新約聖書、1819年に旧約聖書を完成させ、その両者を合わせて1824年に刊行した。聖書の漢訳については、劉、前掲論文参照。

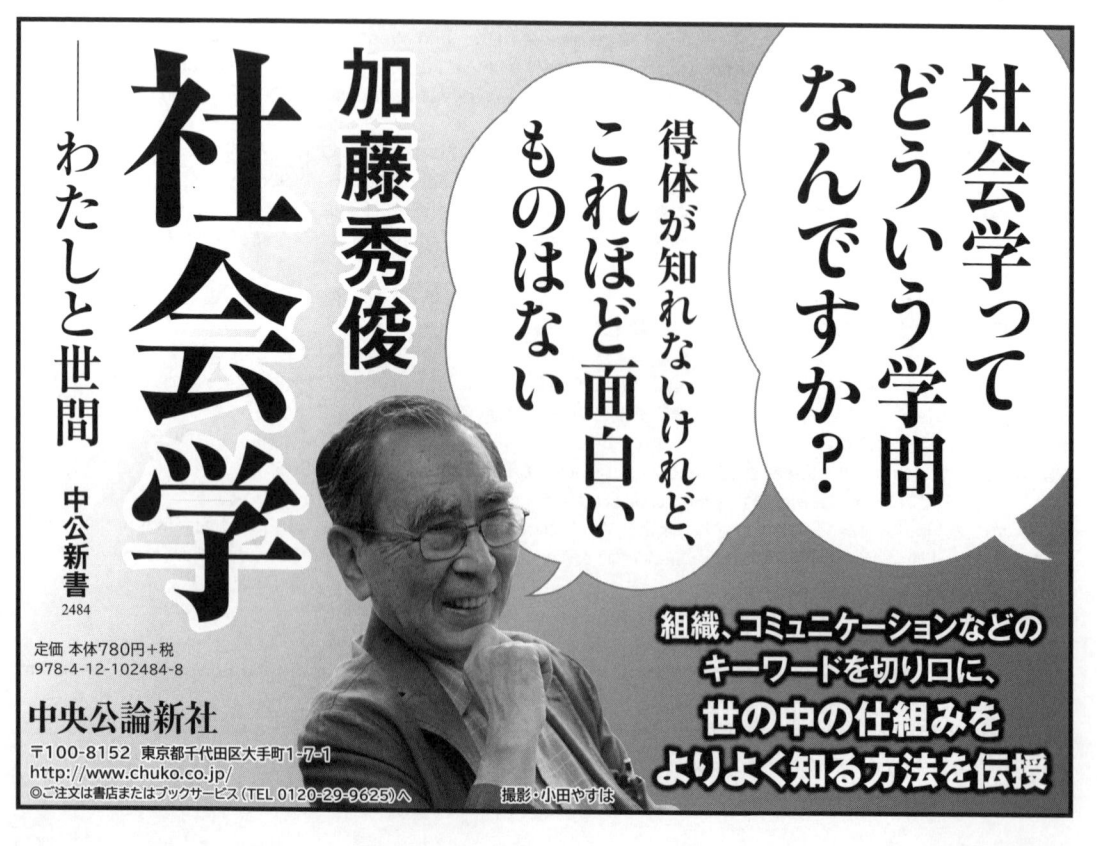

特集論考●学問史の世界　佐々木力と科学史・科学哲学

『発微算法』と傍書法
―関孝和はいつ傍書法を創案したか―

長田直樹 ●東京女子大学名誉教授

1　はじめに

　アイザック・ニュートンは『自然哲学の数学的諸原理』（1687年、以下『プリンキピア』）において自然現象の法則を古代ギリシャの幾何学[*1]のスタイルで説明したが、『プリンキピア』の諸命題の導出には1660年代に彼が発見した流率法（微積分学）を用いたのではないかと疑われた[*2]。しかし今日この疑いは晴らされている[*3]。

　同様の疑いが関孝和の『発微算法』（1674年序）にも掛けられている。関孝和は沢口一之の『古今算法記』（1671年）の遺題（解答をつけないで出題する挑戦的な問題）を演段術を用いて解いた。これに対し、関は演段術のみならず傍書法も併用したのではないか、という疑いである。ちなみに演段術というのは、複数の未知数からなる連立代数方程式を立て未知数を1つづつ消去して1つの未知数のみからなる代数方程式に帰着させる方法である。また傍書法というのは、算木記号の傍に文字を書くことにより文字式を表示する方法で、これにより筆算での代数計算が可能になる。上記のような疑いは、演段術は傍書法を用いて遂行される、あるいは傍書法は演段術の一部である[*4]との考えによるものと思われる。そこで関が『発微算法』で用いた演段術に傍書法が含まれるのかが問題となる。含まれないとすると、傍書法を用いないで演段術が使えるのか、また傍書法は、いつ創案されたのかも問題になる。本稿ではこれらの問題を検討することにしたい。

2　『発微算法』の背景と数学史的意義

　日本の数学は、中国の数学を吸収することから始まっているが、ここで先ず、江戸時代の数学に大きな影響を与えた算書『算学啓蒙』（1299年）について少し触れておく。

　中国の数学は宋・元時代に最も発展し、天元術が用いられた。天元術というのは、算木と算盤を使った代数、今日の未知数1つの代数方程式に相当する。天元術が記載されたこの時代の算書に元の朱世傑が著した『算学啓蒙』[*5]がある。明代になるとそろばんが算木に取って代わり、『算学啓蒙』は亡失してしまった。しかし、李氏朝鮮では取才という官吏登用試験で『算学啓蒙』が用い

おさだ　なおき◎1948年生まれ。大阪大学大学院理学研究科修了。名古屋大学博士（工学）。長崎総合科学大学助教授、東京女子大学教授。
専門は数値解析および数学史。
著書に『数値微分積分法』（現代数学社、1987）。論文に"An optimal multiple root-finding method of order three"（Journal of Computational and Applied Mathematics）、"A convergence acceleration method for some logarithmically convergent sequences"（SIAM Journal on Numerical Analysis）、「『解見題之法』について」（RIMS Kokyuroku Bessatsu）、「算博士三善為康について」（数学史研究）など多数。

●特集：学問史の世界　佐々木力と科学史・科学哲学

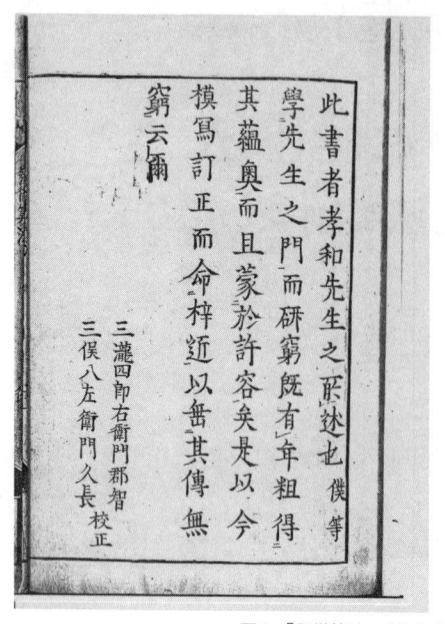

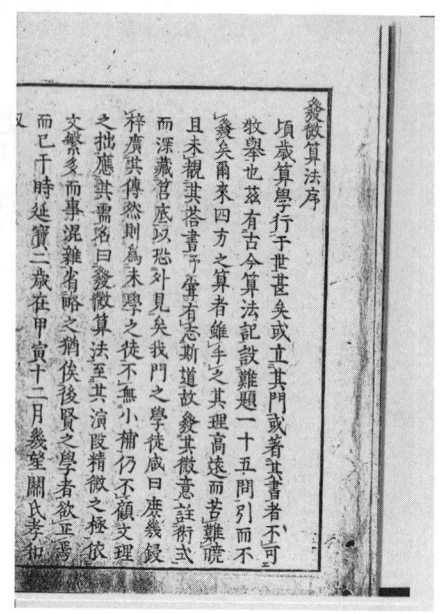

図1 『発微算法』（佐々木力蔵）（右：序文、左：跋）

られ*6、朝鮮で4回復刻*7された。

そしてこれが、豊臣秀吉の朝鮮出兵（1592年）を機に日本にもたらされた*8。これに久田玄哲が訓点を付けて『新編算学啓蒙』（1658年）を出版した。だが、『算学啓蒙』には方程式（開方式）の立て方（天元術）は書かれているものの、解き方（開方術）が書かれておらず当初は久田を含め誰も理解できなかった*9。久田に続き、星野実宣（さねのぶ）が注釈をつけて『新編算学啓蒙註解』（1672年）を刊行するが、星野も天元術を理解してなかった*10。『算学啓蒙』に正確で分かりやすい注をつけたのは、建部賢弘（たけべかたひろ）が『算学啓蒙諺解大成（げんかい）』（1690年刊）においてである。

さて、日本で初めて天元術を正しく用いて算書を著した数学者は沢口一之である。沢口は『古今算法記』（1671年）で天元術を解説し、この書で佐藤正興（まさおき）が『算法根源記』（1669年）で出した遺題150問すべてを天元術に帰着させて解いた。さらに天元術に容易に帰着させることができない遺題15問*11を出題した。これらは従来の方法では解けず、多くの数学者が挑戦したにもかかわらず誰も成功しなかった。

関孝和は、演段術を創案してこの難問を解決し、それを『発微算法』で公表した。その後彼はさらに傍書法を用いて、終結式、行列式、判別式などを世界に先駆けて発見している。なお、天元術では数字係数の代数方程式を扱うのに対し、傍書法では文字係数の代数方程式を扱う。したがって、文字として未知数を取ることにより、連立代数方程式が扱えることになる*12。

江戸時代の日本の数学は、この書と関の一番弟子である建部賢弘（たけべかたひろ）の『発微算法演段諺解（げんかい）』*13（1685年、以下『演段諺解』と略す）の出版により、算木を使った代数（天元術）から筆算による代数（傍書法）に飛躍的に発展した*14。関の孫弟子（松永良弼（よしすけ））の代になると傍書法を用いた演段術は点竄術（てんざんじゅつ）と呼ばれるようになり、点竄術を用いないと解けないような問題が各地の神社に算額として掲げられた。

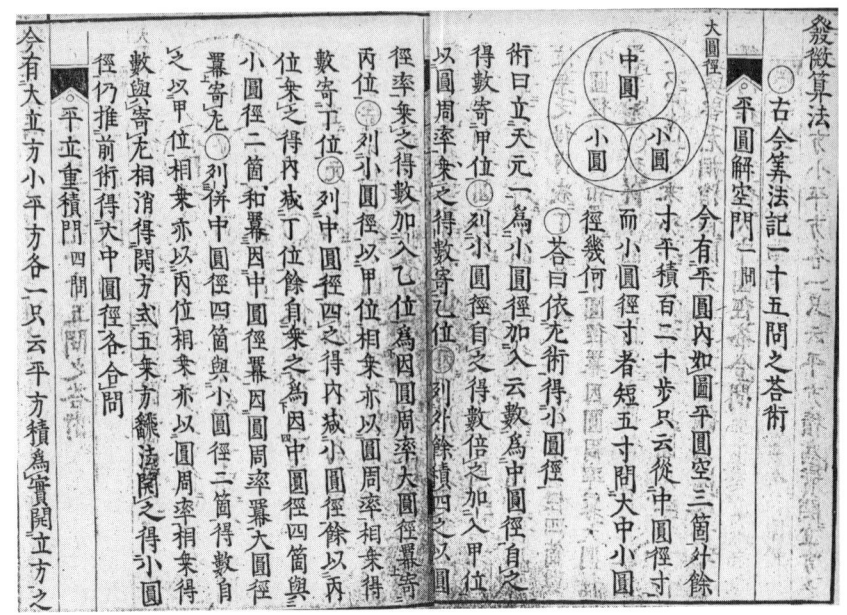

図2 『発微算法』の内題と第一問（佐々木力蔵）

3　『発微算法』の書誌

『発微算法』については 4 点の所在が確認されている。
(1) 日本学士院所蔵本（遠藤利貞旧蔵本）
(2) 佐々木力所蔵本（旧蔵者不明）
(3) 関西大学図書館所蔵本（田中由真旧蔵本）
(4) 和算研究所所蔵本（下平和夫旧蔵本）

これらのうち、(1)(2)(3)は初版、(4)は再版である。初版と再版で異なる点は、初版では問題七の開方式（方程式）の次数を 52 次と間違えているのに対し、再版では 36 次と訂正され[15]関連した巻末の数値も訂正されていること、さらに書肆名「本屋嘉兵衛刊行」が削除されている[16]ことである。

　享保七（1722）年に出版条例で、書物を新たに出版する際には作者と版元の実名を奥書に書くことが義務付けられたが、それ以前にも巻末に刊行年、版元名を入れる慣習はあった[17]。しかし、『発微算法』には「本屋嘉兵衛刊行」とあるだけなので、正確な出版年はわからない。ただ、序文の最後（図1右の10行目）に「時に延宝二年十二月十四日関氏孝和叙す」[18]とあるので、延宝二（1674）年十二月十四日[19]から程なく[20]して刊行（版行）されたと考えられる。したがって、刊行年は延宝三（1675）年であろう。

　関は序文（図1右の5行目から9行目）で、「私はかつてその道を志ざしたので、そのほんの少しの志を発し、術式を書き記した。しかしながら、箱の底深くにしまい込み、他人に見せることを恐れた。私の門人らは皆、その伝を版木に刻み広めて欲しい。そうすれば、その伝は末学の徒にいささかも役立たないということはないという。よって、文理の拙きを顧みずその求めに応じ、名付けて発微算法という。その演段は極めて精微[21]で、文は複雑で多く、術は入り組んでいるので省略する。なお、後世の賢人の学者により本書が正されることを望むばかりである」[22]と記している。

●特集：学問史の世界　佐々木力と科学史・科学哲学

また二人の門弟、三滝那智と三俣久長による跋文（後書き）（図1左）には、「この書は孝和先生が述べたものである。僕ら先生の門に学び、長年に渡り研究した。粗くではあるが奥義を得たので許された。今模写訂正し、版木匠に命じて、先生の教えを未来に残す」とある。

　関の序文および門弟の跋文通り[*23]とすると、門人たちから出版の強い要望があったので出版することになり、出版に際しては門人たちが草稿を模写し校正を行なったということになる。ニュートンの『プリンキピア』（1687年）に関してハリーがなしたのと同じように[*24]、門弟たちが出版交渉を行い、出版費用も負担した[*25]のかもしれない。

4　『発微算法』における第一問の解答

　『発微算法』の解答はどのように記述され、何が省略されたのかを遺題第一問から考察する。第一問の問題と関の解答の原文を図2に示す。全て漢文で書かれているので、今日の数式を用いて現代語訳する。記号：＝（コロンイコール）は左辺の式を右辺の式で定義するという記号である。

第一問　大円の中に中円が1つと小円が2つそれぞれ図2のように接している。大円から中円と小円を取り除いた部分（外余）の面積が120歩、小円の直径（小円径）は中円の直径（中円径）より5寸短い。このとき、大円、中円、小円の直径を求めよ。（1平方寸を1歩とする。円周率πは有理数 $\frac{q}{p}$ で近似する。原文では、p を「圓徑率」、q を「圓周率」と呼んでいる。）

解答　小円径を x とする。中円径 y は

$$y := x + 5 \tag{1}$$

これを二乗した数を A（甲位）に寄せる。

$$A := (x+5)^2 \tag{2}$$

小円径を二乗した数を2倍し、A を加えた数に q を掛けた数を B（乙位）に寄せる。

$$B := (2x^2 + A)q \tag{3}$$

外余積120を $4p$ 倍し B を加えた数は、q と大円径 z の二乗との積に等しい。これらの数を C（丙位）に寄せる。

$$C := 120 \cdot 4p + B = qz^2 \tag{4}$$

小円径に A と q を掛けた数を D（丁位）に寄せる。

$$D := xAq \tag{5}$$

中円径 y の4倍から小円径 x を減じた余りを C 倍した数から D を減じた余りの二乗は、中円径の4倍と小円径の2倍とを加えた和の冪と中円径の冪と q の冪と大円径 z の冪の積に等しくこれを L（左）に寄せる。

$$L := ((4y-x)C - D)^2 = (4y+2x)^2 y^2 q^2 z^2 \tag{6}$$

中円径の4倍と小円径の2倍を併せた数の冪に A と C と q の積を L から減じて開方式を得る。

$$((4y-x)C-D)^2 - (4y+2x)^2 ACq = 0 \tag{7}$$

6次方程式が得られこれを開いて小円径、よって大円径、中円径が得られ、題意に合う。以上が『発微算法』の解答の全てである。

(3) 式の B は、直径 d の円の面積は $\frac{\pi}{4}d^2 \approx \frac{q}{4p}d^2$ であるので、中円と2個の小円の面積の和（大円の面積から外余積の面積を引いた値）に $4p$ を掛けた数を表す。

(4) 式の中辺と右辺はともに大円の面積の $4p$ 倍である。ここまでは、門人以外の読者も丁寧に読めばフォローできたと思われる。しかしながら、(5) 式以下は途中の説明が略されており難解である。

(5) (6) 式を『演段諺解』に基づき説明する。大円、中円、小円の中心をそれぞれ O_1, O_2, O_3 とし、2つの小円の接点を C とする。図3参照。

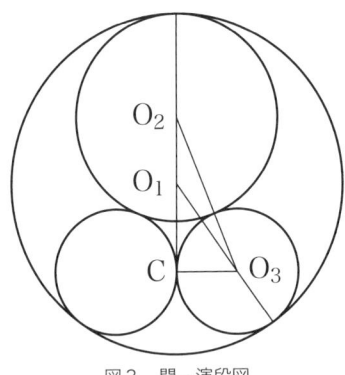

図3　問一演段図

三平方の定理を繰り返し用いて、

$$\overline{O_1C}^2 = \overline{O_1O_3}^2 - \overline{O_3C}^2 = \frac{1}{4}z^2 - \frac{1}{2}xz$$

$$\overline{O_1O_2} = \frac{1}{2}(z-y)$$

$$\overline{O_2C}^2 = \overline{O_2O_3}^2 - \overline{O_3C}^2 = \frac{1}{4}y^2 + \frac{1}{2}xy$$

このとき、

$$\overline{O_2C}^2 - \overline{O_1C}^2 - \overline{O_1O_2}^2 = \frac{1}{2}(xy+xz+yz-z^2)$$

一方、

$$\overline{O_2C}^2 = \overline{O_1C}^2 + 2\overline{O_1O_2}\cdot\overline{O_1C} + \overline{O_1O_2}^2$$

より、

$$\overline{O_2C}^2 - \overline{O_1C}^2 - \overline{O_1O_2}^2 = 2\overline{O_1O_2}\cdot\overline{O_1C} = (z-y)\overline{O_1C}$$

したがって、

●特集：学問史の世界　佐々木力と科学史・科学哲学

$$\frac{1}{2}(xy+xz+yz-z^2)=(z-y)\overline{O_1C}$$

両辺を2倍し二乗すると

$$(xy+xz+yz-z^2)^2=(z-y)^2(z^2-2xz)$$

両辺を展開し、左辺から右辺を引くと

$$x^2y^2+x^2z^2+2x^2yz+4xy^2z-4xyz^2=0$$

x で約すと

$$xy^2+xz^2+2xyz+4y^2z-4yz^2=0$$

ここで、

$$xy^2+(x-4y)z^2=-z(2xy+4y^2)$$

と変形し、両辺二乗する（二乗化という）と、

$$(xy^2+(x-4y)z^2)^2=z^2(2xy+4y^2)^2$$

両辺 q^2 を掛けると

$$((4y-z)z^2q-xy^2q)^2=(4y+2x)^2y^2q^2z^2$$

これは、(6) 式である。

(7) が x の6次方程式であることは次のようにわかる。

$$y=x+5,\quad A=(x+5)^2,\quad C=120\cdot 4p+(2x^2+(x+5)^2)q,\quad D=x(x+5)^2q$$

を (7) に代入すると

$$((3x+20)(120\cdot 4p+(3x^2+10x+25)q)-x(x+5)^2q)^2$$
$$-(6x+20)^2(x+5)^2(120\cdot 4p+(3x^2+10x+25)q)q=0 \qquad (8)$$

これは、x についての6次方程式である。

5　『発微算法』の記述スタイル

4節で見た第一問の解答から分かるように、『発微算法』では記号表現された式の変形や計算は行っておらず、すべて文章表現（術文）である。

『発微算法』は、

1．消去の概略は与えているが、詳細は記してない。
2．開方式の次数は与えているが係数は与えてない。
3．数値解は与えてない。

という記述の仕方[*26]をしているが、どこが理解を困難にさせているのであろうか。

沢口の出題意図は、一意的な解が存在するか否かを問い、存在する場合は数値解を要求した[*27]と考えられる。第一問のように6次方程式であれば、(8)式を展開して係数を示すことも数値解を求めることも可能であるが、100次を超えるような方程式の場合は係数を書き下すのは大変であるし、ほとんど意味を持たないであろう。さらに、100次を超えるような方程式の実数解を求めることは、現代でこそコンピュータと数式処理を用いて実行されている[*28]が、手計算あるいは天元術ではほぼ不可能である。関は開方式が立てられれば、原理的には解を求めることができるので開方式の係数および数値解は重要視していないと考えられる[*29]。

重要なのは開方式を導くところである。第一問の(5)(6)式なども建部が行ったように図3を用いて丁寧に説明すれば、多くの読者に理解されたであろう。しかしながら、消去の方法の核心的なところを省いたため、門人以外のほとんどの読者には理解できなかったのだろう。

6　傍書法とは

傍書法とは算木記号で数係数を、漢字1文字ないし数文字[*30]で未知数あるいは定数を表す文字式の表現方法である。たとえば、

$$3甲^2乙^3 - 2甲^4乙$$

は

〔算木記号の図〕

と表す。算木の ‖‖, ✕ はそれぞれ、数字の +3, −2 を表す。二乗は巾（冪の略字）、三乗は再二乗の再、四乗は三乗法[*31]の三で表す。

4節の寄乙位の文（(3)式およびそれに先立つ文）を傍書法を用いない場合と用いた場合の双方を図4に表す。

漢文で書かれた術文は同じで、右は術文に傍書式（算木と文字による数式）が挿入されている。数学的には同等であるが、読む(可読性)のは右が格段に良い。『発微算法』（図3参照）および建部賢弘の『研幾算法』（1683年）は左（傍書法なし）が用いられており、『演段諺解』（図5参照）は右（傍書法あり）が用いられている。

7　田中由真『算法明解』

関に続いて田中由真も『古今算法記』の遺題を解き、『算法明解』(1679年)を出版している。『算法明解』の跋に「田中氏正利書」とあるが、田中氏正利は田中由真（吉真）と同一人物である[*32]。これは、松田正則の『算法入門』下巻[*33]に「佐治氏（一平）の師である田中氏吉真は洛陽（京

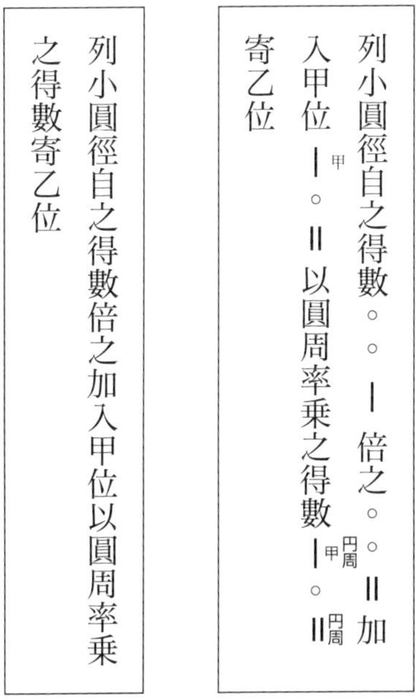

図4　傍書法なし（左）、傍書法使用（右）

都)に有て算法明解の書を編む」[*34]とあることに基づく。

　『算法明解』は『国書総目録』(1965年)および『国書総目録』補訂版(1990年)に、削除と版本の印がつけられて「貞享四(1687)版‒東北大、享保一二(1727)版‒東北大」と記載されている。東北大学図書館に問い合わせたところ、「当館では貞享四・享保一二版は所蔵しておりません」とのことである。学士院の写本(学458)は岡本則録蔵書を学士院で書写している[*35]ので、親本は東北大学の貞享四・享保一二版のうちの１つと思われるが、現在は行方不明[*36]ということになる。

　田中由真旧蔵の『発微算法』が関西大学図書館に所蔵されているので、田中はこれを参考にしながら執筆した[*37]と考えられる。田中の解答も関と同様に術文と開方式の次数だけである。第一問で比較すると、関は外余の面積百二十(平方)寸、中円の直径と小円の直径の差五寸として開方式を導いているが、田中はこれらを外余積、只云数と一般化[*38]している。関は π を 円周率/円径率 $=\frac{q}{p}$ で近似しているのに対し、田中は$\pi/4$を円積率としている。

　田中の解答の初めの方を現代語訳する。

　大円径をxとし、これを自乗し円積率$\pi/4$を掛け得た数をA(宮位)に寄せる。

$$A := x^2 \frac{\pi}{4}$$

大円径xに只云う数aを掛け、これに円積率$\pi/4$を掛けB(商位)に寄せる。

$$B := xa\frac{\pi}{4}$$

以下略

　田中は『発微算法』を研究して各問に対しそれぞれ関と異なる方法で、自分で解法を見つけ[*39]、関の記述スタイルを真似て解答を作ったと思われる。というのも、田中が所持していたのは『発微算法』の初版であるが、初版では問七に対し関は52次と誤っているのに対し、田中は『算法明解』で36次と正しい答えを出している[*40]からである。

8　『発微算法演段諺解』

　『発微算法』は、新規な解法を用いている上に5節で述べたような記述スタイルであったため、当時のほとんどの数学者[*41]には理解されなかった。そればかりでなく根拠のない批判さえ浴びた。たとえば、7節で言及した佐治一平の門人の松田正則の表した『算法入門』[*42](1681年)は上下2巻本で、序文に「今、発微算法が古今算法記の遺題15問の答術をあらわす。理術はわずかに可で、残りは可でないから改める」[*43]と書き、下巻の前半で的外れな訂正を行い、また結論として15問のうち12問は誤っているとさえ断言している。

　関の解法が正しく理解されるようになったのは、関の一番弟子の建部賢弘が『発微算法演段諺解』(1685年)を出版し、傍書法を用いて『発微算法』の演段を分かりやすく解説したことによる。『発微算法演段諺解』の影印[*44]を図5に示す。傍書法が多用されていることがわかる。

　これにより、『演段諺解』の出版から二年後には、持永豊次と大橋宅清は『改算記綱目』(1687年)の序において「予師(宮城)清行先生曰 ... 関氏孝和の編る所の発微算法演段諺解 ... 誠に如斯の術式深く味之孝和之新意の妙旨至れるを知るべし」[*45]と絶賛している。また、世界で最初に行列

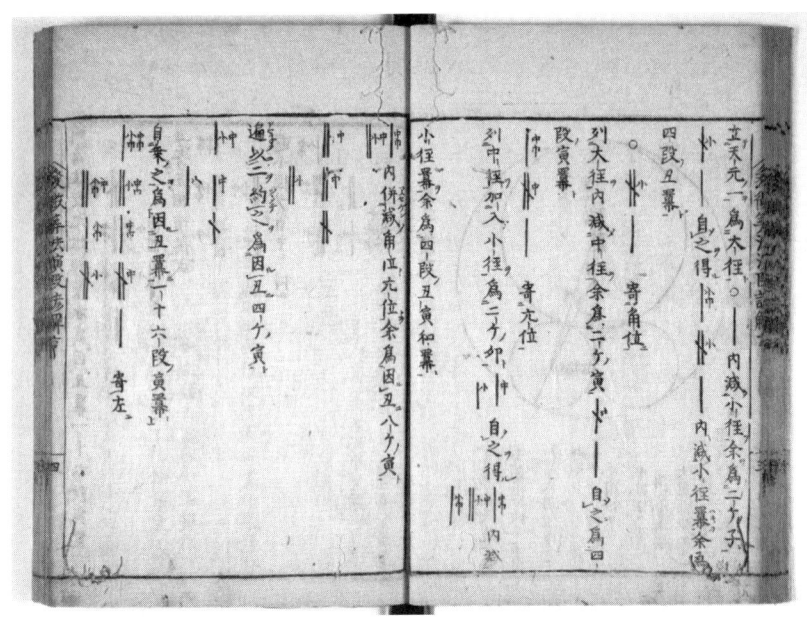

図5 『発微算法演段諺解』第一問解説（京都大学数学教室蔵）

式の小行列式による展開を出版した井関知辰撰『算法発揮』（1690年）は、冒頭の凡例において『演段諺解』に言及することなく引用している[*46]。

ともあれ、『発微算法』は数学の飛躍的発展の契機となったのであるが、それを分かりやすく解説した建部の寄与なくしては和算家に広く理解されることにはならなかったことは明らかである[*47]。そういう意味でも建部は関とともに、日本の数学（和算）の発展に大いに貢献したといえよう。

9　演段術と傍書法

最後に演段術と傍書法の関係についてだが、関は序文で「その演段は極めて精微で、文は複雑で多く、術は入り組んでいるので省略する」と言っているが、その「演段」は、たとえば、第一問でいうと (5)(6) 式の導出などを指しており、その消去は複雑で文で説明するのは困難だというのは、まさにその通りだったからではないか。もし「演段」に傍書法が含まれていれば、『演段諺解』に見られるように「文繁多」にはならないだろう。したがって、「演段」とは消去法のみを指し、傍書法は含まないと考えられる。

では、「演段」に傍書法が含まれないとすると、傍書法を用いないで消去法で解くことは可能であるか。それは田中吉真が『算法明解』において『古今算法記』の遺題を消去法で解いているのを見れば可能と推察される。おそらく、関も田中も傍書法に代わる何らかの方法で消去を実行したのだろう。

よって、『発微算法』執筆時には傍書法が創案されてなかったと考えられるが、それでは傍書法はいつ創案されたのだろうか。傍書法が関の稿本（未出版の草稿本）に登場するのは、『解伏題之法』（1683年重訂）、『開方翻変之法』（1685年重訂）、『病題明致之法』（1685年重訂）、『解見題之法』（年記なし）の4点である。『病題明致之法』には「傍書術」、「傍書式」という術語が出てくる。これら4点は、1683年に始まり1690年代にひとまず完成した『算法大成』[*48]編纂の準備のた

●特集：学問史の世界　佐々木力と科学史・科学哲学

めに用意されたものであろう。1683年に重訂した『解伏題之法』で傍書法を用いて終結式が導かれているので、傍書法は『解伏題之法』の初稿*49編集のときには出来ていたはずである。以上より、傍書法が創案されたのは、『発微算法』執筆後、汎用的な消去法を模索している過程と考えられる。その結果、汎用的な消去法として終結式を発見し、さらに終結式を行列式として表示しそれらを『解伏題之法』の初稿として編集したと思われる。関はさらに、終結式を用いて判別式を得た。『開方翻変之法』では、判別式（適尽方級法）を導出し、判別式を用いて重根を求めている。

しかしながら、1675年から1682年の間の年記のある関孝和が編集した稿本の写本は、『授時発明』(1680年)、『立円率解』(1680年)、『八法略訣』(1680年)、『授時暦経立成之法』(1681年) のみが残っているだけで、傍書法に多少とも関連するものはない。したがって、傍書法の創案時期を絞り込むのは容易ではない。

10　まとめ

本稿では、以下のことを述べた。

1. 関は演段術を創案して沢口の遺題を解き『発微算法』で発表した。その時点では傍書法はまだ創られてなかった。つまり、『発微算法』の演段術には傍書法は含まれない*50。
2. 傍書法を用いなくても演段術が使えることは、田中吉真が『算法明解』で示している。
3. 傍書法は、1675年以降1682年以前に汎用的な消去法(終結式)を見つけ出す過程で創案された。

注

* 1　エウクレイデス、アポロニウス、パッポスなど。
* 2　高橋秀裕は「『プリーンキピア』をめぐる数学史の伝統的疑問」と呼んでいる。詳細は以下の書を見よ。高橋秀裕、『ニュートン』、東京大学出版会、2003、pp.198-207
* 3　高橋秀裕、前掲書、p.199
* 4　「演段術は記号使用の筆算式代数学である」(いいかえると、演段術は傍書法を用いて遂行される) を最初に唱えた数学史家は三上義夫である。三上義夫、関孝和の業績と京坂の算家並に支那の算法との関係及び比較、佐々木力総編集、『三上義夫著作集』第2巻、日本評論社、2016、pp.88-91、初出は『東洋学報』、第二十巻、1932
* 5　『算学啓蒙』は上中下の3巻からなり、上巻は整数の掛け算から始まり下巻の最後「開方釋鎖門」は算木による開平、開立などの計算に引き続き天元術が解説されている。
* 6　川原秀城、『朝鮮数学史』、東京大学出版会、2010、p.58
* 7　森本光生、算学啓蒙の日本における受容、数理解析研究所講究録、1625 (2009)、p.154
　　なお、数理解析研究所講究録に掲載された論文の多くは Web で公開されている。http://www.kurims.kyoto-u.ac.jp/
* 8　筑波大学図書館所蔵の書に「養安院蔵書」(曲直瀬正琳) の印記があることによる。考証は、三上義夫、関孝和の業績と京坂の算家並に支那の算法との関係及び比較 (前掲)、『三上義夫著作集』第2巻、p.86、にある。
* 9　藤原松三郎は「これを移入した當時のわが國の學者が、これを了解するのにいかに苦しんだかは、想像に余りあるところである。」と述べている。日本学士院編 (藤原松三郎著)、『明治前日本数学史』第一巻、岩波書店、2008、p.400
* 10　藤原松三郎は「(天元術を扱った) 開方釋鎖門の各問の註解の中に、處處「以天元一爲負廉」あるひは「以天元一然正廉」、「以天元一爲正廉、爲平」、「命天元一置徑方」等といふ句がある。天元一は未知数に名づくるものであることを (星野は) 認識してゐなかつたやうである。」と指摘している。『明治前日本数学史』第一巻 (前掲)、p.360
* 11　第一問から第十四問までは図形を使った問題で連立代数方程式になり、第十五問は利息の問題で連立超越方程式になる。
* 12　小川束・森本光生、『江戸時代の数学最前線』、技術評論社、2014、pp.160-161
* 13　『発微算法』の演段術を傍書法を用いて詳細に解説した書である。
* 14　佐々木力は、「その特異な記号代数技法は近世日本の数学を、東アジア数学を、未曾有の水準にまで高める礎石を据えることになった」と述べている。佐々木力、『数学史』、岩波書店、2010、p.670
* 15　佐藤賢一、『近世日本数学史』、東大出版会、2005、pp.283-287
* 16　小林龍彦、解説、『三上義夫著作集』第2巻 (前掲)、p.442
* 17　橋口侯之介、『和本入門』、平凡社、2011、p.77
* 18　于時延寶二歳在甲寅十二月幾望關氏孝和叙

*19 グレゴリオ暦では 1675 年 1 月 9 日である。

*20 建部賢弘の『演段諺解』の序文は「貞享二年歳乙丑季夏序」、書肆の年記は「貞享二歳丑十一月吉日」なので、約 5 ヶ月後である。

*21 原文は「其演段精微之極依」である。本稿の目的は「演段」の意味を探ることであるので演段のままにしておく。演段の意味は 9 節で述べる。

*22 『発微算法』からの口語訳は次を参照した。小川束、『関孝和「発微算法」― 現代語訳と解説』、大空社、1994

*23 小林龍彦は、序文について「これはレトリックの可能性もありますので全面的に信用することは危険でしょう」と注意している。http://www.mirun.sctv.jp/~suugaku/15.8/和算入門（13）.htm

*24 ハリー彗星の回帰を予言したことで知られるエドモンド・ハリーが、1684 年 8 月にアイザック・ニュートンに「太陽に向かう引力が太陽から惑星までの距離に二乗に逆比例すると仮定すれば、惑星の描く曲線はどんなものになるか」尋ねたところ、ニュートンは即座に楕円になるだろうと答えた。以前計算したのだが見つからないので、もう一度計算して送ると約束した。11 月にニュートンは『回転している物体の運動について』という論考をハリーに送った。ハリーは王立協会で『運動について』を紹介し、ニュートンは研究を発展させ、王立協会から出版することになった。ハリーは王立協会の事務員（クローク）になり『プリンキピア』の出版を担当した。しかも、王立協会は予想外のことで財政が悪くなり、出版費用をハリーが負担することになった。リチャード・ウェストフォール、田中一郎・大谷隆昶訳、『アイザック・ニュートン』I、pp.440-511、平凡社、1993

*25 真島秀行は、「門人たちが出版費を工面してくれて刊行に至ったのであろう」と推察している。真島秀行、関新助孝和の履歴について、数学史研究 204（2010）, pp.36-45

*26 上野健爾は「骨と皮だけの解答集」と表現している。上野健爾、関孝和の数学と大成算経、数理解析研究所講究録、1831（2013）, p.116

*27 橋本流『当流算術難好伝記』に記された沢口の解答は、第四問と第十五問が「無伝・無術」の他は数値解が与えられているという。佐藤賢一、『近世日本数学史』（前掲）、pp.272-273

*28 荒井千里・森継修一、古今算法記遺題の数値解について、数理解析研究所講究録 1568（2007）, pp.87-93.

*29 上野健爾他、『関孝和論序説』（前掲）、p.108, p.269

*30 『演段諺解』では、中円は「中」とし、中円冪は「中巾」としているが、立方積は漢字 3 文字で「立方責」としている。責は和算家がよく使う積の略字（俗字）である。

*31 A^4 は $A \times A \times A \times A$ と掛け算が 3 つあるので三乗法という。

*32 日本学士院編（藤原松三郎著）、『明治前日本数学史』第三巻、岩波書店、2008、p.425

*33 「発微算法一十五術内誤改術」の最後

*34 京都大学数学教室 http://edb.math.kyoto-u.ac.jp/wasan/020

*35 書写奥書に「大正三（1914）年一月岡本則録氏蔵書ヨリ写記」とある。

*36 三上義夫は「『算法明解』は田中吉真作の刊行の算書ということであるが、今その刊本の現存することの見聞がない」と述べている。三上義夫、関孝和の業績と京坂の算家並に支那の算法との関係及び比較（前掲）、『三上義夫著作集』第 2 巻、p.98。

*37 田中由真旧蔵の『発微算法』発見以前に藤原松三郎は、各問で立てる天元の一が第十四問を除き全て発微算法と異なっているので、発微算法との一致を避けるため変えたのではないかと指摘している。『明治前日本数学史』第三巻（前掲）、p.470

*38 関も第二問では只云数、別云数などのまま開方式を導いている。関も田中も数値解にはこだわってないようである。

*39 藤原松三郎は、「術文はあるが、發微算法には孝和の演段術は全然書かれてゐないのであるから、由眞は自身発見の演段術により解義を得て、これから術文を得たのであろう」と書いている。ここで、藤原の「演段術」には傍書法は含まない。『明治前日本数学史』第三巻（前掲）、p.470

*40 小林龍彦、解説、『三上義夫著作集』第 2 巻（前掲）、p.444

*41 『演段諺解』出版以前に『発微算法』を理解した数学者に 7 節で取り上げた田中吉真がいる。

*42 藤原松三郎は、『算法入門』は佐治一平が門人の松田正則の名前で出版したとみている。『明治前日本数学史』第三巻（前掲）、p.425
なお、『算法入門』の年記は「延寶九辛酉歳三月吉日 松會 開刊」であるので、刊行は 1681 年である。

*43 今發微筭法 見 古今記一十五問之苔術理術僅可未可故改之。

*44 亨巻三丁裏四丁表 http://edb.math.kyoto-u.ac.jp/wasan/165-0028

*45 東北大学和算資料データベース、林文庫 640

*46 『算法発揮』は「凡術ヲ作ス時ニ相消ス数見難キ者ハ本術ニ有ル所ノ者ヲ悉有トシテ別ニ天元ノ一ヲ立テ何某トシテ側ニ其名ト段数ト正負トヲ記シテ常ノ如ク相消シテ式ヲ得ル事ニツ也分ツテ前式後式トス」（東北大学和算資料データベース、『算法発揮』岡本刊 63）とあるが、『演段諺解』の「演段起例」は「天元ノ一ヲ立テ如意求之ヲトイヘトモ相消数（タヤスク ガタキ）容易見難キ伏題ト云ナリ（中略）相消数見難キ時本術ニ出ル所ノ者ニ皆アリトシテ別ニ天元ノ一ヲ立テ正負段数ヲ畫シ傍（カタハラ ソノナ カキ）ニ其名ヲ書テ如常相消テ得式」（http://edb.math.kyoto-u.ac.jp/wasan/165-0025）である。現代の基準に照らせば『算法発揮』は『演段諺解』からの剽窃と疑われるレベルであろう。

*47 森本光夫は「演段を実際に書き下して見せたのは賢弘の功績」と評価している。森本光夫、建部賢弘と『大成算経』、数学文化、22（2014）、p.9

●特集：学問史の世界　佐々木力と科学史・科学哲学

＊48 『算法大成』は、建部賢明『建部氏伝記』（1715 年）によると、1683 年夏、関孝和、建部賢明、建部賢弘が相談し、賢弘が中心になって新たに考えたものや既存の算法を集めて出版しようということになった。元禄中年（1690 年代）に一応完成し全 12 巻で『算法大成』と名付け推敲していたが、賢弘が多忙になり、関は老年の上病気で考検熟思できなくなったため、1701 年より、賢明一人で 10 年かけて完成させ、『大成算経』全 20 巻として完成させたというものである。出版はされず、写本として伝わっている。

＊49 真島秀行は『解伏題之法』の初稿について推察している。真島秀行、「算学玄訓」における関孝和の行列式、RIMS Kôkyûroku Bessatsu B50（2014），pp.35-40

＊50 文脈から藤原松三郎はそのような解釈と思われる。
日本学士院編（藤原松三郎著）、『明治前日本数学史』第二巻、岩波書店、2008、p.193、p.260

特集論考●学問史の世界　佐々木力と科学史・科学哲学

和算に賭けた青春
―岩井雅重の夢―

小林 龍彦　●前橋工科大学名誉教授

1. 和算家岩井雅重とその時代

　江戸時代の日本に「和算」（わさん）と呼ばれる数学が発達していた。和算の起源は古代中国数学に求めることができるが、和算家と呼ばれる人々のなしえた成果は母国中国のそれを遥かに凌駕し、また、近代西洋数学の果実に比しても劣らない成果を得ていた。その和算を支えた人々は将軍、大名、武士、庶民さらには公家といった人たちであり、老若男女、年齢や性別を問うこともなく、いわば四民平等の学問として成立し発展していた。

　和算には数学文化史の観点から窺うに二つの特性を有する。「好み」（遺題継承）と算額である。前者はリレー形式による問題の解答と新奇問題の提出を意味し、後者は数学の問題を絵馬にして神社仏閣に奉納する風習である。いま、これらの多くを語らないことにするが、算額の奉納が現代にまで及んでいることを鑑みれば和算文化の影響の程が知れるところであろう。この小稿の主人公岩井雅重も算額を奉納したことがあった。

　近世日本の数学者が傾倒した研究領域は今日でいう幾何学の問題にあった。勿論、代数学や解析学に属する問題も大いに研究したが、特に幾何学では複雑な図形から簡潔で美しい式を見出すことに喜びを感じていた。そのため江戸時代全般を通じて幾何学に拘わる数学書籍がたくさん出版されたが、時代も後期になるとその傾向は一層顕著になった。

　幕末から明治にかけて一冊の幾何学書の研究と青少年の教育に短い生涯を捧げた数学者がいた。幾何学書とは天保11（1840）年に刊行された御粥安本の『算法浅問抄』であり、数学者は上州（現群馬県）西毛の地に住した岩井雅重である。その雅重が活きた時代は政治的変動期にあたり、他方としては、日本の近代的教育制度が整っていく時期でもあった。明治5（1872）年8月に頒布された「学制」は、雅重が学んだ「和法」（和算）を廃止し、「洋法」（洋算）を採用すると宣言していた。いわゆる学校教育における和算の廃止・排斥の断行である。

　この小稿の目的は、日本の変革の時代に、地方にいて和算から洋算への転換を目の当たりにし、その一方で教育者として洋算教育を実践した青年雅重の見た夢を紹介することにある。

こばやし　たつひこ◎ 1947年高知県宿毛市生まれ。法政大学第二文学部卒。四日市大学関孝和数学研究所研究員、内蒙古師範大学客座教授、天津師範大学客座教授、博士（学術）。近著に、共著『関孝和論序説』（岩波書店、2008年）、『三上義夫著作集』第2巻関孝和研究（解説小林龍彦、日本評論社、2017年）、『徳川日本対漢訳西洋暦算書的受容』（上海交通大学出版社、2017年）、他論文多数。

●特集：学問史の世界　佐々木力と科学史・科学哲学

2．西毛和算の雄・岩井重遠と雅重

　上州の中山道に沿う西地域を西毛（せいもう）と呼ぶ。西は方位の西であり、毛は古代の国名上毛野国（かみつけぬのくに）の「け」に由来する。中山道という幹線道路が走り東西文物の流通が盛んであったためか、この地域には早くから和算家が排出した。
　西毛の雄、岩井重遠（1804-1878）は幕末上州の「和算王国」を彩った一人であった。重遠は数学を同国安中板鼻の小野栄重（1763-1831）に学んだ。師の小野は江戸の大家関流宗統四伝藤田貞資（1734-1807）のもとで指導を受け、貞資没後の文化8（1811）年に息子嘉言から関流宗統六伝の免許を得た。その栄重は藤田のもとで算学修行に励みながら、実力を買われてのことであろう伊能忠敬（1745-1818）の享和3（1803）年2月に始まる第4次全国測量に随行し、東海から北陸地方の測量に携わったことがあった。こうした伊能との濃密な関係は、畢竟、西洋の測量術や最新の学術に触れることになり、栄重もそれら新知識を享受する機会に恵まれた。なかでも三角法と三角関数表は最たるもので、栄重は球面三角法による測天と量地への応用を解説した『星測量地録』（彩色写本、文政5年稿）を著し、弟子へも教授した。岩井重遠の遺稿中に『暦象考成後編』に載る球面三角法の研究に拘わるものが存するが、恐らくは栄重から伝わった新学術の一斑であろう。
　小野栄重の薫陶を受けた岩井重遠は関流宗統七伝の免許状を得たと思われるが、その日時は判然としない。だが、重遠の数学者としての実力は確かで、栄重の弟子として、また、上州の数学者として最初となる算学書『算法雑俎』を文政13（1830）年に刊行したことはその証左と言える。重遠は、これの自叙において師の業績を称えてつぎのように述べる。

　　吾上毛板鼻駅の游士に小野子巌先生と云あり。名は栄重、通称を始、捨五郎と云ひ、今は良佐と云ふ。嘗て自得の算学を以て近郡に鳴る。尚、其足らざるを補はんがため藤田貞資子に拠て関家の蘊奥を極むと。文化年間常州の人伊能某、命を奉て海内の地輿を測りて、官に奉る。是時に当て子巌先生も亦、伊能氏に従て終始測量の事を共にしたまへり。故に近郡の算者、先生の流を汲ざるものなし。於是信毛の算学、先生に因て大に闢けたりと謂べし。予も又先生に就て算数を学ぶこと僅かに五年。幸に円理弧術等の秘蘊を得るに至る。是子巌先生の教育の浅からざるに因てなり。

　自叙中にいう「常州」は常陸国（現茨城県）の別称であり、伊能忠敬の全国測量は、正確に言えば、寛政12（1800）年の蝦夷測量に始まる。また、「信毛」は信州（現長野県）と上州を指すが、上州に限らず信州にも小野栄重の弟子はいた。自叙の後段で重遠は、僅か5年で「円理弧術等の秘蘊を得る」というから、相当の実力者であったことが分かる。
　追って、天保8（1837）年、重遠は同国の剣持章行とともに『算法円理氷釋』を刊行した。円理の難問の解説書である。文政11（1828）年、信州と上州国境の碓氷峠にある熊野神社へ算額を奉納した（『算法雑俎』による）。天保5年にも上州高崎八幡の八幡宮へ算額を掲額した（現存）。
　風雲急を告げる幕末の安政2（1855）年、重遠は安中藩主板倉勝明の命を受け、松井田五料の地に安中藩郷学校「桃渓書院」を設立し、領民の教育にあたった。その一方で、敷地内に「岩井学校」を設けて庶民教育の経営にも乗り出した。来る近代を見据えての学校運営であったが、安中藩の「桃

渓書院」は明治5年の「学制」頒布にともなって廃校になった。一方、言わば私学であった「岩井学校」は「学制」頒布後も小学校として存続したが、明治12（1879）年の小学校の合併にともなって廃校になった。重遠はその前年の明治11（1878）年6月、75歳で生涯を閉じた。

　岩井雅重（1851-1886）は、重遠の四男として、嘉永4（1851）年、上州碓氷郡松井田に生まれた。名を喜四郎と称し、諱を正郷、楽山を号とした。雅重には三人の兄がいた。だが、長兄の重賢は慶応元（1865）年、38歳で没し、三兄の重正も20歳で早世した。次兄は慎重と称したが隣家に分家として出たため、末っ子の雅重が家督を継ぐことになった。

　雅重は幼い頃から父重遠の指導を受け和算の修行に励んだ。その結果、明治元(1868)年8月20日、父から三題免許を受け関流正統八伝を称した。近世日本数学の伝統様式の一つに免許状の発給がある。一定の力量を身に付けた弟子に師から免許状が伝授されることは他の芸道と共通する。雅重の場合は父の訓育の賜物であったが並大抵のことではなかったろう。それ相応の実力がなければ関流正統の地位を継承することは叶わないのである。

　雅重への免許状発給のことは、彼が残した草稿『算法浅問抄巻之下第十解義』（東北大学附属図書館狩野文庫蔵請求番号：狩20666）から知ることができる。稿中の雅重による走り書きでは「戊辰八月廿日甲子　岩井喜四郎雅重　数学師範免許之軸御相伝有之候　有之内甲子日夕成」と誌されている。別紙に「関流正統八伝　岩井喜四郎源雅重」とする書き込みも残る。授与日の「戊辰八月廿日」は明治元（1868）年8月20日にあたり、雅重18歳のことであった。幕末から明治にかけて日本の数学者のなかには、和算と洋算という用語を用いるものも現れ始めていたが、雅重は自分が学んだそれを数学と称していた。数に関する学問という意味であろう。またその到達の段階は「師範」であるから、近世日本の数学のあらゆる領域が教授できることを顕している。そのことは軸装の免許状に書かれた修得数学領域を見れば瞭然であろう。「相伝」とはいうまでもなく父の重遠からである。

　岩井雅重は、先にも誌したように幕末明治の変革期に和算の研究と洋算の研究に邁進した数学者であったが、生涯の関心は和算にあった。明治5（1872）年に、門人と連名で父が掲額した熊野神社へ算額を奉納しているが、この行動には雅重の和算への郷愁を感じさせるものがある。また、この小稿の主題である幾何問題への執着もその一斑となろう。

　明治5年の「学制」による近代教育の発足では、洋算に基づく教育と教材研究に励んだが、明治19（1886）年、36歳で没した。

3.『算法浅問抄』への挑戦

　岩井雅重が御粥安本の『算法浅問抄』に強く惹かれた理由は、雅重の好む初等幾何の問題が多数収録されていたことにあったと思われる。父が上梓した『算法雑爼』の附録に「関流宗統六伝御粥猪之助安本」の門人3名による不定方程式の問題5問が出題されていたことも、身近な算学者としての近親感が要因になったとも考えられよう。雅重は只管ここに載る問題の解答を試みたのであった。

　いま、外題を『算法浅問抄□巻翁蒙』（請求番号：狩20706）、内題を「浅問抄下巻続小筌改術五條解義」とする写本が現存している。これの劈頭に「続算学小筌改術　算法浅問抄解五條　西毛楽山岩井雅撰」とする書題を、単郭で縁取りした封面題にして付けているから、あるいは出版を目的

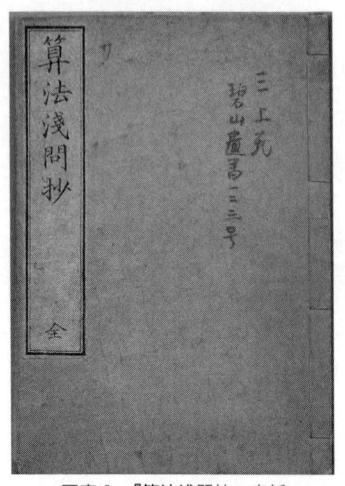

●特集：学問史の世界　佐々木力と科学史・科学哲学

写真１　『算法浅問抄』表紙

にした稿本であったことも考えられる。いまはそのことは不問にしよう。西毛は著者の郷貫で、上州の西域を指すことは先に触れた。楽山は雅重の号であろう。岩井雅とは岩井雅重の略名である。書名が明らかにしているように『算法浅問抄』下巻に含まれる問題5問の解義書である。『算法浅問抄』（写真1。筆者藏）は天保11年、御粥安本が編集した幾何問題を中心にした算学書である。江戸時代の終わりによく読まれ、好んで研究された好著であった。これの下巻の9問目からは「続算学小筌改術五條」と銘打って『続算学小筌』の問題が取り上げられている。

この解義書を開いていくと、岩井雅重が『算法浅問抄』に載る問題の解答に至った時間経過が具体的に見えてくる。それらの時期を拾ってみるとつぎのようになる。

第1問・第2問　己巳秋九月念(注1)四夕解義成
第3問・第4問　己巳季秋念八
第5問　明治二季歳在己巳十月十有七日　岩井雅重著解　「岩井雅重」印

5問目の解義の後、明治2年の年紀の直前に以下の様な識語も付く。翻刻して示してみよう。

　　右の題術は、御粥氏が続小筌の術を改め、以て浅問抄下巻に載する。予、この頃これを閲して解義を成す。ことごとく御粥氏の術に合う。

雅重が『算法浅問抄』の解答に及んだ「己巳」の年は明治2（1869）年にあたる。明治2年と言えば、この年の3月、京都から東京へ奠都があり、6月には戊辰戦争が終結。つづく7月の版籍奉還など矢継ぎ早の改革が断行され、明治政府の新体制が着々と築かれていく時期にあった。また、10月には東京築地に海軍操練所が建設され西洋列強に対抗する海軍の建設も始まっていた。そうした変革の時代に、上州の西毛にいた雅重は、農事の合間に『算法浅問抄』に載る『続算学小筌』を解き、自分の解法が御粥の解術と一致することに満足を覚えていたのである。

雅重の『算法浅問抄』の研究は明治2年に始まった訳ではない。それ以前にも熱心に取り組んでいた。雅重の研究ノートは東北大学附属図書館蔵として多数残されているが、そのうちの『算法浅問抄解義』（請求番号：狩20690）は『算法浅問抄』上巻56問中21問、下巻21問中2問の解義集になっている。これの最後の解答に「慶応四季戊辰閏四月初六訂正畢」という年紀を与えている。年紀は写本全体に付与されたものでない可能性もあるが、「畢」には「ことごとく尽くす」の語釈もあるから、写本の収録問題23問の訂正は慶応4年閏4月6日に終わったと見なすこともできる。

また、表紙の先頭に「日下先生遍掲集内　圭内設二斜容等円三个解」と誌す雑稿集（請求番号：狩20666）では、

　　長沼氏解　浅問三題解　尾州宮田奉納算題十題之内
　　浅問抄十二、二十七、三十一解　三題

浅問附録四解

浅問抄附録第七解

浅問抄三十六解

浅問抄四十一、四十二解　二題

浅問抄三十三、二十八の解　二題

と連記され、いずれも『算法浅問抄』の問題が解かれたことを示している。その内の「浅問抄二十八」の解義の末尾に、

慶応四季歳在戊辰閏四月十八日夜解成。農事鬧節、翌朝農寸暇訂正

と認めている。この問題は閏4月18日夜に解けたが、農事が繁忙な季節であるため、翌朝寸暇の間に訂正したという。また、「浅問抄三十一解」では、

此解義者、嚮に考成、遂に訂正して此前に有。雖然ども解に有迂遠。殊に未だ尽したらざること解あり。故於爰に再成解義。尤も有妙意、且つ初学稽古の一理なるべし。

とも述べ、迂遠な解法の訂正に取り組んでいる姿を覗かせている。因みに雅重の本格的な算学修行は慶応3年、16歳の時に始まっていたようで、以後、問題を解いては推敲を重ねる日々を送り、藤田貞資の名著『精要算法』にも挑戦していた。

慶応4年8月、雅重は関流正統八伝を承けた。ちなみに明治改元は慶応4年9月8日であった。この慶応年間から明治初年に掛けて雅重は『算法浅問抄』の研究に集中的に取り組んだ。この小稿の第2章で紹介した『算法浅問抄巻之下第十解義』も雅重がこの算学書の研究に没頭していたことがわかる史料になっている。この写本の中で興味深いのは上巻第51問の解法についてである。表題は「算法浅問抄上巻第五十一解義草案」とあるが、この解義の末尾につぎの識語が施されていた。

庚午三月念四　　　　　前橋北在関根村
　　　右　　　　　　　萩原貞助信芳解義
　　　　　　　　　安中天文生　岩井重遠男
庚午四月初(注2)三　加朱者　岩井喜四郎雅重

干支の「庚午」は明治3（1870）年。この年の3月、雅重は上州前橋の関根村にいた和算家萩原禎助から『算法浅問抄』上巻第51問の解義の草案を入手したのである。おそらくこれ以前に質問したものが3月になって届いたのであろう。しかし、萩原からの返書を見た雅重

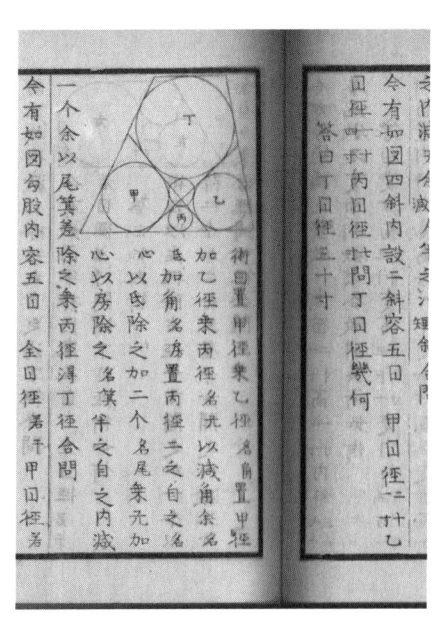

写真２　『算法浅問抄』上巻第47問

●特集：学問史の世界　佐々木力と科学史・科学哲学

は解義に不満を持ったのであろう、「加朱」をして草案の修正を図ったのである。萩原禎助（1828-1909）は、文久2（1863）年に『算法方円鑑』、慶応2（1866）年に『算法円理私論』を刊行して円理研究の大家と知られ、後世に最後の和算家と呼ばれるほどの人物であった。その大家萩原の解法に「此矩合誤也」などと朱字による加筆も施したのである。雅重の学力進捗の程が知れる一事であろう。

　余談ながら、ここで雅重が父を天文生と呼んだことは注意を要しよう。重遠の経歴は冒頭で略記したが、そこから生まれる一般的イメージは数学者であって、天文暦学者ではない。しかし、子の雅重は父を天文暦学者として見なしていたのである。この見解は和算史研究の和算家に対する認識に一石を投じるものになっている。

4．難問の第47問

　『算法浅問抄』第47問（写真2）は当時の数学者を悩ました問題の一つであったようで、雅重もこれと格闘した一人であった。最初にこの問題、答および術文を紹介しておこう。文中の句読点は筆者による。

　今有如図四斜内設二斜、容五円。甲円径二十一寸、乙円径一十四寸、丙円径七寸。問丁円径幾何。
　答曰　丁円径三十寸。
　術曰置甲径乗乙径$_{名角}$、置甲径加乙径乗丙径$_{名元}$、以減角余$_{名氐}$、加角$_{名房}$、置丙径二之自之$_{名心}$、以氐除之加二个$_{名尾}$、乗元加心、以房除之$_{名箕}$、半之自之内減一个、余以尾箕差除之、乗丙径、得丁径合問。

　さて、問題第47問の御粥の術文を翻訳すればつぎのよう式になろう。ただし、式が煩雑になるため円径などの文字は省略した。従って、例えば、甲とあるは甲円径の意味になる。
　甲を置いて、これに乙を掛けて角と名付ける。
　　　甲×乙　　　　　　　　　　　　　　　---（角）
　甲を置いて乙を加え、これに丙を掛けて元と名付ける。
　　　丙（甲＋乙）　　　　　　　　　　　---（元）
　以て角を減じ、余りを氐と名付ける。
　　　元－角　　　　　　　　　　　　　　---（氐）
　氐に角を加えて房と名付ける。
　　　氐＋角　　　　　　　　　　　　　　---（房）
　丙を置いて、これに2を掛け自乗した値を心と名付ける。
　　　$(2丙)^2$　　　　　　　　　　　　　　---（心）
　氐を以て心を除し、これに2を加えた値を尾と名付ける。
　　　（心÷氐）＋2　　　　　　　　　　---（尾）
　尾に元を掛け、これに心を加え、房を以て除した値を箕と名付ける。
　　　（尾×元＋心）÷房　　　　　　　　---（箕）
　箕を2で割り、その商を自乗し、それより1を減じ、余りを尾と箕の差で割り、これに丙を乗ずれば丁が求まる。すなわち、

$$丁＝丙[\{(箕÷2)^2－1\}÷(尾－箕)]$$
$$＝30寸$$

　読者諸氏には、冒頭の角式から、順次、甲、乙、丙を代入していけば、丁円径を導く式にたどり着ける筈である。

　この問題の解答に苦闘した数学者に石黒藤右衛門信基（1836-1869）がいる。信基は越中射水の大家石黒信由の曾孫にあたり、上州の齊藤宜義や法道寺善などと交流を持ったことで知られる。いま、齊藤宜義が信基に与えた写本の一つに『中巻算法浅問抄第四十七　四斜内設二斜容五不等円之題解義一條』（髙樹文庫藏）がある。これの奥書に、

安政三丙辰五月十一日夜次之
　　　　　上毛数学校
　　　　　　齊藤朝二　宜義　試「花押」

贈　越中州
　　石黒藤右衛門様
　　　　　玉机下

と書かれており、安政3（1856）年5月に宜義が信基に贈った解義書であることがわかる。言うまでもなく『算法浅問抄』上巻第47問に拘わる彼らの応答の綴りである。ここにおいて石黒は、丁円径を求める式は導いたのだが「今此式において過乗あるか、又補ひを得ること算数多くして本術を考ること得ず」と述べた上で、図の真ん中にある「戊」円径（写真2参照）の大きさを計算してみて「七寸七分〇八」と得たが、この式に「過乗あるを考得ず」と触れて明解な結論に達することができないと訴えたのであった。これに対して宜義は、おそらく宜義の最初の説明が粗略であったためであろう信基が理解できなかったと見て、「貴所之応需、続之」と記して、更なる詳解を与えたのである。御粥安本の術文と記号が異なるが、宜義の術文は、

　　甲乙　　　　　　　　　　　　---（天）

　　$-\dfrac{丙}{天}(甲＋乙)＋1$　　---（地）

　　地＋1　　　　　　　　　　　　---（人）

とそれぞれ置けば、丁円径は

$$丁＝\dfrac{丙\left\{\left(\dfrac{丙}{地}\right)^2－天\right\}}{人}$$

とした。そして、御粥の術文よりも自分のそれは遙かに字数が少ないとも書き加えた。

　「上毛数学校」の領袖たる齊藤宜義（1816-1889）の父宜長と雅重の父重遠は、師を小野栄重とする同門人であった。宜義も父の薫陶を受けて大成し、天保5年に『算法円理鑑』、天保8年に『算法円理起原表』、天保11年に『算法円理新々』などを次々に上梓し、上州の奇才と称される実力者であった。しかし、雅重が宜義に問題を質したようには見えてこない。推測ながら、同国数学者の

●特集:学問史の世界　佐々木力と科学史・科学哲学

対抗心か反目か分からないが交流を深めた様子も窺えない。

　雅重は大村一秀（1824-1891）に問題を尋ねた。大村は、通称を金吾、字は子竜、号は謙斎と称する長谷川派の数学者で、天保12（1841）年、編者として『算法点竄手引草』（数学道場版）を出版しその名前は天下に知られていた。東北大学附属図書館の岡本文庫に『算法淺問抄解義』（請求番号：岡本写0707）と題する写本がある。これの奥書は、

安政六己未発起
万延元庚申応鐘初浣集成
　　　　　関流八伝
　芝住　　　　大村金吾一秀　　撰
　豫山沙門　　大運　　　　　　訂

と誌される。大村は幕末に出版された算学書の解義書を多く残しているが、これもその一つである。この解義書の上巻で大村は『算法浅問抄』第47問を解いていた（写真3参照）。煩雑になるから解義の詳細は省くことにするが、結論で二通りの式を書いていた。前者は丁円径を求める式の項数が「15次」、後者は「14次」になる。従って「后術一次簡也。故従之而用之」と述べて、後者の式の項数が少ないのでこれを採用するとしていた。

　少し余談になるが、この解義書に興味深い表記法が登場しているので紹介しておきたい。

　次頁引用の図1と図2は言うまでもなく大村の同問題の解法からであるが、まず、図1を見て欲しい。近世日本の数学は漢文の縦書きで表されるから、問題を解くための術式も同様になる。こうした表記法は関孝和（1642?-1708）が古代中国数学の記法をヒントに工夫し、一本の縦棒線の右傍らに書くという意味で傍書法と命名したが、江戸時代の中期以降には割算の記法も加わって點竄術と呼ばれるようになった。図1の式の中央にある縦線が、いまでいう分数の分母と分子を分ける横線と同意となり、これを界線として左側が分母、右側が分子となる。そして「巾」とする文字はベキ乗を意味する。また、中央の縦線に斜線が施されているが、斜線の有る項は負数を表す。右側の分子の方に「甲乙ワ巾」とあるは、 $(甲+乙)^2$ と書けて、これの右側に付く「天」は $(甲+乙)^2 \times 天$ であることを示す。重要なのは分母の方であろう。「四巾」とある。これは 4^2 に他ならない。和算では巾数を自乗、再自乗、三乗、四乗、…と書くが、これらは n^2、n^3、n^4、n^5、…を表す。図2では分子側に「子七」とあるが、これは $子^8$ を表していることになる。近世日本の数学では巾指数は一次低く表されるから、図1、2のように書かれるのが一般的である。しかし、大村の写本では「丑三」「丙三」「甲四」「甲五」などの書き様も頻出している。いま、筆者が興味深いと感

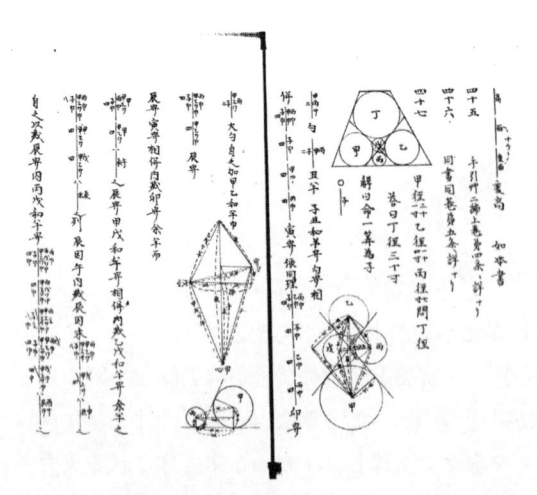

写真3　大村一秀の『算法浅問抄解義』第47問（岡本文庫蔵）

図1　點竄術1例　　　図2　點竄術2例

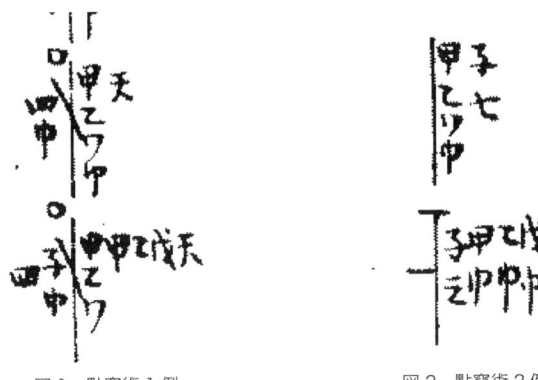

じるところはこうした指数の書き様で、現代の書き方と次元こそ一次違うが共通することである。このような表記法は大村一秀に限ったことではなく、他の数学者も使用しており、いわば数学記号の近代化前夜とも呼べそうな雰囲気が漂っていることにある。

　さて、話を岩井雅重と大村一秀に戻そう。筆者は数年前に群馬県内の古書店から幾つかの書状を購入した。いずれも岩井重遠と雅重に拘わるものであるが、多くは芝明神下の書肆岡田屋から岩井家に宛てた書籍問い合わせ関する返信であるが、その中の一通に大村が雅重に宛てた返書（写真4）がある。日付は「九月九日」（重陽の節句日）とあるのみで、何年のことかは分からないが、文面から明治維新以後、また、岩井重遠存命中の時期であることは確実である。この返書において大村は、その前半で父重遠の病気平癒を慶賀し、且つまた、自らも仲夏より「足痛」に悩まされていることを訴えた後、懇望された「浅問抄解義」の写しができなかったことを詫びた上で、つぎのように雅重を説諭するのであった。引用文中の句読点は筆者による。

（前略）
一　浅問抄第四十七条過乗有之候。
一　究理通ト申書一向存不申候。
当時、東京にては英国之算ニ已なり、和算ハ日用之事に已に成外申候。算術ハ古ト一変之時ニ被成候。願くハ君も有用之測量、航海之學等ニ御移被成候様奉祈居候。是迄之容題之類何程研究致居候ハ、実に無用之長物ニ仕致候。
（中略）
九月九日　　　大村金吾
　　　　　　　　　一秀「花押」
岩井喜四郎様
　　御執事中
（後略）

　返書では、大村は「浅問抄第四十七条過乗有之候」と認めて、恐らく雅重が探し求めたであろう書籍の『究理通』を承知しないとした上で、雅重に研究方向の転換を促すのであった。翻意させるにあたって、大村は、東京はすでに「英国之算」にとって替わり、「和算」は日用の算術に凋落

●特集：学問史の世界　佐々木力と科学史・科学哲学

写真4　岩井雅重宛て大村一秀書状（筆者蔵）

してしまった、だから「君も有用之測量、航海之學等ニ御移被成候様」と説いた。まさに大村から観れば和算は既に「無用之長物」でしかなかった。事実、社会は和算を必要としなくなっていたのであろう。だからこそ大村は「君之御壮年ニテハ必御国益ニも相成候」と国益に叶う研究を奨めるのであった。

　大村の返書は、雅重が追求した『算法浅問抄』第47問の正答に至るものではなかった。それどころか雅重の意に反して、近代日本数学の大転換の事実を告げられる一方で、彼が求めた「夢」を打ち砕くものになっていた。その「夢」とは、雅重は語っていないが、青年時代より求めてきた『算法浅問抄』の完全な解義書を著すことではなかったか。それは父から授かった関流正統八伝の名誉に賭けての仕事ではなかったか。残念ながら、筆者の手元に雅重が大村の説諭にどのような反応をしたかを窺い知る史料はない。

　因みに大村一秀は、維新後新政府に出仕し、工部省、海軍水路部に勤めた。明治10年に発足する東京数学会社の会員にもなった。明治24年1月20日、68歳没。

5．和算の廃止と雅重

　明治5年の「学制」頒布に伴い、岩井学校は明治6（1873）年10月に私立の小学校として再出発した。私学といえども「学制」の教育方針は遵守しなければならず、数学は「洋法」を採用した。そうした転換にあって、健在する父の重遠も洋算による数学教科書の研究に専心した。明治7年2月、重遠71歳の時に『数学教授本　連続比例詳解(注3)』を著し、翌年10月には『洋算発蒙不定方程解六題』の解義を著述した。明治9年2月2日には『整数新法』の解義書も作成した。

　一方の息子雅重も和算研究を続けながら、洋算教授法の開発に取り組んだ。明治5年9月には『三斜内外容円之解』を著すが、明治7（1874）年6月17日には『改正和洋折衷算題稿』、同6月19日には『和洋折衷算題稿』、明治7年8月4日には比例計算問題を集めた『算法雑草』を著した。

　明治7年6月19日成(注4)の『和洋折衷算題稿』は出版を意図したものであろう（写真5参照）。同17日集成とする別稿と比べると、例言が三則から四則に替わり、奥付も「甲戌晩夏(注5)肇九」から「甲戌六月十有九日」に改まっている。問題では、甲、乙の記号がa, bあるいは英、仏、魯などへ変更され、脱字などが補われている。全15章（問）＋附録1章からなる。表紙の書名の左側に「寄同盟之士乞答式」とあるから、同志からの回答を期していたことも分かる。このことは例言でも

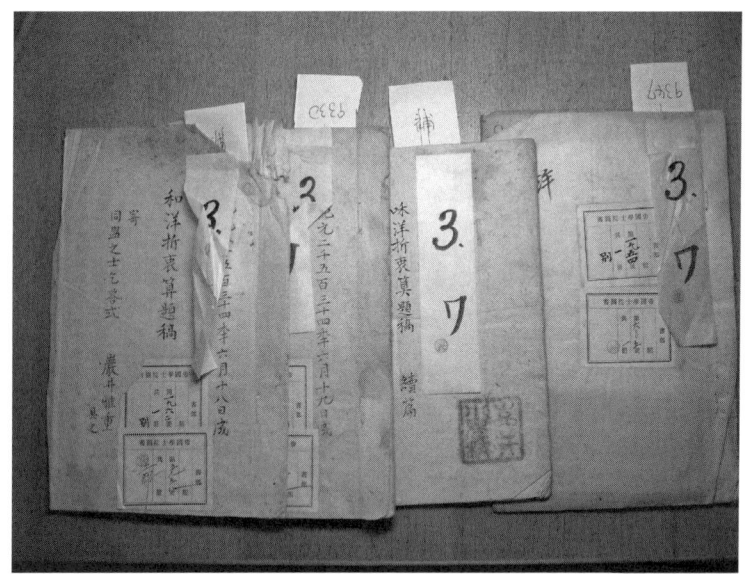

写真5　岩井雅重著『和算折衷算題稿』（明治7年6月18日成）他3冊（日本学士院蔵）

触れられる。いま、これの冒頭にある「例言四則」を紹介しよう。ただし、旧字異体字は現代字に変換して示した。

　　予、今夏病を抱て床に臥す。已に五旬、其中粗和洋の算書を閲視し、予が輩之習熟に適す可き
　　者を採集潤色して、以て一書と為し、仮に名て和洋折衷算題稿と謂う。之を同好の士に寄て答
　　式を乞んと欲す、是れ予が微衷なり。冀くば諸君子諒察を垂て速に許諾せよ。
　　此編所載の算題総て十六章、其術路を求るや難からず。加減乗除、或は比例、點竄等の方を以
　　て得可き者を択集す。唯、題に臨んで奇巧を尽すを枢要とす。
　　此書を編む全く病中五旬の間に係す。敢て晨目の稿を加へず。唯、恐くは精神の疲労を強忍し
　　に蒐稿せるが故に舛誤あらんことを看者宜く加鞭すべし。
　　附録の算題一章は友人某なる者、予が病苦を慰ん為に一奇題を作りて贈る所なり。今、斯に載
　　て其高誼を謝す。
　　　　　　　甲戌六月十有九日　　　　　　　　　　　　　　　　岩井雅重　誌

年紀の「甲戌」は明治7年。この年の6月頃、雅重は大病に罹り、五旬（50日）に渉って伏臥していたと言う。病床の精神的疲労を「強忍」しての蒐稿というから、余程の決意をもって編纂した算術書なのだろう。この算術書の題材には和算風の問題も収録されるが、計算は総て洋算のそれに従う。

　章末につぎの付言も付く。

　　附云。此巻を諸君子に授して答式を得て、全備に及べば、又蒐集して一書となし、諸君の明考
　　をして一目瞭然たらしめんと欲す。冀くは、自今三十日を期して成功せよ。
　　　　　　　　　　　　　　　　　　　　　　　　　　　　　　　雅重　又識

●特集：学問史の世界　佐々木力と科学史・科学哲学

　全問の解答が集まれば、新たに蒐集して一書にしたい、故に、30日を期して成功させよと督励するのである。病臥に苦しんだ雅重の算術書編纂の決意の表れと言えまいか。
　小学校の数学教材の開発に励む岩井雅重は、明治8年、埼玉県本庄市にあった暢発小学校に入学し小学校教員の資格を得た。だが、明治12年の岩井学校の閉校後は近村の戸長を勤めた。その後、群馬県庁に出仕し学務課などで勤務したが、明治19年、36歳の若さで亡くなった。まさに、残された算学の草稿類が雅重の観た夢の跡そのものなのであろう。

　謝辞：本稿を草するにあたって、東北大学附属図書館の史料を利用させて頂いた。また、岩井一族の生涯については大竹茂雄『数学文化史 - 群馬を中心にして』（昭和62年、研成社）の記述に因った。文末ながら記して謝に代えたい。

注
（注1）念は二十日の意。
（注2）初めの意。
（注3）これ以降で使用される史料は東北大学附属図書館狩野文庫藏請求番号：狩 7-20666-33 に因っている。
（注4）表紙の年紀は「紀元二千五百三十四季六月十九日成」とする紀元で表されている。
（注5）陰暦6月のこと。

スリランカ古都の群像　廣津秋義
太鼓叩き、象使い、宝くじ売り、洗濯屋、高僧、薪売り、茶摘み、政治家、棟梁…。古都キャンディに暮らす80人へのインタビュー集。2300円

スリランカの冒険 新版　庄野護
現代スリランカの文化、社会、歴史、風土…を、著者独自の手法と身近なテーマで縦横無尽に体験的・精細に読み解く。スリランカ入門の決定版。日本図書館協会選定図書。1800円

体感するモンゴル現代史　萩原守
1980年代の社会主義時代から90年代の資本主義への変革混乱期を経て、近年現出する喫緊の課題までを展望する。3200円

蓮の道 スリランカ・シンハラ文学　M・ウィクラマシンハ
村の因習からの解放を願い、理想郷を求めた青年の心理を克明に分析し深い洞察を加えた、スリランカ現代文学の金字塔を完全翻訳。野口忠司訳。1900円

執念 東周列国志（楚 呉 越）　大櫛克之
中国春秋「臥薪嘗胆」歴史ものがたりに繰り広げられた列国の興亡史から読み解く、個と集団のエートス。1800円

住まいと暮らしからみる多民族社会マレーシア　宇高雄志
民族を繋ぎ合わせる「国民国家」マレーシアのゆくえを家族、コミュニティ、住宅事情、人びとの呟きから探るフィールドノート。イラスト多数。1700円

南方特別留学生ラザクの「戦後」　宇高雄志
戦時下マラヤから広島に留学したラザク。被爆から九死に一生を得て帰国。祖国マレーシアと日本の架け橋となったその「戦後」を検証する。1900円

南船北馬舎　〒658-0011 神戸市東灘区森南町 3-4-16-401　■TEL 078-862-1887　■FAX 078-862-1888

特集論考●学問史の世界　佐々木力と科学史・科学哲学

『三上義夫著作集』の余白に

柏崎 昭文　●東京理科大学非常勤講師

「世界的」「民間学」者・三上義夫……………………………………………………………

　三上義夫（1975〜1950）とは、明治後期・大正・昭和戦前期と、20世紀前半に活躍した近代日本の科学史家・数学史家、特に日本の古来からの数学を「和算」と称するから、とりわけ和算史家である。

　当時の学者の出世街道といえば、東京出身者であれば「一中・一高・帝大」という正規の学歴エリートコースを経て欧州留学し、大学の学者—大学と言っても「帝大」にあらずんば「大学」にあらず、つまり長らく唯一無二の大学であった「帝大」（現東大）以外の大学は大学とは認めなかった—「帝大」の教授になることであった。

　正規の学歴エリートは、三上より1歳年長だが同学年の数学者吉江琢兒（1874〜1947）、三上と同年生まれの数学者高木貞治（1875〜1960）、三上と同じ郷里広島県出身の数学者掛谷宗一（1886〜1947）がまさしくそうであり、彼我の差異が三上と好個の比較対象たりうるであろう。例えば1886年から1890年までの4年間吉江、三上、掛谷の三人は同じ広島県に生存していたことになる。1891年、三上と同学年ながら吉江琢兒が広島尋常中学を卒業し、三上と同年生まれの高木貞治が岐阜県尋常中学を卒業する一方、つまり同年代のエリートが高校入学時に三上は千葉県尋常中学に入学する。1896年、三上が22歳で高校入学すると、翌年順調すぎる高木貞治は23歳で東京「帝大」理科大学数学科を卒業し—しかし「出世」のスピードが異例に速い高木貞治と比較するのは酷か—三上と高木同い年の柳田國男は東京「帝大」法科大学政治科に入学する位なのだ。高木貞治が順調に1904年29歳で東京「帝大」理科大学教授に上り詰めた時、三上はいまだ和算史研究の端緒段階に過ぎなかったのである。

　三上は生来の病弱ゆえ頭脳明晰ながら正規の学歴エリートコースを歩むこと叶わず、辿ったコースの概略を追うと、中学中退→国民英学会・東京数学院卒業→高校中退→ドイツ留学断念→文検（文部省中等教員検定試験「微分積分」等）合格→東北「帝大」助手峻拒→東京「帝大」文科大学哲学科選科→同大学院→帝国学士院和算史調査嘱託→無職→物理学校講師という学歴傍系コースを歩ん

かしわざきあきふみ◎1957年岩手県生まれ、福島県育ち。早稲田大学第一文学部人文専攻卒業、東京理科大学理学部二部数学科卒業、東京大学大学院総合文化研究科広域科学専攻相関基礎科学系修士課程修了・博士課程単位取得退学。専門は数学史、教育数学、「三上義夫」。啓明学園中学校高等学校非常勤講師を兼任。

●特集：学問史の世界　佐々木力と科学史・科学哲学

だ「遅れて来た青年」、所謂「在野」・「民間」の学者であった。
　中学と高校の中退は病弱故であり、国民英学会・東京数学院とはそれぞれ英語・数学の専門学校というより高校入学のための予備校である。
　「選科」とは同じ「帝大」とはいえ「正科」コースからはずれた、数多の試験に合格して所定の条件を満たせば「正科卒業」が認められ「学士」と名乗れるというが、いわば現代でいう「科目履修生」の如きではないか。「選科」出身として著名な学者としては三上より5歳年長だが三上より20年ほど以前に同じ東京「帝大」文科大学哲学科撰科に在籍していた木村鷹太郎（1870〜1931）・西田幾多郎（1870〜1945）・鈴木大拙（1870〜1966）の3人が特筆される。三上は「偽史」学者・木村鷹太郎に一時注目し惜しみなく紹介していた。「選科」に対する差別的待遇に言及している西田幾多郎には自著『和算之方陣問題』（1917）を贈与したことがあり、その返礼の手紙が残っている。鈴木大拙に関しては、三上の英文著書出版の出版責任者ケーラス（Carus 1852〜1919）が鈴木大拙に三上が信用できるのか三上の身元確認をし、鈴木の好意的な返事が残っている。
　しかし「民間」学者三上にとって所属する「帝国学士院」はその身分が「和算史嘱託」であれ「官学」に準ずるものであり、誇らしかったであろうし、1921年に同じく「官学」に準ずる「文部省図書館員教習所講師嘱託（二学年間）」になったときなどは余程うれしかったものか、当時のいくつかの論文の肩書にしたぐらいである。
　三上が断ってしまった東北「帝大」教授林鶴一（1873〜1935）の「数学史」の助手は、小倉金之助（1886〜1962、東京物理学校「全科」卒業・東京「帝大」理科大学化学選科中退、助手1911〜1917）が務め、以後も柳原吉次（1887〜1977、三高中退・東北「帝大」理科大学数学科選科、助手1917〜1922）、深沢（森本）清吾（1900〜1954、群馬県立勢多農林高校・高文（文部省中等高等教員検定試験）合格、助手1923〜1927）と皆「傍系」である。
　三上家は広島県きっての有数の大地主であり、三上義夫はその本家の長男として生まれ、のち分家し戦後の農地改革までは地代収入で十分暮らせた経済的困窮のない一種「高等遊民」であった。この点、学歴「傍系」とはいえ、当時の数多くの立身出世を夢見る貧困苦学生とは趣を異にする。
　「在野」・「民間」の学者といえば、われわれは誰を思い浮かべるであろうか。科学史の学徒として真っ先に思い浮かぶのは植物学者牧野富太郎（1862〜1957）、博物学・生物学・民俗学者南方熊楠（1867〜1941）だろう。数学史の学徒としては、三上の「数学史」の後輩のマルキストである著名な数学教育家・数学史家小倉金之助の前に断然としてここに三上義夫を想起しなければならない。
　「民間学」提唱者である鹿野政直『近代日本の民間学』（1983）によると、南方熊楠の他に民俗学の柳田國男（三上と同年1875生まれ〜1962）、沖縄学の伊波普猷（1876〜1947）、民芸の柳宗悦（1889〜1961）、女性史学の高群逸枝（1894〜1964）などが挙げられている。
　『民間学事典』（1997）「企画趣旨」中の「民間学とは何か」から引用すると「民間学とは、明治初期以降、国家の政策により制度化されたいわゆるアカデミズム（官学）以外の、民間にその根をもつ学問」であり、「アカデミズムに対する「反」「非」の学問、そのいずれをも含み、さらに、日常のくらしを見つめるさまざまな活動までを抱摂した、ゆるやかな概念」であり、具体例として「柳田国男の民俗学、……小倉金之助の数学……など」が挙げられているが、「小倉金之助の数学」は

首肯できない。せめて「三上義夫・小倉金之助の数学史」ではないだろうか。「民間学」とは、「正科」の学歴エリートコースを経て「官学」の「学者」に成りあがったのでは全くない、いまだ「学問」として正式に認知されていない「在野」・「民間」の学問というニュアンスが強い。そうすると学問成立当初の「和算史」とて同様ではないだろうか。

　また『シリーズ日本民間学者』(1986～1995) という評伝シリーズが40数点出版された後、惜しくも中断してしまったが、残り30点近く予定されていた評伝の中に大矢眞一 (1907～1991) の『三上義夫』があった。三上の物理学校時代の教え子であり、三上の跡を襲うと目された和算史家の大矢眞一は柳田國男が主宰した民俗学サロン木曜会にも参加していた。

　三上の学問的特色の第一として、「アカデミズム（官学）」ではない「反」そして／あるいは「非」たる「民間学」の系統に連なるということがまず挙げられる、三上は正しくこの「民間」の系譜に属することを確認しておこう。特に著名な「小倉金之助」の前にこそ「三上義夫」である。江戸「民間学」たる「和算」の数学的・歴史学的・社会学的・文化的研究が日本近代「民間学」者「三上義夫」から始まったと断言していいだろう。

　現代での「在野」・「民間」学者と言えば、市民科学者・高木仁三郎 (1938～2000)、科学史家・山本義隆 (1941～) 両氏を双璧とすべきか。

　後に西田幾多郎は「傍系」「選科」から京都「帝大」教授になったが、同じく「帝大」卒ではない学歴傍系コースから京都「帝大」教授になった東洋史学者に内藤湖南 (1866-1934、秋田師範学校) が著名である。湖南と同じく講師として招聘された幸田露伴 (1867～1947、一中・東京英学校中退、逓信省官立電信修技学校) は「帝大」教授になる前に我慢できず1年で辞めた。「それまでは帝国大学では教授・留学・学位なども、所謂、赤門出、それも本科の出身者に限られているやうの観があった」(『京都帝国大学文学部三十年史』「創立の頃」) ところ、「野に遺賢を求むる」と、「お釈迦様でも孔子でも学歴のない人間は認めない」の反対もものかは、狩野 (かのう) 亨吉 (1865～1942) が招聘したのだ。哲学者・科学史家・一高校長狩野亨吉は余りにも有名なので個人説明は省略し、三上との関係でいうと、三上と同時期に和算調査の計画を立て、三上同様「米国カーネギー・インスチチューションの研究費」を請うたが断られ、三上が和算書を借覧できるほどの仲とだけいっておこう。しかしまた狩野は東北「帝大」総長推薦も辞退し、東北「帝大」にも人事権があると噂され、三上のライバル林鶴一とも昵懇の仲だったのである。

　われわれはここで大胆な飛躍をもって夢想することが許されるなら、狩野亨吉が数多の「傍系」学者を京都「帝大」に招聘したように、三上義夫も京都「帝大」に招聘されていたらどうだったのかと夢想する。チャンスは三度あった。一度目は狩野亨吉の京都「帝大」文科大学初代学長時代 (1906～1908)、二度目は三上の師父とでもいうべき数学者・菊池大麓 (1855～1917) の京都「帝大」総長時代 (1908～1912)、しかし残念ながら当時の三上の実績がまだまだだった。せいぜい東北「帝大」の「助手」からスタートできるはずであった。しかし三上はそこに「学閥」臭をかぎ取り、林鶴一との確執から林の「助手」招聘を拒否し、「選科」ながら東京「帝大」で学ぶことにする。チャンスの三度目は三上義夫と遠縁の日本史学者・三上参次 (1865～1939) が東京「帝大」文学部長時代 (1921～1926) だった。三上義夫は妻タケの紹介で三上参次に会い、三上参次の紹介で菊池大麓に会い、三上参次・菊池大麓の暖かき援助で和算研究の便宜が図られそれは長きに継続したという経緯がある。東北「帝大」の「助手」を峻拒し、「帝大」「選科」で学ぶことも恩師御両人

●特集：学問史の世界　佐々木力と科学史・科学哲学

に相談の上である。三上参次東京「帝大」文学部長時代は、三上義夫の研究実績も代表作「文化史上より見たる日本の数学」(1922)を発表するなど着実に上昇していた時期である。しかし師父と恃む菊池大麓没（1917）後、次の帝国学士院和算史担当責任者である藤澤利喜太郎より「和算史調査嘱託」を誠首される（1923）憔悴不運の時期でもあった。さすればこの時期、いやこの時期に限らずとも東京「帝大」は全く不可能である。藤澤利喜太郎といえば、「帝大」理科大学簡易講習科第一部首席卒業の数藤斧三郎（1871～1915）を取り立て、藤澤の勧めにより数藤は同数学科「選科」入学、修了し、二高から一高の教授にまで上り詰めた稀有の例がある。

　三上義夫はよく「世界的」と称されるが、それはひとえに和算に関する英文著書を海外で公刊したからである。

　南方熊楠が雑誌 Nature に掲載した初論文 "The Constellations of the Far East"（「極東の星座」）が1893年。日本の出版社からだが菊池大麓の和算に関する英文の初論文 "On the Method of the Old Japanese School for Finding the Area of a Circle" は1895年。海外で発表された日本人による和算の初論文は、1900年パリにおける第2回国際数学者会議に日本代表として藤澤利喜太郎が出席したおりに和算を批判的に紹介した講演でありのち公刊された "Note on the Mathematics of the Old Japanese School"。次に林鶴一の "A Brief History of the Japanese Mathematics" 1903年があり、三上の海外刊行英文初論文が1905年の "A Chinese Theorem on Geometry" である。三上の海外刊行英文単行本は "Mathematical Papers from the Far East" が1910年、"The Development of Mathematics in China and Japan." が1913年、共著 "A History of Japanese Mathematics" が1914年に公刊された。海外で公刊された日本人によって英文で書かれた単行本、教養書ではなく学術書というのは、三上の三著以外に匹敵する書物が果して存在するのだろうか。日本人が英文で日本の文化・思想を西欧社会に紹介した代表的な3大名著と称される、内村鑑三（1861～1930）の "Japan and Japanese"（『代表的日本人』）は1894年刊行（改訂版 "Representative Men of Japan" は1908年）、新渡戸稲造（1862～1933）の "BUSHIDO The Soul of Japan"（『武士道』）は1898年、岡倉天心（1863～1913）の "The Book of Tea"（『茶の本』）は1906年の刊行であり、もちろん三上のよりは早い時期に刊行されたものだ。しかし三上の英文著書は学術書としてそれらに匹敵するインパクトを西洋学界のみならず日本においても与えたのである。具体的な影響云々はまたいつか。

三上義夫の世代論

　次の表は、徳富蘇峰（『新日本之青年』1887）・色川大吉（『新編明治精神史』1973）・西川長夫（『帝国の形成と国民化』1999）を参考にして作成したが、あくまでも三上義夫周辺の人物に限り、あるいは一般的な思想家はごく一部の人のみに限ったことをお断りしておきたい。この人は知らない、あの人が入っていないというのはいいっこなしで御勘弁。実に興味深い表で多くを語りたくなる衝動にかられるが、すべてを世代論のせいにするという懼れもあり、ここではわずかに次のことを確認するにとどめる。

　この「天保の老人・明治の青年の世代表」は日本数学史の研究者にも対応しているということである。

　日本数学史という学問分野が成立していく近代初期において、日本数学史の研究者の第一世代は

特集論考◎『三上義夫著作集』の余白に

天保の老人・明治の青年の世代表

名称	世代	年代生まれ	思想家等（生年）	数学（和算）史家等	外国数学史家等
天保ノ老人	天保1831-45	1830年代生	神田孝平1830 柳河春三・柳楢悦1832 福沢諭吉1835 久米邦武1839	（萩原禎助1828）	
		1840年代生	伊藤博文1841 森有礼・中江兆民1847 乃木希典1849	川北朝鄰1840 遠藤利貞1843 岡本則録1847	
明治ノ青年	第一世代	1850年代生	寺尾壽1855 井上哲次郎1856 坪井九馬三1859	菊池大麓1855	Carus1852 Halsted1853 Poincaré1854 Cajori1859
	第二世代	1860年代生	内村鑑三1861 森鴎外・新渡戸稲造1862 岡倉天心・徳富蘇峰1863 山路愛山・三上参次1865 狩野亨吉・内藤湖南1866 夏目漱石・南方熊楠1867	藤沢利喜太郎1861	Smith1860 Loria1862 Kaye1866
	第三世代	1870年代生	西田幾多郎・鈴木大拙1870 高山樗牛・幸徳秋水1871 島崎藤村1872 与謝野鉄幹・津田左右吉1873 柳田国男・山田孝雄1875 吉野作造1878 河上肇・永井荷風1879	林鶴一1873 三上義夫1875	Vacca1872 Van Hée1873
		1880年代生	大杉栄1885 石川啄木1886	藤原松三郎1881 小倉金之助1885	Sarton1884 Datta1888
					銭宝琮・李儼1892

　遠藤利貞（1843生）ら和算家たち、第二世代が菊池大麓（1855）ら東京大学数学教授たち、第三世代に東北帝大の林鶴一（1873）と「民間」の三上義夫（1875）、第四世代に東北帝大の藤原松三郎（1881）と「民間」の小倉金之助（1885）、とそれぞれの世代が和算史を研究する時期はいくらか混在するとはいえ、このように研究者「世代」の峻別によって和算史研究の歴史を概観しても大きな誤りではあるまい。

　また別の観点から見ると、菊池→林→藤原という「官学」の日本数学史、遠藤→三上→小倉という「民間」の日本数学史、これら対立する二大潮流が厳然と存在するのだと、まるで親学問である日本の近代歴史学の歴史にならって、ひとまず大枠としてはそう断言してもよい。興味深いことに歴史学の子学問たる日本数学史においても同様なことがいえる。これをしも学問のパラレル現象あるいは再生産と呼称したい。しかしこれが一般的に日本の近代学問における大きなテーマであるのかどうかの判定は筆者の力量をはるかに凌駕する。

　あるいはもっと極論すると、遠藤・菊池→林という和算家や数学者たちによる、国威発揚の道具

●特集：学問史の世界　佐々木力と科学史・科学哲学

になりかねない日本数学史の系譜と、三上→藤原・小倉という数学史家たちによる、初めて学問として「歴史学」に昇華した日本数学史の系譜との二大潮流がはっきりと見えてくるかもしれない。

『三上義夫著作集』の紹介

　日本「和算」史学界で長らく「神」とまでも称えられた三上義夫の『全集』、あるいは『全集』でないにしても『著作集』の刊行は日本「和算」史学界の長年の夢であった。

　佐々木力を編集責任者とし、亀井哲治郎を校正責任者として、第1巻「日本数学史」(2016.7刊)、第2巻「関孝和研究」(2017.1)、第3巻「日本測量術史・日本科学史」(2017.12)が順調に、いや当初の刊行予定を大幅に遅延しながらも刊行された。今後、第4巻「中国数学史・科学史」、第5巻「エッセイ集」、また補巻として拙著「三上義夫伝」の出版が予定されている。

　このささやかなる『著作集』刊行を契機に願わくは行方不明の「支那数学史」全文と『日本数学史研究』がひょっこり出現することを期待するばかりである。

『三上義夫著作集』の余白に

　『三上義夫著作集』編集補佐として携わる中で気づいたことを、主に第3巻を中心に二、三メモ風に記してみたい。おそらく一般的に、明治後期・大正・昭和戦前期に日本で印刷された書物を読む上で参考になるのではないかと思い、しかしそんなことは重々承知だと牽強付会の誹りを免れないかもしれないが、恥を忍んで記して見たい。

　第一に、当然ながら言葉の問題がある。すべての旧漢字・旧仮名遣いを文科省通達通りに新漢字・新仮名遣いにしていいのかという問題が浮上した。三上の初出に公刊された雑誌・学術専門誌そのままの復刻ではないのだから、現代人に読んでもらいたいのだから新漢字・新仮名遣いはやむを得ないのだろう。しかし当時の専門用語・人名は、その時代に使われた言語通りに現地発音中心主義ならぬ当時通用漢字主義ともいうべく、例えば所謂日本的「代数」というべき「点竄」は「點竄」、江戸時代最大の数学家（算聖）「関孝和」は「關孝和」とするのが最近の学術動向の主流だろうが、今回は泣く泣く「関孝和」「点竄」に落ち着いた。

　第二に、当方の教養・知識・学力不足を指摘されると身も蓋もない（「巳（み）は上に、己（おのれ）己（つちのと）下につき、半ば開（あ）くれば、已（すで）に已（や）む已（のみ）」は重宝したし、「加之」は「しかのみならず」、「近口」は「心口」の「口」は「心（ここ）ロ」と読む捨て仮名だから「近（ちかご）ロ」か等）が、おそらく現代の一般的な若者では読み切ることができなさそうな漢字にはルビを振らざるを得なかった。例えば賢明な読者諸氏は次の言葉を一度ルビなしでお読みになってほしい。「會」「異う」「暗んで」「御親ら」「寝く」「囃フ」。正解は「會（たまたま）」「異（ちが）う」「暗（くら）んで」「御親（おんみずか）ら」「寝（ようや）く」「囃（モラ）フ」。

　第三に、当時の印刷物の誤字脱字の多さである。これを直截的に著者三上大先生の落ち度として批判するには当たらない。どうやら校正を許す印刷物と時間的制約のもとそれを許さない印刷物があるらしい。

　とはいいながら三上の解読が正しいことも数多くあった。原典復刻本で「約そく」とあるところ、三上は原典通り「約たく」（約諾）と読んでいた。ある『目録』では「楊風軒」とあるところ、三上は「揚風軒」。宗教関係の「揚風会」の人から「大いに宗風を揚げよ」「宗風を挙揚し」という禅

宗の用語があることを聞き得心した。

　第四に、引用文のいい加減さである。いい加減というのは誤字脱字もさることながら、細部の異なる数種の原典を取捨選択して唯一の原典として引用したり、引用元引用頁を明記したりしなかったり、ある文をすっ飛ばして「……」なしで次の文につなげたりする。「三上読み」と称して三上の大胆な省略接合のままでよしとしたことも多い。主意が伝達できればいいのか、この学問的なある種いい加減さをどう認めたらいいのだろうか。「和算」を含めた「数学史」、「科学史」という新しい学問領域がいかにして萌芽し、また成立していったかという、日本近代における学問形成の好個のモデルケースたりうるのではないだろうか。

　第五に、今更ながら三上の学識の広さ・深さに驚嘆した次第である。すべての学問の発達史初期にある如く、同時代人の浩瀚な史料の収集家・科学史家サートン（Sarton1884～1956）に似て、まず三上の最初の使命はその学問領域に関連する史料「すべて」を蒐集することであった。この史料「すべて」を蒐集する当時の三上の労力は現代のインターネット時代の比ではないことは明らかであろう。例えば、三上の時代では意地悪されたのかどうか知らぬがライバル林鶴一の印刷物でも入手できず、直接本人に頼むということもあった。

　また三上が言及しているにもかかわらず、引用元が明瞭でなかったり、所蔵者・施設を明記しなかったり、あるいは当方の落ち度で現代では所在不明の史料も数多く存在した。例えば義人道人『釈教天文和談鈔』、「神保信三郎氏が大正十年七月三十日附遠藤道雄氏宛書状」、『規矩元法雑秘』、『泰西流量地測量測算別伝弧度術』、『量地広狭高低術之巻』等、三上のタイトルうろ覚え・誤記、異題・内題の可能性もあるが、識者の示教をせつに請い願うばかりである。

　『独尺万量儀用法』「この他にも斎藤氏には…写本四冊」は2017年8月29日、川越の斎藤進氏宅を訪問して所蔵の和算書を拝見するも、残念ながら該当書を見出すことはできなかった。

　第六に、三上が論文の中で言及するも当時の出版状況で不掲載の図を今回新たに掲載することができたことは喜ばしい。

　例えば「写法新術及び其著者遠藤高環」p.180参考図5の「遠藤高環夫妻肖像」（日本学士院蔵7336）。しかしカラーで掲載できなかったのが誠に残念なほどの鮮やかな色彩であった。

　また「伊能忠敬と会田安明」p.208で「（文化四年）……八月二十五六日頃から見えた異星すなわち彗星の出現につき、会田も見て形など書いておいた図」を何とか静嘉堂文庫で探し当ててp．219．の参考図1に掲載できた。「君が代やたす気もなびく放屁星天下太へィーぷぅーん長く」と会田の読める図入り戯唄（？）をp．220．の参考図2に掲載できたことも座興として勘弁してい

「算法町見術」p.19『人情地理』第1巻第2号 1933

●特集：学問史の世界　佐々木力と科学史・科学哲学

だきたい。

　さらに「算法町見術」p.418の図1の特定には苦労した。何と元の図はこんな具合である。

　これら数冊すべてを特定してどう配置し撮影し直したかは是非『三上義夫著作集3巻』を手に取ってみていただきたい。

　さらにあえて三上がカットした図も判明した。「小松鈍斎と測量器」p.429の図1「大坂の算家肖像」には当然4人の和算家の肖像画が載っているのだが、実は元は巻物で、4人の遥か上方の雲の上には、三上がカットした土御門公が存在していたのである。

日本学士院蔵『坂正永他四氏画像』7350

　おそらく単純に4人の肖像で良しとしたのであろうが、幕府・朝廷公認の暦や方角の吉凶を占う陰陽道の支配権を確立した土御門家の権威づけを嫌ったのかもしれない。

　第六に、まさしく贅言にすぎないが、おのれの無知無教養を恥じながらも、おかげさまで周辺知識が増大した。『ラランデ暦書』4冊21部 3250〜3359章「天文学に応用される微分積分について」はなぜ訳されなかったのかとか、遺体の塩漬け長期保存3有名人が吉良義周・高橋景保・大塩平八郎であるとか、性格も悪く女癖も悪い天文学者がいたはずだとか無駄口を重ねたいところ、字数が尽きてしまった。

　最後に、科学史・数学史に興味関心のある人は言わずもがな、興味の薄い人でも三上の文章に流れる論理的明晰さを是非味読してほしい。妄言多謝。

特集論考●学問史の世界　佐々木力と科学史・科学哲学

藤澤利喜太郎と研究義務

ハラルド・クマレ●ハレ大学博士課程

1. はじめに

　本稿は、私の博士論文の一部をより広い視点から捉えたものである。私は、2011年に修士論文題目「明治・大正時代の日本における高等数学の制度化」として研究を開始し、その後、博士論文では「明治・大正時代の日本における数学の学問としての制度化」という題目で、約7年にわたって継続して研究してきた[1]。博士論文は、今年7月にマルティン・ルター大学ハレ・ヴィッテンベルクに提出した。研究方法を洗練させていく過程で、興味の中心が変わっていったのは、他の研究者との議論によって自分の考察が深まっていったためでもあるが、佐々木力先生にいろいろご教示いただいたおかげでもある。

　先生との最初のやりとりは2012年1月で、日本学の大学院修士課程1年生になって4ヶ月後のことである。私の日本語の能力が低かったので、メールを英語で書くしかなく、礼儀知らずにも最初のメールはかなり長くなってしまった。送ってから、おそらく返信は来ないのではないかと不安であったが、近代日本の数学制度を研究したい、先生の先行研究を少しは知っている、という私を、先生は寛大なことに、一人の未熟な研究者の卵として受け入れてくださった。先生との最初の面会は2012年2月中旬で、その面会は、結果的にアジアとヨーロッパの交流の象徴のようになったのである。私は先生のご依頼でドイツで購入したライプニッツとイエズス会士の書簡集[2]を日本に持ってきていた。この時、先生は、私が通っていた慶應義塾大学の三田キャンパスまでわざわざ来てくださることになり、私は大学の旧図書館前にあった福澤諭吉像の近くで、期待を胸に先生をお待ちしていた。先生とお会いして後、私を居酒屋に連れて行ってくださった。美味しい夕食にお供させていただき、大変興味深いお話を伺った。今、思い返すと、これが私の日本での最初の食文化体験にもなったのである。

2. 近代日本の数学の学問的制度に関する研究とその水準をどう越えればいいか

　日本近代数学史研究において、明治・大正時代における学問としての数学は、大体、二種類の研

Harald Kümmerle ◎ 1986年生、アウクスブルク（ドイツ）出身。2011年ミュンヘン工科大学理学修士号（数学）取得。2013年マルティン・ルター大学ハレ・ヴィッテンベルク（通称ハレ大学）日本学修士号並びに慶應義塾大学（日本語教育学）修士号取得。現在、ハレ大学博士課程（日本学）在学。ドイツ学術交流会（DAAD）奨学金により、慶應義塾大学にて準訪問研究員（2014〜2015）。ドイツ国民学習財団（SdV）奨学金によりレオポルディナ・ドイツ学士院科学論センター訪問研究員（2013〜現在）。

●特集：学問史の世界　佐々木力と科学史・科学哲学

究に分けることができる。一つは人物を中心にした研究で、小松醇郎の幕末・明治初期の数学者列伝[3]と高瀬正仁の高木貞治（1875～1960）に焦点を当てた研究[4]が代表的なものである。もう一つは、一つの大学を選び、その数学科[5]を中心にした研究である。単独の論文で発表されたものでも、最終的には当該大学の『五十年史』『七十年史』『百年史』に纏められたものが一般的である。しかしながら、それぞれの数学科を体系的に比べた研究は非常に少ない。

　数学科を体系的に比較した書物として注目すべきなのは、『日本科学技術史大系　第12巻：数理科学』のそれぞれの章の解説[6]、そして、執筆者が39人を数える『日本の数学100年史』である[7]。前者の内容は後者の内容と重なる部分が多いので、ここでは、後者について述べたいと思う。

　先生との第2回目の面会の時には、ご一緒に神保町の有名な明倫館書店を訪れ、「... とても勉強にはなるが、それほど興味深くはない。それはともかく、この二巻は持っていなくてはいけない」（... very informative, but not so interesting. In any case, you have to possess the two volumes.）と話され、私は『日本の数学100年史』を買うことになった。当時、まだ初級レベルの日本語力だった私は、読むのがまだ遅く、この時の先生のお話が如何に正しいかがわかったのは、だいぶ後のことである。

　今年7月についに博士論文を提出した私は、日本数学史研究者にとって、不可欠であることは重々承知するも、『日本の数学100年史』は、学術的研究に用いる資料としてはとても扱いにくいことを痛感した[8]とここで言いたい。それはなぜか。その理由をこれから説明したいと思う。

　『日本の数学100年史』は、日本の数学史家がよく引く古典であると言えるが、高瀬正仁が指摘したように、藤澤利喜太郎（1861～1933）のような中心人物に関する履歴には間違いが意外とあり[9]、数学者に関する伝記的研究として扱うには限界があるのである。また、『日本の数学100年史』は、日本の数学界の全体像を提供でき、研究の基準を作ったものの、先端的方法で研究をする場合は、制度に関する記述を出典することがあまりできない。大きな欠点は、文字通りの時代史（明治以前、明治前期、明治後期、大正、昭和前期、昭和後期）であるためこそ、その発展の連続と断続が分かりにくいこと、また、制度に関する個別文献（それぞれの機関の『五十年史』『七十年史』『百年史』など）を「広く参考にしたもの」として挙げられるだけで、本文ではほとんど出典として触れられていないからである。そのため、記述について、どのようなバイアスが入っているかが判断しにくい。その上、制度に関する記述と研究論文や数学書など研究の成果の分析との関連は明確ではないのである。研究の成果に関する部分は、単なる列挙に近く、その結果、制度に関するエクスターナルな視点と、数学的内容に関するインターナルな視点との繋がりへの洞察が非常に少ない。しかし、周知のことであるが、先生の恩師であるトーマス・クーンが明らかにしたように、その視点から別々に考察することは不可能なので[10]、『日本の数学100年史』の記述には根本的な問題があると理解できるのである。

　そのような問題がない日本の数学史の全体像を提供するためには、前述したように、日本の数学史に関する二種類のアプローチで行われた研究、また、地域を超えた数学史の研究も合わせながら、インターナルな視点とエクスターナルな視点を調和させる必要があると思われる。その調和に関しては、私自身の研究でインターナルにか、エクスターナルにか、どちらかを焦点として選んでもよく、また相補的な関係にあるとも言える。前者の研究の好例は、先生の力作『数学史』で、「総体的理解を提示しようと企画する」[11]ものである。それに対して、私の博士論文は後者の研究を試み

たものである。

　私自身は博士論文で『日本の数学100年史』のために使われたはずの第一次資料を探し出し、自ら新たに解釈し直して最新の分析を加えることにした。それぞれの大学史に貢献した人々がその大学の卒業生であることから、記述にバイアスがあることは自覚しながら、数学科の発展を教育社会学者の天野郁夫が2009年[12]から2013年[13]までに描いた戦前の高等教育制度の全体像に位置付けた。大学の課程と規則を年ごとに見ていき、大学の卒業者名簿、高等教育機関が毎年刊行した『一覧』、文部省が毎年刊行した『年報』などを基に作ったプロソポグラフィのデータベースと統計を分析した。また、戦前に日本人が執筆した欧文論文目録の『"日本の数学百年史" 付録1』[14]、卒業した高等学校と高等学校への就職に関する情報を提供する『"日本の数学百年史" 別巻』[15]を活かし、詳細な位置付けを行った。しかし、それだけでは本格的な研究には足りず、私の主たる興味は制度であり、つまり、エクスターナルであっても、インターナルな視点から全く離れてはならなかった。このように、『日本の数学100年史』では行われていなかった関連付けをできる限り試みたのである。大きな成果が出せたかどうかは心もとないが、先生が数年前に他の数学史家に紹介してくださった時には、私の研究方法を「とても独創的」だとして褒めてくださった。

3. 帝国大学の数学セミナリーの起源と研究義務

　セミナリーが近代日本における数学の学問としての形成に重要な役割を果たしたことはよく知られている。先生は2012年の春に、戦前における日本の大学の数学のセミナリーを理解するのに不可欠なR. スティーブン・ターナーの19世紀前半のプロイセンにおけるゼミナールに関する研究[16]とヴィルヘルム・ローライのドイツ大学数学教育史[17]を読むようにと話され、セミナリーの重要性に気づかせてくださった。

　私が博士課程に進んでからは、先行研究でセミナリーが重要視されていたことは理解していたが、どのような意味で重要であったかはあまり深く論じられていないと思うようになった。原点に戻ると、佐々木先生の言葉で言えば、「藤澤はドイツ大学の数学ゼミナール制度を日本に導入した」[18]ということになり、その簡潔な説には異論はない。ただし、その「ゼミナール制度」と先行研究で「セミナリー」と言われるものはちゃんと区別する必要があり、その関係をミクロ的に分析することによって、実はその後の日本数学界におけるマクロ的な発展がわかると言えよう。

　本稿では、二つの問いを設定し論じたい。一つ目は、藤澤がドイツでどのような文脈でゼミナール制度に接していたのかという問いで、非常に細かく見えるが、通説をより深化させたいと思う。二つ目は、佐々木先生が指摘された藤澤による「日本の数学界のドイツ化」[19]を、制度の視点からどう分析すればよいかという問いである。

3—1. 藤澤利喜太郎が経験したドイツの大学における数学ゼミナール制度

　1883年にヨーロッパに向けて出発し、数ヶ月のイギリス滞在の後、藤澤は1883年の冬学期にベルリン大学に入学した。そこの数学ゼミナールから直接どのぐらい影響を受けたかは不明であるが、そこで教えていたレオポルト・クロネッカー（1823〜1891）の推薦で、ドイツ帝国に併合されたばかりのストラスブルクに移った。ストラスブルク大学では、ベルリン大学で学び、クロネッカーの推薦で就任した[20]エルヴィン・クリストッフェル（1829〜1900）がいて、彼の指導の下で研

究を行った[21]。「ドイツ学問のための使節」として設立された[22]ストラスブルク大学で、二つ目の数学講座を担当していたテオドール・レイエ（1838〜1919）の回想によれば、皆が「学問の涵養と普及」（Pflege und Ausbreitung der Wissenschaft）のために就任させてもらったと初めからわかっていた[23]という。ストラスブルク大学の数学ゼミナールでは、ベルリン大学の数学ゼミナールに劣らぬほどの研究の雰囲気があったと言われる。

　日本に導入された数学ゼミナールは、どちらの正教授からの影響がより強かったのかは明らかでなく、この点については、先生も特に注目されなかった[24]。1890年代前半にストラスブルク大学で学んでいたハインリッヒ・E.・ティメルディンク（1873〜1945）の回想によれば、クリストッフェルは「教壇に立った講師の中で、最も優秀な一人であろう」（wohl einer der glänzendsten Dozenten, die je auf einem Katheder gestanden haben）と言われる一方で、「弟子と人間関係を作る気は毛頭なかった。学生の不完全な発表を聞くことに耐えられなかったため、しばらく後で数学ゼミナールを設置する試みを放棄してしまった」（er hatte auch nicht die mindeste Neigung, persönlich zu seinen Schülern in Beziehung zu treten. Den unvollkommenen Vortrag eines Studenten über sich ergehen zu lassen, war ihm unerträglich, und so gab er die Versuche, ein mathematisches Seminar einzurichten, bald auf.）。ティメルディンクの記憶によれば、クリストッフェルは約22年も教えていたにも拘らず、彼の下で博士号を取得したのは4人だけで、興味深いことに、「そのうちの一人が日本人数学者の藤澤である」（Einer davon ist der japanische Mathematiker Fujisawa）と具体的に記している。それに対して、「ライエは全く異なるタイプの人間であった。生まれつきの教師であり、初めから各学生に個人的な関心を持ち、その学生の特異性を捉えるようとした。彼のゼミナールでは、ほとんどいつも幾何学を対象にしていたが、その運営と成功の面だけでなく、学生らとどのように接し、自分の感受性を大事にするかという方法の面でも、模範的であった。」（Reye war von ganz anderer Art. Er war der geborene Lehrer, der von Anfang an für jeden Schüler auch ein persönliches Interesse hat und seine Eigenart zu erfassen sucht. Sein Seminar, das fast immer die Geometrie zum Gegenstande hatte, war musterhaft nicht bloß in dem Betriebe und dem Erfolge, sondern auch in der Art, wie er die Studierenden anzufassen und ihre Empfindlichkeit zu schonen wußte.）[25]

　事実、藤澤の博士論文の分野とその後の主たる興味は関数論で、東京では、より一般的にライエが苦手であった解析[25]関係の講義を担当していた。ただし、藤澤が参加したゼミナールの担当者がライエであったことは、藤澤が留学中に東京に送った「Seminar Essay (Extract)」という論文（1886年に『東京数学物理学会記事』に掲載）に、副題として「ライエ教授の数学ゼミナールにおいて」（In the Mathematical Seminar of Prof. Reye.）と記されている[26]ことからわかる。上記のことを考え合わせると、藤澤が研究者として育成されたという面では、全体としてクリストッフェルの影響が強かったとは言えるものの、ストラスブルク大学で参加した数学ゼミナールはライエによって行われ、藤澤のゼミナールの思想にはライエの方が印象的であったことは疑いがない。

3−2．制度の視点から見た藤澤利喜太郎による東京帝国大学の数学科のドイツ化

　佐々木先生が指摘された、より大きな思想的な発展に位置付けられる「数学のドイツ化」に関して、藤澤がドイツから導入したゼミナール制度が重要であったことは確かである。ただし、その導

入が十分に研究されたとは言えない。その関係で一番注目を集めたのは、1893年（明治26年）の課程の改訂で設置された「数学研究」という数学科の科目だと言っていい。その科目の枠組みで行われた研究を基に、1896年から1900年まで「藤澤教授セミナリー演習録」が5冊刊行され、その刊行の時期から、高瀬正仁は「記録が残されているのはこれだけで、第一冊の刊行前の二十六、二十七、二十八年の三年間にもセミナリーは行われていたのかもしれないが、詳細はわからない」と解釈する[27]。制度の導入の面から考えれば、違和感が二つある。一つは、表面的に見える違いだが、ドイツ語のSeminarに由来するゼミナールではなく、英語のseminaryに由来するセミナリーが使われているということである。それは、数学の講義でも、物理学の講義でも、天文学の講義でも一般に板書で英語が使われていた[28]ので自然ではある。これは、しかしどのようにドイツから導入されたゼミナール制度について日本語で表せばいいのかという具体的な問題があったと気づくきっかけになる。もう一つは、藤澤が『演習録　第一冊』の緒言に「「セミナリー」においては、（中略）演習の方法はいつに時宜に任す」[29]と書いていることから考えればわかるように、セミナリーと名付けられた会合が何年に始まったかはともかく、セミナリーでの藤澤の指導の仕方は固まった概念に基づいていたわけではなく、ドイツでの経験に加えて、1887年からの東京での経験も活かしたものであると言える。それらを考え合わせて、ドイツ大学の数学ゼミナール制度の導入について論じれば、「藤澤教授セミナリー演習録」を一つの重要な資料として使うのはいいが、1895/96の学年、そしてその前の「数学研究」という科目の枠組みで、授業ないし指導が行われたかどうかに拘らない方がいいのである。

　一般的に考えれば、藤澤は研究制度を意識的にも無意識的にも多くの面で日本の大学環境に適用する必要があった。なぜかというと、研究者が外国で経験した研究制度をそのままで移植することは不可能であり、伊藤憲二が仁科芳雄（1890～1951）による理化学研究所への「コペンハーゲン精神」の導入を例として指摘したように、それが成功したと言える場合には、制度の面から考えて、適応、より一般的に言えば社会や文化の状況に合わせた複層的な翻訳が行われている。その翻訳の際に、仕組みとそれに関わる実践の多くの部分が伝えられるが、伝えられない部分もある。コペンハーゲンの理論物理学研究所から東京の理化学研究所に「精神」（Geist）が伝わったのだという比喩は適切ではなく、理論物理学研究所での実践と、理化学研究所での実践との間に「共振」（resonance）が起こったという比喩が適切であると伊藤は強調する[30]。その用語を援用すれば、藤澤がドイツ大学における数学の実践を深く形成するゼミナール制度を導入できたという命題が、藤澤を以って、ストラスブルク大学におけるゼミナール制度に関連する実践と東京帝国大学の数学科における実践との間に十分な共振を起こし得たという命題になる。ドイツでゼミナールと呼ばれる枠組みを日本のセミナリーの枠組みに翻訳できるはずがなったことは確かだが、ゼミナール制度が導入されたかどうかという問いに肯定的に答える手段の一つは、ゼミナールに基づく概念が十分に東京帝国大学に根付いてきたということを証明することである。つまり、社会や文化の状況に合わせた複層的な翻訳が十分に深くなった、言い換えれば、ドイツ大学での数学ゼミナール制度に関連する実践と（藤澤が影響を与えた）東京帝国大学の実践との間に共通点が十分できたということを証明することが手段の一つになるということである。

　「コペンハーゲン精神」に相当するもの－それよりははるかに具体的ではあるが－としていわゆる「研究義務」（Forschungsimperativ）が見出される。つまり、共振があった場合は、東京帝国

大学の数学科にも研究の義務が課せられたということになる。ドイツ大学の数学ゼミナール制度に言及する本は少なくない[31]が、簡潔に言えば、ゼミナールの成立は研究義務の発達とともに見ていかなければならないもので、それは制度的な対応の一つである。数学だけでなくゼミナールの起源一般を研究するターナーが述べるように、18世紀後半のプロイセンで形成され始めた「研究の義務」というのは、大学の教員として就任することと昇進することが専門的な研究を行うことによって作られた名声に基づいて行われなければならない、という理想を指している。19世紀前半になると、文献学をはじめ、教授は少数の優秀な学生を選び、ゼミナールの枠組みで―固まった知識コーパスを提供する講義と違って―「内側の線」(inner track) で専門的知識を伝達してきた[16]。その状況が進化していく大学あり、ギムナジウムの教師になる人までも学問に貢献する能力を持たなければならないという理想に応え、19世紀後半にベルリン大学では数学ゼミナールでは研究に捧げられたが、教師の育成は、研究の発展という主目的を実現しつつ解決すべき課題になった[32]。藤澤が留学したドイツの大学が、研究の雰囲気が特に強いベルリン大学とストラスブルク大学であったので、研究義務という理想の下での実践を十分に体験して、研究義務の思想を身につけたと言えるであろう。

私の博士論文では、制度化という広く捉えられる過程について、四つの副過程―機関の設立 (Organisationsbildung)、専業化 (Professionalisierung)、標準化 (Standardisierung)、専門化 (Disziplinierung) ―に注目し、各側面から分析した。(因みに「制度」という概念は物質的なレベルでの組織構造に加えて、社会的および象徴的な次元も含み、学問を問わず使える概念である[33]。) この視点に立ってゼミナール制度の導入の効果が把握できるということは、前述のターナーの論文を読めばわかる。その論文で、ターナー自身が研究義務の役割として「専業化」(Professionalisierung) と「学問の分画」(Abgrenzung der Disziplinen) を挙げる。また、制度的な対応であるゼミナールにおける活動の二つとして、「学問的判断力」(scholarly judgment) を身につけることと「方法論の演習」(methodological exercises) をさせることが指摘され、つまり、学問の標準化に最も重要な項目が挙げられるのである[16]。本稿では紙幅に限りがあり、詳しく述べることができないが、博士論文でもその一端に触れたように、四つの副過程では、藤澤の帰国後にドイツの大学の数学ゼミナール制度に関連する実践活動が現れている。もちろん、より大きい「ドイツ化」という視点から見る必要はあるが、それらの活動は藤澤に帰因させることができると考えられる。

ここで忘れてはならないことは、その実践について、数学科のセミナリーの枠組みに翻訳できた数学ゼミナール制度に関わるものが多かったが、その枠組み以外に翻訳された実践を無視してはいけないということである。博士論文で始めた研究を、共振の概念で捉え、研究を続けていけば、佐々木先生が思想的面から重要な出来事として挙げられた導入について、私が相補的視点から分析できると考えている。

4. おわりに

クリストッフェルもライエも研究を重視していたので、藤澤がドイツ大学の数学ゼミナールの根本にある研究義務を身につけたことには疑いがない。彼は1886年の博士号の取得後、しばらくベルリン大学に戻ったが、翌年帰国した。二人目の帝国大学数学科の教授として任命され、物理学科

などと比べて遅れていた[34]数学科を近代化していった。1902年、つまり帰国して15年後の課程の改正の理由書を読むと、藤澤は楽観的なことに、当時の数学科で実現できるようになった課題として、「善ク数學研究場裏ニ馳駆シ併セテ最モ完全ニ最モ堪能ニ數學ヲ教授シ得ル者ヲ養成スル事」を挙げている[35]。予算の目論見で付けた[36]楽観さはさておき、セミナリーを数学科の中枢として解釈しようとすれば、ベルリン大学のゼミナールにおいて、その二つの課題を同時に行う理想を実現した、という自信がうかがわれると言っても過言ではない。

しかしながら、東京帝国大学の数学科の卒業生が研究義務を身につける時期が短かった。課程の改正と同年に、第4数学講座が設置され、3年後には教授陣が整った[37]。教授の同系繁殖という習慣が日本の大学においては早い時期に根付いていた[38]ので、－1911年の東北帝国大学の理学部の設立以外－数学の専門的な研究を仕事にする教授の職に就く機会は、20年代前半の教員の拡大までほとんどなかった。つまり、日本では、ドイツと違って、若手研究者は短い時期を除いて、研究業績による成果主義で任命されることはなかったからである。また、藤澤は、若い高木貞治に対して、「教授と学習の自由」（Lehr- und Lernfreiheit）というドイツの大学の理想を唱えた[39]が、その一方で、大学には、科目を一つ及第しなかったらその学年の全部の科目を再履修する必要があるという全くドイツらしくない規則があった[40]。このような事実を踏まえ、私の博士論文の結果から推測すれば、藤澤が研究義務を数学科に課すことはできたと言えるが、長期的には日本の大学制度全体の影響で、実践がドイツとは違う展開をしていったと言えよう。しかし、そうは言っても、高木らは、初期の藤澤セミナリーで育成され、ドイツに留学して、直接、数学ゼミナール制度を体験した。そのような状況を通じて、研究義務はヘーゲル的な意味で止揚され、日本の数学界の素地の要素になったのである。

謝辞

日本語訳については、慶應義塾大学日本語・日本文化教育センターの村田年先生に助言をいただいた。ここに謝意を表したい。

注

1) ドイツ語で、題目はそれぞれ「Die Institutionalisierung der höheren Mathematik im Japan der Meiji- und Taishō-Zeit」「Die Institutionalisierung der Mathematik als Wissenschaft im Japan der Meiji- und Taishō-Zeit」である。修士論文の日本語版は、「明治・大正時代の日本における高等数学の制度化」という題目で慶應義塾大学大学院文学研究科に提出された。その概要は、2013 年の「数学史の研究」という研究会（於京都大学数理解析研究所）で発表し、その要旨は『数理解析研究所講究録』に掲載された。近年クリスティアン・オーバーレンダー先生の指導の下でマルティン・ルター大学ハレ・ヴィッテンベルクの日本学科では、日本科学史に関する研究が盛んに行われている。私の研究の他、2017 年に修士論文にミヒャエル・ディートリッヒ著「17 世紀の学問の発展における日中交流：江戸前期の文人ネットワーク」（Die Rolle des japanisch-chinesischen Austausches in der Entwicklung der Wissenschaft im Japan des 17. Jahrhunderts : Gelehrten-Netzwerke in der ersten Hälfte der Edo-Zeit）、ヤン・ヘック著「戦後日本における理論物理学者の研究への道：科学観を用いた分析」（Der Weg der theoretischen Physiker zur Forschung im Japan der Nachkriegszeit: eine Analyse ihres Wissenschaftsverständnisses）、2018 年にトビアス・クフェッサー著「明治時代における心理学の受容と制度化」（Psychologie im Japan der Meiji-Zeit. Erste Auseinandersetzung und frühe Institutionalisierung）と、修士論文が次々に完成され、博士課程の枠組みで研究が続けているものもある。
2) G.W. Leibniz, (ed.) R. Widmeier, (transl.) M.-L. Babin, *Der Briefwechsel mit den Jesuiten in China* (1689-1714) ; *französisch/lateinisch – deutsch*, Philosophische Bibliothek 548 (Hamburg: Felix Meiner Verlag, 2006).
3) 小松醇郎『幕末・明治初期数学者群像』（上下）吉岡書店、1990/91 年。
4) 高瀬正仁『高木貞治とその時代－西欧近代の数学と日本－』東京大学出版会、2014 年。

●特集：学問史の世界　佐々木力と科学史・科学哲学

5) 独立した数学科を持たない京都帝国大学の場合も、1943年の大学史に、数学に関する調査研究が「数学科」の節（京都帝国大学編『京都帝国大学大学史』京都帝国大学、1943年、811～817頁）に挙げられている。その方法がどこまで広がっているのか、恐ろしいと言っていい証拠である。
6) 日本科学史学会編『日本科学技術史体系　第12巻：数理科学』第一法規出版、1969年。
7) 日本の数学100年史委員会編『日本の数学100年史』（上下）岩波書店、1983/84年。
8) 『日本の数学100年史』の出版の際の座談会で、自分を編集委員として挙げる本田欣哉は「数学史というものについては素人なんです」と述べている。また、三村征雄と小松醇郎は、わざわざ思想史、イデオロギーから離れたことがあったと認めている（「『日本の数学100年史』をめぐって」『数学セミナー』第23巻第1巻（1984年）、25～34頁参照）。つまり、エクスターナルな視点とインターナルな視点を分けることが難しいことに気がつかなかったわけではないだろうが、歴史学やイデオロギーとは関係ない立場で執筆された本になっている。
9) 高瀬正仁「高木貞治の数学的評伝の試み」『数理解析研究所講究録』第1739巻（2011年）、42～50頁参照。
10) それは科学社会学の入門書でも挙げられている説である。例えば、P. Weingart, *Wissenschaftssoziologie* (Bielefeld: transcript Verlag, 2003), 44参照。そのため、インターナルとエクスターナルを分けることは厳密には不可能なので、以下はその区別をむしろヒューリスティックな意味で使おうとする。
11) 佐々木力『数学史』岩波書店、2010年、22頁参照。
12) 天野郁夫『大学の誕生』（上下）中央公論新社、2009年。
13) 天野郁夫『高等教育の時代』（上下）中央公論新社、2013年。
14) 河田敬義編『"日本の数学百年史"　付録1』上智大学数学講究録第36巻、上智大学数学教室、1993年。
15) 河田敬義、村田憲太郎、雨宮一郎編『"日本の数学百年史"　別巻』上智大学数学講究録第39巻、上智大学数学教室、1995年。
16) R. S. Turner, "The Prussian Universities and the Concept of Research", *Internationales Archiv für Sozialgeschichte der deutschen Literatur (IASL)*, 5:1 (1980) : 68-93.
17) W. Lorey, *Das Studium der Mathematik an den deutschen Universitäten seit Anfang des 19. Jahrhunderts*, Abhandlungen über den Mathematischen Unterricht in Deutschland Bd. III H.9 (Leipzig: Teubner, 1916).
18) 前掲11、701頁参照。
19) 学問的にも文化的にもドイツを規範にすることが、明治十四年の政変によって促進された。C. Sasaki, "The Emergence of the Japanese Mathematical Community in the Modern Western Style, 1855-1945", (eds.) K. H. Parshall, A. C. Rice, C. Sasaki, *Mathematics Unbound: The Evolution of an International Mathematical Research Community, 1800-1945* (Providence, RI: American Mathematical Society, 2002), 229～252で、それは「Germanization」と言われる。日本語で表現すれば、民族的な含意を持つ「ゲルマン化」より、政治的な含意を持つ「ドイツ化」の言葉が適切であると思われる。
20) E. Knobloch, "Die Berliner Gewerbeakademie und ihre Mathematiker", (eds.) P. L. Butzer, F. Féher, *E.B. Christoffel: The Influence of His Work on Mathematics and the Physical Sciences* (Basel: Birkhäuser, 1981), 42～51参照。
21) 前掲4、30～31頁参照。
22) その解釈が可能なことが、J. E. Craig, *A Mission for German Leaning: The University of Strasbourg and Alsatian Society, 1870-1918* (Ph.D. Thesis, Stanford University, 1973) の題目からわかる。
23) 前掲17、156参照。
24) 先生は前掲19の237頁で、「Wilhelm Lorey's comprehensive study of mathematical education in nineteenth-century Germany referred to Fujisawa as a product of Christoffel's seminar in this way: "Einer davon ist der japanische Mathematiker Fujisawa [One of them is the Japanese mathematician Fujisawa.]"」と述べたが、文脈からわかるように、藤澤がストラスブルグ大学で学んでいた時期には、クリストッフェルは恐らく数学ゼミナールを行っていず、ローライの本では、藤澤はクリストッフェルのゼミナールに参加した人としてではなく、博士号を取得した人として挙げられている。
25) 前掲17、158参照。
26) R. Fujisawa, "Seminar Essay (Extract) ", *Tōkyō Sugaku Butsurigaku Kwai Kiji*, 3:2 (1886) : 146～152.
27) 前掲4、107～108頁参照。
28) 前掲4、74頁参照。
29) 東京数学物理学会編集委員編『藤澤教授セミナリー演習録　第一冊』大西順三、1896年、i頁参照。
30) K. Ito, "The Geist in the Institute: The Production of Quantum Physicists in 1930s Japan", (ed.) D. Kaiser, *Pedagogy and the Practice of Science: Historical and Contemporary Perspectives* (Cambridge: MIT Press, 2005), 151～183参照。
31) 佐々木先生の叙述は前掲11、599～603頁、またより詳しくは、佐々木力『科学革命の歴史構造（下）』講談社学芸文庫、講談社、1995年、47～65頁にある。
32) K.-R. Biermann, *Mathematik und ihre Dozenten an der Berliner Universität 1810-1933. Stationen auf dem Wege eines mathematischen Zentrums von Weltgeltung* (Berlin: Akademie-Verlag, 1988), 85, 240参照。
33) その方法で、G. Lingelbach, *Klio macht Karriere: die Institutionalisierung der Geschichtswissenschaft in Frankreich und den USA in der zweiten Hälfte des 19. Jahrhunderts*, Veröffentlichungen des Max-Planck-Instituts für

Geschichte 181 (Göttingen: Vandenhoeck & Ruprecht, 2003) において19世紀後半のフランスとアメリカにおける歴史学の制度化が分析された。
34) 寺沢寛一「理学部総説」東京帝国大学編『東京帝国大学学術大観理学部東京天文台地震研究所』東京帝国大学、1942年、1～4頁から藤澤が帰国した1887年まで物理学科を卒業した人が10人いる一方で、数学科を卒業した人は3人に過ぎないことがわかる。藤澤自身は物理学科出身である。（10人は数学物理学星学科から独立した物理学科の卒業生数で、1880年に廃止された仏語物理学科の卒業生数は含まれない。）
35) 東京帝国大学編『東京帝国大学五十年史　下冊』東京帝国大学、1932年、451頁参照。
36) 考へ方研究社編「高木・吉江両博士を囲む会」『高数研究』第3巻第7号（1939年）、37～45頁で、その理由書の楽観さは「予算を取る為の目論見で」あったと高木貞治がきっぱりと認めている。
37) 東京大学百年史編集委員会編『東京大学百年史　部局史二』東京大学出版会、1987年、315頁参照。
38) 岩田弘三『近代日本の大学教授職－アカデミック・プロフェッションのキャリア形成－』玉川大学出版部、2011年、36頁参照。
39) 高木貞治「回顧と展望」『近世数学史談　数学雑談』復刻版、共立出版、1996年、176頁参照。
40) 東京帝国大学編『東京帝国大学一覧　従明治三十六年至明治三十七年』東京帝国大学、1903年、287頁参照。

●特集：学問史の世界　佐々木力と科学史・科学哲学

特集論考●学問史の世界　佐々木力と科学史・科学哲学

ジョセフ・ニーダムと朝鮮科学史認識再考

金　成根　●韓国国立全南大学教授

1. 序論

　『中国の科学と文明』を執筆した英国の科学史家ジョセフ・ニーダム（Joseph Needham, 1900-1995）は、「すくなくとも紀元前1世紀から紀元後16世紀までの間に、自然に対して人間がもっていた知識を有用な目的に活用するという点で、なぜ、東アジア文化のほうが西ヨーロッパの文化よりも有効であったのか」[1]という質問をなげかけた。かつて西洋社会のなかに本格的に紹介されることのなかった東アジア科学技術上の業績は、そういったニーダムらの研究によってより本格的に光が当てられたといってもよい。ところが、そのようなニーダムの研究プロジェクトは、東アジア科学史の重要な一部分を担ってきた韓国科学史の研究をも活気づけずにはいなかった。ニーダム自分も、韓国科学史の成果を高く評価していたことはいうまでもない。ニーダムは、『中国の科学と文明』において、「中国文化圏周辺のすべての民族のなかでも韓国人は、長い間、あらゆる種類の科学的な問題について、もっとも関心が高かったのであろう」[2]と指摘する一方で、特に15世紀を韓国科学の黄金期として注目し、『朝鮮の書雲観 The Hall of Heavenly Records: Korean Astronomical Instruments and Clocks 1380-1780』といった本を出版したこともある。ニーダムは、この本において、「韓国の天文学は、中国の天文学に固い基礎をおいていたが、その一方で、有意義な韓国固有の特殊性をもっていた」[3]と述べた。すなわち、ニーダムは、韓国の天文学は中国天文学をただ模倣したのではなく、それに韓国民族なりの独創的変形を加えたと強調したのである。

2. 中国伝統科学に対して朝鮮科学はいかに位置づけられてきたのか。

　朝鮮科学史に関するニーダムの研究が、韓国科学史の研究者たちに強い影響を及ぼしたのはいうまでもない。韓国科学史に関する研究は、解放直前、『朝鮮科学史』（1944）を記した洪以燮によってはじまったと見なしてよいかもしれない[4]。以降、韓国科学史の研究は、『韓国科学技術史』（1966）を執筆した全相運によって本格的にその軌道にのせられた[5]。全は、韓国科学史を「伝統中国社会で現れた主流的科学発展の一支流」[6]だと規定しながらも、韓国人たちは中国の科学をただ輸入し

キム　ソングン◎1970年韓国生まれ。2004年東京大学大学院綜合文化研究科博士課程修了。博士（学術）。ニーダム研究所研究員、カリフォルニア大学バークレー校訪問研究員などを歴任。専門は東アジア科学技術史。著書に『西洋科学史（韓国語）』（ANTIQUUS, 2009年）。訳書に『보이지 않는 것의 발견（目に見えないもの）』（キンヨンサ、2012年）主な論文に「科学という日本語語彙の朝鮮への伝来」（『思想』no.1046, 2011年）など。

たのではなく、自分たちの必要に応じて、それを創造的に変形させたと強調した。中国の巨大で輝かしい科学文明は、韓国で常に韓国伝統科学の大きな坩堝のなかで熔融され、その鋳型に注がれたのであり、そのような韓国の科学技術は、殊に15世紀前期の世宗代に至って明確な自主性をあらわしたと指摘した。すなわち、韓国の伝統科学は、世宗代にいたりその黄金期を向かえたのであるが、それは遠くは9世紀を前後に花開いたイスラーム科学が中国の宋元時代を経て、世宗代の科学に影響をおよぼしたものであり、世宗代の科学者たちは、それを独自の鋳型のなかで新しく解釈したということである。ところで、そのような特徴を一番よく見せた分野は、天文暦法に他ならなかったといわれる。例えば、七政算内外篇は、元代授時暦の影響をうけたものの、朝鮮の現実に合わせて改編した自主的な暦法の体系だったと評価される。それは、一言でいえば、中国科学の影響を受けながらも、それを朝鮮の事情に合わせて創造的に再解釈した「独自の科学文化の展開」[7]であったということである。

　しかし、このような朝鮮科学の自主性もしくは独創性に対する強調は、朝鮮文明のアイデンティティーを表わす重要な役割を担ったものの、一方でそれは、朝鮮科学史の研究をむしろ制限してしまったという批判も提起された。例えば、金永植は、韓国の研究者たちが、韓国科学史の創造性や独創性を強調しすぎたのは、「韓国史の否定的な側面を強調した日本の強制的占領期のいわゆる植民史観に対する自然な反応」[8]だったかもしれないと指摘した。金は、今までの韓国科学史の研究が、科学史における観念または制度より、技法（techniques）や器物（artifacts）を中心に行なわれた理由は、それらこそ韓国的な成就の創造性や独創性を、他国よりよくみせることができる分野だったからではないかと指摘した。このような金の指摘はある意味で妥当であろう。何故なら、朝鮮科学史の自主性や独創性に対する強調は、確に中国科学、またより遠くは、西洋科学の優秀性を常に意識しながら行なわれたのであり、そういった点で朝鮮民族の科学的優秀性を強調しようとした全相運の敍述は、皮肉にもその基準を西洋近代科学においた点で、むしろ西洋科学中心主義をますます強化してしまったとみることもできるからである。

　ところが、こういった問題は、ただ朝鮮科学史の敍述にのみ限られるわけではないようである。かつて廣重徹（1928-1975）は、日本科学史敍述の方法論について重要な指摘をしたことがあった。廣重は、19世紀における科学の制度化、20世紀における科学の体制化といった世界史的展開をもとに、従来の日本科学史の敍述につよく内在してきた見方を、西洋科学を目標とした、いわゆる「追い付き史観」と規定し、科学史敍述における西洋中心主義の克服を主張した[9]。このように、かつて日本科学史の敍述に内在してきた問題点が、朝鮮科学史の敍述に再び現われるのはとてもおもしろい。それは、西洋科学史に対して中国科学史の敍述に内在してきた問題点が、今度は中国科学史に対しての朝鮮科学史、または日本科学史の敍述にそのまま轉移してきたような気がするからである。すなわち、それは、いってみれば中心部に対する周邊部の科学史の敍述にいつも繰り返して現われる問題提起であるかもしれないのである。

3. 科学の歴史と科学概念の歴史

　では、中心部の科学史からのアナロジー、または轉用ではなく、周邊部の科学史がもっている固有なる特徴を、あるがままに敍述するのは果して可能であるのか。言い換えれば、西洋科学史または中国科学史からのアナロジー、乃至轉用ではない、朝鮮科学の固有なる特徴を敍述するのは可

能であるのだろうか。そこには本質的にアイロニカルな側面がある。今日、日・中・韓で使われている「科学」という言葉は、そもそもラテン語 scientia から翻訳された英語 science を、明治知識人たちが翻訳した造語であったのはよく知られている。もっとも、中国では科挙之学としての「科学」の使用法はあったものの[10]。すなわち我々が「科学」とよぶ知的達成は、あくまでも17世紀ごろ西洋の科学革命期をへてその形が整えてきた自然探求の方法論に根を下ろしている。したがって、我々が東アジア科学史を敍述するのは、本質的に西洋史の文脈のなかで胚胎してきた科学的概念や発見、そしてその方法論に照らして、自然に対する伝統東アジア人たちの知的営爲を取捨選択する行爲を意味する。それは、我々が、「科学」といった西洋起原の語彙や概念をただ捨てることで避けて通れる問題でもなく、確かに非西洋圏の科学史敍述に内在するしかないアイロニカルな側面であろう。

　では、我々は、そのようなアイロニーから逃れることはできないのだろうか。数年前、韓国では「実学」という概念の存立と破棄をめぐって熾烈な論争が繰り返された。この「実学」、すなわち文字通り実用的な学問を意味するこの語彙は、韓国のみではなく、日本や中国でも現在よく使われている言葉である。ところが金容沃は、韓国においてこの「実学」の概念が今まで大きく歪曲されてきたと指摘した[11]。周知のように、東アジア思想史の研究によると、かつて東アジア儒教文明の学問的パラダイムとして機能してきた朱子学は、18-19世紀には急激な社会的、経済的変動とともに事実上その支配イデオロギーとしての機能を多く失われてしまったといわれる。すなわち、軽重の差はあるものの、中国はもちろん、蘭学や西学の發興によって知られる通り、直接的に西洋文明と接した江戸後期の日本社会、そして朝鮮後期の社会においてはいわば「脱朱子学的」な学問傾向が共通の社会現象として登場してきた。ところが、金容沃によると、従来、韓国での「実学」の概念は、近代日本文明といった西欧的近代化の輝かしい成功モデルを、同じく韓国近代が志向すべき目標として無批判的に受け入れた結果として生まれたものだと批判した。「実学」に関するこのような問題提起は、すでに指摘した科学史における「追い付き史観」についての問題提起とよく似ている。しかし、このような金容沃の問題提起において、より重要な点は、「脱朱子学」の学問、すなわち「ポスト朱子学」（Post-Neo-Confucianism）を見つめる視線であろう。すなわち、「実学」という概念がそのように外来化された概念であるならば、我々は「ポスト朱子学」をいかに理解すべきかについて改めて深く省察する必要がある。

4. 朝鮮の科学と気学的パラダイム

　かつてニーダムは、「中国の自然哲学体系がもっている特殊性は、理神論的な世界観（Theistic world view）と機械論的な世界観（Mechanical world view）との衝突といったヨーロッパを支配してきた永遠な問題からの完璧な免疫であり、そのような両者の矛盾的な対決は現在までも十分な解決をみたことがない」[12]と強調した。科学的思惟の特徴を迷信的かつ非合理的な思考との訣別として理解する古典的科学観に従うならば、ニーダムの見解は、的を抜いていたと思われる。ところが、そのような二つの世界観の長い衝突とは、単に西洋文明のみの專有物ではなかった。自然界と向き合った朝鮮の人々たちの思惟にも、確に合理と非合理、迷信と反迷信の世界認識は常に入り混じってきたのであり、言い換えれば、両者は相互間に常に緊張関係を形成していた。ただ、ニーダムの指摘どおり、西洋近代科学の誕生において一つの重要な側面である機械的世界観が、唯一神

的宗教性との衝突を繰り返しながら生まれたものであるならば、東アジアは唯一神的な宗教性とは異なる、いわゆる非神論的ともいえる宗教性が指摘されるべきであり、東アジア文明の固有の「科学性」とは、このような非神論的な宗教性との対抗を通しての内的な自然知識の発展として理解すべきである。

　朝鮮後期にいたって、自然に対する知識人たちの認識には、その二つが重なっていた。例えば、自然を表象化する気の概念は、死後世界における宗教的な説明の原理であると同時に、現実の自然現象をも説明する「科学的」運動の原理でもあった。このような気の「宗教性」と「科学性」とが明確に入り交じっていたのがいわば東アジアの伝統地理学ともいわれる風水思想であった。なかでも陰宅風水が人間の死後世界、いわゆる死者と関連した気の宗教性を主に取り扱ったならば、陽宅風水は主に生者のための合理的な地の理解にその基礎をおいた。この両面性は、長く朝鮮地理学のなかに内在してきた二つの自然理解の重なりであり、19世紀の代表的な地図制作者である金正浩（1804？-1866？）の地図は、このような「宗教性」と「科学性」とがよく混じりあった一編の芸術作品でもある。ある者は、そこから宗教的地図としての性格を、ある者はそこから反対に科学的地図としての性格を強調しようとするが、それは金正浩の地図をめぐるごく自然な二つの見方であろう。ところが、このような緊張関係は、西洋科学の流入が本格化した朝鮮後期に至って、段々両極に分化しはじめる。言い換えれば、自然に対する「宗教性」と「科学性」は、段々分化の過程をへたのである。

　殊に、このような二つの自然理解の衝突は、金正浩の友だちでもあった崔漢綺（1803-1877）にいたり、まったく新しい文脈のなかで理解された。「気学」という独特な学問を開拓した崔は、朝鮮文明の内部を貫通してきた宗教的自然理解と科学的自然理解との入り混じりを新しく解きほぐす。例えば、彼は、気というのを、死後世界または観察不可能な世界の説明原理から、證験可能な自然界の説明原理へ転換させようと試みる。

　崔漢綺が、朱子学的な理の再構成を通して心理と物理とを二つの異なる理として分離しょうとしたのは、西洋科学文明の流入から促された時代的課題、すなわち外的な自然法則をめぐる19世紀東アジア思想家たちの共通の関心でもあった。かつて朱子学においては心理と明確に区分されえなかった物理を、自然法則として再発見することこそ、西洋の科学的世界観の受容に必須不可欠な思想的企画になるからである。しかし、崔漢綺においてそういった心理と物理の区分は、必ずしも近代西洋科学のような知的モデルをその目標としたのではない。崔漢綺によると、認識主体としての神氣も、外的な対象世界としての自然界も、共に気で作られているものにすぎない。それで、自然界に対する人間の認識は、認識の主体としての神氣が外的な自然界と、いわば「通的関係」を結ぶことになる。それは、近代科学の認識論がいっているように、認識の主体としての心理がその外に追われた対象世界としての自然界を、いわば客観的に観察するようなものではなく、人間主体としての神気が絶え間なく「活動運化」を行ないながら、同じく気の「活動運化」を行なう外的な自然世界と「通」するということを意味する。崔漢綺は、特に「一身運化」、「統民運化」、「大気運化」といった気の運行の範疇を示した。「一身運化」は一個人の運化を、「統民運化」は社会の運化を、「大気運化」は自然界の運化を意味する。しかし、究極的には「一身運化」と「統民運化」は、「大気運化」に順応する。そういった点で、彼の「物理」すなわち外的な自然界の法則性に対する探求は、認識主体の外に追われた対象世界、その意味で超越的な自然界を認識するものではない。そう

いった点で崔漢綺の「気学」は、同じく朱子学的の理を再構成することで、心理と物理、心と身、主観と客観といった近代認識論の難問までを受け入れざるをえなかった西周の思想と比較される必要がある。すなわち、崔漢綺の「気学」は、絶え間なく「通」を行ないながら「客観」の領域を自ら広げていく行動志向の哲学であったである。

　朝鮮後期の医学者である李濟馬（1837-1900）は、そのようないわば崔漢綺の「気学的自然観」の流れから一つの統一的な医学観を提起した。彼の四象医学は、人間のタイプを臓器の形態や性・情の構造によって四つに分けているが、それは根本的に気に根付いた心（性・情）と身（臓器）との疎通を論じていることから、西洋近代医学の機械論的な人体観とは異なるものである。また、従来の内經医学がマクロコスモスとミクロコスモスという天人相応の観点から人間界を自然界のなかに順応させていったものだと考えるならば、四象医学は、人間の主体的自律性を強調しながら、外部環境に積極的に参与する人間観に基づいていた。すなわち、心と身は、人体のなかで一体化され、辨證法的に機能するといえるが、このとき、人間は性・情の気の主体的運用によって身体に影響を及ぼし、健康を維持できると考えられた。これは、人間の積極的な生の主体性を回復することであり、修養の如何によっては誰でも聖人（健康な人）になれると考えた点で、社会に積極的に参与する儒学的人間観の理念を継承したものだといえるのである。

　このように、金正浩、崔漢綺、李濟馬をも貫通する19世紀朝鮮思想家たちの学問傾向は、一言でいえば、「脱朱子学」と称することができるかもしれない。しかし、彼らの学問と思想を果して科学的合理主義といった西洋文明の遺産によって判定できるのかは極めて疑問である。彼らの思想を科学または准科学の枠組みのなかで捕らえようとする試みは、朝鮮文明の内的発展とはあまりにも無縁な非歴史的な試みにみえるからである。

5. 朝鮮科学の固有性を考える。

　金正浩、崔漢綺、そして李濟馬の思想は、朝鮮後期の「脱朱子学」的な学問、すなわち「ポスト朱子学」のなかに位置しながら、西洋近代科学の路線にも合流しえなかった、いわば第三の自然知としての性格を浴びていた。我々は、朝鮮後期の自然観において過去に迷信的かつ宗教的観念との決別を目指してきたそのような自然哲学的潮流を西洋近代科学といった異文明の知的基準によって説明するよりは、東アジア文明内部の連続性と内的な緊張のなかで理解するほうが、もっと生産的であることを認めるべきである。しかし、そのような第三の自然知、すなわち東アジアの固有なる「科学」は、なぜ実際的な歴史過程としては実現されえなかったのか。

　それは、東アジア科学に対するニーダムのその有名な質問、すなわち紀元前2世紀から紀元後16世紀までの間に、西洋の科学技術を凌いできた東アジアでは、「なぜ、科学革命が発生しなかったのか？」という質問と重なるかもしれない。ニーダムは、近代科学技術というのは、決して西洋文明のみによって生まれたのではなく、東アジア科学技術上の成果をも背負って誕生したものだと主張した。すなわち、『中国の科学と文明』の第1巻の序文でニーダムは、17世紀初イエズス会宣教師たちの北京到着以後、そういった中国の伝統科学が段々普遍的な近代科学のなかに合流してきたと書いた。それはニーダムの講演集『東と西の学者と工匠』に掲載されているいくつかの章を開くと、より鮮明に現われる[13]。すなわち彼は、この一連の講演のなかで科学技術に対して忘れてしまった東アジア文化圏の貢献を新しく照明しながら、17世紀科学革命以降、東西科学の大統合（The

Unity of Science) が起きたと強調したのである。そういった点で、ニーダムの科学論は、それぞれの文明的基盤に根據した科学が結局一つの普遍的な科学へ収斂していったという、いわば科学の普遍主義 (Universalism) という楽観的な展望に帰結したように思われる。しかし、このようなニーダムの考えは、今日新しく問われる必要がある。ニーダムの考えは、今まで人類の諸文明が積み重ねてきった科学遺産の美しい統合を語ってくれたものの、惜しくもその統合という実際の歴史過程は、殆んど明らかにされることがなかった。近来、西洋文明の全世界的な拡散と科学との関連性を追求した一群の科学史学者たちは、我々が普通、政治とは無縁のように考える科学すらも、過去、植民地に対する西洋列強の帝国主義的な侵略において重要な共犯として活躍したと語り始めた。例えば、アメリカの歴史家ルイス・パイエンソンは、我々が、普通、科学とは全く関係のないかのように思う純粋物理学すらも、実は西洋列強の帝国主義とは決して無縁ではなかったと強調した[14]。また、佐々木力は、そういった科学と帝国主義との関係は、近代東アジアと日本の事例のなかでより生々しく発見できると指摘した。すなわち、佐々木は、かつて科学帝国主義の被害者であった日本は、燐国に対する植民地的な支配を通して加害者へ転換したといい、科学技術の普遍性の裏面に沈んでいる政治イデオロギーの性格を決して見逃してはいけないと強調した[15]。このような科学帝国主義プログラムの進展は、ニーダムによる東西科学の統合とも決して無縁ではないと思う。すなわち、我々が科学技術の裏面にある政治的な性格を直視するとき，東西科学の統合は、そもそも17世紀科学革命を経て生まれた西洋近代科学が普遍的な完成形だったから起きたというより、むしろその統合といった実際的歴史過程に科学以外の政治的イデオロギーが介入した結果として理解することもできるのである。科学、技術、そして社会が簡単には分離できないほどかたく融合してきている今日、この問題を冷静に解きほぐすことはあまり簡単ではない。しかし、科学ではなく、科学の歴史に関心をもっている研究者たちにおいて、それは科学の本質的な性格を理解するための重要な問題提起ではないかと思う。

　これと関連して、もう一つ重要な問題が残っている。ニーダムは、17世紀ほどイエズス会宣教師たちの北京への到着以降、数学、物理学、天文学、植物学など東西科学のそれぞれの分野が、いつ、いかなる形で融合 (Fusion) していったのかについて問題提起した[16]。しかし、ニーダムは、そのなかでも医学分野の融合は、まだ起きていないと指摘した。トーマス・S・クーンの言葉を借りると、東西洋の医学はすなわち「通約不可能 (incommensurable)」な体系であると理解できるかもしれない[17]。問題は、このような通約不可能がおきている理由を究明することである。かつてクーンは、古代ギリシャ人と日本人が同じ「天」を見上げながらも、そこから異なる天文学が発展してきたことを例に取り上げながら、自然科学というのも究極的には人文科学と同じく「解釈学的」行為だと主張した[18]。すなわち古代ギリシャ人と日本人によってそれぞれ異なった「解釈学的基底」を通して受け入れられた「天」はそれぞれの文化を反映して成立したのであり、そういうわけでそれらは、お互いに「通約不可能」な体系として規定されうるのである。こうみるとき、東西洋の科学も究極的には、世界と宇宙をめぐる東西の解釈の違いが反映された知的体系として認められるのである。西周、福澤諭吉以降の日本近代が、物理と心理、肉体と精神の分離という西洋近代の認識論的思考を受容することで、近代学問に向かう早道を発見したならば、朝鮮の近代は、それらを分離しながらも相変わらず統合する世界像を捨てきれなかった。ここから東西医学の統合の難しさを見つけるのは行き過ぎであろうか。すなわち物理と心理、肉体と精神の分離や統合が問われる境界

線こそ人体に他ならない。言い換えれば、人体というのは、東西洋の世界観がもっとも鋭く対決する境界線である。そういう意味で、佐々木の指摘とおり、我々が東西医学のある一方を一方的に盲信するのを避け、両方を批判的に對照してみる姿勢をもつのは、相変わらず有効であろう[19]。

　朝鮮科学史の固有性とは何だろうか。かつて廣重は、今日の科学・技術というのは、「ある絶対的な内的必然性によって現にある形に発展してきたのではなく、先進工業諸国の社会的条件に規定され、それに適合するように形成されたものである」[20]と主張した。すなわち科学と技術は、社会や文化と決して断絶した知的営みだとはいえない。そういった点で、非西洋社会の科学史は、西洋社会の文脈においてではなく、非西洋社会のシステム、文化的背景などを考慮して論じるべきだという論点は、繰り返すまでもない。科学史の敍述において我々が、科学といった概念を無批判的に受け入れるとき、歴史上すべての文明が積み重ねてきた「科学的行為」の豊富性を逃してしまう危険性がある。朝鮮文明における科学と技術、そしてそれを取り囲んでいる社会的かつ文化的背景に注目することこそ、科学の本質に迫るより重要な方法論ではないかと思う。

参考文献

1) Joseph Needham, The Grand Titration: Science and Society in East and West (London, New York: Routledge, 1969), p.16.
2) Joseph Needham, Science and Civilisation in China, Vol. 3 (Cambridge: Cambridge University Press, 1959), pp.682-3.
3) Joseph Needham, The Hall of Heavenly Records (Cambridge: Cambridge University Press, 1986), xvi-xvii.
4) 洪以燮の『朝鮮科学史』は、1944年、東京三省堂で日本語で出版されたあと、1946年には正音社で再び韓国語で出版された。
5) 全相運の『韓国科学技術史』は、1966年初出版されてから、版をかさねながら数回増補刊行された。また、1974年には、M.I.T East Asian Science Series の一環として英訳された。Jeon Sang-woon, Science and Technology in Korea: Traditional Instruments and Techniques (Cambridge, Mass: MIT Press, 1974).
6) Jeon Sang-woon, op. cit., p.1.
7) 全相運、「朝鮮前期의科学과技術」、『韓国科学史学会誌』第14巻第2号、1992、142頁。
8) 金永植、『東アジア科学의差異』、ソウル：サイエンス・ブックス、2013、173頁。
9) 廣重徹、『科学の社会史』、中央公論社、1973、16頁。
10) これについては、周程、『福澤諭吉と陳独秀：東アジア近代科学啓蒙思想の黎明』、東京大学出版会、2010、125-130頁を参照せよ。朝鮮の場合も、「科挙の学」の縮約語として「科学」という言葉が使われたことがある。これについては、金成根、「科学という日本語語彙の朝鮮への伝来」、『思想』No.1046、岩波書店、2011、137-157頁。
11) 金容沃、『読気学説』、ソウル：トンナム、1990。
12) Joseph Needham, Science and Civilisation in China, Vol. 2 (Cambridge: Cambridge University Press, 1956), Author's note.
13) Joseph Needham, Clerks and Craftsmen in China and the West (Cambridge: Cambridge University Press, 1970). この本は、山田慶児によって日本語で訳された。ジョセフ・ニーダム著・山田慶児訳、『東と西の学者と工匠』、河出書房新社、1974。
14) ルイス・パイエンソン著・佐々木力訳、「科学と帝国主義」、『思想』No.779、岩波書店、1989、9-28頁。
15) 佐々木力、「文化帝国主義と近代科学技術」、蓮實重彦・山内昌之 編、『文明の衝突か、共存か』、東京大学出版会、1995、30-44頁。
16) Joseph Needham, Clerks and Craftsmen in China and the West, op. cit., p. 414.
17) クーンの「通約不可能性（incommensurability）」の概念については、Thomas S. Kuhn, The Structure of Scientific Revolutions (The University of Chicago Press, 1962) の Chap. 12.「革命の解決 (The Resolution of Revolutions)」を参照せよ。
18) トーマス・S・クーン、「解釈学的転回：自然科学と人間科学」、『現代思想10　科学論』、岩波書店、1994、97-108頁。
19) 佐々木力、『科学論入門』、岩波書店、1996、168頁。
20) 廣重徹、前掲書、316-7頁。

特集論考●学問史の世界　佐々木力と科学史・科学哲学

佐々木力教授と中国科学院大学

任定成　●中国科学院大学マルクス主義学院副院長
張欣怡　●中国科学院大学博士課程大学院生

李梁（弘前大学人文社会科学部教授）・陳力衛（成城大学経済学部教授）・韓氷（翻訳者）訳

　2012年5月、中国科学院院長白春礼の招聘に応じて、東京大学で30年間の長きにわたり教壇に立った佐々木力先生は、中国科学院外国専家特聘研究員に任命され、併せて、中国科学院研究生院（同年夏に中国科学院大学に改称）教授となり、9月1日に中国科学院大学人文学院に赴任、その後、その学院に、4年間、勤務された。

　2012年に65歳になられた佐々木先生は中国での外国人専家招聘年齢をすでに超えていたのであったが、人文学院執行院長の任定成と本校当局、および中国科学院国際合作局の努力のもと、特別の招聘が実現したのであった。

1．中国学界との連携の起源

　佐々木力教授は東西科学文化双方に関心をもち、さらにマルク主義思想を堅持していることが、彼の中国学術界招請の二つの重要な思想的要因であった。

　佐々木先生は東北大学での修学時代に数学から数学史への転換をなした。先生は1965年に東北大学理学部に入学、そこで純粋数学を専攻し、代数学の淡中忠郎教授、並びに微分幾何学の佐々木重夫教授らに師事した。1968年に世界的な青年運動が活発になされるにさいして、佐々木先生は当時の数学思潮に疑問を感じ始める一方、ヴェトナム戦争反対運動に真剣にかかわった。東北大学大学院理学研究科で数学の研究を続行したものの、次第に数学史研究への関心を強めていった。

　先生は1974年から東京大学で科学史・科学哲学を一時期研究したのだが、そこの研究者の勧めもあって、米国の大学院に留学しようと思い定めるにいたった。結局、1976年秋から、プリンストン大学大学院で科学史・科学哲学を専攻するようになった。プリンストンでは、科学史・科学哲学プログラムと歴史学科に所属した。恩師は、数学史のマイケル・S・マホーニィ（Michael S. Mahoney 1939～2008）、並びに科学史・科学哲学の世界的学者のトーマス・S・クーン（Thomas

任定成　Ren Dingcheng◎1955年、中国湖北省生まれ。北京大学哲学博士。北京大学科学与社会研究中心教授並びに主任、中国科学院大学人文学院教授並びに執行院長などを歴任し、現在は、中国科学院大学マルクス主義学院教授並びに副院長

張欣怡　Zhang Xinyi ◎ 1990年中国瀋陽生まれ。西安電子科技大学文学学士。中国科学院大学理学碩士、博士課程大学院生

●特集：学問史の世界　佐々木力と科学史・科学哲学

　S. Kuhn 1922～1996) らであった。近世数学思想をはじめ、広く科学史・科学哲学を学んだ。

　佐々木先生が学んだのは、とくに西洋文化における数学と数学哲学とであり、博士論文『デカルトの数学思想』[1]のほかに、彼の早期の論著は、大多数、西洋近現代の思想および科学発展に関するものであった。たとえば、デカルトの外にも、ニュートン（Isaac Newton 1642～1727）の科学思想、ヴィーコ（Giambattista Vico 1668～1744）の近代科学論、さらには、近代西洋におけるその他の人物と科学の歴史的背景、現代数学の形成などについて論じた。

　けれども、ひとりの東アジア人として、佐々木先生は、自らの研究の視野に東方をも収めるようになり、東アジアの科学文化、とりわけ数学文化を凝視するようになる。先生は一部の知的エネルギーを、東アジアにおいて科学文化が伝統から近代へと移行する過渡期に投入するようになった。日本が、先生がまず選定した研究目標であった。とくに、近代西洋化を追求した明治期の数学史[2-3]、および日本における西洋近代科学思想の受容という問題であった[4]。

　1994年から97年までの3年間、アラビア数学史の世界的権威として知られるラーシェド（Roshdi Rashed 1936年生）教授が、東京大学の科学史・科学哲学研究室に迎えられた。彼の啓発もあって、佐々木先生は非西洋科学史研究の重要性を改めて認識するようになった[5]。さらに一歩進んで、東西数学思想の比較を試み、将来、東アジアの科学がどのように発展すべきかを考えるようになった。

　佐々木先生は、古代ギリシャの公理論数学が懐疑主義思想と競争型社会において醸成された批判精神に起源をもつと考え、それに対して、中国の伝統数学が実用主義に基づき、算術計算中心であったと特徴づけた。が、両者は長短を併せもつ。前者は厳密な論証を強調し、後者は実用を重視する。同時に、アラビア世界は代数を創造したのであるが、中国の算木や算盤を使う道具数学とちがい、アラビア数学は筆算中心であった[6]。さらに、佐々木先生は、西洋の近代医学が自然科学に基づく医療を発展させた事実を認める一方で、少なくとも生態思想と医療実践において、中国の伝統的自然観と伝統科学が総合的整体観から、疾病の治療のため、よりよき補充をなすと主張した[7]。

　科学哲学において、佐々木先生は恩師クーンの科学観を学び、その数学史への拡張を企図した。その学問的プログラムは、プリンストン時代に始まる。佐々木先生は、マイケル・クロウ（Michael J. Crowe）の「数学史には革命は存在しない」という所見を反駁することから議論を始めた。佐々木先生の論点はクーンのかなりの賛同を得たという[8]。もうひとつ、彼はクーン科学論の非西洋科学への適用をも企図した。1998年の初めての訪中以降、クーン科学論を省みて、科学革命の含意と起源を広範に問い直し、ルーイス・パイエンソンの「科学帝国主義」をも取り込んで、クーン科学哲学の枢要概念の「通約不可能性」を再考して、ジョセフ・ニーダム（Joseph Needham 1900～1995）による「世界大の科学」の思想との統合をはかった。後年、ニーダムの中国科学技術史をクーンの科学哲学の考えを基軸にして組み込もうとする考えに成長することとなった[9]。2012年秋に、中国科学院大学の教授に就任するや、以上の思想は、「文化相関的科学哲学」（Intercultural Philosophy of Science）と名づけられ、明確なかたちが整えられることとなった。東西の数学思想と医学思想における差異を精査したうえ、彼は明確に「未来の科学哲学は多様な文化的伝統を勘案し」、基底的文化のパラダイムに公正であるべく再構築されなければならない[10]と唱道するようになった。

　佐々木先生はアカデミズム内であれ確固たる左翼学者である。こういった先生の思想傾向は

1960年代後半のヴェトナム反戦運動から始まった。若き佐々木先生は、数学が戦争に用いられることを憂慮し、そうして反戦活動家となった。これは後年、数学史に転じたもうひとつの理由ともなった。当時、仙台は国際的に著名なトロツキイ派の拠点であった。そういった思想的雰囲気の中において、佐々木先生の反戦の意思は高まり、マルクス主義者となり、社会主義思想をトロツキスト的観点から支持するようになった。大学時代にエンゲルスに関係したいくつかの論考を公表した。その後、マルクス主義理論への関心は、佐々木先生の学問思想における重要な一部分となった。ソ連邦解体の前後を問わず、彼は古典的マルクス主義を支持する多くの著書と論文を発表した。その内容は、マルクスとエンゲルスの原マルクス主義、それからトロツキイの永続革命論を基本的に支持する観点から書かれた。そうして中国共産党の創始人であり、中国におけるトロツキイ派の指導者になった陳獨秀の思想にまで触れるようになった[11,12,13,14]。

佐々木力教授と中国学者との直接の連携は、浙江大学の科学哲学者の盛暁明が東京大学に滞在した1994-96年にさらに深まった。この時期、盛暁明は客員研究員として東京大学で学び始めたのだが、相前後して、佐々木教授は、数名の中国人学生、たとえば趙建海や周程を正式の大学院生として指導し、さらに博士号を取得したばかりの数学史家の烏雲其其格をも受け入れ、中国人学徒とさらなる学問的交流を深めることとなった。

1998年秋、佐々木教授は盛暁明からの招待を受けて、浙江大学で講演を試み、「西欧の科学革命と東アジア」について広範に論じた。この講演テキストの日本語増訂版は『思想』に掲載された。それからのちに、教授はまた武漢にある華中師範大学で開催された「数学思想の伝播と変革：比較研究」と題する数学史についての国際学術シンポジウムに参加し、「三上義夫の生涯と業績」と題する講演をなした。最後に、教授は、北京大学科学と社会研究センターの孫小礼（1932年生）教授の招請に応じて、「トーマス・S・クーンと科学観の転回」について英語の講演を試みた。このときが、佐々木教授の最初の北京大学訪問の機会であった。

北京大学にはかねてより、科学哲学、科学史、科学と社会に関する研究の伝統が存在した。1917年に蔡元培（1868〜1940）が北京大学校長に就任するや、彼はたえず文理融合の理想を主張し、陳獨秀を編集長とする雑誌『新青年』と北京大学キャンパスを基地とする五四運動において、その理想は現実化した。『新青年』が鼓舞した新文化運動においては「賽先生」（Science 科学）と「徳先生」（Democracy 民主）という二つの旗幟が交差して輝き合い、中国の近代的民族精神に深い影響を残すこととなった。1920年代に、北京大学教授張君勱（1887〜1969）によって引き起こされた「科学と玄学」（玄学とは形而上学ないし哲学の意味）論争は、英国で闘わされた「二つの文化」についての論戦にくらべてみると、30数年も早かった。北京大学の科学教授たちは、早くも1920年代に、「科学概論」、「科学方法論」、「科学発達史」、「科学史」といった教科課程を開設した。そして1950年代から、物理学史と自然弁証法領域の大学院生を養成するようになった。1979年、北京大学は、各学院と学部から独立した自然弁証法と科学史研究室を創設した。1986年、この研究室はさらに2つの独立した機構、すなわち科学と社会研究センター（哲学系に直属）と自然科学史研究室（化学と分子工程学院に直属）に分かれた。孫小礼教授は科学と社会研究センターの初代主任となり、趙匡華（1932年生）は自然科学史研究室の主任となった。

北京大学科学と社会研究センターははじめ、孫小礼、龔育之（1929〜2007）、何祚庥（1927年生）、傅世侠（1933年生）、任定成の5教授を擁し、さらに王駿（1966年生）と任元彪（1959

●特集：学問史の世界　佐々木力と科学史・科学哲学

年生）という2人の青年学者と20余人の博士課程と修士課程の大学院生と訪問学者を抱えた。孫小礼教授は、北京大学数学力学系の卒業後、その大学に止まって教育に従事し、一貫して科学方法論、科学思想史、科学と社会研究にかかわった。数学史と数学哲学の方面において、ライプニッツ（Gottfried Wilhelm Leibniz 1646～1716）と中国の研究に対して、とくに力を注いだ。龔育之は中国科学技術哲学の開拓者のひとりであるが、清華大学化学系卒であり、新中国早期の科学政策とイデオロギー政策の策定の仕事に与した。32歳のとき、『自然科学発展法則に関するいくつかの問題』という著書を出版した。35歳のときには、他の5名の学者とともに、2時間にわたって毛沢東の前で、その哲学談義を聞いた。のちには中国共産党中央文献研究室副主任、中国共産党中央宣伝部副部長、中共中央党校副校長、中国共産党党史委員会常務副主任、中国自然弁証法研究会（自然哲学、科学哲学、技術哲学および科学と社会の学会）理事長、中国科学と科学技術政策研究会名誉理事長、中国共産党党史学会会長を歴任し、『鄧小平文選』の編集にも参与した。何祚庥は、中国科学院の院士であり、物理学者、哲学者であり、清華大学物理系の卒業である。傅世侠は北京大学心理学系を卒業し、主として創造力の研究に努めた。任定成は龔育之の学生であり、任教授と王駿講師（現在は教授）はそれぞれ北京大学科学と社会研究センターの主任と副主任であった。北京大学科学と社会研究センターは学問的雰囲気がすこぶる濃厚な研究施設で、学生らの研究範囲は、科学史、科学哲学、とりわけ科学と社会に関連した多くの領域をカバーしている。

　1998年秋にはじめて北京大学を訪問してから、佐々木教授は、孫小礼教授と任定成を相次いで東京大学における講演に招請した。孫教授は東大でライプニッツと中国の関係についての講演を行ない、講演原稿はのちに『思想』と佐々木が編集長を務める *Historia Scientiarum* に掲載された[15]。任定成も、その後に日本を訪問し、そうして *Historia Scientiarum* の最初の国際顧問編集委員のひとりとなった（1999～2013）。それから、2人の中国人大学院生の論文も当該誌に掲載された[16,17]。日本学術振興会の資金により、任定成は、東京大学、京都大学、日本大学、東北大学を訪問し、主として中国近現代科学と社会思潮の問題について講演した。この訪問は、任と佐々木教授の二人の恒常的学術交流の始まりとなった。この日本滞在期間中、佐々木教授は任を自宅に招いて、二人は、マルクス主義、陳獨秀思想、トロツキイ思想、東西科学文化の特質と行方などといった多くの話題についてかなり素直に議論を交わした。2003年、周程は東京大学から佐々木教授のもとで博士の学位を取得し、直後に北京大学で教鞭をとるようになった。周程は、現在は、北京大学医学人文研究院院長を務めている。1998年以後、佐々木教授はしばしば招請を受けて、中国の諸大学を訪問し、数多くの講演をなすようになった。北京に来るたびに、任と連絡を取り、二人のあいだの学問的交流はますます深まっていった。

2．中国科学院大学との関係

　以上のような学問的な縁もあり、加えて、東西における数学史および数学思想についての学問研究の深化、さらにクーン博士の科学観についての研究の進展と相まって、佐々木教授が2010年春に東京大学に定年退職を迎えるや、中国科学院研究生院での新教職についての話が進行し始めることとなる。

　任定成は、2010年に北京大学を離れ、中国科学院研究生院人文学院の執行院長に就任した。人文学院は、中国国内において学問的設備が設置された、もっとも学問的に完備し、かつ最大規模の

人文科学の研究機構であり、その歴史は1956年にさかのぼる。同年、于光遠（1915～2013）は、中国科学院哲学研究所において自然弁証法研究コースを創設した。このコースは中国最初の自然弁証法の専門研究課程となった。龔育之は、この組織の初期のメンバーであり、副リーダーを務めた。1977年12月には、この機構は2つの組織に分けられ、中国社会科学院哲学研究所自然弁証法研究室（のちに科学技術哲学研究室に改称）と中国科学技術大学研究生院（北京）自然弁証法研究室が生まれた。後者は、2002年に中国科学院研究生院人文学院に改称された。この学院は、科学技術哲学と科学技術考古学の2つの領域において層の厚い研究者を抱え、科学技術の伝播、技術、知的財産、科学技術政策などの分野でも一定の強みをもつようになった。科学技術哲学と科学技術史の2つの領域において博士課程やポストドクトラルの研修プログラムを設けた。ジャーナリズム、法律、行政管理の分野では修士課程ももった。任定成が執行院長在任中に、既存のティーチング・ユニットに基づいて調整をなし、哲学、歴史、ジャーナリズム、法律、行政管理、科学史、考古学の専攻を設立した。

クーンの科学哲学は、1960年代に中国本土に導入されて以来、国内の学者によって広く研究され、議論された[18]。中国科学院研究生院人文学院の胡新和（1955～2013）教授と中国社会科学院の金吾倫（1937～2018）研究員（教授）は、『科学革命の構造』第四版[19]の翻訳を作成した。その中国語訳は、『科学革命の構造』原著公刊から半世紀後の2012年暮れに出版された。クーンの『構造以来の道』[20]の中国語翻訳者の邱慧は人文学院の副教授であり、日本語版の翻訳者は、当然、佐々木教授であった[21]。数学史の分野で、佐々木教授との関係がより深いのは、中国科学院自然科学史研究所の劉鈍（1947年生）研究員と郭書春（1941年生）研究員であり、この研究所と中国科学院大学はともに中国科学院の下に設立された研究機構である。

任定成と佐々木教授との学術交流、およびクーン研究における人文学院と佐々木教授の共通の学問的理解によって、おのずと両者の協力関係は構築されていった。

2012年5月22日、佐々木教授は中国科学院の外国専家特聘研究員に任命され、中共中国科学院研究生院委員会の鄧勇（1958年生）書記長が教授に辞令を交付した。佐々木教授は、「科学史のマルクス主義的観点」と題する英語の記念講演をなし、多くの教員と院生が聴講した。人文学院はもともと外国との学術交流に積極的であるが、佐々木教授は外国人初の教授に就任したのであった。同年9月、教授は北京に赴任し、中国科学院大学科学技術史専攻（のちの歴史学系）での教育と研究生活を始めることになった。

中国科学院大学人文学院教授としての4年間、佐々木力教授は学期ごとに少なくともひとつの科目を教えた（一週間2コマ）。2科目を教授した学期もある。教授が担当した科目は、科学哲学、科学技術史、科学ラテン語、数学史の4つの主要なトピックをカバーした。クーンの元学生として、佐々木教授は手始めに「クーン的観点からの科学論」という授業を試みた。クーン教授の代表的な著書を講釈するだけでなく、教授自身の科学史に

写真1　2012年5月22日　佐々木教授辞令交付式

●特集：学問史の世界　佐々木力と科学史・科学哲学

関する研究成果をも盛り込み、2015年春学期に、この科目は「ニーダム、クーンと文化相関的科学哲学」に進化した。クーンの科学史・科学哲学だけでなく、ジョセフ・ニーダムの中国科学史研究の成果をも統合するようになったわけである。佐々木教授は、2014年夏にケンブリッジ大学ニーダム研究所にアカデミック・ヴィジターとして滞在し、そこで研究し、所員と学術交流している。その中には古代ギリシャ哲学と中国思想の両方に関心を寄せるロイド教授もいた。「世界数学史要論」という授業をも開講し、古代オリエント数学から始まり、古代ギリシャの数学を飛躍点として、アラビア数学、古代中国の伝統数学、専門分野の近世西洋数学、日本近世の和算、現代西洋数学まで、相異なる文化における数学思想の差異、東洋と西洋の数学の比較など広く議論を提供したので、大学院生たちの人気科目となった。数学史を専門とする佐々木教授にとっては当然であろう。外国語科目として、西洋科学の歴史に興味のある学生に提供された "Scientific Latin" を開講し、3年間連続して教えた。このラテン語の入門コースは、最初の一年には、James Morwood 著の *Latin Grammar* を教えてから、ニュートンの『自然哲学の数学的諸原理』のラテン語原典を教材として使った。教授のこの授業は院生たちに好評で、人文科学の院生に加えて、数学、物理学、生命科学の院生も含め、約20名の学生が授業を聴講した。二年目からは、中国語の教科書によってラテン語文法を教えてから、アルキメデスの『パラボラの求積』のラテン語訳の全テキストを数学的かつ語学的に細密に読解していった。最後の2016年春学期の科学ラテン語の履修院生は、50名を超えた。

多くの院生にとって、これらの授業は、科学とその発展についての理解と思考を広げることとなった。授業後にも、教授の人文学院オフィスで、さらに関連する話題について深く討論をかわす院生もいた。

佐々木教授はまた、中国科学院大学で、3回の講演もなした。初年度は、ちょうど人文学院創設10周年にあたり、教授は「トーマス・S・クーンと中国科学」を講演した。この講演の中で、教授は文化間を跨ぐ科学哲学を、クーン自身の「歴史的科学哲学」の延長上に提唱した。残りの2回は「明徳講堂」協賛の講座である。その明徳講堂の講座は人文学院が担当し、国内外の有名な学者を招聘し、教員や院生のための講演を行なうためのもので、2018年6月末までに合計499回の講演会を開催している。佐々木教授の2つの講演のタイトルは「東アジアにおける科学文明の未来」と「中日高等学問現状の私見」であり、前者はのちに三聯書店の月刊雑誌『読書』という月刊雑誌に掲載され、後者は、わが大学での最終講義としてなされた。

中国科学院大学に在職中、佐々木教授は、多くの国際学術交流にも参加した。2014年5月には、トルコのイスタンブルを訪問して地元の社会主義者と交流し、その後、スイスのルツェルン大学、チューリッヒ大学で講演を行なった。スイスの2大学での講演題目は、それぞれ「トーマス・S・クーンと文化相関的科学哲学・科学社会学」(Thomas S. Kuhn and Intercultural Philosophy and Sociology of Science)、「現代日本における

写真2　2012年12月9日　人文学院創設十周年大会での佐々木教授

高等教育の劣化：1991年以降の新自由主義体制下の東京大学」（Decaying Higher Education in Modern Japan: The University of Tokyo under Neo-Liberal Regime Since 1991）であった。彼はその後、バーゼル大学の「ベルヌリ‐オイラー・センター」を訪問し、それから英国に飛び、ケンブリッジ大学のニーダム研究所に滞在して、ケンブリッジ大学で学んだ菊地大麓（1855‐1917）のアーカイヴを半月間に渡って研究調査し、その史料に基づいて、2014年9月、京都大学数理解析研究所での数学史研究集会において、講演「菊地大麓と藤沢利喜太郎：海外でのアーカイヴ調査に基づく近代日本の数学の二つの原型」（Kikuchi Dairoku and Fujisawa Rikitarō: Two Archetypes of Modern Japanese Mathematicians, Based on Archival Researches in Their Alma Maters Abroad）を行なった。

　2014年末には、アルキメデスが活躍したシチリア島のシラクサを訪問し、ヴィーコが教授だったナポリ大学にも旅した。2015年初夏には、ゲッティンゲン大学で研究調査を試み、そしてハノーヴァーでは、佐々木教授が畏敬してやまないライプニッツの墓を詣でた。

3．学術活動と大学院生の育成

　中国科学院大学在任中、佐々木教授は、『自然弁証法通信』（自然辯証法通讯）の三期（2013‐2016）にわたる編集委員会の編輯委員に就任し、同誌に論考を発表した。同誌は科学哲学、科学史、科学社会学、科学文化研究に関する総合的理論誌であり、Science で卓越した学術出版物として言及されたことがある。

　4年のあいだに、佐々木教授は10本以上の学術論文を発表し、2冊の著作と1冊の訳書を出した（附録を参照）。参加した学術会議は十数回に上る。

　佐々木教授が中国科学院大学に赴任したときは、ちょうど東日本大震災一周年に当たったために、当初発表した論考は、震災、原子力と環境社会主義に関するものであった[22]。教授は以前から核問題に注目していたが、はじめは科学と政治という視角からであった。その後、日本の反核運動について広く考察するようになった[23]。そして2016年に至って、広範に、近代西欧の機械論的自然哲学、文化相関的科学哲学、東アジアにおける伝統的自然哲学および環境社会主義といった複数の視覚から、核エネルギーに反対するような自然哲学を系統的に論述するようになった。

　そのほか、8篇のエッセイは中国に関する内容であった。西漢の歴史家司馬遷を祭る廟や秦朝に作られた水利施設、都江堰への探訪と紹介、エコロジー的観点からの『荘子』における自然観についての考察、中国の数学者の劉徽と祖沖之の紹介、中国における仏教遺跡についての考察および達磨と鑑真和尚をめぐる検討、科学哲学の視点から中医学を理解する試み、三国時代の人物諸葛孔明への考察等々であった。

　2篇は、数学史関係の書評である。一篇は、日本の数学者建部賢弘の数学思想について、もう一篇は、アラビア数学史の研究についてだが、いずれも非西洋的数学史についての書物についての仕事である。

　ひとつの論考は、マルクス主義研究についてであり、エンゲルス『自然弁証法』の研究プログラムをめぐる考察である。その内容は、1997年刊の日本語の著作『マルクス主義科学論』の一部を修訂したものであるが、マルクスとエンゲルスの思想における「自然弁証法」の位置づけ、二人のヘーゲルとの関係と方法論、「弁証法」や「唯物論」の意味、『自然弁証法』の編纂をめぐる問題、

●特集：学問史の世界　佐々木力と科学史・科学哲学

およびエンゲルスの批判対象などのいくつかの側面から、マルクスとエンゲルスの本来の思想に立ち返ることを呼びかけている。そのほかに、現代マルクス主義に関するフランス語の一冊の監訳の仕事に携わっている。

　佐々木教授が中国で学術会議に参加し講演した内容は、すべて数学史関連であった。会議で行なった報告は、近世西欧数学の「機械化」をめぐる一篇（"The Royal Road to Mathematical Mechanization: Ramus's and Viète's Program of Mathematical Reform"）を除いて、すべて東アジア数学史に関するものであった。おもなものは、以下の通りである：日本における西洋数学の受容、古代中国数学史の人物と思想、伝統中国数学思想と古代ギリシャ数学思想の比較等々。

　科学哲学研究については、主要に、文化相関的科学哲学の視点を深めていった。その視点のもとで、佐々木先生は多元文化主義の角度から、西洋とは異なる数学と自然科学の知識を認識するために、中国―韓国―日本間の東アジア科学史と科学哲学の協力研究を提唱した[24]。とくに主要大学間で、研究グループのよき競争関係を構築することの必要性を訴えた。このことからもわかるように、佐々木教授の数学史研究の重心は、すでに西洋から東アジアへと移行したことが見てとれるであろう。

　佐々木教授は、任定成、陳天嘉講師と協力して２人の修士課程院生を指導した。２人の研究方向は、それぞれ中国清朝数学史と日本漢方医学史であった。修士論文のテーマ確定から最終的に書き上げる段階まで、佐々木教授は熱心に院生たちと討議し合い、関連研究をめぐる自らの注意事項を伝え、進むべき研究方向を示し、院生たちを導いた。２人のうち、徐光恵は、李善蘭の『則古昔斎算学』をふまえて、同書に見えるすべての数学術語を整理し、中国の伝統的術語と翻訳術語を区分して、語意学の角度から西洋数学術語の翻訳方法を分析した。さらに中華民国期およびその後に出版された数学術語事典に拠って、伝統的術語と翻訳術語との存続の状況を点検した。張欣怡は、明治維新前、「近世最後の漢方医学巨匠」と評された浅田宗伯の医療書『橘窓書影』を研究対象とし、医師や患者の呼び方や肩書きなどから、この書の編纂体例を分析し、医師と患者が治療の各段階で示す、病気に関する叙述と対応の内容や特徴を整理し、女性患者の治療の特徴や、医者が治療過程で示す力関係と制限事項、患者と医者双方の病因をめぐる叙述の細かい特徴などを明らかにした。日本における漢方医学の頂点をなす時期において、医者と患者がいかにコミュニケーションしつつ、治療過程を完成させていったのかを解明したわけである。これら２つの修士論文の主要な内容は、中国の重要な学術雑誌に発表された。

　現在これら２人は博士後期課程で研究をつづけている。徐光恵は、宋朝科学者集団の研究へと進み、中国の学科区分をふまえて、彼らの職業および科学成果を検討している。張欣怡は、研究対象分野を中国へと転じ、禁忌概念を切り口にして、たとえば、民国以前の中医学で、薬物配合時において見られてはならない現象を整理し、そこに含まれている文化的意味を研究している。

　佐々木教授は、任定成の指導した博士後期過程の院生羅棟とも、さまざまな交流をもった。数学哲学や、クーン評

写真３　佐々木教授（中央）と張欣怡（左）・徐光恵（右）、中国科学院大学玉泉路校区郭沫若彫像前にて

価などをめぐってよく討議した。現在、羅棟は華南理工大学で助理研究員を務めている。佐々木力の著書『東西方科学文化の架橋』中国語版の編集過程で、彼はそのうち３つの文章を中国語に翻訳した。すなわち、「数学における革命とは何か──トーマス・Ｓ・クーンの科学哲学的観点のもとでの数学的真理」、「数学の発見と証明における二つの原型」、「エウクレイデースの公理論数学と懐疑主義」である。同書は、佐々木教授が長年中国で行なってきた講演からなる内容からなっており、以上３つの論考と数学史・数学哲学関連の論文以外の６つの文章は、佐々木教授本人の学問的生涯、クーンの科学観についての理解の仕方、クーンの「歴史的科学哲学」の非西洋科学知識への拡張、中国伝統科学思想の発展、西欧の科学革命と東アジア、『数学史』自序などを含む。西洋数学史についての研究と非西洋科学史的思考から構成されている。同書は、任定成の主編する「本末文叢」の一冊として、北京の科学出版社から出版される予定である。

結びに代えて

2016年７月末、佐々木力教授は中国科学院大学を離れて日本に戻り、中部大学中部高等学術研究所の特任教授に就任し、今日にいたっている。しかしながら佐々木教授は依然として中国学術界と連携を保っている。同年12月には北京化工大学の張明国教授からの招請をうけて、北京化工大学科学技術哲学講座において、３回にわたって講演を行なった。それぞれ「文化相関的科学哲学」、「現代日本の科学史・技術史研究」と「現代日本のマルクス主義思潮」と題されている。中国科学院大学の玉泉路校区でも、「現代日本のマルクス主義思潮」についての講演を行なった。

佐々木教授による計画のもと、中部大学は、中国科学院大学の任定成、方暁陽教授、陳天嘉博士、佐々木教授の元院生の徐光恵と張欣怡を中部大学国際会議のために招請したのであったが、諸般の事情により、この日本訪問を果たすことができず、残念であった。2018年10月14日に、中国科学院大学は創立40周年の日を迎える。それと相前後して、中国科学院大学では一連の大学成立の祝賀活動が行なわれることになる。９月20-21日、中国科学院大学と中国科学技術史学会主催の「科学技術史学問の再出発」という学術シンポジウムが雁栖湖校区国際会議センターにおいて成功裏に開催され、国内外から数十の大学と研究機構から140余名の学者と80余名の大学院生が会議に参加した。９月22-23日の両日、中国科学院大学で『自然弁証法通訊』復刊40周年記念学術シンポジウムと編集委員会議が行なわれ、歴代の編集委員が一堂に会し、国家創新と発展戦略研究会会長の鄭必堅氏、ノーベル賞受賞者の楊振寧氏、院士の方新氏、『通訊』編集委員会名誉編集長の范岱年氏がスピーチを行なった。佐々木教授はちょうど中部大学国際会議準備のために多忙であり、教授を招請できなかったことが残念であった。

佐々木教授がいまだ中国科学院大学在任中、任定成は2016年４月にマルクス主義教学研究センターの主任に任じられ、教授が中国科学院大学を離れた一年足らずのあいだに、2017年４月より新たに設立されたマルクス主義学院の副院長に就任した。元人文学院歴史学系主任の方暁陽教授、陳天嘉博士、曹志紅博士、および哲学系主任孟建偉教授らも、続いて、マルクス主義学院に転任した。

私ども、中国科学院大学科学史・科学哲学、マルクス主義学院の同僚たちは、佐々木力教授と学術交流関係を保ち、さらに佐々木教授の学術生命力がいつまでも潑溂と続くように祈念してやまない。

●特集：学問史の世界　佐々木力と科学史・科学哲学

附録 佐々木力教授が中国科学院大学在任中に発表された論著一覧（刊行予定を含む）

1. 「東日本大震災と環境社会主義」．『社会民主』．2012．682：13-18
2. 佐佐木力著／李梁訳「恩格斯《自然辩证法》构思辨析——未完的研究课题」《自然辩证法通讯》．2013．4：108-119、128.
3. 评〈建部贤弘的数学思想〉．《自然科学史研究》．2013．4：541-547.
4. "Essay Review: D'al-Khwārizmī à Descartes," *Arabic Sciences and Philosophy*, 2013, 23：319-325.
5. 『東京大学学問論：学道の劣化』（作品社，2014）．
6. 东亚科学文明的未来．《读书》．2014,3：48-55.
7. ダニエル・ベンサイド 著／佐々木力 監訳／小原耕一・渡部實訳『時ならぬマルクス：批判的冒険の偉大さと逆境（十九-二十世紀）』（未来社，2015）．
8. 「死のテクノロジーから生のテクノロジーへ」．『アリーナ』．2015．18：488-490.
9. 「陝西省韓城の司馬遷祠を訪ねて 中国論・論中国・On China（1）」．『未来』．2015．579：8-17.
10. 「世界最古のエコロジー水利工学事蹟・都江堰 中国論・論中国・On China（2）」．『未来』．2015．580：10-19.
11. 「伝統中国数学の劉徽と祖冲之 中国論・論中国・On China（3）」．『未来』．2015．581：32-41.
12. 「古代中国の懐疑主義哲学：『荘子』「斉物論」篇の一解釈」．『思想』．2015．1098：25-49.
13. "没有卫生间的高级公寓"——原子能的隐忧．《读书》．2016．11：25-31.
14. 「中国仏教におけつ達磨と鑑真 中国論・論中国・On China（4）」．『未来』．2016．582：30-39.
15. 「内藤湖南と宋朝近世市民社会論 中国論・論中国・On China（5）」．『未来』．2016．583：32-41.
16. 「伝統中国医学を科学哲学的に正しく理解する 中国論・論中国・On China（6）」．『未来』．2016．584：33-42.
17. 『反原子力の自然哲学』（未來社，2016）．
18. 「三国志の英傑たち、とくに諸葛亮の事蹟を巡って 中国論・論中国・On China（7）」．『未来』．2016．585：32-41.
19. 「日中高等学問最新事情」．『アリーナ』．2016．19：529-541.
20. 《东西方科学文化的桥梁》．北京：科学出版社，待出版．

参考文献

(1) Chikara Sasaki, *Descartes's Mathematical Thought*. Dordrecht: Kluwer Academic Publishers, 2003. 日本語版：『デカルトの数学思想』（東京大学出版会，2003）．
(2) Sasaki Chikara, "The Adoption of Western Mathematics in Meiji Japan, 1853-1903". in Sasaki Chikara, Sugiura, Mitsuo and Joseph W. Dauben (eds.), *The Intersection of History and Mathematics*. Basel: Birkhäuser, 1994, pp. 165-186.
(3) 佐々木力「辰巳一文書の数学史的意義／明治数学史の重要な一章」．『数学セミナー』．1998．37（2）：2-5.
(4) 佐々木力『近代科学技術の思想史的意義とその日本への導入』（東京大学，1996）．
(5) 佐々木力「非西洋科学史研究の意義」．『学鐙』．1998．95（8）：26-29
(6) Chikara Sasaki, "Two Archetypes of Mathematical Discoveries and Demonstrations: Ancient Greece and Ancient China." Symposium 17 for the XXIII International Congress of History of Science and Technology. Hungary, Budapest, 2009/7/28-8/2.
(7) 佐佐木力「中国科学思想史上的三个关键时期」．中国科学技术大学演讲，2009/12/1.
(8) 范多拉齐斯基著／张小溪译〈反智识生涯：佐佐木力教授访谈录〉．《中国科技史杂志》．2016,1: 100-111.
(9) 佐々木力「西欧の科学革命と東アジア」．『思想』．1999,905：4-37.
(10) 佐佐木力〈托马斯·库恩和中国科学〉．中国科学院研究生院人文学院十周年院庆系列学术报告，2012/10/19.
(11) 佐々木力「中国トロツキズム運動と陳独秀」．『トロツキー研究』．2002．39：3-13.
(12) 佐々木力「吉野作造と陳独秀」．『みすず』．2002．493．13-25.
(13) 佐々木力「復権する陳独秀の後期思想」．『思想』．2002．939：98-115.
(14) 陳独秀著／佐々木力 訳「トロツキーへの手紙」．『トロツキー研究』．2002．39：92-99
(15) Xiaoli Sun, "A Wrong Statement about Leibniz and His Interpretation of Chinese I Ching Figure." *Historia Scientiarum*, 1999, 8（3）：239-247.
(16) Chen Shou, "Gu Yuxiu's Ideas of Science and Scientization in Context of Saving China." *Historia Scientiarum*, 2007, 17（2）：89-102.
(17) He Juan, "The Establishment of Chinese Terms for Chemical Elements: 1901-1932." *Historia Scientiarum*, 2007,16（3）: 275-293.
(18) 「三国志の英傑たち、とくに諸葛亮の事蹟を巡って 中国論・論中国・On China（7）」．『未来』．2016．585：32-41.
(19) 「日中高等学問最新事情」．『アリーナ』．2016．19：529-541.
(20) 托马斯·库恩《结构之后的路》．邱慧译．北京大学出版社，2012.
(21) トーマス・S・クーン著／佐々木力訳『構造以来の道：哲学論集 1970-1993』（みすず書房，2008）．
(22) 佐々木力「核の政治学——戦後科学技術史の原点としての原爆投下」．『科学』．1999,69（3）：190-198.
(23) 佐々木力＋飯田哲也「脱原子力運動の現在——高木仁三郎さんの没後」．『情況 第三期 変革のための総合誌』．2002, 3(1): 8-27
(24) 佐佐木力〈东亚科学文明的未来〉．《读书》．2014．3：48-55.

特集論考●学問史の世界　佐々木力と科学史・科学哲学

どのような物理学者が量子力学や相対性理論に〝反対〟したのか？
―1940年代におけるモスクワ国立大学物理学部教員の群像―

市川　浩　●広島大学大学院総合科学研究科教授

はじめに

　20世紀初頭における物理学の大変革、すなわち、相対性理論や量子力学の登場と普及は、旧い世代の物理学者には少なからず受け入れられず、各地でそれらに反発する声が起こった。もっとも有名なのが、ヨハネス・シュタルク（Johannes Stark，1874～1957）とフィリップ・レーナルト（Philipp Eduard Anton von Lenard，1862～1947）、ふたりのドイツ人ノーベル物理学賞受賞者（シュタルクは1919年、レーナルトは1905年に受賞）による相対性理論への論難であろう。彼らはその反ユダヤ思想の故にナチズムを熱烈に支持し、〝ユダヤ人物理学〟たる相対性理論へのその反感をほぼ終生変えなかった[1]。わが国においても、第一高等学校講師であった土井不曇（どい・うずみ，1895～1945）が相対性理論にたいする批判的見解を明らかにしている[2]。

　物理学における大変革の進行途上に誕生したソヴィエト連邦においても、エーテル学説の支持者、ニコライ・カステーリン（Николай Петрович Кастерин，1869～1947）や物理学者というよりも電気工学者であったヴラジーミル・ミトケーヴィチ（Владимир Фёдорович Миткевич，1872～1951）らが相対性理論や量子力学にたいして異を唱えた。しかし、ソ連の場合、特徴的であったのは、こうした世界史一般に見受けられた相対性理論や量子力学受容時の〝摩擦〟が、マルクス主義の自然観・世界観の確立への探究・模索と並行し、それらと交差しつつ進行したことであろう。1924年から1938年にかけて、『マルクス主義の旗のもとに（«Под знаменем марксизма»：ПЗМ）』誌などにおける量子力学・相対性理論批判には、1920年代哲学論争で「機械論派」を率いた哲学者、アルカジー・チミリャーゼフ（Аркадий Климентьевич Тимирязев，1880～1955，植物生理学者で、ダーウィン学説の紹介者のひとり、クリメント―Климент：1843～1920―の息子）や理系の教育を受けたマルクス主義哲学者、アレクサンドル・マクシーモフ（Александр Александрович Максимов，1891～1976）などが〝参戦〟することで、事態は複雑な様相を呈する[3]。

　しかし、この国の不可思議なところは、「誰にとっても用のない粒子の発見を楽しむブルジョア物理学者」[4]の営為が実を結んで原子爆弾が登場し、自国においてもその開発に成功した戦後になっ

いちかわ　ひろし◎1957年、京都市生まれ。専攻：科学＝技術史。主著：Hiroshi Ichikawa, *Soviet Science and Engineering in the Shadow of the Cold War*, Routledge, London and New York, 2018.

●特集：学問史の世界　佐々木力と科学史・科学哲学

ても、相対性理論や量子力学にたいするイデオロギー的な論難が継続（正確には再登場）していることであろう。1944～1945年、モスクワ国立大学物理学部を舞台に巻き起こった「ハイキン『力学』騒動」を前哨戦として、戦後「学問分野別討論」がはじまると、1947年11月13日には同じ物理学部で「愛国的・唯物論的物理学者」集団が旗揚げされ、1953年9月の、いわゆる「学生演説事件」で彼らがほぼ完全に沈黙を強いられるまで、こうした論難は、断続的であっても、続けられた(5)。

　本誌前号に寄せた拙稿(6)では、「愛国的・唯物論的物理学者」のひとりで、「ハイキン『力学』騒動」の〝仕掛け人〟であった理論物理学者、ヤーコヴ・テルレツキー（Яков Петрович Терлецкий, 1912～1993）を取り上げ、その哲学的論稿における批判の対象が、量子力学そのものではなく、「コペンハーゲン解釈」に限られていること、その文脈において、〝弁証法的唯物論〟という用語で彼が意味したのは単に自然科学における法則性・因果律にすぎないこと、すなわち、その〝哲学的〟言辞が彼の物理学的探究の〝外皮〟にすぎないことを示した。

　本稿では、彼以外の、一連の騒動の登場人物に光を当ててみたい。しかし、それなりの学術的業績をもち、教え子に恵まれたものでなければ、満足な伝記的資料は残らない。テルレツキーでぎりぎりのところであろう。ロシア、そしてソ連で最高の知的権威を輝かせた大学の教員とはいえ、多くが顧みられることのない、平凡な物理学者であった彼らのことを伝える資料はごくごく限られている。モスクワ国立大学物理学部には学部史記念室（Музей истории Физического факультета）が附設されている（物理学部本棟1階階段ホールの裏側にある）。そこに備えられたアーカイヴ（通常は「文書館」とするべきであるが、この場合はキャビネットひとつだけである）には、過去にこの学部に勤務した教員の多くに関するファイルが保管されている。ファイルの中身は、勲章の勲記を含む人事書類や主要な業績の抜刷などが比較的多いが、まったくまちまちである。テルレツキーのファイルには、経歴を記した「前書き（Предисловие）」を除くと、A4版大の肖像写真1枚だけが残されている。筆者は、同室の室長であったアレクサンドル・イリューシン教授（Александр Сергеевич Илюшин, 1943～：写真1）の好意で、2007年から2009年にかけて、何度かこうしたファイルを閲覧した。また、不足したものについては、同教授から電子メール添付で、データ化したものを提供していただくこともあった。ほとんどのファイルに附されている「前書き」はみな、無味乾燥で表面的な履歴書にすぎないものであるが、それらを通じて彼らの経歴の輪郭だけは知ることができる。また、物理学部では、過去在籍した教員のうち優れたものについては、《モスクワ国立大学物理学部の傑出した科学者たち（Выдающиеся учёные физического факультета МГУ）》というシリーズ名で小冊子を編集・刊行している。「愛国的・唯

写真1　モスクワ国立大学物理学部史記念室のホールでのイリューシン教授（筆者撮影）．

物論的物理学者」のなかでも、「傑出した」と思われる物理学者については、こうした企画に取り上げられることもあった。また、このグループの物理学者でも、優れたものが亡くなると各種の学術雑誌に追悼記事が載る場合もあった。

　どのような物理学者が量子力学や相対性理論に〝反対〟したのか？以下、上述の、1944年から1953年までの事件ごとに主要な、しかし日本の読者にはほとんど知られていない登場人物を挙げ、これらの資料によってその略歴を見てゆこう。

理論物理学教室主任選挙と6通の告発状（1944年）
—アナトリー・ヴラーソフとニコライ・アクーロフ—

　直接相対性理論や量子力学を論じたものではないが、戦後科学〝哲学〟論争に直結する事件として、ここではまず、1944年年初から春にかけてのふたつの事件、理論物理学教室主任選挙と全連邦共産党（ボリシェヴィキ）（以下、「党」とのみ記載）中央委員会へのモスクワ国立大学6教員の告発状について、経過をごく簡単に追っておこう。

　「科学アカデミー」[7]は現代史においては多くの国で名誉職機関となっているが、ソ連邦では、傘下に多くの先端的な学術研究機関を集めることで、一国の学術活動全般に圧倒的な影響力を発揮する、他の国にはない特有の機関となった[8]。他方、大学など高等教育機関はほぼ教育機能に特化し、大学の研究大学への発展は近年にいたるまで見られなかった[9]。科学アカデミーや省庁の研究機関の研究者が要請を受けて大学の教壇に立つ場合も多かったが、実態はわが国の非常勤講師と大差がないにもかかわらず、彼らは教授、准教授（доцент をこのように訳した。教授への昇格は当然視されるわけではないので、「講師」と訳すこともある）などの肩書を限定辞なしで与えられ、学部の学術会議（教授会に相当）への出席権・審議権を保有することも多かった。また、兼職教員には手当も支払われ、専任教員をかなり上回る所得をえる場合が多かった。1934年の科学アカデミーのモスクワ移転を契機とする有能な人材の科学アカデミーによるリクルート＝ヘッド・ハンティング、「大粛清」、なかんづく、マルクス主義科学論の基礎を築いた哲学者でもあった〝トロツキー派〟ボリス・ゲッセン（Борис Михайлович Гессен. 1893-1936：写真2）物理学部長の逮捕・銃殺の余波＝しこり、これらにより、同じ大学の教員であっても科学アカデミーを本職とする兼業教員とモスクワ国立大学専任教員との間に亀裂と確執が生まれていった。そして、戦争が始まると、科学アカデミーの諸研究機関はカザンその他で戦時研究などに盛んに取り組み、モスクワ国立大学は中央アジアのアシハバード、そしてスヴェルドロフスク（現、エカチェリンブルク）でもっぱら教育に携わる、という戦時疎開の基本方針が、この〝溝〟を決定的に拡大していった。ふたつの事件は、「大学系」教員の「アカデミー系」研究者にたいする憎悪が頂点に達するなかで生起した[9]。

　1944年はじめ、モスクワ国立大学物理学部では理論

写真2　ボリス・ゲッセン［世上流布している写真が不鮮明で、そのため、おそらく修正をほどこされたものであるため、あえてここで掲示しておく］．
出所：Народный комиссариат просвещения РСФРС, «Государственные университеты». Москва. Огиз-изогиз. 1934. C.113.

●特集：学問史の世界　佐々木力と科学史・科学哲学

理学教室主任の学部学術会議による選挙が実施された。「大学系」のアナトリー・ヴラーソフ（Анатолий Александрович Власов．1908～1975）は、14票をえて、現職の「アカデミー系」のイーゴリ・タム（Игорь Евгеньевич Тамм．1895～1971．1958年、ノーベル物理学賞受賞．ここでタムがえた票は5票にすぎない）を下し、理論物理学教室主任に選出された。14名の科学アカデミー会員が政府の高等教育担当者、セルゲイ・カスターノフ（Сергей Васильевич Кафтанов．1905～1978）宛の書簡でこの結果に異議を唱え、政府もこれを受け入れ、レニングラード国立大学教授ヴラジーミル・フォーク（Владимир Александрович Фок．1898-1974）を主任に直接任命し、ヴラーソフを排除した。しかし、翌年、政府は再審査の結果、選挙結果を認め、ヴラーソフが教室主任に復位する。ミハイル・レオントーヴィチ（Михаил Александрович Леонтович．1903～1981）はこれに抗議し、モスクワ国立大学の兼業教員職から去った。1946年、『実験・理論物理学誌』にヴィタリー・ギンズブルク（Виталий Лазаревич Гинзбург．1916～2009．2003年、ノーベル物理学賞受賞）、レフ・ランダウ（Лев Давидович Ландау．1908-1968．1962年、ノーベル物理学賞受賞）、レオントーヴィチ、フォーク連名の論文「A.A. ヴラーソフのプラズマ一般理論と個体理論に関する業績の無根拠性」を発表。これを受けて、大学の学術会議は1947年5月14日、ヴラーソフを主任から解任、再選挙を布告したが、後日、マックス・ボルン（Max Born．1882～1970．1954年、ノーベル物理学賞）がヴラーソフの仕事を肯定的に評価していることがわかると、この決定は取り消された[10]。

ちなみに、1946年のアカデミー会員4名の連名論文の段階で、学部長アレクサンドル・プレドヴォジーチェレフ（Александр Саввич Предводителев．1891～1973）はセルゲイ・コノベーエフスキー（Сергей Тихонович Конобеевский．1890～1970）と交替させられ[11]、以降、社会的・政治的発言は慎むようになった。彼は、分子物理学、とりわけ、熱理論、流体力学の分野で顕著な業績をあげ、1939年には科学アカデミー通信会員に選出され、アカデミーのエネルギー学研究所でも活躍した[12]。こうした業績の高さ故か、あるいは、学部長解任で「社会的な制裁はすでに受けた」と見なされたためか、「学生演説事件」後の無能教員弾劾の嵐のなかでもモスクワ国立大学教授の地位は終生失わなかった。

このめまぐるしい騒動の主役、ヴラーソフとはどんな人物であろうか。ボルンが評価したように、優れた研究をなしとげたヴラーソフは先述の《モスクワ国立大学物理学部の傑出した科学者たち》シリーズに取り上げられ、上下2冊の伝記がある[13]。

それによると、アナトリー・ヴラーソフは機関士の子。1938年、物質の第4の状態＝プラズマの理論的記述を可能にした運動方程式（ヴラーソフの方程式）を提案。そこから、プラズマにおける非減衰波（ファン・カンペン波）の確認が導かれた。イーゴリ・タムの教え子で、1931年モスクワ国立大学を卒業すると、理論物理学教室に入った。最初はスペクトル光線の幅に関する研究に従事。1934年、「中間的媒体を通した相互作用の量子力学的問題に寄せて」で博士候補号を取得。固体における電子の相互作用は媒体の役割を果たす弾性波（フォノン）の場を通じて記述できることを明らかにした。1938年、『実験・理論物理学誌』に「電子気体の振動特性について」を発表、プラズマにはボルツマン気体運動方程式は妥当しないこと、プラズマの荷電粒子間に働く集団的相互作用を考慮した新しい運動方程式が必要であること、プラズマは気体ではなく、遠隔作用によって結びつけられた、それ自身システムであることを明らかにした。1939年から1941年にかけて、学

位論文「電子気体の振動特性の理論とその応用」を執筆。1942年に学位が授与されている。戦時中はアシハバードに疎開。現地で量子力学を講義した。1944年、ソ連では権威のあった学術賞、ロモノーソフ賞第1席を受賞した。しかし、徹底して学究肌の人物であったらしく、社会生活の他の領域に関する発言などはまったく記録されていない。後述するハイキン『力学』の物理学部における検討にあたって、そのための「専門委員会」の一員とはなったものの、そこで積極的に発言した形跡もなければ、哲学的な論稿を発表するようなこともしていない。担当教科がずばり、「量子力学」であったため、一層の慎重さが必要であったのかもしれない。こうした寡黙な（慎重な）態度が功を奏してか、「学生演説事件」後の「愛国的・唯物論的物理学者」にたいする弾劾の嵐のなかでも、とくに問題とされることはなく、その実り多い研究生活を全うしている。

この理論物理学教室主任選挙とほぼ同時、1944年1～3月のある日、モスクワ国立大学の6名の教授・准教授から党中央委員会書記・モスクワ州委員会第一書記のアレクサンドル・シチェルバコーフ（Александр Сергеевич Щербаков．1901～1945）のもとに6通の告発状が届けられた。告発者は、モスクワ国立大学物理学部長プレドヴォジーチェレフ、ニコライ・アクーロフ（Николай Сергеевич Акулов．1900～1976）、チミリャーゼフの各教授、ヴァシーリー・ノズドリョフ（Василий Фёдорович Ноздрёв．1913～1995）准教授、化学部のニコライ・ゼリンスキー（Николай Дмитриевич Зелинский．1861～1953）、ニコライ・コボゼフ（Николай Иванович Кобозев．1903～1974）両教授の6名であった。他方、告発された科学者は、科学アカデミー・物理化学研究所所長アレクサンドル・フルームキン（Александр Наумович Фрумкин．1895～1976）、同化学物理研究所所長ニコライ・セミョーノフ（Николай Николаевич Семёнов．1896～1986．1956年、ノーベル化学賞受賞．モスクワ国立大学化学部教授兼任）の2名を除くと、レオニード・マンデリシュタム（Леонид Исаакович Мандельштам．1879～1944）、グリゴリー・ランズベルク（Григорий Самуилович Ландсберг．1890～1957）、タムら、同じ物理学部の〝同僚〟たちであった。総括的な告発はプレドヴォジーチェレフが準備した。その主要な内容は、〝カースト的閉鎖性〟に満ち、学術上のポスト、研究室面積や学術雑誌の編集などの〝独占〟を目論む特定の科学者グループ（マンデリシュタム、タム、ランズベルクら）の告発であった[14]。

告発者のうち、ゼリンスキーは、有機化学、とくに触媒理論の研究で顕著な業績を有し、科学アカデミー正会員に選ばれた（1929年）ほか、レーニン勲章まで授与されている。当時すでにたいへんな高齢であった彼は、告発状のなかで、化学者フルームキンとセミョーノフの外国人科学者と結託した業績のつくり方を批判している[15]。やはり、化学者のコボゼフは、フルームキンのオリジナリティーのなさ、外国の業績を剽窃する巧みさを指摘し、「このような、A.N. フルームキンが醸成した科学の複製は日本にはあっても、偉大なソヴィエト連邦にはない」と吐き捨てている[16]。ゼリンスキー、コボゼフ、彼らは物理学者ではなく化学者であり、またとくに哲学的、あるいはイデオロギー的な言説を吐いたわけでもないので、ここではこれ以上扱わないことにしたい。

チミリャーゼフは、相対性理論、量子力学のソ連への導入に大きな役割を果たしたマンデリシュタムやタム（ギムナジウムでゲッセンの同級生であった）が〝人民の敵〟ゲッセンを支持していたことを取り上げた[17]。ノズドリョフは、反ユダヤ感情を露骨に表し、モスクワ国立大学物理学部の学生におけるユダヤ人の比率が急速に高まっていること（ユダヤ人学生の対ロシア人比は1936年の50％から1941年には74％に、1942年には、ついに98％に達した）に憤慨した。また、学生

●特集：学問史の世界　佐々木力と科学史・科学哲学

の平均90％が労働者・農民の出身ではなく、裕福な職員・インテリゲンツィア層出身であるという階級構成の〝異常さ〟に警告を鳴らした[18]。

　告発のなかでは、アクーロフのセミョーノフにたいする敵意の強さ、攻撃の執拗さが目につく[19]。彼は、この告発を含め、セミョーノフ告発の書簡を何通か党中央に送りつけているが、そのうち、もっとも体系的なセミョーノフ告発と思える書簡[20]をとってみると、その論点は①学術上のポスト、学術雑誌紙面の〝独占〟、②化学連鎖反応理論確立の過程で、自分が剽窃したロシア人科学者ニコライ・シーロフ（Николай Александрович Шилов. 1872〜1930）の名前をあえて糊塗するために、ドイツ人であるエルンスト・ボーデンシュタイン（Ernst August Max Bodenstein. 1871〜1942）に迎合して、彼との間に相互宣伝の協力関係を築いたこと、③データを理論にあわせて捏造したこと、④そのためもあって、理論が実践に結びつかず、現場に混乱をもたらし、かつ、必要な援助もあたえなかった、というものであった。こうした書簡を送りつけられた党機関は、論争整理のための委員会を組織し、両者の言い分を聞いた上で、具体的にアクーロフの告発を否定し、セミョーノフを擁護する結論を出している[21]。

　ソ連最初のノーベル賞受賞者に容赦のない攻撃を加えたアクーロフとは、どのような物理学者であったのであろうか。彼もまた、《モスクワ国立大学物理学部の傑出した科学者たち》シリーズに取り上げられている[22]。それによると、彼は、強磁性体の歪みをもった磁化と結びついた一連の現象が、自発磁化現象をもたらす交換力によってではなく、電子スピンと電子軌道の磁気モメント間の磁気相互作用によって規定されることを明らかにしたことで知られた。異方性の物理学的原理は電子相互間の磁気相互作用によって説明されるとした。1930年、ドイツのカイザー・ヴィルヘルム協会の賞を受賞し、それを機にドイツに留学し、ケーニヒスベルクのR. ハンス（詳細不明．ロシア語の表記をそのままカタカナ表記した）、ライプツィヒのヴェルナー・ハイゼンベルク（Werner Karl Heisenberg. 1901〜1976. 1932年、ノーベル物理学賞）のもとで学んだ。1932年、ロックフェラー賞受賞。1929~1930年、ニジニー＝ノヴゴロド国立大学准教授。1931年、モスクワ国立大学に磁気教室ができると、その教授に任命された。戦時研究ともなる磁気探傷機開発にも従事した。1941から43年、アシハバードに疎開。1930年代末から化学反応の数学的記述に関心をもち、1943年には化学反応論に関する研究を発表、相転移の動力学に関する基本的な方程式を提案した。このころ、文献研究によって、化学反応速度論の連鎖反応理論がドイツ人ボーデンシュタインではなく、ロシア人シーロフによってすでに1905年に発見されていたことをつきとめた、とされる。そして、ニコライ・セミョーノフがシーロフの業績に口をつぐみ、ボーデンシュタインと相互宣伝の協力関係を築いたとして、猛烈なセミョーノフ批判＝攻撃に出たのはすでに述べたところである。アクーロフは、「学生演説事件」のあと、審査の対象となり、1954年8月5日付党中央委員会布告「モスクワ国立大学における物理学要員の養成の改善に関する諸方策について」により、モスクワ国立大学から追放され、2ヶ月の失業状態ののち、モスクワ物理工学専門学校（核兵器・原子力関連施設に働く要員を養成した）に転じたものの、そこで理論物理学教室をリードしていたランダウがセミョーノフを支持していたことから居づらくなり、翌1955年にはモスクワ化学機械専門学校の物理学教室主任に転じている。そして、1956年、セミョーノフがノーベル化学賞を授与されるに及んで、そのセミョーノフ批判はようやく鳴りを潜めることとなった。

　モスクワ国立大学物理学部史記念室の室長、イリューシン教授によると、アクーロフとセミョー

ノフの住居は相互にかなり近いところにあったという。個人的な確執があったのかもしれない。

ハイキン『力学』をめぐる騒動―ヴラジーミル・カルチャーギン、エフライム・レイフルゥデリ、サムソン・グヴォズドヴェル、そして、フョードル・コロリョフ―

　セミョーン・ハイキン（Семён Эмануилович Хайкин，1901〜1968）教授が執筆した教科書『力学（«Механика»）』は1940年に刊行されたものの、独ソ戦酣になるにつれて継続出版が困難となり、戦況が大きく好転した1944年になって再刊が計画されるようになった。再刊に備え、ハイキンは新たに第二版を準備したが、この草稿を検討した物理学部一般物理学教室（比較的低学年の学生に物理学の基礎を教える教員単位、なお、Кафедраを「教室」と訳したが、「講座」と訳される場合もある）では、この草稿の内容に弁証法的唯物論の観点からする欠陥を論い、激しく批判する声が多かった。これが、物理学をめぐる戦後の哲学論争の前哨戦となった「ハイキン『力学』事件」である。口火を切り、おもに発言したのは理論物理学教室からこの討論に参加したテルレツキーであったが、ヴラジーミル・カルチャーギン（Владимир Александрович Карчагин，1887〜1948）教授、エフライム・レイフルゥデリ（Эфраим Менделевич Рейхрудель，1899〜1992）教授、サムソン・グヴォズドヴェル（Самсон Давидович Гвоздвер，1907〜1967）教授といった党員教員も声を合わせた[23]。

　カルチャーギンは、筆者がその苗字を誤って記録していたために、物理学部史記念室のアーカイヴなどにおける資料調査から漏れてしまい、「モスクワ大学年代記」と題するサイト[24]からえられる情報が筆者の知るすべてとなっている。それによると、専門は「レントゲン構造解析」で、もともとレントゲン学関係の教室にいたが、戦時疎開に際して一般物理学教室に移り、その主任を努めている。前稿にも書いたように、ハイキン『力学』第2版については、当初物理学部党組織として、1945年1月19日のビューロー（初級党組織の指導部）会議で議題とするはずであったが、カルチャーギンの報告準備が未了であるとのことで延期され、改めてテルレツキーらも加わった委員会に党員集会決議案草稿づくりが委任されている[25]。このエピソードは、カルチャーギンに哲学的素養が欠けていて、この問題での「報告準備」がその手に余ったことを意味しているとも考えられる。あるいは、没年から考えると、「ハイキン『力学』騒動」の時点ですでに体調を崩していたのかもしれない。いずれにせよ、彼が特段の〝哲学的〟コメントを残した様子はない。

　レイフルゥデリは十月革命後の内戦の参加者で、そのため1926年になって物理・数学部を卒業している。1940年になって博士号を授与され、1942年、電子論教室の教授となっている。一般物理学教室には、この段階ではおそらく兼職教員として参画していたのであろう。正式に同教室に移籍するのは1956年になってからである。戦後、大気圏高層の構造解明、低圧における振動電子のふるまいの研究とその応用などに取り組んだ。かなりの長寿であったが、その死まで大学に在籍し、研究・教育を続けた。そのアーカイヴ資料の「前書き」には、哲学・イデオロギー活動について特段の言及はない[26]。

　グヴォズドヴェルの父ダヴィード・ラーザレヴィチ―Давид Лазаревич―はミュンヘン高等工業専門学校卒の当時第一級の高級技術者であった。サムソンは飛び級を重ね、1922年にモスクワ国立大学物理・数学部に入学、27年に卒業した。電子論で高名であったニコライ・カプツォフ（Николай Александрович Капцов，1883〜1966）に師事。専門は電波・真空技術。1935年、論文なしで博士候補となり、1939年、「低圧放電における電子の運動」で博士号。1941~1943年、ア

●特集：学問史の世界　佐々木力と科学史・科学哲学

シハバードに疎開。疎開中、1942年に入党。1943年にモスクワに帰還した後は、超高周波帯電波の研究、レーダー分野の専門家養成に尽力した。電波物理学・電子工学の振興を主導し、ヴォロネジ国立大学、ロストフ国立大学、モスクワ国立師範学校（「教育大学」と訳すこともできるが、大学とは就学年数に違いがあり、ここでは「師範学校」としておいた）の最上級生をモスクワ国立大学3年次生に編入する制度づくりに奔走。1947年、超高周波教室主任。1958年には、新設の量子電波物理学教室の主任となった。常磁性体結晶、フェライト、半導体を基礎とした固体増幅装置の研究、核磁気共鳴、ソ連初のルビー・レザー、ヘリウム＝ネオン・レーザー開発に従事。1967、現職のまま死去[27]。生涯哲学問題に関連した発言をした痕跡はない。

入党したばかりの、若い准教授、フョードル・コロリョフ（Фёдор Андреевич Королёв．1909～1979）は、のち「学問分野別討論」キャンペーンが発動されると、ハイキン批判の大論文を執筆し、当時（現在も）、物理学界に大きな影響力をもつ雑誌、『物理科学の成果』に投稿した。そのなかで、コロリョフは「この観点〔社会的・政治的な学問の講義をあまり聞いていない1年次生に与える教科書として、・・・市川〕から、初級課程の学生用教科書にはマルクス・レーニン主義の諸問題における首尾一貫した態度が特に要求されなければならないのである。全連邦農業科学アカデミー総会の結果は、マルクス・レーニン主義に有害なブルジョア・イデオロギーをソヴィエトの科学者の世界に浸透させようとすることがどのような有害な結果をもたらすかを、明瞭にしめしたものである。ブルジョア・イデオロギーに屈して、この学者は外国の科学の前に膝を屈するのみならず、ブルジョア科学者の後塵を拝して、専門的科学の歪曲、ブルジョア・イデオロギーの観念論的諸命題への適応の道に立とうとしている。こうした科学者は、科学を歪曲し、社会主義建設の実践から科学を切り離し、科学を形式主義の泥沼に入れようとする。先進的なミチューリン学説にたいするメンデル＝モルガン一派の闘争はこの命題を一目瞭然に確認するものである。マルクス主義とは異質のイデオロギーの浸透は、生物諸科学に限ったことではなく、他の諸科学、特に物理学のなかでも見受けられることである。…」[28]としたが、本論部分では、自然の諸法則が人間の認識活動に先行しているとの命題を〝金科玉条〟に、ハイキンの〝不用意な〟用語法、すなわち、「確認」、「確定」、「命題」とも訳される утверждение（ウトヴェルジジェーニエ）や「経験」とも「実験」とも訳される опыт（オーピト）など、主観／客観が判然としない（とコロリョフが見なす）用語法といった、まさに片言隻語をとらえた牽強付会による「観念論」のレッテル貼りだけが展開されており、その水準は著しく低い。それでも、この論文は『物理科学の成果』誌で、セルゲイ・スヴォーロフ（Сергей Георгиевич Суворов．1902～1994．当時、党中央委員会科学課長）と R. Ya. シュテイトマン（Р.Я. Штейтман．詳細不明）の共著論文「力学の基礎の首尾一貫した唯物論的解釈のために」とともに、特集「S.E. ハイキンの著書『力学』の検討に寄せて」を構成し、読者にある種の権威をもって〝学習〟を迫った[29]。

けじめとしてハイキンは〝自己批判〟（「わたしの教科書『力学』の方法論的誤りについて」）を『物理諸科学の成果』編集部への手紙のかたちで明らかにする。しかし、自己批判であるはずのこの文章のなかで、ハイキンはレーニンの『哲学ノート』から丹念に引用しつつ、「コロリョフは外的世界の客観的な法則性、『永遠に運動し、発展する自然の統一的な法則性』と物理学的諸法則、つまり、われわれの意識における、この統一的な法則性の、条件付の、近似的な反映とを混同している。…自然の諸法則、それは、われわれの意識からは独立した、外的世界の客観的な法則性であるが、ニュートンの諸法則は、われわれの意識における自然の法則性の近似的な反映である。…もし人間がいな

ければ、自然の法則は存在しても、近似的に客観的な法則性を反映し、ニュートンの法則とわれわれが呼ぶ諸命題は存在しえないであろう、…」[30]とコロリョフに反論を試みている。

　では、件の論文を草したコロリョフとはどのような人物であろうか。彼は貧農の息子で、1926年に学校（10年一貫の義務教育課程を担う）を卒業すると、鉄道の雑役夫となり、1928年からは「トリョフゴールィ＝マニュファクチュア」の紡績工場で働き、1930年にモスクワ通信技師専門学校に入学、そこで優れた成績を挙げ、翌年にはモスクワ国立大学物理学部に転入し、1935年に卒業。大学院ではレオントーヴィチに師事し、1939年、論文「デプラーの方法（光学的方法）による超音波音域の研究とその液体・気体への吸収度の測定への応用」で博士候補号をえて、大物理学者、セルゲイ・ヴァヴィーロフ（Сергей Иванович Вавилов. 1891〜1951）の影響のもと、光学研究に進む。1938から1941年、『ソヴィエト大百科事典』編集者、1942年にはモスクワ国立大学准教授となり、1940年にレオントーヴィチが創設しながら戦時疎開などのため機能していなかった光学教室を復興し、主任職務取扱、1946年からその主任（1979年の死の前年まで）。戦時研究とのつながりで、定向爆発に関する研究もおこない、1946年には共同研究者N.L.カラショフ（Н.Л. Карасёв. 詳細不明）とともに「定向爆発研究のための方法と装置の開発」の業績により、スターリン賞第3席を授与されている。多層干渉システムの理論的・実験的研究に取り組んだが、その研究は、高反射性誘電体反射鏡、干渉濾光器の開発につながった．スペクトル光線のアイソトープ、超細微構造に対する高い解像力をもった分光光度測定法の研究、レーザーの開発、レーザー光の特性の研究の可能性を切り開いたものであった。戦後は科学アカデミー・物理学研究所のシンクロトロンを使って光子の研究に従事。ソ連で初めて、電子のうえに光子のコンプトン散乱、およびその結果としての光子のガンマ量子への変化を確認した。この研究により、アルセニー・ソコロフ（Арсений Александрович Соколов. 1910〜1986）、I.M.テルノヴィ（И.М. Терновый：詳細不明）、O.F.クリコフ（О.Ф. Куликов：詳細不明）とともにロモノーソフ賞第1席を獲得した。1944年、戦時入党キャンペーンに応じて入党。1959年に教授に昇格。1970年には、「ロシア社会主義連邦ソヴィエト共和国功労科学技術者」に叙せられた[31]。

　件の論文は、コロリョフが生涯ほぼただ一度書いた〝哲学的〟論稿であった。イリューシン教授によれば、この論文執筆は、余儀なくされた〝一種の政治的密告〟であったとも考えられるそうだ[32]。周囲の同時代人にはそのことがわかっていたのか、「学生演説事件」後の審査から逃れ、死の前年まで教授職を保持している。

「全連邦物理学会議（1949年）」準備会議、そして、ヴァシーリー・ノズドリョフ

　ルイセンコ派が勝利し、ソヴィエト生物学に壊滅的ともいえる打撃を与えた、悪名高いV.I.レーニン名称全連邦農業科学アカデミー・8月総会（1948年）のあと、党中央委員会は「物理学における観念論との闘い」、「コスモポリタニズム、対外拝跪主義との闘い」を課題とする会議招集をもとめる指示を書記局名で出した。これを受けて、高等教育相セルゲイ・カフターノフと科学アカデミー総裁セルゲイ・ヴァヴィーロフは12月3日付連名書簡で、広範囲の物理学者に大規模な会議開催を呼びかけた[33]。ただちに、有力な科学行政家、アレクサンドル・トプチエフ（Александр Васильевич Топчиев. 1907〜1962. 1949~1959、科学アカデミー主任学術書記、その後副総裁）を長とする組織委員会が結成され、翌年3月7日までに計42回、準備会議をもった[34]。準備会議では、

●特集：学問史の世界　佐々木力と科学史・科学哲学

とくにその初期、マクシーモフ、チミリャーゼフ、ノズドリョフらが、タム、ランダウ、レオントーヴィチ、ギンズブルグ、フォーク、ヤーコヴ・フレンケリ（Яков Ильич Френкель. 1894～1952）、エフゲニー・リフシッツ（Евгений Михайлович Лифшиц. 1915～1985）らをその物理学的〝観念論〟の故を以て激しく攻撃した(35)。この準備会議の推移は、現代ロシアの代表的な科学史家、ヴラジーミル・ヴィズギン（Владимир Павлович Визгин）、さらにアメリカの著名な科学史家イーザン・ポロック（Ethan Pollock）によって詳しく分析されているが、ここで、筆者なりに、現代物理学批判派の主張の論理構成を辿ってみると、先にコロリョフの論文から引用した文章に典型的にみられるように、かれらは、大筋で、(1) 例外を除いて、外国人物理学者はブルジョア出身の観念論者である、(2) かれらによって発見された物理学上の知見の背景をなす自然観、世界観は、それゆえ、ブルジョア観念論に汚染されている、(3) 故に、そのような外国生まれの物理学を無批判にソ連の大学で講じたり、研究開発に応用したりすることは赦されない、といった〝三段論法〟に立っていたととらえることができよう。むしろ、相対性理論、量子力学の科学的内容そのものが直接俎上に載せられることは少なかった。準備会議における主要な論点は早期に「コスモポリタニズム、対外拝跪主義との闘い」に移ってゆくが、それは、「愛国的・唯物論的物理学者」たちの哲学的素養の欠如、〝援軍〟であるはずのマクシーモフの議論の説得力のなさにより余儀なくされた、一種の〝逃げ〟であった、というだけでなく、こうした現代物理学批判の論理に内包されていた必然とも考えられよう。ヴィズギンによれば、若い物理学者、モイセイ・マルコフ（Моисей Александрович Марков. 1908～1994）の論文「物理学的知識の本質について」が量子力学の弁証法的唯物論による把握にかなりの程度成功するなど、現代物理学者たちの哲学的探求が進んだことが背景にあった(36)、ということになり、またポロックによれば、カフターノフがアインシュタインを大作家、レフ・トルストイ（Лев Николаевич Толстой. 1828-1910）に例えて、本人の思想と作品（科学研究）の内容とを区別する必要を説いた中間発言が大きく流れを変えた(37)、ということになる。いずれにせよ、その激しい言葉遣いにもかかわらず、哲学者、「愛国的・唯物論的物理学者」の相対性理論、量子力学にたいする哲学的批判はほとんど未展開に終わった。1949年3月7日の準備会議でのノズドリョフの発言が「愛国的・唯物論的物理学者」集団最後の発言の機会となった。カフターノフは唐突に、（全員）「ソヴィエト物理学の発展のために努力せよ」と一般的・抽象的な激励で会議を結んだ。最後の準備会議が3月16日に開催されたあと、21日に予定されていた「全連邦物理学会議」本会議は準備不足を理由に5月10日まで延期されたが、その5月10日にも開催されず、結局、この会議は開かれなかった(38)。

いかなる〝哲学的〟著作も残していないが、その強烈な旧上・中流階級への敵意と反ユダヤ主義が際立った個性、党の重要な活動家にして、「愛国的・唯物論的物理学者」たちを扇動したヴァシーリー・ノズドリョフ（写真3）とはどのような人物であったのであろうか。キー・パーソンでありながら、その経歴などを示す資料はきわめて少ない。モスクワ国立大

写真3　戦時のノズドリョフ［モスクワ国立大学物理学部史記念室の展示物を筆者接写］.

学物理学部史記念室のアーカイヴに保管されている資料の「前書き」は、A4版1枚にも満たない。インターネット情報も合わせて、その経歴を辿ると以下のようになる。彼は1913年に貧しい農村で生まれ、雑誌『貧農（«Беднота»）』の「農村通信員（Сельский корреспондент: Селькор）」[39] を経て、モスクワ国立大学の「労働者予備学部」[40] に入り、1937年にモスクワ国立大学物理学部を卒業した。専門は分子物理学、分子音響学。熱力学を応用した液体の音響学的特性の観測方法の研究、さまざまな温度、圧力における物質の凝結の熱力学的特性の研究に従事した。巨費を投ぜずしても、着実に実験研究ができる研究分野を選択したことに助けられて、かれは生涯200報を超える〝論文〟（その内実は実験レポートとも言うべきものであろう）を著した。1941年博士候補。第2次世界大戦に志願兵として参加。1950年に、「有機液体、および、その凝縮・過熱蒸気における超音波拡散の研究」で博士号をえて、1953年に教授となった[41]。1943〜1945年、大学党組織の最高責任者＝大学党委員会書記として辣腕を振るい、その立場から1944年にはじまる党中央への一連の告発、「ハイキン『力学』事件」などに主導的に関与した。そして、「ハイキン『力学』事件」の芳しくからざる仕置きのゆえに、1946年、彼は党のモスクワ市委員の職を解任されている[42]。当然、「学生演説事件」後の「愛国的・唯物論的物理学者」弾劾の嵐のなかで、その一番の対象となり、1954年8月、政府により解任され、モスクワを遠く離れたマリ自治共和国（現、ロシア連邦内マリ＝エル共和国）の首都、ヨシカル＝オラにあった N.K. クループスカヤ名称マリ国立師範学校（Марийский государственный педагогический институт им. Н.К. Крупской）の副校長に（ことばの真正な意味で）左遷された（1960年には校長に昇格。そのころからいくつかの勲章や栄誉を与えられている。時期不詳ながら、のちにモスクワの師範学校に転任したようである）[43]。彼は義務教育課程在学中から詩作を発表していた詩人でもあり、彼のひときわだった愛国心（その裏面の反ユダヤ主義）は詩作を通じても広く知られていた[44]。1972年には、詩論集『抒情詩、風刺詩、ユーモア』を出版している[45]。イラショナルでパセティックな、そしてエクセントリックなこの人物にとって、最大の不幸は、長命を保ったがゆえに、愛してやまなかったソヴィエト連邦の崩壊と献身の限りを尽くしたソ連共産党の解散を見届けてしまったことであろう。1995年、モスクワで永眠した[46]。

むすびにかえて

「このとき〔第2次世界大戦後…市川〕ソヴィエトにおける知的生活ははるかに厳しいイデオロギー的な環境に曝され、量子力学の解釈の問題が政治的・イデオロギー的な駆け引きの一部となったのである。1948年から1951年のあいだ、物理学は大いに政治化され、『反動的アインシュタイン主義』に反対するキャンペーンもあったが、このときでさえも、たいていそれは正しい物理学の哲学とは何かという問題であった」[47]。20世紀物理学史に関する浩瀚な著作を著したヘリガ・カーオ（Helga Kragh）はこう述べて、ソ連において物理学が生物学のような壊滅的なダメージ（言うまでもなく、ルイセンコ派の覇権による）を受けなかったことを僥倖としているが、しかし、そもそも、（マルクス主義の観点から見て）「正しい物理学の哲学とは何か」といふ問題が物理学者の間で広範、かつ真摯に追究されていたのだろうか。本稿の題名は、「どのような物理学者が量子力学や相対性理論に〝反対〟したのか？」というものであるが、ここで取り上げた物理学者のうち、〝哲学的〟論稿を発表したのは、コロリョフひとりにすぎない。それとて、「科学的認識過程にたいす

るひどく単純化された見方を擁護」[48]する類のものにすぎず、むしろ、その論敵となったハイキンの〝自己批判〟文のほうが、レーニンの原典を引用しつつ、より唯物論の認識論に沿った議論を展開していたのである。それに、コロリョフ論文は、〝慎重にも〟と言うべきか、量子力学や相対性理論そのものを排斥することは避けている。要は、少なくとも文章記録のレベルでは、ここに登場した物理学者はだれも、相対性理論にも量子力学にも〝反対〟などしていないのである。ここに登場した物理学者の多くが、20世紀最初の10年ほどの間に生まれ、「文化革命」時の、悪名高い「突撃隊方式（ウダールニク）」の速成教育を含め、ソ連初期の、専門に著しく特化した、視野の狭い教育[49]を受けてきた世代であり、マルクス主義の〝学習〟も通り一遍の通過儀礼にすぎなかったであろう。にもかかわらず、彼らが〝付け焼き刃〟にほかならないマルクス主義のターム、ジャーゴンを振り回したのはなぜか。ソ連の学術体制の歪みに起因する確執・増悪、戦勝の熱狂、高揚する愛国心、ソヴィエト社会主義への揺るがぬ確信、そして次第にソヴィエト社会を席捲してゆく冷戦的精神土壌（climate）、党・国家のイデオロギー的引き締め、こうした、当時のソヴィエト社会に独特の雰囲気がもたらした、ときに実体を欠く、大量的（massive）な社会現象のひとつとして、この1940年代後半の物理学者による〝イデオロギー闘争〟も歴史のなかに位置付けられるべきではないだろうか。

参考文献

(1) シュタルクとレーナルトについては、さしあたり、フィップ・ボール／池内了・小幡史哉訳『ヒトラーと物理学者たち―科学が国家に使えるとき―』（岩波書店　2016年．107〜158ページ）参照。

(2) 土井不曇については、さしあたり、吉田省子「反相対論者・土井不曇と大正期物理科学界」（日本科学史学会『科学史研究』第II期　第31巻―№181―、19-26ページ）を参照のこと。

(3) おもに戦前期のソ連における現代物理学をめぐる哲学論争は、科学の国家やイデオロギーとの関係を考察するうえで興味の尽きない問題である。金山浩司氏の新著はこの問題を包括的、かつ詳細に検討した好著であり、今後当該問題領域においては最初に参照されるべき〝古典〟となるであろう。したがって、戦前期ソ連における論争については、金山氏のこの著作に譲りたいと思う（金山浩司『神なき国の科学思想―ソヴィエト連邦における物理学哲学論争―』東海大学出版部　2018年）。

(4) 1932年、国立光学研究所におけるセミナーの席上、中性子の発見を報じたセルゲイ・フリッシュ（Сергей Эдуардович Фриш．1899〜1977）の発表にたいして党員研究者から加えられた批判の言葉（Вл.П.Визгин, "Ядерный щит в 'тридцатилетней войне' физиков с невежественной критикой современных физических теорий", «Успехи физических наук». Том 169 №12, дек. 1999г. С.1366 に引用されている）。

(5) この経緯については、市川浩『冷戦と科学技術―ソ連邦　1945〜1955年―』ミネルヴァ書房、2007年、99〜153ページ参照のこと。「ハイキン『力学』事件」については、本誌前号に掲載された拙稿（市川浩「ヤーコヴ・テルレツキーをご存じですか？―量子力学の〝唯物論的ペレストロイカ〟とソヴィエト・イデオロギー―」『アリーナ』第20号―2017年―、51〜66ページ）でも触れている（同、57〜59ページ）。なお、「学生演説事件」とは、1953年10月、恒例となっていた新学期開始日のコムソモール（V.I.レーニン名称共産主義青年同盟）教室・クラス代表者協議会の席上（約400名が参加）、スターリンの死、ベリヤの逮捕後の一種の解放感とも言える独特の雰囲気のなかで、不意に学生から一連の〝水準の低い〟教員批判の大合唱がわき起こった。これに答えて設置されたモスクワ国立大学の活動点検のための政府委員会（委員長、ヴィヤチェスラフ・マルィシェフ―Вячеслав Александрович Малышев．1902〜1957．当時、核兵器製造官庁の責任者―の名をとって「マルィシェフ委員会」と呼ばれる）による調査の結果、政府は、物理学部の教員を一部入れ替える人事措置を発動した。

(6) 前掲拙稿「ヤーコヴ・テルレツキーをご存じですか？」、注（5）。

(7) 「科学アカデミー」のうち、もっとも早く成立した「パリ王立科学アカデミー」を追い、「科学アカデミー」の近代科学史上における役割と限界を論じた大著に、隠岐さや香『科学アカデミーと「有用な科学」―フォントネルの夢からコンドルセのユートピアへ―』名古屋大学出版会　2011年。

(8) ロシア／ソヴィエト科学アカデミーの近現代における実践機関としての存続を縦糸に、ロシア／ソ連における科学の個性的な展開を検討した包括的な著作として、市川浩編著『科学の参謀本部―ロシア／ソ連邦科学アカデミーに関する国際共同研究―』北海道大学出版会　2016年。

(9) この過程については、拙稿「第V部第1章　科学アカデミーの戦時疎開」（同上所収）、356〜382ページ参照。ボリス・

ゲッセンは、言うまでもなく、1931 年、ロンドンで開催された第 2 回国際科学史・技術史会議 での講演、「ニュートン『プリンシピア』の社会的経済的根源（B. Hessen, "The Social and Economic Roots of Newton's *Principia*'"）」によって、マルクス主義の科学論・科学史方法論を打ち立てたとされている（詳細な解説を付した邦訳がある。ベ・エム・ゲッセン／秋間実・稲葉守・小林武信・澁谷一夫訳『ニュートン力学の形成―『プリンシピア』の社会的経済的根源―』法政大学出版局　1986 年）。なお、イリューシン教授はゲッセン逮捕・銃殺のモスクワ国立大学における余波について以下のように書いている：「1936 年、ゲッセンの銃殺のあと、一連の大学の同僚たちがこの『人民の敵』を裁く、ミーティングや集会をおこなった。1936 年 12 月、『研究所の状態と反革命トロツキスト＝ゲッセンの敵対的活動の結果について』を審議する、物理学部附属物理学研究所の教員と院生の全体集会が開催された。集会決議には、科学研究機関での、諸学派、諸学派成員間の、日常的な闘争が煽られ、ぞっとするほどの規模となり、一方のグループの研究室（I.E. タム、G.S. ランズベルク、L.I. マンデリシュタム、S.E. ハイキン）が特権的な状態にあって、研究所を圧迫している一方で、ほかの研究室（A.S. プレドヴォジーチェレフ、S.T. コノベーエフスキー、N.S. アクーロフ）は必要な支援を受けることができず、通常の活動のために然るべき科学的批判も与えられていないことが、ゲッセンの指導の重大な結果である、と述べられていた」（アー・エス・イリューシン／市川 浩訳「ある本と人間の運命―【解説】エス・エ・ハイキン著『力学』をめぐる討論の資料：その党中央宛書簡について―」、広島大学大学院総合科学研究科紀要III『文明科学研究』第 2 巻、2007 年、46 ページ）。

(10) *А. В. Андреев*, «Физики не шутят: Страницы социальной истории Научно-исследовательского института физики при МГУ − 1922-1954 − », Москва, Прогресс-Традиция, 2000г. С. 102-106.

(11) *А. А. Померанцев*, "Александр Савич Предводителев (К восьмидесятилетию со дня рождения)." "Успехи физических наук". Том 150 вып.3, ноя. 1971. С.611. コノベーエフスキーは、1947 年 10 月 26 日付でスターリンに、モスクワ国立大学の人材不足に対する措置を要請する書簡を送り、そのなかでマンデリシュタム（Леонид Исаакович Мандельштам．1879 〜 1944）とその教え子たちの功績を強調している（*Визгин,* Указ. соч., С. 1372）。彼は、モスクワ国立大学の専任教員であったが、相対性理論や量子力学を擁護する立場を貫いた。

(12) *Померанцев*, "Александр Савич Предводителев." Указ. соч., 611.

(13) *И.П. Базаров* и *П.Н. Николаев*, «Анатолий Александрович Власов I, II [Выдающиеся учёные физического факультета МГУ. Выпуск II]». Москва. Физический факультет МГУ, 1999. ここでの記述は、おもに第 II 巻の 8 〜 16 ページに依拠している。

(14) Российский государственный архив социально-политической истории（ロシア国立社会・政治史文書館：РГАСПИ）Фонд (Ф.) 17 Опись (Оп.) 125 Дело (Д.) 275 / лл.1-78. なお、これを始めとして 1951 年までに彼らが党中央に送った書簡は、ロシア国立社会・政治史文書館で筆者が調べたところ、総計 17 通にのぼっている。ちなみに、モスクワ国立大学の 6 教員からの告発状に関する検討を委任された、政府の高等教育担当者、カフターノフはミハイル・ペルヴーヒン（Михаил Георгиевич Первухин．1904 〜 1978．副首相・化学工業人民委員として原爆開発の政府側担当者）、セルゲイ・スヴォーロフ（Сергей Георгиевич Суворов．1902 〜 1994．党中央宣伝・扇動部の幹部）、ニコライ・ブルエーヴィチ（Николай Григорьевич Бруевич．1896 〜 1987．科学アカデミー幹部会書記役アカデミー会員―Академик-секретарь―）という科学行政担当者たちとの連名で、検討結果を党中央政治局で科学と文化を担当していたゲオルギー・マレンコフ（Георгий Максимилианович Маленков．1902 〜 1988）に伝えているが、そこでは、告発に根拠がないことが具体的に示され、（告発者たちは）「自分たちの活動の結果として、…（中略）… ソ連邦の指導的科学者とみなされなくなった」と厳しい評価を与えている（РГАСПИ Ф. 17 Оп. 125 Д. 275. л. 99.）。彼らの告発が権力によって取り上げられることはなかった。

(15) Там же, лл. 55-58.

(16) Там же, лл.19-54. なお、イーザン・ポロックによれば、コボゼフは、自身のスターリン賞受賞を科学アカデミーの某会員に妨害されたと思い込んでいたようである（Ethan Pollock, *Stalin and the Soviet Science Wars*. Princeton University Press, Princeton and Oxford. 2009.74）。ロシア語版 Wikipedia の情報（https://ru.wikipedia.org/wiki/%...）では、コボゼフは晩年、密かに反体制派の作家、アレクサンドル・ソルジェニーツィン（Александр Исаакиевич Солженицын．1918 〜 2008．1970 年、ノーベル文学賞受賞）を援助していた、とあるが、確証はないようである。複雑な人物ではある。

(17) РГАСПИ Ф. 17 Оп. 125 Д. 275. лл.59-65.

(18) Там же, лл.69-78.

(19) Там же, лл.66-68.

(20) РГАСПИ Ф. 17 Оп. 125 Д. 449. лл.127-139.

(21) Там же, лл.141-152.

(22) *Н.С. Перов*, «Николай Сергеевич Акулов [Выдающиеся учёные физического факультета МГУ. Выпуск VI]». Москва. Физический факультет МГУ, 2003. ここでの記述は同書の 5, 18, 19, 26, 33, 37, 96 ページに依拠している。

(23) 前掲拙稿「ヤーコヴ・テルレツキーをご存じですか？」、注（5）、57 〜 59 ページ。なお、そこで、「V.A. コルチャーギン（В.А. Корчагин．詳細不詳）」としていたのは、筆者の誤りで、正しくは「ヴラジミル・カルチャーギン（Владимир АлександровичКарчагин．1887 〜 1948）」である。お詫びして、訂正したい。

(24) «Летопись Московского университета». № 939. (http://letopis.msu.ru/peoples/939).

(25) Центральный архив общественно-политической истории Москвы（モスクワ中央社会・政治史文書館：ЦАОПИМ）Фонд (Ф.)

478, Опись (Оп.) 1, Дело (Д.) 92. лл.4, 6, 8-6, 50-6, 51-6, 53. イリューシン、前掲注（9)、45 ～ 47 ページ。

(26) «Предисловие» к делу Э.М. Рейхруделя. Архив Музея истории физического факультета МГУ.
(27) «Предисловие» к делу С.Д. Гвоздвера. Архив Музея истории физического факультета МГУ.
(28) *Ф.А. Королев*, "О методологических ошибках в книге проф. С.Э.Хайкина «Механика»." «Успехи Физических наук.» 1950. Т. XL. Вып.3. С.388, 389.
(29) "К обсуждению книги С.Э. Хайкина «Механика» (Обзор материалов, полученный редакцией УФН)". «Успехи Физических наук». 1950. Т. XL. Вып.3. сс. 476-483. イリューシン教授によれば、『物理諸科学の成果』誌編集部には、コロリョフの論文に反対し、ハイキンをイデオロギー的誤りという論難から守ろうとする手紙も寄せられていた。ヤロスラブリ工業専門学校理論力学上級講師、I.V. イストミン（Н. В. Истомин．詳細不明）、タルトゥス国立大学物理・数学博士候補、P.G. カルド（П. Г. Кард．詳細不明）、トビリシ大学物理・数学部の教員、V.S. キリー（В. С. Кирий．詳細不明）らの手紙である（イリューシン，前掲注 9、50 ページ）。
(30) *С.Э. Хайкин*, "О методологических недостатках моего учебника «Механика» (письмо в редакцию)." «Успехи Физических наук.» 1950. Т. XL. Вып.3. С.483-490.
(31) «Предисловие» к делу Ф.А.Королёва. Архив Музея истории физического факультета МГУ.
(32) イリューシン教授によれば、ハイキンと同じく党歴のたいへん短く、マルクス主義についても一般に深くは学習していなかった「戦時入党キャンペーン」による入党組であったコロリョフは、おそらく、ノブドリョフあたりの先輩党員に唆されて、この論文を一種の忠誠の証として書いたと推測されるということである。貧農出身という出自が気に入られたのかもしれない。
(33) *Визгин*, Указ. соч. в примечании (4). С. 1373.
(34) Pollock, *op. cit.* in note (16), 84.
(35) *Визгин*, Указ. соч. в примечании (4). С. 1373-1375.
(36) Там же, C.1375. しかし、ヴィズギンは、「愛国的・唯物論的物理学者」から批判を受けた物理学者たちのなかに核兵器開発に携わるものが少なくなく、彼らがこの〝核の楯〟を権力の側にちらつかせたことを、危機脱出のより大きな要因と見ている（Там же, C.1375- 1380.）。
(37) Pollock, *op. cit.* in note (16), 88, 89.
(38) *Визгин*, Указ. соч. в примечании (4). С. 1375,1376.
(39) Сайт: Публичная Библиотека [Электронные книжные полки Вадима Ершова и К°] (http://publ.lib.ru/ARCHIVES/N/NOZDREV_Vasiliy_Fedorovich/_Nozdrev_V.F..html)。なお、セリコールについては、浅岡善治「ネップ期における社会的活動性の諸類型―村アクチーフとしてのセリコール―」（野部公一・崔在東編『20 世紀ロシアの農民世界』日本経済評論社 2012 年、153-189 ページ）参照のこと。ノズドリョフはその十代から、まさに「農業集団化」期を迎えていた農村の社会主義的改造に積極的にかかわったことになる。
(40) Сайт: Публичная Библиотека…Там же.「労働者予備学部」とは、学歴のうえで大学入学資格を欠く学生に、2 年間、大学入学のための準備教育をおこなう部局であり、ソ連時代には各地に設けられていた。
(41) «Предисловие» к делу В.Ф. Ноздрёва. Архив Музея истории физического факультета МГУ.
(42) ЦАОПИМ, Ф.478, Оп. 1, Д.114, л.163.
(43) Сайт: Публичная Библиотека…Указ. в примечании (39); Летопись Московского университета. №3442 (http://letopis.msu.ru/peoples/3442)。モスクワ国立大学物理学部史記念室に掲げられたノブドリョフの写真のキャプションには、「モスクワ師範学校校長」という肩書が書き加えられている。
(44) 彼が出版した詩集には以下のようなものがある：«Верность отчему дому» (1966); «Я обойду мой край родимый (1968)»; «Я шёл, сражаясь за Россию (1970)»; «Журавли над Россией (1970)»; «Земной космос (1978)»; «Цвета и звуки России (1979)»; «Осенние раздумья (1979)»; «Память любви (1970)». [Сайт: Поэзия Московского Университета (http://www.poesis.ru/poeti-poezia/nozdrev/biograph.htm) による]．以下にノブドリョフの詩句の一例を示しておこう。彼が、1972 年に詩論集『叙情詩、風刺詩、ユーモア』（注 45）を上梓したとき、ブリャンスク州勤労者代議員ソヴィエトの機関紙『レーニンの旗（«Ленинское Знамя»)』(1972 年 11 月 16 日号) に掲載された記事に引用されていた、ロシアの冬と春（夏）の兆しを謳った詩句である。音韻、音高、語調、強弱といった詩の音楽的要素は移しえないが、また、1 カ所、意味のとりにくい箇所もあるが、筆者なりの日本語訳を対照させておいた。

特集論考◎どのような物理学者が量子力学や相対性理論に"反対"したのか？―1940年代におけるモスクワ国立大学物理学部教員の群像―

Вокруг белы и бесконечны Снегов застывшие моря. И лисьей шубкой на заплечье У леса зимнего заря. В лугах, за пряслами станицы В чешуйках ряби озерцо, Вокруг овалом, как ресницы, Травы зелёное кольцо. Ни громов, ни песни соловьиной, Лес, как мех, окутан в тишину, Сытый август по стволу осины. Флаг багряный тянет в вышину.	凍った海の、白い、果てしない雪と 背中にシューバ［毛皮の外套―訳者］を背負った子狐の周囲、冬の暁の森で、 コサックの村の干し草架けの奥の草地、 湖のさざ波の銀鱗、 楕円の周囲、 まつげのような緑の草の環。 雷鳴もなく、ナイチンゲールの歌声もなく、 森は、毛皮のように、静けさに包まれている。 満ち足りた8月は、はこやなぎの幹に沿って、 赤紫の旗は、高みへと広がる。

(45) В.Ф. Ноздрёв, «Лирика, сатира, юмор». Изд.-во. Московскийй рабочий. 1972.
(46) «Предисловие» к делу В.Ф.Ноздрёва...Указ. в примечании（41）.
(47) ヘリガ・カーオ著／岡本拓司監訳『20世紀物理学史　下』名古屋大学出版会　2015年、318ページ。
(48) РГАСПИ Ф.17, Оп. 125, Д. 363, лл.72-74. 昨年の拙稿（『アリーナ』第20号58ページ）に引き続き、この痛快な党中央の担当者たちの裁決をふたたび掲げておこう：「いままで、どこでも、一度でも哲学問題に触れたことがなく、物理学の分野でも少しでも優れた専門家であると言われたことのない人々（からなる）委員会は弁証法的唯物論の名のもとに語るという蛮勇をもって、科学的認識過程にたいするひどく単純化された見方を擁護しつつ、現代物理学の諸理念に有害な立場に立っている」。
(49) 「文化革命」期の大学教育の危機的な状況とそこからの修復のうごき（中断されてしまうが）については、さしあたり、拙稿「第Ⅴ部第１章　科学アカデミーの戦時疎開」（前掲『科学の参謀本部』、注8）、359〜362ページ参照。

●特集:学問史の世界 佐々木力と科学史・科学哲学

特集論考●学問史の世界 佐々木力と科学史・科学哲学

帝国日本の近代林学と森林植物帯
―19世紀末台湾の調査登山と植生「荒廃」―

米家 泰作 ●京都大学文学研究科准教授
竹本 太郎 ●東京農工大学農学研究院講師

1 はじめに―近代林学と植民地―

　近代を対象とした環境史研究において、林学と環境保全、そして植民地の関わりは、近年とみに注目を集めている研究領野の一つである。19世紀から20世紀前半にかけて、イギリス帝国のインド植民地やアメリカ合衆国では、ドイツ人林学者ディートリッヒ・ブランディス（1824～1907年）や彼に連なる林学者たちを軸として、科学的林業（scientific forestry）が展開し、持続的な産出を担保する森林植生の維持・更新という理念が、近現代の環境保全主義の重要な基盤の一つとなった[1]。ここで林業を「科学的」と形容するのは、在来の経験的な知に頼る林業ではなく、林業をめぐる専門的な知の体系、すなわち林学が確立したことの反映であり、林業や林政の指導者がグローバルなネットワークを形成し、そのなかで専門家が再生産される状況と関わっている[2]。

　科学的林業ないし林学が、ヨーロッパ本国の林業のためというよりは、むしろ植民地あるいは植民地であった地域で大きく展開したことは、この分野が特定の地理と結びついて成長したことを物語っている[3]。こうした地域では、林学を身につけた専門家集団が営林や林政の主導権を握り、彼らが適切だと考える植生のあり方を維持するために、在来の生業が排除されることも生じた。これは、植生の利用や管理の主導権が、住民の暮らす在地から、植民地政府や国家が拠点とする首府に移転していくということを意味していた。林学によって裏付けられた森林法の制定や国有林の設定は、そのための制度作りという意味をもっていたことになる。そこから生まれた環境保全という思想をどう評価するかは、植民地主義や政府の役割をどのように捉えるかで、大きく異なることになる[4]。

　それゆえ科学的林業と近代林学は、植民地林業ないし植民地林学という性格を強く帯びていたわけであり、植民地における政府と先住民との関係にも大きく影響した。その関係は対等なものではなかったものの、植民地化した側が在地の植生利用のあり方に学ぶ面や、それを発展させようとする面が無かったわけではない。在地で営まれてきた在来の植生利用は、保全・育成すべき樹種の選

こめいえ・たいさく◎1970年奈良県生駒市生まれ。1998年に京都大学文学研究科博士後期課程修了、博士（文学）。専門は歴史地理学。愛知県立大学文学部講師・同助教授を経て、現在は京都大学文学研究科准教授。著書に『中・近世山村の景観と構造』（校倉書房、2002年）、共訳書に『モダニティの歴史地理』（古今書院、2005年）がある。

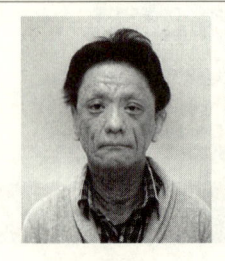

たけもと・たろう◎1973年東京都新宿区生まれ。2006年に東京大学大学院農学生命科学研究科博士課程修了、博士（農学）。専門は林政学。東京大学大学院農学生命科学研究科助教を経て、現在は東京農工大学大学院農学研究院講師。著書に『学校林の研究 森と教育をめぐる共同関係の軌跡』（農山漁村文化協会、2009年）がある。

定や、焼畑と林業の共存といった形で、植民地林業のなかに取り込まれることもあった[5]。その意味で、科学的林業とは植民地した側が一方的に築いたものではなく、植民地における在地の先住民と関係性のなかで発展したという面にも、注意が必要である。

こうした観点からみれば、近代日本の林学もまた、植民地との関わりのなかで発展したことに、注意を向けるべきだろう。近代日本の林業や林政を、内地と外地で別個に捉えるのでなく、帝国の林業として総体的に捉える姿勢に倣うならば[6]、それを支えた林学も同様に、東京や内地だけで発展したわけでなく、植民地を含む帝国全体で発展したものとして捉えなければならない。

日本の近代林学の起点は、1882年（明治15）に農商務省山林局が開設した東京山林学校である。この林学のための学校は、駒場農学校と合併して東京農林学校に再編された後、1890年（明治23）に設置された帝国大学農科大学の母体の一つとなり、東京帝国大学の林学教室へと発展した。そこでは主としてドイツから近代林学が輸入され、国家による計画的な森林植生の維持・更新を重視する科学的林業を、日本に根付かせる役割を果たした[7]。その意味で、日本の近代林学は、すでに欧米諸国で確立した科学的林業を摂取する所から始まったといえるが、その摂取から確立までの時期、すなわち19世紀末から20世紀初頭は、日本が帝国として振る舞い、植民地の獲得を進めた時期にあたる。特に1895年（明治28）の台湾領有、1905年（明治38）の南樺太領有、1910年（明治43）の日韓併合は、植民地林業の始まりを促すことになり、さらにその対象は、中国東北部や東南アジアへと広がっていくことになる。

こうした動向のなかで、近代林学の輸入に努める林学者たちは、それを内地に適用するだけでなく、帝国を構成する植民地にも拡張して、植民地林学として機能するように、発展させることが求められた。このことは、次のように表現しても良いだろう。そもそも植民地林学の性格を帯びていた近代林学を輸入した日本は、その摂取に取り組みながら並行して、自らの植民地においてもそれを試す機会をもっていた、と。

では、帝国日本の初期の林学のなかで、植民地はどのような意義をもっていたのだろうか。近代林学を植民地に拡張する上で、その植生や先住民は、どのように位置づけられたのだろうか。そして、植民地の森林に関わる理解は、日本の近代林学の発展にどのような影響を与えたのだろうか。小稿の問題意識にあるのは、こうした一連の問いである。

その回答に近づくために、筆者のうち米家は、これまで植民地朝鮮における植生や焼畑の理解[8]、および明治大正期の林学にみる植生とその人為的改変にかかわる問題[9]について、検討を進めてきた。そのなかで、一貫してキーパーソンとして着目してきた林学者が二人いる。同じ年に生まれ、ともに東京山林学校で林学を学び、後に朝鮮半島の林政にも関わった齋藤音作（1866～1936年）と本多静六（1866～1952年）である[10]。また竹本は、台湾・内地・朝鮮にまたがる齋藤音作の個人史を掘り起こし、林学史・環境史のなかで再評価する作業を進めている[11]。小稿では、彼ら二人が台湾領有直後に実施した台湾最高峰・玉山（ユイシャン）の調査登山を採りあげ、帝国日本の植民地林学における初期の重要な試みとして位置づけたい。

台湾は日本が初めて領有した熱帯の植民地であり、その植生を林学的に把握することが求められていた。本多にとっては、東京に帰った後に完成させた博士論文『日本森林植物帯論』のなかで、帝国日本の植生を捉える上で重要な論点と関わることになる。また齋藤にとっては、後に植民地朝鮮の林政に関わった際に、台湾での経験が活きる面があったと推測される。以下、小稿では調査登

●特集：学問史の世界　佐々木力と科学史・科学哲学

山の概要を確認した上で（2章）、植生とその人為的改変がいかに観察されたかを検討する（3章）。そして、それが日本の近代林学と植民地林業の初期の展開のなかで、どのような意義をもったのか議論したい（4・5章）。

2　玉山調査登山の経緯

　玉山とは台湾の最高峰（標高3952メートル）で、当時は八通関山（パットンカン）とも、モリソン山とも呼ばれていた。また、齋藤音作と本多静六の登山によって、富士山より標高が高いことが確認されたことを受けて、明治天皇が「新高山」と命名したとされる。この二人の林学者の登山については、最高峰への初登頂の試みとして、登山や探検の文脈のなかで言及されることは少なくないが、その背景に森林への関心があったことは十分に注意されていない。

（1）齋藤音作の撫墾署着任と調査登山

　日清戦争の結果、1895年（明治28）に台湾を領有した日本は、官有林野取締規則を公布し、無主地国有を原則とした。また、翌1896年（明治29）11月には森林調査内規を制定し、森林資源の把握に向かう姿勢を示している[12]。その直前の9月に、齋藤音作は台湾の林圯埔（リンユイブ）撫墾署長に任命され、台湾の植民地統治に関わることになる。撫墾署とは台湾の山岳地帯の先住民（原住民）への関わりを担う部署であり、「蕃人撫育、開墾及森林の事に掌らしむる[13]」ものとされた。齋藤の周辺では「蕃人を使つて林業を為す役所[14]」だと説明されることもあったようである。齋藤が赴任した林圯埔は現在の南投県竹山鎮であり、玉山から北に流れくだった濁水渓が、西に折れ曲がって台湾海峡に向かう位置にあたる。

　齋藤はどのような経緯で、領有直後の台湾において撫墾署に着任することになったのだろうか。齋藤は着任の6年前にあたる1890年（明治23）に東京農林学校を卒業し、農商務省山林局に就職したが、日清戦争が勃発した1894年（明治27）に非常招集され、陸軍中尉として従軍した。翌年の講和後、割譲された台湾の占領軍に加わり、1896年（明治29）6月までその一員として台湾で従軍した。つまり齋藤は、植民地の軍事的な占領に関わり、ほぼそのまま植民地行政に加わったことになる。その背景には齋藤を陸軍に勧誘した乃木希典の知遇があったといい、乃木の勧誘は断ったものの、代わりに乃木が総督となった台湾統治に関わることになったという[15]。軍人になるよりは、学んだ林学を植民地で活かすことを、齋藤は選んだといえる。その意味で齋藤は、日本の植民地林学の先駆けでの一人であった。

　なお齋藤は、1898年（明治31）に「生蕃」を率いて「土匪」を襲撃したとして、撫墾署を「非職」となった[16]。翌1899年（明治32）に内地に戻り、石川県・山梨県・北海道で林政に携わることになるが、さらに齋藤は1909年（明治42）に大韓帝国に招聘され、そのまま植民地朝鮮の林政に関わることになる。

　さて、台湾総督府の撫墾署に着任した齋藤は、1896年（明治29）9月に赴任してわずか2か月後、同年11月にモリソン山の調査登山を行うことになる。植民地統治が軌道にも乗っていない時期に、まず登山に取り組んでいるのは唐突に見えるが、撫墾署に着任した齋藤にとって、先住民が支配する台湾中央部の山地植生や森林資源について、強い関心があったことは間違いないだろう。ただしそれは、齋藤が計画したというよりは、東京農林学校の同期・本多静六の関心に応えた面が強かっ

た。齋藤は『太陽』の「地理」欄に調査登山について紀行文を記しているが、調査登山の目的については特に説明をしていない[17]。「附生蕃事情」という紀行文の副題からは、まずは先住民の領域を観察すること自体に焦点があったようにもみえる。そこで次に、本多の側から調査登山の経緯をたどってみよう。

（2）本多静六の台湾出張と調査登山

本多静六は1890年（明治23）、東京農林学校卒業を前にしてドイツに自費留学し、ターラント高等山林学校を経てミュンヘン大学に入学した。2年後の1892年（明治25）に経済学の学位を得て帰国し、東京農林学校を継承した帝国大学農科大学の助教授に着任する。林政に進んだ齋藤とは対照的に、本多は林学の教育・研究を主導する道を選んだことになるが、主に造林学を担当した本多は林政や林業界との関わりも深めてゆき、「林学の独立とその普及を使命[18]」と信じて、様々な分野に影響力を発揮していくことになる。

こうした本多にとって、農科大学に着任して4年後に行った台湾出張と調査登山は、どのような目的があったのだろうか。調査後に東京に戻った本多は探検談を講演しており、そこには単に「森林ニ関スル学術取調ノ為メ」出張を命じられたとしているものの、事後に公的な報告書が作成された形跡がない[19]。「一島内ノ森林ヲ調ブルニハ是非トモ北ノ方ノ端ト南ノ方ノ端ト、其中央ニアル所ノ一ツノ高イ山ニ登ツテ見ナケレバナラヌ」という本多の意気込みからは、特定の調査を請け負ったというよりは、彼自身が積極的に調査を立案し、取り組んだことが窺える。新領土台湾の森林植生や林産資源について、林学者として真っ先に調査に着手したいという意気込みが伝わってくるようである。

こうした本多の姿勢の背景には、台湾は単に新しい領土というだけでなく、帝国日本が獲得した初めての熱帯植民地であり、しかも内部の高山には標高に応じた様々な植生の存在が予想され、森林植生を議論する上で重要な事例となりうることが考えられる。この台湾での調査から3年後の1899年（明治32）、本多は植物学会での招待講演「台湾ノ森林帯ニ就テ」の内容を『植物学雑誌』に公表している[20]。そこで本多は、「余ノ知識ハ僅カニ一回ノ探検ニヨリシモノナルヲ以テ未タ甚タ不完全」なために、「稿ヲ起セシハ今ヨリ二年前」だったが、成果の公表を遅らせていたという。台湾での調査後、本多はすぐに成果の執筆に取り組んでいたことが窺える。「不完全」というのは謙遜ではなく、特に植物種の同定については充分に確信を得られないまま記述している様子も窺えるが、植物学者を相手に森林帯について論じる所からは、自説への明確な自信も伝わってくる。

そして、この「台湾ノ森林帯ニ就テ」を日本全土に適応する形で拡大したものが、同年から翌年にかけて様々な形で公表され、さらに改訂がほどこされてゆく『日本森林植物帯論』である[21]。本多はこの森林植物帯論によって、同じ年に職場である帝国大学から林学博士の学位を得ているが、それは「かねてから研究をすすめ、すでにまとまっていた」ものだと、後に回顧している[22]。つまり、本多の台湾調査は、彼が帝国日本の植物帯について包括的に研究する第一歩であったといえる。成果としてまとめられた『日本森林植物帯論』においても、本論は熱帯から記述が始まり、台湾の部は最初のおよそ4分の1を占めた。

なお、台湾への往路の船便に同乗していた朝日新聞の記者・矢野俊彦が、本多の調査登山に随行している。朝日新聞は矢野の紀行文を紙面に連載するなかで、調査登山の記事にかなりの日数を割

●特集：学問史の世界　佐々木力と科学史・科学哲学

いており、また玉山（モリソン山）登頂を速報していることから、この調査登山が新領土への関心が高まるなかで、かなりの注目を集めたことも窺える[23]。その記事によれば、台北に到着した後に「モリソン山の探検は本多、齋藤両学士の口に由りて出で、総督府民政局の賛助を得て実行せられんことヽなる」とある。本多は事前に東京で具体的な計画を立てていたわけでなく、台湾に到着した後に、調査登山の実現に向けて働きかけたようであり、探検談にも「非常ニ運動シテ同志ヲ募ツテ」同行者を探したという。この本多の熱意に齋藤も賛同し、植民地官吏としての立場を活かして全面的に協力したということであろう。

次章以降では、二人の林学者が置かれた状況を念頭におきながら、彼らが調査登山のなかで台湾の植生をどのように捉えたか、検討しよう。

3　先住民の火と植生

（1）「蕃人」の火と草原

モリソン山への調査登山の一行は、1896年（明治29）11月13日の朝、林圯埔（図1のL）の撫墾署を出発した。一行の構成は、齋藤や本多、朝日新聞記者・矢野俊彦のほかに、民政局技手・月岡貞太郎、憲兵曹長など日本人8名と、現地の「土人夫」15名を含む19名、計27名である。本多の探検談によれば、本多が「視林長兼写真掛」、斎藤が「地質調査主任兼旅行指揮官」、月岡技手が「植物採集兼測候主任」といった役回りであった。また、武装して先住民の反発を得ることは避け、先住民と関係を築いている通事に探検の成否を委ねるという方針で臨むこととした。

一行は林圯埔からまず東南東に進み、2日後の15日に、濁水渓の支流・陳蘭渓（陳有蘭渓）の流域に入った。そこで齋藤は、植生の違いから、先住民（ブヌン族）の領域[24]に入ったことに気づいている。

> 両岸の山岳皆焼けて、兀禿を呈す。渓の左岸に沿ひ、丈余の茅草繁茂せる間を進むこと約二里にして右折す。左右の茅草刈除せられて急に広濶となり、行歩甚だ安し。以て蕃社に近きたるを知る。

本多もまた集落の上部が「耕地ニナツテ其周囲ノ山ハ焼払ツテアツテ茅バカリ」だと述べている。茅の草原のなかに畑地があり、サツマイモやアワ、陸稲などが栽培されており、その中に樹木で囲まれた集落があるという状況であった。およそ20年後に作成された「台湾森林図」によれば[25]、「蕃人開墾地及開墾跡地」（図1のf）に当たる。

一行は先住民の村・南仔蕃社（ナマカ）（図1のN）に宿泊した。齋藤は「蕃人」の文化について詳しく記しているが、「沿渓の山岳多くは火かれて森林荒敗し、唯茅草の茂生するを見るのみ」と、植生について述べることも忘れていな

図1　「台湾森林図」（1945年）にみる玉山周辺の植生
地名　L 林圯埔．N 南仔蕃社．H 和社．T 東埔社．P 八通関．Y 玉山
植生　（実線）B 濶葉樹林．BC 針濶混淆林．C 扁拍紅檜林．T ツガニイタカトドマツ林
（点線）f 蕃人開墾地及開墾跡地．g 草生地．o 散生地

い。山地斜面に広がる草原は、先住民が植生を焼却したために形成された2次植生であった。

翌16日、陳蘭渓の上流へと向かった一行は、先住民の村・和社（図1のH）に到着し、宿泊した。ここでも齋藤は「蕃人」の文化について記しているが、特に「山火」について質問している。

> 蕃社附近の山岳多くは兀禿にして、其樹林を見ること甚だ僅少なるに驚き、土目「モール」に其何故に斯くも厳しく火するやを問ひしに、彼曰く、森林翁鬱たる時は鹿猪を発見するに難し、故に其大部分を火きて彼等の隠匿処を減縮するのみと。思ふに是れ一理あるが如しと雖も、彼等は森林減少の鹿猪減少を来す所以たるを知らざるなり。（中略）若し今日の如き有様にて経過せば、山岳の荒るゝに従ひて野獣の数を減し、野獣の数を減ずるに従ひて蕃人の数を減ずるは理に於て免かれざる処なり。

先住民の回答は、狩猟の獲物が見つかりやすいように森林を焼却しているということであったが、結果的に野生動物の棲息地を狭め、先住民にとっても不利益になると齋藤は批判している。

さらに齋藤の見るところでは、「蕃地山林の荒敗は林産巨額の収利を損し、地方工業の進歩を妨げ、気候の変調を招き、水質を不良にし、又土砂を放流しては河床を埋め、田圃を荒し洪水を氾濫せしめては農産を害し、交通を妨げ、通路橋梁を損傷する」といった弊害を生むことになる。山林の「荒敗」と気候の「変調」や土壌流出を問題にしている点には、齋藤が学んだ近代林学の立場がよく表れている。森林の減少が気候の乾燥をもたらすという「乾燥化理論」は、インド植民地の林学者が盛んに称えていたもので、本多静六の後の著作にも反映されている[26]。齋藤にとって、まずは撫墾署が対象とする先住民の実態に触れることが重要であったと思われるが、同時に関心を向けた植生については、決して天然の資源の宝庫であったわけではなく、むしろそれが改変された姿、あるいは失われた姿であったことになる。

右の状況は翌17日に到着した陳蘭渓最上流部の村・東埔社（図1のT）でも変わらず、「四周を焼きて茅山と為すこと他社の如し」であったと斎藤は記している。ここで一行は登山の準備のため2泊滞在し、先住民の文化についてさらに観察を深めている。特に生業に関して、男性が担う狩猟のために、「獣類の隠匿処を狭むる為、蕃社附近の山岳は其八九分通りを火き、高山峻嶺亦其六七分通りは火かれて兀禿を呈す」と斎藤は述べている。ただしそのほかに植生に影響する生業に関して、齋藤は特に述べていない。燃料とする薪は、伐採ではなく、渓川の流木を収集して用いるという。しかし本多は、探検談の末尾で、先住民は狩猟ではなく「農耕ノ時代」に入っていると捉えた上で、畑地の一部は「国定農地」であるが、そのほかは「山林ヲ焼テ農作ヲナシ所謂焼畑農業ヲ行テ居ル」と位置づけている。齋藤は集落周囲の草原をもっぱら狩猟のためと捉え、焼畑には言及していないが、「台湾森林図」においても「開墾地及開墾跡地」（図1のf）とされている所である。本多の観察を踏まえれば、焼畑の休閑地も少なくなかったと考えるべきだろう。

（2）高地に広がる疎林と草原

11月19日朝、一行はいよいよ玉山への登山に取りかかった。東埔社の集落から離れるにつれて樹林が目につくようになり、陳蘭渓の右岸山上にアベマキ（ブナ科コナラ属の落葉広葉樹）が散生しているのを見て、斎藤は「是れ放火荒撫地の証標とも謂ふへきなり」と指摘している。「台湾森林図」においても、ちょうど東埔社の東方にアベマキ林が記されている（図1のa）。また川沿いにはハンノキ林もみられた。そこで針葉樹の流木を発見した齋藤は、上流部に針葉樹林の存在を予

測し、「勇を皷(鼓)し、愈々渓流を上る」と胸を高鳴らせている。その期待通り、さらに標高を上がるにつれて、「杉、扁拍（？）・唐檜(ヒノキ)・栂(トウヒ)・五葉松等の巨大なる針葉樹」を見いだした齋藤は、「直径八九尺枝下十数間の良材尠なからず。若し之を伐木造材して両期(雨)を利用して運出せば、蓋し巨額の収利あるへし」と述べ、植民地林業の可能性を確認している。

野営を経て翌20日、針葉樹が常緑濶葉樹（広葉樹）と混生する森林を見て、齋藤は「青森地方の林地」に似ているが、落葉濶葉樹に乏しいことも指摘している。「台湾森林図」で「針濶混淆林」（図1のM）に該当する。これに関して本多は、常緑濶葉樹の次にすぐ針葉樹林が現れることを特筆し、その理由を「四季ノ変化」が無いためと推測している。さらに高度を上げ、台湾を東西にわける分水嶺・八通関（図1のP）に近づいた所で、斎藤によれば「赤松、栂、こめ栂、椴松(トドマツ)（？）等散生し、其下には細竹、ヒメシヤクナギ、ヒヽラギ、ヤマグルマ等点生」する植生に到達した。「台湾森林図」では「ツガ・ニイタカトドマツ林」（図1のT）に該当するとみてよいだろう。しかしそこから遠望した齋藤は、往路でたびたび観察した薄い植生の景観が広がっていることに、改めて注意している。

　　見渡す限りの山岳其過半は焼かれて兀禿を呈し、意外の感を為せり。是れ皆蕃人狩猟に出でゝの放火に基因するを思へば、其関係の大なる更に驚くへきものあるなり。北方濁水渓の水源地も亦概ね赤裸条々たり。其混濁する所以、実に此処に在るを知了せり。

本多も「生蕃ガ火ヲ付ケテ焼イテ仕舞フテ、短キ五六寸ノ笹ト草ノミデアル」と注意している。「玉山ノ上カラ見タラ定メシ鬱蒼タル森林カ沢山アルト思ツテ居タ所カ何ゾ図ラン半分ノ余ト云フモノハ禿山デアリマス、立木ノ面積ハ実ニ全余地積ノ四割以上ヲ占ムルコトハ出来マセン」と述べ、森林資源への期待が萎んだことを率直に吐露している。「台湾森林図」をみれば、八通関の北部・南部では、集落より高い標高に宏大な「散生地」（図1のo）や「草生地」（g）が広がっている。一行がたどってきた川沿いの道からは見えにくかったものが、標高2500メートルほどの高度から眺望することで、山地上部に疎林や草原が広がっていることに気づいたことになる。この森林に乏しい景観に衝撃を受けつつも、本多は「生蕃人ヲ森林事業ノ常雇人足ニ利用スル」ならば、森林事業においても、先住民の「撫育」においても良法だと述べている。

分水嶺をベースキャンプとした一行は、翌21日に山頂への登頂を試み、玉山の東側のピークに到達し、そこを山頂とみなして標高を測定した。ただし本多は発熱して休息していたようである。登頂に成功した齋藤は、紀行文において玉山について様々な見解を記しているが、その締めくくりに、高度によって植物帯が七つに区分できることについて付言し、私案を示している。すなわち低地から順に「榕樹帯」、「樟帯」、「常緑雑樹帯」、「花柏属杉・唐檜(サワラ)帯」、「唐檜・栂帯」、「栂・椴帯」、「はひゞやくしん帯」である。ここに、先住民によって形成された「兀禿」の草原が含まれていないことに留意しておきたい。齋藤が考える植物帯とは、植生の現状を捉えたものではなく、人為的な影響を取り除いた本来の植生であり、先住民の火の影響が顕著な場所は、「常緑雑樹帯」にまとめられている。こうした区分は、後に本多が提示する森林植物帯とおおむね対応しており、齋藤の観察が齋藤独自のものというよりは、本多との現場での意見交換や知見の共有があったことを強く窺わせている。

ただし、本多は自身の探検談のなかでは、聴衆に考慮して「余リ深ク森林ノ方ニハ立入リマセヌ」と断っており、森林帯について明確に議論していない。これについて本多が自説を展開するのは、

次章で検討するように、調査から3年後の1899年のことになる。

4　潜在的な植生とその人為的改変

　台湾の調査登山から帰国した本多静六は、すでに触れたように、1899年（明治32）に「台湾ノ森林帯ニ就テ」を『植物学雑誌』に発表し、さらに『日本森林植物帯論』として展開することになる。前者の冒頭で本多は、台湾での調査に触れながら、自身の立場を次のように説明している[27]。

　　仮令ハ台湾ノ生蕃地附近ニ多キあべまき類ノ如キ、普道［（通）］ノ植物家ハ之ヲ目シテあべまきノ帯ト称スレハ足レリトスベキモ、林業家ハ林学上ヨリ樹林トシテあべまきノ性質並ニ其地方ノ状況ヲ考察シ、あべまきハ全ク天然ニハ単純林ヲ形成シ得可キモノニアラザレバ、此林モ亦天然ニ存在セシモノニアラスシテ、全ク生蕃放火ノ結果、火ニ強キあべまき類ノ侵入シ来リタルモノナリト断定ス

　ここで本多が言及しているアベマキとは、調査登山の途上、先住民の集落の近辺で見たものであろう。アベマキはコルククヌギと呼ばれることもあり、樹皮が厚く、火に強い。本多の理解では、先住民が植生の焼却を繰り返すなかで生き残り、二次林を形成したと考えられることになる。本多にとって重要であったのは、単に現存の植生を記述あるいは理解するというよりも、こうした植生の人為的な変化あるいは改変を念頭において、本来あるべき植生を復元的に捉えることであった。それゆえ本多は森林植物帯を、「主トシテ樹木カ森林トシテ存在スル区域」であり、かつ「存在シ得ラル、区域」だと定義する。

　こうした本多の問題意識は、気候帯に対応して潜在的な植生を捉える視点を確立することに向けられており、ドイツで学んだ視点を日本に適用することに意欲的であったといえる。「台湾ノ森林帯ニ就テ」では明記されていないものの、『日本森林植物帯論』では、それまでの日本の植物帯に関する議論、とくに高島得三と田中　壌およびハインリッヒ・マイルの説が、現存植生を考慮し、人為的な植生を追認しがちであったことを明確に批判する立場をとることになる[28]。

　そのような立場からみれば、台湾の低地にみられる落葉広葉樹に着目して、台湾に暖帯林や亜熱帯林を見いだす考え方も、批判の対象となった。例えば、センダンやハンノキ、ヤナギは「皆濫伐若クハ火災跡地等人力ノ結果ニヨリテ、一時其地ニ生ゼシモノ」であり、放置すれば「固有ノ林木」によって淘汰されるはずだという。アカマツ林や竹林も、人為的に形成された植生であり、その点に注意を払わずに「野生ト人為トヲ区別」しないで植生を議論する風潮を、本多は批判する。「人為」の植生を捨象する本多にとって、台湾は「水平的」に見れば間違いなく熱帯林（榕樹帯）であった。かつ「垂直的」に見るならば、つまり標高が上がるにつれて、暖帯林（樟帯・カシシイ帯）、温帯林（花柏及杉帯・唐檜帯・米栂帯）、寒帯林（青森椴松帯）に区分されるとした。大きくは暖帯から寒帯まで四つの気候帯に対応した植物帯を認め、暖帯と温帯をさらに細分することで、全体としては七つの植物帯が見いだされることになる。

　なお、この七帯は先に齋藤音作が示した七帯に近く、彼との調査登山時にすでに原案を共有するような状況にあったと考えてよいだろう。ただし本多は、齋藤が二帯にまとめたトウヒ・ツガ・トドマツをそれぞれ区分して三帯とし、また齋藤が最も標高の高い帯として示したハイビャクシンについては言及していない。後者については、本多は山頂に近づいた所で体調を崩し、調査を完遂できなかったことが、影響しているのかもしれない。

ともあれ、森林植物帯を提示した本多からみて、台湾における植民地林業はどのような可能性をもつだろうか。「台湾ノ森林帯ニ就テ」において、本多は林業の展開について特に言及しているわけではないが、温帯林に関する次の記述は彼の認識をよく示している。

> 此帯ニ現在セル美ナル針葉樹林ハ、皆渓間及ビ陰湿ナル山ノ北腹ノミニ存シ、乾燥セル山上并ニ南腹ハ大抵生蕃人ノ点火スル野火ノ為メニ焼カレテ蒙茸タル草原ヲナシ、草原ノ将ニ尽ントスル絶頂又ハ岩角ニ至レバ間々台湾赤松ノ点生ヲ見ルノミ。故ニ人一タビ渓間ヲ遡ルトキハ其美林ノ多キニ驚ク可キモ、歩ヲ転シテ高山ノ頂上ニ立タバ、再ビ草原ノ多キニ驚クナル可シ。新高山附近ノ観察ニヨレバ、本帯ニ属ス可キ区域ニシテ現ニ樹林ノ存スル地ハ、蓋シ地積ノ三分ノ一ヲ越ユル能ハザルベシ

伐採林業の対象となりうる針葉樹の美林の多くは、先住民が用いた火によって、草原やアカマツに置き換わっており、温帯林に該当する区域の3分の1以下に過ぎないだろうという見立てである。この指摘を敷衍すれば、先住民が森林を荒廃させてきたのだ、という物言いが、たやすく導かれることになる。『大日本山林会報』に寄せられた本多の談話には[29]、「生蕃人は森林の大敵なり」という見出しの下、先住民の領域で森林が保護されているという見方が誤りだと力説している。

> 生蕃は其部落の各周囲一里以上つゝは悉く森林を燃焼して、サツマ芋、粟、陸稲等を作る。人若し生蕃部落に入りて周方を望見せば、悉く禿山にして、只山頂自然に野火の消ゆる所より後方にあらされば、決して樹林を見るを得ざるべし。(中略) 山奥に入るも彼等が狩猟に行く所は其休息する処に、彼等は殆と裸体にして火温を要するか為めに、必す火を点するの風習あるか為めに、至る所の高山峻嶺其南腹高燥の地は、森林悉く焼けて原野となり居り

この見方においては、先住民が焼畑や狩猟に関わって植生を変容させてきたプロセスは、本来あるべき植生からの逸脱として捉えられることになる。林学者としての本多は、こうした形での植生の変化について決して寛容とはいえなかった[30]。現存の植生が先住民の生活と深く結びついて形成されていることは理解しつつも、本多はそれを追認することはなく、推測された森林の消滅については、やはり否定的な態度をとっていた。

狩猟で火が用いられることについては、前章でみたように齋藤音作も否定的であった。ただし、先住民の火が、単に獲物を見付けやすくしたり、暖を取ったりするため、という捉え方はやや一面的であるようにも思われる。興味深いことに、齋藤は玉山の山頂近で、同行していた先住民が後続する者の道標になるようにと火を放つのを目撃している。このような一見ささいな理由で植生を焼く例として、オーストラリアの先住民（アボリジニ）が知られているが、火の多用は人為的な攪乱を引き起こし、植生の極相林化を防ぎ、様々な段階の植生を形成することで、動植物の多様性や棲息地をむしろ広げる可能性が指摘されている[31]。こうした火の効用と植生の多様性については、本多も齋藤も無理解であったというべきだろう。彼らにとって望ましい植生とは、林業に有益な極相林であり、それが林学者としては暗黙の前提であったように思われる。

5　植民地林学と森林「荒廃」の行方

二人の林学者が行った玉山の調査登山は、先住民が森林の「荒蕪」や「荒敗」をもたらし、あるべき美林の過半が失われたという理解を提示することになった。前章で指摘したように、こうした理解の前提には、気候帯に対応した潜在的な森林植物帯という枠組みが重要な意味をもっていた。

以下では、植民地台湾においてこうした見方が継承されたことや、また朝鮮半島の植民地林学とも関連したことに触れ、二人の林学者が残した影響について付言することにしたい。

（1）台湾の植民地林学と先住民

　台湾を「水平的」には熱帯林、「垂直的」には寒帯林までとみる本多の学説は、植民地期の台湾の林学で、おおむね継承されることになる。例えば、台湾の植物研究に携わり、総督府の技師も務めた佐々木舜一は、本多の理解を発展させる形で新高山（玉山）の森林帯を詳説した[32]。総督府殖産局技師の賀田直治が記した「台湾の林野」の概観や、中井宗三の『台湾材木誌』も、本多の提示した森林植物帯に従っている[33]。台湾総督府高等農林学校の青木　繁は『台湾林業上の基礎知識』を著したが、そこで示された台湾の林相は、やはり本多説を全面的に踏襲するものであった[34]。こうした理解とは別に、台湾総督府に勤め、後に九州帝国大学に迎えられた金平亮三の『台湾樹木誌』は、台湾の植生を紅樹林帯（マングローブ）・海岸林・農耕地帯・濶葉樹帯・針葉樹帯に5分類しており、気候帯よりも現存の植生や生態を重視する姿勢を示している[35]。

　1915年（大正4）に中井宗三が「先輩ノ調査セル資料」や「同僚知友ノ助力」に依拠してまとめた「台湾森林図」（図１参照）とその『説明書』は、「林相ノ大体」や「森林保護ノ思想」を示すという意図の下、「耕地及原野」、「草地」、「蕃人ノ開墾地及開墾跡地」、「散生地」、「濶葉樹林」、「針濶混淆林」、「扁柏紅檜林」、「たいわんつが・にいかたとどまつ林」、「松林」、「アベマキ林」、「竹林」について概説している[36]。これらの植生ないし土地被覆の区分は、気候に即した森林植物帯を示すものではなく、現存の植生を捉えたものであるが、「草地」や「蕃人ノ開墾地及開墾跡地」、「散生地」、「アベマキ林」の説明は、まさに齋藤や本多がそこから見いだした理解を提示するものになっていた。このうち「蕃人ノ開墾地及開墾跡地」には「蕃人ト森林」という項が立てられている。

> 蕃人ハ山岳地ニ居住シ、彼等ノ蕃的農耕ニ依リ森林ヲ滅失スルノミナラズ、土砂ノ流出ヲ促スコト夥シク、地形ノ急峻ト相俟テ平地ニ於ケル洪水氾濫ノ禍根ヲ為スノ憾アリト雖モ、彼等ハ文明人ノ如ク材木ヲ伐出利用スルノ能力無キカ上ニ、彼等カ生業ノ１半タル狩猟ヲナサンカ為メニ、却テ森林ヲ保護存置セシムルノ念ニ富メルガ如シ。又彼等ハ迷信上高山深林ヲ畏敬シ、是ヲ荒敗セシムルヲ避クルノ風習アリ。

　このくだりでは先住民を一方的に非難するわけではなく、むしろ森林を保全する考えも持っていると捉えている。しかし、アベマキ林は「破壊」の指標として位置づけられた。

> あべまき林ノ存在ハ、一面ニ於テ天然林相ノ破壊セラレタル証蹟ト見ルコトヲ得ベシ。即チ古来山地ニ居住シテ狩猟ヲ事トスル蕃人ガ、野獣ヲ追ヒ出ス目的ヲ以テ山野ニ放火シ、或ハ交通ノ徒然放火シテ其延々漫焼スルヲ見テ快トナシ、更ニ余事ヲ考慮セザル蕃的住民ニ依リ破壊セラレタル林況ヲ概察スルノ資ニ供センガ為メニ、特ニ此ノ樹種ヲ色別シタルモノナリ。

　この理解が、齋藤と本多が調査登山で得た解釈を受け継いでいることは明白である。つまり「台湾森林図」は、現状の植生を提示するだけでなく、それが本来の植生を「破壊」した結果であることを同時に表すように整えられた、といってよい。その意味で、「台湾森林図」は「森林保護ノ思想」を普及するという意図を込めて刊行されたわけである。先に３章においては、「台湾森林図」を用いて齋藤と本多が調査登山で観察した植生を検討したが、そのような検討が可能であったのは、本図が調査登山の成果を積極的に盛り込んだからであった。

「台湾森林図」を承けて、以後の台湾の森林に関わる文献では、先住民による植生改変を否定的に指摘することが、当然のように行われた。例えば、賀田直治の『台湾林業史』は、「古来山地ニ占居セル蕃人、並ニ更ニ移住侵略ヲ為セル支那民族トノ人為的林相ノ変化、換言スレハ放火開墾等ノ劇甚」と述べ、先住民も「人為的」な植生改変の要因だとする[37]。賀田は、先住民は森林を「保護」する考えを持ってはいるものの、その火が「天然」の森林を破壊し、「疎林地」や「散生地」を形成してきたと捉えた。先に触れた青木 繁の『台湾林業上の基礎知識』も、「低脚地帯は支那移民により所謂放火濫伐濫墾を壇にし、生蕃は漸次森林地帯を荒廃せしむるに至り両者相まちて本島の林相を人為的に変化せしめた」と概括している[38]。

このように、先住民による山岳地帯の植生改変は、台湾の植民地林学においては「破壊」や「荒廃」として捉えられていくが、その端緒となったのが齋藤と本多の調査登山であったことは間違いない。ただし、先住民が支配する領域の森林について、齋藤と本多以降、調査が必ずしも進展したわけではなかった。1897年（明治30）に「台湾横貫鉄道線路探検」に加わって「蕃地森林状態」を調査した原 音吉技師は、先住民に襲撃され、行方不明となった。同年、西田又二技師も「森林調査」の途上で襲撃を受け、からくも脱出したことを受け、「蕃地」の森林調査は中止になったという[39]。西田の初期の調査は本多静六の目にも留まり、本多の「台湾ノ森林帯ニ就テ」や、それを発展させた『日本森林植物帯論』にも引用されたが、こうした山岳地帯の森林の調査や把握は、実際には難しい面があった。それだけに、齋藤と本多が台湾領有直後に調査登山を成功させたことは、植民地林学における大きな成果であり、後の方向性を規定する役割を果たしたといえる[40]。

（2）朝鮮の植民地林学と火田

1899年（明治32）に台湾から離れ、内地の林政に携わった齋藤音作は、1909年（明治42）に大韓帝国に招聘され、「朝鮮林野分布図」の作成を指揮した。この作成の途上で日韓併合が成り、齋藤が作成した「朝鮮林野分布図」は、1910年以後、何度か版を重ねて刊行され、朝鮮の植民地林政の方向性を定める役割を果たすことになる。またこの分布図を前提として本多静六が植生改変について解釈を示している。これに関しては筆者のうち米家がすでに検討した所であるが[41]、十数年前に台湾で協力しあった二人の林学者が、再び植民地林学に関わったという点に着目して、ここでも言及することにしたい。

「朝鮮林野分布図」の作成は、併合前の大韓帝国の事業として始まったものであるが、すでに同帝国は日韓協約によって日本の保護国化が進んだ状況にあり、植民地林政を確立する上で、朝鮮半島の森林の分布を把握することが期待されていた。台湾と比較すれば、内陸部や山岳地帯を少数民族が支配するという状況にはなかったが、低山での森林「荒廃」がすでに報告されており、また火田民と呼ばれる焼畑を行う人々が暮らしていたことが知られ、植民地を経営する上で必要な森林資源が確保できるかどうかが、問題となっていた。

齋藤音作の回顧によれば[42]、事業費として山林局案では36万円が必要とされたために頓挫していたところ、齋藤は1万6千円で良いと上申して、その案が採用されたという。当初の想定よりも廉価で可能となったのは、地形図（外邦図）が利用できたことのほかに、内容と方法を簡略化したからだと考えられる。すなわち、日本の支配に反発する「暴徒」に対しては、軍を動員して大がかりに進めるのでなく、逆に「一班の人数を最小限とし成るべく目立たざるやうに潜行調査」を行う

という方法を用いた。

　また、調査内容としては、森林植物帯を意識するというよりは、「荒廃」の状況を三段階（成林地・稚樹発生地・無立木地）に区分することに重点を置き、主要樹種として針葉樹・アカマツ・潤葉樹の３種、そして火田（焼畑）を捉えるに止めた。樹種のうちアカマツは二次林の形成を示す指標であり、また火田は「荒廃」の要因として事前に想定されていたものである。つまり齋藤の狙いは、朝鮮半島における在来の林野利用がもたらした植生改変の程度と、その空間的な分布を捉えることにあり、植生を包括的に調査することは目的ではなかったといえる。この点は、数年後に作成されることになる「台湾森林図」とは異なる点であるが、しかし「台湾森林図」にも植生改変を示す指標が加えられていたことは、先に触れた通りである。

　齋藤は、右のように調査すべき森林の内容を限定した理由について、明確に語っているわけでなはなく、台湾との比較に触れてはいない。しかし、その判断材料のなかに、台湾で彼が見いだした先住民の火と、それが引き起こした植生改変があったことは間違いないだろう。本多もまた齋藤の取り組みに呼応して、朝鮮半島の火田の分布を踏まえ、その「改良策」を提言している[43]。

　　現時朝鮮全土ノ山林荒廃ハ、其近因ヲ其乱伐又ハ温突制ニ帰シ難キニアラザルモ、其遠因ハ必ズヤ火田作業ニ帰セザルベカラズ。（中略）。従来、中部及ビ南部地方ノ低地ニ於テノミ存シタル火田ハ、今ヤ北方ニ於テ其猖獗ヲ極メツヽアルモノナリ。（中略）此等火田ノ跡ニ来ル可キ荒廃地ハ、瘦矮ナル赤松ノ散生地ト化スルニ非ラズンバ，荒涼タル兀山ト化スヘク，朝鮮ノ産業上豈悲ム可キノ極ニ非ズヤ。

　本多の見る所では、半島南部のアカマツの散生地や無立木地は焼畑が引き起こした植生改変の結果であり、北部にみられる火田は将来の森林荒廃を予言する根拠にほかならなかった。

　本多の指摘に沿う形で、1910年代の半ば以降、朝鮮総督府の林政は「火田整理」を進め、様々な軋轢を引き起こすことになる。日韓併合とともに総督府殖産局山林課長に就任し、次いで営林廠長となった齋藤は、焼畑を規制する政策を進める側の立場にあったことになる。台湾とは異なり、朝鮮総督府が「火田整理」を推進した背景には、焼畑山村が先住民の領域として政治的に独立していたわけでなく、林政を実効的に進めることができたという事情があった。また、半島北部にかなり残っていた針葉樹林を火田民から保全することが、喫緊の課題として位置づけられたからだ、と考えられる。その意味で、台湾ではすぐに対応できなかった植民地林学の課題が、朝鮮半島では具体的に取り組み可能な状況にあって、林政の優先的な課題になったといえる。ここに、植民地林学が帝国日本の各植民地の間で共有され、影響を与えた形跡を見ることができよう。

6　おわりに

　小稿では、近代林学あるいは「科学的林業」と植民地という観点から、帝国日本にとって初めての熱帯の植民地となった台湾に着目し、その最初期に行われた林学者の調査登山が、植生と先住民の関係をどのように捉えたのかを検討した。以下、改めてその要点を整理しておこう。

　日本に近代林学の基礎が築かれた19世紀末、林学のための学校で学んだ人材は、日本本国においても、また植民地においても、科学的林業の担い手として活躍が期待された。そのなかで育った齋藤音作と本多静六という二人の同期生は、台湾領有直後の玉山調査登山に成功した。帝国大学の教員として林学の発展に尽力する本多にとっては、この調査登山は帝国日本の森林植物帯を提示す

●特集：学問史の世界　佐々木力と科学史・科学哲学

るという目的があり、台湾はその端緒となるべき植民地であった。植民地の官吏となった齋藤にとっては、植民地林業を推進する上での基礎的な調査という意味があった。1896年11月、二人の林学者は調査隊を組織して濁水渓の上流域に入り、ブヌン族が支配する領域を遡上した。その途上、焼畑や狩猟の火によって、草原や疎林、またアベマキのような二次林が形成されていることを見いだした両者は、高地に森林資源となる針葉樹林帯があることを確認しつつも、植生が人為的に改変されてきたことに注目する。本多にとってそれは、気候帯に即した潜在的な植生を復元的に捉え、そこからの人為的改変ないし逸脱として現存植生を位置づける視点を確立するための、重要な材料となった。こうした指摘は、台湾の植民地林学において継承されていくことになる。また14年後の1910年、日韓併合直後に齋藤が完成させた「朝鮮林野分布図」は、焼畑の火が森林を「破壊」してきたとの仮説を確認するような形で整えられており、本多もその見方を支持した。それは植民地台湾で二人が得た理解の延長にあるものであり、その意味で、帝国日本のなかで、植民地林学が植民地をまたいで展開した事例だといってよい。

　以上の知見は、なお推測に止まる面があり、さらなる検討を待つ資料も残されている。特に、齋藤が離れた後の台湾の林学の展開や、植民地と本国をつなぐ林学者たちのネットワークについては、別途、詳細な分析が必要だろう。そもそも小稿の最初で述べた、林業や林政の指導者が形成したグローバルなネットワークという観点からみれば、小稿は小さな一事例に触れたに過ぎない。帝国日本の林学ネットワークが、よりグローバルなネットワークのなかで、どのような位置にあったかについても、全く言及することができなかった。

　また、火を用いた植生改変は、植民地で初めて発見されたものではなく、内地の火入れが草原を形成してきたことについては、本多が批判の対象とした高島得三・田中壤が、早くに指摘しているところであり、それは必ずしも近代林学の輸入の賜物ではない[44]。しかし本多が台湾のアベマキ林を例として問題化したことは、植生改変が帝国日本全体の問題であり、内地と植民地を問わず、すでに多くの森林資源が失われたという指摘であり、植生を換える在来の火を究極的には排除すべきだという学知であった。その意味で、帝国日本の近代林学の展開を考える上で、玉山の調査登山は重要な意義を帯びていたというべきだろう。

　近代林学が環境保全の思想の基盤の一つになったという指摘に沿うならば、本多静六は「日本の森林を育てた人」であり[45]、彼が尽力して発展させた林学は、日本においても環境保全を支える母体として機能した。ただしその評価は、植民地主義や国家の役割をどのように捉えるかで左右される面がある。この問題は、植生の管理と利用が、どのような空間スケールで行われるべきか、という問いにも通じている。帝国日本における植民地林学の展開については、いまなお多くの研究課題が残されているのである。

付記　小稿は平成27〜29年度科学研究費補助金（挑戦的萌芽研究）「旧日本帝国における森林の利用と保全に関する研究―地理学・林学・環境史の視点から―」（代表・中島弘二）での共同研究に基づくものであり、共同研究のなかで貴重な指摘や助言をくださった中島弘二氏（金沢大学）、永井リサ氏（九州大学）にお礼申しあげる。なお小稿作成に際して、齋藤音作の履歴に関する調査や、玉山の調査登山に関する資料収集は、竹本が担当した。資料の解釈や考察は米家が担当しており、その当否については米家に責がある。

参考文献

1) Guha, R., Environmentalism: A global history, Pearson, 1999. Barton, G. A., *Empire forestry and the origins of environmentalism,* Cambridge University Press, 2002. Rajan, S. R., *Modernizing nature: Forestry and imperial eco-development 1800-1950,* Oxford University Press, 2006.

2) 水野祥子『イギリスからみる環境史―インド支配と森林保護―』、岩波書店、2006。同「イギリス帝国の科学者ネットワークと資源の開発・保全」、『歴史学研究』937、2015 年、11 ～ 20 頁。同「イギリス帝国の環境史―開発・保全・エコロジー―」、『歴史評論』79、2016 年、47 ～ 58 頁。Bennett, B. M., A network approach to the origins of forestry education in India, 1855-1885, in B. M. Bennett and J. M. Hodge eds., *Science and Empire,* Springer, 2011, pp.68-88.

3) 科学の地理、あるいは近代の科学が特定の空間と結びついて展開したことを捉える意義については、D・リヴィングストン（梶 雅範・山田俊弘訳）『科学の地理学―場所が問題になるとき―』、法政大学出版局、2014 年。K・ラジ（水谷 智・水井万里子・大澤広晃訳）『近代科学のリロケーション―南アジアとヨーロッパにおける知の循環と構築―』、名古屋大学出版会、2016 年。

4) G・バートンは、西洋がもたらした法規のなかで植民地の森林保全が進んだことが、「良い」ことなのか「悪い」ことなのかは、国家の役割をどう評価するかに関わると示唆している。前掲注 1、*Empire forestry and the origins of environmentalism*, p.165.

5) Sivaramakrishnan, K., Modern forest: *Statemaking and environmental change in colonial Eastern India,* Stanford University Press, 1999. 水野祥子「イギリス帝国における林学の展開とインドの経験―帝国林学会議の焼畑移動耕作に関する議論を中心に―」、『林業経済研究』58（1）、2012 年、27 ～ 36 頁。同「大戦間期イギリス帝国における森林管理制度と現地住民の土地利用」、『歴史学研究』893、2012 年、45 ～ 56 頁。

6) Morris-Suzuki, T., The nature of empire: Forest ecology, colonialism and survival politics in Japan's imperial order, *Japanese Studies*, 33（3）, 2013, pp.225-242.

7) 近世日本の領主的林業においても、林産資源の枯渇に直面して、森林植生の維持・更新を計画的に進める考えが芽生えた。その点を念頭におけば、ドイツから輸入された林学は、その全てが近代の日本において斬新であったわけではない。しかし、学問としての体系化・制度化という意味で、近代林学の受容は重要な画期となった。芳賀和樹「秋田版の林政と山林資源管理技術」、『歴史学研究』963、2017 年、78 ～ 87 頁。米家泰作「芳賀和樹氏報告批判」、『歴史学研究月報』695、2017 年、7 頁。

8) Komeie T., Colonial environmentalism and shifting cultivation in Korea: Japanese mapping, research, and representation, *Geographical Review of Japan*, 79（12）, 2006, pp.664-679. 米家泰作「植民地朝鮮における焼畑の調査と表象」、『季刊東北学』11、2007 年、72 ～ 86 頁。

9) ①米家泰作「近代林学と焼畑―焼畑像の否定的構築をめぐって―」、原田信男・鞍田崇編『焼畑の環境学―いま焼畑とは―』思文閣出版、2011 年、168 ～ 190 頁。②同「近代林学と国土の植生管理―本多静六の「日本森林植物帯論」をめぐって―」、『空間・社会・地理思想』17、2014 年、41 ～ 56 頁。③同「草原の「資源化」政策と地域―近代林学と原野の火入れ―」、「歴史地理学」58（1）、19 ～ 38 頁。

10) 以下、齋藤音作と本多静六の年譜については、主として次の文献に依る。①齋藤音作事務所編『齋藤音作先生の追憶』同事務所、1938 年。②武田正三『本多静六伝』埼玉県立文化会館、1957 年。③本多静六博士顕彰事業実行委員会編『日本林学界の巨星 本多静六の軌跡』同、2002 年。④本多静六『本多静六自伝 体験 85 年』実業之日本社、2006 年。⑤岡本貴久子『記念植樹と日本近代―林学者本多静六の思想と事績―』思文閣出版、2016 年。

11) 竹本太郎「統治初期台湾における玉山の登頂と阿里山森林の発見」、第 129 回日本森林学会大会、2018 年（日本森林学会大会発表データベース）。

12) 以下、日本統治期の台湾の林政史については、萩野敏雄『朝鮮・満州・台湾林業発達史論』、林野弘済会、1965 年、による。

13) 八戸道雄「台湾の林業」、大日本山林会編『明治林業逸史』同刊行、1931 年、443 ～ 458 頁。

14) 前掲注 10 ①『齋藤音作先生の追憶』、164 頁。

15) 前掲注 10 ①『齋藤音作先生の追憶』、164 頁。

16) 前掲注 13「台湾の林業」。

17) 齋藤音作「モリソン紀行 附生蕃事情」、『太陽』3、1897 年、2352 ～ 2362・2932 ～ 2936・3473 ～ 3478・4028 ～ 4036 頁。同「新高山紀行」、『太陽』3、1897 年、4569 ～ 4575・4839 ～ 4848 頁。引用に際しては句読点を補った。また後に紀行を抄録・加筆したものに、齋藤音作「阿里山森林の発見」、大日本山林会編『明治林業逸史』同刊行、1931 年、458 ～ 477 頁、がある。

18) 前掲注 10 ④『本多静六自伝』、153 頁。

19) 本多静六は調査登山の翌年、各所でこれに関する講演を行っており、その記録がみられる。①「本多静六氏台湾森林に関する談話の要領」、『大日本山林会報』169、1897 年、85 ～ 89 頁。②本多静六「もりそん探検談」、『同方会報告』5、1897 年、16 ～ 26 頁、『同』6、同年、1 ～ 9 頁。③同『もりそん探検談』発行者・発行年不詳。②と③は 1897 年（明治 30）2 月に東京地学協会で講演した記録であり、ほとんど同じ内容である。ここでは以下、本多の自家出版とみられる③を引用する。

20) 本多静六「台湾ノ森林帯ニ就テ」、『植物学雑誌』13、1899 年、229 ～ 237・253 ～ 237・253 ～ 259・281 ～ 290 頁。

21) ①本多静六「日本ノ植物帯殊ニ森林帯ニ就テ」、『東洋学芸雑誌』218、1899 年、454 ～ 467 頁、219、同年、497 ～ 504 頁、220、同年、28 ～ 36 頁。②同「日本植物地理に就て」、『地学雑誌』14、1899 年、8 ～ 18・51 ～ 76・223 ～ 237・

●特集：学問史の世界　佐々木力と科学史・科学哲学

297～325 頁。③同「日本森林植物帯論」、『大日本山林会報』205・206・207、1900 年、4～35・7～39・1～25 頁。④同『日本森林植物帯論』（自家出版）、1900 年。⑤同『本多造林学前論ノ三　改正日本森林植物帯論』、三浦書店、1912 年。なお筆者は前稿（前掲注９②）で右の文献について論じたが、②について見落としていた。②で本多は森林帯の語を「植物地理」と言い換えて、『地学雑誌』に所説を公表しているが、その趣旨は他と同じである。なお植物帯と似た用語に植生帯があるが、小稿では文面を統一するために本多が用いた植物帯の語を用いる。

22) 前掲注 10 ④『本多静六自伝』154 頁。
23) 矢野俊彦「南遊紀程」、『大阪朝日新聞』、1896 年（明治 29）10 月 22 日～1897 年（明治 30）2 月 10 日 12 月 9 日。12 月 9 日には「モリソン山先登」との速報も掲載された。
24) 齋藤音作も本多静六も先住民の民族名について特に触れていないが、ブヌン（ヴンヌム）族にあたるとみられる。成田武司編『台湾生蕃種族写真帖　附理蕃実況』成田写真製版所、1912 年。なお、鳥居龍蔵による人類学的調査も台湾領有直後から始まり、1900 年（明治 33）にはブヌン族の調査や新高山登頂が行われた。板野 徹『帝国日本と人類学者　1884―1952 年』勁草書房、227～294 頁。
25) 台湾総督府民政部殖産局「台湾森林図」台湾総督府、1915 年。同『台湾森林図説明書―台湾保安林調査報告―』台湾総督府、1915 年。
26) 前掲注９①、拙稿「近代林学と焼畑」を３照。
27) 前掲注２０、「台湾ノ森林帯ニ就テ」。引用に際しては句読点を補った。
28) 前掲注９②、拙稿「近代林学と国土の植生管理」を参照。
29) 前掲注 19 ①「本多静六氏台湾森林に関する談話の要領」。引用に際しては句読点を補った。
30) 前掲注９③、「草原の「資源化」政策と地域」を参照。
31) 例えば、小山修三『森と生きる―対立と共存のかたち―』山川出版社、2002 年。同「利器としての火―狩猟採集から焼畑農耕まで―」、鞍田崇編『ユーラシア農耕史５』臨川書店、2010 年、29～56 頁。S・J・パイン（大平 章訳）『火―その創造性と破壊性―』法政大学出版局、2003 年。同（寺島英志訳）『ファイア―火の自然誌―』青土社、2003 年。同（生島 緑訳）『図説　火と人間の歴史』原書房、2014 年。
32) 佐々木舜一『新高山彙森林植物帯論』台湾総督府中央研究所林業部報告１、1922 年。
33) 賀田直治「台湾の林野」、『大日本山林会報』332・333・334・335、1910 年、43～50 頁・34～41 頁・38～41 頁・45～51 頁。中井宗三『台湾材木誌』、台湾総督府殖産局、1914 年。
34) 青木 繁『台湾林業上の基礎知識』新高堂書店、1925 年。
35) 金平亮三『増補改訂台湾樹木誌』井上書店、1936 年。ただし金平も、農耕地帯では「掠奪農業の結果」として草生地やアベマキの「第二期森林」が成立している指摘しており、植生の人為的変化に注意を払っている。
36) 前掲注 25。引用に際しては句読点を補った。
37) 賀田直治『台湾林業史』台湾総督府殖産局、1917 年。引用に際しては句読点を補った。
38) 前掲注 34『台湾林業上の基礎知識』。
39) 前掲注 13「台湾の林業」。
40) なお玉山の西に位置する阿里山では、1910 年代に森林鉄道が引かれ、植民地台湾における最初の本格的な林業開発が進展した。後に齋藤音作は、玉山の調査登山時に自身が阿里山の森林を発見していた、と主張している。前掲注 17「阿里山森林の発見」。
41) 前掲注８。
42) 齋藤音作「韓国政府時代の林籍調査事業」、朝鮮山林会編『朝鮮林業逸誌』同会、1933 年、39～81 頁。
43) 本多静六「朝鮮ニ於ケル火田（即チ我国ノ所謂焼畑）ノ性質及ビ改良策」、『本多造林学後論ノ一　副産物造林法』三浦書店、1911 年、41～56 頁。引用に際しては句読点を補った。なお該当の章は同年の『朝鮮総督府月報』１（５）に転載された。
44) 前掲注９、「近代林学と国土の植生管理」。
45) 遠山 益『本多静六　日本の森林を育てた人』実業之日本社、2006 年。

特集論考●学問史の世界　佐々木力と科学史・科学哲学

古地図と近代地図のはざま
―明治期に日本で作製された朝鮮全図とソウル都市図―

澁谷 鎮明●中部大学国際関係学部教授

1　はじめに

　本稿では、明治期に日本人によって作製された初期の朝鮮半島の地図について、基盤となる近代測量の成果が無いか、あるいは非常に少ない状態でどのように作製されたのかを、具体的な地図を例に挙げながら論じていきたい。

　このようなテーマについて考えるようになった契機は、やや個人的なものである。筆者は、はるか昔、大学院生であった頃から、日本統治期の朝鮮都市図の収集をしていた。もちろん筆者自身が韓国を研究対象地域とする地理学者でもあり、朝鮮時代末期の風水地理思想の展開が主たる研究テーマであったことから、古地図等にも関心を持っており、ただのコレクションというわけではなかった。しかしながら収集した古地図は、韓国人地理学者とのある種の「話題作り」のためのものであった。当時まだあまり韓国語のうまくない大学院生であった筆者が、韓国を訪れる際に、このような都市図を複写し、ちょうど「お土産」のようにして、知り合いになった韓国人の地理学者が住む地域の日本統治期の地図を持参し、コミュニケーションをとるために使ったわけである。やや不純な動機かもしれない。

　1990年代くらいまでの韓国では、日本にそのような地図が所蔵されていることや、どのようなものがあるかは、韓国では知られておらず、しかもあまり関心が持たれていなかったように思われる。筆者自身も当時はその全体像をつかんでいたわけではなく、手あたり次第の収集であった。地理学者というのは面白いもので、このような古い地図を持参すると、たいていの場合、「このような地図があったのか」と驚かれた上で、すぐに親しい「同業者」同士の会話ができた。時にはこのような地図が、韓国人地理学者の知的好奇心を刺激したためか、地図を頼りにいろいろなことを教えていただいた。それに気を良くして、次第に朝鮮全図も収集するようになっていった。

　そのような理由で収集した地図なのだが、その中にどうやって作製したのか非常に気になるものがあった。それらは、おおよそ日清戦争前後かそれ以前に日本で作製された朝鮮全図や都市図である。朝鮮半島で近代的な測量による大縮尺（五万分の一）地形図が作られたのは、正式には韓国併

しぶや　しずあき◎名古屋大学大学院文学研究科史学地理学専攻満期退学。博士（地理学）。専門は人文地理学、韓国地域研究。韓国を中心とした風水地理思想の展開、日本人作製の近代都市図研究に関心を持つ。近年中部地方のインバウンド観光についても研究を行う。著書に『東アジア風水の未来を読む：東アジアの伝統知識風水の科学化（韓文）』（共著）、『自然と人間の環境史』（共著）、『現代韓国の地理学』（共著）など。

●特集：学問史の世界　佐々木力と科学史・科学哲学

合翌年の1911年のことである。それ以前の日清戦争の直後から「略図」と呼ばれる地形図が臨時測量部によって作製されたことが知られているが、少なくとも日清戦争には間に合っていない。むしろ必要性に気付いて作製を始めたと言ってよい。航空写真もない時期であり、そのような時期にいかにしてそれらの地図が作製されたかということが気になったのである。さらに言うならば、そのような状態で作った地図しかないまま日清戦争は行われたのである。いったいどのようにして戦争は遂行されたのであろうか。

　その後、2000年代になると韓国において複数の古地図集が刊行され、戦前に日本で作製された朝鮮半島の地図についても複数の研究機関で収集と研究が行われるようになり、次第にこれらの地図の全体像が見えるようになってきた。一方で日本においても、同じ時期に海外地域で日本が作製した大縮尺地形図「外邦図」の研究（小林、2009、2014）が行われたため、本稿で対象とする、外邦図以前の日本人作製地図についても次第に作製状況が明らかになってきている。また朝鮮半島については、米家（2017）が日本における明治大正期の朝鮮半島の地誌と地図の作製状況を明らかにしており、朝鮮独自の事情も明らかになりつつある。特に興味深いのは、朝鮮半島の地誌・地図の作製時期を見ると、朝鮮半島情勢が緊迫するたびに「突発的需要」が起こり、多くの地誌や地図が作製されたという点である。

　このような中で筆者も、朝鮮全図に割図として挿入されたソウル都市図の変容について論じたが（渋谷、2011）、そこで指摘したのは、近代的測量がない状態で、資料不足から朝鮮王朝期に作製された古地図が利用された点である。すべてを古地図に頼ったわけではないが、次善の策として古地図を利用することは比較的よく行われたものと思われる。またそもそも、当時の日本において、朝鮮の情報がかなり不足していたのではとの指摘もある（小林、2014）。

　そこで本稿では、このような日本で作製された初期の朝鮮半島の地図について、古地図との関係性について注目しつつ、これまで十分に研究されなかった地図を事例として、作製の経緯や方法について論じて行きたい。その際に、上述の米家の言う「突発的需要」が生じたと思われる時期の民間作製の朝鮮全図である小橋助人「朝鮮海陸全図」（1894年）と、当時の駐在武官の作製した、いわば官製のソウル都市図である「朝鮮京城図」（1882年）を事例として考察してゆきたい。

2　明治期の日本人作製の朝鮮全図とソウル都市図

　具体的な地図について見ていく前に、本稿で取り上げる、日本で作製された朝鮮全図とソウル都市図の系譜やその背景にについて簡単に確認しておきたい。

　米家（2017）によれば、櫻井義之『朝鮮研究文献誌明治大正編』掲載の「地誌・紀行」（82点）、「地方誌」（62点）、「朝鮮地図」（93点）の文献資料の発行時期を見ると、1875年、1882年、1894年、1910年に発行点数のピークがある。これはそれぞれ江華島事件、壬午事変、日清戦争、韓国併合のあった年であり、何らかの事件が朝鮮にあった際に、日本では官民双方で関心が高まり出版の気運が高まっているのである。下に述べる朝鮮全図はともにそのような「ピーク」の時期に多く作製されたように見える。一方ソウル都市図は、日清戦争後、1900年前後になって増加しているように思われる。

特集論考◎古地図と近代地図のはざま―明治期に日本で作製された朝鮮全図とソウル都市図―

表1　1870～1910年に作製された朝鮮全図

No	タイトル	作成者	刊行年	サイズ	所蔵機関	縮尺	備考
1	増補改正朝鮮国全図	田嶋象次郎	1873	49.55×72.5cm	嶺南大学校博物館		
2	朝鮮国細見全図	染崎延房・石塚寧斎	1873	100.5×71.5cm	嶺南大学校博物館、日本国会図書館		
3	五畿八道朝鮮国細見全図	川口常吉・石田旭山	1874	98.4×47.2cm	嶺南大学校博物館		
4	改訂新鐫朝鮮全図	佐田白茅ほか	1875	41.6×48.5cm	嶺南大学校博物館		
5	銅刻朝鮮輿地全図	関口備正	1875	62.0×34.6cm	嶺南大学校博物館		
6	朝鮮国之全図	平田繁	1875	26.5×70.0cm	嶺南大学校博物館		
7	朝鮮八道全図	樫原義長	1876	48.0×35.4cm	嶺南大学校博物館		
8	朝鮮全図	陸軍参謀局	1876	127.1×94.1cm	嶺南大学校博物館、日本国会図書館など		
9	朝鮮全図	大村恒七	1882	47.2×33.6cm	嶺南大学校博物館		
10	朝鮮国細図	福城駒太郎	1882	45.5×34.3cm	嶺南大学校博物館		
11	朝鮮輿地図	清水光憲	1884	105.1×77.1cm	嶺南大学校博物館		朴泳孝による題字あり。
12	朝鮮全図	東京地学協会	1894	74.7×48.3cm	嶺南大学校博物館	1:1,600,000	
13	朝鮮海陸全図	小橋助人	1894	136.8×91.8cm	嶺南大学校博物館、日本国会図書館		
14	朝鮮国全図	時事新報社	1894	34.0×48.5cm	ソウル市立大博物館		
15	大韓全図	学部編輯局	1899	33.7×25.0cm	李燦所蔵		銅板印刷
16	大韓輿地図	学部編輯局	1900頃	152.0×84.5cm	李燦所蔵		銅板印刷
17	新纂朝鮮全図	日本新聞社	1902	62.8×46.2cm	嶺南大学校博物館	1:2,500,000	
18	Ｋｏｒｅａ	B. Koto	1903	66.4×37.3cm	嶺南大学校博物館	1:2,000,000	
19	韓国大地図	青木恒三郎	1906	106.7×78.8cm	嶺南大学校博物館		
20	大韓全図	玄聖運鉄版造刻	1907	31.5×19.5cm	嶺南大学校博物館		
21	大韓帝国地図	玄公廉	1908	103.5×75.3cm	尹炯斗所蔵、嶺南大学校博物館		銅板印刷
22	朝鮮遊覧図		20c前半	102.5×56.5cm	嶺南大学校博物館		

（1）日本における初期朝鮮全図の作製と古地図からの情報

　表1は、筆者が作成した、明治期に日本で出版された朝鮮全図のリストである。もとより全ての朝鮮全図を網羅しているわけではないが、これを見るとやはり1875年前後、1882～1884年、1894年に刊行のピークがあるように思われる。

　日本において明治期以降、朝鮮全図として早い時期に作製されたものとして良く知られているのは、1875年11月に作製された陸軍参謀本部作製の「朝鮮全図」である。この年の6月には日朝間での武力衝突事件である江華島事件が起きており、このような軍事的接触をうけて陸軍において作製されたものとされる。

　この地図の下部に記された「例言」には、地図作製に関してどのような情報を利用したのかについて述べられている。それによると、「一　此圖ハ　朝鮮八道全圖　大清一統輿圖　英米國刊行測量海圖　等ヲ参訂シ之ニ加フルニ朝鮮咸鏡道ノ人某氏ニ就キ親シク其地理ヲ咨詢シ疑ヲ質シ謬ヲ正シ以テ製スル所タリ」とされ、朝鮮八道全圖、

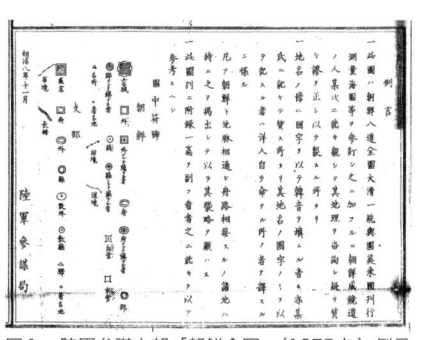

図1　陸軍参謀本部「朝鮮全図」（1875年）例言

●特集：学問史の世界　佐々木力と科学史・科学哲学

大清一統輿圖、英米國刊行測量海圖を参照して作製されていることが示されている（図1）。

この「朝鮮八道全図」については、類似した名称の地図が多く、具体的にどの地図を参考としたかは不明であるものの、朝鮮王朝時代の古地図を用いたものと推測される。時期的には鄭相驥作製の「東国地図」（18世紀末）の写本と考えられる「八道全図」（19世紀）などの利用が推測される。また「大清一統輿圖」はおそらく1863年に清の胡林翼が編纂した地図で、その内容は清の版図を中心にアジア全体を示したものである。また当時作製されていた英国など西洋勢力の作製した海図も使用しており、その影響は図中に水深が示されている点にあらわれている。

このように、この時期には正確な測量の情報が不足しており、近代的測量によらない古地図などを参考としていたことが見て取れる。なお上記の「朝鮮咸鏡道ノ人某氏ニ就キ親シク其地理ヲ咨詢シ」にある「某氏」については、当時日本政府顧問として江華島条約（日朝修交条規）締結に関与した金麟昇であると指摘されている（南榮佑、2006）。

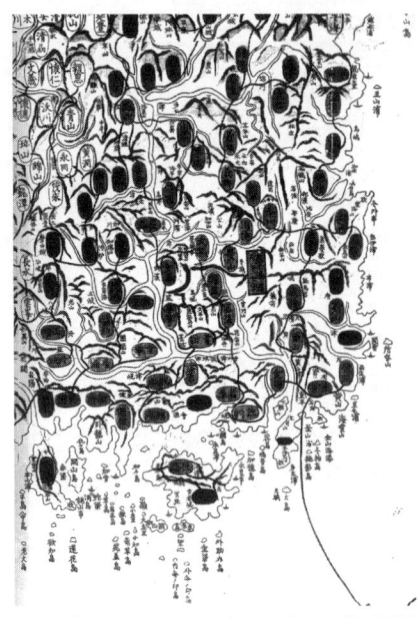

図2　「朝鮮国細見全図」（1873年、染崎延房編）

「朝鮮全図」のように、陸軍参謀本部のような公的な機関が作製したものだけでなく、民間でも朝鮮全図がかなり早い時期に作製される。特に日清戦争前後からは多くの朝鮮全図が日本において作製された。上記「朝鮮全図」と同じく近代的測量の成果が十分でない時期に作製されたものも多い。

1873年の「朝鮮国細見全図」（染崎延房編）は、明治期以降日本で作製された朝鮮全図のなかで最も早い時期のものと考えられるが、その内容を見ると、朝鮮半島の輪郭や、朝鮮時代の郡縣の所在地を丸で囲んで表記しており、これは朝鮮時代の古地図と類似している（図2）。同様の地図は他にも見ることができ、たとえば、上記の陸軍参謀本部作製の「朝鮮全図」と同じ時期である1875年に、日本で作製された「改訂新鐫朝鮮国全図」（山田孝之助）も、やはり朝鮮時代の朝鮮全図を利用したものと思われる。その後も1870年代の民間作製の朝鮮地図は、資料不足のためか多かれ少なかれ問題があり、朝鮮半島の正確な形をうまく表現することには成功していなかった。

やや年代が下ると、これらの地図に比して次第に朝鮮半島の輪郭が正確になるとともに、複数の情報をもとに地図が作製されるようになる。これは陸軍参謀本部作製の「朝鮮全図」と同様の傾向である。1894年に発行された、東京地学協会の「朝鮮全図」の「例言」を見ても、さまざまな資料を「折衷」して作製されていることが理解される。地図には「朝鮮ハ未タ実測図アラズ・・・只ダ奮来ノ諸圖ヲ折衷シ既ニ遂行サレタル一部ノ調査ヲ参照シ且ツ之ヲ二三ノ内地旅行者ニ質シ稍々眞ニ近キモノヲ得タリ」との説明があり、実測図がないために、日本人旅行者の情報まで得て、かなりの苦労をしながら地図作製を行っていることが示されている。その際に用いた資料として、「海岸線ハ内外水路圖に據リテ」「地名ハ朝鮮官本八道全圖ニ據ル」「明治八年陸軍参謀局出版ノ朝鮮全図ニ據ル所多シ」と示されている。これはすなわち、この図が朝鮮の古地図を含めた様々な地図の寄せ集めであったことを示しており、またこの時点においても1875年の陸軍参謀局「朝鮮全図」

を参照していることが理解される。

　なお、ここまで日本で作製された朝鮮全図について触れたが、大韓帝国期の朝鮮においても1890年前後より朝鮮全図が作製されている。特に大韓帝国政府において教育行政を担当した学部の編輯局によって作製された「大韓輿地図」（1900年頃）、「大韓全図」（1899年）、「大韓帝国地図」（1909年）などの一連の朝鮮全図が著名である。これらの地図の中でも「大韓輿地図」については、朝鮮半島の輪郭が「大東輿地図」のものと類似しているとの指摘がある（ソウル市立大学博物館、2005）。

　ここまで述べたように、特に日本において早い時期に作製された朝鮮全図は、十分な近代測量の成果がなかったため、さまざまな参考資料が使われたものと考えられる。その中には朝鮮王朝時代の古地図も含まれていた。

(2) ソウル都市図作製の展開

　次に、朝鮮王朝時代の国都であり、その後も朝鮮半島の中心であり続けるソウル（漢陽、漢城、京城）の都市図について、韓国併合直後までのおおよその地図作製の流れについて整理しておきたい。表2は、1910年代頃までのソウル都市図のリストである。リストは筆者の確認できたものに限られており、他にも都市図が作製されている可能性が高い。なおこの表にあげた都市図は、基本的に一枚物の地図である。

　これ以外に、前述の朝鮮半島全図の割図として挿入されたものがあるが、これらは比較的早い時期に日本で作製されたソウル都市図と言ってよい。管見の限りでは、この種の地図は1890年代から1910年前後までに現れる。その内容はソウルを取り巻いていた城郭を模式的に示し、その城郭に造られた城門が描かれ、城内の街路を簡略に線で示した、いわば略図に近いものであり、盛り込まれた情報も少ない。このような描写方法は、朝鮮王朝時代に作製されたソウルの古地図である「都城図」に類似している（図3参照）。これらの地図の多くは、日清・日露戦争、および韓国併合に至る頃に、主として日本において民間で作製されたものである。この時期は日本において朝鮮半島に関する関心が高まっており、特に民間では情報が不十分な状態であっても、地図を作製し、その際に情報の不足から古地図の情報を用いたのではないかと考えられる。

　ソウル市立大学博物館編『近代地図特別展　地の痕跡、地図の話』などによると、江華島事件および日朝修好条規以降、朝鮮半島侵略の意図を持った日本は、ソウル付近の現地踏査と測量が実施し、1880年代に「朝鮮京城図」、「朝鮮京城之略図」と「漢城近方図」を作製したとされる。また1885年には陸軍参謀本部測量課が「漢城近方地図」を作製していたとされる（ソウル市立大学博物館、2004）。

　また李燦によれば、「朝鮮京城図」、「朝鮮京城之略図」、「漢城近方図」は、日本人の手によって作製されており、まず1882年からソウルで諜報活動を行っていた水野・松岡などの日本人が現地調査と目視で4万分の1の「朝鮮京城図」を作製し、1883年の壬午軍乱以降測量が可能となり、1883年に1万分

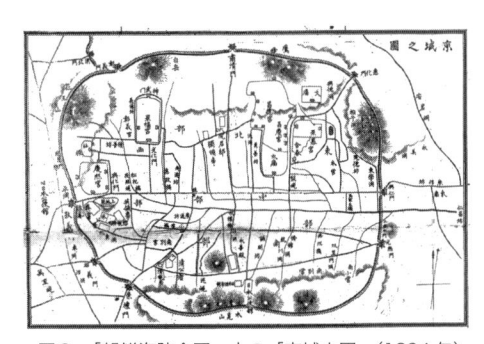

図3　「朝鮮海陸全図」中の「京城之図」（1894年）

●特集：学問史の世界　佐々木力と科学史・科学哲学

表2　日本人作製のソウル都市図一覧

地図名	発行年	著者・発行人	出版社・印刷所	縮尺	大きさ	所蔵機関
朝鮮都府略図	1876	勝田、益満		不明		アジア資料センター
朝鮮京城図	1882	水野、松岡、千原		約1：40000		国立公文書館
朝鮮京城之略図	1883					
漢城近方地図	1883					
京城之図	1880年代					国会図書館（日本）
京城付近之図・漢陽京城図	1900	不明		不明	26×34.7cm	ソウル歴史博物館
韓国京城全図　付釜山日本居留地及大邱市街全図	1903	京釜鉄道株式会社		1：10000	97×68cm	国会図書館（日本）、岐阜大図、嶺南大博物館
最新京城全図	1907		日韓書房	1：10000	74.8×52.9cm	ソウル歴史博物館、高麗大博物館
京城（「新訂分道大韓帝国地図・京畿」中）	1908	玄公廉ほか	日韓印刷株式会社	不明		ソウル歴史博物館
京城市街全図　竜山市街全図	1909		青木嵩山堂	1：12000	26×37cm-48×46cm	国会図書館（日本）
京城市街全図	1907—1910	不明		8000分の1		国会図書館（日本）
京城市街全図	1910	財藤勝蔵	アルモ印刷合資会社	不明	108.8×115.5cm	ソウル歴史博物館
京城及び龍山（「朝鮮交通全図」中）	1910	大阪毎日新報社		不明		ソウル歴史博物館
京城龍山市街図	1911	朝鮮駐箚憲兵隊司令部		8000分の1		国会図書館（日本）
龍山合併京城市街全図	1911		明治屋京城支店	1：10000	78.2×54.7cm	ソウル歴史博物館
Keijo（Seoul）	1913	The Imperial Japanese Government Railways		1：32000	72.7×32.6cm	ソウル歴史博物館
KEIJO（SEOUL）	1913	Imperial Japanese Government Railways		1:32000		
京城市街疆界図	1914	財藤勝蔵	十字屋	1：10000	104×73cm	国会図書館（日本）
京城府市街疆界図	1914	財藤勝蔵	十字屋	1：10000	109.4×77.5cm	ソウル歴史博物館
京城府明細新地図	1914		京城日報社	1：10000	109.5×80cm	ソウル歴史博物館、嶺南大博物館
昌徳宮全図	1915			3600分の1	31.9×45.5cm	嶺南大学校博物館
京城府管内図	1917			1：16000	78.4×54.3cm	ソウル歴史博物館
KEIJO	1910年代	朝鮮鉄道ホテル		不明	38×52.6cm	ソウル歴史博物館

（1910年代以前に刊行のもの。ソウル歴史博物館『ソウル地図』、ソウル市立大博物館『土地の痕跡　地図の話』、および筆者の調査により作成）

の1の「朝鮮京城之略図」、2万分の1の「漢城近方図」が作製されたとされる（李燦・楊普景、1995）。

　これらの地図は精度や情報にやや問題があったためか、秘密裏に作製されたためか、あまり公にならなかったようである。それに対し1903年に刊行された東京京釜鉄道株式会社「韓国京城全図」（1903年、1：10000）は広く知られている。この地図は、それまでの地図のようにソウルの都城

を楕円形に描く形態から、初めて山麓が正確に表現された、現代的な測量成果がよく反映した本格的な近代地図であると評価されている（ソウル市立大学博物館、2004）。この地図では、等高線が用いられ、地物も詳細に描きこまれており、現代の地図と近く、近代的測量の成果が用いられたものと考えられる（図4参照）。

嶺南大学校博物館によって作製された『韓国の古地図』において、近代地図の図版解説を行った朴賢洙は、この地図に描かれた内容について、（陸軍）参謀本部と鉄道会社の密接な関係を考慮するならば、参謀本部が日清戦争の頃より推し進めていた大縮尺朝鮮地図製作の結果があらわれたものと見るべきであるとの見解を示している（嶺南大学校博物館、1996）。もしこの見解が正しければ、それまで表に出てこなかった、秘密裏に行われた調査の結果があらわれた初めての例と考えられる。ともあれ、この地図以降ソウルの都市図は近代測量によるものへ変化したと考えられ、一つの転換点であったと考えられる。この後、ソウルの都市図は、特別の理由がない限り、縮尺の入った近代的な地図に変貌する。

このように、ソウル都市図は、1890年代～1910年代にかけて、古地図を用いた略図に近いものから近代的地図形式に転換したが、そこに日本の測量や地理情報収集が絡んでいることが理解される。

図4　「韓国京城全図」（1903年、部分、1:10000）

3　民間作製の朝鮮全図「朝鮮海陸全図」

ここまで述べたように、当時日本で作製された朝鮮地図は、資料不足からさまざまな情報を組み合わせる手法で作製された。そのようにして作られた地図は多いが、ここでは1894年に小橋助人によって作製された「朝鮮海陸全図」を例にその手法について考察してゆきたい。

(1)「朝鮮海陸全図」の特性

「朝鮮海陸全図」（図5）は、1894年に小橋助人という人物によって作製された民間作製の朝鮮全図で、縦138.8×横91.8cmの大きさである。地図は大阪で刊行され、定価一円で販売されたもので、現在は国会図書館地図室や、韓国の嶺南大学校博物館などに所蔵されている。この地図の発行時期は、前述のように日清戦争により「突発的需要」が起きたとされる時期である（米家、2017）。

作者の小橋助人については、後に中国東北部などで活動した日本人で、日本領事館の嘱託医師（1925年）となり、「新民会」の民間医療団に参加（1938年）している（王、2002）が、それ以上の詳しい情報は不明である。

図5は、「朝鮮海陸全図」の全体を示したものであるが、これを見ると、中央に朝鮮半島の地図が描かれているが、こ

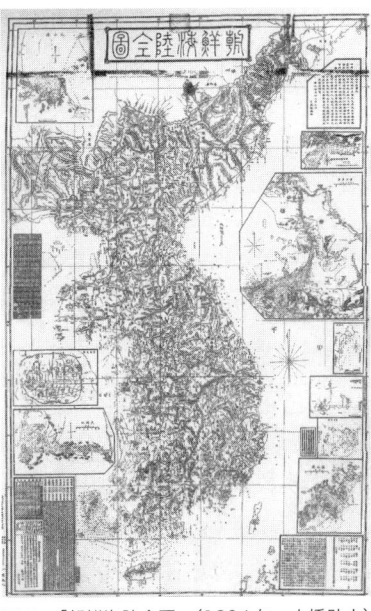

図5　「朝鮮海陸全図」（1894年、小橋助人）

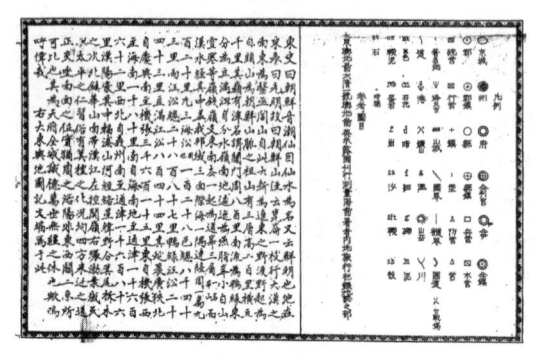

●特集：学問史の世界　佐々木力と科学史・科学哲学

図6　「朝鮮海陸全図」凡例

図7　「朝鮮海陸全図」（部分・忠清道藍浦、庇仁、舒川附近沿岸）

図8　「朝鮮海陸全図」割図　釜山浦近辺

図9　「朝鮮海陸全図」（部分・江原道附近）

れに対する縮尺は明記されていない。朝鮮全図に地図に記載されている内容を見ると、山や河川などの地形、交通路、当時の主要な行政拠点である「邑」の位置、地名が記され、部分的に沿岸の水深を示す数字が記入される。

　また周辺部分に多数の割図があり、開港地となった元山津、釜山浦や、ロシアのウラジオストック、大同江、漢江河口付近の図が記され、都市間の距離や、朝鮮半島の道ごとの情報が記された表も挿入されている。またこの地図の作製に至る経緯を記した「朝鮮海陸全図叢刊自述」や、朝鮮公使を務めた花房義質による序文「朝鮮海陸全図記」も挿入されている。また、割図として、半島内の主要地点間の距離などの基礎的な情報も記されている。

　作者の小橋が記した図中の「朝鮮海陸全図叢刊自述」には、著者の小橋が朝鮮で偶然入手した「大東詳細地圖」をもとに、できうる限り正確な地図を作ろうとした経緯が記されている。さらに凡例（図6）を見ると、「参考図目」として「大東輿地圖大清一統輿地圖英米露国刊行測量海圖著者内地旅行記録地誌之部」とあり、前述の参謀本部「朝鮮地図」のように、中国の「大清一統輿（地）図」を含む複数の地図資料を編集したことが理解される。

　今少し地図の記載内容について詳しく見てみたい。図7は、朝鮮半島中部の西海岸一帯（忠清道藍浦、庇仁、舒川付近沿岸）であるが、海岸線の他に水深が列状に記されている。上述の「英米露国刊行測量海圖」を用いているものと思われる。また、図8は現在の釜山市に該当する地域であり、

160

1876年の日朝修好条規以来開港地となり重要な地域となっているはずであるが、海図から得たと思われる水深が描かれるばかりで、陸地部分にはそれほど多くの情報が示されていない。

それでは内陸部分には基本的にはどのような情報が示されるのであろうか。図9は、朝鮮半島東部を走る脊梁山脈の通る江原道周辺を拡大したものであるが、ここには当時の地方行政中心である邑の位置、邑をはじめとする各地の地名が記されるとともに、河川、交通路、山々の連なりが描かれており、大まかな地勢が把握できる。

(2)「朝鮮海陸全図」作製のための地理情報と古地図

「朝鮮海陸全図」は様々な資料を寄せ集めて編集された朝鮮全図と言えるが、小橋は、地図作製にあたって、資料不足の中、ここまで述べてきた資料をどのように用いたのであろうか。

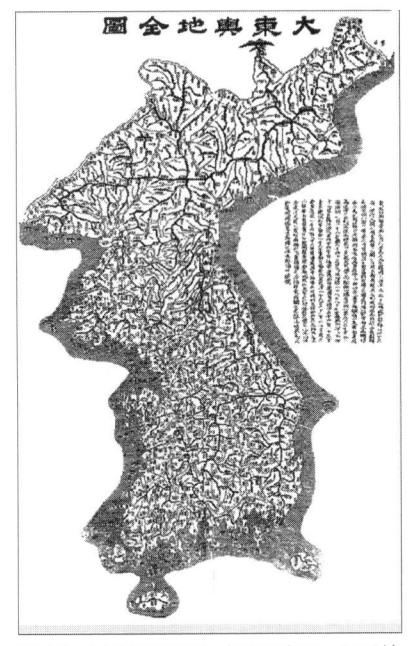

図10 「大東輿地全図」(1864年頃、金正浩)

前掲の「参考図目」にはまず、「大東輿地圖」という朝鮮王朝期に作製された古地図名が記されている。「大東輿地図」は、朝鮮王朝時代、1861年に金正浩によって作製された木版印刷の朝鮮全図である。縮尺は約16万6千分の1で、方眼を用いて作った地図である。この地図は、韓国で最も著名な古地図であると言ってよい。なおこの地図は非常に独特な様式を持った地図でもある。地図を見ると、黒くて太い線は、山の尾根線を示している。これは、朝鮮王朝時代に流行した風水思想の影響があるためであるとされる。

この「大東輿地図」については、これまで韓国において、日本人に利用されたという話がよく登場するが、これまでその裏付けは十分になされていない。そのため、この地図に参考資料として「大東輿地図」が確認される点は重要であるだろう。「大東輿地図」は韓国併合後、1936年に京城帝国大学から復刻版が刊行されるが、この地図の作製はそれよりはるかに以前であり、何らかの方法で原版を入手し参考としたものと考えられる。

「朝鮮海陸全図」の凡例(図6参照)の右半分には、漢文で記された、「朝鮮半島地理概説」を見るならば、ここには「東史曰朝鮮音潮仙・・・曰朝鮮山経云 崑崙一枝 行大漢之南東・・・白頭山為朝鮮山脈之祖山・・・右 大東輿地圖記文縮為于此」と示されている。この内容のうち、「崑崙一枝」「祖山」などの語は、「大東輿地図」作製の背景となった朝鮮半島の風水地理説や脈の思想に基づく自然観がそのまま表れたものと言える。

ただしこの「東史曰・・・」に始まる序文が載っているのは、「大東輿地図」ではなく、後年それを編集して作られた「大東輿地全図」(図10)のものであり、著者はこれを用いていると思われる。この「大東輿地全図」は、金正浩の作であることは記載されていないものの、内容や表現方法から見て「大東輿地図」をもとに作製された縮小版であるとされる(呉、2010)。作製者の小橋は、この「大東輿地全図」と「大東輿地図」とを混同していた可能性がある。

そして地図作製にあたって、「大東輿地全図」から得た情報は、上述の判例に示された朝鮮半島

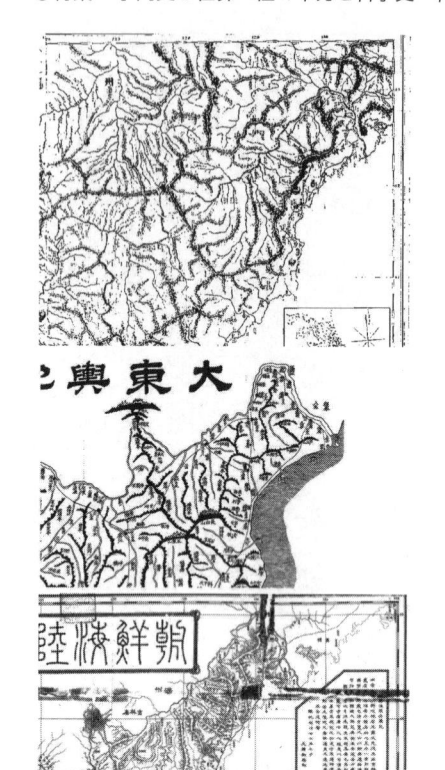

●特集：学問史の世界　佐々木力と科学史・科学哲学

図11　朝鮮半島西北部の海岸線および国境線
（上：陸軍参謀局「朝鮮全図」、中：「大東輿地全図」、下：「朝鮮海陸全図」）

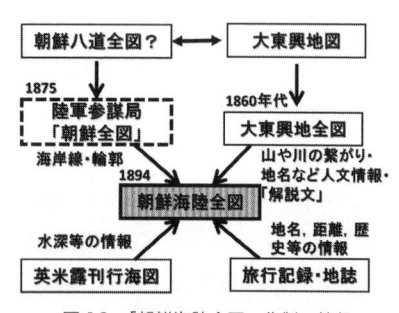

図12　「朝鮮海陸全図」作製の情報

の地理概説以外にあるだろうか。「朝鮮海陸全図」の内陸部分を見ると（図9参照）、山々の稜線が繋げられて記されていることが確認される。このような表現方法は、「大東輿地図」をはじめとして、朝鮮時代の古地図にはよく見られる表現である。この背景には、山を「気」の流れる「脈」と考える風水地理思想の発想が反映されている風水地理説の発想が反映されている可能性がある。

海岸線・国境線はどのようにして描いたのであろうか。図11のように、地図同士を対比してみると、「朝鮮海陸全図」と「大東輿地全図」では、特に半島北部において輪郭に違いがあるように思われる。むしろ1875年作製の陸軍参謀局「朝鮮全図」と海岸線の輪郭が類似しており、これを用いた可能性がある。だとすると、前述の同時期に作製された東京地学協会「朝鮮全図」と同じ手法で、20年近く前の地図から情報を得ていることになる。さらに言うならば、陸軍参謀局「朝鮮全図」も他国の海図や、朝鮮王朝時代の古地図を用いている。上述の稜線の表現についても、「大東輿地全図」の影響というよりも、陸軍参謀局「朝鮮全図」作製に用いられた古地図の影響であるのかもしれない。

一方、「英米露国刊行測量海圖」を使用して示された朝鮮半島沿岸の水深については、陸軍参謀局「朝鮮全図」より情報が増加している。地名についても、「朝鮮海陸全図」と「大東輿地全図」を比較すると「朝鮮海陸全図」のほうが、かなり情報量が多い。

「朝鮮海陸全図」における各種資料の利用についておおよそ整理すると図12のようであると推察される。すなわち、1875年の陸軍参謀局「朝鮮全図」から海岸線・国境線など半島の輪郭についての情報を得ながら、「大東輿地全図」からは地名や解説文を利用した。一方で「英米露国刊行測量海圖」からは水深などの情報を、また何を用いたかは定かではないが、旅行記録や地誌からは地名、距離、歴史などの情報を得ている。同年に発行された東京地学協会の「朝鮮全図」のように様々な情報の「折衷」であった。また朝鮮時代の古地図の影響については、「大東輿地全図」もさることながら、陸軍参謀局「朝鮮全図」のもととなったと考えられる「朝鮮八道全図」の影響が間接的に用いられているのではないかと思われる。この「朝鮮八道全図」がどのような古地図なのかについては、前述のように不明な点も多く、さらなる検討が必要である。

明治期、特に韓国併合以前に日本人が作製した朝鮮全図は、測量された地図などが不足し、欧米

列強の海図や古地図を参考とすることがあった。「朝鮮海陸全図」の例を見ると、朝鮮王朝時代の著名な古地図「大東輿地全図」が利用された。同時に20年近く前に作製された陸軍参謀局の「朝鮮全図」に多くを頼っていることから、かなり情報の限定された状況で苦心して作られたものと思われる。そのような中で「大東輿地全図」は、十分に活用されたか否かはやや疑問が残るが、新たな資料として期待された可能性もある。

4 初期ソウル都市図「朝鮮京城図」

次に、日本で作製された明治期のソウル都市図の作製について、1882年という非常に早い時点で作製された「朝鮮京城図」を事例に、やはり近代測量がほとんどない状況下での地図作製について検討してゆきたい。この1882年という時期も朝鮮半島において、日本も関連する壬午軍乱が発生していたためか、やはりある程度の関心が持たれ、地誌や地図の作製が行われた時期であると言えるだろう。

この時期のソウル都市図は、前述のように近代的な朝鮮全図の中に割図として描かれはじめる。都市図のような大縮尺の地図は、近代測量が行われていない時期には、特に作製が難しかったと推測される。そのため初期には、情報が少ない簡単な古地図をそのまま利用したのであろう。その後、そのような割図を中心としながら「大東輿地図」中に掲載される「漢陽図」が広く用いられるようになった（渋谷、2011）。

しかしながら、そのような状況下でもより詳細な一枚ものの都市図を作製しようとする試みも行われていた。その最も早い試みの一つが「朝鮮京城図」（1882年）である（図13）。この地図は1882年8月という最も早い時期に描かれた日本人作製のソウル都市図であり、日本の国立公文書館に所蔵されている。地図を作製したのは日本から派遣された水野勝毅ら3名の陸軍武官であった。この時期は朝鮮王朝末期で、清国と日本の勢力争いが行われており、日本公使館が襲撃された壬午軍乱（1882年）の直後であった。そのため、特に詳細なソウル都市地図が必要とされていたものと思われる。

地図は、おおよそ4万分の1の縮尺とされ、ソウル市街地と周辺を囲む山々、北部の北漢山城までの地形が描かれている。地図の注記には、「此圖ハ朝鮮京城在留中北漢山城及ヒ南山白岳山圓喬山等ヲ跂歩シ目測及想像ヲ以テ漢城図ヲ校正スル者ニテ固ヨリ完全ナ者ニ非ズト雖モ聊今日ニ裨補アラント希フ而已」とある。ここからは、この地図の作製意図がソウル周囲の山々を歩いて地理情報をつかみ、それまでの漢城図を修正しようとする試みであったことが理解される。またこの地図の調査時期には、朝鮮においては外国人の旅行が許可されていなかったものと考えられ、このような試みでさえ自由にはできなかったものと思われる。

またその修正作業も目測と想像をもって作製したもので、もとより完全な地図ではなく、後のさらなる修

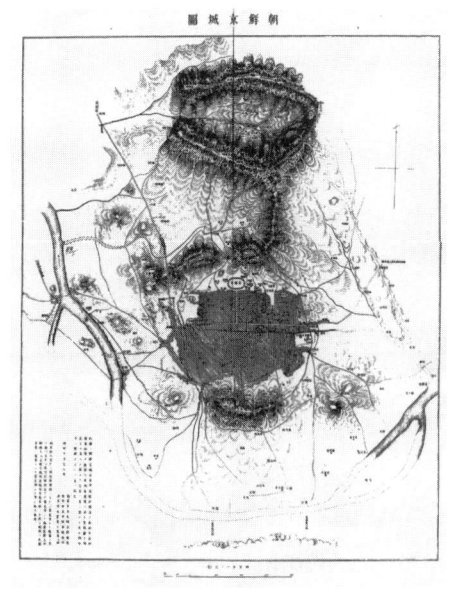

図13 「朝鮮京城図」（1882年、国立公文書館所蔵）

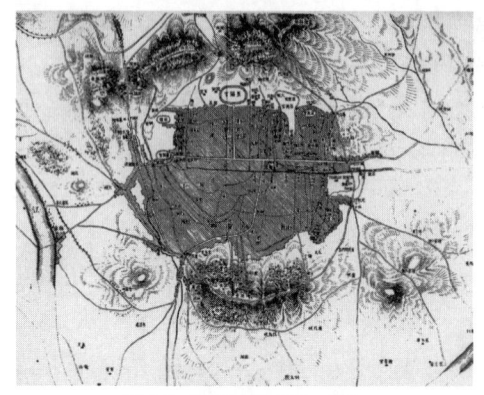

●特集：学問史の世界　佐々木力と科学史・科学哲学

図14　「朝鮮京城全図」部分

図15　「韓国新地図」（1907年）中の「京城」

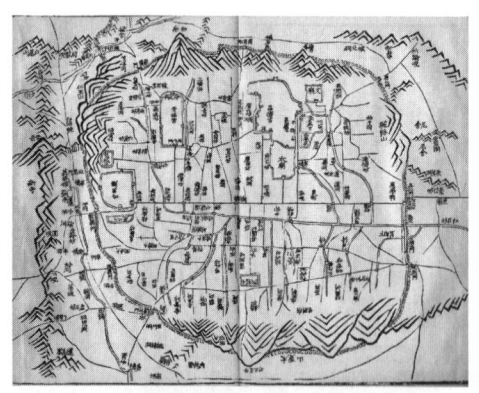

図16　「大東輿地図」（1861年）中の「都城図」
（京城帝大版「大東輿地図」、1936年複製）

正作業があることを期待するとしていることから、作製者側も十分な修正が行えていないと考えていたようである。

注記には、陸軍歩兵大尉水野勝毅、陸軍砲兵中尉松岡利治、陸軍歩兵軍曹千原秀三郎の名が記され、作製に関わった陸軍武官の氏名を知ることができる。このうち、水野勝毅は壬午軍乱の際の状況を記録した「水野大尉筆記朝鮮事変ノ概況」で知られ、この文中には松岡、千原の名も見える。さらに文末に「城内約七万戸、場外周囲二万戸…」、「漢江川幅約五丁」、「楊花津ヨリ麻浦近傍大小舩舶七八百艘」など軍事的な基礎情報とも考えられる内容が示される。

地図を見ると、市街地を囲む山の稜線部分は、けば式の表現を用いて比較的詳細に描かれ、その稜線に築造されている城壁についても、明確に示されている（図14）。反面市街地内についてはやや情報が少なく、特に山々と宮殿の位置関係、街路の形態にかなりの問題があり、宮殿敷地の輪郭についても、景福宮、徳寿宮については非常に簡略に示されている。また城内の街路や宮殿の位置関係がさほど正確ではない。図15は、近代測量が行われて以降に作製されたソウルの都市図であるが、かなり大きな差があることが理解されるであろう。なお、城壁の北西方向で、ソウル（漢陽）の城壁が稜線に沿って大きく張り出していることは、それまでの朝鮮時代のソウル古地図では、城壁は象徴的に、比較的きれいな楕円形に描かれてきたため（図16参照）、理解されるのに時間がかかった点であると思われる。

ところで、注記に「漢城図ヲ校正」とあるが、「校正」するには基盤とすべき図があるのが普通である。筆者は、この元となった地図について、1876年作製の「朝鮮都府略図」ではないかと考えている。小林（2011）によると江華島事件後の日朝修好条規締結の際の付則について交渉するために、宮本小一を代表として朝鮮に派遣された使節団が、万国公法的世界観に基づき相互に「地図・海図の贈与」を行ったとされる。その際に朝鮮側から「朝鮮全図」と「漢城図」が贈られた。使節に同行した勝田大尉と益満少尉がこの漢城図を模写し、図17の「朝鮮都府略図」を作製した。

また、勝田と益満が模写した「漢城図」については、縮尺が小さく、申し訳程度の地図であり、朝鮮側は金正浩の「首善全図」などのような詳細な地図を提供しなかったとされる。一方でこの地図は、城内の位置関係が不正確であることも含めて、朝鮮時代にソウルを描いたものとしては、やや特徴のある古地図である。

というのは、まず地図中に記された王宮のうち景福宮（図18中 A）と徳寿宮（図18中 B）の輪郭がかなり粗略に、小さな楕円形で示され、反面昌徳宮は、相対的に正しい姿を示している。このような形態で漢陽（ソウル）を示したものはまれであると思われる。図16に示したように各王宮の輪郭が比較的正確に描かれた地図のほうが多い。また、最も主要な王宮である景福宮とその背後に象徴的に聳える白岳山は実際には、やや西に偏った位置にあるが、城内の中央上方に描かれており、そのために城内の街路の構成も実際のものよりも歪みが大きい（図15、図18を参照）。このような表現を持つソウル古地図はほぼ見られないといってもよい。試みに手元にある李燦編『韓国の古地図』、嶺南大学校博物館編『韓国の古地図』などに掲載されたソウル古地図を確認しても、ほとんど見られない表現方式である。

翻って本章で取り扱っている「朝鮮京城図」を見るならば、この各王宮の輪郭と、街路の位置関係が「朝鮮都府略図」に酷似しており、①使節団に贈られた地図→②勝田・宮島模写の「朝鮮都府略図」（1876年）→③水野ら作製の「朝鮮京城図」（1882年）というつながりが推測される。またこれら地図の複写・作製には、陸軍関係者が関わっており、「朝鮮都府略図」を土台として、多少なりとも正確な「朝鮮京城図」を作製しようと努力したと考えてよいのではないだろうか。しかしながら、土台とした地図の不正確さを引きずることとなり、「朝鮮京城図」は、周囲の山々こそそれらしく描けてはいるものの、市街地内部の描写に大きな問題を抱えたまま刊行されたものと考えられる。

景福宮など宮殿の輪郭などは、むしろ朝鮮全図の割図として描かれた簡略なソウル都市図のほうが、「大東輿地図」系の質の高い古地図を用いたためか、比較的正しく記されている（図3、16参照）。「朝鮮京城図」は、水野らの努力にもかかわらず、元図の問題から十全な都市図を描けなかった例と言えるのかもしれない。

図17 「朝鮮都府略図」
（1876年、アジア歴史資料センター）

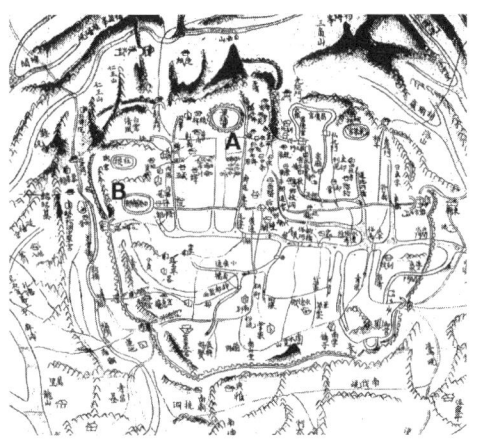

図18 「朝鮮都府略図」部分
（A: 景福宮、B: 徳寿宮）

5 まとめ

　ここまで、明治期に日本で作製された初期の朝鮮地図について、朝鮮全図である「朝鮮海陸全図」、およびソウル都市図である「朝鮮京城図」を事例として考察してきた。特に本稿で注目してきたのは、秘密測量も含め、日本による朝鮮半島の測量が始まる以前、時期的にはおおよそ日清戦争以前において日本で作製された朝鮮半島の地図である。

　江華島事件後の1875年にはすでに陸軍参謀局の「朝鮮全図」が作製され、その後も民間においても朝鮮全図は作られていくが、西洋列強諸国が作製した海図や、朝鮮王朝時代の古地図、その他情報をいわば切り貼り、つぎはぎをして作製されたものであり、かなりの苦心がうかがわれる。またこのような状態でも地図が作られていく背景には、官民両者における需要の急激な高まりがあった。そのような要請のため、困難な状況下で無理をして地図作製が行われたことから、古地図に至るまで地理情報の収集が行われた可能性もある。本稿で取り上げた1894年作製の「朝鮮海陸全図」は、20年前の陸軍参謀局「朝鮮全図」を下敷きにするしかなかった状況も含め、その典型的な地図の一つであるだろう。

　朝鮮全図ですらそのような状況であった中で、より大縮尺の情報が要求されるソウル都市図の作製は、さらに困難な状況であったと考えられる。測量はもちろん外国人による旅行も難しい中、朝鮮時代の古地図をほとんどそのまま用いたが、朝鮮全図の割図としてごく簡略な都市図を描く以外に方法がなかったといってよい。そのような中で、本稿にて取り上げた1882年の「朝鮮京城図」は、それ以前に複写された古地図を基に、新たな情報を付け加えようとした新たな試みであった。しかしながら不正確な元図を修正するには至らなかった。

　また両者を通じて理解されるのは、この時期には朝鮮王朝期の古地図の情報を何らかの形で利用していたという点である。次善の策としての古地図利用がなされたという表現が正しいようにも思うが、「朝鮮海陸全図」のように、積極的に「新たに入手した」「大東輿地図」の利用をアピールするケースもあった。反面、「朝鮮京城図」のように、下敷きにした元図に問題があったために満足な都市図が作れないケースもあった。なお、筆者も含め、古地図は地図として不正確であり、「使わざるを得なかった」と考えがちである。しかし実際のところ、朝鮮時代の「大東輿地図」（1861年）から、陸軍参謀局「朝鮮全図」（1875年）までは十数年の差しかなく、「朝鮮海陸地図」（1894）であっても30年余りの違いである（出田、2011）。18世紀後半から発達した朝鮮時代の古地図は、緯度経度の情報や方眼地図の手法を用いるなど、かなりのレベルにあったと考えられ、もしかするともう少し近い、使い易い存在であったのかもしれない。また、そのような古地図に接した日本人はどのような印象を持ったのだろうか。本稿で触れた「朝鮮海陸全図」を作製した小橋などは、古地図である「大東輿地全図」を一種の驚きをもって見たのではないか。

　最後に冒頭に示した疑問の一つに戻りたい。近代測量による大縮尺地図なしで日清戦争は行われたことになるが、その際にはどのような地図を用いたのだろうか。公的なものとしては陸軍参謀局の「朝鮮全図」程度しかなかったと思われるが、この地図の内陸部分は朝鮮古地図からの情報である。古地図の情報で近代的な戦争が行われたのだとしたら、追究してみたいテーマではある。ただこれは、不明な地理学者の思い込みで、実はたいした問題はないのかもしれない。今後の課題としたい。

【参考文献】

出田和久「渋谷鎮明報告と小島泰雄報告によせて」、2010、歴史地理学 52-1、pp.114-115

王強「日中戦争期における新民会の厚生活動をめぐって」、2002年、現代社会文化研究 No.25、pp.285-302

呉尚学「木版本『大東輿地全図』の特徴と価値」（韓文）、2010、大韓地理学会誌 45-1、pp.184-200

小林茂「近代日本の地図作製と東アジア―外邦図研究の展望―」、2006、E-journal GEO 1 (1)、pp.52-66

小林茂編『近代日本の地図作製とアジア太平洋地域―「外邦図」へのアプローチ』、2009、大阪大学出版会

小林茂『外邦図―帝国日本のアジア地図』、2011、中央公論新社

米家泰作「明治・大正期の地理的知―朝鮮半島の地誌と旅行記をめぐって」（金森修編『明治・大正期の科学思想史』、2017、勁草書房）、pp.169-220

渋谷鎮明「朝鮮半島における近代都市図作製の展開―朝鮮全図に掲載されたソウル都市図を中心に」、2010、歴史地理学 52-1、pp.87-104

ソウル市立大学博物館『近代地図特別展 地の痕跡、地図の話』（韓文）、2004

ソウル歴史博物館『ソウル地図』（韓文）、2006

南榮佑「韓国における外邦図（軍用秘図）の意義と学術的価値」、2006、外邦図研究ニュースレター No.4、pp.27-31

南榮佑（朴澤龍訳）「『舊韓末韓半島地形圖』１：50000」解説」、2006、外邦図研究ニュースレター No.4、pp.89-108

李燦（山田正浩・佐々木史郎・渋谷鎮明訳）『韓国の古地図』、汎友社、2005（原著1991年）

李鎮昊・全炳徳「日本陸地測量部による朝鮮半島測量の歩みと朝鮮地方民の抵抗」、2007、土木学会論文集 63-3、pp.435-444

嶺南大学校博物館『韓国の古地図』（韓文）、1996

嶺南大学校博物館編『嶺南大博物館所蔵 韓国の古地図 資料編』（韓文）、1998

●特集：学問史の世界　佐々木力と科学史・科学哲学

佐々木力 未発表論考

ガロワ理論は歴史的にいかに特徴づけられるのか、どのように日本では受容されたのか、ガロワはどうして決闘を挑まれたのか？

《2011年3月8日午前　フランス学士院科学アカデミー数学部門会員向けの講演》

佐々木 力

　2010年暮れ、私は『ガロワ正伝──革命家にして数学者』（フランス語にすれば、《La véritable histoire de Galois: révolutionnaire et mathématicien》）なる小著を脱稿し、2011年夏、ちくま学芸文庫の一冊として刊行することになっている。

　以下の講演においては、(1) ガロワ理論は数学史的観点からどのように特徴づけられるのか？ (2) その理論は、日本においてはどのように受容されたのか？　そして最後に、(3) その理論を創始したエヴァリスト・ガロワがどうして決闘に挑まれたのかの三点について話したいと考える。

　今年は、ガロワがこの世に生を享けて、ちょうど二百年になる。私はこの講演を数学的天才にしてフランスの共和主義的闘士のエヴァリスト・ガロワ（1811年10月25日-1832年5月31日）の追憶のために捧げたいと思う。

1. ガロワ理論の数学史的特徴づけ

　私はかつて、仙台の東北大学で淡中忠郎教授（教授はクロード・シュヴァレーの『リー群論』（*Theory of Lie Groups*）第1巻（Princeton University Press, 1946）で言及されている「非可換コンパクト位相群の淡中の双対定理」で著名）のもと、群論を学ぶ数学徒であった。私がその大学で数学を学んでいたときに、もっとも若い教官が、1960年代前半、パリでジャン＝ピエール・カアン教授のもとでフーリエ級数論を研究して帰日したばかりの猪狩惺先生であった。カアン教授は、この科学アカデミーの数学部門で国際的にもっとも著名な数学者のひとりである。ご親切にも、このたび私をガロワについて話すように招請くださったのはカアン教授であった。私がこうしてガロワについて話すのは教授のお蔭なのである。

　代数方程式についてのガロワの理論を数学的に特徴づけるさいに、もっとも的確で魅力的なのは、ヘルマン・ヴァイルが1952年にプリンストン大学出版会から出版した『シンメトリー』においてなした以下の文面である。「ガロワの理論は、普通の相対性理論の空間ないし空間・時間の無限の点の集合よりも概念的にはるかに単純な、離散的で有限という性質をもつ集合 Σ の相対性理論にほかならない」。引用文中の「普通の相対性理論」とは、むろん、プリンストンの高等学術研究所でヴァイルの同僚であったアルベルト・アインシュタインの特殊並びに一般相対性理論を意味する。

　ついで、ヴァイルは、代数方程式のガロワ群を定義して、こう書いている。

　　いったんこの群が決まると、その群の構造から、もとの方程式を解く自然なやり方がわかっ

佐々木力未発表論考◎ガロワ理論は歴史的にいかに特徴づけられるのか、どのように日本では受容されたのか、ガロワはどうして決闘を挑まれたのか？

写真1 ガロワの少年時代の肖像画（最初の本格的伝記作者のデュプイによって見いだされた）

てくる。ガロワの考えは、数十年のあいだ、七つの封印をした不可解な本であり、その後次第に数学全体にますます深い影響を及ぼすようになったのであるが、彼を21歳〔実際は20歳〕での死に導く愚かな決闘前夜に友人宛に書かれた最後の書簡の中に書き記されていた。この書簡は、思想の新しさと深さによって判断するなら、人間の文献全体の中で、ひょっとするともっとも重要なものである。〔遠山啓訳『シンメトリー』紀伊國屋書店、1970、p.137. 訳文は原文を参照してかなり変更した。〕

引用文中の「最後の書簡」とは、1832年5月29日に綴られた親友のオーギュスト・シュヴァリエ宛のガロワの書簡であり、その時は、ガロワを5月31日に20歳と7ヵ月の死に導く決闘前夜であった。

置換群の概念に基づくガロワの理論は、あきらかに、一般に数学史、特定的には代数方程式論の歴史において大きな里程標となった。

代数方程式論の近代的理論は、イタリア・ルネサンス期のジロラモ・カルダーノやルドヴィコ・フェラーリといった「コシスタ」から始まる。彼らは、三次・四次の一般的な代数方程式の解法を提示することに成功したのであったが、それは、カルダーノの1545年刊の『アルス・マーグナ』で公にされた。

代数方程式のつぎの重要な里程標は、ジョゼフ・ルイ・ラグランジュの長篇論考「方程式の代数的解法についての省察」("Réflexions sur la résolution algébrique des équations," *Mémoire de l'Académie royale des sciences et belles lettres de Berlin,* 1770 et 1771) によって刻印され、それはさらに、A .- T . ヴァンデルモンドの「方程式の解法についての論考」("Mémoire sur la résolution des équations," *Histoire de l'Académie royale des sciences, avec les mémoires de mathématique et de physique,* 1771)（実際は、1774年刊）によって補完された。

ラグランジュは先の1770-1771年の論考において、代数方程式が算術の四則演算と冪根によっていかに解かれうるかについて、三次と四次から始めて考察している。おもしろいことに、彼の考察は、「三次と四次の解法の形而上学」(la métaphysique de la résolution du troisième et du quatrième degré) と呼ばれた。そうして彼は、二次、三次、四次に関しては、方程式は、考察されているものよりも低次数の方程式に還元して（たとえば、四次を三次に、等々というように）解くことができることを示している。しかしながら、二次、三次、四次についてのこの方式は、五次方程式に関してはうまくゆかない。すなわち、結果として出て来る方程式は、五次よりも高次になってしまうのである。こうして、ラグランジュは結論づけている。「われわれはこの方程式についてはまたの機会にしたいと希望し、ここでは、われわれには新規で一般的に思われる理論の基本的ことがらが得られたことで満足する」。

ラグランジュは、再度、この問題に帰らなかったように思われる。だが、彼のいう代数方程式の「形而上学的」考察は無益ではなかった。というのも、その後の数学者たちは、五次方程式の解法を見いだす試みを、ラグランジュが切り拓いた地平のうえで始めることが可能だったからだ。

●特集：学問史の世界　佐々木力と科学史・科学哲学

　四次を超える高次元の一般代数方程式の解が四則演算と冪根によっては不可能であることを最初に公表したのはイタリアの医師にして数学者のパオロ・ルフィーニであった。この結果は、彼の1799年の『方程式の一般理論』（*Teoria generale delle equationi*）中に公刊された。けれども、だれも、ルフィーニが尊敬していたラグランジュすら、この論証を好意的に受け容れようとはしなかった。ノルウェーの若い数学者のニールス・ヘンリック・アーベルは、ラグランジュのベルリンから出た1770-71年論考を真剣に学んで、1824年にルフィーニと同じ結論を得た。オーギュスタン＝ルイ・コーシーだけが1821年にルフィーニを読解し、彼の仕事の価値を評価したことがわかっている。

　アーベルは、1824年にクリスティアーナ（現在のオスロ）でフランス語の小冊子『五次の一般方程式の解法が不可能であることを論証する代数方程式論』（*Mémoire sur les équations algébriques, où on démontré l'impossiblité de la résolution de l'équation générale du cinquième degré*）を刊行した。この数学的結果は、アーベル二百年記念の『ニールス・ヘンリック・アーベルの遺産』（*The Legacy of Niels Henrik Abel*, Springer-Verlag, 2004）に収録されている、クリスティアン・ウーゼルの卓越した「ニールス・ヘンリック・アーベルの業績」が包括的に検討している。こうして、四次を超える代数方程式の一般的な代数公式は存在しないのであるが、この結果は今日では「ルフィーニ - アーベルの定理」と呼ばれている。

　周知のように、エヴァリスト・ガロワは、四次を超える高次の方程式の冪根による代数的解法の不可能性について、都合4つの論文をパリの科学アカデミーに提出している。1829年5月と6月の二度、1830年2月に1つ、さらに1831年1月に最後の1つである。われわれは現在、1831年1月16日の日付をもった「冪根による方程式の可解性の条件についての第一論文」（*Premier Mémoire: Mémoire sur les conditions de résolbilité des équations par radicaux*）と題された最後の論考だけをもっている。

　この論考の包括的分析としては、ドイツの数学者イーヴォ・ラートドルフの「エヴァリスト・ガロワ——原理と応用」（*Évariste Galois: Principles and Applications*）なる『ヒストリア・マテマティカ』（*Historia Mathematica* 29, 2002）所載の論文を参照するにしくはない。

　「第一論文」の数学史的評価に関して、私は、1985年にシュプリンガー出版社から刊行されたB・L・ファン・デル・ヴァールデンの『代数学の歴史——アル＝フワーリズミーからエミー・ネーターまで』（*History of Algebra: From al-Khwārizmī to Emmy Noether*）に賛同する。よく知られているように、科学アカデミーのポワソンは、その論文を検討したのだが、不十分であると見なした。ファン・デル・ヴァールデンは、その論文について、「私見によれば、ガロワは彼の証明が正しいとした点で正当であったが、ポワソンはそれが不完全であるとした点で正当であった」。ファン・デル・ヴァールデン以上に簡潔にガロワの第一論文を特徴づけることはできないであろう。

　ガロワは、代数方程式の冪根による解法の不可能性を考察するのに、置換群の概念をもってした。この概念は、アミ・ダーンが、彼女の研究「置換についてのコーシーの著作——群概念への彼のアプローチの研究」（"Les Travaux de Cauchy sur les Substitutions: Étude de son approche du concept de groupe," *Archive for History of Exact Sciences* 23, 1980）において示したごとく、『エコル・ポリテクニク・ジュルナル』（*Journal de l'École polytichnique*）の1815年の号所載のコーシーの論文から借用したものであった。

ガロワのもっとも独創的な考えは、「固有分解」（décomposition propre）であったに相違ない。この考えは、「不変ないし正規部分群」概念を導くこととなる。この概念については、シュヴァリエ宛書簡においてきわめて明解に解説されている。

数学思想の方法ということに関して、私見によれば、ガロワは、ラグランジュとアーベルを全面的に凌駕した。一般代数方程式についての彼の考察は、「第一論文」中に見える彼自身の言辞では「あらゆる計算の上を上空飛翔する形而上学的考察」（considérations Métaphysiques qui planer sur tous les calculs）から導かれたものである。すなわち、ガロワの数学思想は、あらゆる計算を上空飛翔ないしそれらを見下ろす形而上学的考察から出た思想なのである。

サント・ペラジー監獄において1831年12月に綴られた「純粋解析についての二論文への序文」（Préface à deux mémoires d'analyse pure）の文章では、「足を束ねて計算の上を跳ぶこと。演算の群をつくり（grouper）、それらの形によってではなく、難しさによって分類すること。そのようなことが、私にとっては、未来の数学者の使命なのである。これが、この著作に着手しようとしている途なのである」。一般的に表現すれば、ガロワの数学的努力は、「解析の解析」（l'anayse de l'analyse）にほかならなかった。

代数学、あるいは数学全体の歴史の新地平は、われわれのガロワによって拓かれたのだ。

だが、不幸にして、彼の数学思想は、未完成のままに遺された。ガロワ自身が決闘前夜に「第一論文」の欄外に書いたように、「この論証には完全にすべき何かがある。僕には時間がない。（著者注記）」 この注は、エヴァリスト・ガロワの数学的全生涯に適用可能であるように思われる。彼の数学には完全にすべき何ものかが遺されていたのだ。しかし、彼にはそうする時間がなかった。

2. ガロワ理論の日本での受容

ガロワは、20歳で亡くなったとき、公刊・未公刊を問わず、数学的著作60ページだけを遺した。今日では、これらのガロワの著作が、1832年の悲劇的死のあとで、どのように出版され、研究されたのかについてはよく知られている。たとえば、メルヴィン・キールナンの「ラグランジュからアルティンまでのガロワ理論の発展」（Melvin Kiernan, "The Development of Galois Theory from Lagrange to Artin," *Archive for History of Exact Sciences* 8, 1971）、並びにカロリン・エアハルトの『エヴァリスト・ガロワと群論——命運と再評価』（Caroline Ehrhardt, *Évariste Galois et la théorie des groupes: Fortune et réélaboration（1811-1910）*, Thèse, EHESS, 2007）によってである。

七つの封印をもったガロワ草稿を解読しようとした最初の数学者はジョセフ・リウヴィル（Jeseph Liouville 1809-1882）であった。彼は、デンマークの数学史家のイェスペル・リュッツェンによって、「純粋・応用数学の師」と呼ばれたが、ガロワの最初の著作集を出版したのは、彼であった（"Œuvres mathématiques d'Évariste Galois," *Journal de mathématiques pures et appliquées*, t. 11, 1846）。

ガロワの数学を研究した第二番目の数学者は、イタリアのエンリコ・ベッティ（Enrico Betti 1823-1892）であった。ベッティの次には、フランスで『高等代数学教程』（*Cours d'algèbre supérieure*）なる教科書を刊行したジョゼフ・アルフレッド・セレー（Jeseph Alfred Serret 1819-1885）が従った。レオポルト・クロネッカー（Leopold Kroneker, 1823-1891）も熱心

●特集：学問史の世界　佐々木力と科学史・科学哲学

に研究し、重要な結果を得た。ゲッティンゲン大学では、リヒャルト・デーデキント（Richard Dedekind 1831-1916）が1856-57年、57-58年の冬学期にガロワ理論講義を試みた。ガロワの理論的核心部分を全面的に解明したのは、カミーユ・ジョルダン（Camille Jordan 1838-1921）であり、1870年刊の『置換と代数方程式に関する論考』（*Traité des substitutions et des équations algébriques*）によってであった。ハインリヒ・ヴェーバー（Heinrich Weber, 1842-1913）は、重要な論文「ガロワの方程式論の一般的基礎」("Die allgemeinen Grundlagen der Galois'schen Gleichungstheorie," *Mathematische Annalen* 43, 1893）と、全3巻からなる『代数学教科書』（*Lehrbuch der Algebra*）によって、ガロワ理論の理解に大きく貢献した。ヴェーバーによって体の拡大と対応する部分群の双対関係が明解に定式化された。これらの七人の数学者たちによって、ガロワ理論は、数学専攻の学部学生のための確立された一分野となったのである。

　ガロワ理論、あるいは「ガロワ教会」は、これらの有為の数学者たちによって創設されたと言うことができるであろう。なかんずく、リウヴィルとジョルダンの尽力がまことに大きかった。いわば、リウヴィルはガロワ教会の聖ペトロであり、ジョルダンは聖パウロであると呼ぶことができるであろう。

　私が知るかぎりで、ガロワ理論が日本でどのように受容されたのかについてまともに研究されたことはない。それで、この歴史について簡単に話してみたい。

　まず関連分野に、本格的な重要な論考「あーべる方程式ニツキテ」（『藤澤博士セミナリー演習録』第二冊、1897）を書いて、貢献したのは、若き高木貞治（1875-1960）であった。

　このことに注意したうえで、近代日本数学史について記述したい。近代西欧的な意味で、言及に値する最初の日本人数学者は菊池大麓（1855-1917）であった。彼は徳川幕府によって1866年に11歳にして英国に派遣された。1868年に封建的な幕府が崩壊するや、いったん帰国したのだが、明治新政府は、1870年、英国での修学を再度命じた。彼はケンブリッジ大学のセントジョンズ・カレッジに所属し、主としてアイザック・トドハンターらのもとで学んだ。菊池は、1877年にケンブリッジ数学トライポス（数学優等卒業試験）を受験し、第19位ラングラーという優秀な成績で卒業した。彼は1877年春に創学された東京大学の最初の数学教授に就任したのだが、22歳の時であった。彼は1881年に理学部長、1898年には東京大学総長、しまいには中央政府の文部大臣となった。菊池は、新政府の学問に主として従事し、一言で言えば「科学のジェントルマン」（gentleman of science）であった。

　数学研究に従事した、もっと正確に言えば、数学研究について教えた最初の日本人数学者は、藤澤利喜太郎（1861-1933）であった。彼は東京大学の卒業時に、菊池教授から海外留学を進言された。最初は英国に行ったのだが、当時はドイツが数学教育の国際センターであることを知った。最初はベルリン大学で学んだが、1884年にドイツ領であったシュトラスブルク大学に移籍した。その大学は、当時は、ドイツ学問を学ぶ使命を帯びた中心のひとつであった。シュトラスブルク大学では、エルヴィン・ブルーノ・クリストッフェル教授の数学ゼミナールに熱心に出席し、彼はそこで解析学を学び、1886年7月に、「熱伝導論において、超越方程式の根として出て来る無限級数について」（Über einer in der Wärmeleitungstheorie auftretende, nach der Wurzeln einer transcendenten Gleichung forschreitende unendliche Reihe）なる論文で、すなわちフーリエ級数の収束問題を論じて、博士号を取得した。19世紀ドイツ数学史に関するヴェルヘルム・

172

ローライの包括的研究によれば、藤澤は、クリストッフェルの研究ゼミナールの産物であった。ローライの言辞をもってすれば、「そのひとりが日本人数学者藤澤であった」(Einer davon ist der japanischer Mathematiker Fujisawa.)。

　藤澤が近代日本の数学のためになしたことは、西洋数学の研究伝統を確立せしめることであった。彼は1887年に帰日したが、初代の菊池のつぎの第二代数学教授になった。その前年の1886年、東京大学は、国家全体のドイツ化の一環として「帝国大学」となっていた。教授職に就任するやしばらくして、藤澤は、数学の研究ゼミナールを始め、そこから優秀な数学徒が排出することとなった。たとえば、藤澤教授セミナリーのために、林鶴一（1873-1935）は、「e 及ビπノ超越ニ就テ」を書き、高木は、「あーべる方程式ニツキテ」を書いた。林は、仙台の東北帝国大学理科大学数学教室の創設者になり、前近代日本数学史についてめざましい仕事をなした。高木は、藤澤の示唆で、セレーの『高等代数学教程』を、おそらく1884年の第4版で読み、ハインリヒ・ヴェーバーの『代数学教科書』の第1・2巻を1895-96年版を読んだ。高木は、序文で、ジョルダンの『置換論考』や、オイゲン・ネットの著作の英語訳『置換論』(Theory of Substitutions) に言及している。高木は、代数方程式論でのガロワの成果について、「方程式ノ代数的ニ解キ得ラルヘキ條件如何ノ大問題ノ解釋ハ実ニがろあノ稀有ナル天才ニ待ツ所アリキ　りうーびるノ手ヲ経テ世ニ出デタルがろあノ論文ハ爾後続出セルへるみっと, くろねっかー, じょるだん等ノ研究ノ起点トナレルモノナリ」。みずからの論文については、「せれー, じょるだん, ねっとー, 及ヒう江ーべる等ノ書　而モ特ニコノ最後ノ「オーソリチー」ニ負フ所甚タ多カリシコトヲ告白セサルヘカラズ」。最後に言及されている数学者「う江ーべる」とは、Heinrich Weber のことである。本文において、彼は、ガロワ群をしっかりと定義したのであったが、ガロワ理論の基本定理を証明するまでにはいたらなかった。代わりに、数論についてはクロネッカーの代数方程式論によって深刻に影響されていたので、アーベル方程式についての論議をやる方向に転じてじている。ただし、この論考は、後年の類体論の出版点となった。高木は東京帝大の学部学生の時代に、藤澤から100点満点で、140点（！）与えられたという。高木が類体概念について知ったのは、ヴェーバーの『楕円関数と代数的数』なる1891年の著書からであろう。東京帝大数学科の図書館はその本を所蔵しており、高木は熱心に精読したものと考えられる。のちに、彼はゲッティンゲン大学でダーフィト・ヒルベルトのもとで学び、代数的整数論の類体論についての偉大な結果によって国際的に著名になった。

　『藤澤教授セミナリー演習録』の最終第五冊には、松村定次郎なる学生の「代数方程式ノ代数的解法ニ関スルがろあノ条件ニ就テ」の一篇が収録されているが、著者がガロワ理論の透徹した理解に到達していたかどうかについては評価は分かれるであろう。

　それでは、日本人数学者でガロワ理論を全面的に解説したのはだれであったろうか？

　それは藤原松三郎（1881-1946）であり、『代数学』なる標題の、よく書かれ、よく読まれた書の1929年刊の第2巻においてであった。藤原は藤澤の元学生にして、林鶴一とともに、東北帝大数学教室の創設者であった。東北の「数学教室」は、"Mathematical Institute" ── "Department of Mathematics" ではなく──と呼ばれるが、それは、ゲッティンゲン大学の数学教室が、ドイツ語で "das Mathematisches Institut" と呼ばれたからで、藤原が1908年から1910年まで三学期をそこで学んだからである、と推測される。東北帝大理科大学は、研究第一主義を学是とし、「日本のゲッティンゲン大学」になるべく目標とした。他方、東京帝大は、国家官僚育成をめざしたドイツのベ

●特集：学問史の世界　佐々木力と科学史・科学哲学

ルリン大学に擬せられた。

　第二次世界大戦前の帝国学士院は、2人の著名な数学者を会員として擁し、ひとりは高木貞治であり、もうひとりが藤原松三郎であった。高木は、数論における独創的研究で有名であったが、藤原はその碩学ぶりで著名であった。藤原は、先に言及した『代数学』二巻に加え、『微分積分学』二巻のすぐれた書と『行列及び行列式』で名声を得た。数学史家としては、『明治前日本数学史』全5巻を遺作としてのこし、日本学士院編として戦後、岩波書店から公刊された。私も東北大学で数学を学んだのであるが、藤原の孫弟子（弟子の淡中忠郎の弟子）にあたる。

　藤原の『代数学』の第十章は「群論」の解説で、第十一章が「がろあノ方程式論」に充てられている。前者において、藤原は、不変部分群の概念の重要性を認識した数学者としてガロワの名前に言及している。さらに、ガロワの先駆者として、Lagrange, Ruffini, Cauchy, Abel を忘れてはならないと注記している。後者においては、ガロワの代数方程式論を包括的に解説し、代数方程式の可解性についてのガロワの定理を論証している。その脚注には、参照した文献として、H. Weber, *Lehrbuch der Algebra, 1, Kleinen Lehrbuch der Algbra*, 1912, Fricke, *Lehrbuch der Algebra*, 1, 1921に言及し、さらに、Steinitzの重要な画期的論文「体の代数的理論」("Algebraische Theorie der Körper," *Journal für die reine und angewandte Mathematik* 137, 1910) をも挙げている。

　藤原のあとでガロワ理論を日本で解説した数学者は正田建次郎（1902-1977）であり、彼は名門出身で現在の皇后美智子の叔父である。正田は東京帝大で高木に学び、卒業したあと、ベルリンでイーザイ・シューアに学んだ。ゲッティンゲンでは、1927-28年の1年間、エミー・ネーターの講義に列した。すなわち、アムステルダムからのファン・デル・ヴァールデン同様、「ネーター・ボーイズ」のひとりであった。ファン・デル・ヴァールデンは、ゲッティンゲンのネーター、ハンブルクのアルティンの講義に基づいて、1930-31年に『現代代数学』（*Moderne Algebra*）を二巻本で公刊したことは周知である。正田は、帰日後、藤原の助言で、1932年に『抽象代数学』を岩波書店から出版した。この本は、抽象数学についての日本での最初の単行本であった。もちろん、ガロワ理論は全面的に解説されている。この書の出版にいたる過程で、エミー・ネーターは、ゲッティンゲンから、1932年1月31日付で、正田宛に書簡を寄せ、こう書いている「私は、現代代数学についての御著を読めないのを遺憾としますが、貴君が私に書いてくれた内容目次から判断して、きわめて面白いにちがいありません」。

　さらにまた、京都帝国大学の代数学者の園正造（1886-1969）が、岩波講座《数学》の一巻として1935年に『抽象代数学』なる単行本を出版している。その第八章は、「方程式ノがろあ群、方程式ノ代数的解法」についてであった。そこで、園は、ガロワ理論の基本定理のきわめてエレガントな論証を与えている。

　こうして、1930年代中葉まで、日本はファン・デル・ヴァールデンの流儀のガロワ理論の現代的解説を提供するようになっていたわけである。今日の日本の大学の数学科では、他と同様、エーミール・アルティンの流儀のもっと抽象的な解説を教えるようになっている。

3. ガロワの決闘死の謎に挑む

　さて最後に、エヴァリスト・ガロワの短い生涯の中でもっとも興味深い問題、彼が1832年にどうして決闘に挑まれ、そうして5月31日の死にまでいたったのかについての難題に取り組みたい。

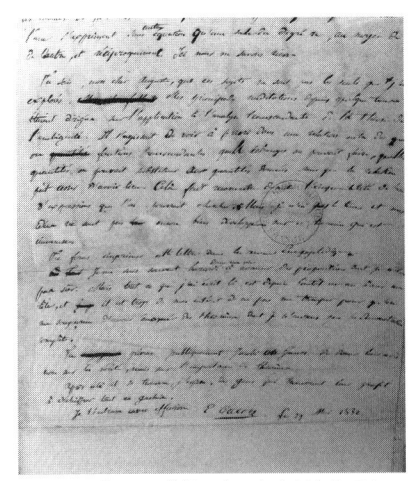

写真2 ガロワの絶筆になったと思われるシュヴァリエ宛の1832年5月29日付書簡の末尾部分（フランス学士院図書館所蔵；招待講演者である佐々木は実物を見せられた）

この問題は、いわば、ソポクレスの『オイディプス王』においてスフィンクスによって提示された難問を解くにより もっと難しい。

1832年3月中旬、コレラの伝染病がフランス中を席巻した。ガロワは劣悪な健康状態ということもあって、サント・ペラジー監獄から「健康の家」と呼ばれるサナトリウムに移された。この家は、ドニ・ルイ・グレゴワール・フォルトリエ（Denis Louis Grégoire Faultrier）という名の人物によって管理されていた。そこには、かつてナポレオンの軍隊の将校であった退職軍人の一家族も住んでいた。その家族の父親はジャン＝ポール・ルイ・ポトラン・デュ・モテルといい、その娘はステファニー・フェリシー（Stéphanie Félicie）、彼女の弟はジャン・バプティスト・ユージェヌであった。

まず、5月30日早朝の決闘についてのさまざまな説明ないし、より的確には、仮説について考えてみたい。もっとも影響力あるストーリーは、ポーランドの理論物理学者のレオポルト・インフェルトによって彼の1948年刊の小説『神々の愛でし人──エヴァリスト・ガロワの話』（*Whom the Gods Love: The Story of Evariste Galois*）において提示されたものである。インフェルトによれば、ガロワはパリの政治警察の策謀の犠牲として死んだのであり、殺害したのは、共和主義者の同志で、ペシュー・デルバンヴィル（Pescheux d'Herbinville）であった。

近年では、イタリア人数学史家のラウラ・トティ・リガテリが異なる説明を提示した。彼女の『エヴァリスト・ガロワ 1811-1832』の英語版（Laura Toti Rigatelli, *Evariste Galois 1811-1832*）は1996年に出版された。彼女によれば、決闘はみずから仕組んだものであった。すなわち、病身でもあったガロワは、パリでの政治的叛乱を引き起こそうとしようと、みずからの生命を犠牲にしようとして決闘を仕組んだのであった。

私はこれらの2つの説明は間違っていると思う。彼らは2人とも、決闘前夜の5月29日に書かれたきわめて重要な遺書的所感を無視してしまっている。

アンドレ・ダルマスは、1956年刊の『エヴァリスト・ガロワ──革命家にして数学者』（André Dalmas, *Évariste Galois: Révolutionnaire et géomètre*）において、リヨンの新聞『先駆者』（*Le Précurseur*）から重要な事実を提供した。この同時代の記事から、ガロワを決闘に挑発したのは、ガロワよりも少し年少の共和主義的同志のエルネスト・アルマン・デュシャトレー（Ernest Armand Duchatelet 1812年5月19日生）であると考えた。

もうひとつの重要な事実は、ウルグアイのカルロス・アルベルティ・インファントッシ（Carlos Alberti Infantozzi）によって1968年に明らかにされた。1832年春にガロワが好意を寄せた若い女性はステファニー・デュモテルといい、ジャン・ルイ・オーギュスト・ポトラン・デュモテルの娘で、おそらく17歳の少女であった。

ガロワの決闘への挑戦がステファニー・デュモテルとの恋愛ざたのためのいざこざによって引き起こされたものであることには、ほとんど疑いがない。

●特集：学問史の世界　佐々木力と科学史・科学哲学

ここで、すべての共和主義者に宛てて書かれたガロワの書信を読んでみる。

　友人の愛国者諸君、僕が祖国にため以外のことで死んでゆくのを責めないで欲しい。
　僕は卑劣なコケットと、このコケットにだまされた2人の犠牲となって死ぬ。僕の命が消え去るのは、この惨めな馬鹿騒ぎ（カンカン）のためである。
　おお！　なぜこんなちっぽけなことのために死ななければならないのか。こんな軽蔑すべきことのために死ななければならないのか？
　僕はあらゆる方策で、この挑発を払いのけようとしたが、できず、やむなく強いられ、これに屈したものであることを天に誓う。
　冷静に聞くような状態にほとんどない人たちに向かって、痛ましい真実を告げてしまったことを僕は悔やむ。しかし、結局、僕は真実を言ってしまったのだ。僕は、迷いと、それから愛国者の血のはっきりした良心をもって墓に行く。
　さようなら（アディウ）！　僕は公益のための生をもてたであろうに。
　僕を殺害した者たちを許してくれたまえ。彼らは信義をもった人たちなのだから。

E．ガロワ

パリにて、1832年5月29日

　とりわけ、第2行から第4行目がきわめて印象的であり、無視できない。「このコケットにだまされた2人の犠牲となって死ぬ。僕の命が消え去るのは、この惨めな馬鹿騒ぎ（カンカン）のためである。おお！　なぜこんなちっぽけなことのために死ななければならないのか？」
　次の行から、われわれは、ガロワがこの種の愚かな決闘を回避しようと真剣に努めたことを知る。「僕はあらゆる方策で、この挑発を払いのけようとしたが、できず、やむなく強いられ、これに屈したものであることを天に誓う。冷静に聞くような状態にほとんどない人たちに向かって、痛ましい真実を告げてしまったことを僕は悔やむ。しかし、結局、僕は真実を言ってしまったのだ」。
　続いて、われわれは友人2人、ナポレオン・ルボンとヴァンサン・ドローネーへのもうひとつの書簡に転ずる。

パリにて、1832年5月29日

親友たち
　僕は2人の愛国者たちによって挑発された……。これを拒否することは不可能であった。
　貴君たちのどちらにも知らせなかったことを許してくれたまえ。
　しかし、僕の敵対者たちが、愛国者のだれにもあらかじめ知らせないように名誉をかけて誓わせたのだ。
　貴君らがなすべき任務は非常に簡単だ。僕の意思に反して、すなわち、和解のためのあらゆる方策が尽きてしまったあとで、死んでいったことを明らかにすることだ。そして、僕が嘘をつくことができるかどうか、この事件に関するようなごくちっぽけなことのために嘘をつくこ

とができるかどうか言ってくれたまえ。

　僕のことを覚えておいてくれ。なぜなら、祖国が僕の名を知るために十分な命を運命は僕に与えてくれなかったのだから。

　僕は貴君たちの友人として死ぬ。

　この書簡で、ガロワは、2人の友人に願いを託している。「僕の意思に反して、すなわち、和解のためのあらゆる方策が尽きてしまったあとで、死んでいったことを明らかにすることだ。そして、僕が嘘をつくことができるかどうか、この事件に関するようなごくちっぽけなことのために嘘をつくことができるかどうか言ってくれたまえ」。

　これら2人の友人はガロワが頼んだ仕事をなしたのであろうか？

　ここでわれわれは思いを巡らせてみる。決闘の原因は、きわめて若いステファニーという名前の女性であったにちがいない。だが、彼女は、ガロワが言っているような、「卑劣なコケット」(infâme coquette) だったのであろうか？ そして、ガロワの敵対者は、このコケットにだまされた2人であった。いったいこれらの2人とはだれなのであろうか？

　恋愛ざたによって引き起こされる決闘については、モンテスキューの1748年の『法の精神』を参照せねばならない。『法の精神』の第XXVIII編第22章「決闘に関する習俗について」にはこう書かれている〔『法の精神』(下)(野田良之ほか訳・岩波文庫、1989)、pp.190-192〕。

> 女性に対するわれわれの関係は、感覚の快楽に結びついた幸福、愛し愛されることの魅力、そしてさらに、彼女たちの気に入ろうとする欲求に結びついている。なぜなら、彼女たちは個人たちの価値を構成する事物の一部分についてはきわめて見識のある裁判役だからである。気に入ろうという一般的欲求が婦人への心遣いを生むが、これは愛ではなく、実際のところ、愛についての繊細で軽妙な、そして永遠の虚構なのである。

　最後の一文で、モンテスキューは、「気に入ろうとする一般的欲求が婦人への心遣いを生むが、これは愛ではなく、実際のところ、愛についての繊細で軽妙な、そして永遠の虚構なのである」と述べている。この欲求から、とモンテスキューは彼の論を進める。「われわれの決闘の時代において力を得ることになったのは婦人への心遣いの精神であった」。「そこから、騎士道という摩訶不思議な体系が生まれた。すべての人々はこれらの観念に心を惹かれた」。「城や砦や強盗だらけの一部の世界で常に武装していた遊歴騎士は、不正を罰し、弱きを守るとこに名誉を見いだした。そこからまた、われわれの物語(ロマン)において、愛の観念に基づき、力と保護の観念に結びついた婦人に対する心遣いが生まれた」。

　こういった精神性はヨーロッパにおいて決闘の起源となった。「われわれの騎士道物語はこの気に入ろうとする欲求に迎合し、ヨーロッパの一部に対して、古代人にはほとんど知られていなかったと言いうるこの婦人への心遣いの精神を与えた」。この種の騎士道のロマンスは、フランス革命後ですら影響力をもった。

　リヨンで2004年に出版された小説『エヴァリスト 1811-1832――一生涯のロマン』(*Évariste 1811-1832: le roman d'une vie*) の中で、ジャン・ポール・オフレー (Jean Paul Auffrai) は、

●特集：学問史の世界　佐々木力と科学史・科学哲学

ひとつの仮説を提出している——ガロワに決闘を挑んだのは、「健康の家」の持ち主のフォルトリエ氏とステファニーの父デュモテル氏であった、と。この理論はありうるかもしれない。が、このストーリーには同意しえない。トラブルの原因となった父親が決闘での敵対者ではおそらくなかった。

　ガロワの2通の書簡のつぎにわれわれが依拠すべきは、ガロワの最初の伝記作家のポール・デュピュイの『エヴァリスト・ガロワの生涯』(Paul Dupuy, *La vie d'Évariste Galois*, 1896)であろうが、彼は同時代の重要な証言者として、ガロワの従兄弟のガブリエル・ドマントがデュプイに、ガロワがステファニーとの最後のランデヴゥ、すなわちデイトのさいに、「自称叔父と自称フィアンセ」(prétendu oncle et un prétendu fiancé) が居るのを見た、と報告している。これはきわめて重要な証言である。

　こういった証拠のうえに、ガロワの最近の伝記作家のマリオ・リヴィオは、興味深い新しい仮説を提出した（Malio Livio, *The Equation That Couldn't Be Solved: How Mathematical Genius Discovered the Language of Symmetry*, New York: Simon and Schuster, 2005）。マリオ・リヴィオは述べている。

　　私としては、ガロワの2人の相手はデュシャトレーとフォルトリエだった、と謙虚ながら提唱したい。これでついに、だれがなぜガロワを殺したのかという200年近くに及ぶ謎に決着がついたのであろうか？　そんな気もする。私は、フォルトリエ-デュシャトレー二人組が既知のすべての事実に合うと確信しているが、信頼できる情報はほとんどないため、今後新たな証拠が出てこないかぎり、多くの不確実さが残るであろう〔斉藤隆央訳『なぜこの方程式は解けないのか？——天才数学者が見出した「シンメトリー」の秘密』早川書房, 2007, p. 210. 原文によって訳文を変更している〕。

　私は、その強い謙譲の念とともに、この新理論を支持する。得られた情報のうえに、よく考えられている。しかし、私はマリオ・リヴィオのつぎのシナリオには賛同できない。「これが事件の裏に女あり (cherchez la femme) の典型的事例であることを示す手がかりがいくつかある。不注意なことばか衝動的な行為か、ともかくガロワはその少女の気に障り、彼女はすぐさま2人の男に通報した。そして、これらの「だまされた」男たちが問い詰めたとき、ガロワは、この一件を「恥ずべきゴシップ」と呼ぶ過ちをしでかし、傷を深手にした。これが破壊的結果を招いたのだ。2人の男は、ステファニーの名誉を守るべく、ガロワに決闘を挑んだ」(p. 208)。

　このストーリーはきわめて一方的である。ガロワはステファニーを「卑劣なコケット」、2人の相手を「このコケットにだまされた」者たちと呼んでいる。実際にはどんなことが起こったのであろうか？

　たしかにガロワはステファニーに2人の男に告げたような気に障る不注意なことばを述べるか行為をなしたであろう。しかし、ステファニーはそれ以上のことをなしたと思う。彼女は過剰に反応し、実際に若い男と若い女のあいだで起こったことに虚構を交えたり、強い表現を敢えてすれば、些細な虚言を述べたりしたのだと思う。私の思いなしは、騎士道精神に反するであろうか？　ステファニーはとてもナイーヴで、無垢であり、社会的な罪は何も犯していないと思う。だが、ガロワ個人

に対してはどうであったろうか？　私は、ガロワ個人に対しては罪あることをなしたように思う。悲劇的決闘を挑んだ2人の相手は、彼女よりももっと罪深かった。これら2人の相手よりも、19世紀前半のフランスの共和主義者のあいだで普通になっていた決闘の習俗はもっと罪深かった。この習俗は、まったく愚劣であり、ガロワの相手以上に罪深かった。同様の愚行は、現代でも騎士道的精神とは違った名目のもとでなされている。

　いずれにせよ、恋愛ざたで、ガロワとステファニーのあいだに起こったこと以上に悲劇的な結末を引き起こした事態は歴史上なかったのではないか。本質的に、ガロワは真っ正直であり、ステファニーに対して犯罪的なことは何もしていない、と私は信ずる。

　けれど、悲劇的決闘はなされたのだ。5月30日早朝、ガロワとおそらくデュシャトレーは25歩の距離で向き合い、フォルトリエは立会人として結果を待った。ロシアン・ルーレット式の作法で、デュシャトレーが弾の込められた銃を持ち、ガロワを撃った。

　ガロワは農民かフォルトリエかによってコシャン病院に運ばれた。彼は弟のアルフレッドに「泣くんじゃない、20歳で死ぬにはありったけの勇気がいる」、と述べ、死んだ。5月31日木曜日のことであった。この日は1832年5月末日であり、ガロワにとっての最後の日となった。

　現在では、フォルトリエが、ステファニーの父の没後、彼女の母と結婚したことがわかっている。それからまた、フォルトリエはガロワの死後、ガロワの母を訪問したともいう。

　ガロワの決闘死にまつわる謎を解明しようとする私の試みは以上のようである。ガロワ事件のジグゾウパズルの構造が重要なのであって、その断片には入れ替えがあるかもしれない。ガロワの最期の日々に実際何が起こったのかの真に迫るシナリオに、何かしら多少とも貢献できたとすれば、それで満足するほかない。ガロワが彼の友人たち2人に頼んだ最後の書信にいくぶんなりとも応えることができるとすれば幸甚である。

結論――革命家、数学者、真っ正直な若者エヴァリスト・ガロワ

　本日の話を要約したい。小さな拙著『ガロワ正伝』において、私はインフェルトの1948年の小説を全面的に乗り越えように試みた。インフェルトの本を読み終わったとき、アインシュタインは、プリンストンから1948年2月24日に、その著者に宛てて、ドイツ語で謝礼の書簡を書いた。

　　親愛なるインフェルト様：
　　ガロワについてのあなたの本に私は夢中になりました。それは心理的傑作であり、納得のゆく歴史画像であり、そして尋常ならざる誠実な（aufrecht）性格をもった人間的で精神的な偉大さへの愛です。
　　この注記を立派な英語に翻訳して、どんな目的のためにでも出版社に送って構いません。しかし、私はそのためだけにだけ、これを書いたのではありません。とりわけ並外れた人間の状況が時代を超えていることによって説明される、このドラマの暗い背景を効果的に描くのに、この本は成功していると思います。それこそ、あなたにこれを書かせたにちがいありません。私はあなたに共感を覚えます。
　　　　　　　　　　　　　　　　　　　　　　　　　　　　　　　　敬具

●特集：学問史の世界　佐々木力と科学史・科学哲学

　　　　　　あなたの
　　　　　　アルベルト・アインシュタイン

　アインシュタインのいう「暗い背景」にはいくぶんかの訂正が必要かもしれない。おもにルネ・タトンとか、カロリン・エアハルトといったフランスの数学史家のお蔭で、われわれは、パリの科学アカデミー会員が若きガロワにそれほどフェアではなかったわけではなかった事実を知っている。ガロワ自身が未成熟であった。彼が政治的策謀によって殺害されたのでないことは、ほとんど確かである。

　しかし、アインシュタインが書いているように、ガロワが「尋常ならざる誠実な性格をもった」若者であったことは請け合うことが可能である。彼が1831年年初、エコル・ノルマルから退学の憂き目にあったとき、きわめて誠実にも、校友たちに彼ら自身の正義をなすようにと願った。2人の卑劣な敵対者が決闘を挑んだきいには、この挑戦にさして不平を言わず、「僕を殺害した者たちを許してくれたまえ。彼らは信義をもった人たちなのだから」、と書いた。

　われわれはみな、ガロワが急進的な共和主義者であったこと、同時に、きわめて未成熟なかたちでしかなかったのであるが、彼の名を採って「ガロワ理論」と呼ばれるようになる理論を創始した比類のない才能に恵まれた数学者であったことを知っている。けれども、両者はたがいに関連しているのであろうか？　しばしば、政治的に革命的であることと、数学に革命をもたらす者は異なった精神性をもっているのだが、ガロワに限っては、相互に関連し合っていると私は思う。

　私は、1970年代後半、プリンストン大学で、いまは亡きトーマス・S・クーン教授らのもとで教育を受けた数学史家である。プリンストンの科学史・科学哲学プログラムは、当時にあっては、「黄金時代」であった。現在、私は、クーン教授の「歴史的科学哲学」の学問的企図を東アジアに外挿しようともくろんでいる。クーン教授によれば、科学はしばしば起こる革命によって進化する。私と討論する前、教授は数学史に革命は起こらないと考えていた。しかし、私が数学における革命ということについて議論したあとで、私宛にこう書いた。「私は、数学にも革命はあるに相違ないと思う。だが、ほかの人同様、数学においてはかつての旧い定理がかなりの程度保持されるはどうしてか考えあぐねている」。私は、数学においてすら革命は存在するのだが、自然諸科学におけるほど、荒々しいわけでではないと考える。数学は存在論的に実在の世界によってそれほど拘束されず、また、条件的な推論による学問だからなのである。

　しかしながら、数学的知識は革命によって進化する。この見方は、後知恵によるのかもしれないが、ガロワの理論は近代の構造主義的な数学の見方を始めた。

　この講演の初めに、私は、ヴァイルによるガロワ理論をアインシュタインの相対性理論と類似したものとの特徴づけを紹介した。だが、どうしてであろうか？　アインシュタインの物理学的な理論は、古典力学と電磁気学という2つの理論を相互に還元して見るのでなく、また時間とか空間のような基本概念を新しい仕方で根元的に考察し直して、超越論的な物理理論として再構築したものであった。

　他方、ガロワは、代数方程式の理論について、置換群を導入するまったく新しい方法を通して、方程式の可解性を、数学的に超越論的な思考の仕方で見直して、計算による普通の数学を超えようと試みた。ガロワ自身のことばでは、「解析の解析」(l'analyse de l'anayse) なる高度の発想によっ

て支えられていた。

　そこで、眼を一般の世界史に転ずることにしよう。ガロワは、1830年の七月革命直後の政治に積極的にかかわり、「人民の友」(Société des Amis du Peuple) なる結社に積極的に参加した。英国の歴史家ポール・ジョンソンの『近代の誕生――1815-1830年の世界の社会』(*The Birth of the Modern: World Society 1815-1830*, 1991；別宮貞徳訳、共同通信社、1995) によれば、「近代」という時代は、1815年から1830年までの15年間に始まった。したがって、ガロワが政治的に革命家であり、同時に数学的に革命家であったことは偶然ではない。疑いなく、彼はまずは数学史に、それから政治史にも大きく貢献した。両方の「近代」を切り拓いたのだ。

　しまいに、私はガロワが数学においても政治においても革命家であったことを念を押して言いたい。さらに、これに加えて、私は、アインシュタインと足並みを揃えて、ガロワが比類のない真っ正直な若者であったことを証言したい。

　最後に私の話でもっとも言いたかったことを確認しておきたい。ガロワが20歳で生命を失うことになった決闘についてであるが、その原因になった若い女性とのトラブルに関して彼は罪になるようなことは本質的に何もやっていず、また、彼は決闘を回避するための努力を最大限なしたということである。ガロワは真っ正直な青年であり、そのことは遺言的書翰をそのまま解釈すれば、わかることである。これまで、この青年を全面的に擁護する立場に立つ人はほとんど皆無であったのではないか。本講演をガロワの追憶に捧げたのは、彼の遺志に十分に応えようとしてのことであった。私はガロワ青年を全面的に支持する数少ないひとりであることを宣言して、本日の話を締めくくることにしたい。

〔後年の注記：本稿は、科学アカデミーでの講演のために、みずからの講演の部分は英語で、引用文はフランス語で草された。原題は、"How Is Galois Theory Characterized Historically, How Was It Received in Japan, and Why Was Galois Challenged to a Duel?" である。講演に招聘してくれたカアン教授は、講演終了後の科学アカデミーの数学部門会員たちとの昼食会の席で、ガロワ記念論集を編集し、拙稿をもその中に収録する予定であると告げた。それで教授に本稿を送付したのであったが、今日にいたるも、その論集は刊行されていない。講演がなされたあと、3月11日午前に私はガロワの生誕の町ブール・ラ・レーヌを訪問した。翌12日に、私はパリの空港をエール・フランス機で成田に飛び立った。13日正午ころ到着した日本は、宮城県沖を震源とする大地震による福島第一原子力発電所の事故で、大喧噪であった。福島第二原子力発電所の近くの楢葉町に居を構えていた猪狩惺教授は退避を余儀なくされた。帰日後、Caroline Ehrhardt, *Évariste Galois: La fabrication d'une icône mathématicique* (Paris: Éditions de l'EHESS, 2011) が公刊された。ガロワ史料の最新の発見者のエアハルト博士は、私の科学アカデミー講演の聴衆のひとりであった。彼女による労作であるが、ガロワについての偶像破壊的記述は極端に顕著であると思う。ガロワについての史実は、虚飾を交えなくとも、真実そのままで人の心を撃つ。ロシュディー・ラーシェド教授も本講演の聴衆であった。言うまでもなく、ガロワ理論は、現代数学の中でもっとも美しい理論のひとつである。拙著『ガロワ正伝――革命家にして数学者』は、「ちくま学芸文庫」の一冊として、2011年7月10日に日の目を見た。〕

●特集：学問史の世界　佐々木力と科学史・科学哲学

佐々木力 未発表論考

芸道論的観点からみた純粋数学

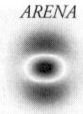

佐々木 力

はじめに

　私は無類の観能好きである。ほかの芸術、たとえば歌舞伎を見ることはまったくない。能を観るとはいっても、能についての特別な知識があるわけではなく、いわゆる「ディレッタント」として好きなのである。東京大学での盟友でアラビア数学史の泰斗ロシュディー・ラーシェド教授夫妻を東京の能楽堂に連れていった。プリンストン大学大学院での数学史上の恩師マイケル・S・マホーニィ教授夫妻が1999年秋に来日したときにも連れていった。最近では2008年夏に、古代ギリシャ数学史研究のイオアニス・M・ヴァンドラキス博士をも同道した。彼とは、古代ギリシャ悲劇との類似性について語り合った。フランスの数学史家たちと数学史関係のシンポジウムを2005年初秋にロドス島で開催しており、それに先立って、アテネのアクロポリスの直下にある古代そのままの劇場にギリシャ悲劇の公演を見にいったことがある。

　能の抽象性と単純さ、「俗っぽさ」から離れた精神貴族性、その徹底的な地味さが、どこか純粋数学と似ているので、好きなのかもしれない。もうひとつ、能楽を大成した世阿彌の思想的背景として曹洞禅があることは、西尾実『道元と世阿弥』（岩波書店、1965）が指摘するところであるが、私は大の道元崇拝者だからでもある。宮城県の郷里加美町小野田の檀那寺の小田山龍川寺は16世紀末に天台宗から曹洞宗の寺院に転じた古刹であるが、父親の勇治郎が1984年1月14日に亡くなった直後には、道元（1200-1253）の稀代の名著『正法眼蔵』を通読した。その後、道元は私のヒーロー的存在となった。とくに、その「現成公案」がよい。東北の仏僧は曹洞宗に帰属する禅僧が多い。1998年秋にはじめて訪中し、浙江大学で講演したあとには、大学の車両で、浙江省寧波の内陸部に在る、道元が修業し、師と見なすこととなる如浄禅師と出会った天童寺を訪問することができた。10月1日のことであった。中華人民共和国の五星紅旗が寺の上に翻っていた記憶がある。その日は国慶節であったのである。そのあと、空海ゆかりの高野山を訪問し、道元の創建した北越の永平寺で参禅のまねごとをした。私は、前近代の日本人知識人の中では、空海と道元が特別に好きなのである。寒冷な気候の貧しい東北地方では、曹洞宗のような「土民」のための仏教でなければ、根づかなかったのかもしれない。

　江戸時代後期の越後の良寛和尚（1758-1831）が、道元『正法眼蔵』の崇拝者だったことも知っておいてよいだろう。

　以上が、純粋数学理解を芸道論的に展開するための予備的前提である。

1.「芸道」は世阿彌から始まる

　日本中世を象徴する能楽は、観阿彌と世阿彌によって高等芸術の境域にまで高められた。彼ら父子以前、能楽は、猿楽ないし申楽と称され、まともな芸術とは見なされず、そして、その役者も、それほど高い社会的地位をもつものとは考えられていなかった。「芸道」(藝道) なる語彙が最初に用いられたのは、応永31年 (1424) のことで、世阿彌の『花鏡(かきょう)』においてであった（西山松之助「近世芸道思想の特質とその展開」、『著作集第六巻』「藝道と伝統」吉川弘文館、1984、p.141）。世阿彌は、父観阿彌の没後、至徳元年 (1384) ころから曹洞禅を熱心に学ぶようになったものと考えられている。世阿彌の曹洞禅とのかかわりについての最新の知識は、大友泰司の『世阿弥と禅』並びに『漱石・龍之介と世阿弥』(翰林書房、それぞれ2007 & 2011) による（泰司和尚は、郷里の前記龍川寺住職にして、私の高校時代までの同級生でもある。駒澤大学で国文学を修めた）。世阿彌は、大和補巌寺を創建した了堂真覚のもとで禅仏教の教理を学んだ。まもなく了堂のもとで出家した。了堂には弟子が8人居り、竹窓智巌、奇叟異珍、太容梵清らであった。竹窓は了堂の筆頭弟子、奇叟は西洋人であったらしい。このことは、この時代にあっては稀有の事態であり、注目されるべきである。世阿彌がもっとも親密に道元『正法眼蔵』を修学したのは、大友泰司によれば、了堂学派最大の学僧太容のもとでであったという。世阿彌は、父の教説をもとに、卓越した能楽論『風姿花伝』をものし始め、最初の「第三問条々」までは、応永7年 (1400) には出来たものと考えられる。世阿彌は了堂最後の弟子であったと見なされるのだが、了堂一周忌の年であった。その後、その世阿彌能楽論の最大の書は書き継がれていった。「芸道」なる語彙がはじめて使用された書『花鏡』は応永31年 (1424) に出来たが、竹窓の一周忌に当たっていた。その後、『拾玉得花(しゅうぎょくとっか)』は正長元年 (1429) に書かれたが、太容一周忌の年であった。『花鏡』と『拾玉得花』には、曹洞禅の影響が色濃く、泰司和尚によれば、その後、世阿彌の能楽論に思想的深化は見られない。もっとも、世阿彌は曹洞宗に帰依したものの、臨済宗教説などの書をも広く読んだ。

　世阿彌の伝記的研究も深化しており、管見のかぎりでは、今泉淑夫の『世阿弥』(吉川弘文館・人物叢書、2009) は名著である。世阿彌が能楽界において隆盛を極めたのは、三代将軍足利義満のもとでである。世阿彌は未だ少年役者であった。将軍義持のもとでも寵愛は止まなかったが、彼の弟義教のもとで、世阿彌の命運は暗転するにいたる。新将軍は、音阿彌を贔屓するようになったからであった。世阿彌は不運をかこつだけではなく、永享6年 (1434) には佐渡に配流されてしまう。この処遇は、70歳になっていたであろう老齢の世阿彌にとって、とても過酷であったことは想像に難くない。

　世阿彌の佐渡配流についての既成の説明は多様であるらしいが、今泉の世阿彌評伝は、この事件をきわめて説得的に解き明かしていると私は思う。人は「世阿彌の罪」がいったい何だったのかについて問うに相違ない。だが、今泉は、「義教の譴責、配流という処置が、必ずしも理に適った理由がなくともなされ得たことを再考してみる」(p.122)。こうして世阿彌評伝の著者は、きわめて賢明にも、将軍義教側の奇矯な態度に責任を負わせるのである。けれども、私は今泉の議論は、未だ不十分であるように思う。

　この点で、磯部欽三の『世阿弥 配流(はいる)』(恒文社、1992) の記述は、今泉の不足点を埋めるに十分である。佐渡出身の磯部は書いている。「永享元年 (一四二九) 以降、確実に世阿弥は落日の中にいた。義教の元雅敬遠と音阿弥元重への贔屓、元雅の客死、一座の離散。世阿弥の足場はつぎつ

●特集：学問史の世界　佐々木力と科学史・科学哲学

ぎに揺らいでいく。晩年の世阿弥の不遇は、このひと自身の、際限のない能の高踏化にも原因の一端はあったか。「無心の能」「無文の能」に見られる芸術至上の芸風が、義教らの好みにも合わず、このひとを孤立させ、社会的な不遇を招くことになった。そういえないことはない」（p. 26）。引用文中の元雅とは、世阿弥の長子である。議論は問題提起のかたちをとっており、断定的ではないが、なかりの程度、事態の原因を言い当てていると私は思う。

このような芸術的‐政治的迫害について、さらに念頭に置いておかねばならないことは、世阿彌の能楽大成期において、足利将軍家のパトロネージ体制がきわめて重要な役割を果たした点である。この問題に光を当てた研究は、天野文雄の『世阿弥がいた場所──能大成期の能と能役者をめぐる環境』（ペリカン社、2007）であった。天野はこう指摘している。「永享六年（一四三四）の佐渡配流も、世阿弥が御用役者だったからこそ起きた事件とみることが可能であろう」（pp. 30-31）。至極割切な所見である。世阿彌による「能の高尚化」は、新将軍足利義教の卑俗なる趣味には高級すぎ、「御用役者」の枠を大きくはみだすことになったのであろう。

「奇矯」と先に形容した将軍足利義教は、赤松満祐の邸宅に招かれ、観能中に暗殺されてしまう。義教の死によって、世阿彌が佐渡配流から帰還できたかどうかについては文書による証拠はないが、彼の忌日が8月8日であったという記録は補巌寺に残されている。一休宗純和尚が世阿彌救済を助けたという説があるが、真実だとすれば、よい話ではないか。世阿彌の死は、おそらく、嘉吉3年（1443）であったであろう。生年を貞治2年（1363）であったとすれば、享年81歳であった。

世阿彌の能楽論、一般的に言って、芸道論は、きわめて高い水準にまで高尚化されたのであったが、そのもっとも重要な思想的背景として、道元の禅仏教があったことはたしかであろう。道元は、宋での修学のあと、帰日したのであるが、みずからの本格的仏教教説伝播過程の当初、延暦寺「山僧からの圧迫」があったことがわかっている（大久保道舟『修訂増補　道元禪師傳の研究』筑摩書房、1966、pp.185-196）。彼が京都から離れた北越の大仏寺、のちの永平寺に籠もる態度を保持した理由のひとつとして、この「圧迫」があったのだという。永平寺なる名称は、仏教の中国伝播がなされたのが後漢の永平年間であったという伝承による。「仏法の初めて中国に伝来した後漢の明帝永平十年の暦号からとられたのである。そのこれを採用せられるにいたった理由は、永平の建立をもって、中国に仏教が初めて東漸したごとく、日本仏教はこれより創建せられることを闡明せんがためであった」（前掲『道元禪師傳の研究』、pp. 225-226）。仏教の中国初伝についての話には異論もある。私は、洛陽郊外に、永平11年（68）年、中国最古の創建という白馬寺を訪れたことがある。2013年6月初旬であった。道元は自分こそは真性の仏教を日本に伝えるのだという意気込みを抱いていたわけである。一般に道元は世俗的政治権力から距離をとったことが知られる。大久保道舟によれば、道元の日本仏教創始の志は、以下の4つの事項によって特徴づけられる。「第一には権門勢家との因縁情実を離れること、第二には手兵を擁した一種の城郭的形態を解散すること、第三には生命なきさまざまな仏事を捨離すること、第四には学解的遊戯的各種の経営を放棄すること等、当時の旧仏教教団の持つ総ての難点を反省して、いわゆる醇乎として醇なる僧団、換言すれば釈尊の根本教団にも等しい立派な僧団を実現しなければならぬ」（大久保、前掲書、p. 8）。こう道元は思い定めたのであった。

道元の思想史的解明は、和辻哲郎の「沙門道元」（『日本精神史研究』所収、『和辻哲郎全集』第四巻、岩波書店、1962）によってなされている。和辻は一般に華麗なる文体をもって知られるが、

私は道元論として、プロフェッショナルな仏教者としての自己修練の厳格さを記述した和辻の「沙門道元」以上の著作を知らない。世阿彌の芸道論は、道元禅の理解なくして不可能であろう。加藤周一の『日本文学史序説』上巻の言辞をもって世阿彌芸道論を特徴づければ、「仏教と芸術との関係は、世阿弥において非自覚的であり、それ故に深かったのである」（ちくま学芸文庫、1999, p.401. 強調は原文）。ここでの「仏教」とは、なによりも道元禅を指す。世阿彌芸道論の解説としては、加藤による「世阿弥の戦術または能芸論」（表章・加藤周一『世阿彌 禪竹』岩波書店・日本思想大系、1974、解説）が卓越している。加藤は、世阿彌の能芸論を、みずからの能芸の実践と理論を「勝利」に導く戦略・戦術、と特徴づけている。その点で、宮本武蔵の遺著『五輪書』（1645）と同類の志向を認めている。

　省みれば、日本中世は、人間の生と死をめぐって根源的に思索した時代であった。法然と親鸞、道元らの鎌倉新仏教の思想は、平安時代以前の天皇‐貴族階級社会を、人間の、とりわけ死に関しての抜本的平等性を原則として、突き崩すという大きな思想史的仕事を成し遂げた。そのあとに、能楽を題材に、それまでにない芸道論を展開してみせたのが世阿彌であったのだ。その日本精神史において果たした意義は大きい。

2. 三上義夫の「和算＝芸術」論の内実

　近世日本数学のことを「和算」という。この和算について、数学史的特徴づけをなした歴史家として三上義夫がいる。私は、彼の『文化史上より見たる日本の数学』に着目し、その著作を中心に関連論考をも収録して、岩波文庫の一冊とし、1999年に世に問うたことがある（三上義夫著／佐々木力編『文化史上より見たる日本の数学』）。解説として、「三上義夫――文化史的数学史の成立」を添えたが、1997年春、広島県北部の三上の郷里を訪ね、調査してのことであった。驚いたことには、三上氏は、近江源氏＝佐々木氏の支族、尼子氏なる武家であったが、毛利元就との戦いに敗れ、帰農させられて近江の地域名三上なる姓を名乗ったのであった。

　三上は、戦前の日本数学史の泰斗として日本数学史研究に従事し、『文化史上より見たる日本の数学』を執筆したのであったが、その日本数学を近代西欧数学と同等とは見なさない文面が帝国学士院の一数学者の勘にさわり、その和算史調査事業から放逐された歴史家であった。その議論は、しばしば「和算＝芸道」説として言及されることがある。

　そこで、あらためて『文化史上より見たる日本の数学』を自覚的に再読してみたのであるが、三上においては、和算＝芸道論なるしっかりした議論が十全に展開されているわけではない。しかし、たとえば、1932年の論考「和算の社会的・芸術的特性について」中には、つぎのような文面がある。「この種のものは、わが日本人の芸術的生活に極めて好く適合したのであり、和算の初期からして単に実生活の関係にのみ局限せずして、数学を芸術的趣味的に取り扱って行こうという精神が極めて濃厚であったことを示す。後になっても和算には、非実用的なものが多いのであるが、すべてこれは芸術の精神をもって開拓したので、ここにははなはだ偉大な発達をも遂げ得たのである」（前記文庫版、p.162）。三上の意図は、和算が実用にだけ限局されずに発達した歴史的要因として、日本人がもっていた芸術的趣味的嗜好が、純粋数学的側面を発展を促す重要な役割を演じたことを指摘した点に表われている。そこには、とくたてて、芸道論的議論などは見当たらないと言っても過言ではないのである。

●特集：学問史の世界　佐々木力と科学史・科学哲学

　だが、この事実は、省みれば、それほど不思議ではない。今日われわれが知るかぎり、幕末から明治初期の転換期に、衰退しようとしていた能楽が注目されたのは、明治4年から米欧の回覧に出た岩倉具視の使節団に随行していた久米邦武がヨーロッパ各国でオペラを見、帰日後、その歌劇に相当する芸術として、「日本で最も高尚な演芸」である能楽に注目し、その復興に努めたからであった（竹本裕一「久米邦武と能楽復興」、西川長夫・松宮秀治編『幕末・明治期の国民国家形成と文化変容』新曜社、1995、pp.487-510）。このような能楽復興に伴って世阿彌の能楽論も注目を浴びるようになった。世阿彌の能楽論考は、一般には、明治の末年から知られるようになっていたのであったが、三上が和算史を執筆していた時代に、それほど注目されることはなかった。

　三上の数学史的論点は、要するに、和算には実用的側面に限局されない純粋数学要素が存在するが、そのことは、和算家の「芸術的趣味的」嗜好から説明することができる、ということであった。しかし、この三上の意図を超えて、和算の純粋数学的側面を歴史学的に特徴づける方向性は、より豊かになしえないものなのであろうか？

　これが、目下われわれが直面している学問的課題にほかならないのである。

3. 純粋数学の芸道論的特徴づけの試み──三上義夫を超えて

　近世日本数学＝「和算」はたしかに実用的側面だけに限局せられない。和算の庶民向けの初等数学的著作である吉田光由『塵劫記』（寛永4年〔1627〕初版）にも「芸術的趣味的」主題が見られるし、關孝和らによって成立をみた高等数学的側面となると、もっと顕著な純粋数学的要素が出現する。

　そこで、議論を和算に限定せず、数学一般にして展開することとする。数学という知的営みは、古代国家のシュメルまで遡行しうるが、とくに数学が純粋学問的に追究されたのは古代ギリシャにおいてであろう。そして、純粋数学的側面を存在論的にリアルに近いものとして位置づけられうると考えたのは、「ピュタゴラス派」の人びとであった。その教説の由来について哲学史的議論があるが、ここでは、事物の根底には数的認識があると考えた人びとを「ピュタゴラス派」としたアリストテレスの概念規定に従っておく。ピュタゴラス派の純粋数学重視思想を継承したのが、プラトンであった。プラトン主義的数学思想こそ、西洋的思考と中国的な世界認識との大きな相異となった。ただし、古代中国において成立した易経の思想は、数的認識の重要性を指摘した点において、軽視できないことを指摘しておく。

　近世以降の日本の数学の地位について論ずるとき、前近代日本において易経がきわめて枢要な役割を果たした事実をわきまえておく必要がある。宋代にあって易認識について、重要な改変をなしたのは、洛陽に住まいした邵擁＝邵康節（1011-1077）であった。単純化して言えば、彼は易の二進法的生成原則を明確に認識し、のちに宋学の頂点をなす朱子学を体系化した朱熹の易理解の前提的知識を提供した。日本の和算家は、邵康節をよく読み、彼の数理解をみずからのものとした。佐久間象山などもそのひとりである。

　和算には、三上が指摘したように、芸術的側面がたしかにある。けれども、その特異な数学形態を能楽論的あるいは芸道論的に正当化した論者は管見のかぎりではいない。

　けれども、近代になって登場した高木貞治や岡潔の純粋数学的成果を省みるとき、私は、たとえ直截的でなくとも、世阿彌以降の芸道論がたしかな意味をもつと考える。西欧のプラトン主義的

数学の理解を超える意義があるのではないか。

4．世阿彌的芸道論を数学論に適用してみる

　世阿彌的芸道論が数学理解にとって一定の役割を果たしえるとなぜ私が考えるというと、第一に、数学学習・創造をめざす学徒の自己修練的側面を照射してくれるのではないか、と着目するがゆえである。世阿彌能楽論の中で参照を鼓舞される書は、『風姿花伝』、それから道元禅の思想が活性化されて生きている『花鏡』や『拾玉得花』である。さらに『九位』はきわめて啓発するところ大である。『花鏡』が「芸道」なる語彙が出て来る最初の文献であることは先に言及したが、『拾玉得花』にも、その語が出て来る。

　ここでは、『拾玉得花』から議論を始める。この著作には、『九位』の概念がふんだんに援用される。「九位」とは能役者の芸位のことで、上三花（妙花風、寵深風、閑花風）、中三位（正花風、広精風、浅文風）、下三位（強細風、強麁風、麁鉛風）なる九つの位階のことを指す。馴染みがないであろう「麁鉛風（そえん）」とは、あらく粗雑で、訛りのある田舎風の芸風のことである。世阿彌は、妙花風を最高位の芸位とするが、下三位をけっして軽んじてはいない。「すでに九位と立てて、上三花は申すに及ばず、中三・下位の芸にも、面白き所あらば、またその分とその分の花なるべし」（岩波日本思想体系『世阿彌　禪竹』、p.186; 表章校注・訳「能楽論集」、新編『日本古典文学全集』小学館、2001、p. 377）。世阿彌能楽論において、能が目標とするところは、「花」のある能を演じ、観能者に提供することなのである。能にとって、「面白きと言ひ、花と言ひ、めづらしきと言ふ、この三つは一体異名なり」（同前、p.188; p. 380）。能のこの特徴づけは、数学にも適用可能である。あらかじめ言い置けば、「花のある数学」こそが、数学徒のめざすことでなければならないのだ。

　そこで『拾玉得花』が議論の前提としている『九位』に視点を移す。加藤は、前引の「解説」の中で、こう述べている。「『九位』は、能役者の芸風を九位に分類し、その叙述に多くの禅語を用いる。しかしその九位がそれぞれ具体的にどうちがうのか、全く要領を得ない」（加藤「世阿弥の戦術と能芸論」、p.538）。この評言は、まことにいただけない。

　管見のかぎりでは、『九位』について、もっとも詳細で、きわめて啓発的注釈をなしたのは、能勢朝次の『世阿彌十六部集評釋』にほかならない。その上巻は、岩波書店から1940年に公刊された。その「序」にいう。「世阿彌の所論によつて、人間的に深い感銘をあたへられ、生涯を貫く精進不退転の気魄に強い感激を覚えて、心に糧としてこの書を尊重する者も相当に多い」。祖国を未曾有の破局に追い込む戦争直前の言である。

　能勢注釈本中に、『九位』は、『九位次第』として収録されている。「九位次第は、世阿彌の遺著の中では、最も難解なものである」（上、p. 545）。能勢は、上三花と中三位に分類される能は、世阿彌の称揚する「幽玄風」に基づく。中三位の能は、努力すれば、演ずることができる。能勢は、「中三位と上三花との区別を設けた点でにも私は大きい興味を感じる。中三位伎芸の世界であり鍛錬の世界であり、そこの到達点は「達者」の境地にある。ここまでは何人でも、努力次第によつて到り得る。そして、それで一人前の能役者として十分に立ち得るのである。これに比べると、上三花は単なる伎芸訓練だけでは到り得ないギャップがある。それは何かといへば正位（證位）であり「心」である。「悟り」の位である。これは天禀的に許されたるもののみが入り得るのであつて、「名人」の境地である。この「證を取る位」といふものを立てた所に言ふに言はれぬ妙味がある」（能

●特集：学問史の世界　佐々木力と科学史・科学哲学

勢『世阿彌十六部集評釋』上、pp. 582-583)。もちろん、能役者が上三花の能、とりわけ「妙花風」の能に到達できれば、それに超したことはない。けれど、そのことは常人には一般には不可能であろう。天稟が備わっていなければならないからである。

　上三花の最高峰は「妙花風」であるが、その注にいう。「新羅、夜半日頭明なり」（岩波・日本思想大系『世阿彌 禅竹』、p. 174)。能勢は、こう現代語訳する。「新羅に於ては、真夜中に、太陽が明らかに照らす」（能勢・上、p. 548)。これが標準的解釈であろう。だが、大友はまったく異なった解釈を提示している。「そこで「新羅」は「森羅」つまり「森羅万象」の省略であり、禅宗では読みは「しんらまんぞう」と解すべきである。その意味は「現象が千差万別に配列していること」であり、その意を承けて「夜半、日頭明なり」の説明ができることになる。「夜半、日頭明なり」は、星明かり、と考えられる」（大友『漱石・龍之介と世阿弥』、p. 259)。

　はたして、真実の解釈はどうであろうか？

　能勢は、「新羅、夜半日頭明なり」は、『注心経』ないし夢窓疎石の語録からの引用であると見なす（能勢・上、p. 549)。実際、夢窓疎石『夢中問答集』の末尾の「足利直義に示した公案」は、こういう問答で締めくくられている。「問。如何がこれ、和尚真実に人に示す法門。答。新羅夜半に、日頭明らかなり」（川瀬一馬校注・現代語訳、講談社学術文庫、2000、p. 245)。

　私自身は、能勢の解釈に分があると考えるが、禅の公案の解釈の相異は別にして、「妙花風」の真意を解き明かそうとする両者に相異はほとんどまったくなくなる。「言語道断」、異次元、別世界でしか実現できないほど、すばらしい能という意味で、遠い異国の「新羅」の夜半に日が輝く光景を思い浮かべるように世阿彌は促しているからである。「妙花風」の能は、それほどの絶品であるということである。

　しかし、世阿彌は、上三花の中でも「妙花風」の能をと、勧めて『九位』の結論をしめくくっているわけではない。なぜなら、そのような能は「天稟」に恵まれた「名人」にしかできない伎なのだからである。下三位の能を世阿彌はけっして軽侮しない。そのレヴェルの能に進むには、中三位から入り、さらに上三花に進んで、そのあと、下三位に却来する手もあり、また、中位の「広精風」から入って、下三位に降りてくる手もある。言い換えれば、世阿彌はお高くとまっている能役者ではなく、また、そのような非現実的能だけがよいとする能楽理論家でもなかったというわけなのである。

　世阿彌は、『拾玉得花』において、『荘子』の外篇「駢拇篇　第八」中に見える文言「鴨の脛短くとも、次がば憂えなん。鶴の脛長くとも、切らば悲しみなん」を引いて、万事、生まれたままの自然の状態を尊重し、本分に安んじるべきである、と説いている。たとえ天稟に恵まれなくとも、最大限の努力をして、伎を向上させることが人の務めである、と主張しているのである。それ以上の高望みはしてはならないのである。

　能勢は、もっと突っ込んで世阿彌の能楽理論を解説している。「伎をやるものは伎だけで満足してはならない。学問をやるものも学問だけが出来るだけで満足してはならない。必ずその伎を通じ学問を通じて、己が内心を開いて、人間としての證悟が得られてはじめて、伎も真に生き学芸も真に生きる」（能勢・上、p. 583)。世阿彌が教えてくれるところは深い。加藤周一は世阿彌の議論には「弁証法」があると見ているが、卓見であろう。

　小西甚一編『世阿弥集』（筑摩書房・日本の思想8、1970）にも『九位』の現代日本語訳と解説

が収められている（pp.288–295）が、それほどの創見はない。

　加藤は、宮本武蔵の『五輪書』には世阿彌と共通するところがあると見ている。これも卓見であろう。宮本武蔵（1582-1645）は、戦国乱世の最後の時代に生まれ、剣の稀有の達人として生涯を生き、そして兵法書として、『五輪書』を熊本の雲巌寺という曹洞宗の寺の洞窟で主として書き、そして死んだ。私は、中国は河南省の少林寺の達磨が修業したという洞窟を訪れたことがある。達磨の故事はおおいに怪しいらしいが、武蔵が描いた達磨の画像は真に迫っており、そして『五輪書』の説く兵法もまた真実を伝えていると思う。もっとも、武蔵のその書は、人を現実に殺戮する時代から、徳川の文治主義の時代への過渡期にものされた、いわば本物の戦国武士の「白鳥の歌」であった。

　武蔵の『五輪書』「地の巻」の導入部には、「兵法の道、大工にたとへたる事」という刺激的な議論が展開されている。兵法も「工（たくみ）」の道として理解されているのである。私の父は、建築大工の棟梁であり、私は少年時代、そのあとを継ぐ未来を考えていたので、多少の心覚えがあり、大いに心惹かれる思いがした。

　最後の「空の巻」は、「直（すぐ）なる所を本とし、実の心を道として、兵法を広くおこなひ、たゞしく明らかに、大きなる所をおもひとつて、空を道とし、道を空と見る所也」（魚住孝至校注『定本五輪書』新人物往来社、2005、p.171）。武蔵の現代的研究者の魚住孝至は、武蔵に見える「空」の思想について、こう注釈している。「こうした迷いなく澄んだあり様は、禅で言う「悟り」に近いものとも言えるが、武蔵は、自らの本文ではない禅の境地を借りて「剣禅一致」などと決して言わない。あくまで兵法の道の鍛錬を徹底する中で思い取っておくべきこと、そして開かれてくる世界として「空」を説くのである」（前掲書、第一部「宮本武蔵の生涯と『五輪書』」、p. 47）。

　前田英樹は、その『宮本武蔵『五輪書』の哲学』において、武蔵の兵法と同じ思想が、「戦国期の茶の湯や能楽のなかにあったことは疑いを容れない」とし、「これらのものはみな、鋭敏な戦国武士が下剋上の嵐のなかで求めた心身の驚くべき〈制度〉であったと見ることができる」（岩波書店刊、2003、p. 46）と書いている。前田は、武蔵の根本精神には、禅が教える「空」の思想と裏腹なある種のプラグマティズム思想があったと見ている。

　江戸時代初期の文治主義が始まるや、世阿彌や宮本武蔵の時代に醸成されたものの考え方のエートス——前田のいう〈制度〉——は、關孝和や建部賢弘ら和算家にも継承されたのではないか？

　世阿彌は、みずからの能芸のエートスを、芸道と呼んだ。和算家にこのエートスが伝わったかいなかについての問いは、将来の歴史家が探究すべき重要なことがらであろう。

5.「花」ある純粋数学理論を！——結語

　私が本エッセイにおいて、純粋数学の理解に日本の中世以降に芽生えた芸道論を援用しようとしたのは、ほかでもない、純粋数学を学び、創造しようとする学徒と、彼らが建設しようとする理論の、西欧のプラトン主義的正当化の外にも手立てがあることに注意を促し、そして、純粋数学の知的営みを一枚岩としてとらえず、人と学説において多様性をもっている事実を理解せしめようとしてのことであった。

　「数学＝芸術」論は、これまでたとえば和算を西欧数学よりも一段劣った知的営みとしての議論と解釈されてきたが、その解釈は、間違いであろう。世阿彌は、彼の芸道論によって能楽を「花」ある芸術の営みであるべく、企図した。能楽が追究するのは、芸術一般がそうであるように、「美」

にほかならない。他方、純粋数学は、真理を追究する。その「真」の追究が、能楽同様、「花」であって悪いいわれはまったくない。20世紀後半の英国を代表する数学者としてマイケル・F・アティヤの名前が挙げられるであろう。彼は、崇敬している数学者としてヘルマン・ヴァイルだけに言及している。志賀浩二編訳の『数学とは何か』において、彼は、数学者にとって、「数学は芸術でもあり、科学でもあります。美と真実とは同じ高みにあります」（朝倉書店、2010、p. 75）と述べている。この特徴づけは、アティアの見識の高さを示している。

　關孝和の行列式論は和算の最初の「花」であり、關の高弟建部賢弘の円周率計算法と円弧長の逆三角関数無限級数展開もまた「花」であり、さらに、和田寧の高度な積分値計算技法「円理豁術」は、幕末無限小算法の「花」であった。

　近代西欧において、ガウスの『数論研究』は19世紀ドイツ数学の「花」であり、リーマンの数学総体が「花」であった。ガロワの代数方程式論は19世紀フランス数学の超絶の「花」であった。純粋数学理論は、第一義的には、実用的である必要なまったくない。「花」であり、理論が「美」であることをも求める。近代日本の高木貞治の類体論は、日本人が咲かせた最初の「花」の大輪であった。岩澤健吉による代数的整数論と解析学のゼータ関数論を繋ぐ精細な「岩澤理論」も――ひょっとすると高木の「花」をも超え、世阿彌の階梯では「上三花」に数え入れられる――また、戦後日本が開化させた純粋数学の「花」であった。

　大志ある数学徒がめざすべきなのは、「花」ある数学理論の創造であろう。それは、世阿彌が演じる能が「花」ある能、あわよくば、「妙花風」の能であるべきなのと類比的なのである。

　このように、純粋数学の理解に世阿彌に始まる芸道論を援用する功徳はきわめて大きい。

佐々木力 著作目録

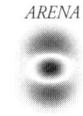

(I 日本語単行本, II 欧文単行本, III 邦訳単行本, IV 著作(集)・叢書編集, V 事典編集, VI 講座・冊子・雑誌・新聞論文／書評類, VII 欧文冊子・雑誌所収論考, VIII 中国語論考)

網羅的ではない．書きつらねた書誌目録が存在していたわけではなく，記憶と自宅の書棚にある現物によって作成したが，いくにんかの編集者の助力を得ることもできた．

I 日本語単行本 (出版年順：タイトル，出版社，発行年月日，注記)

1. 『科学革命の歴史構造』上・下巻 (岩波書店, 1985.7.10 & 8.14) (のちに改訂のうえ, 講談社学術文庫, 1995.10.10)
2. 『現代数学対話』(彌永昌吉との共編) (朝倉書店, 1986.11.10)
3. 『科学史』(佐々木力編) (弘文堂, 1987.6.30)；「序論　現代科学史研究の方法と目標」(pp. 1-12) +「第 IV 章　代数的論証法の形成」(pp. 108-138) と編集
4. 『科学史的思考 —— 小品批評集』(御茶の水書房, 1987.12.10)
5. 『数学史対話』(中村幸四郎と共著) (弘文堂, 1987.12.15)
6. 『医学史と数学史の対話 —— 試練の中の科学と医学』(川喜田愛郎との共著) (中央公論社・新書, 1992.11.15)
7. 『近代学問理念の誕生』(岩波書店, 1992.10.29)
8. 『生きているトロツキイ』(東京大学出版会, 1996.2.5)
9. 『科学論入門』(岩波書店, 1996.8.21) (のち第 19 刷より改訂のうえ新版, 2016.12.5)
10. 『学問論 —— ポストモダニズムに抗して』(東京大学出版会, 1997.3.10)
11. 『マルクス主義科学論』(みすず書房, 1997.12.18)
12. 『デカルトの数学思想』(佐々木力編《コレクション数学史》第 1 巻) (東京大学出版会, 2003.2.27)
13. 『科学技術と現代政治』(筑摩書房・ちくま新書, 2000.6.10)
14. 『物理学者ランダウ —— スターリン体制への叛逆』(佐々木力・山本義隆・桑野隆編訳) (みすず書房, 2004.12.8)
15. 『数学史入門 —— 微分積分学の成立』(筑摩書房・ちくま学芸文庫, 2005.12.10)
16. 『21 世紀のマルクス主義』(筑摩書房・ちくま学芸文庫, 2006.10.10)
17. 『数学史』(岩波書店 , 2010.2.25)
18. 『ガロワ正伝 —— 革命家にして数学者』(筑摩書房・ちくま学芸文庫, 2011.7.10)
19. 『東京大学学問論 —— 学道の劣化』(作品社, 2014.3.20)
20. 『反原子力の自然哲学』(未來社, 2016.6.20)

II 欧文単行本 (出版年順：タイトル，出版社，発行年，注記)

1. *The Intersection of History and Mathematics*, ed.by Sasaki Chikara, Sugiura Mitsuo, & Joseph W. Dauben (Basel/Boston//Berlin, Birkhäuser, 1994) (Science Networks, Historical Studies, Vol. 15) : "The Tokyo History of Mathematics Symposium 1990" の *Proceedings* (佐々木は Secretary).
2. *The Introduction of Western Mathematics in Modern Japan: Collected Papers* (Department of History and Philosophy of Science, Graduate School of Arts and Sciences, University of Tokyo, 1999) (佐々木の英文日本数学史関係論文集).
3. *Descartes's Mathematical Thought* (Dordrecht/Boston/London: Kluwer Academic Publishers, 2003) (Boston Studies of the Philosophy of Science, Vol. 237): 日本語版『デカルトの数学思想』の原英語版で, Princeton University に提出した学位論文 (1989) の大幅な改訂版．
4. *Introdução à Teoria da Ciência* (São Paulo: Editora da Universidade de São Paulo, 2010): 日本語原著『科学論入門』のブラジル - ポルトガル語訳．

III. 邦訳単行本

1. イムレ・ラカトシュ『数学的発見の論理 —— 証明と論駁』(共立出版, 1980) (I. Lakatos, *Proofs and Refutations,* 1976, の邦訳).
2. デイヴィド・ブルア著 / 佐々木力・古川安訳『数学の社会学』(培風館, 1985) (D. Bloor, *Knowledge and Social Imagery,* 1976, の邦訳).
3. ジャンバッティスタ・ヴィーコ著 / 上村忠男・佐々木力訳『学問の方法』(岩波文庫, 1987) (G.Vico, *De nostri temporis*

studiorum ratione, 1709, のラテン語原典からの邦訳).
4. マイケル・S・マホーニィ著 / 佐々木力編訳『歴史の中の数学』英文標題 Mathematics in History (ちくま学芸文庫, 2007).〔『歴史における数学』(勁草書房, 1982) の増訂版〕.
5. トーマス・S・クーン『構造以来の道』(みすず書房, 2008) (Thomas S. Kuhn, The Road Since Structure, 2000, の邦訳).
6. ダニエル・ベンサイド著 / 佐々木力監訳 / 小原耕一・渡部實訳『時ならぬマルクス —— 批判的冒険の偉大さと逆境 (十九—二十世紀)』(未來社, 2015) (Daniel Bensaïd, Marx l'intempesitif: Grandeurs et misères d'une aventure critique (XIXe-XXe siècles), 1995, のフランス語原典からの邦訳).

IV. 著作 (集)・叢書編集

1. 『近藤洋逸数学史著作集』第 1 巻「幾何学思想史」, 第 2 巻「数学思想史序説」, 第 3 巻「数学の誕生・近世数学史論」, 第 4 巻「デカルトの自然像」, 第 5 巻「数学史論」(日本評論社, 1994.7-10) (新版が 2014 年刊).
2. 廣松渉『エンゲルス論』(ちくま学芸文庫, 1994) の編集と解説「二十一世紀におけるマルクス主義の再生のために」.
3. 『廣松渉著作集』全 16 巻 (岩波書店, 1996-97) の編集 (今村仁司・高橋洋児・吉田憲夫・村田純一・野家啓一と), とくに第 9 巻「エンゲルス論」の編集解説 .
4. 三上義夫著 / 佐々木力編『文化史上より見たる日本の数学』(岩波文庫 , 1999). 解説「三上義夫 —— 文化史的数学史の成立」.
5. 《科学史研究叢書》(学術書房) 編集：①パオロ・ロッシ著 / 伊藤和行訳『哲学者と機械 —— 近代初期における科学・技術・哲学』(1989), ②マーガレット・ジェイコブ著 / 中島秀人訳『ニュートン主義とイギリス革命』(1990), ③エルンスト・カッシーラー著 / 山本義隆訳『現代物理学における決定論と非決定論』(1994).
6. 《コレクション数学史》(東京大学出版会) 編集：①佐々木力『デカルトの数学思想』(2003), ②林知宏『ライプニッツ —— 普遍数学の夢』(2003), ③高橋秀裕『ニュートン —— 流率法の変容』(2003), ④ロシュディー・ラーシェド著 / 三村太郎訳『アラビア数学の展開』(2004), ⑤佐藤賢一『近世日本の数学 —— 関孝和の実像を求めて』(2005).
7. 加藤平左エ門著 / 佐々木力解説『和算の研究 方程式論』(復刻版：海鳴社, 2011). 解説「加藤平左エ門 和算の近代数学的解読者」.
8. 『三上義夫著作集』(編集補佐 / 柏崎昭文 , 編集解説協力 / 小林龍彦・馮立昇) 第 1 巻「日本数学史」, 第 2 巻「関孝和研究」, 第 3 巻「日本測量術史・日本科学史」, 第 4 巻「中国数学史・中国科学史」, 第 5 巻「エッセイ集」(日本評論社 , 2016 年から刊行中).
9. 高木仁三郎『反原子力文選——核化学者の市民科学者への道』編集 (編集協力 / 高木久仁子・西尾漠) (未來社, 2018 年 11 月下旬刊行予定),「解説的序論 日本戦後学問思想史のなかの高木仁三郎」.

V. 事典編集

1. 伊東俊太郎・坂本賢三・山田慶児・村上陽一郎 / 編『科学史技術史事典』(弘文堂, 1983) の編集補佐 , 並びに項目執筆多数 .
2. 廣松渉・子安宣邦・三島憲一・宮本久雄・佐々木力・野家啓一・末木文美士 / 編集『岩波哲学・思想事典』(岩波書店, 1998) の項目執筆多数 .
3. 佐々木力 (編集主幹)・小林龍彦・三浦伸夫・高瀬正仁編『数学史事典』(日本評論社, 進行中).

VI. 講座・冊子・雑誌・新聞論文 / 書評類 (五十音順：柏崎昭文・山口真季子作成協力)

1. 『朝日ジャーナル』(朝日新聞社の週刊誌)
    「書評 村田全『日本の数学 西洋の数学 —— 比較数学史の試み』」, 1981 年 7 月 24 日 .
    「いまなぜ注目されるのか」, 1990 年 12 月 14 日特大号〈いま甦る冷凍トロツキー〉, pp. 22-23.
2. 『朝日新聞』(朝日新聞社)
    「ことば抄 —— サントリー学芸賞授賞式のことば」, 1993 年 12 月 17 日 (夕刊第 2 面).
    「著者に会いたい 『デカルトの数学思想』 佐々木力さん (56) —— 近代学問の原点を探訪」, 2003 年 5 月 4 日「読書」第 11 面 .
3. 週刊『朝日百科 世界の歴史』(朝日新聞社発行)
    「微小世界を探る —— 顕微鏡がもたらしたもの」, 通巻 751 号 (1990 年 6 月 10 日) ,『17 世紀の世界 1○ 技術「鏡とレンズ」—— 無限を測る』, pp. E490-E494.
    「ふたつの科学アカデミー —— 国家威信をかけた近代科学の振興」, 通巻 753 号 (1990 年 6 月 24 日) ,『17 世紀の世界 2○ 焦点「宮廷とアカデミー」』, pp. B530-B533.
    「若き日の学問への旅立ち —— ライプニッツ」, 通巻 754 号 (1990 年 7 月 1 日) ,『17 世紀の世界 2○ 人物「ステンカ・ラージン ピープスほか」』, p. C534.
4. 『アリーナ』(中部大学年刊誌)
    「死のテクノロジーから生のテクノロジーへ (特集 戦後史の召喚)」, No.18 (2015 年 11 月) , pp. 12-20.

「新刊旧刊：『武谷三男の生物学思想 —「獲得形質の遺伝」と「自然とヒトに対する驕り」』伊藤康彦著」, No.18 (2015年11月), pp. 488-490.
「日中高等学問最新事情」, No.19 (2016年11月), pp. 529-541.
「文化相関的科学哲学の基本理念」, No.20 (2017年11月), pp. 570-579.

5. 『石巻赤十字病院誌』(石巻赤十字病院)
「科学論的観点から見た現代医学」, 第7号 (1997年), pp. 5-15.

6. 自治研『おおいた』(大分県地方自治研究センター)
「ヨーロッパ労働運動の興隆と環境社会主義」(自治研センター第126回学習会), No.116 (2001年5月1日発行).

7. 『オックスフォード大学出版局 ブック・ニュース』
「17世紀思想史研究のための必須の学問的道具 —— トーマス・ホッブズ書簡集全2巻 The Correspondence of Thomas Hobbes Vols.1 & 2」(1994年8月出版予定と記載), (1994).

8. 『ALT オルト』(季刊雑誌)
「68年5月革命から30年 —— パリ現地からの報告」, Vol. 6 (1998 Summer), pp. 18-22.

9. 『科学』(岩波書店月刊誌)
「書評 C・U・M・スミス著／八杉龍一訳『生命観の歴史 上・下』」, 52 (2) (1982年3月), pp. 192-193.
「書評 R・ゲルウィック著／長尾史郎訳『マイケル・ポラニーの世界』」, 53 (1) (1983年1月), pp. 75-76.
「国際的政治環境の中の科学」, 60 (11) (1990年11月), pp. 774-777.
「書評 R・カニーゲル著／田中靖夫訳『無限の天才』」65 (2) (1995年2月), pp. 124-125.
「書評 佐藤文隆『科学と幸福』」, 66 (1) (1996年1月), pp. 61-64.
「書評 山本義隆『古典力学の形成』」, 67 (12) (1997年12月), pp. 948-949.
石橋克彦・黒田洋一郎・佐々木力 他「1998年"科学"巻頭座談会 科学者の社会的責任とジャーナリズムの役割」, 68 (1) (1998年1月), pp. 27-41.
「科学から科学史へ、そして再び科学の現場へ —— 新たな科学運動のためのマニフェスト」, 68 (5) (1998年5月), pp. 390-398.
上野健爾・佐々木力・佐藤文隆 他「座談会 科学はいまどこにいるのか —— 科学者と科学史家が語り合う (創刊800号記念特集 いま，科学の何が問われているのか)」, 69 (3) (1999年3月), pp. 175-187.
「核の政治学 —— 戦後科学技術史の原点としての原爆投下 (創刊800号記念特集 いま，科学の何が問われているのか)」, 69 (3) (1999年3月), pp. 190-198.
「科学的批判性の復権を，リスクの極小な技術の制度化を！(特集 あなたが考える科学とは)」, 71 (4/5) (2001年4/5月), pp. 522-525.
「プリンストンの隣人アインシュタイン」, 75 (2) (2005年2月), p. 217.

10. 『科学史・科学哲学』(東京大学科学史・科学哲学刊行会)
「科学史・科学哲学研究室での30年 —— 数学史研究の世界的センターをめざし」, 第23号 (2010.3.31), pp. 3-12.

11. 『科学史研究』(日本科学史学会)
「科学史・技術史の今日的課題」I「3. 世界の科学史」, 第II期第33巻 (No.190), 1994年夏, pp. 101-104 (質疑 p. 105).
「書評 周程『福澤諭吉と陳独秀 —— 東アジア近代科学啓蒙思想の黎明』」, 第II期第49巻 (No.256) 2010年, pp. 248-250.

12. 『学術月報』(日本学術振興会)
「新『文明論之概略』の構想 —— 科学技術政策転轍の必要性」, Vo.50, No.1 (1997), pp. 4-8.

13. 『学士会会報』(学士会)
「いま科学技術をどう捉えるか？—— 日本とブラジルの経験から」, No.810 (1996-I), pp. 40-43.

14. 『学生社会科学研究』(東京大学教養学部社会科学研究会)
「『ドイツ・イデオロギー』を読む —— 若いマルクス・エンゲルスの歴史への態度」, 第10号 (1974), pp. 22-32.

15. 『學燈』(丸善)
「ガリレオ、デカルトと東アジアを結ぶもの」, 78 (5), 1981年5月号, pp. 12-15.
「非西洋科学史研究の意義」, 95 (8), 1998年8月号, pp. 26-29.
「書評 王青翔著『「算木」を超えた男 —— もう一つの近代数学の誕生と関孝和』」, 96 (8), 1999年8月号, pp. 46-49.
「数学におけるメディアの転換 —— マホーニィ教授来日講演の意義」, 97 (2), 2000年2月号, pp. 16-21.

16. 『科哲』(東大科哲の会会誌)
「《巻頭言》自由な学問の拠点をさらに強固に —— 大森荘蔵教授の思想的遺産を継承して」, 第1号 (1999), pp. 2-3.

17. 『環境社会主義研究会通信』(環境社会主義研究会・広島)
「中国講演 (2010年6月) 報告」, 第1号 (2011.2.19), pp. 4-7.
「ダニエル・ベンサイド (1946-2010) を追悼する」, 第1号, pp. 8-9.
「科学史的観点からみた原爆・原発問題」, 第1号, pp. 10-13.
「フランス反資本主義新党の歴史的意義」, 第1号, pp. 14-18.
「東日本大震災と環境社会主義」, 第2号 (2011.8.6), pp. 5-13 (English version, pp. 36-49.)

●特集：学問史の世界　佐々木力と科学史・科学哲学

　　　「中国から見た危機のさなかの日本政治」, 第 3 号 (2015.8.6), pp. 5-14.
　　　「ブータン探訪記 ——2013 年 8 月」, 第 3 号, pp. 16-22.
　　　「《現地報告》宮城県加美町が放射性指定廃棄物最終処分場候補地に」, 第 3 号, pp. 23-24.
　　　「書評　マルクス主義的環境社会主義思想の構築を！　ショラル・ショルカル(森川剛光訳)『エコ資本主義批判 ——
　　　　持続可能社会と体制選択』(月曜社, 2012)」, 第 3 号, pp. 32-34.
18. 『Gallery Road』(ヨコハマポートサイド街づくり協議会・横浜市都市計画局)
　　　「都市の光・光の都市」, No.1 (1991 年 3 月), pp. 6-7.
19. 『窮理』(窮理舎)
　　　「自然哲学の復権の秋(とき)の到来」, No.4 (2016), pp. 44-53.
20. 『教養学科紀要』(東京大学教養学部教養学科)
　　　"Ramus' Struggle Against Scholastic Logic: Historical Introduction and Translation," 第 15 号 (1983 年 3 月), pp. 119-139.
21. 『教養学部報』(東京大学教養学部)
　　　「私の履歴書」, 第 262 号 (1980 年 9 月 10 日), p. 2.
　　　「書評　大森荘蔵・伊東俊太郎編『科学と哲学の界面』」, 第 269 号 (1981 年 6 月 10 日), p. 4.
　　　「書評　伊東俊太郎編『中世の数学』」, 第 329 号 (1988 年 2 月 5 日), p. 4.
　　　「まず科学の古典の精読から —— 学び方シリーズ〔科学史〕」, 第 363 号 (1992 年 1 月 22 日), p. 2.
　　　「戦後日本を代表する哲学者として —— 廣松教授を送る」, 第 381 号 (1994 年 1 月 19 日), p. 5.
　　　「類い稀なる哲学者逝く —— 廣松渉名誉教授を偲ぶ」, 第 386 号 (1994 年 7 月 6 日), p. 7.
　　　「フェルマーの最終定理 —— その歴史」, 第 394 号 (1995 年 6 月 7 日), p. 1.
　　　「新デンマーク国の話」, 第 443 号 (2000 年 12 月 6 日), p. 4
　　　「駒場をあとに　数学史研究の世界的前線をめざして」, 第 527 号 (2010 年 2 月 3 日), p. 3.
22. 『慶応義塾大学大学院社会学研究科紀要：社会学心理学教育学』(慶應義塾大学大学院社会学研究科)
　　　「21 世紀日本に要求される学問論」(創設 50 周年記念特別紀要・第 1 部基調報告 1　特別号『将来編』, 2003 年, pp.
　　　　2-11+「パネルディスカッション」佐々木力・寺﨑昌男・宮島喬・杉浦章介, 同上, pp. 21-33.
23. 『月刊　書評』(TRC 図書館流通センター)
　　　「『中国出版文化史』井上進」+「『岩波イスラーム辞典』大塚和夫ほか編集」+「『ハーバード・ノーマン人と業績』
　　　　加藤周一編」+「『歴史としての戦後日本　上・下』アンドルー・ゴードン編 / 中村政則監訳」, 創刊第 3 号 (2002 年
　　　　6 月), pp. 49, 80, 87, & 89.
24. 岩波講座『現代思想』全 16 巻 (編集委員：新田義弘・丸山圭三郎・子安宣邦・三島憲一・丸山高司・佐々木力・村田
　　　純一・野家啓一, 1993-94).
　　　「20 世紀における科学思想の転回」, 1「思想としての 20 世紀」(1993), pp. 187-236.
　　　「数学基礎論論争」+「ヘルマン・ワイルの数学思想」, 11「精密科学の思想」(1995), pp. 3-56 & 77-133.
　　　「ロシア革命をめぐる省察 —— 革命をめぐる正統と異端」, 16「権力と正統性」(1995), pp. 143-219.
25. 『現代思想』(青土社)
　　　斎藤正彦 + 佐々木力 + 山本信「討論　普遍数学と記号化への意思」(特集　ライプニッツ　バロックの哲学), 16 (12),
　　　　(1988 年 10 月), pp. 77-89.
　　　「解題　Lewis Pyenson 著 / 岡本拓司訳「科学史という学問について」」, 20 (2) (1992 年 2 月), pp. 28-38.
　　　上野健爾 + 佐々木力「対談　歴史の中の二〇世紀数学」, 臨時増刊「数学の思想」(2000 年 10 月), pp. 8-29.
26. 『高校数学研究』
　　　「菊池大麓と藤沢利喜太郎」, 1991 年夏号, pp. 4-5.
27. 『国際高等研究所報告書 Report』(京都)
　　　「17 世紀の科学革命と非西洋」,『科学の文化的基底』(II) 2001-005, pp. 19-36.
28. 『サンケイ新聞』
　　　「書評　F・ダイソン『宇宙をかきみだすべきか』」, 1982 年 8 月 30 日.
29. 『自然』(中央公論社月刊誌)
　　　「科学史における全体史的方法」, 1979 年 10 月号, pp. 106-113.
　　　「中世ヨーロッパにおける数学 (1)」(Michael S. Mahoney) の邦訳, 1980 年 2 月号, pp. 82-95.
　　　「中世ヨーロッパにおける数学 (2)」(Michael S. Mahoney) の邦訳, 1980 年 3 月号, pp. 84-93.
　　　「ジャコバン主義の科学論 —— フランス革命と科学思想 (1)」, 1981 年 7 月号, pp. 103-111.
　　　「科学の制度化の過程と帰結 —— フランス革命と科学思想 (2)」, 1981 年 9 月号, pp. 86-95.
　　　「決定論的宇宙像の夢と現実 —— フランス革命と科学思想 (3)」, 1981 年 11 月号, pp. 86-95.
　　　Charles Coulston Gillispie 著 / 勝守真・佐々木力訳「ラプラスと確率 (1)」, 1982 年 3 月号, pp. 86-92.
　　　Charles Coulston Gillispie 著 / 勝守真・佐々木力訳「ラプラスと確率 (2)」, 1982 年 4 月号, pp. 94-101.
　　　「19 世紀プロイセンの大学改革 —— ドイツ近代大学建設と科学思想 (1)」, 1982 年 5 月号, pp. 72-82.
　　　「大学的学問としての純粋数学 —— ドイツ近代大学建設と科学思想 (2)」, 1982 年 8 月号, pp. 60-69.

30.『思想』(岩波書店月刊誌)

「近代科学の認識構造 ── 近代科学の意味解明への視角」、第 558 号 (1970 年 12 月)、pp. 49-68.

「近代科学の現代的位相 ── 形式的合理性の歴史的消長」、第 574 号 (1972 年 4 月)、pp. 68-92.

「十七世紀の危機と科学革命 (上)(下)」、第 671・672 号 (1980 年 5・6 月)、pp. 25-45 & 114-136.

Jacob Klein 著 / 佐々木力訳 / 解説「現象学と科学史」、第 701 号 (1982 年 11 月)、pp. 17-35.

「ガリレオ・ガリレイ ── 近代技術的学知の射程 (上)」、第 712 号 (1983 年 10 月) (〈特集〉科学論 ── 近代的学知と生活世界)、pp. 154-180.

「ガリレオ・ガリレイ ── 近代技術的学知の射程 (中)」、第 713 号 (1983 年 11 月)、pp. 98-112.

「ガリレオ・ガリレイ ── 近代技術的学知の射程 (下)」、第 714 号 (1983 年 12 月)、pp. 109-127.

Thomas S.Kuhn 著 / 佐々木力・羽片俊夫訳「歴史所産としての科学知識」、第 746 号 (1986 年 8 月)、pp. 1-18.

Thomas S.Kuhn 著 / 佐々木力・羽片俊夫訳「アレクサンドル・コイレと科学史 ── 一つの思想革命について」、第 746 号 (1986 年 8 月)、pp. 19-24.

下村寅太郎＋佐々木力「精神史と科学史の交流」、第 751 号 (1987 年 1 月)、pp. 115-147.

「ヴィーコの近代科学論 ── デカルト的数学・自然学に抗して」、第 752 号 (1987 年 2 月) (〈特集〉ヴィーコを読む)、pp. 87-124.

「『愚者の王国 異端の都市』ナタリー・Z・デーヴィス著 / 成瀬駒雄・宮下志朗・高橋由美子訳」、第 758 号 (1987 年 8 月)、pp. 41-45.

「〈われ惟う、ゆえにわれあり〉の哲学はいかにして発見されたか」、第 760 号 (1987 年 10 月)、pp. 28-72.

「ニュートン主義の世界概念 (上) ──『プリーンキピア』の自然哲学」、第 762 号 (1987 年 12 月)、pp. 37-67.

「ニュートン主義の世界概念 (下) ── ニュートンの宗教的・政治的世界」、第 763 号 (1988 年 1 月)、pp. 99-137.

「『トロツキーとゴルバチョフ』上島武・中野徹三・藤井一行」、第 764 号 (1988 年 2 月)、pp. 90-92.

「『マルクス機械論の形成』吉田文和」、第 765 号 (1988 年 3 月)、pp. 102-105.

「批判的思考の衰退 ── 学問論の 20 年」、第 773 号 (1988 年 11 月) (思想空間の変容 ──1968-1988)、pp. 14-37.

「『物理学的世界像の発展 ── 今日の科学批判によせて』田中正」、第 776 号 (1989 年 2 月)、pp. 68-72.

Lewis Pyenson 著 / 佐々木力訳「科学と帝国主義」、第 779 号 (1989 年 5 月)、pp. 9-28.

「『デカルトの旅 / デカルトの夢 ──『方法序説』を読む』田中仁彦 ── ルネサンス的思想家デカルト？」、第 782 号 (1989 年 8 月)、pp. 139-147.

「科学と政治体制 ── 第 18 回国際科学史会議管見」、第 785 号 (1989 年 11 月)、pp. 128-139.

「リヴァイアサン, あるいは機械論的自然像の政治哲学 (上)(下)」、第 787・788 号 (1990 年 1・2 月)、pp. 55-100 & 19-62.

「『啓蒙の弁証法 ── 哲学的断章』ホルクハイマー・アドルノ著 / 徳永恂訳 ── 近代文化への黙示録」、第 791 号 (1990 年 5 月)、pp. 127-134

「『今こそマルクスを読み返す』廣松渉＋『マルクスと歴史の現実』廣松渉 ── マルクス主義社会理論の原像を復元」、第 795 号 (1990 年 9 月)、pp. 145-153.

「『懐疑主義の方式 ── 古代のテクストと現代の解釈』ジュリア・アナス＋ジョナサン・バーンズ著 / 金山弥平訳 / 藤沢令夫監修」、第 798 号 (1990 年 12 月)、pp. 164-167.

「日本の学問の行く末 (思想の言葉)」、第 802 号 (1991 年 4 月)、pp. 1-3.

「『保守革命とモダニズム ── ワイマール・第 3 帝国のテクノロジー・文化・政治』J・ハーフ著 / 中村幹雄・谷口健治・姫岡とし子訳 ── 政治的反動とモダニズムの結婚の諸相」、第 805 号 (1991 年 7 月)、pp. 130-137.

「比較学問エートス論」、第 811 号 (1992 年 1 月)、pp. 4-50.

「『コミンテルンの世界像』加藤哲郎＋『コミンテルンと帝国主義 1919-1932』嶺野修 ── コミンテルン世界の光と影」、第 818 号 (1992 年 8 月)、pp. 39-54.

「スターリン主義科学哲学の成立 (上)」、第 862 号 (1996 年 4 月) (〈特集〉ソヴィエト・イデオロギー)、pp. 47-98.

渓内謙・佐々木力・桑野隆《座談会》ロシア革命と現代」、第 862 号 (1996 年 4 月)、pp. 274-303.

「スターリン主義科学哲学の成立 (中)」、第 864 号 (1996 年 6 月)、pp. 95-127.

「スターリン主義科学哲学の成立 (下)」、第 868 号 (1996 年 10 月)、pp. 99-157.

「戦後哲学の終焉 ── 大森荘蔵の生と死」、第 876 号 (1997 年 6 月)、pp. 128-135.

「『共産党宣言』の現代的位相」、第 894 号 (1998 年 12 月) (〈小特集〉共産党宣言 150 年)、pp. 60-80.

「西欧の科学革命と東アジア」、第 905 号 (1999 年 11 月) (〈小特集〉近代東アジアの科学思想)、pp. 4-37.

「ヨーロッパ学問史の中のライプニッツ」、第 930 号 (2001 年 10 月) (「思想」創刊 80 周年記念号 ライプニッツ：現代思想とライプニッツ)、pp. 6-32.

「復権する陳独秀の後期思想」、第 939 号 (2002 年 7 月)、pp. 98-115.

烏雲其其格 Wuyunqiqige・佐々木力「学制制定過程における洋算の採用」、第 1008 号 (2008 年 4 月)、pp. 126-154.

「ユークリッド公理論数学と懐疑主義 ── サボー説の改訂」、第 1010 号 (2008 年 6 月)、pp. 100-149.

「江戸のピュタゴラス主義 ── 新井白石から佐久間象山まで (上)(下)」、第 1041・1042 号 (2011 年 1・2 月)、pp. 76-112 & 121-165.

「ベイコン主義自然哲学の黄昏」, 第 1051 号 (2011 年 11 月), pp. 117-163.
「古代中国の懐疑主義哲学――『荘子』「斉物論」篇の一解釈」, 第 1098 号 (2015 年 10 月), pp. 25-49.
「日本古代学制における中算の受容 (上) (下)」, 第 1113・1115 号 (2017 年 1・3 月), pp. 59-79 & 115-143.

31. 『信濃毎日新聞』
「日本の姿　現代からあしたへ (1) 地球全体の利益を考えて」, 1997 年 1 月 1 日.
「「万能の天才」ライプニッツ復権」, 1997 年 4 月 27 日.
「書評　マーティン・メイリア著 / 白須英子訳『ソヴィエトの悲劇』上・下」, 1997 年 6 月 8 日.
「書評　義江彰夫・山内昌之・本村凌二編『歴史の文法』」, 1997 年 7 月 27 日.
「書評　ピエール・ブルデュー著 / 石崎晴己・東松秀雄訳『ホモ・アカデミクス』」, 1997 年 9 月 7 日.
「書評　エルンスト・ブロッホ著 / 好村冨士彦訳『ユートピアの精神』」, 1997 年 9 月 14 日.
「英仏労働運動の再興㊤　新自由主義政治に抵抗」,「英仏労働運動の再興㊦　新しい形で勢力が結集」, 1997 年 9 月 20 & 22 日.
「書評　シーア・コルボーンほか著 / 長尾力訳『奪われし未来』」, 1997 年 12 月 7 日.
「書評　ピエール・ブルーエ著 / 杉村昌昭・毬藻充監訳『トロツキー全 3 巻』」, 1997 年 12 月 14 日.
「書評　マーティン・ハーウィット著 / 原純夫ほか訳『拒絶された原爆展』」, 1997 年 12 月 28 日.
「書評　橋本克彦『農が壊れる　われらの心もまた』」, 1998 年 1 月 8 日.
「書評　小島麗逸『現代中国の経済』」, 1998 年 1 月 25 日.
「書評　藤沢令夫『プラトンの哲学』」, 1998 年 3 月 8 日.
「書評　平川祐弘『マッテオ・リッチ伝　全 3 巻』」, 1998 年 4 月 12 日.
「書評　都城秋穂『科学革命とは何か』」, 1998 年 4 月 19 日.
「書評　鷲谷いづみ『サクラソウの目』」, 1998 年 4 月 26 日.
「書評　オレーグ・フレブニューク著 / 富田武訳『スターリンの大テロル』」, 1998 年 5 月 3 日.
「書評　セクストス・エンペイリコス著 / 金山弥平・金山万里子訳『ピュロン主義哲学の概要』」, 1998 年 5 月 17 日.
「読書　思想混迷の時代の頼れる事典　岩波『哲学・思想事典』と『マルクス・カテゴリー事典』(青木書店)」, 1998 年 5 月 31 日.
「書評　R・W・デイヴィス著 / 内田健二・中嶋毅訳『現代ロシアの歴史論争』」, 1998 年 6 月 14 日.
「書評　黒田洋一郎『アルツハイマー病』」, 1998 年 6 月 21 日.
「書評　A・W・クロスビー著 / 佐々木昭夫訳『ヨーロッパ帝国主義の謎』」, 1998 年 7 月 12 日.
「書評　井口泰泉『生殖異変』」, 1998 年 7 月 26 日.
「書評　松本三和夫『科学技術社会学の理論』」, 1998 年 8 月 16 日.
「書評　宇沢弘文『日本の教育を考える』」, 1998 年 8 月 23 日.
「書評　野村正實『雇用不安』」, 1998 年 8 月 30 日.
「書評　米本昌平『地政学のすすめ』」, 1998 年 9 月 20 日.
「書評　トム・エンゲルフリート＋エドワード・T・リリエンソール著 / 島田三蔵訳『戦争と正義』」, 1998 年 9 月 27 日.
「書評　ノーマン・マクレイ著 / 渡部正・芦田みどり訳『フォン・ノイマンの生涯』」, 1998 年 10 月 4 日.
「書評　武谷三男『罪つくりな科学』」, 1998 年 10 月 11 日.
「書評　斉藤哲郎『中国革命と知識人』」, 1998 年 10 月 25 日.
「書評　ロイ・メドヴェージェフ著 / 北川和美ほか訳『1917 年のロシア革命』」, 1998 年 11 月 15 日.
「書評　ウルリヒ・ベック著 / 東廉・伊藤美登里訳『危険社会』」, 1998 年 11 月 22 日.
「書評　紀平英作『歴史としての核時代』」, 1998 年 12 月 6 日.
「書評　ウンベルト・エーコ著 / 和田忠彦訳『永遠のファシズム』」, 1998 年 12 月 27 日.
「書評　信濃毎日新聞社編『生と死の十字路』」, 1999 年 1 月 10 日.
「書評　ジョン・マコーミック著 / 石弘之・山口裕司訳『地球環境運動全史』」, 1999 年 1 月 17 日.
「書評　スティーヴン・シェイピン著 / 川田勝訳『科学革命とは何だったのか』」, 1999 年 1 月 24 日.
「書評　高木仁三郎『市民の科学をめざして』」, 1999 年 1 月 31 日.
「書評　伊藤誠『日本経済を考え直す』」, 1999 年 2 月 7 日.
「書評　石弘之『地球環境報告 II』」, 1999 年 3 月 7 日.
「書評　山田慶児『中国医学はいかにつくられたか』」, 1999 年 3 月 14 日.
「書評　高宮利行『グーテンベルクの謎』」, 1999 年 3 月 21 日.
「書評　森嶋通夫『なぜ日本は没落するのか』」, 1999 年 4 月 25 日.
「書評　レスター・ブラウン編著 / 枝広淳子訳『環境ビッグバンへの知的戦略』」, 1999 年 6 月 20 日.

32. 『社会新報』
「臓器移植を問う　患者へのまっとうな医療こそ　「脳死」前提の移植には問題」, 1997 年 5 月 14 日.

33. 月刊『社会民主』

「東日本大震災と環境社会主義」, No.682 (2012 年 3 月), pp. 13-18.
34. 社会思想史学会年報『社会思想史研究』(社会思想史学会)
「現代科学哲学の観点から見た中西医結合医療」, 第 25 号 (2001 年), pp. 33-39.
35. 『出版ダイジェスト』(出版ダイジェスト社)
「ハーウィット博士とヒロシマ・ナガサキ」,「みすず書房の本」, No.7 (1997 年初夏), 1997 年 6 月 11 日, p. 1.
36. 『情況』(情況編集委員会)
岩井洋 (筆名)「科学論」, 1969 年 8 月号, pp. 77-96.
飯田哲也との対談「脱原子力運動の現在 —— 高木仁三郎さんの没後」, 2002 年 1-2 月号, pp. 8-27.
37. 『湘南科学史懇話会通信』
「科学技術論再考 —— 科学史家の堕落か？」, 第 9 号 (.2003 年 7 月 31 日), pp. 22-49.
「《近代科学史論》三部作を完結して」, 第 11 号 (特集：佐々木力《近代科学史論》三部作完成記念シンポジウム) (2004 年 7 月 7 日), pp. 25-37.
38. 『週刊ポスト』
「書評　坂本賢三『科学思想史』」, 1985 年 2 月 8 日．
39. 月刊『新医療』(エム・イー振興協会)
「まっとうな医療こそ前提に ——「脳死」＝臓器移植法案の盲点」, No. 272 (1997 年 8 月), pp. 40-43.
40. 『数学セミナー』(日本評論社の月刊誌)
「書評　中村幸四郎著『数学史』」, 1981 年 6 月号, p. 107
「歴史学としての数学史 —— 数学史への私的道程」, 1987 年 3 月号, pp. 12-13.
「ゆうべの一冊　畑正憲『天然記念物の動物たち』—— 野生のテツギョを育くむ郷里・小野田」, 1987 年 11 月号, p. 98.
「シンポジウム：数学史とは？　佐々木力・杉浦光夫・高瀬正仁・山下純一」, 1989 年 9 月号, pp. 62-80 において「数学史の最大限綱領」(pp. 73-75) を提起．
「書評　ジャン・クロード・ブリスヴィル著 / 竹田篤司・石井忠厚訳『デカルトさんとパスカルくん』」, 1990 年 4 月号, p. 100.
「世界の第一線の数学史家が東京に集う」, 1990 年 8 月号, pp. 70-71.
「紹介　ワイル著『時間・空間・物質』(菅原正夫訳 / 内山龍雄訳)」, 1991 年 9 月, pp. 54-55.
「鼎談　江沢洋・佐々木力・浪川幸彦　数学書と大学の数学」, 1994 年 9 月号, pp. 52-57.
「数学的記号法の一般史」, 1995 年 7 月号, pp. 16-19.
表紙「…… 数学史の講義を数学教室になんらかの形で制度化すること ……」, 1996 年 1 月号．
「対談　佐々木力 vs. 佐々木能章　なぜ今, ライプニッツか (ライプニッツ生誕 350 年) —— 数学史と哲学史の対話」, 1996 年 8 月, pp. 42-47.
「辰巳一文書の数学史的意義 —— 明治数学史の重要な一章」, 1998 年 2 月号, pp. 2-5.
「1000 年の数学者 —— 力業の数学者と概念革命の数学者を鳥瞰する」, 2001 年 4 月号, pp. 8-11.
41. 『数学のたのしみ』(「数学セミナー別冊」)
「無限概念の変遷」, 第 26 号「フォーラム：現代数学の風景 —— 無限からの波」(2001 年 8 月), pp. 17-24.
42. 『数理解析研究所講究録』(京都大学数理解析研究所)
「ロシュディー・ラーシェドとアラビア数学史の革命」, No.1546 (2007 年 4 月), pp. 104-127.
43. 『世界』(岩波書店月刊誌)
「暗殺後五十年のトロツキイ」, 1990 年 12 月号, pp. 313-325.
「批判的思考の再生を求めて —— 日仏知識人の三〇年 (上)(下)」, 第 657・658 号 (1999 年 1・2 月), pp. 134-151 & pp. 198-215.
44. 『創造の世界』(角川書店)
「科学の前線配置の転換と環境社会主義」, 第 84 号 (1992), pp. 98-105.
45. 『大航海』(新書館発行)
「民主主義の永久革命者」, 第 18 号〈特集：丸山眞男カルチュラル・スタディーズ〉(1997 年 10 月), pp. 90-93.
46. 『知の考古学』(社会思想社の隔月刊雑誌)
「「数学における革命」論争」(署名 S), No.1 (1975 年 3・4 月号), pp. 88-91.
47. 『中央公論』(中央公論社の月刊誌)
「いまトロツキイが復権する」, 1991 年 1 月号, pp. 164-175.
川喜田愛郎へのインタビュー「臓器移植依存の風潮を危惧する」, 1991 年 9 月号, pp. 148-161.
48. 『東京新聞』
「書評　M・ミッチェル・ワールドロップ著『複雑系』」, 1996 年 10 月 13 日．
「20 世紀の名著　①トロツキー著『ロシア革命史』全 3 巻, ②溪内謙『スターリン政治体制の成立』全 4 部, ③川喜田愛郎『近代医学の史的基盤』全 2 巻」, 1998 年 3 月 8 日, 15 日, & 22 日．
「書評　山本義隆『磁力と重力の発見』全 3 冊 —— 物理学の不可思議を透徹した眼で解明」, 2003 年 6 月 22 日．

●特集：学問史の世界　佐々木力と科学史・科学哲学

　　　「書評　原秀成『日本国憲法の系譜』I「戦争終結まで」」, 2004 年 11 月 7 日第 21 面.
　　　「自然環境重視の科学哲学を説く　佐々木力さん(69)」, 2017 年 1 月 6 日(朝刊)第 3 面.
49.『東京大学新聞』(東京大学新聞社)
　　　「『方法序説』刊行 350 週年」, 第 2666 号 (1987 年 12 月 8 日), p. 2.
　　　「現代に甦るトロツキイ　前・後」, 第 2798・1799 号 (1991 年 1 月 22 日 & 1 月 29 日).
　　　「教官紹介　科学の意味を問い直す」, 第 2800 号 (1991 年 2 月 5 日).
　　　「世界の大学　日本の大学 —— 改革の前夜に (全 5 回)」, 第 2830, 2833, 2834, 2835, & 2836 号 (1991 年 11 月 5 日, 11 月 26 日, 12 月 3 日, 12 月 10 日, & 12 月 17 日).
　　　「東西文化交流の四百五十年」, 第 2926 号 (1994 年 2 月 1 日).
50.『東北大学新聞』(東北大学新聞社)
　　　岩井洋 (筆名)「転形期の数学 —— 公理主義における数学の豊饒性とは何か」, 第 456 号 (1968 年 5 月 25 日), p. 4.
　　　岩井洋 (筆名)「廣松渉著『エンゲルス論 —— その思想形成過程』によせて」, 第 474 号 (1969 年 2 月 5 日), p. 2.
　　　「書評　トーマス・クーン著/中山茂訳『科学革命の構造』」, 第 540 号 (1971 年 4 月 25 日), p. 4.
　　　「東北大学学生の頃　東北大学新聞社自立の頃 —— 佐々木力氏インタビュー」, 第 800 号 (1981 年 7 月 16 日).
51.『東北大学理学部数学教室同窓会誌』
　　　「淡中忠郎先生の最後の手紙」, 1988 年度, pp. 39-41.
　　　「甦れ東北ゲッティンゲン —— 東北大学数学教室時代の思い出」, 1993 年度, pp. 13-19.
　　　「日本語数学用語の形成」, 2002 年年度, pp. 8-13.
　　　「東北アジアの新しい学術交流をめざして」, 2013 年度, pp. 12-15.
　　　「東北月沈原 —— ドイツ的起源と中国人留学生たち」(特別講演), 2017 年度, pp. 20-25.
52. 週刊『読書人』(読書人発行週刊紙)
　　　「書評　R・S・ウェストフォール著/渡辺正雄・小川真理子訳『近代科学の形成』」, 第 1339 号 (1980 年 7 月 7 日).
　　　「書評　P・K・ファイヤアーベント『方法への挑戦』」, 1981 年 4 月 27 日.
　　　「〈学〉の現在 —— 科学史　認識の方向を変更する転轍機」, 1981 年 5 月 11 日.
　　　「書評　本多修郎『現代物理学者の生と哲学』」, 1981 年 10 月 26 日.
　　　「書評　J・D・バナール『科学の社会的機能』」, 1981 年 11 月 23 日.
　　　「書評　ガストン・バシュラール『近似的認識試論』」, 1983 年 1 月 10 日 (1 月 3 日合併).
　　　「特別企画　トーマス・S・クーン氏の来日レポート　クーンと科学史科学哲学研究の現状 & 佐々木ゼミでの討論」, 第 1636 号 (1986 年 6 月 9 日), pp. 1-2.
　　　「書評　ベー・エム・ゲッセン著/秋間実ほか訳『ニュートン力学の形成 ——『プリンキピア』の社会経済的根源』」, 第 1662 号 (1986 年 12 月 15 日), p. 4.
　　　「書評　ライプニッツ著/米山優訳『人間知性新論』」, 第 1725 号 (1988 年 3 月 21 日), p. 4.
　　　「《科学史研究叢書全 15 巻》の編集にあたって」, 1990 年 2 月 19 日.
　　　「書評　E・J・エイトン著/渡辺正雄・原純夫訳『ライプニッツの普遍計画 —— バロックの天才の生涯』」, 第 1827 号 (1990 年 4 月 2 日), p. 4.
　　　「書評　アルキメデス『方法』」, 1990 年 5 月 28 日.
　　　「書評　渡辺慧『フランス社会主義の進化』」, 1991 年 2 月 25 日.
　　　「書評　藤原保信『自然観の構造と環境倫理学』」, 第 1896 号 (1991 年 8 月 19 日).
　　　「飽くことなきロゴスへの意志 ——『井筒俊彦著作集』(全 11 巻・別巻 1 巻) の刊行に寄せて」, 第 1908 号 (1991 年 11 月 11 日), p. 1.
　　　「書評　小柳公代『パスカル　直観から断定まで』」, 1992 年 5 月 4 日.
　　　「読書日録　(1) 車内の読書, (2) ソ連技術衰退の遠因, (3) 和算史研究の再生」, 第 2019, 2020, & 2021 号 (1994 年 1 月 28 日, 2 月 4 日, 2 月 11 日).
　　　「書評　アンドレ・ヴェイユ著『アンドレ・ヴェイユ自伝 —— ある数学者の修業時代』」, 第 2043 号 (1994 年 7 月 22 日).
　　　「トーマス・S・クーン先生の死を悼む」, 第 2145 号 (1996 年 7 月 26 日), p. 10.
　　　「書評　山本義隆『古典力学の形成　ニュートンからラグランジュへ』」, 第 2207 号 (1997 年 10 月 24 号), p. 4.
　　　「西洋古典叢書 —— 混迷の時代に〝虚学〟の古典を」, 1999 年 1 月 8 日.
　　　「書評　イアンブリコス著『ピュタゴラス伝』」, 第 2326 号 (2000 年 3 月 10 日), p. 4.
　　　「2000 年上期の収穫から」, 第 2346 号 (2000 年 7 月 28 日), p. 7.
　　　「髙木仁三郎追悼 —— 闘う科学者の規範示す」, 第 2359 号 (2000 年 10 月 27 日), p. 10.
　　　「書評　『藤沢令夫著作集』全七巻の刊行に寄せて」, 第 2387 号 (2001 年 5 月 18 日), p. 4.
　　　「〈全集・講座・シリーズ特集〉手元に置き読了できる醍醐味」, 第 2394 号 (2001 年 7 月 6 日), p. 8.
　　　「2001 年上半期の収穫から」, 第 2397 号 (2001 年 7 月 27 日), p. 7.
　　　「戦いを鼓舞する志 ——『髙木仁三郎著作集』全 12 巻の刊行に寄せて」, 第 2413 号 (2001 年 11 月 23 日), p. 5.

「2002 年上半期の収穫から」, 第 2447 号 (2002 年 7 月 26 日), p. 7.
「書評　佐々木能章著『ライプニッツ術 ── モナドは世界を編集する』」, 第 2466 号 (2002 年 12 月 13 日), p. 4.
「書評　鄭超麟著『初期中国共産党群像 1・2 ── トロツキスト鄭超麟回憶録』」, 第 2482 号 (2003 年 4 月 11 日), p. 4.
「2003 年上半期の収穫から」, 第 2497 号 (2003 年 7 月 25 日), p. 7.
「書評　桑野隆著『バフチンと全体主義 ── 20 世紀ロシアの文化と権力』」, 第 2500 号 (2003 年 8 月 22 日), p. 3.
「2004 年上半期の収穫から」, 第 2547 号 (2004 年 7 月 30 日), p. 6.
「2005 年上半期の収穫から」, 第 2597 号 (2005 年 7 月 29 日), p. 6.
「書評　マーカス・デュ・ソートイ著『素数の音楽』」, 第 2611 号 (2005 年 11 月 4 日), p. 7.
「書評　倉田令二朗著作選刊行会編『万人の学問をめざして ── 倉田令二朗の人と思想』」, 第 2630 号 (2006 年 3 月 24 日), p. 4.
「2006 年上半期の収穫から」, 第 2647 号 (2006 年 7 月 28 日), p. 6.
「2007 年上半期の収穫から」, 第 2698 号 (2007 年 7 月 27 日), p. 6.
「書評　ジャンバティスタ・ヴィーコ著『新しい学 1』」, 第 2722 号 (2008 年 1 月 25 日), p. 3.
「2008 年上半期の収穫から」, 第 2748 号 (2008 年 7 月 25 日), p. 6.
「2009 年上半期の収穫から」, 第 2798 号 (2009 年 7 月 31 日), p. 6.
「書評　稲葉守著『尊徳仕法と農村振興 ── 現代に生きる変革の精神』」, 第 2837 号 (2010 年 5 月 7 日), p. 4.
「2010 年上半期の収穫から」, 第 2848 号 (2010 年 7 月 23 日), p. 6.
「書評　川原秀城『朝鮮数学史 ── 朱子学的な展開とその終焉』」, 第 2864 号 (2010 年 11 月 12 日), p. 4.
「2010 年の収穫」, 第 2869 号 (2010 年 12 月 17 日), p. 2.
「2011 年上半期の収穫から」, 第 2898 号 (2011 年 7 月 22 日), p. 5.
「書評　長堀祐造『魯迅とトロツキー ── 中国における「文学と革命」』」, 第 2911 号 (2011 年 10 月 21 日), p. 4.
「2011 年の収穫」, 第 2919 号 (2011 年 12 月 16 日), p. 2.
「2012 年上半期の収穫から」, 第 2949 号 (2012 年 7 月 27 日), p. 5.
「書評　野本和幸『フレーゲ哲学の全貌 ── 論理主義と意味論の原型』」, 第 2965 号 (2012 年 11 月 16 日), p. 4.
「クーンと中国科学」, 第 2968 号 (2012 年 12 月 7 日), p. 9.
「2012 年の収穫」, 第 2969 号 (2012 年 12 月 14 日), p. 2.
「2013 年上半期の収穫から」, 第 2999 号 (2013 年 7 月 26 日), p. 4.
「書評　中山茂著『一科学史家の自伝』」, 第 3001 号 (2013 年 8 月 9 日), p. 4.
「2013 年の収穫」, 第 3019 号 (2013 年 12 月 13 日), p. 3.
「書評　鈴木俊洋著『数学の現象学 ── 数学的直観を扱うために生まれたフッサール現象学』」, 第 3024 号 (2014 年 1 月 24 日), p. 4.
「2014 年上半期の収穫から」, 第 3049 号 (2014 年 7 月 25 日), p. 5.
「書評　高瀬正仁著『紀見峠を越えて　岡潔の時代の数学の回想』」, 第 3054 号 (2014 年 8 月 29 日), p. 4.
「2014 年の収穫」, 第 3069 号 (2014 年 12 月 12 日), p. 3.
「2015 年上半期の収穫から」, 第 3099 号 (2015 年 7 月 24 日), p. 1.
「2015 年の収穫」, 第 3119 号 (2015 月 12 月 11 日), p. 3.
「日中学問現況管見 ── 現代日本の高等教育にすくう「日本病」」, 第 3145 号 (2016 年 6 月 24 日), p. 7.
「2016 年上半期の収穫から」, 第 3149 号 (2016 年 7 月 22 日), p. 6.
「2016 年の収穫」, 第 3169 号 (2016 年 12 月 16 日), p. 1.
「書評　林隆夫著『インド代数学研究』」, 第 3179 号 (2017 年 3 月 3 日), p. 4.
「書評　高瀬正仁著『発見と創造の数学史』」, 第 3187 号 (2017 年 4 月 28 日), p. 4.
「2017 年上半期の収穫から」, 第 3199 号 (2017 年 7 月 21 日), p. 6.
「2017 年の収穫」, 第 3219 号 (2017 年 12 月 15 日), p. 2.
「2018 年上半期の収穫から」, 第 3249 号 (2018 年 7 月 27 日), p. 6.

53. 『図書』(岩波書店月刊誌)
「私の三冊 ── 岩波文庫創刊 70 年記念」, 臨時増刊 No.571 (1996 年 12 月), p. 38.
「私のすすめる岩波新書」, 臨時増刊 No.717 (2008 年 11 月), pp. 33-34.

54. 『図書新聞』(図書新聞社発行週刊紙)
「書評　P・チュイリエ著 / 小出昭一郎監訳『反=科学史』+ 坂本賢三『科学思想史』」, 1984 月 11 月 241.
「書評　デュエム著 / 小林道夫ほか訳『物理理論の目的と構造』」, 第 2043 号 (1991 年 2 月 23 日).
「書評　ロザリン・ウィリアムズ著 / 市場康男訳『地下世界』」, 1992 月 10 月 17 日 .
「遺産としてのロゴスへの愛 ── 非ヨーロッパ思想史の理解する仕方」, 1993 年 2 月 6 日 .
「書評　野家啓一『科学の解釈学』」, 1993 月 12 月 4 日 .
山本啓との対談「廣松渉の思想世界」, 1994 年 7 月 9 日 .
「近藤洋逸数学史著作集 (全 5 巻) を編集して」, 第 2212 号 (1994 年 11 月 3 日).

●特集：学問史の世界　佐々木力と科学史・科学哲学

　　高木仁三郎との対談「臓器移植と原子力技術 ── 責任ある科学技術のあり方を問い直す」, 第 2230 号 (1995 年 1 月 21 日), pp. 1-3.
　　「書評　ブライアン・マクギネス著/藤本隆志他訳『ウィトゲンシュタイン評伝』＋レイ・モンク著/岡田雅勝訳『ウィトゲンシュタイン』①②」, 第 2235 号 (1995 年 2 月 25 日).
　　「書評　テオドーア・アドルノ著/古賀徹・細見和之訳『認識論のメタクリティーク』」, 第 2271 号 (1995 年 11 月 25 日) 1.
　　「1996 年上半期読書アンケート」, 第 2304 号 (1996 年 8 月 3 日).
　　「書評　上村忠男『バロック人ヴィーコ』」1998 年 7 月 4 日.
　　「2000 年上半期読書アンケート」, 第 2496 号 (2000 年 8 月 5 日), p. 4.
　　「2000 年下半期読書アンケート」, 第 2515 号 (2000 年 12 月 23 日), p. 5.
　　「2001 年上半期読書アンケート」, 第 2544 号 (2001 年 8 月 4 日), p. 6.
　　「書評　稲葉守著『今にして安藤昌益』」, 第 2674 号 (2004 年 4 月 17 日), p. 5.
　　「2004 年上半期読書アンケート」, 第 2688 号 (2004 年 7 月 24 日), p. 1.
　　「2004 年下半期読書アンケート」, 第 2707 号 (2004 年 12 月 25 日), p. 3.
　　「2005 年上半期読書アンケート」, 第 2736 号 (2005 年 7 月 30 日), p. 5.
　　「2005 年下半期読書アンケート」, 第 2754 号 (2005 年 12 月 24 日), p. 3.
　　「2006 年下半期読書アンケート」, 第 2803 号 (2006 年 12 月 23 日), p. 7.
　　「2007 年上半期読書アンケート」, 第 2831 号 (2007 年 7 月 28 日), p. 5.
　　「2007 年下半期読書アンケート」, 第 2851 号 (2007 年 12 月 22 日), p. 6.
　　「2008 年上半期読書アンケート」, 第 2880 号 (2008 年 8 月 2 日), p. 4.
　　「書評　G・ヴィーコ著『新しい学』全三巻完結によせて」, 第 2882 号 (2008 年 8 月 16 日), p. 1.
　　「書評　泊次郎著『プレートテクトニクスの拒絶と受容 ── 戦後日本の地球科学史』」, 第 2885 号 (2008 年 9 月 13 日), p. 5.
　　「2008 年下半期読書アンケート」, 第 2899 号 (2008 年 12 月 27 日), p. 3.
　　「寄稿・中国講演旅行記」, 第 2901 号 (2009 年 1 月 17 日), p. 2.
　　「2009 年上半期読書アンケート」, 第 2927 号 (2009 年 7 月 25 日), p. 7.
　　「短期連載：フランス反資本主義新党創党の歴史的意義 (1) (2) (3)」, 第 2942・2943・2944 号 (2009 年 11 月 21・28 日, 12 月 5 日).
　　「2009 年下半期読書アンケート」第 2947 号 (2009 年 12 月 26 日), p. 6.
　　「書評　上村忠男著『ヴィーコ』を読む」, 第 2955 号 (2010 年 2 月 27 日), p. 2.
　　「書評　都城秋穂著『〈「地質学の巨人」都城秋穂の生涯〉第 1 巻　都城の歩んだ道：自伝』,『同第 2 巻　地球科学の歴史と現状』」, 第 2966 号 (2010 年 5 月 22 日), p. 8.
　　「2010 年度上半期読書アンケート」, 第 2975 号 (2010 年 7 月 24 日), p. 8.
　　「2010 年度下半期読書アンケート」, 第 2995 号 (2010 年 12 月 25 日), p. 3.
　　「書評　B・クローチェ著『ヴィーコの哲学』を読む」, 第 3004 号 (2011 年 3 月 5 日), p. 2.
　　「科学史家の観点から, 東日本大震災と原発事故をめぐって」, 第 3016 号 (2011 年 6 月 4 日), p. 7.
　　「書評　M・クライン著『数学の文化史』を読む」, 第 3022 号 (2011 年 7 月 16 日), p. 2.
　　「2011 年度上半期読書アンケート」, 第 3023 号 (2011 年 7 月 23 日), p. 7.
　　「2011 年下半期読書アンケート」, 第 3043 号 (2011 年 12 月 24 日), p. 3.
　　「書評　安冨歩著『原発危機と「東大話法」── 傍観者の論理・欺瞞の言語』」, 第 3050 号 (2012 年 2 月 18 日), p. 7.
　　「書評　D・ベンサイド著『21 世紀マルクス主義の模索』」, 第 3052 号 (2012 年 3 月 3 日), p. 7.
　　「書評　唐宝林著『中国トロツキスト全史』」, 第 3068 号 (2012 年 6 月 30 日), p. 7.
　　「2012 年上半期読書アンケート」, 第 3071 号 (2012 年 7 月 21 日), p. 3.
　　「書評　高瀬正仁著『岡潔とその時代Ⅰ・Ⅱ』」, 第 3128 号 (2013 年 9 月 28 日), p. 8.
　　「書評　D・ベンサイド著『未知なるものの創造 ── マルクスの政論』＋『マルクス［取扱説明書］』」, 第 3123 号 (2013 年 8 月 17 日), p. 6.
　　「2013 年下半期読書アンケート」, 第 3139 号 (2013 年 12 月 21 日), p. 3.

55.『トロツキー研究』(トロツキー研究所)
　　「書評　エルネスト・マンデル『1917 年 10 月 ── 社会革命かクーデターか』」, Nos.32 & 33 (Sum.・Aut.2000), pp. 282-288.
　　「人類史の古典となったトロツキー」(小特集　岩波文庫版『わが生涯』『ロシア革命史』刊行記念), No.35 (2001), pp. 170-177.
　　「トロツキー博物館訪問記」, No.36 (2001), pp. 178-187.
　　「特集解題　中国トロツキズム運動と陳独秀」, No.39 (Winter-2002), pp. 3-13.
　　陳独秀著/佐々木力訳「トロツキーへの手紙」, No.39 (Winter-2002), pp. 92-99.
　　Trotsky 著/佐々木力訳「フランク・グラスへの手紙」, No.39 (Winter-2002), pp. 100-104.
　　王凡西著/佐々木力訳「陳独秀 ── 中国共産主義の創始者」, No.39 (Winter-2002), pp. 186-199.

「中国トロツキストの最長老王凡西先生 (1907 ～ 2002) を追悼する」, No.40 (2003) , pp. 211-215.
「宮澤賢治とトロツキー」, No. 41 (Summer-2003) , pp. 193-200.
「ソ連邦史学の巨峰　溪内謙先生の逝去を悼む」, Nos.42-43 (Spring-2004) , pp. 334-346.

56. 『日曜会』(学生自主刊行雑誌)
「佐々木力氏インタビュー (インタビュアー大場裕一)」, 別冊 (1994 年) , pp. 1-20.

57. 『日本経済新聞』
「デカルトの夢を覚ますことになるかもしれない」, 1988 年 5 月 1 日掲載 .
「書評　エンゲルハルト・ヴァイグル著 / 三島憲一訳『近代の小道具たち』」, 1990 月 3 月 18 日 .
「書評　金子務『ガリレオたちの仕事場』」, 1991 年 9 月 15 日 .
「書評　W・J・オング『声の文化と文字の文化』」, 1991 年 12 月 8 日 .
「書評　ノーバート・ウィーナー著『発明』」, 1994 年 9 月 4 日 .

58. 『日本読書新聞』
「書評　カール・マルクス大学哲学研究集団著 / 岩崎允胤訳」, 1971 年 1 月 18 日号 .
「書評　E・マッハ著 / 廣松渉ほか編訳『認識の分析』」, 1971 年 10 月 25 日号 .
「廣松渉論 ── 宿命のヤヌスの相貌《孤絶の反世界群・最終回》」, 1972 年 1 月 24 日号 .
「書評　A・シュミット著 / 元浜清海訳『マルクスの自然概念』」, 1973 年 2 月 26 日 .
「書評　村上陽一郎編『科学史の哲学　知の革命史 1』」, 第 2077 号 (1980 年 10 月 13 日).
「書評　横山雅彦編『中世科学論集』　科学の名著 5」, 第 2097 号 (1981 年 3 月 9 日).
「書評　山本義隆『重力と力学的世界』── 現代への闘いを秘めた明晰さ」, 1982 年 1 月 4・11 日合併号 .
「書評　P・K・ファイヤアーベント『自由人のための知』」, 第 2170 号 (1982 年 8 月 23 日).
「書評　室田武『水土の経済学』」, 第 2128 号 (1982 年 11 月 15 号).
「書評　柄谷行人『隠喩としての建築』── 柄谷氏のゲーデル数学の省察に異和」, 第 2208 号 (1983 年 5 月 23 日).

59. 『日本農業新聞』
「ずばりもの申す　情報公開し手順踏め」, 1996 年 10 月 28 日 .

60. 『パウリスタ新聞』(ブラジル・サンパウロ)
「日葡友好 450 年「両国交流史に見直しを」── 佐々木東大教授が講演」, 1993 年 12 月 2 日 .

61. 『福澤諭吉年鑑』
「『文明論之概略』を現代の科学史的観点から読み直す」, 第 29 号 (2002 年 12 月) , pp. 91-104.

62. 『ブナの森』(船形山のブナを守る会)
「船形うるわし」, Vol. 6 (1991 年 6 月) , pp. 23-25.

63. 『Front』(リバーフロント整備センター)
「市民社会と科学技術 ── 科学史家・佐々木力に聞く (1) 〈近代日本と科学技術 ── 福澤諭吉『文明論之概略』から学ぶ〉」,「(2) 〈環境先進国デンマーク ── 小さな国の豊かな暮らし〉」,「(3) 〈日本の科学技術の新たな道 ──「空白の一〇年」のあとに〉」, 2001 年 4・5・6 月号, pp. 48-49, 48-49, & 48-49.
「モリスの夢見た世界と 21 世紀社会 ──「文明の希望」の復権へ」, No.22 (2003 年 12 月), pp. 22-23.

64. 別冊『文藝』(河出書房新社)
「現代科学論における二つの課題」,『現代思想の饗宴 ── あるいは思想の世紀末』(1986 年 3 月 20 日) , pp. 215-217.

65. 『Basic 数学』(京都・現代数学社)
「数学史というものの考え方」, 通巻 301 号 (1992 年 7 月号) , pp. 6-10

66. 『Popular Science』(ダイヤモンド社)
「現代科学の枠組み総体に強烈パンチを打って欲しい歴史家 佐々木力」, 1982 年 11 月号, p. 51.

67. 『毎日新聞』(毎日新聞社日刊紙)
「京都に集う世界の数学者たち ── 国際数学者会議の学問史的意義」, 1990 年 8 月 24 日 (夕刊).
「書評　ヴィーコ著 / 福鎌忠恕訳『自叙伝』」, 1990 年 9 月 3 日 .
「書評　フィリップ・P・ウィーナー編『西洋思想史大事典 (全 5 巻)』」, 1990 年 10 月 29 日 .
「書評　トロツキー著 / 藤井一行・左近毅訳『われわれの政治的課題』」, 1990 年 12 月 10 日 .
「書評　G・ロディス＝レヴィス著 / 小林道夫・川添信介訳『デカルトの著作と体系』」, 1990 年 12 月 24 日 .
「書評　アンドレイ・サハロフ著 / 金光不二夫ほか訳『サハロフ回想録 上・下』」, 1990 年 1 月 21 日 .
「書評　高木仁三郎『下北半島六ヶ所村核燃料サイクル施設批判』」, 1991 年 2 月 18 日 .
「書評　三島憲一『戦後ドイツ ── その知的歴史』」, 1991 年 3 月 18 日 .
「書評　F・G・ノートヘルファー著 / 飛鳥井雅道訳『アメリカのサムライ ── L・L・ジェーンズ大尉と日本』」, 1991 年 4 月 8 日 .
「書評　瀬戸内寂聴『手鞠』」, 1991 年 4 月 29 日 .
「書評　ジェフリー・ハーフ著 / 中村幹雄ほか訳『保守革命とモダニズム』」, 1991 年 5 月 20 日 .
「書評　湯川順夫編・解説『東欧左翼は語る ── 左翼オルタナティブの戦略』」, 1991 年 6 月 10 日 .

●特集：学問史の世界　佐々木力と科学史・科学哲学

　　「書評　荒俣宏『大東亞科學綺譚』」, 1991 年 7 月 9 日.
　　「書評　鎌田慧『六ヶ所村の記録　上・下』」, 1991 年 7 月 29 日.
　　「書評　小松醇郎『幕末・明治初期数学者群像　上・下』」, 1991 年 8 月 19 日.
　　「書評　工藤美代子『悲劇の外交官 —— ハーバード・ノーマンの生涯』」, 1991 年 9 月 23 日.
　　「書評　山田慶兒『製作する行為としての技術』」, 1991 年 10 月 21 日.
　　「書評　高橋富雄『もう一つの日本史 —— ベールをぬいだ縄文の国』」, 1991 年 11 月 12 日.
　　「科学史の新しい思潮 —— パイエンソン教授が来日」, 1991 年 11 月 13 日.
　　「書評　ピエール・ナヴィル著 / 家根谷泰史訳『超現実の時代』」, 1991 年 12 月 23 日.
　　「書評　星野一正『医療の倫理』」, 1992 年 2 月 3 日.
　　「書評　片桐薫『グラムシ』『グラムシの世界』」, 1992 年 3 月 16 日.
　　「書評　宇沢弘文『「成田」とは何か —— 戦後日本の悲劇』」, 1992 年 4 月 6 日.
　　「知の未来考察する「科学史」—— トーマス・クーンの学問の意義」, 1996 年 7 月 25 日 (夕刊).
　　「中国で進む陳独秀復権 —— 民主主義の永久革命家」, 2002 年 7 月 10 日.

68. 『マリ・クレール　日本版』(中央公論社月刊誌)
　　「書評　イーフ・トゥアン著 / 片岡しのぶ・金利光訳『愛と支配の博物誌』」, No.75 (1989 年 2 月), pp. 225.
　　「真理という迷宮　第 1 回〈ルイス・キャロルの無垢の幸福 —— 数学的真理の絶対性という神話〉」, No.89 (1990 年 4 月), pp. 263-266.
　　「真理という迷宮　第 2 回〈ヴォワイヤン・パスカルの洞見 —— 人間的知識の栄光と悲惨〉」, No.90 (1990 年 5 月), pp. 209-212.
　　「真理という迷宮　第 3 回〈「何も知られないこと」—— 懐疑論者の数学的理性批判〉」, No.91 (1990 年 6 月), pp. 320-323.
　　「真理という迷宮　第 4 回〈「われ惟う、ゆえにわれあり」—— デカルトの懐疑論者への回答〉」, No.92 (1990 年 7 月), pp. 325-328.
　　「真理という迷宮　最終回〈「可能世界」というものの考え方 —— 数学的真理のライプニッツ的救済〉」, No.93 (1990 年 8 月), pp. 242-245.
　　「書評　レイ・モンク著 / 岡田雅勝訳『ウィトゲンシュタイン』(全 2 冊)」＋ブライアン・マクギネス著 / 藤本隆志他訳『ウィトゲンシュタイン評伝』」, No. 149 (1995), p. 256.

69. 『丸山眞男手帖』(丸山眞男手帖の会)
　　「丸山眞男とマルクス主義」, 第 3 号 (1997 年 10 月), pp. 34-39.

70. 『みすず』(みすず書房の月刊誌)
　　「一九八六年読書アンケート」, 29 (1) (313) 1987.1, p. 34.
　　「一九八七年読書アンケート」, 30 (1) (324) 1988.1, pp. 10-11.
　　「一九八八年読書アンケート」, 31 (1) (335) 1989.1, pp. 9-10.
　　「一九八九年読書アンケート」, 32 (1) (346) 1990.1, p. 16.
　　「一九九〇年読書アンケート」, 33 (1) (358) 1991.1, p. 25.
　　「一九九一年読書アンケート」, 34 (1) (370) 1992.1, p. 2.
　　「一九九二年読書アンケート」, 35 (1) (382) 1993.1, pp. 4-5.
　　トーマス・S・クーン / 佐々木力訳「構造以来の道」, 35 (1) (382) 1993.1, pp. 70-85.
　　「一九九三年読書アンケート」, 36 (1) (394) 1994.1, p. 3.
　　「一九九四年読書アンケート」, 37 (1) (406) 1995.1, pp. 13-14
　　「追悼 下村寅太郎 —— 晩年の下村寅太郎先生との交流」, 37 (4) (409) 1995.4, pp. 49-51.
　　「一九九五年読書アンケート」, 38 (1) (418) 1996.1, pp. 4-5.
　　「トーマス・S・クーンと科学観の転回」, 38 (8) (425) 1996.8, pp. 24-38.
　　「一九九六年読書アンケート」, 39 (1) (430) 1997.1, pp. 10-11.
　　「科学史研究の同志としての川喜田愛郎先生 (追悼 川喜田愛郎)」, 39 (3) (432) 1997.3, pp. 36-39.
　　「一九九七年読書アンケート」, 40 (1) (442) 1998.1, pp. 7-8.
　　「『イズヴェスチヤ』編 / 佐々木力 (解題) / 桑野隆 (訳)「つながれたミッシング・リンク —— 理論物理学者ランダウの一九三八 - 三九年」, 40 (6) (447) 1998.6, pp. 8-42.
　　「一九九八年読書アンケート」, 41 (1) (454) 1999.1, p. 5.
　　「一九九九年読者アンケート」, 42 (1) (466) 2000.1, pp. 2-3.
　　「二〇〇〇年読書アンケート」, 43 (1) (478) 2001.1, pp. 4-5.
　　「二〇〇一年読書アンケート」, 44 (1) (490) 2002.1, p. 6.
　　「吉野作造と陳独秀」, 44 (4) (493) 2002.4, pp. 13-25.
　　「二〇〇二年読書アンケート」, 45 (1) (502) 2003.1/2, pp. 5-6.
　　「二〇〇三年読書アンケート」, 46 (1) (513) 2004.1/2, pp. 20-21.

「ソヴェト史学の巨星　溪内謙教授を追悼する」, 46 (5) (517) 2004.6, pp. 58-61.
「二〇〇四年読書アンケート」, 47 (1) (524) 2005.1/2, p. 10.
「二〇〇五年読書アンケート」, 48 (1) (535) 2006.1/2, pp. 8-9.
「二〇〇六年読書アンケート」, 49 (1) (546) 2007.1/2, pp. 7-8.
「二〇〇七年読書アンケート」, 50 (1) (557) 2008.1/2, p. 5.
「二〇〇八年読書アンケート」, 51 (1) (568) 2009.1/2, p. 5.
「二〇〇九年読書アンケート」, 52 (1) (579) 2010.1/2, pp. 5-6.
「二〇一〇年読書アンケート」, 53 (1) (590) 2011.1/2, pp. 5-6.
「二〇一一年読者アンケート」, 54 (1) (601) 2012.1/2, pp. 3-4.
「二〇一二年読者アンケート」, 55 (1) (612) 2013.1/2, pp. 5-6.
「二〇一三年読者アンケート」, 56 (1) (623) 2014.1/2, p. 21.
「二〇一四年読者アンケート」, 57 (1) (634) 2015.1/2, pp. 15-16.
「二〇一五年読者アンケート」, 58 (1) (645) 2016.1/2, p. 27.
「二〇一六年読者アンケート」, 59 (1) (656) 2017.1/2, pp. 2-3.
「二〇一七年読者アンケート」, 60 (1) (667) 2018.1/2, p. 4.

71. 『未来』(未来社)
「エルネスト・マンデルの肖像」, 第348号 (1995年12月), pp. 8-12.
「ヘーゲリアンとしての細谷貞雄先生」, 第356号 (1996年5月), pp. 6-7.
「扉のことば ナタリー・Z・デイヴィスのヒロシマ巡礼」, 第371号 (1997年8月), p. 1.
「扉のことば トロツキスト数学者ロラン・シュワルツ」, 第372号 (1997月9月), p. 1.
「扉のことば リヴァプール港湾労働者の兄弟たち」, 第373号 (1997年10月), p. 1.
「陝西省韓城の司馬遷祠を訪ねて：中国論・論中国・On China (1)」, 第579号 (2015年春), pp. 8-17.
「世界最古のエコロジー水利工学事蹟・都江堰：中国論・論中国・On China (2)」, 第580号 (2015年夏), pp. 10-19.
「伝統中国数学の泰斗劉徽と祖冲之：中国論・論中国・On China (3)」, 第581号 (2015年秋), pp. 32-41.
「中国仏教における達摩と鑑眞：中国論・論中国・On China (4)」, 第582号 (2016年冬), pp. 30-39.
「内藤湖南と宋朝近世市民社会論：中国論・論中国・On China (5)」, 第583号 (2016年春), pp. 32-41.
「伝統中国医学を科学哲学的に正しく理解する：中国論・論中国・On China (6)」, 第584号 (2016年夏), pp. 33-42.
「三国志の英傑たち, とくに諸葛亮の事蹟を巡って：中国論・論中国・On China (7)」, 第585号 (2016年秋), pp. 32-41.
「多民族国家中国について考える：中国論・論中国・On China (8)」, 第586号 (2017年冬), pp. 36-45.
「ライプニッツの多文化主義頌歌『中国最新事情』(1): 中国論・論中国・On China (9)」, 第587号 (2017年春), pp. 32-44.
「ライプニッツの多文化主義頌歌『中国最新事情』(2): 中国論・論中国・On China (10)」, 第588号 (2017年夏), pp. 34-43.
「ニーダム難題に挑む：中国論・論中国・On China (11)」, 第589号 (2017年秋), pp. 44-53.
「二十世紀中国革命について省みる：中国論・論中国・On China (12・最終回)」, 第590号 (2018年冬), pp. 22-31.

72. 『UP』(東京大学出版会月刊誌)
「原爆に反対したアメリカ人」, 24 (6) (No.272) (1995年6月), pp. 1-5.
「古川学人吉野作造先生」, 25 (10) (No.288) (1996年10月), pp. 1-5.
「丸山眞男先生不会見記」, 26 (9) (No.299) (1997年9月), pp. 21-25.
「魯迅故居歴訪」, 28 (5) (No.319) (1999年5月), pp. 12-17.
「「サイエンス・ウォーズ」と日本の現代思想」, 29 (11) (No.337) (2000年11月), pp. 6-11.
「南仏の天国のような学芸村にて」, 33 (10) (No.384) (2004年10月), pp. 20-25.

73. 季報『唯物論研究』(編集部：大阪府豊中市)
「マルクス主義科学技術論」, 第112号 (2010年5月), pp. 7-18.

74. 『読売新聞』(読売新聞社発行日刊紙)
「デカルトの思想形成を追究」, 1988年4月18日 (夕刊).
「人間列島　宮城県　1」, 2003年9月27日 (夕刊), 第4面.

75. 『リテレール・ブックス』(安原顯編集)
「人間悲喜劇の舞台」, 『書評の快楽』(メタローグ, 1992), pp. 69-70.
「1993年単行本・文庫本ベスト3」, 『リテレール別冊』4 (メタローグ, 1993), p. 62.
「フレッシュな理性よ, ようこそ！――パウル・ファイヤアーベント/植木哲也訳『理性よ, さらば』, 特集『わが読書』(メタローグ, 1992), pp. 196-197.
「私の好きな文庫本ベスト5」, 『リテレール別冊』7 (メタローグ, 1994), pp. 32-33.
「数学史研究は多くの言語習得を要請される」, 『私の外国語上達法』(メタローグ, 1994), pp. 160-165.
「関連学問分野が多いが, まずは年代順に」, 『私の「本」整理術』(メタローグ, 1994), pp. 132-135.

●特集：学問史の世界　佐々木力と科学史・科学哲学

「生死とは,四季の春・冬のようなもの」,『私の死生観』(メタローグ,1994),pp. 182-185.

「スーパースター不在の日本の大学」,『日本の大学　どこがダメか』(メタローグ,1994),pp. 20-27.

76.『凌雲』(宮城県古川高等学校)

「今も心に響く言葉「青春を燃焼させよ」」,第29号(1988年3月5日),pp. 157-158.

77. 単行本所収の論文(年代順)

「ラムス主義」, Walter Jackson Ong 著 / 邦訳と解説「「ラムス主義」について」,『ルネサンスと人文主義』《叢書・ヒストリー・オヴ・アイディアズ》3 (平凡社, 1987), pp. 206-223+261-267.

「序文　オスカー・ベッカー ── ハイデガー哲学の数学的影」, オスカー・ベッカー著 / 中村清訳『数学的思考』(工作舎, 1988), pp. 3-6.

「数学史におけるルイス・キャロル」, 東大由良ゼミ準備委員会編『文化のモザイック ── 第二人類の異化と希望』(緑書房, 1989), pp. 239-248

「ニュートンとライプニッツの論争」, 吉田稔・飯島忠編集代表『話題源数学』上 (とうほう, 1989), pp. 399-400.

「「星の王子さま」賛歌」, 岩波書店編集部編『「星の王子さま」賛歌』(岩波ブックレット No.176, 1990), p. 9.

「十三世紀の数学論論争 ── オックスフォード・プラトン主義者に抗するアルベルトゥス・マグヌス」, 高橋憲一・佐藤徹編『自立する科学史学 ── 伊東俊太郎先生還暦記念』(北樹出版, 1990), pp. 187-203.

「デカルトの夢を覚ますことになるかもしれない」, 富士通経営研究所編『夢をかたちに』(日本経済新聞社, 1991年1月10日), pp. 155-160.

「気高きクリオの使徒への叙事詩 ── ドイッチャー『トロツキー伝』三部作の復刊によせて」, アイザック・ドイッチャー著 / 田中西二郎・橋本福夫・山西英一訳『武装せる預言者トロツキー：1879-1921』(新評論, 1992), pp. i-xxiv.

「先陣」, 河北新報社編集局編『みやぎの群像』(1992), pp. 24-25.

「文化帝国主義と近代科学技術」, 蓮實重彥・山内昌之編『文明の衝突か, 共存か』(東京大学出版会, 1995), pp. 30-44.

「解説　ライプニッツの数学論」,『ライプニッツ著作集』2「数学論・数学」(工作舎, 1997), pp. 85-96.

「佐々木力にきく」, 立花隆 + 東京大学教養学部立花隆ゼミ『二十歳のころ』II「1960-2001」(新潮文庫, 1998), pp. 171-182.

「科学と歴史・歴史と科学」, 義江彰夫・山内昌之・本村凌二編『歴史の対位法』(東京大学出版会, 1998), pp. 261-280.

「特集：バッハの音楽と数学」, 樋口隆一ほか著,『バッハ全集第12巻：チェンバロ曲』(小学館, 1998) の折り込み (pp. 101-108).

「古典的マルクス主義＝トロツキズムの継承をこそ」, 渡辺一衛・塩川喜信・大藪龍介編『新左翼運動40年の光と影』(新泉社, 1999), pp. 312-315.

「世界の数学史のなかの東北大学」,『内田興二先生還暦記念研究集会　仙台数論小研究集会1999報告集』(2000年3月発行), pp. 51-53.

「解説　20世紀という歴史的時代の中のトロツキー」, トロツキー著 / 森田成也訳『わが生涯』上 (岩波文庫, 2000), pp. 573-597.

「生き甲斐の再生からこそ科学への命がけの関心は復興する」, 左巻健男・苅谷剛彦編『理科・数学　教育の危機と再生』(岩波書店, 2001), pp. 155-156.

「奥州今野一家から全国反戦へ」,『夢を追ったリアリスト ── 今野求追悼文集』(今野求追悼文集編集委員会, 2002), pp. 186-187.

「科学史研究の同志としての川喜田愛郎先生」, 津山毅一編『涙ぬぐわれん ── 川喜田愛郎追悼集』(非売品, 2002), pp. 98-106.

「序 ──「連帯のあいさつ」に代えて」, 猪野修治『科学を開く　思想を創る ── 湘南科学史懇話会への道』(つげ書房新社, 2003), pp. 3-8.

「環境社会主義のマニフェスト」, 笠松幸一 + K・A・シュプレンガルト編『現代環境思想の展開 ── 21世紀の自然観を創る』(新泉社, 2004) の「エピローグ」, pp. 191-212

「解説　中村幸四郎先生畢生の訳業」, D・ヒルベルト著 / 中村幸四郎訳『幾何学基礎論』(ちくま学芸文庫, 2005), pp. 233-242.

「転換期の科学再考 ── 佐々木力インタビュー」, ロゴスドン編集部編『学問の英知に学ぶ』第四巻 (ヌース出版, 2007), 四十三章.

「ダニエル・ベンサイドとパリ・コミューン」, ベンサイド著 / 渡部寛編訳『未知なるものの創造』(同時代社, 2013), pp. 147-172.

「文庫版解説　デカルト『幾何学』の数学史的意義」, ルネ・デカルト著 / 原亨吉訳『幾何学』(ちくま学芸文庫, 2013), pp. 190-225.

「文庫版付録　幾何学的精神について」の新訳 +「文庫版解説　パスカル数学思想の歴史上の意味」, 原亨吉訳『パスカル　数学論文集』(ちくま学芸文庫, 2014), pp. 337-395 & 396-430.

「エウドクソス」,「イブヌル・ハイサム」,「近代数学の形成」,「ヴィエト」,「ガリレオ・ガリレイ」,「デカルト」,「カヴァリエリ」,「フェルマー」,「トリチェッリ」,「パスカル」,「ライプニッツ」,「ベルヌリ (ヨーハン)」,「ダランベール」,

「モンジュ」,「ボルツァーノ」,「ロバチェフスキイ」,「ボヤイ(ヤーノシュ)」,「ガロワ」,「リー」,「ハウスドルフ」,「カラテオドリ」,「ブラウワー」,ヴァイル」,「ベルナイス」,「ウィーナー」,「フォン・ノイマン」,「ゲーデル」,「シュヴァレー」,「チューリング」,「シュヴァルツ」:数学セミナー編集部編『100人の数学者 —— 古代ギリシャから現代まで』(日本評論社, 2017), pp. 6-7, 32-35, 80-81, 84-87, 92-93, 98-101, 102-105, 106-109, 110-111, 114-117, 124-127, 132-135, 142-143, 148-149, 168-171, 178-179, 184-185, 198-201, 226-229, 256-257, 264-265, 276-279, 282-285, 288-289, 292-293, 302-305, 306-309, 316-317, 318-319, &320-321.

78. 月報

「科学の深層構造」,『井筒俊彦著作集』付録8 第8回第5巻(中央公論社, 1992年12月), pp. 1-5.

「漱石と近代西欧文明体験」,『漱石全集』第十五巻(岩波書店, 1995), 月報No.15 (1995年6月), pp. 7-10.

「数学史の要用」, 岩波講座『現代数学の基礎』, 月報No.4 (1997年1月), pp. 1-7.

「数学史から見た応用数学」, 岩波講座『応用数学』18, 月報No.5 (1998年1月), pp. 3-6.

「古代懐疑主義との出会い」, 京都大学学術出版会『西洋古典叢書』月報8, セクストス・エンペイリコス著/金山弥平・金山万里子訳『ピュロン主義哲学の概要』(1998年2月), pp. 1-4.

「学問的・人間的誠実さを貫き通した髙木さん」,『髙木仁三郎著作集』第12巻《市民科学通信》月報12 (七つ森書館, 2003), pp. 11-13.

VI 欧文冊子・雑誌掲載論考 (Articles in European Languages)

A. *Arabic Sciences and Philosophy* (Cambridge University Press)

Essay Review: D'al-Khwārizmī à Descartes, vol. 23 (2013), pp. 319-325.

B. *HISTORIA SCIENTIARUM*: International Journal of the History of Science Society of Japan

Review of Shokichi Iyanaga, Shuntaro Ito and Tohru Sato, *Girisha no Sūgaku* (Greek Mathematics), Kyōritsu-shuppan, Tokyo, 1979, 280 pp., No, 19 (1980), pp. 112-113.

"Scientific Studies at Oxford and Cambridge in the Seventeenth Century—A Research Review," No. 20 (1981), pp. 57-75.

Review of Koshiro Nakamura, *Kinsei Sugūku no Rikishi—Bisekibungaku no Keisei o megutte* (The History of Mathematics in the Early Modern Period—Around the Formation of the Differential and Integral Caluculus), Nippon Hyororon-sha, Tokyo, 1980, No. 20 (1981), pp. 128-129.

Review of Toshisada Endō, *Zōshū Nippon Sūgakushi* (A History of Japanese Mathematics, Enlarged and Revised), Second Definitive Edition, edited by Yoshio Mikami and Revised by Akira Hirayama,, Tokyo, 1981, No. 21 (1981), pp. 123-124.

"The Acceptance of the Theory of Proportion in the Sixteenth and Seventeenth Centuries—Barrow's Reaction to the Analytic Mathematics," No. 29 (1985), pp. 83-116.

"Asian Mathematics from Traditional to Modern," Vol. 4-2 (1994), pp. 69-77.

"Historians of Mathematics in Modern Japan," Vol. 6-2 (1996), pp. 67-78.

"The French and Japanese Schools of Algebra in the Seventeenth Century," Vol. 9-1 (1999), pp. 17-26.

"Science and the Chrysanthemum: The Paradox of Enlightenment in Imperial Japan," Vol. 11-1 (2001), pp. 24-47.

Review of Roshdi Rashed, *Les Mathématiques Infinitésimales du IXe au XIe Siècle*, Volume I: *Fondateurs et commentateurs* (London: Al-Furqān Islamic Heritage Foundation, 1996); Volume II: *Ibn al-Haytham* (1993); Vol. III: *Ibn al-Haytham, Théorie des coniques, constructions géométriques et géométrie pratique* (1999); Vol. IV: *Ibn al-Haytham, Méthodes géométriques, transformations ponctuelles et philosophie des mathématuiques* (2002), Vol. 13-1 (2003), pp. 59-63.

"Symposium to Commemorate the Completion of a Trilogy on 'The Historical Theory of Modern Science' by Chikara Sasaki, Komaba Campus of the University of Tokyo, January 11, 2004," Vol. 13-3 (2004), pp. 250-251.

Review of Roshdi Rashed, *Geometry and Dioptrics in Classical Islam* (London: Al-Furqàn Islamic Foundaion, 2005), No. 17-1 (2007), pp. 56-59.

C. *Inprecor* (Correspondance de presse internationale)

"Chen Duxiu (1879-1942) Révolutionnaire permanent de la démocratie radicale," no. 483 (Juillet 2003), p. 33-35.

D. *International Critical Thought* (Published by the Academy of Marxism, Chinese Academy of Social Sciences)

"The Great East Japan Earthquake Disaster and Ecological Socialism," *Bulletin of the Research Society of Ecological Socialism,* No. 2 (Hiroshima, August 2011), pp. 36-49: also published in *International Critical Thought*, Vol. 1. No, 4 (December 2011), ed. by Acadmy of Marxism, Chinese Academy of Social Sciences, pp. 365-375.

E. *Isis*, An International Review Devoted to the History of Scicence and Its Cultural Influences (History of Science Society of the USA).

Book Review: René Descartes, *Exercises pour les éléments des solides: Progymnasmata de solidorum elementis*, ed. and translated by Pierre Costabel (Paris: Presses Universitaires de France, 1987), Vol. 79, No. 4 (1988), pp. 731-732.

Book Review: Jean-Claude Martzloff, *A History of Chinese Mathematics*, Translated by Stephen S.Wilson (Springer, 1995), Vol. 89, No. 3 (1998), pp. 519-520.

Book Review: Gregory Blue, Peter Engelfried, & Catherine Jami (Editors), *Statecraft and Intellectual Renewal in Late Ming China: The Cross-Cultural Synthesis of Xu Guanhui (1562-1633)*, Vol. 94, No.1 (March 2003), p. 143.

F. *Mathesis* (Published by the National University of Mexico, in Mexico City).

  "What Are Revolutions in Mathematics? : Mathematical truth in the light of Thomas S. Kuhn's philosophy of science," Vol. III-5 (2010, actually published in 2013), pp. 1-38.

G. *Revue d'histoire des sciences* (Revue semestrielle publiée avec le concours du CNL et soutenue par l'Institut des sciences humaines et sociales du CNRS).

  Review: Roshdi Rashed, *Les Mathématiques Infinitésimales du IXe au XIe Siècle*, Volume V: *Ibn al-Haytham: Astronomie, géométrie sphérique et trigonométrie* (London: Al-Furqān Islamic Heritage Foundation, 2006), Tome 63-2 (juillet-décembre (2010), pp. 542-545.

H. *Vos Lusíada: Revista da Academia Lusíada de Ciênsias, Letras, e Artes* (S)

  "Ciência como Instrumento de Modernização e Colonização o Dilema do Movimento Iluminista na Era Meiji no Japão," No. 4 (1995), pp. 5-14.

I. *Articles in Monographs*

  "Science and the Japanese Empire 1868-1945: An Overview," in Patrick Petitjean et al. (eds.), *Science and Empires: Historical Studies about Scientific Development and European Expansion* (Dordrecht/Boston/London: Kluwer Academic Publishers, 1992), pp. 243-246.

  "Descartes as a Reformer of the Mathematical Disciplines," dans *Descartes et le moyen âge*, édité par Joël Biard et Roshidi Rashed (Paris: Librairie philosophique J.Vrin, 1997), p. 37-45.

  "L'introduction de la science occidentale dans le Japon du *bakumatsu* et de Meiji (1840-1912), *DARUMA*: *Revue d'études japonaises*, No 10/11 (Automne 2001/Printemps 2002), pp 54-85.

  "The Emergence of the Japanese Mathematical Communty in the Modern Western Style, 1855-1945," in Karen Hunger Parshall and Adrian C. Rice (eds.), *Mathematics Unbound: The Evolution of an International Mathematical Research Community*, 1800-1945 (Providence: American Mathematical Society/London: London Mathematical Society, 2002), Ch.12, pp. 229-252.

  "Chapter 16 Japan, " in Joseph W. Dauben and Christoph J. Scriba, edited on behalf of the International Commission on the History of Mathematics, *Writing the History of Mathematics: Its Historical Development* (Basel/Bonston/Berlin: Birkhäuser, 2002), pp. 289-295.

  "How Was the Terminology of Modern Western Mathematics Translated into Japanese?" dans *De Zénon d'Elée à Poincaré.: Recueil d'études en hommage à Roshdi Rashed*, édité par Régis Morelon et Ahmad Hasnawi;《Les Cahiers du MIDEO》1, (Louvain, Peeters, 2004), p. 845-857.

  "Takebe Katahiro's Inductive Methods of Numerical Calculations in Comparison with Jacob Bernoulli's *Ars Conjectandi* of 1713," Morimoto Mitsuo & Ogawa Tsukane (eds.), *Mathematics of Takebe Katahiro and History of Mathematics in East Asia, Advanced Studies in Pure Mathematics*, 79-04 (2018), pp. 59-82 (to appear).

  "The Euclidean Axiomatic Mathematics and Scepticism: The Szabó Thesis Revised," to appear in *Actes du Colloque International: La démonstration de l'antiquité à l'âge classique*.

VII 中国語論考

"托马斯・库恩与科学观的转向"(邱慧译)《自然辩证法研究》第 17 卷增刊 (2001 年 12 月), pp. 117-122.

"中國加快為陳獨秀恢復名譽"《通訊》(馬克思主義研究促進會主辦) 第 1 期 (2003 年 1 月), 第 1 頁.

"吉野作造和陳獨秀"《通訊》(馬克思主義研究促進會主辦) 第 2 期 (2003 年 4 月), 第 1 頁.

"近代中國徹底民主主義的永久革命家——陳獨秀 (1879-1942)"《通訊》(馬克思主義研究促進會主辦) 第 6 期 (2004 年 1 月), 第 1 頁.

"西欧的科学革命与东亚" (乌云其其格译), 袁江洋・方在庆主编《Scientific Revolution and China 科学革命与中国道路》(武汉:湖北教育出版社, 2006), pp. 302-349.

"恩格斯《自然辩证法》构思辩——未完的研究课题"《自然辩证法通讯》第 35 卷第 4 期 (2013 年 8 月), pp. 108-119.

"评《建部贤弘的数学思想》"《自然科学史研究》第 23 卷第 4 期 (2013), pp. 541-547.

"东亚科学文明的未来"《读书》(北京:三联书店) 2014.3, pp. 48-55.

"反思智识生涯佐佐木力教授访谈录:范多拉齐斯访谈整理" (张小溪译),《中国科技史杂志》第 37 卷第 1 期 (2016), pp. 100-111.

"没有卫生间的高级公寓"《读书》2016.11, pp. 25-31.

(2018 年 8 月末時点)

佐々木力 略年譜（注釈付）

1947年3月7日　佐々木勇治郎・末代夫婦の第四男として宮城県加美郡小野田町（現在加美町小野田地区）に生まれる。父の勇治郎（1910年5月2日生〜1984年1月14日没）は建築大工（棟梁），母の末代（旧姓岩井）（1914年1月25日生〜1997年3月1日没）は製糸女工であり，戦後は農業と家事に従事。長兄・佐々木勇一（1935年7月19日生），次兄・守（1939年4月6日生），姉・玉美（戸籍簿には玉代とあるが，記載ミス）（1941年12月10日生〜1945年6月1日没），三兄・晃（1944年7月24日生）。

修学時代

1953〜1959年　小野田町東小野田小学校在学。

1959〜1962年　小野田町東小野田中学校在学（1961年4月の東京方面への修学旅行で，次兄に普通高校進学を進言される。英語担当の小澤俊郎先生ほかのよい教師にめぐまれる）。

1962〜1965年　宮城県古川高等学校在学（旧宮城県第三中学校）。高橋秀夫先生ほか，数学の秀逸な教師と出会う。数学の成績では全国に知られる（ある種の試験では全国トップ）。高校3年生の秋，天才ガロワのことを知り，東北大学理学部数学科志望（それ以前は工学部受験を考えていた）。「青葉城恋歌」のさとう宗幸（1949年1月25日生）は2学年下。

1965〜1969年　東北大学在学。1965年3月，東北大学理学部を受験し合格。数学者になるためであった。

東北帝国大学理科大学（農科大学は北海道の札幌農学校）として，法制的には1907年創設され，1911年実際に開学。日本で第三番目の帝国大学。数学科は中心的な学科。学是は「研究第一主義」，とくに理学部は「東北月沈原」を自称した。最初の2年間は，川内の教養部で学ぶ。数学の学習に努力。講義（微分積分学・代数学幾何学など）を熱心に聴講し，高木貞治著『解析概論』やポントリャーギン著『連続群論』などを精読。他方，教育科学研究班に出入りし，マルクス主義の古典学習。『三木清全集』を購入。ガロワ伝に感銘。ブルバキとの出会い（フランス語原著をひもとく）。ヴェトナム反戦運動に共感を寄せ，ベ平連の「殺すな！」バッチを装着。1966年秋，東北大学新聞社創立。

第二学年後半から，佐々木重夫教授の幾何学概論などに感銘を受ける。第三学年には，複素解析（黒田正教授），代数学（内田興二講師「ガロワ理論講義」），幾何学（微分幾何学），位相解析学（深宮政範教授），実解析学（フランス帰りの猪狩惺助教授），微分方程式論を聴講。それぞれの演習が午後1〜5時（ここで数学の実力がつく）。「数学思想史研究会」を組織。第四学年で，代数学専攻（セミナー），現代数学（ラングの代数幾何学教科書を読む）の「おもしろくない」側面に気づく。1967年10月8日羽田闘争。数学思想史研究会にとどまらずに，「理学部反戦行動委員会」を組織するも，1967年秋まではせいぜい先進的な保守的数学少年。『資本論』全巻などの読書（ヘーゲル『大論理学』，ドイッチャー・トロツキイ伝三部作をも読む）。1968年秋に大学院修士課程・数学専攻を受験して合格（指導教官は代数学の淡中忠郎教授）。

1969〜1971年　東北大学大学院理学研究科修士課程在学。

代数群論を専攻し，修士論文「完全体上の線型代数群の分類理論について」を執筆するとともに，中央論壇で『情況』（1969年8月号）に「科学論」（岩井洋の筆名で）を掲載，その後，『思想』No. 558（1970年12月）に「近代科学の認識構造——近代科学の意味解明への視角」を執筆。しばらくして数学史家に転換を決意。

●特集：学問史の世界　佐々木力と科学史・科学哲学

1971〜1974年　東北大学大学院理学研究科博士課程在学。
　数学史への転身のために，数学科棟の向かいの文学部でギリシャ語・ラテン語・イタリア語などを学び，傍ら，哲学の細谷貞雄教授の大学院演習で，ヘーゲルの『精神現象学』『論理の学』をドイツ語原著で読む。「文学部客員学生」と呼ばれる。

1974〜1976年　東京大学教養学部で数学史を学ぶ（最初の1年間は研究生）。プリンストン大学大学院進学を勧められ，日本学術振興会（JSPS）の米国大学院進学ための奨学資金獲得をめざして準備し，哲学系（大森荘蔵教授・中村元教授らが試験官）では只一人の合格者であった。
　プリンストン大学の数学史家 Michael S. Mahoney（1939-2008）と交信する一方で，サボー，クーン両先生とは1974年夏の国際科学史会議で出会う。同じ会議で，大阪大学の二人の数学史家中村幸四郎（1901-1986）並びに原亨吉（1918-2012）と知り合う。中村はハンガリーのサボー・アールパードの盟友であった。Program in History and Philosophy of Science, Graduate School of Princeton University に受け容れられる（推薦者は，彌永昌吉・大森荘蔵・伊東俊太郎）。Academic adviser は Mahoney 講師で，当時クーン教授のことはほとんど念頭になかった。

1976〜1980年　米国プリンストン大学大学院に在学。
　1976年7月初旬渡米し，テキサス大学オースティン校で Orientation Program 参加。8月末にプリンストン到着（Program in History and Philosophy of Science & Department of History に所属）。数学科の岩澤健吉教授にファイン・ホールを案内される（プリンストンの特徴は「森の中に大学があり，大学の中に街がある」）。Mahoney 先生と会い，歴史学の大学院生は1週間に約2000ページの読書が必要だと告げられ，大学院主任の Charles C. Gillispie 教授（1918-2015）とも会う。Mahoney 先生の近世西欧科学の起源に関する学部講義を聴講，graduate precept に参加。Grafton 講師（「天才グラフトン」と学生たちによって呼ばれる）の「ルネサンスと宗教改革」はある種の啓示。Gillispie 教授の大学院セミナー（ラプラス研究）に参加する。Kuhn 教授の "Introduction to Philosophy of Science" を聴講するも，教授は途中で入院。Lawrence Stone 教授の英国革命史の大学院セミナーに参加し，強い学問的刺激を受ける。Mahoney 先生の古代中世科学史の講義を聴講。Rabb 教授の近世西洋史大学院セミナーに参加する。プリントンの歴史学は世界一の猛訓練所であることを帰日後，知る。2年間，general examinations の前に日本の大学での修士論文相当論文を8点（一学期2点）書かなければならないといった印象で，1978年9月 general examinations を受験し，合格。
　後半の78〜80年の2年間は，Princeton Univeristy の fellowship を受領する。博士論文のトピックとして，Adriaan van Roomen = Adrianus Romanus の数学思想研究を予定していたが，Manohey 先生から，デカルト研究を「命令」される。Descartes のイエズス会のコレージュでの数学学習を集中的に研究する傍ら，Natalie Z. Davis 教授の近世フランス史の講義を聴講する。1979年10月から11月末まで，歴史学科の資金で，パリ（Bibliothèque nationale で調査研究），ケンブリッジ大学において文献調査し，ニュートン研究の Derek Thomas Whiteside 教授と面談。プリンストン大学を「Princeton 修道院ないし番外地」と呼ぶ（夏休みは図書館でアルバイト）が，'alma mater' であり，四年間，一度も帰日せず（両親から電話が一度あった）。
　東京大学教養学部から渡辺正雄教授の後任として専任講師職を提起され，受諾。京都大学教養部でも助教授採用を考えていたらしい。佐々木重夫先生を通して東京理科大学からも教職の可能性を提示された。
　1980年3月，メキシコシティのトロツキイ旧居に立ち寄り，サンディエゴ，サンフランシスコ経由で帰日。

大学教員時代

1980〜1983年　東京大学教養学部講師（科学史・科学哲学教室）。
　科学史・科学哲学教室の同僚は大森荘蔵教授，伊東俊太郎教授，村上陽一郎助教授。哲学者の大森教授と親しくなり，早速，教室主任就任。教授は1982年春定年退官。廣松渉助教授を哲学教室から教授として移籍招請。デカルト数学思想研究に邁進する。

1983〜1991年　東京大学教養学部助教授。

大学院セミナーでは 17 世紀の科学革命関係のラテン語文献の読解をほとんどもっぱらにし, "Descartes's Mathematical Thought" 執筆に尽力。1986 年 4 〜 5 月, Thomas S. Kuhn 教授（1922-1996）夫妻が講演旅行のために来日。東京と日光を案内し, 哲学思想的な親交を深める（後期のウィトゲンシュタイン思想に関する高い評価などで）。1990 年夏, 東京数学史シンポジウムを開催（Secretary を務める）。

1991 〜 2010 年　東京大学教養学部／大学院理学系研究科, のち総合文化研究科教授

　『近代学問理念の誕生』（岩波書店, 1992）を公刊し, 1993 年暮れ, サントリー学芸賞（思想・歴史部門）受賞。《近代科学の歴史理論》三部作（『科学革命の歴史構造』（1985 年）＋『近代学問理念の誕生』＋ Descartes's Mathematical Thought）を完成。

　日本科学史学会欧文史編集長（1995 〜 2004）。

　国際数学史委員会執行委員（Executive committee member of the International Commission on the History of Mathematics, 1993 〜 2005）, 国際科学史・科学哲学連合 科学史部門評議員（International Union of the History and Philosophy of Science, Division of History of Science, Assessor, 1997 〜 2005）。

　2002 年 5 月 27 日 南京で日本陳獨秀研究会結成。会長に就任。

　2004 年国立大学の独立行政法人化。かつての国立大学教官はもはや国家公務員ではなくなり, 国家公務員としての身分保障はなくなる。東京大学の学問的衰退・劣化を実感。

　2010 年 1 月 17 日 広島で環境社会主義研究会創立大会。会長に就任。

　東大定年退職を控え, 『数学史』（岩波書店, 2010）を刊行。

　2011 年 3 月 8 日 パリの科学アカデミーでガロワ生誕 200 年記念講演。

　2011 年から北京の中国社会科学院が編集刊行する季刊学術雑誌 International Critical Thought の編集委員。

2012 〜 2016 年　中国科学院外国専家特聘研究員／中国科学院大学人文学院教授

　2010 年秋から, 北京大学にいた任定成教授から中国科学院研究生院（2012 年 8 月に中国科学院大学に改称）教授就任を打診され, 受託。2012 年 5 月, 就任講演し, 北京市玉泉路に勤務（2012 年 9 月 1 日赴任）。"A Kuhnian Theory of Science"（クーンの著作を英文で精読するなか, 文化相関的科学哲学の学問的プログラムを胚胎）を講義（秋学期）。2012 年 11 月, ピサの SNS で講演し（"The Mathesis Universalis in Early Modern Europe and East Asia : A Comparison"）, その後ヴェネツィア見学。2013 年の講義は, "History of Science and Technology in West"（春学期）。6 月初旬, 河南省（殷墟, 洛陽, 少林寺, 鄭州, 開封）見学, 8 月中旬, ブータンに自然哲学的旅行。

　中国科学院大学人文学院教授として北京市北方の雁栖湖校区勤務（2013 〜 2016）。

　"History of Science and Technology in West"（2013 年秋学期）, "Kuhn and the Intercultural Philosophy of Science"（2014 年春学期）, 2014 年 5 〜 6 月, イスタンブル, スイス, ケンブリッジ, オックスフォード旅行。"An Essential History of Mathematics in the World"（2014 年秋学期）。2014 年 12 月, 延安・韓城旅行, シラクサ・ナポリ・ローマ旅行。"Needham, Kuhn, and the Intercultural Philosophy of Science"+"Scientific Latin"（2015 〜 2016 学年講義）。

　2015 年 2 月 12 日に中部大学を訪問して飯吉厚夫理事長と会見し, 帰日への第一歩となる。

　最終講義「中日高等学問事情管見」（2016 年 6 月 13 日）。雲南・新疆ウイグル地方旅行。

　2016 年 9 月 1 日〜　中部大学中部高等学術研究所特任教授就任。

　2018 年 10 月 5・6 日　中部大学国際会議「新しい科学の考え方を求めて――東アジア科学文化の未来」の実行委員長。

portfolio [1] 佐々木力　人と学問

佐々木力先生とブラジル

本山省三●サンパウロ人文科学研究所理事長

　私が佐々木先生に初めてお会いしたのは1989の夏が終わる頃でした。その頃私はフランスのCNRS（Centre National de la Recherche Scientifique）の招待で、パリでブラジルとフランスの科学交流を歴史的に研究していました。風の便りに日本の著名な科学史家佐々木力先生がハンブルクとミュンヘンで行なわれる国際会議に出席するためにパリに立ち寄り、数日滞在なさると聞きましたので早速連絡して会うようにしてもらいました。ソルボンヌ広場のPUF（Presses Universitaires de France）の旧本屋の前で会ったのは佐々木先生が言われるようにある意味で劇的だったかもしれません。それは互いに顔さえ知らない日本の学者とブラジル日系研究者が遠い異国のフランスで由緒ある出版社の本屋の前で出会うのは滅多に見られない光景だからだと思います。数学の分野から科学史に転身なさった佐々木先生の話は、理論物理学出身の私には興味深く良く解りました。でも、その時は以後30年間に渡って先生と学術的交流ができるとは夢にも思っていませんでした。

　1993年には日本とポルトガルでポルトガル人が初めて種子島に着いた1543年（最近では1542年説が有力になりつつあります）から450年祭を祝う会が華やかに催されました。ブラジルでも450年祭は大々的に取り上げられ特にサンパウロ市では日系人とポルトガル系のブラジル人との協力でいろいろな催しが行なわれました。その頃、私はサンパウロ大学教授と日本移民史料館館長を務めておりましたので450年祭委員会に属していました。その催しの一環として「国際コロキウム：ポルトガルと日本の研究」（Colóquio Internacional de Estudos Portugal-Japão）がサンパウロ大学と共催で行なわれることになりました。そこで種子島は日本における西欧鉄砲伝来の地であるから日本科学技術史の一環として佐々木先生を呼んで話をしてもらったらどうかと提案して委員会の承諾を得ました。費用は予算がなかったので日伯文化連盟 ─ Aliança Cultural Brasil-Japão ─に頼み内山良文会長・花田ルイス専務理事の好意で賄なうことができました。90年代は情報革命の最中だったので21世紀には新しい文化が現れるであろうと予想されていたのでコロキウムでもその事が華々しく議論されました。佐々木力先生は明治時代に出来た新しい日本文化を福沢諭吉の業績を軸にして紹介され、文化はどのように分析しなければならないかを示してくれました。

　当時ブラジルの科学史研究はようやく軌道に乗り始め、たくさんの若手研究者が出てき

国際コロキウムで講演する佐々木先生（向かって左端．右端は筆者）

つつありました。研究分野はまちまちでありましたが、大多数はブラジルの科学史を専攻していました。フランスと米国の科学史の影響が強く残念ながら日本の科学史・科学哲学はほとんど知られていませんでした。強いて言うならば著名な物理学者武谷三男の三段階論に纏わる科学論・科学史研究を少数の人が知っていただけでした。その点佐々木先生の来伯はブラジル人研究者の間で日本文化・日本科学史の普及に役立ったと思います。私自身多くの事を教わり、先生との親交を深める事が出来ました。また先生がサントリー学芸賞をもらわれた時、サントリー財団の援助で「日本の科学史技術史プログラム」（The History of Science and Technology in Japan Program）という題名で幾つかの会合が1995に行なわれました。私も先生の好意でロシュディ・ラーシェット（Roshdi Rashed）を先頭に国際的に著名な幾人かの科学史家と東京・長野・松島で議論する事ができ、日本の科学史技術史の現状を知る事ができました。ミーティングの合間に佐々木先生といろいろな話をする機会を得ましたが、彼はブラジルの（その時期の）現状、科学技術の役割に興味を示され熱心に質問をされました。驚いたのは、私の東北大学での小さな講演で述べた考えが、先生のベストセラー『科学論入門』（岩波新書）に紹介されていた事

でした。如何なる時でも有益な話は見逃さない先生の態度には感服せざるを得ないと思いました。

その後、佐々木先生は1996, 1997, 2001, 2017年と合計5度にわたってブラジルを訪問されました。1996年にはブラジル原子力協会（ABEN – Associação Brasileira de Energia Nuclear）の招待で、第6回原子力一般会議（VICGEN – VI Congresso Geral de Energia Nuclear）に出席し原子力に対する懸念と原子力分野の人材はどのように養成されなければいけないかを講演されました。会議は観光で有名なリオデジャネイロ市で行なわれ会場は伝統を誇るホテルグロリア（Hotel Gloria）でした。会議そのものは岐路に立つブラジル原子力の討論で迫力に満ちたものでしたがコングレスの後でリオデジャネイロに住む私の教え子の案内でのサイトシーイングは楽しく先生も満足そうでした。ブラジルの三大観光地は、リオデジャネイロの他アルゼンチンとブラジルにまたがる世界最大のイグアスの滝とアマゾン地域の伝説のアマゾン河なのですが、佐々木先生はぜひ三つとも訪問してみたいとの事でした。

1997にサンパウロ大学科学史技術史センター主催で大きな会議が開かれました。その前の年に亡くなられた有名な科学史家・科学哲学者のトーマス・クーン（Thomas Kuhn）

リオデジャネイロで歴史を誇るホテルグロリアで行なわれた原子力会議に出席した佐々木博士と筆者

を顕彰してクーン博士に捧げる会議が開催されました．開会式で会議のメインスピーチを佐々木博士がなさり、彼の恩師トーマス・クーンを感慨深く語りました。その頃サンパウロ大学特に物理学科では科学教育の研究にクーンの考えを取り上げて盛んに論じられていたので力先生の講演は反響を呼びました。面白いことは、日本移民コミュニティでも先生の考えを知っており、尊敬している人たちが幾人が会議に出席していた事でした。その中の一人脇坂勝則氏は人文研の大御所と尊敬されコロニアいちばんの知識人と知られていました。人文研とは人文科学研究所の略称で、日本移民によって作られたプライベートの研究所で、移民と移民の歴史の研究では国際的に評価されている機関です。コロニアとはブラジルに移住した日本人の総称のことです。脇坂氏は岩波書店から出ている雑誌『思想』に載っている佐々木博士の幾つかの論文を読み、新進気鋭の学者だと評価していました。

佐々木先生は、2001年9月、アメリカで同時テロがあった時もサンパウロで講演なさっています。2001年にブラジル最大の科学技術振興機関 Conselho Nacional de Desenvolvimento Científico e Tecnológico の創立50年記念祭の一環としてサンパウロ大学科学史センターで大きなシンポジウムが開催されました。シンポジウムの意とは科学技術の進歩は社会と文化にどういう影響を及ぼすかを検討する事でした。この様な広くて深い問題を議論するのには広い視野と深い洞察力のある科学史家でなければ意味がないことは明瞭でした。ブラジル以外でどの人を呼ぶかをいろいろ検討した結果日本の佐々木先生とアメリカのルーイス・パイエンソン (Lewis Pyenson) を招待することが決まりました。佐々木先生は招待を快く承諾してくださり非常に興味深い講演をしてくださいま

1997年サンパウロ大学科学史センターの一室で討論する佐々木先生（右端窓際，その前に脇坂氏。脇坂氏の隣は筆者）

した。

シンポジウムの後で先生の待望のイグアスの滝（Cataratas de Iguaçu）に行きました。滝はブラジルのフォス・デ・イグアス市（Foz do Iguaçu）とアルゼンチンのプエルト・イグアス市（Puerto Iguazú）をまたがり大体80メートルの高さからパラナ川の激流がながれ落ちる世界最大の滝と知られています。勢いはすごく、特に「悪魔の喉笛」（Garganta do Diabo）と言われる場所は恐ろしいほどのスピードで水が落ちています。また、フォス・デ・イグアス市にはイタイプー発電所と言う世界最大級の水力発電所があり観光客のもう一つの人気の的になっています。さらに、この町の特色はアルゼンチンのプエルト・イグアス市とパラグアイのシウダー・デル・エステ市（Ciudad del Este）にも接していて三つが一つの都市を作っている格好です。このパラグアイの町では高級品がブラジルとは比べ物にならない安価で買えるので毎日沢山のブラジル人が国境を越えてシウダー・デル・エステに買い物に行きます。佐々木先生はイグアスの滝を興味深く満足そうに見物しておられました。また、タクシーを雇ってフォス・ド・イグアスの街全体を観光なさいました。シウダー・デル・エステにも行きましたが先生はあまり関心を示されませんでした。残念ですが、イグアスの観光についての先生の感

想は聞きそびれましたのでイグアスをどういう風に見られたかは私にはわかりません。でも、彼はブラジルの第二の観光目的を果たされたわけです。そうしてブラジルという国の見識を深める事が出来たと思います。

この時のもうひとつの成果は先生の著作『科学論入門』のポルトガル語訳を出したらどうかとの提案が有ったことです。普通、科学論というと難しい荒唐無稽の論だという感じを受けますが、佐々木先生の本はそうではなく非常に興味深く現在の重大な問題を取り上げ、科学をどういう風に考えなければならないかを示してくれます。ベストセラーになったのは当然だと思います。当時ブラジルでは科学史・科学哲学の分野では先述のクーンやカール・ポパー（Karl Popper）の理論が普及していましたが、科学論そのものについては哲学者がスコラ的な傾向が強い議論をしていただけでした。佐々木博士の本の翻訳はブラジル学会に新風をもたらすのに役立つことは明瞭でした。特に脇坂勝則氏は熱心に翻訳をすべきだと言っておられました。ところが、いよいよ翻訳をする段階になると、思わぬ幾つかの障害が現われました。その第一は適切な翻訳者がいなかった事でした。サンパウロ市には日本語とポルトガル語をマスターしている人は沢山いました。けれどもアカデミック、まして哲学言語に達者な人はほとんどいませんでした。いても非常に忙しく翻訳に携わる時間がないという有様でした。

訳者が見つからず時間がいたずらに過ぎて行きました。もうだめかと思っていた時救いの手が差し伸べられました。医者で日本語とポルトガル語に達者な津野豪臣氏が引き受けてくださるとのことでした。津野氏は日伯文化連盟の理事をやっており、佐々木博士の友人でもあり、コロニアではよく知られた知識人です。彼は精力的に翻訳を進められ正確な翻訳をしてくれました。ところが、一部の人たちが確かに翻訳は正確であるが使われているポルトガル語は固く難しいので若い世代の人たちにはあまり関心を呼ばないだろうと言い出しました。これは確かに困った問題でした。若い世代に向けてこそ翻訳の意味があるのでそうでなければ無駄な話です。困難がまた現われました。それをどういう風にして克服するかが問題でした。ひとつの方法は校正の上手なプロに言葉をもう少し柔軟にして貰うことでした。但しそういう仕事を引き受けてくれる人がいなくて困りました。脇坂勝則氏も非常に心配されていろいろな努力をなさいました。結局、私が良く知っている校正で評判のよい Fabio Gonçalves さんが引き受けてくれましたので安心しました。この段階でも脇坂氏は積極的に Fabio さんに協力し校正を仕上げてくれました。その後、サンパウロ大学出版社と岩波書店の好意でようやく十年以上の歳月をかけて『科学論入門』のポルトガル語訳 *Introdução à Teoria da Ciência* が日の目を見ることになりました。

佐々木先生のブラジルの第三の観光目的のアマゾン川は2017年に達成されました。2017にリオデジャネイロで IUHPST (International Union of History and Philosophy of Science and Technology) の 25º ICHST (The 25th International Congress for History of Science and Technology) が開かれました。この会議は科学史の分野では国際的に最も重要な会議だと言っても過言ではありません。佐々木先生はこの会議に出席し、その後、アマゾン地域に行きたいとの事でした。残念ながら、私は家庭の事情でサンパウロ市を離れる事ができない状態でしたので国際会議にも出席しませんでした。幸いに私の大学院生の Alfredo Hesse Neto（アルフレド・レセ・ネト）君

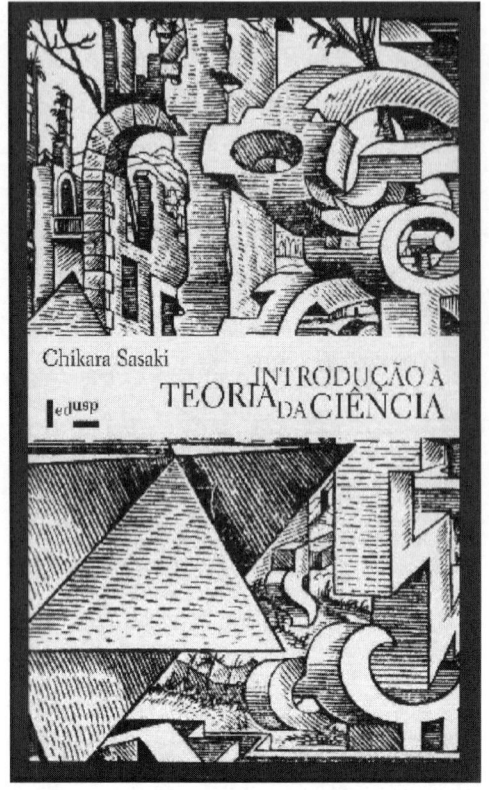

佐々木力著『科学論入門』ポルトガル語訳 *Introdução à Teoria da Ciência* の表紙

がパラー州の首都ベレン市の出身なので、彼に案内してもらうことにしました。ご存知のように、アマゾン川はパラー州を通って大西洋に流れ込みます。ベレン市はアマゾン川の河口すぐそばに在り、アルフレド君はアマゾン地域を良く知っており、佐々木先生をいろいろな面白い所に案内したそうです。ちょっと変わっていたのは、胡椒で有名なトメーアスー市に案内したことです。トメーアスーの町はアマゾン川の下流にあり、日本移民に開発され胡椒も彼らの手で上手く栽培されたのです。そこの日系人と話をして佐々木博士はブラジルの見識を深められたことでしょう。ブラジルと日本の交流を支えてくれた一因は日本移民の活動だったと聞かされたのではないでしょうか。

　佐々木先生のブラジルとの交流を思い出すままに書きましたが最後に私の意見を述べさせていただきます。先生は科学技術大国の米国やフランスに対し対等な態度をとりながら発展途上国にはあたたかい目で支援する態度を取ってこられたと思います。中国人の科学史技術史の専門家の養成とブラジルの科学技術史についての関心がその証拠です。例えば1990年代後半に日本科学史学会編集の欧文誌 *Historia Scientiarum* のエディターになられた時、日本では全然名の知られてない私を International Advisory Board に、著名な Roshdi Rashed（フランス）、Lewis Pyenson（米国）、Ren Dingcheng 任定成（中国）と一緒に入れてくださったことです。これはなかなかできないことです。封建的思考の強い日本の社会の中でこの様な事をするには強い意志と信念が必要です。もちろん佐々木博士はそれを押通すことのできる程の名声を持っていますが。先生にしてみれば *Historia Scientiarum* を通じてブラジルの科学史を紹介し、また日本の科学史をブラジルに普及したかったのでしょう。その様ことがいつ実現するかは将来が答えてくれるでしょう。そして現代の科学技術と関係ある重大な危険な問題には鋭い批判をして如何なる権力にも屈しない態度は世界の如何なるところでも見習うべきだと思います。ブラジルでもそういう風習を作りたいものです。

もとやま　しょうぞう◎1940年生。サンパウロ大学物理学部理論物理学教室卒。歴史学で博士号。ユネスコのブラジル科学史センターの所長、サンパウロ大学科学史センター所長を歴任。サンパウロ大学文学部歴史学科で助手、助教授を経て1991年に教授に昇格。現在ブラジル日本移民史料館館長を経て、現在人文科学研究所理事長。研究分野‐科学史．技術史．科学政策。Preludio Para Uma Historia. Ciencia E Tecnologia No Brasil（『歴史の前奏曲：ブラジルの科学と技術』）, EDUSP, 2004 をはじめ32の著書、論文多数。

● Portfolio >>> 佐々木力　人と学問

国際学術的視野から見た佐々木力教授

劉　鈍 ● 清華大学科学史系教授　朱琳訳 ● 中部大学中部高等学術研究所研究員

　佐々木力教授は日本の代表的な科学史学者であり、とくに数学史に対する優れた研究成果で学界に名声を博した。彼は国際的に高く評価され、世界における日本の科学史研究の地位の確立に重要な貢献をなした。筆者は20世紀の90年代から、佐々木先生とともに国際学術団体で仕事をしたため、先生とかかわりあるチャンスを持った。それでは以下に、国際協力というテーマをめぐって、佐々木先生がいかに日本の若手研究者をリードしたのか、そして国際交流を推進するための活動について振り返ってみたい。

1　早期の学術履歴とグローバルな視野の育成

　佐々木先生は若い時分に、東北大学で数学を専攻し、ポントリャーギンの双対性概念を非可換のコンパクト位相群に拡張した「淡中の双対定理」で世界的に知られる淡中忠郎（Tadao Tannaka）教授のもとで学び、優秀な業績をおさめていた。1969年に東北大学理学部を卒業した後、同大学院理学研究科に進学し、1971年に『完全体上の線型代数群の分類理論について』と題する修士論文を完成し、同じ大学院の博士課程に進学し、1974年に博士課程を満期退学した。

　仙台市に創設された東北大学は、東京大学、京都大学に次いで日本国内で三番目の国立大学（旧帝国大学）として創設された大学である。20世紀初頭の東北大学は数学研究の日本での中心であり、数学科のリーダーであった林鶴一（Hayashi Tsuruichi）先生は日本伝統数学に対する研究に励み、大量な和算の珍本を収集したと同時に、数学の国際的専門誌『東北数学雑誌』(The Tohoku Mathematical Journal) を創刊したことで広く知られる。林鶴一先生のほかに、藤原松三郎（Fujiwara Matsusaburo）先生も、数学史とくに和算の研究に大きく貢献した[1]。しかし、佐々木力先生の主な関心点は主に代数学であった。それと同時に、国際政治の動向の強い影響によって、社会と哲学的問題にも関心を持つようになり、何種類ものヨーロッパ諸言語も勉強しはじめた。その時から、佐々木先生は、共和主義的信念を持つフランスの天才数学者であるエヴァリスト・ガロワに憧れを抱き、2011年にガロワの伝記を出版している[2]。

　1974年、佐々木力先生は東京大学の研究生となり、教養学部で科学史の研究を行なった。東京大学は戦前はドイツの教育体制の影響を強く受けたが、戦後になって行なわれた改革によって、自由主義的な色彩の強いリベラル・アーツを導入して、学生の知識の広さと健全的な人格の育成を目的とした。教養学部の科学史・科学哲学研究室は、このような雰囲気の中で発展したのだった。

　1976年、佐々木力先生は日本学術振興会の奨学金を獲得し、博士号取得を目指してプ

リンストン大学大学院に留学した。彼の博士論文のテーマは『デカルトの数学思想』であり、その指導教授は近世の代数学史とコンピューター科学史の研究で知られるマホーニィ（Michael S. Mahoney）先生であった。1988年に最終審査に合格し、翌年に博士の学位を授与されたこの論文は、2003年に英語と日本語での大幅な増訂版として出版された[3][4]。

　当時のプリンストン大学の科学史・科学哲学プログラムには多くの優秀な人材を集めた国際的な学術センターであった。リーダーであるギリスピー先生は進化論とフランス科学史の研究で世に知られ、彼の配下にあったマホーニィとギーソン（Gerald L. Geison）はそれぞれが数学史と生理学史の研究に長じ、また二人は17世紀以来のフランス文献を熟知し、マホーニィによるフェルマー研究、ギーソンによるパスツール研究は学界で高く評価された業績である。名高いトーマス・S・クーン（Tomas S. Kuhn）も1964年から1979年まで、プリンストン大学で科学史・科学哲学の担当教授として働いた。彼は、1977年春に「科学哲学入門」を講義し、佐々木先生はこの講義を聴講し、強い影響を受けている。佐々木先生は深い愛情を抱きながら、「ギリスピー先生は私の慈母のようなな存在、クーン先生は知恵溢れる厳父のような教授、マイクは私の兄のような存在であった。プリンストン大学こそは私の愛する母校＝慈母です」と回想している[5]。

　プリンストン大学の科学史・科学哲学プログラムの科学史の学徒は同時に歴史学科に属しているため、佐々木力先生は同科のいくつかの講義に出席して、歴史学者によるヨーロッパ史の講義をも受講した。1980年3月、四年に渡るアメリカ留学生活を経て日本に戻った佐々木力先生は、すでにグローバル的な視野と着実な学術能力を持つ科学史学者となったのであった。

2　東京大学勤務と西洋近代科学史三部作

　20世紀70年代以降、日本における科学史研究の主力は京都大学、東京工業大学、東京大学という三つの大学に集約されている。京都大学における科学史研究は東アジアの伝統に対する継承と批判から出発し、薮内清、吉田光邦、山田慶児による中国古代の天文暦法、工芸技術と医学に関する研究がその代表である。東京工業大学の学者たちは戦後の日本における科学技術の発展および社会との連携に強い関心を持ち、山崎俊雄、山崎正勝と木本忠昭は時代の偉才であった。それらと比べて、東京大学の科学史研究は日本教育界が欧米の主流に追随して溶け込もうとする代表である。渡辺正雄、伊東俊太郎、村上陽一郎らの学者たちは相次いで東京大学で教鞭を執り、彼らの中の多くの学者は欧米の名門大学で厳格な学術訓練を受けたことがあり、欧米から科学史・科学哲学に関する最先端の研究成果を日本に導入するとともに、自らの優れた研究成果で国際専門家の評価を獲得した[6]。また、前述した学者たちのほか、科学史分野で優秀な研究者としては東京経済大学の大沼正則、大阪市立大学の加藤邦興、神戸大学の湯浅光朝、東北大学の吉田忠、京都産業大学の矢野道雄なども取り上げられるが、チームとしての力が不足であったため、その影響力は上記の三つの大学より際立っていなかった。

　1980年アメリカから帰国した佐々木力先生は、東京大学教養学部の科学史・科学哲学研究室の一員となり、講師、助教授を歴任し、1991年に教授に昇進し、2010年に大学院総合文化研究科からの退官まで、東京大学で30年間勤務した。この30年間は、日本の科学史研究が大いに発展して国際舞台に向かって突き進んだ30年でもあり、研究室主任を

長く務めた佐々木力先生の功績は極めて大きい。この間、彼は科学史・科学哲学の講義を担当し、外国人留学生を教育し、同じ研究分野の学者たちと弟子が欧米の学術誌で論文を発表することを励まし、さらに日本科学史学会の欧文の雑誌 *Historia Scientiarum* の編集長も担当した。また、彼は国外から科学史と科学哲学研究分野の専門家を招いて講演会を主催し、その中には、恩師のギリスピー、『科学革命の構造』の著者であるクーン、フランスにおけるイスラーム科学研究の権威であるラーシェド（Roshdi Rashed）など、トップクラスの専門家を含んでいた。

教育と研究に携わる傍ら、佐々木力先生は「西洋近代科学史三部作」と彼によって呼ばれる三つの著作を完成した。それはすなわち、1985年初版、1995年改訂再刊された二巻本の『科学革命の歴史構造』[7]、1992年の『近代学問理念の誕生』[8]、および博士論文をもとに加筆して2003年に上梓された『デカルトの数学思想』である[3][4]。

いうまでもなく、佐々木力先生の『科学革命の歴史構造』はクーンによる創始された科学革命学説に深くかかわるものである。学界のこの重鎮の下で学んだ学者として佐々木力先生はクーンによって提唱されたパラダイム（paradigm）や通約不可能性（incommensurability）などの概念を駆使して、コペルニクス−ニュートン革命の解釈におけるクーン学説が示した説得力に対しても、とても高く評価している。それだけにとどまらずに、数学的背景を持つ科学史学者として佐々木力先生は、クーン学説を数学に活用しようとしている。一方、彼は、数学領域における微分積分学、非ユークリッド幾何学のような劇的な変化が確かに存在したことをみとめるが、他方、数学が一般自然科学のように実在世界に強く制限されないため、従来理論を徹底的に覆したことはほとんどない――すなわち、数学における革命を明確に認めるが、それほどはラディカルではないと指摘している。佐々木力先生の理論はクーン科学革命理論に対する補足として見ることができ、また近代科学がヨーロッパで誕生したことを理解するのに有益である。

科学革命と関連する一つの課題は近代性という問題であり、『近代学問理念の誕生』はその問題について探求した思想史の力作である。一次文献に基づいて佐々木力先生は、フランシス・ベイコン、トーマス・ホッブズ（Thomas Hobbes）、ガッサンディ（Pierre Gassendi）、デカルト、ニュートン、ヴィーコ（Giambattista Vico）などの17世紀の錚々たる人々の思想について解釈と再構成を行なった。

以上に取り上げられた思想家たちの中で、最も哲学的深さと数学者の資質を持つ人はいうまでもなくデカルトである。『デカルトの数学思想』は佐々木力先生がプリンストン大学に提出した博士論文を大幅に加筆・修正したものであり、この著作によって彼は国際学界におけるデカルト研究専門家としての地位を築くことができた。

三つの著作の主旨と内容はそれぞれ異なっているが、その目的を一つにまとめることができる。それは科学革命あるいは近代科学はなぜヨーロッパで誕生し、そして発展できたのか、いわゆる学者に「ニーダム・パズル」（Needham Puzzle）と呼ばれる重大な歴史課題についての解釈である。

東京大学で仕事していた最後の何年間に、佐々木力先生は堂々たる数学通史の大著[9]を完成した。この著作はマクロな歴史観によってエウクレイデース＝ユークリッドから近代抽象代数学まで、およそ5000年間にわたる西洋数学の主流的発展の経緯を描出し、また古代と中世における多くの非西洋の伝統的

な数学観念、方法や問題にも言及し、そして哲学・文化や社会の視角から数学的知識考察して独自の知見を示す内容も含んでいる。学術的な価値が極めて高いこの著作は数学史教育と学習のための優秀な参考書でもある。

3　国際組織と社会活動

第二次世界大戦後、世界中で国際学会を組織する気運が生まれた。そうした中で、国際科学史連合と国際科学哲学連合はそれぞれ1947年と1949年に成立され、国際科学史評議会（International Council of History of Science, ICSU）において世界各国の科学史家と科学哲学者の代表になった。1956年、国際科学史科学哲学連合（International Union of History and Philosophy of Science, IUHPS）はこれら二つの姉妹組織の合併によって設立された。国際科学史科学哲学連合の科学史部門（Division of History of Science, IUHPS/DHS）と論理学・科学方法論・科学哲学部門（Division of Logic, Methodology & Philosophy of Science, IUHPS/DLMPS）もが設置された。科学史部門（IUHPS/DHS、現在はIUHPST/DHSTと改称）は各国の科学史家を代表する非政府組織として位置づけることができ、四年間に一度開催される国際科学史会議の名義上の組織者である。その構成員は国家（あるいは地域）委員会と専門委員会という二種類があり、各国科学史研究組織の代表から選出された理事会が執行機関となる。創設されてから1962年にかけて、国際非政府学術組織と称されるこの組織の理事会の構成員は全員欧米人であった。

戦後、奇跡的な高度成長を迎えるとともに、日本の科学史家たちは国際舞台で活躍しはじめた。小堀憲、渡辺正雄、伊東俊太郎は相次いでIUHPS/DHSの理事に当選し、また日本はアメリカ、イタリアと同様、組織の最高等級会費を負担し、1974年8月には東京と京都で第14回国際科学史大会を開催した。1997年から2005年にかけて、佐々木力先生は理事を二回連続で担当し、第20回・第21回の国際科学史会議の開催およびいくつかの研究プロジェクトの企画・運営に寄与し、組織の真の国際化の実現に大きく貢献した[10]。

また、1993年から2005年にかけては佐々木力先生は国際数学史委員会（International Commission on the History of Mathematics）の執行委員に就任した。1974年に成立したこの組織は国際数学者連合（International Union of Mathematicians）と国際科学史科学哲学連合（IUHPS/DHS）の傘下にある機構であり、世界各国の数学史家によって構成される学会組織である。

上記の二つの組織以外に、佐々木力先生は、オイラー研究所名誉所長、日本陳独秀研究会会長、環境社会主義（Ecological Socialism）研究会会長など、日本国内の多くの民間組織で名誉職を務めている。私の知っている限りでは、彼は国際トロツキー派や新しい社会主義運動などの多様多種な政治運動にも一定程度関与している。

佐々木力先生はマルクス主義思想の支持の立場を隠したことがない。ソヴィエト連邦と東欧諸国の政権が次々と崩壊したあと、早くからの資本主義に対する批判的な態度は依然として動揺しはしなかった。ただ彼の関心は階級闘争からエコロジー文明とグローバル化による多国籍企業による市場独占問題に移り、このような発想に基づいて書かれた著作としては『マルクス主義科学論』[11]、『21世紀のマルクス主義』[12]などが取り上げられる。

4　中国と東アジア

心血を注いで著した『数学史』の序論において、佐々木力先生は彼に深く影響を与えた

二つの歴史学観（views of historiography）に言及している。ひとつは、彼の恩師であるクーンによって提唱された「歴史的科学哲学」(historical philosophy of science)、もうひとつはジョゼフ・ニーダムが主張した「世界大の科学」(oecumenical science) である。本書の特徴は、数学史に対する観点の整理を通して、先学二人の思想を融合しようとするところにあり、またクロスカルチャーのマクロ歴史観によって、科学革命という特殊課題を、17世紀ヨーロッパの以外の文化的背景に広げ、そうして、近代科学、近代性、近代社会の起源など人類共通の問題を結合せしめたところも評価されるべきである。

　佐々木力先生は東アジアで育ち、仕事をし、また西洋で学術訓練を受けた学者として、先学二人の思想を融合する資格を当然備えている。下記の「科学と中国の啓蒙」と題する講演の概要は、彼が2004年の中国科学院自然科学史研究所の科学文化フォーラムで行なったものである。私はそのまま書き写し、そこから中国と東アジアにおける近代化の過程という課題についての彼の思考の深さと広さを窺っていただくことにしたい。

1．17世紀の科学革命と第二の科学革命
　　——東アジアの視点からの観察
　　日本：キリスト教科学と蘭学／中国：マテオ・リッチと数学・天文学・地理学／アヘン戦争と黒船：「科学に基づく技術」による侵略
2．近代政治哲学と自然科学の再検証
　　17世紀西欧の科学革命：数学と機械論的自然観の背景／トーマス・ホッブズ：近代政治哲学の先駆者／マキァヴェッリ：「力の政治哲学」／ガリレオ：「力の自然科学」／近代西欧：「力のレアルポリティク」
3．第二の科学革命と第二次産業革命
　　大砲の伝播と軍事革命／第一次産業革命＝綿織物（インドが侵略された背景）／「科学に基づく技術」と軍事（蒸気船・大砲・電信・キニーネ）
4．中国清政府の対策
　　アヘン戦争と林則徐／洋務運動の展開／黄海海戦／日清戦争と変法運動／辛亥革命
5．日本の近代化と第二の科学革命
　　ペリー来航と長崎海軍伝習所／明治維新と「学制」の頒布／東京大学の成立と東京数学会社の創立／帝国大学の誕生／東アジアにおける「科学帝国主義」(scientific imperialism) ／福沢諭吉と近代アジア精神／大東亜戦争と多田礼吉
6．近代中国と朝鮮
　　孫文と儒教思想／陳独秀と新文化運動／福沢より40年間遅れた儒教批判／陳獨秀＝近代民主文化運動の総司令・中国共産党の初代総書記・中国トロツキー派の指導者／近代朝鮮の抵抗と悲劇／儒教的平和主義を「王道」とする漢方医学
7．21世紀における東アジアの自然思想と科学思想の在り方？
　　中国新文化運動以降の自然思想／中途半端な近代主義か、東西融合の「根源性近代化」の創建か／ニーダム難題／東アジアの自然観と中国医学の独自性／中西医結合医療と治療／生態学の重視／環境社会主義と根元的民主主義

　現在の時点から見れば、上記の講演はただの前奏曲にすぎないだろう。近年、佐々木力先生の学術的関心は東洋と西洋の科学思想の比較に及んでいる。そして、とくに指摘すべきは、彼の中国学界との結びつきはよりいっそう密接になった。佐々木力先生は招請に応じて、中国科学院数学研究所と自然科学史研

究所、清華大学、北京大学、中医科学院、浙江大学、東北大学、東北師範大学、ハルビン師範大学、黒龍江中医薬大学、上海交通大学、華中師範大学、四川師範大学、河北師範大学、内モンゴル師範大学などの大学や研究機関で講演を行なった。さらには、2012年9月から2016年8月末まで、佐々木力先生は中国科学院外国専家特聘研究員／中国科学院大学人文学院教授として招聘された。

そして、まもなく中国語で出版される『東西の科学文化の架橋』において、佐々木力先生は次のように書いている。「未来の東アジアの科学技術文化は近代西欧の文化と異なるはずである。新文化は、まず帝国主義によって他民族を圧迫してはいけない。また、21世紀の東アジア文化は西洋資本主義先進国の科学技術で武装すべきであるが、しかし私は、東アジアの人々が自らの伝統科学文化を完全に捨ててはいけないと信じている」[13]。

以上で略述した歴史構想がどう発展するのかを、私は鶴首している。

《主たる参考文献》

[1] Sasaki Chikara, "Japan," in Joseph Dauben & Christoph Scriba (eds.), Writing the History of Mathematics : Its Historical Devel opment, Basel: Birkhäuser, 2002, pp. 289-295.
[2] 佐々木力『ガロワ正伝：革命家にして数学者』、ちくま学芸文庫、2011年。
[3] 佐々木力『デカルトの数学思想』、東京大学出版会、2003年。
[4] Chikara Sasaki, Descartes' Mathematical Thought, Boston Studies in thePhilosophy and History of Science Vol. 237, Dordrecht: Kluwer Academic Publishers, 2003.
[5] Ioannis Vandoulakis, "An Interview with Prof. Chikara Sasaki," 張小溪訳、任定成校、"反思智識生涯：佐佐木力教授訪談録"、『中国科技史雑誌』、第37巻（2016）、第1期、100-111頁。
[6] 楊艦「日本科学技術史界的東京工業大学学派」、『中国科技史雑誌』、第26巻（2005）、第4期：362-369頁。
[7] 佐々木力『科学革命の歴史構造』（上下巻）、岩波書店、1985年（講談社学術文庫として，1995年刊）。
[8] 佐々木力『近代学問理念の誕生』、岩波書店、1992年。
[9] 佐々木力『数学史』、岩波書店、2010年。
[10] Benoit Severyns, The Members' Vade Mecum, International Union of the History and Philosophy of Science, Division of History of Science, Liège, 2001.
[11] 佐々木力『マルクス主義科学論』、みすず書房, 1997年。
[12] 佐々木力『21世紀のマルクス主義』、ちくま学芸文庫、2006年。
[13] 佐々木力『东西方科学文化的桥梁』、任定成編『本末文叢』所収、北京：科学出版社、未刊。

Liu Dun◎1947年生まれ。中国科学技術大学人文・社会科学学院院長。中国科学院自然科学史研究所元所長、国際科学技術史学会元会長（2009～2013）。中国数学史・科学社会史専攻。編著に『中国革命と科学革命』。

佐々木力教授
——弟子のために自己犠牲を惜しまぬ手本

周程●北京大学人文学部哲学学科教授・医学人文研究院院長

私はかつてイギリスのマンチェスター大学とイタリアのローマ大学から北京大学へ留学に来た博士後期課程の学生を指導したことがある。これらの院生たちの要望に応えて、ほぼ週に一回ぐらい彼らと面談していた。面談時間が決まったら、彼らはいつも時間通りに来てくれた。ところが、私は仕事が忙しかったせいもあり、毎週同じ曜日ではなく、よく時間を変更して彼らと面談した。

この夏休み、ドイツの大学を2週間ほど訪

問した。ドイツの大学研究室に学生研究相談日があることに感心した。指導教授は毎週必ず決まった曜日に半日ぐらい学生と面談することになっている。面談は予約制で、一回の面談時間は10分となっているが、特別な事情があれば、二回の面談も連続して予約できる。面談の順番は学生たちが自分の都合によって互いに調整することができる。半日の間に、10人以上の学生と面談できる。日時が指定されているので、学生が先生の都合に合わせて調整する必要がない。今考えてみれば、私はよく日時を変更し、学生に迷惑をかけたかもしれない。

私は東京大学に留学していた頃、ほぼ毎週指導教官の佐々木力教授に会っていた。しかし、それは学生研究相談日ではなく、先生の大学院セミナーの機会にであった。日本の大学研究室では学期ごとにセミナーが開催されている。日本語で「演習」と漢字で表現される。セミナーとは即ち学生のために定期的に行なわれる研究指導のことである。その先生の門下生であれば、学年を問わず、誰もが参加できる。しかも、どの学期のにも参加できる。セミナーで学生たちが自分の好きな研究テーマについて発表するが、成績評価がされるので、みんな真面目に準備する。結局、発表テーマはそれぞれ違うけれども、何学期も参加しつづけたら、みんな研究の視野も広げられるし、学問の力も向上する。重要なのは、佐々木教授が、セミナー後にときどき我々有志と近くのレストランで懇談会を行なったということである。割り勘だったが、先生が多めに払ってくれた。先生に教わりたいことがあれば、懇談会で気軽に質問できた。だから、セミナー後の懇談会は研究相談会とも言える。

佐々木教授は大家で、多忙であったが、セミナーのおかげで、週に一回ぐらいは先生に会うことができた。東京大学のすべての研究室ではセミナーが開催されていたが、「セミナー＋懇談会」というパターンをとったのは少なかったようだ。それは佐々木教授が彼の先生トーマス・S・クーン教授から学んだパターンかどうかはよく分からないが、先生は独身で、学術研究と学生指導に精一杯専念することに深く関係しているかと思う。先生はいつも書物を「伴侶」としているとジョークを言っていた。その「伴侶」に配慮する必要がなかったから、つねに院生たちといっしょに懇談を行なうことができた。その懇談会は異国から留学していた私にとって、大変よい勉強チャンスであった。このように、佐々木教授が定期的に指導をしてくださったお蔭で、私は留学の間に、日本科学史学会の『科学史研究』や、岩波書店の『思想』など雑誌に論文を掲載し、短い間で東大の博士号をとった。いうもでもなく、後に2010年になって東京大学出版会から刊行した拙著『福澤諭吉と陳独秀—東アジア近代科学啓蒙思想の黎明』も、佐々木教授のこの時期の定期的な指導の賜物であった。

佐々木教授との交流を通じて挙げた重要な成果の一つは、「科学」概念の理解の増進である。

1996年に佐々木教授が岩波新書『科学論入門』を書くために「科学」という言葉の起源を調べていた。当時、日本人学者のほとんどは、「科学」なる語彙は、まず日本で生まれ、明治維新後に英語の"science"の訳語に充当されたものと理解しているようであった。中国の多くの研究者も、それは中国人が19世紀末に日本より導入した和製漢語であると見ていた。先生の要望に沿って、私は中国語の辞書における「科学」の項目を調べ始めた。結局、羅竹風が主編した『漢語大字典』の中に南宋の陳亮（1143－1194年）が近代以前

に「科学」を「科挙之学」の略語として使っていたという記述があるということが分かった。それによると、「科学」という言葉は、もともと日本が前近代の中国から借りてきたということであった。

ところが、『漢語大字典』に「科学」の用例として陳亮の「送叔祖主黨州高要簿序」（叔父が黨州高要を治めるために赴く際に贈る冊子の序言）という文章より引用した内容「自科学之興、世之為士者往往困於一日之程文、甚至於老死而或不遇」（科挙の学が盛んになった後、世の中の知識人は往々にして一日しか使われない科挙の試験の文体に困らされて、死ぬまで念願が成就できないほどである）は、かなり短く、理解しにくい。そのため、一時帰国の際に上海図書館で『四庫全書』に収録された「送叔祖主黨州高要簿序」を点検した結果、原文は「自科學之興」ではなく、「自科舉之興」であった。繁体字では、"舉（挙）"が"學（学）"と酷似しており、見間違いやすいので、陳亮の文集の「簡体字」版を作った時、その移植者は「科挙」を「科学」と取り間違えていたということが明らかになったのであった。おそらく『漢語大字典』における「科学」という項目の編集者は、その「簡体字」版を参照したであろう。もちろん、「繁体字」版を参照して「科舉」を「科學」と読み間違えていた可能性もある。

ただし、「科学」は早くから中国語文献の中で使用されていたという指摘自体はまちがいではない。同じ『四庫全書』を調べたら、北宋の李昉（925〜996年）らが編纂した『文苑英華』の中に、すでに「科学」という言葉が存在していたことが判明した。このほか、『四庫全書』には、「科挙の学」を意味する「科学」のその他の用例もいくつか現われる。

2011年に、私はこれらの研究成果をまとめて岩波書店の『思想』に「「科学」の中日源流考」として発表した。院生の時代に、佐々木教授との論議がなかったら、きっとこの論文はできなかったであろう。

私は帰国後、北京大学で教鞭をとったが、在籍している研究科でセミナーがほとんど開催されていないことに気づいた。しかも、教室の座席配置も、学生たちが向かい合って討論することに適しない。指導教授が設ける非セミナー類の授業数が限られたものであるから、学生が短い間で先生のすべての授業を履修し終わる。その後、同じ授業を繰り返し履修しなければ、授業で先生と交流するチャンスが少なくなる。このほかに、条件の制限で、ほとんど学生研究相談日が設置していないから、多くの学生は週に一度も指導教授に面会しえない。自分のことを振り返ってみれば、東大で佐々木教授のもとで勉強できたことは何と幸運なことだったろう。

佐々木教授の影響で、私も今、いくら忙しくても、学生に要望があれば、必ず時間を作って面談する。しかも、学期末に必ず一回学生たちと懇談会を行なう。勿論、佐々木教授の比べものにならない。既に50歳を過ぎた私は、残りわずかな時間を利用して、佐々木教授を手本にして、自己犠牲を惜しまずにできるだけ多くの若手研究者を育てあげられるよう頑張りたいと思う。

ZHOU Cheng ◎1964年中国安徽省生まれ、清華大学大学院で政治哲学を修め、1995年東京大学大学院総合文化研究科修士課程に入学、2003年同研究科博士課程修了、博士（学術）号取得。北京大学科学と社会研究センター準教授、副主任などを経て、現職。専門は科学の社会史、科学技術社会論。「「科学」の中日源流考」（『思想』第1046号、2011年6月）、『福澤諭吉と陳独秀――東アジア近代科学啓蒙思想の黎明』（東京大学出版会、2010年）ほか。

学問的情熱の畸人
――佐々木力先生のスケッチ

陳 力衛 ●成城大学経済学部教授

　東京には在日の中国人学徒を中心とした以文会という会合があり、年に三、四回開かれ、毎回二人が発表し、ほとんど中国語が飛び交う世界です。そのなかに混じって時々一心不乱に読書に耽る佐々木力先生の姿が認められます。こういう場とのアンバランスの雰囲気を察し、新参者から「あの先生はだれ？」とよく聞かれます。「ああ、偉い大学者だよ」と、とりあえずの返答をします。

　いざ質疑応答の時間となると、歴史、宗教、文学など、人文社会科学にわたるさまざまな話題にもかかわらず、まさに先生の本領発揮でいつも実に的確で鋭い質問を発します。それだけでなく、懇親会にもいつも参加し、留学生たちの良き相談相手となり、いろいろと研究上のアドバイスもしてくださいます。むろん、先生自身もこの以文会で三回も発表なさっていて、そのうち最近の二回を挙げれば、「中日共同の未来」（2014.7.30）と「和算の歴史学」（2017.12.24）というテーマでありました。前者は中日関係が悪化した最中、それこそ未来を見据えたご思考を述べておられ、後者は宋元時代の中国数学が、李朝朝鮮に渡り、徳川日本で日本の数学（和算）として華咲いたという内容です。

　思えば自分も十数年以上先生と付き合ってきました。最初の出会いは共通の友人である李梁先生が主催する弘前大学でのシンポジウムにおいてでしたが、初対面の際、一見して東大教授らしく、いかにも科学史専門の厳格で学者タイプの人のようですが、ところが、紹介された肩書きの一つはなんと「日本陳独秀研究会会長」と聞いて、「どうして？」とご専門とは咄嗟に結び付かないし、さらにトロツキイ研究者を自認する先生の話を聞いて、こちらではすぐに中国近代史におけるトロツキスト（托派）たちの辿ってきた悲劇的な運命を連想しつつ、一気に距離が縮まったように感じられました。

　後に、そのシンポジウムの参加者Jさんとともに、幸いにも先生の横浜のベーブリッジを一望できる邸宅に招かれたことがあります。学者の家とはどういうものかをワクワクしながら想像してみたが、ほぼ想う通りの、執筆や本を中心としたものでした。夕暮れになると、近くの先生の行きつけの鮮魚店で一献を傾けながら、なぜ独身を通したかとか、初恋の女性がどういう人だったか、いろいろの話を聞かせてくださいました。先生の人なりに身近に接していて、とても和やかな雰囲気になりました。宴たけなわの際、Jさんは突然、店の人に向かって「アテンション・プリーズ」と、大声で佐々木先生のことを「この方は、東京大学の数学史の有名教授の佐々木力先生という学者だ」、等々と紹介しはじめ、最後に万歳までと叫んでいましたので、驚いた先生は「これからこの店にはもう入れてもらえないのではないか」と、苦笑いをし

た顔が印象的でした。

　先生の学問に対する情熱にはただただ感服させられます。私の属する日本語学会では、研究者の最盛期は40代から50代にかけて論文を産出しているが、五十後半以降は「編集」が多く、独自の新著が少ないと統計による学説があります。しかし、これはどうも佐々木先生には当てはまらないようです。むしろ中国のことわざ「老当益壮」（老いて、ますます旺なるべし）の如く、50代後半以降の仕事は注目されます。ことに駒場で周囲からさまざまなプレッシャーがかかった時、くじけずに、研究と執筆に集中し、業績をもって自分の存在を証明する強い意志を見せたところに、学者としての身の振り方の一種の手本を示してくださいました。60歳を過ぎてから900ページを超える『数学史』（岩波書店、2010）をはじめ、次から次へと論文と著書を世に出しました。その中には、愛があっての所以でしょうか、『東京大学学問論——学道の劣化』（作品社、2014）など、御自身の体験とともに現代の大学の教育と研究がここまで劣化してきた原因を突き止め、本来の進むべき道を示しました。一部では暴露本と見られがちなこの御著書も読み応えある著作です。

　先生は東北宮城の出身と聞きますが、2011年の東日本大震災によってフクシマがクローズアップされ、科学史家としての先生は東北大地震によって露呈された「原子力村」といった日本的病巣を鋭く切り込み、『反原子力の自然哲学』（未來社、2016）を出版して、自然社会と人間共存の道を模索しています。

　東大定年退職後、北京の中国科学院大学で教鞭をとられる際、同じように、中国に向かって発信し、原子力に頼る中国の現状についても警鐘を鳴らすエッセイを書いたりしていました。さすがにそこで四年も教鞭をとっておられたもので、耳に入った音（中国語）をそれなりに反応しているわけです。そういう意味では先生は言語に長けていて、英語、フランス語はもちろんのこと、ギリシャ語、ラテン語にも通じています。ゆえに世界中どこへ行っても困らないし、事実、それぞれの国にも友人が多いのです。筆者がほかの翻訳史の会議に参加しても、内モンゴルや上海交通大学の先生たちとも、佐々木先生の知り合いといっただけでつながってしまいます。

　先生はいつも自分が西洋人的な思考をする人だと言っていますが、しかし、ここ10年間、とくに東大を辞めてから明らかに東洋への関心が高まっているように見受けられます。ある時、急にメールが来まして、明治書院の新訳漢文大系の『史記』15冊を購入したいと言い出しました。こちらは編集者とよく知っていますので、さっそく手配をしましたが、10万円以上もかかるその書物は、もちろん先生の本棚に飾るためではなく、中国の古典から知的な養分をくみ取ろうとする姿勢が見られるとともに、いままでの西洋科学思想との比較において、より広い視野をもって物事をとらえようとしているのではなかろうと推察しております。

　2015年の春から「中国論・論中国・On China」という題で先生の中国に対する観察が、季刊雑誌『未来』（未来社）に12回分の連載が始まりました。初回の「陝西省韓城の司馬遷祠を訪ねて」は、やはり『史記』を書きあげた司馬遷のことが心の琴線に触れたように、先生自身の命運と重なって、志を高くすることで後世に何らかの知的遺産を残そうとする意気込みが感じられました。その連載も同じく中国の史跡を訪ね、古代人の創造力と思想に思いを馳せながら、近代の中国革命から今日の直面する問題までも、先生の豊かな学識をもって新視点から分析されていて、一読に値します。

科学史家としての先生は、結局人間存在そのものを常に対象としてとらえているからこそ、知識人としての責任感を忘れずに果敢に現実問題に対して意見してきました。先生は書斎に閉じこもる学者だけではなく、強い信念を持っている実践の学者でもあります。最近、環境社会主義思想の旗を掲げて、3.11以降の日本に市民運動の新たな風を吹き込んでいます。

その出発点の一つ、先生のご著書、1996年に出版された岩波新書の『科学論入門』を中国語訳しようとする企画が話題に上がってきたときも、やはり福島の原発事故から学べるものはなにかを一節として新たに書き加えなければならないとおっしゃって、翻訳出版をすこしずらして、この2016年の改定版をもって、底本とすることがさらに中国語版の重要な意味を増すように思われます。いまその中国語訳も終わり、早く中国で出版できるようにしたいと願っています。

ここ十数年来の付き合いのなかで、よく一緒に酒を飲み、いろいろな事について語りあいました。自分は近代日本語の新概念の成立史を問題にしているので、日本と中国における『共産党宣言』の翻訳史にしても、丸山真男の『現代政治の思想と行動』の中国語訳にしても、そのところどころに的確に問題点を指摘してくださったり、また三谷太一郎の『日本の近代とは何であったか』を薦めてくださったりして、共通の話題やさまざまな政治現象についてお互いに態度表明をしました。先生は本当に巧言令色なことを心得ず、ましてや人に気に入られようとしてこびへつらうことを断じてしません。時にはユーモラスに語り、ウィットに富む冗談を飛ばしますが、他人に理解されずに逆に誤解を招きかねないところがあるのではないかと、傍からハラハラします。私と先生との間に、年の差一回りこそあれ、意外に意気投合しているところが多いのです。何故そうなっていたかを考えたこともないまま、ある日、先生から、「力衛の名前は「力」を「衛」だから」と不意に言われ、思わず、こちらも大笑いをしていました。

最後に、ああ「人生に、一知己を得れば足るべし」という感懐を述べて稿を閉じることにいたしましょう。

ちん　りきえい◎1959年中国・西安生まれ。黒龍江大学卒業後、北京大学大学院東方言語文学系へ進学。1986年来日、1990年東京大学大学院人文科学研究科国語国文学専攻博士課程単位取得中退。目白大学を経て成城大学経済学部教授へ。博士（文学）。主な著書：『和製漢語の形成とその展開』（汲古書院、2001）、『図解日本語』（共著、三省堂、2006）、『日本の諺・中国の諺』（明治書院、2008）、『日本語史概説』（共著、朝倉書店、2010）。中国語訳：《风土》（商务印书馆，2006）、《现代政治的思想与行動》（商务印书馆，2018）等。

数学史家としての佐々木力先生とわたし

烏雲其其格●中国科学技術信息研究所教授

1

　私が初めて佐々木力先生と出会ったのは1998年秋で、今からちょうど20年前のことです。当時、国際数学史委員会の日本を代表しての執行委員であった佐々木先生は、中国科学院数学アカデミーの李文林先生を中心に企画された武漢の華中師範大学で10月初旬に開催された国際会議「数学思想の伝播と変革」に参加することを要請され、中国を訪れました。それは、佐々木先生にとって初めての中国への旅でした。ちょうどそんなときに、私は中国科学院自然科学史研究所の博士課程に入った第一年目の学徒でした。佐々木先生は仙台の東北大学で数学者になるために数学を専修し、その後、アメリカへ渡航し、プリンストン大学大学院で、著名な科学史家・科学哲学者のトーマス・S・クーンと若手数学史家のマイケル・S・マホーニィのもとで、デカルトの数学思想に関して研究をし、東京大学の科学史・科学哲学研究室の中心的学者として存在感を保持していました。先生のプリンストンでの博士論文は、デカルトの研究についてでした。岩波書店から1985年に出版された『科学革命の歴史的構造』を執筆した学者であることも知っていました。当時はちょうど東京大学大学院に奉職していた先生に一番春風の吹く得意の時代だったと思います。武漢での国際会議は先生の風采を実際に目で見ることができた私の先生との初対面の機会でした。私は大学時代に日本語を身に着けましたので、博士論文として和算史関係の研究で書くように自然科学史研究所に入った当初から決めておりました。先生の三上義夫についての講演のあど、日本語で少し話しかけたら、先生は西洋科学史派で、和算史関係の知見をほとんどまったくもっていないといった様子でした。国際会議の最中、先生は有名人なので、会議休憩中も中心的数学史家として皆に囲まれ、私はまったく話しかけるチャンスも得ることができないままに終わってしまいました。ただ私の中に一番印象に残ったのは、あるドイツ人の著名な哲学者の発表が終わったとたん、先生が立ち上がって"You are wrong."（あなたは間違っている）と大きな声で、その間違ったところを指摘し、論争を挑んだことでした。中国人の普通の作法として、間違っていても、あとからそう指摘してあげればよいのに、公衆の面前で、そんなに無情に批判的意見を開陳した佐々木先生を見て、「この先生は傲慢で、独りよがりだ」などと私は思った次第でした。

　武漢の国際会議を終えたあと、佐々木先生は北京に移動し、私が所属する中国科学院自然科学史研究所を訪問して、講演し、さらに清華大学でも少人数のグループの前で話をし、孫小礼先生や任定成先生が教授を勤める北京大学で、亡くなって2年ほど経ったクー

ン先生の科学観について英語で講演し、学者たちと交流を深めることになりました。

2

2000年の7月、私は中国科学院自然科学史研究所から和算についての研究によって博士号を取得しました。指導者は、中国古代数学史の郭書春先生でした。日本数学史関係の研究を続けるために、2002年に、私は日本学術振興会（JSPS）の外国人特別研究員を申請するように決めました。日本学術振興会の規定によれば、外国人特別研究員の申請には受け入れ機関と受け入れ研究者がぜひ必要なため、私は数年前に先生からもらった名刺によって、先生と連絡を取り、先生に援助を求めるべくお願いしました。あるいは、先生が北京を訪問したさいに、直接お願いしたかもしれません。先生が私のことを覚えているかどうか、受け入れてくるかどうかについてはまったく判断がつかないので、どきどきしているうちに、先生から返事がありました。先生が何と書いてくれたか、今はまったく記憶はないのですが、とにかく受け入れには問題ないとの答えでした。私は佐々木先生を受け入れ研究者として申請し、学術振興会の支援を受け、2002年11月から東京大学大学院総合文化研究科の科学史・科学哲学研究室に外国人特別研究員として研究を始めることができました。日本に着いた翌日、私は出発直前に先生とメールで約束したとおり、研究室に出向いて先生と面談しました。そうしたら先生は「滞在する場所は決まったのですか？」と聞くのでした。「まだです」と、私が答えましたら、先生は「私の友人の横浜の桜木町近くにあるマンションの一室が空いているので、そこに滞在すれば？　大学へ通うのも簡単で、東急東横線一本で便利ですよ」とのことでした。先生の友人のマンションであれば、私にとってそれほどよいことはありません。そこで、先生に連れられて、桜木町近くのマンションを訪問し、部屋の状態を見ることができました。4万円の安い家賃で一人住まいに便利なマンションの一室でした。家主は、佐々木先生の東北大学時代の同窓生である藤澤徹ご夫婦でした。やさしくて、情熱溢れるよい人で、私が日本に滞在するあいだ、いろいろとお世話になることになりました。ただちに、藤澤さんは車で横浜ポートサイドに位置する佐々木先生の家から、机や布団など先生が使わずにいた日常使えるものを私の部屋まで運んでくれました。日本に着いたばかりで、生活するものひとつない私にとってはほんとうに助かりました。その後、先生に連れられてスーパーマーケットに行き、鍋、椅子、本棚など日常使えるものを買って、生活ができるようになりました。このために先生は、ほとんど一日中付き合ってくれたのでした。あんなに科学史の世界で国際的に名を馳せた偉い先生が、重い荷物を運んでくれ、本棚などを組み立ててくれるなど、本当に思いにも寄りませんでした。じつは心やさしい先生なのだ、と私は胸中でひそかに思うのでした。

3

東京大学の科学史・科学哲学研究室には、私を加えて、先生の周りには中国や台湾からの留学生が4人ほど居りました。あとから、もうひとり韓国人留学生が来て、5人に増えました。先生は、私たち留学生のために週に一回の勉強会を開いてくれました。毎週、留学生たちが研究発表を求められました。数学史専攻の人は、実際は藤原松三郎が書いた日本学士院編『明治前日本数学史』などを材料にして発表しました。日本近代教育史に関する著作が中心でした。先生は以前から西洋科学史を研究していて、日本や中国の数学史に

ついては、あまり精細な知識はおもちではないようでした。ところが、週一回の勉強会をきっかけに、先生も日本の数学史に入れ込むようになり、急速に東アジアの科学史を自分の学問的射程に収めるようになって行きました。

ある日の発表の順番が私に廻ってきて、私は日本の明治学制関係の内容について発表しましたが、先生はその内容について、初めは疑いをもたれたようでしたが、すぐに大きな関心を表わすようになりました。そして、私ひとりで、あるいは先生と二人で、東京大学総合図書館、早稲田大学の図書館、国立公文書館、日本学士院、文部省、などへ出向いて、学制関係の種々の資料を集めました。近代日本数学史研究の権威である小倉金之助は『数学史研究』第二輯と『日本に於ける近代的数学の成立過程』と題される論著において、学制の制定過程について書いており、それまで定説となる学説を提示しました。そして、これら二つの論考によって提出した近代日本の学制制定過程において西洋数学が採用された経緯に関する論説は権威となり、日本数学教育研究者の中で一般的に受け入れられるようになっていました。小倉の論断によれば、文部省当局は数学教育にどの算術体系を採用するかについて、最初は和算採用に決したのだが、その後、小学校から大学まで洋算の採用に転換し、和算を全面的に廃棄するにいたった、とのことでした。私は小倉がこの説を提出した典拠を調べ直し、別の資料と併せて読みながら、小倉の以上の論断には飛躍と過誤があると感じるにいたりました。そして自分が読んだ学制関係の文献、および自分が小倉の論断を再検討した分析と主張を併せて討論を深めて行きました。そうすると、先生は、「共著で論文を書きましょう、絶対に今までの観点を転覆できるすぐれた論文になる」と話してくれるのでした。その後、私は資料調べや、論文の執筆に一ヵ月ほど没頭して「学制制定過程における洋算の採用」と題する論文の草案を先生に渡すことができました。先生は速やかに読んでくれて、改訂意見を提出してくれました。私も改訂の手を加え、文献を補充し、先生に再度原稿を渡しました。そうしたら、先生は「うん、今度は私の出番だね」と言って、早速、内容の拡充と全面的な改訂に踏み出すのでした。約一週間ほどして、私は、先生が自分の手で増訂しれくれた原稿を受け取ることができました。先生は新しい観点の補足や、引用文献の追加をなすとともに、私が犯した日本語の文法的な誤りや語学表現上の問題について、丁寧に書き直してくださいました。その原稿は、私にとって、学問的にばかりではなく、語学的にも本当によい修業になりました。その後、私は先生の進言で、共立出版の「数学文献を読む会」や日本科学史学会において論文の発表ができて、学界の意見を広く求めることができました。学問的に本当に誠実で、年少の学徒思いの真面目な先生でした。結局、この論文は、岩波書店の月刊学術雑誌の『思想』No. 1008（2008年4月号）に掲載されることになりました（烏雲其其格・佐々木力「学制制定過程における洋算の採用」、『思想』No. 1008, pp.126-154）。

4

2004年の年末に、私の日本での研究も一段落し、帰国しました。その後、先生との学問的交流はそう頻繁ではなくなりましたが、ときどき先生はメールを発信してくれ、新刊の著書なども送ってくれました。翌年の2005年夏に北京で開催された国際科学史会議の折、国際的な科学史学会の評議員であった先生から、東京大学から大学院の教育などを全面的に禁じられているということを知らされ、私はたいへんに驚きました。以前、私

たちのために特別に開いてくれた留学生の研究会も無くなったそうです。

　にもかかわらず、先生は、2010年春の東京大学の定年退職時には、岩波書店から『数学史』を公刊なさいました。その著作は逆境の中に身を置いていなかったら書けなかった、とあとでうかがいました。先生の学問への情熱は少しも衰えることなく、かえって以前よりも力強い筆で、いくつかの力作を完成させることができたのです。

　2010年の春先生は東京大学から定年退職するが、その直後、先生の世界の科学史界における声望に鑑み、中国科学院研究生院は先生の教授就任を考え始めました。それから、さまざまな手続きが始まったのですが、2012年になって、先生は中国科学院の要請を受け、そこに外国人専家特聘研究員として北京に勤務することになりました。中国語がうまく話せない先生にとって北京で生活することは挑戦的だろうとは思いましたが、意外に先生の異国での生活はとても順調のようでした。そればかりか、先生は北京の生活を愛するようになりました。先生の教授就任とともに、中国科学院研究生院は、中国科学院大学と名称を変更し、佐々木先生は、そこの人文学院教授／外国人専家特聘研究員になりました。契約は一年ごとの更新で、結局、全部で4年間、その大学で教育・研究に従事することになりました。初めは北京市西部の玉泉路に1年間勤務し、その後の3年間は、北京市北方の雁栖湖校区で奉職しました。中国語を話せないにもかかわらず、先生は英語で中国科学院大学の教壇に生気溢れるように活躍することができました。大学院生の指導や、講義、そして自分の研究、中国語の勉強などに没頭して、先生は北京で充実した楽しい日々を送られるようになったのでした。

　日頃、北京では、ときに北京大学の標識（logo）のあるシャツを着、大柵欄にある老舗の内聯昇手作り靴を履き、そして中国人民解放軍がかつて使っていた粗布で作られた、上に「為人民服務」の赤い文字のある緑色のかばんを背負って、中国科学院大学のキャンパスを闊歩する人の姿が見えると、それは間違いなく佐々木先生だ、という話でした。偶然に会った知り合いの人に、「佐々木さん、何しているの？」（中国式挨拶の言葉）と聞かれたら、「為中国人民服務」（中国人のために勤めているという意味）と中国語で答えていたそうです。

　初めて出会ったときに抱いた印象とは違って、本当はユーモアある可愛い先生でしたね。2016年の夏、先生は日本に戻り、中部大学中部高等学術研究所に勤めることになりました。2017年の11月初旬、私は出張で日本を訪問し、横浜で佐々木先生と会う機会がありました。元気一杯で、せいいっぱい学問のために頑張っている姿でした。会って会話した時間に、先生はご自分の学問研究や出版計画について話して聞かせるのでした。2017年に70歳になったにもかかわらず、未来に向かっての学問的憧憬で一杯の先生の何十年間か学問のために捧げた精神には感動させられました。横浜からのその帰り道、先生は本当に学問のために生きている人間だなぁ、と私はふと思うのでした。

　東京大学定年退職時に、先生は『数学史』を公刊なさいました。その姉妹篇である『日本数学史』はほとんど完成したそうで、2019年には出版の運びだということです。中国での学問的修練の成果も盛り込まれた、その書物をひもとける日が、たいへんに待ち遠しく思われます。

ウユンチチク◎1972年中国内モンゴルの生まれ。2000年中国科学院自然科学研究所から科学史研究で博士号を取得。2002－2004年の間JSPS外国人研究員として東京大学大学院総合文化研究科の科学史・科学哲学研究室に2年間数学史研究。

佐々木力先生と『数学史』

泊　次郎 ●科学史研究者

　私がおそるおそる佐々木先生の門を叩いたのは、2001年12月であった。朝日新聞社の記者をしていた私は、東京大学総合文化研究科の博士課程への入学を志していた。日本でのプレートテクトニクス受容に際して起きたことを、トーマス・クーンの「パラダイム」概念を使って描き出し、博士論文に仕上げたい、という思いを抱いていた。その指導教官になっていただけないだろうか、という勝手なお願いに伺った次第である。

　私はそれまで著書を通してしか、佐々木先生を知らなかった。近代科学登場の背景を描いた『科学革命の歴史構造』（岩波書店、1985年）や『近代学問理念の誕生』（岩波書店、1992年）では、その博識さと分析力、表現力に圧倒された。『学問論』（東京大学出版会、1997年）では、求道的な厳しさを感じた。一言でいえば、近寄りがたい存在であった。とはいえ、指導をお願いできるような人は他に見当たらなかった。誰の紹介もないのに、面会を求める手紙を書かせたのは、30年以上にもわたる新聞記者という仕事によって培われた厚かましさのなせる業であったのだろう、と今にして思う。

　手紙を送って間もなく、年末の忙しい時間を割いて会っていただいた。先生は「私は地球科学には素人なので、的確な指導ができるかどうか」と言葉を濁されたように記憶している。私が博士課程の入学試験に合格できるかどうかの方を心配していただいた。私はそれから会社を1カ月余り休み、第2外国語のロシア語などの受験勉強に専心した。期間は短かったとはいえ、あれほど勉強に時間を費やしたのは、後にも先にも初めてだった。

　大学院での佐々木先生の講義やゼミは、楽しかった。科学史コースに在籍する大学院生のほぼ全員が、先生のゼミに出席していた。中国や韓国、台湾、ベルギーからの留学生もいた。適度な緊張感と知的興奮に包まれた忘れがたい時間であった。先生が手がけられた数々の本の執筆や出版の経緯を、間近かで見られたことも得難い経験である。

　『デカルトの数学思想』（東京大学出版会、2003年）は先生の代表作の1つである。私の知っていたデカルトは、ニュートンに先駆けて物理学的な自然像を築こうと努めた近代科学創始者の一人としてであった。恥ずかしいことに、デカルトがヴィエトと並んで、代数解析の方法によって幾何学を書き換えた人物であるとは知らなかった。この本は、プリンストン大学で授与された博士論文やそれを大幅に増補した英語版がもとになっている。先生は日本語の原稿を作成するのに、苦労されていた。ただ翻訳するだけでは良しとしない、先生の学問的な誠実さが印象に残っている。

　先生が翻訳されたトーマス・クーンの哲学論集『構造以来の道』（みすず書房、2008年）

も思い出深い。2003年夏学期のゼミで、元のテキストである The Road Since Structure（2000年）を読んだ。毎週1章ずつ担当者が要点を解説する、という典型的なゼミのスタイルであった。哲学的な知識が不足していた私には相当に難解な文章の連続である。先生はすでに翻訳の草稿を作成しておられたようで、担当者が立ち往生すると、自分の訳を読み上げられ、見事な解説を加えられた。

『数学史入門』（ちくま学芸文庫、2005年）も、数理科学研究科での数学史の講義がもとになった書である。副題にあるように、この書は微分積分学の成立に焦点が絞られている。私はこの本によって、長らく抱いていた疑問が氷解した。その昔、学生時代の友人・吉仲正和氏の『ニュートン力学の誕生』（サイエンス社、1982年）を読んだ。そして、ニュートンの『プリンキピア』（1687年）では、万有引力の法則などの証明はすべて幾何学的になされているのを知って驚いたことがあった。『プリンキピア』はユークリッドの『原論』のスタイルに沿って、「定義」や「公理」から始まっていた。ニュートンはライプニッツとともに微分積分学の創始者の一人とされるのに、なにゆえ幾何学的証明にこだわるのか。私にとって謎であった。実はニュートンは、青年期に推進したデカルト的な代数解析プログラムに失望し、『プリーンキピア』時代にはすでに「叛逆」していたのであった。ニュートンは古代ギリシャの幾何学の厳密性の擁護者の一人でもあったのである。

私が先生の一番の傑作であると思うのは、大著『数学史』（岩波書店、2010年）である。これまで書かれた数学史は、数学教師やそれを志す学生向けの教科書として書かれたものがほとんどであった。従って、その叙述は人間の数学的知識が如何に進歩してきたかを描くことに力点が置かれている。数学がいかに純粋に見えようとも、数学もその時々の社会の有り様と決して無関係ではないはずである。先生が若い時期に共訳されたデイヴィド・ブルアの『数学の社会学』（みすず書房、1985年）で主張されていたことが、思い浮かぶ。そんな立場から従来の数学史を読むと、きわめてつまらなかった。これに対して『数学史』では、クーンの「科学革命論」を基軸にして、古代メソポタミアから20世紀にいたる5000年の数学の歴史が描かれている。

数学にも革命が存在する、というのは先生がプリンストンでの留学時代から暖めてきたテーマであった。『数学史入門』によれば、1977年春学期のクーン教授の講義「科学哲学入門」で、先生は科学革命の理論が数学史にも適用可能ではないかという論文を書いてクーン教授に提出した。「数学には革命は起らない」という見解が当時は主流であった。ところが、論文に付けられたクーン教授のコメントは「数学において革命は存在したに違いない」であった、という。

『数学史』によれば、最初の数学の革命は、古代ギリシャで起きた公理論的方法の成立である。それまでの古代メソポタミアやエジプトの数学は、ある問題を掲げ、その解法を示す、というスタイルがほとんどであった。ところが、ギリシャ数学では、数学的な言明には論証が要求されるようになり、ついには公理論的な体系を備えるようになった。その代表がユークリッドの『原論』である。点や線、直線などを定義して、任意の点から任意の点に直線が引けることなど、いくつかの前提（公準）を置くと、三角形の内角の和は180度になることや三平方の定理など、さまざまな定理が証明できた。

このような公理論数学が何故古代ギリシャに登場したのか。古代ギリシャでは紀元前8世紀以降、青銅製の丸い大盾と鉄製の槍を手

にした重装歩兵が登場し、彼らが平等な政治参加や言論の自由などを主張して民主的なポリスが確立されると同時に、「アゴーン」（競争ないし競技）を重視する社会が成立した。その中で、既成のドグマに対して批判的な懐疑主義的な哲学が大きな影響力を持つようになった。懐疑主義からの批判・攻撃から数学的知識を守るために登場したのが公理論数学であった、との仮説には説得力がある。

ギリシャ数学を基幹にしながらも、それにインド的計算数学の成果を取り込み、土着の数学を加味したのがアラビアの数学である。その成果の1つが、未知数を含んだ2次や3次の方程式の解法である。もっともまだその式は、自然言語で表現されるものでしかなかったが、解法はアルジャブルという名で呼ばれ、algebra（代数学）の語源になった。こうしたアラビア数学の発展の背景には、地中海やインド洋世界で活躍したイスラーム商人の活躍があった。イスラーム世界では、数学の理論性のみならず実践性が強調されたことが代数的解法の誕生につながったのではないかという。

アラビア数学の技法は、西方キリスト教世界にも伝わり、17世紀になると数学に革命が起こる。フランスのヴィエトやデカルトは、それまで自然言語で記述されていた方程式に、演算記号やa, b, cやx, y, zなどの文字記号を導入した。やがて彼らとフェルマーによって、古代ギリシャの『原論』やディオファントス『数論』、アポロニオス『円錐曲線論』が記号代数解析的に書き換えられた。これによって図形の考察を中心とする幾何学は、代数方程式による図形の研究へと変化した。幾何学が代数化されたのである。

さらにはアルキメデスの無限小幾何学が記号代数化されて、ニュートンとライプニッツによって、無限小解析＝微分積分学が成立した。ニュートンとライプニッツは17世紀科学革命の立役者の一人でもあった。近世国家の死活をかけた「戦争の技術」のために暗号術とその解読法が重要になり、記号代数が国家にとっても重要な意味を持ち始めた。ヴィエトは「暗号解読術の父」とも呼ばれる。近代西欧世界はまた、政治的・軍事的のみならず、経済力・文化的力量の確立のためにもしのぎを削った。その中心は、代数や理論力学だったのである。

ライプニッツ流の微分積分学は、ベルヌリ兄弟やオイラーらによって普及された。19世紀に入ると、フーリエやフレネルらによって熱や光、電磁気など、運動や力よりも複雑な物理現象の解析にも適用されるようになり、複素数を変数とする複素函数論やフーリエ級数論など高等解析学が成立した。それに伴って起きたのがコーシーらによる「厳密革命」である。これまでの正確さの基準では太刀打ちできない新しい概念が登場したこともあって、再び数学的論証に厳密さを求める要求が高まったのである。このような厳密さが求められるようになった制度的背景として、それまでパトロンを宮廷に仰いでいた数学者たちが、フランス革命以降は、高等教育の教育者として生計を立てられるようになったことがあげられる。独立した数学者が誕生したことによって、実践的な面だけでなく、純粋に理論的な問題にも目が向けられるようになったのである。

こうした19世紀の「厳密革命」の中で、ユークリッドの『原論』は新しい目で見られるようになった。そして、『原論』の平行線についての前提（公準）を取り外すことによって、非ユークリッド幾何学が生れた。「全体は部分よりも大きい」との前提（共通概念）を疑うことからは、集合論が誕生した。

数学は、時代により地域により、異なった

様相をもって発展してきた。時には、科学技術上の必要から生じた問題を解くことに焦点が当てられ、時にはその厳密さ、あるときにはその美しさや簡潔さに重心が置かれ、パラダイムの転換を生み出したように見える。重心の移動をもたらしたのは、その時々の社会の思潮であった。『数学史』は、内的な歴史にとどまらず、そうした社会的な背景が描かれているので読み応えがある。

私が『数学史』を高く評価するもう一つの理由は、先生が直面された最も困難な時期にこの本が書かれたからである。どのような困難に見舞われたかは先生の『東京大学学問論』（作品社、2014年）を読んで欲しい。私にいわせれば、先生は東京大学（特に先生が所属していた総合文化研究科）にとって好ましからざる人物として、パージされたのである。パージの背景には、同僚の先生たちの学問的な嫉妬があった。先生のパージ後、総合文化研究科は再編され、先生が主導されていた科学技術批判のための科学史のコースはなくなり、科学技術基礎論と名前を変えた。反原発を主張する教員はいなくなり、原発などの危険な科学技術を社会に受容させるための科学技術インタープリター養成プログラムが設けられた。知識のある者は権力に疎まれ、知識のない者は権力におもねるのである。

このパージによって、先生は20数年間いた研究室の移転を余儀なくされ、学生は先生との接触を断つよう求められた。民間企業でいうなら「リストラ部屋」に押し込められたようなものである。だが先生は、これを大学が与えてくれた願ってもないチャンス、と考えられた。『数学史』の「自序」にも書いておられるように、大学院の授業や大学の雑務から解放されて、『数学史』執筆に専心することができるようになったからである。そうして成ったのが1000ページ近い『数学史』である。不屈の精神力のたまものである、と思う。

先生は今、日本の近世から現代までの数学の歴史を書いておられる。その完成が待ち遠しい。

とまり　じろう◎1944年生まれ。1963年京都府立東舞鶴高校卒業。1967年東京大学理学部物理学科地球物理コース卒業、朝日新聞社入社。大阪本社科学部長、編集委員などを歴任。2002年東京大学総合文化研究科科学史・科学哲学コース入学。2007年修了、博士（学術）。著書に『プレートテクトニクスの拒絶と受容』（2008年、東京大学出版会）、『日本の地震予知研究130年史』（2015年、東京大学出版会）など。

私の学問的な数学史への道
——佐々木科学史学との出会いを振り返る——

髙橋秀裕●大正大学人間学部教授・学長補佐

1987年4月、私は佐々木先生のもとで、数学史研究を始めることになった。そこから学問的な数学史研究を本格的に進めるまでにはまだ道のりが長かった。ここに佐々木力先生の古稀を記念して、その長い道のりの中から、先生と私との関わりに絞って幾つか思い出話を綴ることで、本稿を先生の個人史の片隅に置いて頂ければ幸いである。

数学史の研究を始める

埼玉県の県立高校の数学教師になって8年ほど経ったとき、私は今までの数学教師としての自分を振り返ってみるよい時期と思い、県教委に長期研修願いを出し試験にパスした。1987年4月、この埼玉県教員の長期研修（内地留学）制度を利用して、私は佐々木力先生のもとで数学史研究を始めることになったのである。以下、そこに至るまでの経緯を少し辿ってみたい。

新任の頃は、とにかく無我夢中であった。数学教育の意義など考える余裕もなく、ひたすら授業を分かり易くするための工夫を考えていた。しかし、その都度、もっと広い視野と、思想史的・哲学的観点が必要であることを思い知らされてもいた。

数学教育の研究会にも進んで参加した。そこでは、学習指導法の研究が一番必要とされていた。現場の教師にとって、指導法の研究は何よりも大切である。その実践報告を通して、種々の問題提起がなされ、それを解決しようとする様々な試みが、教育をよりよい方向にもって行く大きな原動力になることは、自明のことのように思われた。だが、私はこういう指導法だけの研究会にいささか嫌気がさしていた。それでも、何らかの糸口を見つけようと、学生時代から多少興味をもっていた数学史を授業に取り入れてみることを考えた。最初は、数学史をお話レベルで、生徒の興味を喚起するとか、学習意欲を高めるのに役立つとか、そういった観点で取り入れた。すなわち、それらはあくまで、数学史を副次的効用として利用するということを考えていたことになる。

これらの実践を通して、種々の参考文献に目を通すことになった。そしてついに、私のこれまでのそうした考え方を文字通り180度転回させることになる、中村幸四郎『近世数学の歴史——微積分の形成をめぐって』（日本評論社、1980年）に出会ったのである。

数学史を数学教育に取り入れることは、過去に何度も意見や、その実践報告がなされていた。しかしそうした試みは、こまごまとした史実の断片を、思いつきや興味本位で並べるといった、いわば学問的な根底のない仕方であり、果たして教育的な方法として意味あることであろうか。まずもって数学史の利用を数学教育の本質にかかわる問題として捉え直し、数学史そのものについての認識を深めることが必要ではないのか。そのとき私はそう思うに至ったのである。

このことについて中村幸四郎氏はこう述べていた。「数学を教えるためには、まずそれに必要な訓練と教育をうける必要があることは言うまでもないことであるが、数学史についてもまったくこれと同様である。数学史に関することを教えるには、まず数学史を正しくつかんでおくことが先決の問題であると思われる。……興味本位の材料ではなしに、もっと地味な数学の根本と関係があるような、また学問的に意味のあるものに着目しよう。……その考察の中から、教育上大切な問題を引き出してみたい」と。

しかし、中村幸四郎氏の諸著作からの影響で、学問的な数学史研究を始めようと思い立ったものの、具体的な研究計画が立てられないまま模索の日々が続いた。そんな矢先、1985年秋、港区立三田図書館で、佐々木力『科学革命の歴史構造』（全2巻）に遭遇したのである。そのとき、恥ずかしながら、初めて目にする著者であった（恐れ多いことである）し、恐らく瞬間的に私は書名の方に目を引き寄せられたのだと思う。その頃、H. バターフィールド『近代科学の誕生』やT. クーン『科学革命の構造』を通して、「科学革命」とい

う術語に私は強い関心をもっていたからである。だがその場で、序論「科学史における全体史的方法」を何度も繰り返し読み、未熟な私にとって内容はかなり難解であったが、兎にも角にも、厖大な哲学および歴史的知識のもとに本書を執筆したこの先生、佐々木力先生の門を敲こうと勝手に決意したのであった。

佐々木先生の門を敲く

1986年度前半、長期研修教員の採用試験出願書類の作成に際し、佐々木先生の許可を頂くため、面談をお願いしようと研究室へ電話を差し上げた。いま思えば、数学教育の方を強調し過ぎたためだったかもしれない。「いま博士課程の大学院生を複数抱えており、何より数学教育でしたら、長岡さん（数学教育界で著名な長岡亮介先生）の方が適任でしょう」とすっぱり断られてしまったのである。

『科学革命の歴史構造』の精読を繰り返すごとに、科学史・科学哲学プログラムの中で数学史を学びたいという気持ちが益々強くなっていた私は、ここで諦めず再度電話でお願いしてみることにした。そのとき、電話で親切に対応して頂いたのが、廣松渉先生であった。廣松先生の名前は、戦後日本を代表する著名な哲学者として存じ上げていたので、ドキドキしながら、いささか冷静さを失い、「佐々木先生に断られてしまったこと」、しかし「どうしても佐々木先生のもとで学びたい」という思いをひたすらお伝えしたような気がする。受話器から廣松先生の少し困ったような様子が十分感じ取れた。「分かりました。保証はできないが、佐々木くんに私からもお願いしてみますから、後日また電話をしてみてください」と先生は一縷の望みを与えてくださったのである。こうして、後日電話をし、佐々木先生から「ひとまず会ってみましょう」というお言葉を頂いたわけである。このことに関して、廣松先生と佐々木先生との間にどのような会話があったのか、私は知る由もない（その後、佐々木先生から具体的な話しは伺わなかった）が、廣松先生のことは、佐々木先生に私を引き合わせてくれた恩人として、ずっと私の心に残っている。

こうして、1987年4月から、1年間の東京大学研究生として、私の学問としての数学史研究が始まることになった。新年度、再び、佐々木先生の研究室を訪ねると、壁一面の備え付けの書架には大量の図書がびっしり詰まっており、それでも収まりきらず、さらにたくさんの書籍が机や床に積み上げられていた。その中の一部に、中村幸四郎先生所蔵の『ニュートン数学論文集』（全8巻）（*The Mathematical Papers of Isaac Newton*, ed. by D. T. Whiteside, 8 vols.）とニュートン『自然哲学の数学的諸原理』（通称、『プリンキピア』）（*Isaac Newton's Philosophiae Naturalis Principia Mathematica*, 3rd. ed. with variant readings, ed. by Alexandre Koyré and I. Bernard Cohen, 2 vols.）があった。

中村先生のご遺言により、厖大な量の蔵書が東京大学教養学部科学史・科学哲学科に寄附され、その処置を佐々木先生が委任されていたのである。後生の数学史家のために役に立てるという中村先生の望み通り、佐々木先生の尽力によって、教養学科図書室に「中村幸四郎文庫」が設立された。その際、重複図書は図書室では受け入れることができないため、「中村文庫」管理委員会による公正な図書処理がなされ、その作業段階として、上記のような重複図書が佐々木研究室に積まれていたのであった。

佐々木先生に「ニュートンをおやりなさい」と言われ、私は（適性価格で）、『ニュートン数学論文集』の、佐々木先生が必要とした第

4巻と第8巻を除く6冊と『プリンキピア』の2冊を、毎週1冊ずつ（1冊約2kg～3kg）その他の書籍と一緒にせっせと自宅へ持ち帰った。まさにこのときから私の第一次史料（ラテン語）を手元に置いたニュートン研究が始まったのである。奇しくも、この年はニュートン『プリンキピア』初版（1687年）刊行300周年にあたっていた。

この年、6月6日（土）・7日（日）の二日間、日本科学史学会第34回年会・総会が東京大学駒場キャンパスで開催され、企画された二つのシンポジウムのうちの一つが「ニュートン『プリンキピア』刊行300年記念シンポジウム」であった。年会では、丸善（？）から貸し出された『プリンキピア』初版本（300万円くらい？）が会場扉前に置かれた小さな机の上に展示され、私はそのガードマン役を任された。喜びと共に、ゆっくりトイレにも行けず、いささか難渋した。

このときの年会の様子を、佐々木先生は「ニュートンとSDI——日本科学史学会年会点描」と題して、年会の意義についても含め、教養学部報324号（1987年7月7日）で詳しく報告している。またこのシンポジウムでの佐々木先生の講演要旨「ニュートン主義の世界概念」は、日本科学史学会報告集（1987年6月7日）に掲載され、両者とも、佐々木力『科学史的思考——小品批評集』（御茶の水書房、1987年12月）に再録された。

佐々木力門下生に加えて頂く

1988年、1年間の内地留学を終え、高校現場に戻ってからも、私は週1回の佐々木セミナーだけには出させて頂き、自らに学問的刺激を与え続けた。こうした継続を通して、1995年4月、東京大学大学院総合文化研究科修士課程に入学する機会が訪れた。1997年4月から博士課程、そして、2000年3月に

は、博士論文「ニュートン数学思想の形成」で学位を取得することができた。偏に佐々木先生の終始一貫したご指導のお陰であることは言うまでもない。

博士の学位を取得した記念にと、2000年3月末から佐々木先生と私は高野山と永平寺を一緒に訪れた。このことは決して忘れることのできない思い出となっている。

以前から佐々木先生は、日本の宗教思想家としては道元、彼が一位だ、あとは空海がいる、と言っていた。そこでいつか二つの山に一緒に旅しようという話だったわけである。空海と道元はそれぞれ活躍した時代も異なり、思想や実践も全く対照的であるが、彼らは二人とも当時の大文明国である中国に留学した天才的な仏教僧である。佐々木先生は、究極的には無神論者にして無宗教者で、少なくとも熱心な仏教徒ではないと語っていたが、生家が曹洞宗の檀家で、父上が亡くなられたときには、道元の『正法眼蔵』全巻を読破し、道元とは気質的に合っているようだという話や、また道元が中国で修行した浙江省の天童寺や釈尊入滅地のクシーナガル、空海が修行した長安（現在の西安）の青龍寺にも行って来たという羨ましい話も私は聞いていた。

高野山では、数ある宿坊のうち、あえて私の寺にも縁のある「密厳院」の宿坊に泊まった。「密厳院」は真言宗中興の祖、また新義真言宗の始祖である覚鑁（1095～1143年）により創建された浄刹である。

覚鑁が入山したときの高野山はすっかり腐敗・衰退していた。高野を愛し、高野の隆昌を願い、大伝法院座主・金剛峯寺座主に就任した覚鑁は、努力を続け、驚くほど短期間に高野の復興と教学の振興を果たした。しかし、その活動が保守派との軋轢を生じさせ、反発や嫉妬等が覚鑁一身に集まってしまったのである。このとき、覚鑁は両座主を辞し、密厳

院に籠居して無言三昧の行に入ったと言われている。その後、高野をこうした紛争から守るために、自ら身を引き、弟子たちと共に根来へ移り、根来寺（現在、新義真言宗総本山）を創建したのである。覚鑁以来の新義真言宗の教義を継承している現代の新義真言宗・真言宗智山派・真言宗豊山派では、弘法大師空海と興教大師覚鑁を両大師として敬拝している。

翌日、高野山奥の院にお参りした後、霊宝館を見学した。ここでは佐々木先生は大変興味を示され、とりわけ、空海の著作で自筆本の国宝『聾瞽指帰』2巻に見入る姿が印象的であった。内容的には、儒教を蟇毛先生、道教を虚亡隠士、仏教を仮名乞児に語らせ、儒道仏三教の優劣を論じ、仏教の妙理を説くことで、自らの発心出家の意を親戚知己の間に表明したものとされている。序文から24歳の著作であることが窺い知れる。

また空海の十大弟子の図像を観ていたとき、私はつい「自分は佐々木先生の弟子の中で十人に入るでしょうか」と尋ねてしまった。周程（現在、北京大学教授）君と私は必ず入るというお答えを頂いたが、タイミング的な勢いとはいえ、このような質問をした我が身をはじた。佐々木先生らしく、師弟関係の権威性にこだわらないことを前提に答えて頂いたわけである。いずれにしてもこの時、私は科学史学の佐々木力門下生に加えて頂いたという実感をもった次第である。

午後には高野山を後にして永平寺方面へと向かった。永平寺の修行体験に入る前に、芦原温泉で1泊ゆっくりし、東尋坊や瀧谷寺（真言宗智山派の名刹）を訪れたが、一般的な観光では満足しない佐々木先生の要望で、周囲に何かないか探した。何気なく「藤野厳九郎記念館というのがあるようですが」と伝えると、佐々木先生はすぐさま反応し、そこへ行こうということになった。

この記念館は、1983年芦原町と魯迅の出身地である中国浙江省紹興市との間で締結された友好都市を記念して、藤野家遺族から三国町宿にあった旧宅が寄贈され、芦原温泉開湯100周年記年祭の1984年7月に「藤野厳九郎記念館」として芦原町（現あわら市）に移築されたものである。仙台医学専門学校（現東北大学医学部）留学時代の周樹人（魯迅）と藤野厳九郎との関係は、小説「藤野先生」により窺い知ることができる。藤野は、解剖学教授を辞任して以来、生まれ故郷に住み、医師として診療に当たったが、晩年は夫人と三国のこの家で暮らしたという。

さて、いよいよ永平寺での参籠修行（1泊2日）である。申込時に示された心構えと日課は次の通りであった。「参籠される方は、あくまでも研修ということです。宿泊中は本山の指示に従っていただき、観光気分や興味本位の上山はお断りすることになっています」。日課として、第一日目は、上山（到着）時間は午後14時より遅くとも午後16時まで、入浴：16時、薬石（夕食）：17時30分、坐禅・法話：18時50分、開枕（消灯）：21時。第二日目は、起床洗面：4時、坐禅：4時30分、朝課：5時40分、諸堂拝観：6時30分、小食（朝食）：7時30分、そして下山である。もちろん本格的な参禅や修行とはほど遠いものであったが、佐々木先生も雰囲気を十分に感じとられたのではないかと思った。それから、金沢へ出て昼食をご馳走になり、金箔工芸を見学し、飛行機利用で東京へ戻った。

佐々木力《近代科学史論》三部作完成と拙著の出版

大学院を修了してからも、私は可能な限り駒場の佐々木セミナーには参加していた。次に先生にお世話になったのは、学位論文の出版である。佐々木力《近代科学史論》三部作

は本来、すべて岩波書店から出版されるはずであったと思う。しかし、事情はここでは省くが、佐々木先生は、三作目の『デカルトの数学思想』（2003年2月）を、佐々木門下の博士論文に基づく著作を含め、《コレクション数学史》全5巻として、東京大学出版会から出版されたのである。拙著『ニュートン―流率法の変容』も第3巻としてここに入れて頂いたことは、先生のご尽力の賜である。

その後、『デカルトの数学思想』英語版が2003年11月にオランダのクルワーから出版された。翌年2004年1月11日、東京大学駒場キャンパスにおいて、湘南科学史懇話会（代表：猪野修治）により佐々木力《近代科学史論》三部作完成記念シンポジウムが実施された。私も話す機会を与えられ、「*Descartes's Mathematical Thought* の作成を手伝って」というタイトルで、クルワーへのカメラレディ原稿の作成（LaTeXによる）を手伝った労苦の一端を語らせて頂いた。このとき、私の発表の後に、佐々木先生が「《近代科学史論》三部作を完結して」と題して話され、貴重な時間の中で、冒頭で私のことに触れ、ねぎらいの言葉を頂いたほか、先生が2002年8月中旬、中国の西安（昔の長安）に数学史の国際学会に行かれた際に購入してきた、絹の上に描かれた玄奘像（求道者像）を頂戴した。現在、私の寺では本堂新築工事が計画されており、完成時には、この三蔵法師玄奘像を眞東寺の新本堂に掲げ、寺宝にしたいと考えている。

大学教員へ転じる

京都大学数理解析研究所で毎年夏休み中に、「数学史の研究」集会が実施されている。2004年12月、これまで副住職であった眞東寺の住職に就任し、二足の草鞋が擦り切れそうになっていたが、2006年夏の同集会にはたまたま参加することができた。その折、佐々木先生とロシュディー・ラーシェド先生にお会いした。ラーシェド先生は世界的な科学史家とりわけアラビア数学史の泰斗で、佐々木先生のかつての東京大学の同僚である。私も大学院時代にアラビア数学史の授業を通して、数学史研究の方法論に関して多くの示唆を与えて頂いた。イブン・アル＝ハイサムの数学論考の発表を担当した記憶がある。本当に久しぶりの再会であった。

研究集会終了後、佐々木先生とラーシェド先生が奈良の寺々を訪れるということで、私も同行した。折角なので、奈良に向かう前に、朝一番で私の寺が所属する真言宗智山派総本山智積院（東山七条）をご案内した。ちょうど大勢の僧侶による朝勤行中で、堂内に響く読経の声の迫力に両先生も感じ入っている様子であった。長谷川等伯一門の国宝障壁画、中国の廬山を模した築山の名勝庭園を見学し、抹茶の接待を受けた後、奈良へ向かった。

奈良では、法隆寺、法起寺、薬師寺、唐招提寺などを参拝した。私自身、奈良は結構多く訪れていたが、今回は偶然タクシー移動中に前を通り、初めて立ち寄った法起寺の三重塔（写真：日本最古の三重塔、国宝）が素晴らしく印象に残った。唐招提寺の鑑真や根来寺の覚鑁の経歴の一部が、そのときの佐々木先生の立場と重なるようにも思われ、国際的な科学史家二人とご一緒した奈良の寺巡りは、日本の国際的数学史研究の行く末が案じられ、いろいろ考えさせられるような旅となった。

拙著の刊行後、決して多い業績とは言えないが、少しずつ業績を積み重ね、奈良の旅の翌年2007年4月、大学教員へ転じる機会が訪れた。佐々木先生にも推薦書を書いて頂き、現職にある。

佐々木先生は、常に前向き思考、身体も丈

●Portfolio >>> 佐々木力 人と学問

夫。現在では、「文化相関的科学哲学」の構想を企図し、益々発展を遂げている。喜寿、傘寿を迎えられるときには、佐々木力の学問はどこまで進化しているのだろうか。

たかはし　しゅうゆう◎1954年埼玉県生まれ。東京大学大学院総合文化研究科博士課程（科学史・科学哲学）修了。博士（学術）。埼玉県内の公立高校数学科教諭を経て、2007年より現職。2015年から学長補佐。梅樹山眞東寺住職。研究テーマは、西欧近代数学・自然学の成立史に関する総合的研究。ニュートン研究がライフワーク。著書に『ニュートン─流率法の変容』（東京大学出版会、2003）、『カッツ 数学の歴史』（共訳）（共立出版、2005）、『高校 とってもやさしい数学Ⅰ・A』（旺文社、2014）など。

高橋、ラーシェド教授、佐々木教授

科学史家としての佐々木力氏

東慎一郎 ●東海大学現代教養センター准教授

本誌読者の皆さんはすでにご存知かもしれないが、佐々木力氏は日本を代表する科学史家である。ただ、氏は、私たちが一般に大学という場で出会う専門研究者とは違った魅力を湛えた人物である。氏の人を引き寄せる力は、おそらく学問と人生が有機的に結びついていることから来ていると思われる。ここでは筆者の個人的視点から、佐々木先生（このように呼ぶことをお許しいただきたい）の業績と人となりとについて筆の赴くままに少しく書いてみたい。

佐々木先生と筆者の学生時代

筆者は佐々木先生とすでに30年近く交流がある。当初は大学や大学院における指導教員であったが、大学院を卒業して久しい今日においても、先生はやはり筆者にとって学問上の師である。先生には、学問や仕事上の事柄だけではなく、筆者の結婚披露宴では主賓を務めてもらい、また最初の子の誕生に際しても病院まで祝いに来てもらうなど、師弟関係を超えた交流を続けている。

先生との出会いは、前世紀末、1980年代終わりにさかのぼる。当時、筆者は東京大学

文科3類に入学したてであり、1年次に受けなければならなかった一般教養科目の担当教官に佐々木先生がいた。当時、同じ大学の三千人余りの新入生のひとりであった筆者は、漠然と歴史や思想に関心を抱いて大学に入学したのであったが、どのような専攻を選ぶべきか、あるいはどのような職業に就くべきかなどについての具体的考えはまだなかった。こうした筆者が、期待と不安とないまぜの気持ちで受講した大学初年次の科目には、高橋哲哉先生の哲学史、見田宗介先生の社会学、義江彰夫先生の日本史ゼミなど、非常に印象深い授業があった。しかし、結果的に筆者にもっとも大きな影響を及ぼすことになったのが、佐々木先生の講義「科学史」であった。

今から振り返ると、なぜ筆者がこの講義を受けたのか、その経緯や理由はあまりよく覚えていない。理数系科目よりも文科系科目の方が得意であったために、筆者は文科3類に入学したわけだったが、自然科学、とりわけ数学物理系の知に対しても関心を抱いていた。選択必修科目として一般教養科目を履修しなければならないのならば、自然科学と歴史とが交わるような科目にしようと決めたことも、自然のことであったのかもしれない。

翌年1月、寒かった冬学期が終わる頃、そして定期試験に備え、佐々木先生の著書を読み進めていた頃には、おそらく少しずつ、「佐々木史学」の魅力に目覚めていたのではないかと思われる。当時、教科書として指定されていたのが、佐々木先生が本格的な科学史の研究書として初めて世に問うていた、『科学革命の歴史構造』（全2冊、岩波書店、1985年。増補改訂版、講談社学術文庫、1995年）であった。そこで展開されている豊富な知識、鋭敏な歴史的および思想的直観に裏付けられた議論、そして狭い意味における〈科学史〉にとらわれない縦横無尽の知性の躍動が、佐々木先生の書物には感じられた。

筆者が佐々木先生の学問に惹かれたのは、先生が確信的マルクス主義者であったことも大きな要素であったと思われる。筆者もまた、現代世界の構造的格差を人類の抱える重要問題と認識していたし、またそうした関心から『資本論』を読む読書会にも所属していた。『科学革命の歴史構造』には、17世紀における近代科学の発展を、あるいはそれ以降の近代数学や近代科学の展開を、当時のヨーロッパが置かれた全体的な歴史的状況や、科学以外の幅広い知的文脈と関連づけて捉えるというアプローチが見られた。筆者はその後、佐々木先生の研究に学部時代、そして大学院修士・博士課程を通じて親しんでゆくことになるが、それらはいずれも、思想と社会、経済、政治的状況を関連づけて考える、広い意味におけるマルクス主義的歴史学を見事に実現した成果のように思われた。

「佐々木史学」の展開

大学1年での科学史学との出会いの後、様々な迷いを経験しながらも、筆者は後期専門課程（大学3、4年次）を教養学部教養学科科学史・科学哲学コースに進学して過ごし、さらにはそこから修士、そして博士課程を通じ、科学史の専門研究者となるべきトレーニングを、佐々木先生の下で受けることになってゆく。佐々木先生の「薫陶を受ける」というと聞こえがいいが、実際には筆者の学生時代の成績はそれほど自慢できるものではなかった。しかしこの時期は、佐々木先生が次から次へと研究成果を世に問うた、もっとも脂ののった時期でもあった。佐々木科学史学の幅の広さや豊かさはこの時代にはっきりすることになる。

具体的には、この時代、上述『科学革命』に続く科学史の本格的研究である『近代学問

理念の誕生』(岩波書店、1992年) が出版された。これはサントリー学芸賞を受賞したと記憶している。また、当時まだ日本の思想界で流行していたポスト・モダン的思想に対する正面からの批判の書として、そして現代科学の問題に相対する批判的な知としての科学史学の使命をマニフェストした書として、『学問論——ポストモダニズムに抗して』(東京大学出版会、1997年) が刊行されている。こうした書物は専門家向けであったり、ひろく思想界向けであったりしたが、先生は同時に、科学技術の現在と歴史に対する見方を一般読者向けに解説した『科学論入門』(岩波新書、1996年) も刊行している。

　以上の書物から学生時代の筆者に伝わってきたこととは、歴史学の使命や目的に関する佐々木先生の確固とした立場であった。すなわち、歴史学は現在のためにある、とりわけ現在の諸問題の解決を念頭に置いた知である、というスタンスである。科学史学についても同様で、それは単なる過去の偉大な科学者の追想——しかも多くの場合、称揚に満ちた——では決してなく、科学そして科学技術をめぐって現代に出現している諸問題——自然破壊、貧富の格差、生命操作、軍事研究等々——を見据えながら、科学技術の本質や発達の経緯を再検証する、優れてアクチュアルな学問である、ということを、こうした著作から学んだ。こうした先生の研究の姿勢は、現在の筆者にとってもなお普遍妥当性を持つもののように見える。

教育者としての佐々木先生

　このように、90年代から2000年代にかけては、佐々木先生の研究がもっとも急速に展開していた時期だっただろう。当時の佐々木先生の授業は、旺盛な執筆活動に比例するように充実したものであった。ご自身の担当する大学院のゼミでは、科学史関連の、重要な、あるいは最新の専門文献や研究書を、英語で輪読することが多かったが、そのペースが速く、英文単著の場合は授業2〜3回で1冊を読み終えたりした。今から振り返ると、専門研究者になるためのこのような高度な職業トレーニングは、まさしく隔世の感がある。それほどまでにこの30年間、私たちは日本の大学や大学院における教育の質低下を目の当たりにしてきたのである。当時の筆者ら受講生も、それこそ必死で佐々木先生の授業についていっていた。

　佐々木先生によると、ご自身の留学していたプリンストン大学の大学院における歴史学の専門教育は、それよりもさらに厳しかったらしい。佐々木先生のプリンストン留学時代の話は、筆者ら院生にとっては目指すべきはるかな目標のように思えた。今でも、先生が授業の合間に時々振り返ったプリンストン時代のエピソードは記憶に残っている。自身で常々言っていたように、佐々木先生の望みとは、東京大学の科学史を東洋のプリンストンにすることだったのである。

　自身のゼミ以外にも、佐々木先生は学外からも活発に研究者を招き、非常勤講師として授業を依頼していた。そうした機会で筆者自身も、科学史や思想史などの著名研究者の貴重な知己を得ることができたことは、ただただ感謝するのみである。

ラーシェド先生と佐々木先生

　科学史の研究においても教育においても、常に学問の最前線からものごとを考え、世界の研究レヴェルを常に視野に入れているのが、佐々木先生の研究者および教師としての姿勢であった。こうした姿勢は、フランスからアラビア数学史研究者のロシュディー・ラーシェド先生を招聘したことにも表れてい

る。ラーシェド先生は90年代当時、すでにアラビア数学史研究の第一人者として世界的名声を確立しており、アラビア科学史を科学史学の最前線へと押し上げてようとしていた。当時、ラーシェド先生はパリ第7大学およびCNRS（フランス国立科学研究所）にいらっしゃったが、1994年から、佐々木先生の招きで科学史の正教授に着任し、日本の定年年齢までの3年間、東大駒場で教育研究を行った。その頃、筆者は修士論文に取り組んでいたが、早速ラーシェド先生の指導をも仰ぎ、そうやって欧米の科学史研究の最前線に触れていった。ラーシェド先生は、筆者が1999年にフランスの大学院に留学し、パリ第10大学およびトゥール大学で博士号に向けた研究に取り組む際にも、様々な面でお世話になることになる。こうした縁も、最初は佐々木先生が作ってくれたことになる。

ラーシェド先生の数学史のスタイルは、佐々木先生のものとはだいぶ異なっていた。佐々木先生はすでに、プリンストンで開始したデカルトの数学史的研究を博士論文として完成していたが（"Descartes's Mathematical Thought", Ph.D. diss., Princeton University, 1988. その後、大幅加筆の上、*Descartes's Mathematical Thought*, Dordrecht: Kluwer, 2003として出版）、そこでは『幾何学』に見られるデカルト数学の記号代数学および代数解析学の成立を、その哲学的問題とともに、17世紀ヨーロッパの歴史的・知的状況との関連で描き出していた。そこに見られるのは、科学の発展あるいは変遷を、広い歴史的状況との関連で描き出すというアプローチである。歴史的文脈を重視する科学史は、先生の指導教員であったプリンストンの数学史家マイケル・マホーニーのものと共通点が多く、さらには、同じくプリンストンで先生が指導を受けた科学史家トーマス・クーンの科学哲学から大きなインスピレーションを受けた結果のものであったと考えられる。

それに対し、ラーシェド先生の場合は、理論の合理的展開を強調し、過去の数学において現代数学につながる要素を明らかにしてゆくというアプローチが基本であった。ラーシェド先生は、過去の数学テキストを読み解く上で現代数学の成果を積極的に導入し、そうやって、過去の数学理論をその時代との関連で捉えるよりは、できるだけ普遍的なあるいは超時間的な相のもとで理解しようとしていた。これは、科学史の合理的再構成のアプローチと言ってよいだろう。9世紀から13世紀までのアラビア数学が、単にその時代に完結したものではなく、現代から見てたいへん大きな意義を持つものであったことも、このようにして研究者コミュニティーに向かって、また世界に向かって示されてゆくことになる。もちろん、それまでも代数学（英語でalgebra）が9世紀のアラビア起源であることは広く知られていたが、ラーシェド先生ははるかに大規模に、広い範囲にわたって、また比類ない詳細さでアラビア数学の発展をその前後の数学と関連づけている。

科学の過去の合理的再構成ができるのは、実は数学に固有のことがらなのかも知れない。クーンがパラダイム転換と呼んだ、科学の基本的概念やその意味内容が大きく変わるという歴史的出来事——そのもっとも典型的な例が、16-17世紀のいわゆる近代科学革命である——を、自然科学諸分野は多かれ少なかれ経験してきた。こうした分野に関しては、ラーシェド先生のような合理的再構成の修史学だけでは不十分な場合が多いだろう。例えば物理学の歴史をこのように再構成しようとすると、滑稽なくらい意味不明な歴史が浮かび上がる。下手をすると、17世紀のニュートンやガリレオ以前の物理学は何の意味も持

たない営みだったと評価されてしまいかねない。ところが、数学においては、その扱う対象（数や空間図形、量的関係等）の抽象性から、ある程度、歴史的連続性が存在し、それを合理的に再構成することも可能になると思われる。ただし、こうした問題は、数学と経験的自然科学との違い、あるいは科学史方法論のあり方をめぐる根源的な問題であり、研究者の間で大論争を引き起こす性質のものである。筆者もここで十分に論じるだけの準備はない。ここでは現時点での筆者の見解を述べるにとどめておく。

着任後、ラーシェド先生は駒場で週2、3回ほどセミナーを担当されていた。院生を対象としたゼミは、アラビア数学史のみならず、ギリシャ数学史、ルネサンスおよび17世紀ヨーロッパの数学史をも広く視野に入れたもので、初期近代の数学の哲学を研究していた筆者にとっても、非常に刺激的であった。ラーシェド先生が追究してきた数学史研究が、いかに私たちの数学史理解——古代ギリシャ、アラビア、ヨーロッパにまたがる——を更新し豊かにしたかは、本号所収のラーシェド先生の論文からも見て取れるだろう。こうした授業を、ラーシェド先生は院生向け、および学部生向けに、力を抜くことなく行った。学部生向けには、数学史、自然哲学史、光学といった精密自然科学史を題材に、科学史の基礎を根気よく3、4年生向けに教育した。研究者としての世界レヴェルの実績に加え、教師としてのこうした熱心さを見ても、様々な困難を乗り越えてラーシェド先生を招聘した佐々木先生が、まことに優れた人物選定眼を持っていることがわかる。

佐々木先生自身はというと、ラーシェド先生のゼミに欠かさず出席していた。会議など、学内行政上やむを得ない事情があったときだけ欠席していたと記憶している。一度、ラーシェド先生が院生向けゼミで言及したアラビア数学者の著書原典を、佐々木先生が研究室に持っており、ラーシェド先生が"This man has all the books!（この人はほんとうにあらゆる書物を持っている！）"と驚嘆し、出席者一同が賛同して笑いが起きるという場面もあった。

ラーシェド先生の滞日は、私たち当時の院生にたしかな影響を及ぼしたが、佐々木先生にとっても同等あるいはそれ以上に実りあるものであったはずである。ラーシェド先生の知見は、おそらく佐々木先生の研究範囲の拡大に役立ったはずである。2000年代、佐々木先生はユーラシア大陸を一体として捉える数学史の視野を打ち出すが、そこにはラーシェド先生の影響も見られる。こうした成果は、2010年に出版された大著『数学史』（岩波書店）にまとめられている。そこでは数学の営みが世界史的視野のもと展開されており、異なった文明間の数学史的比較も行われている。いずれにせよ、佐々木先生は当初よりラーシェド先生を自らの師のように尊敬してきた。その敬意と友情の絆は、20年以上経つ現在においても変わっていないことは明らかである。

*

以上、筆者の個人的体験をもとに、佐々木先生の学問と人となりについて若干読者に紹介した。筆者自身はその後、2年間のパリ留学を経て、東大大学院を満期退学し、関東の私立大学で講師として働き始めた。それ以来すでに十数年経つが、そのあいだ、佐々木先生にとっては不幸な出来事が東大の研究室で起き、結局は残りメンバーおよび東大当局とのあいだに感情的しこりを残したまま定年退職を迎えることになる。しかしその後も先生の研究意欲は衰えるところを知らず、日本数

学史へと研究範囲を広げるほか、中国・北京の中国科学院大学、そして中部大学高等学術研究所に招聘され、教鞭を執り続けている。そして、政治的発言も衰えるどころか、ますます直接時事問題にコミットするようになっている。『反原子力の自然哲学』（未来社、2016年）はそうした意味における最新の知的成果である。福島原発事故に触発され、先生はすでに長年持たれていた反原子力と環境主義の姿勢をこの書物で一層鮮明に打ち出し、それを根源的な科学史的、思想史的検討によりより奥行きのある説得的なものとしている。先生の学問と生き方は、今後も、後進の科学史や科学論の研究者、のみならずあらゆる人文系研究者にとって、高い目標であり続けるはずだ。学問や研究と現実世界とがせめぎ合う高い山嶺の尾根を歩み続ける、そう、言ってみればマルクスやトロツキーといった人物たちとも重なるようなその生き方が、である。

ひがし　しんいちろう◎1971年生．東京大学大学院総合文化研究科満期退学，トゥール大学大学院修了（Ph.D）。専門は科学史，とくにヨーロッパ中世・ルネサンスの科学論・学問論．著書に Shin Higashi, *Penser les mathématiques au XVIe siècle* (Paris: Classiques Garnier, 2018)，訳書にジョン・ヘンリー『一七世紀科学革命』（岩波書店, 2005年）．

佐々木力さんと魯迅・中国トロツキー派のことなど

長堀祐造●慶応義塾大学経済学部経済学科教授

　佐々木さんは仙台と縁の深い人だけあって、魯迅が好きだ。たぶん、トロツキーに次いでということか。私は魯迅研究が主な仕事で、魯迅とトロツキーの文芸理論の比較研究から始まって、魯迅のトロツキー観やトロツキー作品の翻訳問題（魯迅がトロツキーを翻訳していたことは新中国では長いこと故意に隠蔽されてきた）、さらには魯迅と中国トロツキー派との関係などを研究テーマにしてきた。その他に、魯迅に小説執筆を慫慂した中国新文化運動のリーダー、中国共産党の創立者にしてその後トロツキストに転じた陳独秀については小著と翻訳文集を出してきた。

　容易に想像がつくことだが、魯迅や陳独秀、トロツキーや中国トロツキー派についての佐々木さんの関心は私の研究テーマと方向性を同じくするわけだ。それこそ早くから拙論に注目して頂いた所以だが、私の研究遂行上、佐々木さんにお世話になったこともあるし、共同して関連シンポジウムを開催したこともある。ここではいささか前向きに懐古談を記すことで、「佐々木力特集」を組む本誌の趣旨に応えたいと思う。

　私が魯迅とトロツキーについて研究を始めたのは、1980年代後半、脱サラして入りなおした大学院で修士論文を書くころのことである。修論のテーマがほかならぬ、魯迅とトロツキーであった。高校時代に読んだトロツキーの『文学と革命』は、魯迅の革命文学論とよく似ていていると感じていたのだが、70年代後半、学部時代に学んだ中国現代文学の世界では、当時の限られた文献的資料に

照らせば、魯迅とトロツキーとは関係がないというのが常識だった。しかし、常識を覆す文献的事実を見つけて、ようやく私はこのテーマでやれるという確信ができたのであった。

さて、1990年代後半のこと、私は魯迅作とされ、魯迅の毛沢東、中共礼賛の動かぬ証拠とされてきた「トロツキー派に答える手紙」というトロツキー、中国トロツキー派非難の公開書簡が、実は魯迅の手になるものではなく、側近の中共党員が執筆し、魯迅はその公刊後初めてこの小文を見たのだという事実とその意味を、論文にまとめようとしていた。つまり、中国トロツキー派＝「漢奸」説の根拠となったこの書簡は、実は魯迅の責任外のものだと主張しようとしたのである。そこで突き当たったのが、「トロツキー派に答える手紙」の「トロツキー派」＝陳仲山がいかなる人物かという問題であった。陳仲山（別名陳其昌）については、私の駒場時代の中国語の恩師、矢吹晋先生が1979年に柘植書房から翻訳出版した『中国トロツキスト回想録』に関連記載があった。原著者は陳独秀の元側近、中国トロツキー派の代表的人物の一人、王凡西である。当時、英国リーズで亡命生活を送っていた。私は王凡西に直接手紙で質問したいと思ったのだが住所がわからなかった。そこで、大学時代の友人で日本のトロツキー派のM氏に、組織関係を通じて王凡西の住所照会をできないか尋ねてみた。そのとき、M氏に情報提供してくれたのが、彼の知り合いの佐々木さんだったというわけだ（これは少しあとで知ったことだが）。

おかげで、私は王凡西との間で通信が可能となり、最晩年の4、5年間に数十通に上る手紙のやりとりをして、多くの証言や教示を得たのである。2001年にはリーズに王凡西を訪問する機会にも恵まれた。件の陳仲山についても調査が進み、王凡西、さらにはその盟友で毛沢東の獄に27年間も繋がれた経験を持つ鄭超麟の協力もあって（鄭超麟は1998年に亡くなっていたが）、世紀を跨いだ2002年には陳仲山の遺児、陳道同との会見も実現した。

佐々木さんとお会いしたのは、たぶんこの王凡西の住所を照会した少し後、1998年ごろではないかと思う。魯迅とトロツキー関係の拙論をまとめて出版するように激励頂いたのもそのころである（私事で多忙を極め、ご紹介頂いた出版社の締め切り期限は間に合わず、拙著『魯迅とトロツキー』の出版は結局2011年、別の出版社からという仕儀になった）。

そして、2002年には南京で開かれた陳独秀シンポジウムにご一緒したときの旅も印象深い。当時、上海の華東師範大学留学中だった私の教え子の一人が手配してくれた同大学の宿舎に一泊して南京へと向かったのだが、佐々木さんは吉野作造と陳独秀、私は魯迅と陳独秀について発表した。このシンポには新中国で「漢奸」とされてきた陳独秀の研究を、改革・開放後、強力に推し進め、ついには中共に「漢奸」規定を撤回させた唐宝林さんらの招請で参加したのだが、私たち二人のほかに、弘前大学の李梁さんも同行した。私が陳道同宅を訪問したのも、この道中、経由した上海でのことであった。佐々木さんも当然陳道同に会いたかったはずなのだが、先方の事情を考え、私としてはさすがに著名な日本人トロツキストを同伴することはできなかったのである。人民共和国では長いこと、陳独秀・中国トロツキー派は、日本軍から資金援助を受けた「漢奸」であり反革命とされてきたのだから（陳道同自身も反革命罪で下獄した経験を持ち、公安の監視もまだ継続中と考えられていた）。その埋め合わせと言うわけでは

ないが、私たち3人はすでに鬼籍に入っていた鄭超麟旧宅にご遺族を訪ねることができたのは忘れがたい思い出だ。鄭超麟は生前すでに、鄧小平の留仏時代の友人、同志として、トロツキズムを堅持したまま市民的復権を果たしていただけでなく、鄧小平の青年時代の故事をテレビで証言して一躍上海の名士となっていた。

また、この年にはトロツキー研究所編『トロツキー研究』誌が「中国革命と陳独秀」を特集したが、この号の企画も佐々木さんが積極的に関わって主導されたものである。日本の雑誌が陳独秀特集を行ったのは、おそらくこれが初めてのことであったろう（『トロツキー研究』は2016〜2017年の No.69、70号で平凡社東洋文庫の『陳独秀文集』全3巻の刊行に合わせる形で「中国革命の悲劇」を特集している。そして、残念ながら近刊の72, 73号をもって終刊を迎える）。同年秋には、東大駒場で陳独秀についての講演会を開いてもいる。スピーカーは江田憲治京大教授、佐々木さんそして私の3人であった。この年の佐々木さんの中国トロツキー派関連の業績で忘れてはならないのが、「復権する陳独秀の後期思想」（『思想』7月号）である。佐々木さんは、第4インターの公式文書によって陳独秀の同組織離脱を確認しつつも、それが陳独秀の元側近にしてトロツキー派内のライバルとなっていた彭述之の「故意の報告」の基づくものではないかと推論している。

さらに特記しておくべきは、2004年の秋、1950年代に反革命罪で投獄経験を持つ、元中国トロツキー派の三老人、陳良初、黄公演、陳鏡林の3氏を、中国社会科学院近代史研究所研究員（教授に相当）の唐宝林さんとともに日本に招請したことである。きっかけを語るには少々時を遡らなければならないが、1999年秋のこと、唐宝林さんから広州での陳独秀シンポジウムに招かれた私は、即興のスピーチを要請され、あわてて原稿を書き、史実から見て中国トロツキー派は「漢奸」でない、抗日、革命運動も一部地域では展開していたのだから復権すべきときではないかという主旨の発言をした。参集した中国を代表する陳独秀研究者からは特段異論はなく、むしろ拍手さえおこったのは、彼らがみな陳独秀ファンだったとはいうことは割り引いても、やはりちょっと意外であった。そしてその晩のこと、宿舎の私の部屋に二人の老人がやってきて、「今日、お前はいいことを言った」と言うのである。なんと、この老人たちは唐宝林さんが陳独秀研究者としてシンポに呼んでいた本物の元中国トロツキー派だったのである。こうして、王凡西や鄭超麟といった有名人士でなく、二回りほど後の世代に属する基層の元中国トロツキー派人士と会う機会に恵まれたのである。この2人ともう1人を加えた上記三人の元中国トロツキー派メンバーとは、2002年の南京でのシンポでも会う機会を得、佐々木さんにも紹介できたのである。おそらく、これは彼らにとって外国人トロツキストとの初めての接触であったのであろう。無論、その関係は大陸では学術の範囲を超えることはできなかったのだが。

ところで、安全面への配慮などから、私にはこれら老人たちを日本に招請しようなどとは思いもよらなかったのだが、そんな些事に頓着しない佐々木さんは彼らを日本での陳独秀シンポに招請したのである。トロツキー派として反革命罪が確定し下獄した経験を持つ人たちが国外の陳独秀シンポに元トロツキー派として堂々と出ていくなどということは前代未聞であった。佐々木さんと私とが受け入れ人となった日本への入国申請は、すんなり認められ、懸念された中国側の対応も特段のことはなく、出国もスムーズだった。そして、

東大駒場と慶應日吉キャンパスでのシンポジウムが無事開催され、一行4名は陳独秀ゆかりのアテネ・フランセ、正則英語学校（現・正則学園高校）など東京各地を参観し、巴金・アナキズム研究家の山口守日大教授の案内で魯迅、孫文、巴金らが足跡を残した箱根にも足を伸ばしたのであった。

唐宝林さんは今でもよく、元中国トロツキー派の人たちの中国国内での地位向上に佐々木さんや私たちのこうした活動が貢献したと言ってくれるが、本当にそうならまったくもって光栄の至である。この4人の方々は、今も大陸で健在である。長寿を祈りたい。

さて、佐々木さんは東大定年後、中国に渡り、中国科学院で教鞭を執られた。プリンストン仕込みの英語で授業をされたのであろう。生半可なただの中国好きではできないことで、魯迅や中国トロツキー派の面々との間接・直接の交流に喚起された中国への親近感ゆえのことと拝察する。

最後にひとこと付け加えたいことがある。それは佐々木さんが私（たち）の出した中国トロツキー派や魯迅、陳独秀関係の本、すなわち『初期中国共産党群像－トロツキスト鄭超麟回憶録』、『陳独秀文集』全3巻、拙著『魯迅とトロツキー』、『世界史リブレット　陳独

左から長堀、鄭超麟四弟の孫で最後を看取った鄭暁方、佐々木力さん
2002年、上海の鄭超麟宅にて。背景は陳独秀の書。

秀』などに必ず書評を書いてくださった。この点、この機会に改めて深く御礼申し上げたい。そして今後も佐々木さんの研究が発展すること、魯迅、陳独秀や中国トロツキー派の研究でも私たちに刺激を与え続けてくれることを期待する次第だ。

ながほり　ゆうぞう◎1955年埼玉県生れ。東京大学文学部卒。高校教員を経て、早稲田大学大学院文学研究科博士課程中退。桜美林大学助教授を経て現職。専攻は中国近現代文学。博士（文学）。著書に『魯迅とトロツキー―中国における『文学と革命』』（平凡社2011）、『世界史リブレット　人　陳独秀』（山川出版社2015）。訳著に莫言著『変』（明石書店2013）共訳著に『初期中国共産党群像―トロツキスト鄭超麟回憶録』1・2（平凡社東洋文庫2003）『陳独秀文集』1・3巻（同前2016－2017）など。

portfolio　[2] 佐々木力　科学史研究への道

佐々木力君の中学時代の思い出

小澤俊郎●元宮城県名取北高等学校長

　佐々木力君との出会いは昭和34年4月、今から58年前、宮城県北西部、奥羽山脈沿いの加美郡東小野田中学校においてである。力君は一年生、私は学校卒業したての新米教師であった。

　各学年4学級、1クラス46名前後、全校生徒550名程の8割が農家の子どもで占められ力君のように父親が建築大工という例は珍しい。この学校では同一学年を3年間持ち上がり、最後は生徒たちの希望する進路を達成させようと意欲的に取り組んでいた。

　当時の宮城県の進学率は51〜59%（全国平均55〜62%）である。この中学もほぼ同じで毎年全員が志望を達成していた。

　私は英語担当として一年生4学級全てに週5時間教えることになる。週5時間は当時の宮城県では普通で、現今の時数より多い。力君には一年から三年まで毎週教えた。使用教科書は開隆堂出版の Jack and Betty。オーラルによるパタン・プラクティス（文型練習）中心の授業である。現在のALT（外国人指導助手）との協働授業を経験している生徒にとっては、この方法では変化に乏しく退屈なものであろう。

　私が力君の存在に気づくようになったのは一年の二学期の中間試験以降からである。上位群10名の一人としてその存在を示し出す。以後二年、三年と学年が進むにつれて実力を発揮し始め、三年生では校外の実力テストでいつも上位を占めるようになる。そうはなっても相変わらず一心に教師の話に耳を傾ける。指名されれば答えるがそれ以外は黙して語らず。力君を教える教師たちから異口同音に語られるのは、あの熱心さと根気強さは何によるものかであった。

　昭和36年力君は三年生となり、私の受け持ちとなる。進路を決めなくてはならないという希望と不安に満ちた生徒たちをいかに力づけるか教師としてその存在を問われる日々であった。力君も二年生までは3人のお兄さんたちが入った工業高校を考えていたらしい。新学年が始まって間もなく、いつものように全校で家庭訪問が行われる。力君の家では応対してくださったお母さんから3人のお兄さんたちと同じ古川工業を目ざしている、お父さんも同じ考えです、という話であった。

　そうこうしているうちに、日本育英会から中学生対象に高校、大学までの予約奨学生を募集するとの知らせが入る。これから大きく伸びる可能性を秘めている力君には普通高校に進んで思う存分知の世界を探究してもらいたいと願っていた私は、早速家庭訪問してその話をお母さんに伝えた。ご両親はじめお兄さんたちは力君の将来を見据えて既に考えが

固まっているようであった。

　何が力君を大きく強く育んだのか。それは言うまでもなく、本人のこれから自分はどうあるべきかという内なる声に目覚めたからに他ならない。それを支えるご両親とお兄さんたちの存在が大きいことは言うまでもない。

　ごく最近になってご本人の書かれた文章により、力君は小学生の頃からお父さんについていって大工仕事の見習いをしていたそうである。その腕前はプロのお父さんが称賛するほどよかったそうだ。さらに、幼少の頃から裁縫がうまくお母さんから学校を出たら仕立屋の修業に出すと言われていたそうである。見よう見まねで、様々なことに手を出しているうちに出来るようになる。失敗したことも数々。その都度教えてもらって覚えてゆく。建築現場には人の出入りがあり、様々な言葉が飛び交い理解できないことがあったであろう。そんなことが力君を育む源となっていた。そして幼い頃から学ぶことへの素地ができていたのは明白である。

　同様に、農家の子どもたちも親たちの毎日の農作業を見て自分たちは何をすべきか子どもの頃から弁えいた。

　家に帰れば家畜の世話をしたり、田畑に出て親の手伝いをする。5月は田植の季節。代掻きといって田を掘り起こし水を引いて土を柔らかく耕す。まだ耕運機などがない頃だ。この代掻きでは生徒たちが大いに役立った。一週間の農繁休業があっても仕事は次から次へと出てくる。親の苦労が分かっている子どもたちである。何日か学校を休まざるをえなくなる。だが生徒たちは余程のことがない限り休んだり遅刻することはない。この地域の人たちの昔から引き継いできた気風がいまも息づいている。冬は雪が深い。薬莱下ろしと称する猛烈な風で巻き上がる砂塵、みぞれ交じりの時雨、生徒たちはそれをものともせず遠方からやってくる。いじめ、不登校、引きこもりとは無縁であった。

　そういう生徒たちが最も燃えるのがクラス対抗の球技大会であり、加美郡大会への選手選考をかねる校内陸上大会である。春、秋の遠足はクラスごとに歩いて1時間ほどの場所を選ぶ。文化祭もある。隣の小学校との合同運動会も生徒には人気がある。稲刈りが終わる10月下旬には午後の授業をうち切ってイナゴ取りをする。地域の人たちに買ってもらい、その収益は生徒会の備品に使われた。

　生徒一人ひとりに存在感を与えるにはどうしたらよいかを毎日実践するのがホームルームである。朝と帰りに時間をとってその日の生活について生徒に司会させて問題点を話し合わせる。学校に来るのが楽しいと思わせるように心を配る。

　こんな風にして過ごしているうちに卒業式が間近に迫った2月下旬、ホームルームで何か思い出に残ることをしようと考え出したのが調理室で思い思いの料理を作ることであった。1人でも、3、4人のグループでもよい。その時、力君は1人でドーナツ作りに挑戦。粉と水の混ぜ合わせがよくないらしく、なかなかドーナツの形が定まらない。何回も粉を足しては形を作ろうとするがうまく行かない。心配して隣から覗きに来るが黙々と同じ作業を繰り返すだけであった。何事にもできる限りのことをするという力君の姿がここにもあった。

　このようにして生徒たちとの楽しい生活も終わりを告げ、生徒たちはそれぞれの道を力強く歩みだした。集団就職で京浜地区へ向かった生徒たち、家に残って農業に従事する生徒たち、さまざまな高校に進んで未来をめざす生徒たち。ほんとうにみんな頑張り屋であ

った。

　力君は東小野田からバスで1時間ほどにある大崎地方の中心校古川高校に進学。私は仙台の中学校に転任を命ぜられる。転勤して間もなく力君から分厚い封書が届く。そこには力君からの古川高校での生活ぶりが書かれてあった。本当に入って良かった。各中学校から来た優秀な人たちに負けないように勉強している。先生方は自信満々で迫力がある。特に数学の先生に惹かれる。この学校を土地の人たちが大崎大学と称しているのは肯ける。

　行間からは躍動感あふれる力君の姿が浮かび上がってくる。

　それから2年経って私は県立高校に転勤になる。そこに古川高校から世界史担当のI先生が転任してくる。ある時I先生との話の中に、古川高校ではこういう生徒に出会ったと話し始めた。その生徒のノートを見せてもらったら、授業で話したことは整然と一目で分かるように全て書いてある。教師顔負けのノートだ、こんな生徒は初めてだ、と感に耐えない様子。小野田から通っている佐々木力という生徒なんだ。

　当方から聞き出したのではなくI先生から全く偶然に出された話にどう対応してよいか分からず、実は東小野田中学で教えた生徒なのです、と私は応ずるしかなかった。

　力君はいよいよ持って生まれた才能に努力を重ね力強く前進している。

　東小野田における力君とのめぐり合いは、38年に及ぶ教員生活の中でいまなお光彩を放って色あせることはない。

おざわ　としろう◎1936年12月13日生　宮城県出身　昭和34年　東北大学教育学部英語専攻科卒業　昭和34年4月　加美郡小野田町立東小野田中学校教諭　昭和37年4月　仙台市立五橋中学校教諭　昭和39年4月　宮城県第三女子高等学校教諭　昭和53年4月　宮城県仙台第二高等学校教諭等を経て　平成5年4月より宮城県名取北高等学校長　平成9年3月　定年退職（教職歴　38年）

半世紀ぶりの再会

府田清隆 ●服部織物東京店勤務

　昨年12月、クリエイト・アドファークを経営している中川祐次さんより突然電話をいただいた。めずらしい友人の声を聞かせたいと。なんと、佐々木力さんではないか！

　50年ぶりの声だった。アドファークに印刷の依頼に訪れたとのこと。驚きと感動で心臓の高まりがしばらく続いた。

　思い起こせば、昭和40年（東京オリンピックの翌年）3月半ば、古川高校を卒業した私は、就職先である日本橋の呉服問屋へ出発する朝だった。まだ雪がチラチラ舞う空模様のなか、一人で自宅近くの停留所に歩いていた。なんとそこへ力さんが見送りにきてくれたのです。心の中は嬉しさでいっぱいでした。私は、高校時代通い慣れたバスに乗って国鉄が通る古川駅まで約1時間、社会へ出ることの不安や若者特有の夢などを抱いての未来への門出でしたが、その郷里の町からの出発の

●Portfolio >>> 佐々木力　科学史研究への道

加美町の名峰薬莱山

古川高校校舎玄関

16歳の佐々木力（1963年夏の北海道修学旅行時）

時に、力さんが見送りにきてくれたのです。励まされながら、固い握手で別れ、バスに乗りました。

　力さんは東北大学をトップクラスで合格したとのこと。郷里の小野田出身の古高生は、他の4名も全員大学進学でした。

　先日、中川さんのご子息がやっている鳥料理屋に力さんを囲む会で近在の中学校同級生、男女合わせて15人集まりました。この時の集いほど感激したことはありませんでした。お互いの時間の経過で年齢を確認しながら、思い出話は尽きませんでした。

　私は思いました。力さんは高校の在る古川の大先輩である吉野作造博士のように歴史に名を残す逸材と思います。新聞の新刊書紹介欄では、よく力さんの名前を見ました。岩波新書などです。力さんの本は、題名があまりにも難しいので、読んだことはありません。範とする同輩をもてたことは、今も会社勤めをしている私としては、幸せに思います。切磋琢磨しながら、いい仕事をしてゆきたいですね。

ふだ　きよたか◎1946年、宮城県加美町生まれ。佐々木力と同じ小学校、中学校、高校で学ぶ。中学時代には、剣道部とブラスバンド部で一緒だった。古川高校卒業後の1965年3月に東京日本橋の丸上入社。営業と商品部で42年間勤務し、2006年に定年退社。2007年に服部織物（西陣の帯の織屋）に入社し、現在にいたる。

1968年前後の東北大学新聞社と佐々木力さん

織田勝也 ●予備校講師・『環境社会主義研究通信』編集長

科学史家・科学哲学者、とりわけ数学史家として世界的に著名な佐々木力さんは、宮城県の生まれで、東北大学理学部の出身である。彼は、昭和40年（1965年）春に県北部の古川高等学校を卒業し、理学部に入学した。このことを東北大学では「40S」といった。すなわち、昭和40年に理学部（Faculty of Science）に入学したという意味である。このエッセイを草している私は、仙台生まれで宮城県仙台第一高等学校を卒業、いわゆる「一浪」して昭和39年に理学部に入学したので、「39S」ということになる。ただし、生まれ年は、私が1944年で、佐々木さんは1947年（の3月）である。

私たちが直接知り合ったのは1968年のことで、フランスでは、「パリ5月革命」が起こった年であった。その革命もそうだが、私たちをつなぐことになった原因の中心は、60年代後半のヴェトナム戦争に対する批判と抵抗の世界的運動の広がりであった。私たちもその真っただ中にいた。また、当時のチェコスロヴァキアでは、官僚専制支配に対する民主化の声が高くなり、「後進国の反帝国主義革命支持＋先進資本主義における学生・労働者の革命推進＋労働者国家の反官僚民主化支持」という三つの中心的スローガンが学生たちのあいだで叫ばれているといった、いわゆる青年の急進化が真っ盛りの時代であった。そのような時期に、理学部学生であった私たちは出会ったのである。

まずは、出会いの前史といえる私の新聞会（新聞社の前身）での活動から話を始めることとしよう。

（1）東北大学学友会の新聞会時代

私は、入学直後から、いわゆるサークル活動として、学友会所属の学生団体の一つだった東北大学新聞会に入り、東北大学の学生新聞、「東北大学新聞」の発行に関わるようになっていた。「東北大学新聞」は、当時、大学が進めていた青葉山移転計画の追及や、1965年春に東北大学教育学部の教員養成課程を分離して設立された宮城教育大学をめぐる問題などの学内諸問題に先鋭に切り込んでいた。主たる学生の編集者のほとんどは、学内で勢力を握っていた日本共産党の影響が濃厚な民主青年同盟＝民青系学生とは異なった思想傾向のをもっていたと思う。新聞発行とともに、いくつかの講演会や映画上映運動などを組織したが、とりわけ、講座派あるいは労農派マルクス主義経済学の方法についての公然たる議論を展開していた東京大学社会科学研究所教授（当時）宇野弘蔵の講演会を準備し、民青の妨害を受けながら成功させたことは、東北大学ではかつてない事件であったろう。また、毎年開催されていた教育系学生の東北ゼミナールで、東北学生新聞連盟を組織して、傘下の各大学学生新聞による共同デ

スクを組み、速報を発行する活動をまとめたことなどが思い出される。東北学生新聞連盟では、学生新聞の在り方をめぐる議論のみならず、広く国内外の政治や社会問題についての意見交換等を行っていた。

こうしたことが、1966年11月の東北大学新聞会の新聞社への自立の前史的事項である。

(2) 学友会から自立時の東北大学新聞の思想的特徴と佐々木さんとの出会い

東北大学の学生のあいだで1960年代中葉で影響力の強い政治勢力というと、共産党系＝民青系とそうではないもっとラディカルな勢力が存在していた。日米安全保障条約の改定をめぐって1960年の闘争が大々的に展開されたが、主流派の全国学生連合、すなわち、全学連は、非共産党系の学生によって支持されていたのはよく知られている。その後、学生の政治意識は多少沈滞気味であったのだが、しかしながら、現在の学生と比較すると、意気盛んな状態が持続していた。

こうした状況のなか、学生自治会の名のもとに各学部を、学友会の名のもとにサークル活動を民青一色に統制してゆこうとする傾向に抗して、学内サークル運動という枠組みを超えて、自立した思想的、理論的、あるいは運動的拠点を大学内に打ち立てようと考える学生たちが、東北大学新聞の編集を担う多数派であった。その学生組織が、学友会サークル組織から自立をしようとする動きは、学生組織の在り方を問い直すきっかけともなるものであり、共産党・民青系の牙城といわれていた東北大学における画期的な出来事であった。学友会組織の名のもとに新聞会を統制・封殺しようとした彼らの意図と論理を根底から覆す東北大学新聞社の設立であった。その最初の社長には、経済学部に席を置く著名な日本経済史家の中村吉治教授（当時経済学部長）が就任してくれた。教授は、戦前の東北帝国大学で宇野弘蔵の盟友であった。東北大学新聞の自立記念号は、1966年11月10日に発行され、学生たちに大きなインパクトを与えることとなった。当時、理学部数学科の第2学年目の学生だった佐々木さんも大きなインパクトを与えられたひとりであったことをあとから知った。

東北大新聞社の自立を促進した学生たちは、トロツキスト系を中心としていた。それ以前、一時は、構造改革系、共産主義者同盟（ブント）系、民青系学生も部員にいた。ただ、新聞会時代以来、学習会や討論会で、マルクス主義、トロツキズム、経済学での講座派対労農派論争などの理論に触れるなかで、日本共産党の官僚的体質、理論戦線や社会運動での硬直した姿勢を知るにおよび、ほぼトロツキズムが新聞会・新聞社の問題意識の共通の基礎となっていたと言って過言ではないと思う。付言しておけば、そのような流れで大きな影響力があった書がある。64年に邦訳出版された、アイザック・ドイッチャーのトロツキー伝三部作（山西英一他訳）で、皆、むさぼるようによみふけった。1958年に、全学連委員長になった東大の塩川喜信氏がそうした政治傾向の代表的人物であった。塩川氏は、1935年生まれであるが、2016年に亡くなった。東北大学では、トロツキストたちは、「レフト」と呼ばれることが一般的であった。「左翼反対派」の「レフト」だとも、あるいは当時全学連の最大多数派をなし、主流派であったブント系の単純な戦術急進主義とも違って、その理論的左派をなしていたので、「レフト」と呼ばれたとも考えられる。

東北大学新聞社の自立記念号の一面の見出しは、「ふてぶてしいオプティミズム―あるいは夢想による武装」となっている。その号

では、改めて、学生新聞運動論構築のための試論を掲げ、学生新聞が、多様な討論と議論をダイナミックに生み出す「大衆闘争の場」となるべきこと、そのために不断にその場を保証していくことが活動の中心であるべきことを訴え、学内外の読者、全国の他の学生新聞に対するアピールとした。共産党・民青系の官僚的に統制された「啓蒙主義」による組織奉仕論を糺す意味も込められていた。簡単に言って、スターリン主義の官僚主義批判を基調とした。同時に、セクト主義的政治原則を極度に忌み嫌っていたと思う。第一面を、スペインのサルバドール・ダリが描いた絵で飾ったが、それは、ダリがトロツキズムと思想的に親しく連携していたシュルレアリスムの代表的画家だったからであった。ちなみに、佐々木さんの東大論として知られる『東京大学学問論――学道の劣化』（作品社，2014）の「現代エリート論」の項目には、東北大学新聞社自立記念号に掲載された関根弘のエッセイに言及している（pp. 50-53）。

　ある日、こうして設立された新聞社の、部室（社室）でだったか、あるいは、理学部のある片平丁のキャンパスであったかは判然としないが、私は佐々木力さんと出会うこととなった。理学部の他のサークルにいた仲間から、数学科に私たちと共通の問題意識を持ち、数学理論だけでなく、本格的に歴史や哲学を探求している理論家がいるが会って見ないかと声をかけられたのがきっかけだった。いずれにせよ、1968年の春だったと思う。

(3) 1968年の東北大学学生内での対立と佐々木さんのスタンス

　佐々木さんが、東北大学新聞社との密接な関係をもつことになったのは、私との数回の懇談の後で、彼が「公理主義における数学の豊饒性とはなにか――転形期の数学」なる数学論を書き、新聞への掲載を求めたからだと思う。その論考は、フランスの数学者集団であるブルバキの数学のやり方について論じたものであった。佐々木さんは、ブルバキが執筆し刊行していたフランス語の『数学原論』を熱心にひもといており、その数学学習経験からその論考はものされたのだった。佐々木さんからの掲載の申し入れは、私たちが学生新聞の任務の一つと考えていた学問領域における知のラディカリズムの紹介を実現できる格好の機会として、ワクワクする思いで直ちに受け入れることにした。結局、その長文論考は『東北大学新聞』の1968年5月25日号に掲載された（佐々木力『科学史的思考――小品批評集』御茶の水書房，1987，に再掲，#58）。いまにして思えば、パリの5月革命のさなかであった。佐々木さんは、当時、数学者になることをめざす数学科の4年生であるとともに、ヴェトナム戦争に反対する「先進的学生」でもあった。数学科の学生でありながら、マルクスやトロツキーをも熱心に読む学生でもあった。

　そもそも、東北大学のトロツキスト学生は、学生運動を担いつつも、じつは、1950年代後半から社会党・総評運動と連携した労働運動や社会運動に身を投じていた先輩たちを通して、日本の階級闘争につながろうとする視野と問題意識を共有していた。東北大学新聞社の学生編集者もまた、そのような問題意識をもっていた。1968年からの数年間には、当然、ヨーロッパやアメリカから反戦活動家が多く来日し、その人たちの幾人かは、ベ平連の小田実らとともに仙台をも訪れ、新聞社主催の反戦講演集会に参加してくれた。

　当時始まった学生運動の急進化は、全共闘運動の高揚をも引き起こすこととなった。先鋭な学生たちにとっては、学生運動に自足するのではなく、どのように社会運動全体につ

ながるのか、すなわち、もっと根源的な社会変革を引き起こすのかが最大の課題であった。東北大学のラディカルな学生内には対立もが生まれることとなった。学生の戦術的急進主義を推進するグループは、労働運動・社会運動との連携を切ってまで、学生は学生で独立して急進化を進めることを主張した。彼らは労働運動のさまざまな課題を大きく変革してゆくことに主力を傾注していた社会党・総評運動での先輩たちの苦闘を認識できないままであった。佐々木さんは、学生の単純な急進主義には反対の立場を表明した。佐々木さんは、1968年秋のこととして、こう書いている。「労働運動を軽視する方向に私は反対であった。私はそのうち反対派の中心的位置にいた。理学部数学科の卒業を間近に控えた時分でのことであった。私が数学を本職とせず、数学史へと転身した理由の主要な一つは、この時分に置かれた私の位置と思索にあったのではないかと思うことがある」(「奥州今野一家から全国反戦へ」、『夢を追ったリアリスト ── 今野求追悼文集』2002、pp. 186-187)。これは、じつに貴重な証言である。私自身も東北大学の卒業を控えて、佐々木さんの立場とはごく近いところにいた。今野求氏は、前述の塩川喜信氏とほぼ同世代のトロツキスト労働運動の指導者で、数万の青年労働者を反戦運動に結集させた全国反戦青年委員会の代表として知られる。1936年に生まれ、2001年に亡くなった。樺太からの引き揚げ者を両親とし、仙南の角田高校から東北大学教育学部で学んだ。ところで、今述べた佐々木さんの政治思想的スタンスは佐々木さんに首尾一貫したもので、佐々木さんが現在も日本では数少ないマルクス主義理論家として健在なのも、1968年のこのようなオーソドックスな思想の賜物と言えるのかもしれない。

佐々木さんは、その翌年春、大学院理学研究科に進んだ。数学専攻ではあったものの、数学史の研究者の道に転身したことは周知のとおりである。

(4) その後のこと

私も佐々木さんと同年に東北大学理学部を卒業した。佐々木さんは数学科であったが、私は物理学科で学んだ。

1967年、68年、69年と、新聞社メンバーで大学卒業後の進路をどうするかがよく話題になった。社会情勢の変化のなかで、自分の将来をどう位置付けて、人生を歩むか、選択を迫られ、新聞社メンバーは、真剣に意見を交換し合った。労働組合の専従となる、労働運動を胸に秘めたままで基幹産業や公務員への就職を狙う、新聞社に入ってジャーナリストをめざす、あるいは弁護士をめざす、大学で研究者となる、等々であった。実際に、自治労や全逓の運動に身を投じたもの、新聞編集者としての経験を活かして「毎日新聞」とか「読売新聞」の記者になったものもいた。弁護士として今も仙台の地で活躍しているものもいる。新聞社出身者は各界でそれぞれ意義ある仕事に就いたと言えることはまちがいない。

私自身は東京の出版社に就職したが、しばらくして、柘植書房の設立に参画することとなり、それ以降、人文社会科学系出版の企画編集活動に挺身することになった。マルクス主義・トロツキズムを軸に理論・思想戦線に立つという、新聞会・新聞社時代以来の一貫した思いの実現であった。

佐々木さんは、私の卒業のあと、大学院で数学の修業をしながらも、たんなる記事や論考の執筆者にとどまることなく、東北大新聞社の屋台骨を支えてくれたようだ。

佐々木さんとは、むしろ、それ以降の個人

的な付き合いで、私が仙台に帰った折など、科学史や科学哲学について、国際問題や思想状況について、意見を交換させていただき、さまざまなご教示をいただき、学ばせていただいた。彼がプリンストン大学大学院で学んでいた最後の年で、東京大学の教職に就く直前の1980年の初春、私がニューヨークを訪問した折に、ニューヨークからそれほど遠くないプリンストンの地を訪れ再会したことも、いまとなっては懐かしい思い出となっている。

おだ　かつなり◎1944年仙台市に生まれる。1969年東北大学理学部物理学科卒。2005年慶應義塾大学大学院政策・メディア修士。1970年より柘植書房設立に参画し、企画編集部長。その後、大村書店社主としてラディカル派経済・思想書邦訳出版に従事。2000年より、インターネット戦略研究所設立に伴い代表取締役。元明星大学経済学部非常勤講師（2006〜2015年）。

広島における佐々木力さん

久野成章●環境社会主義研究会事務局長

佐々木力さんについて、私のような一回り年下の者が、また学問的領域においてコメントする資格がまったくない者が、そのことを百も承知で、被爆地広島での大衆運動に携わる者の一人として、「力さん」から大きな影響を受けてきた者の一人として、この小エッセイを寄稿させていただく。

私は、1980年広島大学に入学して日本共産党の隊列に参加した。その後、1981年2年に、その隊列から離脱して、トロツキストの隊列へ飛躍した。当時、理論的な学生の中では「佐々木力」の名前をよく耳にしていた。しかし、現実の三里塚闘争、原子力発電所建設の公開ヒアリング阻止闘争、日韓民衆連帯運動、障害者解放運動の中では、「佐々木力」の名前を知らなくてもそれほど困らなかった。

「佐々木力」の名を初めて意識したのは、1983年2月号の『別冊経済セミナー　マルクス死後100年』に掲載された佐々木力さんの「科学観からみたマルクス」であった。その年は、マルクス没後ちょうど100年目にあたっていた。その116ページのその個所に私は注意のための線を引いている。「現代からマルクスの思想を評価するさい肝に銘じておくべきことは、マルクスの個々の言明の表面的な意味の正しさをあげつらうのではなく、彼が自ら生きた時代の中で肝要なものとして引き受け、解決をもくろんだ問題をまず確認し、彼の示したその問題に対する解決方法が根底的にいまなおわれわれ自身の方法として有効であるかどうか問いかえすことであろう」。ちなみに、ほとんど同時期の学術雑誌には、ベルギーのマルクス主義経済学者で、国際的トロツキズム運動の指導者のエルネスト・マンデルの論考が掲載されており、マルクスの思想における労働者階級の革命的潜勢力の中心性について訴えていた。いわば、私にとってのその後の活動上、後知恵で言ってしまえば、資本の論理が本来のむき出しの暴

力として顕在化していく1980年代以降、すなわち社会運動にとっては冬の時代局面に至り今日まで、ともかく後退することなく一貫してやってこれたのは、エルネスト・マンデルと佐々木力を導きの糸、師として仰いできたからなのである。その後、『科学史的思考——小品批評集』（御茶の水書房、1987）にも触れたりしながら、佐々木さんとは、どのような人なのかと想像を巡らすのであった。

1996年ある会合で佐々木力さんとやっと出会うことができた。その際、上記の「出会い」について語ったはずだ。その時は、当然、「力さん」などと軽口を吐けるはずはなかったが、その後のお付き合いの中で、自然と「力さん」と呼ばせていただく関係になっていった。この最初の出会いのとき、エルネスト・マンデル（1995年没）に力さんは3回会っていたらしいのだが、そのマンデルに対する評価が一致したことが非常に大きかった。というのも、マンデルの理論的影響力は、日本のトロツキストの隊列の中では1980年以降に強まっていったのであり、じつは1960年代、1970年代は日本トロツキズム運動の指導部にとっては、マンデル路線は「社民主義への拝跪」などとして警戒されていたのであった。それゆえ、私は力さんが「マンデル派」であることに意を強くした。

ちなみに、私は広島での反核・反戦の運動をトロツキズムの隊列の中で、かつセクト主義の悪弊に陥ることなく、闘っていたのであったが、1984年1月10日午前4時、広島市南区翠町の自宅にて中核派により武装襲撃を受け、入院2か月、リハビリ1年という始末となった。日本のいわゆる「新左翼運動」の堕落を身をもって体験させられたわけであった。成田空港反対運動での一坪共有者でもある。

*

こういった時期に、1997年4月初旬、佐々木力さんが、和算史の研究者として知られる広島県北部の出身者の三上義夫の調査のために、広島をはじめて訪問した。その時、三上の出身地からの帰り道に広島市に立ち寄った佐々木さんに、私は、被爆者に寄り添いながら被爆の医療的側面を調査し続けている医師としては第一人者の鎌田七男先生と被爆者の沼田鈴子さん、そして被爆文学者の栗原貞子さんを紹介した。鎌田先生には力さんがアポイントメントをすでに取っていたので、お連れするだけであった。私の妻の恩師であった関係上、話ははずんだ。沼田鈴子さんとは、沼田さんが被爆証言をする前からの知り合いであったため、とくにうちとけての紹介ができた次第である。沼田鈴子さんは被爆者を映したフィルムをアメリカから買い取る市民運動「10フィート運動」フィルムの中に自身の姿を初めて確認し、そうして1981年58歳の時初めて被爆証言をする。以来、その視野は急速に開けてゆき、日本軍国主義のアジア侵略を謝罪する旅にまで踏み込んでいった。自分の被害だけを強調して終わるような被爆者ではなかった。その沼田さんは、佐々木さんと会って話が進むと、「そうなら、ぜひ、栗原貞子さんに会うべきである」ということになった。むろん私も栗原貞子さんとは集会などで面識があったが、沼田さんは栗原貞子さんに電話して、「誠実な紹介したい人といま会っているの、会ってくれない」ということで、栗原さんのご自宅に初めてうかがうことになった。栗原貞子さんは娘の栗原真理子さんと一緒に自宅に待機してくれていた。ここで一言発言させていただくと、栗原貞子さんの詩のみならず、その批評の力は、その思想の根源的深さに、いまだにヒロシマの運動

は追いついていないというべきであろう。すなわち、栗原貞子さんの思想から広島の運動は学ぶべきことが山ほどある。オバマ米国大統領と安倍首相の広島訪問を無批判的に受け入れているようでは、広島の地に眠っている無数の嘆きに応えることはできない。すなわち、原子力文明を終焉させる運動の先頭にヒロシマが立つことができない。ちなみに栗原貞子さんの米寿のお祝い（2001年3月4日、商工会議所地階レストランにて）の席では好村冨士彦さん（エルンスト・ブロッホ研究の第一人者の一人）の指名により、私が司会を務めることとなった。

被爆60周年の2005年の5月の連休中に、佐々木力さんは広島を訪問した。栗原貞子さんはそれに先立って3月6日に92歳で亡くなったばかりであった。力さんは、そのお悔やみに栗原貞子さん宅を訪ねた。そこで、私は、栗原真理子さん、力さんをクルマにお乗せして、故・栗原唯一（栗原貞子さんの夫で、ある種のアナキズム思想の持ち主として知られた）さんと栗原貞子さんの墓、そこには栗原真理子さんがご両親のために建てた「護憲の碑」がある重要な場所であり、そこにご案内した。このことは、佐々木力著『21世紀のマルクス主義』（ちくま学芸文庫、2006）の263ページや『反原子力の自然哲学』（未來社、2016）の序文に書かれている。科学史家の力さんが、被爆地の最大の思想家、栗原貞子さんを評価していることで、その思想を継承しての今後の展開に大きな希望が持てる。

力さんが広島を訪問するさいは、できる限り講演会を開催してきた。

以下にそのタイトルを示すことで、力さんによるヒロシマとのかかわりに期待している思いが伝わるであろう。

1997年4月4日（金）「ソ連邦の崩壊とトロツキズム」。

2010年1月17日（日）「科学史的観点からみた原爆・原発問題」（岡本非暴力平和研究所　新春公開研究フォーラム）。なお、この研究フォーラムは、平和学の泰斗、岡本三夫先生と岡本珠代先生にお世話になった。同日には、新春時局懇談会「フランス反資本主義新党の歴史的意義」も開催した。なお、主催団体は、「佐々木力氏講演会実行委員会（代表　田中利幸）」であった。田中利幸先生は、2015年3月に広島市立大学平和研究所教授を退職後、現在、オーストラリアのメルボルンを拠点に歴史評論家として執筆、講演、平和運動にたずさわっておられる。「8・6ヒロシマ平和へのつどい」代表。最近著としては、鵜飼哲・岡野八代・田中利幸・前田朗『思想の廃墟から』（彩流社、2018）がある。田中先生は、「原発民衆法廷」（2012~13年）の判事の一人として活躍されたのだが、前掲書の「原発と原爆の密接なつながりを問う」（pp. 173-199）がそのことについて書いてある。

2011年2月19日（土）講演と討論「人民中国はどこへゆく？──閉塞の時代に日中関係を考える」。

2012年2月26日（日）「反原子力の自然哲学」（岡本非暴力平和研究所・環境社会主義研究会広島講演）。前年3月11日に、東日本大震災が起こり、それについての自然哲学的省察。未來社から出た前記『反原子力の自然哲学』の出発点となった。

2013年2月15日（金）「中国から見た危機のさなかの日本政治」。佐々木さんは当時北京の中国科学院大学人文学院教授であり、春節休暇で一時帰日していた。

2015年8月6日（木）「8・6ヒロシマ平和へのつどい　2015「検証：被爆・敗戦70年──日米戦争責任と安倍談話を問う」」（武藤一羊さん、上野千鶴子さんらが出席）のまと

めの集会に参加され、発言している。佐々木さんは、北京から夏期休暇で一時帰国中であった。

こうして振り返ると、力さんが中国で教えているときに、年に一度ほどは広島を訪問し、何かしらのコミットメントをされてきたことがよくわかるであろう。

科学史家として佐々木力さんは広島の運動にとって重要な役割を果たしている。さらに、力さんは高木仁三郎氏とともにそして高木さんの志を継承して、反原子力の言論で先頭に立って闘っている。

佐々木さんは、2002年5月27日に中国南京で創設された「日本陳獨秀研究会」の会長である。最近刊行されたばかりの江田憲治・中村勝己・森田成也『世界史から見たロシア革命——世界を揺るがした一〇〇年間』（柘植書房新社, 2018）では、中国革命の行方が、中国共産党の創党者である陳獨秀の唱えた社会主義の民主主義的政治原則の支持なくしては危うくなるとの見解が、江田憲治さんや長堀祐造さんによって訴えられているが、佐々木さんの「陳獨秀発見」に始まる所見であろう。この所見は、冒頭で触れた「マンデル派」としての佐々木さんの思想につながっていると思う。ちなみに、長堀さんは、著名な魯迅研究者であるが、佐々木さんを会長とする「日本陳獨秀研究会」の事務局長である。

佐々木さんは前記の2010年に立ち上がった広島を拠点とする「環境社会主義研究会」の会長である。私はその事務局長である。これまで、その研究会の中心的雑誌『環境社会主義研究会通信』は、2011年、2012年、2015年と全三号出版されている。東アジアの中で、新しい社会を創る上で、一定の位置が持てるように、私は力さんとともに今後も奮闘してゆく決意でいる。

くの　なるあき◎1960年5月1日東京都生まれ。広島大学法学部中退。2010年1月17日に「環境社会主義研究会」を佐々木力さんと立ち上げ、事務局長。広島での大衆運動では、「8・6ヒロシマ平和へのつどい」、「ピースリンク広島・呉・岩国」、「第九条の会ヒロシマ」という旧社会党・共産党から独立した潮流で活動し、統一戦線組織「戦争させない・9条壊すな！ヒロシマ総がかり行動実行委員会」の事務局のひとり。生業は、別名で精神障害者地域生活支援の事業員に従事。

「1968年5月、パリ」の写真を見る

明石健五 ●週刊読書人編集長

佐々木力さんは、いわゆる〈68年世代〉であるから、それにまつわる話を書かせていただくことにする。因みに、筆者は1965年、東京代々木の下駄屋の次男坊として生まれた。学生運動が最も盛んだった時代には、まだ物心もつかない子どもであったので、運動に直接触れた経験はない。ただ、代々木駅前に住居兼店舗があったこともあり、家の前を通るデモ隊があげるシュプレヒコールの声と地鳴りのような足音は、幼いながらにも記憶に残っている。小学校に入学した頃には、「昨日の夜、近所で、内ゲバで人が殺された」という話を何度か聞いた覚えがある。学校からの帰宅途中、共産党本部前の書店に、『少年

ジャンプ』を買いに入店したところ、そうした漫画雑誌が置いてあるはずもなく、ぐるっと店内を一周して、そのまま外に出た。『マルクス＝エンゲルス全集』を目にしたのは、この時がはじめだった。これには後日談がある。近所に住む顔見知りの中年女性に、書店から出てきたところを目撃されていたようで、母親にそのことを「密告」された。ある日、「おまえ、いつからアカになったんだい？」と問い詰められた。それぐらい〈うぶ〉な家庭環境だったのだ。私にとって、あの時代は、そのような記憶とともにある。佐々木さんは当時、東北大学で盛んに運動を行なっていたのだろうか……ご本人から直接話を聞いたことはない。

　本論に入る。〈1968年5月の革命〉から、今年で50年を迎える。フランスでは、回顧する催しが相次いで企画され、新聞・雑誌・テレビなどでは特集が数多く組まれている。パリ在住の西山雄二氏（首都大学東京准教授）は、次のようにレポートしている。

　「証言集や回顧録、研究書、アンソロジー集、図録や写真集などが多数出版されている。大衆向けのクセジュ文庫として『六八年五月』が刊行されたことは象徴的である。歴史研究者リュディヴィヌ・バンティニがフランス全土の膨大な資料群を調べて、体制側の動向も含めて六八年を描き出した大著『一九六八年有明の偉大な夕べ』が注目を集めている。ただ全体として、新たな解釈を打ち出す論争的な著作よりも、五月の代表的な論考を集めた選集が目立つ。従来の六八年論を回顧する時期なのだろう。サルトルらの論考を収めた『六八年五月を記念する？』、精神分析家アントワネット・フークなど女性らの選集『女性と娘たち　六八年五月』などである。」（「週刊読書人」2018年6月26日号）。

　また西山氏の報告によれば、ポンピドゥーセンターでは、アラン・バディウやエチエンヌ・バリバールらの講演があり、ジョルジュ・アガンベンは高等師範学校での集会「大学の死」に参加し、学生たちに向かって「従来の意味とは異なる「行動」を再考しよう」と呼びかけたとのことである。（「同」7月6日号）

　日本においても、四方田犬彦他編著『1968』（全3巻、筑摩書房）や小杉亮子『東大闘争の語り　社会運動の予示と戦略』（新曜社）といった書籍が刊行され、雑誌『思想』でも巻頭特集が組まれた（5月号）。東京や大阪・京都の大都市圏では、いくつかのシンポジウムや映画上映会も行われた。筆者が参加して最も刺激を受けたのは、京都大学人文科学研究所で、5月10日から毎週5回にわたって開かれた連続セミナー「〈68年5月〉と私たち――68年5月と現在、政治と思想を往還する」である。発表者と発表論文タイトルは以下の通り。

　佐藤淳二「68年から人間の終わりを考える：人でなし、あるいはIPSやらAIやら」／小泉義之「1968年後の共産党」／上尾真道「68年5月と精神医療制度改革のうねり」／立木康介「精神分析の68年5月――「ラカン派」の内と外」／佐藤嘉幸・廣瀬純「ドゥルーズ＝ガタリと68年5月――佐藤・廣瀬著『三つの革命』をめぐって」／田中祐理子「〈学知ってなんだ〉：エピステモロジーと68年」／王寺賢太「京大人文研のアルチュセール――68年前後」／布施哲「イギリスのポスト68年」／市田良彦「68年のドンキホーテ」。

　『読書人』では、佐藤淳二さんと小泉義之さんの発表を載録させてもらった（6月1日号）。紙面づくりをしていくなかで、西川長夫さん（故人、立命館大学名誉教授）が68年当時、パリ滞在中に撮影した膨大な写真の存在を知ることになった。その一部は、同氏

●Portfolio >>> 佐々木力　科学史研究への道

①

②

③

④

⑤

⑥

著『パリ五月革命 私論——転換点としての68年』(平凡社新書、2011年刊／2018年11月9日、平凡社ライブラリーより再刊〔『決定版 パリ五月革命 私論——転換点としての1968年』〕) の第3章「六八年五月の写真が語るもの」で紹介されている。現在は、京都大学人文科学研究所に寄贈され、以下のサイトから閲覧可能である。(http://www.zinbun.kyoto-u.ac.jp/~ archives-mai68/index.php)

　いくつか印象的な写真を紹介したい。まず、西川さんの本にも、「読書人」にも掲載された「(ソルボンヌ＝筆者註) 中庭のパスツール像の傍らで語り合う学生たち」(写真①、「右手には「各国のプロレタリアよ団結せよ」の文字が読みとれる。写真には写っていないが、

⑦

⑧

⑨

⑩

その右には毛沢東の大きな写真が二枚掲げられている。マオ派のグループであろう」＝写真説明は平凡社ライブラリー166頁より)。そして「フランス全国学生連合とフランス民主労働者連合が組織したシャルレッティ・スタジアムにおける三万五〇〇〇人の大集会」(68年5月27日)(写真②)。あの時代、これだけクリアなカラー写真が撮影されていたことにまずは驚かされる。あるいは空のブルー(写真③ソルボンヌのチャペルの塔に翻る赤旗)、切り倒された街路樹のグリーン(写真④)、レッドのフラッグや貼り紙のイエロー(写真⑤⑥)、剥がされた敷石の下にある白い「砂浜」(写真⑦)、どれひとつとっても鮮やかで、どのカメラメーカーの何番の機種を使い、フィルムはどこの会社のものだったのか、是非知りたいところである。また、それぞれの写真に写っている人物たちの表情が、実に

いい。ごく自然な表情をしているのである。おそらくそれは、撮影者である西川さんの〈まなざし〉に所以することなのであろう。決して傍観者として、その場にいるのではない。〈68年5月の革命〉の当事者として、確かにそこにいたのではないかと、私は想像する。

もうひとつ、当時の運動史を顧みる際に、興味深い写真を紹介する(写真⑧)。ソルボンヌの中庭にあるヴィクトル・ユゴー像であるが、赤と黒の旗を交差して抱かされている。「黒」はアナキズム、「赤」はボルシェビズムの旗であり、前出⑤にも見られるように、いたるところでこうした「赤と黒」の共存・交差があったという。黒旗が赤旗を決して排除しなかったことがわかる。因みに、写真①中央に見られる男女は、赤と黄色の上着・セーターを着ている。自ら身に付けるものに政治意識を表象させていたのだろう。

白黒フィルムで撮られた写真も、歴史的価値が高いものが多い。たとえば写真⑨⑩（5月1日撮影）。これは女性が中心となってデモ隊が組織されているようである。横断幕に書かれたスローガンの文字などを分析していけば、詳細がわかってくるだろう。ヨーロッパにおいて、この日は「花祭りの日」であり、パリでは伝統的に「鈴蘭の日」である。そのため女性たちは花を持って行進している。西川さんの本には次のような説明がある。

「行列の先頭を占める手をつないだ女性たち。当時日本でよく言われた「フランスデモ」の形がとられている。半ばお祭り的なメーデーの雰囲気がよく出ていると思う。この女性たちに限らずデモの参加者はそれぞれにお洒落で、胸に鈴蘭の花をさしている労働者も多く見られたが、後で見られる学生たちのデモと比較すれば、服装の違いは歴然としている。背後に「ＣＧＴ（労働総連盟）パリ支部」の横断幕が見える。」（同91頁）

他にも、京都大学人文研には多数の貴重な写真が所蔵されているので、是非一度、サイトをおとずれてみることをおすすめする。

補足して、〈68年〉の記録として、もう一冊稀有な写真集を挙げておく。渡辺眸『東大全共闘1968-1969』（角川ソフィア文庫、2018年刊）。2007年に新潮社から刊行された単行本に初公開となる作品を加えて再構成し、文庫化したものである。渡辺は1968年11月、東大本郷キャンパスの正門の様子から撮影をはじめ、安田講堂と駒場キャンパスのバリケード内の模様を克明に伝えている。当時、東大全共闘代表だった山本義隆氏を写した貴重な写真も数葉おさめられている。山本氏は渡辺氏の写真について、本書に文章を寄せている。

「彼女の写真は、闘争の激しい戦闘的な場面だけではなく、むしろ解放空間としてのバリケード空間の日常を克明に写し撮っていることによって、事件性の高い図像のみを追いかけるマスコミの報道カメラマンが外部から撮ったものと決定的に異なり、より以上に貴重なものになっている」

この言葉は、西川さんが68年のパリで撮られた写真に、まさに当てはまる言葉なのではないだろうか。

〔付記1〕写真が撮影された日付は、本文に記載がある以外は以下の通り。①③⑥⑧（5月16日もしくは17日）、④⑦（同23日もしくは24日）、⑤（同20日、いずれも推定）。

〔付記2〕本稿を執筆するにあたっては、西川祐子さんに多大なるご助言を賜った。ここに感謝を申しあげます。〕

あかし　けんご◎1965年、東京・代々木の下駄屋の次男として生まれる。早稲田大学社会科学部卒業後、映像制作会社に勤務。テレビ番組のAD、特集ディレクターを務める。バーテンダー、（社）全日本吹奏楽連盟事務局員など職を転々としつつ、2年半の引きこもり生活へ。その後AV女優の悩み相談等の仕事をしながら社会復帰。1996年、（株）読書人入社。2011年から編集長。2017年より就実大学非常勤講師（表現芸術論）。

portfolio [3] 研究の前哨・余滴

内村鑑三の再臨運動とは何だったのか

赤江達也 ●関西学院大学社会学部教授

大正期の終末論ブーム

キリスト教著述家の内村鑑三（1861～1930）は、1900（明治33）年ごろから「無教会主義」を唱え、既存の教派・教団の外で独自の伝道活動、いわゆる「無教会運動」を実践していた。その内村が、1918（大正7）年1月から1919（大正8）年5月にかけて主導した終末論的な宗教運動が「キリスト再臨運動」である（以下、再臨運動）。

再臨運動の中心的な担い手は、内村のほか、中田重治（ホーリネス教会）、木村清松（会衆派）という二人の牧師であった。内村は彼らと協力しながら、各地で「キリストの再臨」と「世界の平和」を訴える講演活動を展開した。各地の講演会には、数百人から1000人、ときに2000人を超える聴衆が集まっている。

「キリストの再臨」とは、この世の終わり（終末）における救世主（キリスト）イエスの再来を意味する。そのとき最後の審判があり、「神の国」が完成するとされる（前千年王国論）。「キリストの再臨」それ自体は、キリスト教の一般的な教説である。ただ、内村らが再臨の切迫を強調したことは、プロテスタント教会主流派からは熱狂主義的な逸脱と見なされた。そのため再臨運動は継続的に聴衆を集める一方で、キリスト教界内での強い反発と批判を招いた。

キリスト教終末論の背景には、第一次世界大戦の長期化と、戦争インフレや米騒動のような社会不安があった。1910年代には、日本のキリスト教が（明治前半以来）再び増加傾向へと転じていた。前年の1917（大正6）年はルターの「宗教改革400年」にあたり、一部のキリスト教徒に信仰復興への期待が生じていた。また、同時期には神道系新宗教の大本も終末論を唱えて急成長していた（1921年には、内務省による宗教弾圧「第一次大本事件」が起こる）。この時期、キリスト教や新宗教による終末論が人気を集め、一種のブームとなっていたのである。

だが、キリスト教徒が人口の1パーセントに満たない日本社会において「キリスト教終末論」が一定の関心と人気を集めたのはなぜか。内村鑑三の雑誌『聖書之研究』に掲載された公開用の日記を主な史料として再臨運動と無教会運動の社会的条件を検討することで、大正期に生じつつあった宗教文化の変容を浮かび上がらせてみたい。

再臨運動と都市

まず、再臨運動以前の内村鑑三について概観しておきたい。1891（明治24）年の不敬事件で教職を追われ、文筆活動へと転じた内

村は、新聞『萬朝報』を拠点として理想団を結成し、「非戦論」を唱えて注目を集めた。

内村は1900（明治33）年に個人雑誌『聖書之研究』を創刊し、西新宿の角筈（つのはず）で会員制の閉鎖的な聖書研究会を開始すると、日露戦争後には表舞台から姿を消す。『聖書之研究』の発行部数は2000部前後、聖書研究会の会員は当初は20人ほど、1917（大正6）年末でも130人であり、世間からは隠遁に見えた。内村はその本拠地の地名から「角筈の聖人」等と呼ばれた（1907年に北新宿の柏木に転居）。当時の角筈・柏木の住所は東京府豊多摩郡淀橋町で、東京「市外」の田舎であった。

1917年10月、内村は「宗教改革400年」を記念する講演会を神田美土代町（みとしろちょう）の東京基督教青年会館で開催する。十数年ぶりに「書斎を出でゝ市中の講壇に立」った内村の講演会は1500人を超える聴衆を集めた（内村 1982：446）。この出来事を契機として、内村は対外的な講演活動を決意する。

東洋宣教会ホーリネス教会牧師の中田重治は、すでに1917年5月から、1～2年のうちに再臨が起こると訴えていた（黒川2012）。このホーリネス教会の再臨運動に、著名なキリスト教著述家であった内村鑑三が合流するかたちで、1918（大正7）年1月から共同の講演活動が開始される。

1月6日、東京基督教青年会館で行われた最初の講演会では、中田重治・木村清松・内村鑑三が登壇し、1200人の聴衆を集めた。2月10日の講演会でも1200人の聴衆を集めると、3月には大阪、京都、神戸でも講演会を行った。その後、東京神田三崎町バプテスト会館（水道橋停車場すぐ）、東京基督教青年会館（神田美土代町）を主な会場として、ほぼ毎週のように講演会を開催しながら、地方都市（大阪、京都、神戸、横浜、札幌、函館、軽井沢、岡山など）でも講演会を行った。聴衆は400人から1000人ほど、多いときには2300人に達した。

内村鑑三と中田重治の再臨理解は必ずしも同じではなく、内村は（中田のように）再臨の時期を特定することはなかった。だが、内村と中田は、①キリストが「身体」を伴って再臨すること（有形的再臨）、②再臨後に「神の国」が到来すること（前千年王国論）などの点で一致していた。内村は1918年11月に『基督再臨問題講演集』（岩波書店）を刊行している（内村1918）。

内村や中田らの再臨信仰の提唱は、プロテスタント教会主流派からの激しい批判を招いた。その多くは「有形的再臨」理解を批判し、「霊的再臨」を主張するものであった（黒川2012：第三章）。また、教会側の論者は、無教会主義者の内村が基督教青年会の講壇に立ち、教会を批判することを問題視した。こうした教会側の批判により、他教派の信徒の出席者が一時減少している。

東京「市外」に住む内村は、東京「市中」を古代メソポタミアの「異教」都市「バビロン」に喩え、嫌っていた。内村は日記（1918年10月28日）に、次のように記している。

　　……用を達しに市中に行いた、大なるバビロンに対し嫌気（いやき）充満（みちみち）て家に帰つた、其書店と印刷所とを除いては大市街も我に取り何の用あるなしである〔。〕（『聖書之研究』221号、1918年12月、33頁〔内村1983：25〕）

だが、内村の本拠地である北新宿・柏木の今井館は、百数十人しか収容できず、大規模な講演会には不適であった。それゆえに、内村は、都電など交通の便利な「市中」の大会場で「市街生活を営んで居る」「人間の此集団（かたまり）」に再臨の信仰を訴えたのである。「我に

用なき此大バビロンは神に用なき者ではない、故に我にも亦用ある者でなくてはならない」（同前）。

教会以外の会場と「未信者」の聴衆

再臨運動の講演会のうち最大の聴衆を集めたのが、1919年1月17〜19日に大阪の中之島公会堂（大阪市中央公会堂）で開催された「基督教再臨研究大阪大会」である。三日間に五回の講演会が開催され、毎回数人が登壇して証詞や講演を行い、1000人から2300人の聴衆を集めた。この講演会からは、再臨運動を可能にしていた二つの新しい条件が見えてくる。

第一に、キリスト教会ではない大会場である。中之島公会堂は、前年（1918年）の11月17日にオープンしたばかりであった。内村は講演会初日の日記に「会堂は新築の東洋第一と称せらるゝ者、其高壇に立つかと思ひ少しく身に恐怖を感じた」と記している（『聖書之研究』223号、1919年2月、42頁〔内村1983：59〕）。モダンな公会堂は1910年代に各地で整備されはじめた新しい施設であった（新藤2014）。

第二に、「未信者」の聴衆の存在である。大阪での講演会について、内村は日記に「此夜来り会する者千六七百人、其半数以上は確に未信者であつた、然れども彼等は水を打ちたるが如き静粛を以て余の言はんと欲せし所に耳を傾けて呉れた」と記している（『聖書之研究』223号、1919年2月、42頁〔内村1983：59〕）。

内村の見るところでは、1600〜1700人の聴衆のうち、その「半数以上」が「未信者」であった。また、別の回について、内村は「来会者千八百余、但し中には新築の公会堂見物の為に入りし者もあつたらしく、出入頻繁にして少からず会の厳粛を妨げた」とも記し

ている（同前、43頁〔内村1983：60〕）。

再臨運動のようなラディカルな宗教運動の条件となっていたのは、「公会堂」のような教会以外の大会場と、「未信者」でありながら宗教の講演を聴きにくるような聴衆の存在であった。1910年代には、新中間層向けの雑誌メディアが急激に増加し、論客の講演を聴き歩くような知的大衆が出現しつつあった（永嶺2001、吉見2016）。

ある東大生（住谷悦治、1895〜1987）は、「内村鑑三の大手町再臨講演をはじめ、吉野作造、大山郁夫、長谷川如是閑などのデモクラシーから、岩佐作太郎、大杉栄のアナーキズムの講演にいたるまで」聴き歩いたという（赤江2013：134〜135）。内村鑑三はその当時もっとも人気のある講演者の一人であり、再臨運動は都市的な文化消費としての側面をもっていた。

再臨運動の終わり、無教会運動の拡大

内村鑑三は1919（大正8）年5月に再臨運動を離れる。その直接のきっかけは、プロテスタント・キリスト教界の指導者（組合教会の小崎弘道ら）の介入によって、後期の主な会場であった東京基督教青年会館が使用できなくなったことであった（青年会館事件）。

中心人物であった内村の離脱とともに、再臨運動は終息していく。再臨運動の中核は、中田重治が指導するホーリネス教会と、内村鑑三を中心とする無教会運動であったが、再臨運動の終了後、ホーリネス教会と無教会運動はそれぞれに拡大していった。

ホーリネス教会では、1919年11月から約一年間、「大正のリバイバル」（信仰復興）が起こる。そして、1500人ほどだった会員が、10年後には1万人を超えるまでに成長する（池上2006：第5章）。

無教会運動もまた、再臨運動を契機として

拡大する。内村は、再臨運動の終了直後の六月一日から、東京・大手町の大日本私立衛生会館で聖書講義をはじめる（内村1983：116）。聴衆は500人から800人ほどであった（再臨運動以前には130人ほどだった聴衆が四〜六倍に増大している）。大手町での聖書講義は、内村にとって、無教会主義の「帝都の中央」への進出を意味していた（内村1983：149）。

大手町での聖書講義は、1923（大正12）年の関東大震災で衛生会館が倒壊するまでつづいた。内村は1927（昭和2）年にも神宮外苑の日本青年館という大会場で数ヶ月間、聖書講演会を行っている（赤江2017：84）。また、1920年代には、内村の聖書講義のなかに、女学生をふくむ女性信徒が目立つようになる（今井館の聖書講義では、男性と女性が講堂の左右に分かれて座った）。

内村の雑誌読者数も再臨運動期に増加している。『聖書之研究』発行部数は、再臨運動中に1200部増加して3400部となり、その後も増加しつづける（内村1983：181、199）。1919年5月刊行の『内村鑑三全集』第1巻（警醒社）の売れ行きも好調であった。「読書社会」の歓迎について、内村は日記に「教会は余より高壇を奪ふことが出来る、然しながら紙上の此高壇……是は余の独専であつて教会の狐等は之を如何ともする事が出来ない」と記している（内村1983：112、120）。なお、この『全集』は全14〜15巻の予定だったが、警醒社が同年7月に再臨説批判書の広告を打ったことに内村が抗議し、打ち切りとなっている（警醒社の発起人の一人は小崎弘道であった。警醒社は1944年の統合で新教出版社となる）。

無教会運動は、再臨運動から聴衆と読者を引き継いで拡大した。その過程では「市中」の大会場が重要な役割を果たしていた。無教会運動は、北新宿・柏木での閉鎖的で小規模な集会を維持しながら、同時に「帝都の中央」の大会場で公開の聖書講演会を開催することで拡大していったのである。

「帝都の中央」で聖書を語るという意識は、内村の弟子の無教会伝道者・塚本虎二（1885〜1973）にも継承される。再臨運動の登壇者でもあった塚本は、内村が亡くなる1930（昭和5）年以降、雑誌『聖書知識』4000部を刊行しながら、東京・丸ノ内の海上ビルの最上階（8階）で聖書集会を主宰し、戦後にいたるまで400人ほどの聴衆を集めつづけた。塚本のライフワークは新約聖書の口語訳であり、その翻訳は岩波文庫版の『福音書』（1963年）、『使徒のはたらき』（1977年）として広く読まれることになる。

大正期における「教養主義と宗教文化の受容空間」の成立

1910年代末の再臨運動から見えてくるのは、①必ずしも信仰者ではないが、「宗教文化」を消費するような新中間層が登場しつつあったこと、②そうした人びとが宗教的な講演を聴きにあつまることができるような社会的な回路――大会場や都市交通――が整備されつつあったということである。

大正期に「教養主義と宗教文化の受容空間」が成立する。そのなかで、明治末の高等学校や帝国大学で形成された教養主義が大衆化し、そうした教養主義の要素として、教団的な「宗教」には収まらない「宗教的なもの（＝宗教文化）」の受容がはじまっていた。

これまで指摘されてきたように、内村鑑三の再臨運動には教養主義への拒否がふくまれている。だが、その終末論的にラディカルな主張は、教養主義的な聴衆に受容されていた。ここに見られるのは「ラディカリズムの大量消費」とでも呼ぶべき新たな事態なのである。

そうした聴衆は、同時に（それ以前に）、読者でもあった。そのことを端的に示すのが宗教的な人文書のベストセラーである。倉田百三『出家とその弟子』（1917年）、和辻哲郎『古寺巡礼』（1919年）、賀川豊彦『死線を越えて』（1920年）といったベストセラーは、キリスト教や浄土真宗の教団が提供する正統的教説には収まらない「教養としての宗教文化」消費の成立を示している。そして、イエスと親鸞の双方を語るような作家や評論家（戦前の倉田百三や戦後の吉本隆明）は、そうした宗教文化の一部なのである。

　こうした読者・聴衆は、「無教会主義」を唱えた内村鑑三とその後継者（塚本虎二、南原繁、矢内原忠雄、大塚久雄ら）の人気を支えていくことになる。教会の信徒ではないが、教会の外でキリスト教の書物を読み、ときに講演会を聴きに行くような人びとを、「キリスト教シンパ」と呼んでおこう。

　鈴木範久は『日本キリスト教史』のなかで、近代日本のキリスト教徒は人口の1パーセント前後にすぎないが、キリスト教主義学校の卒業生などをふくめると、人口の10パーセントほどの「かくれ信徒」がいると論じている（鈴木2017：368）。この指摘をふまえつつ、ここでは、人口の10～30パーセントの「キリスト教シンパ」が存在している、という仮説を提示しておきたい。

　日本近代社会におけるキリスト教受容を総体として理解するためには、教会・教団の外で「宗教文化」を受容する「キリスト教シンパ」についても考える必要がある。「大衆教養文化としてのキリスト教」受容は、戦争によって中断するのだが、敗戦後のキリスト教ブームとともに再開し、1970年代の「教養主義の没落」（変質）以後も、現在にいたるまでつづいている。大正期の再臨運動は、こうした「教養としての宗教文化」受容という新たな局面の一端を示す出来事なのである。

参考文献

赤江達也　2013『「紙上の教会」と日本近代――無教会キリスト教の歴史社会学』岩波書店
赤江達也　2017『矢内原忠雄――戦争と知識人の使命』（岩波新書）岩波書店
池上良正　2006『近代日本の民衆キリスト教――初期ホーリネスの宗教学的研究』東北大学出版会
内村鑑三　1918『基督再臨問題講演集』岩波書店
内村鑑三　1982『内村鑑三全集24――1918～1919』岩波書店
内村鑑三　1983『内村鑑三全集33――日記一』岩波書店
黒川知文　2012『内村鑑三と再臨運動――救い・終末論・ユダヤ人観』新教出版社
新藤浩伸　2014『公会堂と民衆の近代――歴史が演出された舞台空間』東京大学出版会
鈴木範久　1997『内村鑑三日録10――1918～1919再臨運動』教文館
鈴木範久　2017『日本キリスト教史――年表で読む』教文館
永嶺重敏　2001『モダン都市の読書空間』日本エディタースクール出版部
吉見俊哉　2016『視覚都市の地政学――まなざしとしての近代』岩波書店

あかえ　たつや◎博士（社会学）。1973年、岡山県生まれ。筑波大学第一学群人文学類卒業。筑波大学大学院博士課程社会科学研究科修了。日本学術振興会特別研究員（慶應義塾大学）、台湾・国立高雄第一科技大学助理教授（現在の国立高雄科技大学）を経て、現職。主著に『矢内原忠雄――戦争と知識人の使命』（岩波新書、2017年）、『「紙上の教会」と日本近代――無教会キリスト教の歴史社会学』（岩波書店、2013年）。

● Portfolio >>> 研究の前哨・余滴

「アトムの子」は
いかにつくられたか？

河西英通 ●広島大学大学院文学研究科教授

はじめに

筆者の世代にとって原子力のイメージは、手塚治虫の「鉄腕アトム」だろう。「鉄腕アトム」は月刊漫画雑誌『少年』に1951年4月から52年3月まで1年間掲載された「アトム大使」に次いで、52年4月から68年3月まで16年間長期連載された。『少年』の読者でなかった子どもたちは、63年から66年までフジテレビ系で放送されたアニメ版「鉄腕アトム」になじみがあるはずだ（実写版も放送されたが、人気はなかった）。テレビの本放送開始後10年が経ち、世帯普及率が5割を超えるなか、「鉄腕アトム」はお茶の間に登場した。谷川俊太郎作詞の主題歌の軽やかさもあって、団塊の世代以降の子どもたち、とくに男子でアトムにハートをつかまれなかったものはいないだろう。

同時期に同じく子どもたちに人気があったのが、58年8月から72年4月まで14年間日本テレビ系で放送された「ディズニーランド」である。ウォルト・ディズニー・プロダクション制作の番組で、本国アメリカでは54年から58年まで放送された。この「ディズニーランド」が原子力の「平和利用」策と深い関連があることを、加納実紀代「「原子力の平和利用」と近代家族」（『ジェンダー史学』第11号、2015年）が指摘している。加納によれば、57年にアメリカ情報局の依頼により、W・ディズニーは原子力の平和利用宣伝映画「OUR FRIEND THE ATOM わが友原子力」を製作・放映した。日本テレビは同年12月3日、ディズニーと「わが友原子力」の放映契約を結び、同31日に高松宮を招いて試写会を開き、58年元旦に放送した（午後1時より。4月2日に再放送）。その見返りとして、同年8月から「ディズニーランド」の放映が開始されたという。なお加納はふれていないが、「わが友原子力」の試写会は57年12月19日にも行われ、三笠宮が観覧している（『読売新聞』57年12月20日付）。

日本テレビ社長の正力松太郎は原子力委員会初代委員長として、原子力行政を推進していた。彼にとって「わが友原子力」の放送は理にかなっていた。この作品は現在、YouTubeでも観ることができる。ディズニー自身も登場しているが、説明役はディズニープロダクションの技術顧問ハインツ・ハーバー、ドイツ人物理学者だった。

日本原子力産業会議とは

「わが友原子力」はテレビ放送直後の58年3月に開催された日本原子力産業会議（以下、原産会議と略す）創立二周年記念大講演会でも上映されている（『原子力産業新聞』58年2月25日付第62号「創立二周年記念大講演会」の予告。以下、特記しない限り、『原子力産業新聞』）。55年12月に原子力基本法が成立

するが、その翌56年3月1日に原産会議は社団法人として発足し、同14日に設立認可された。原産会議設立にともない原子力平和利用調査会から出されていた『原子力新聞』は『原子力産業新聞』と改称（号数は継続）して、原産会議の機関紙となる。

原子力平和利用調査会は55年6月18日に財団法人電力経済研究所の主宰のもと設立され、同年9月25日に『原子力新聞』を創刊した。原産会議は原子力平和利用調査会とともに原子力発電資料調査会（54年12月発足）の事業を引き継ぐ。2006年4月に社団法人日本原子力産業協会発となり、2012年4月に一般社団法人日本原子力産業協会（JAIF）へ移行する。

小論で使用する『原子力新聞』『原子力産業新聞』はJAIFのホームページに掲載されている。JAIFの会員数は2018年5月18日現在で417社に上る。原子力産業に関連する利権構造を俗に「原子力ムラ」と呼ぶが、417社は日本国内の多くの有名企業をはじめ、原発設置自治体や大学などである。ムラでは収まらない。「原子力帝国」である。

恐怖から進歩へ

『原子力産業新聞』は原産会議のメディアであったが、原子力の危険性についても語っていた。55年12月25日付第4号から翌56年11月5日付第16号まで「原子力問答」全12回を連載している。第2回目の見出し「放射線の種類、効果、測定」の下に「安全度はなお不明　遺伝的作用も問題」、第4回目の見出し「放射線による症状・障害・治療法　殆ど百％が死亡　一時に六百レントゲン受ければ」の下に「十数年後にも白血病が起る」「危険伴う放射性物質」「奇形児や遺伝的障害も」「完全な治療法なし」、第5回目の見出し「原子炉事故・暴走実験・安全性」の下に「誤った操作で暴走　幸い原子炉に自己制御性」「放射能の飛散防止」などとある。

しかし、第6回目以降は「各分野で成果を」「技術の進歩に貢献」「各種の改善に進歩」「ガン診断にも利用」「深在性のガンにも有効」などと肯定的表現に転じて行く。そうした転形期の象徴的文章が、56年3月25日付第7号のコラム「原子灰」に見られる。

　　死の灰だ、死の雨だ、と毎日ニュースで読み聞きされていささか放射能恐怖症に陥った国民の脳中に、こんどはまさにウラハラの原子力万能教の普及に、ジャーナリズムはやっきとなって吹き込み始めた感がある。とまどったのは国民である。一体このオシエは邪教か正教か、さながら当世流行の新興宗教を判ずるよりも難しく、不可解なものゝようである。

　　ところが最近では燎原の火のごとく、またゝくうちに全国津々浦々に原子力教信者を獲得しつゝある。無から有を生じ、貧から富へ、不治の病も全治させる魔力をもつこのオシエは正に二十世紀の驚異であり、信者最大の魅力でもあろう。

幼少期に味わった「放射能恐怖症」を思い出すが、一方でこの年の7月から9月にかけて「原子力教」の布教が強まる。アメリカ原子力産業会議との日米原子力産業会議をはじめとして、「日本アイソトープ会議」「アイソトープ博覧会」「原子動力シンポジウム」の開催、「原子力産業使節団」の派遣、原子燃料公社の発足、日本原子力研究所法（5月制定）に基づく茨城県東海村での日本原子力研究所の起工式などが行われた。長野県や北海道では原子力講座や原子力博覧会が開かれている（56年8月5日付第11号、同20日付第12号）。

原子力と青少年

57年に入ると、日本学術会議と日本物理学会、電気学会、鉱山地質学会など関係37学会の共催で1月に東大工学部を会場に「原子力シンポジウム」が開かれる（57年1月5日付第22号、『読売新聞』同年1月12日付）。この時、原子力学会の創設は見送りとなったが（59年2月に創立）、理工系の大学院を持つ各大学の学長・学部長らが「大学における原子力研究に関する連絡組織の会」を開いている。原産会議は「日本原子力平和利用基金」（以下、利用基金と略す）も設置する。

以後、大学生のみならず高校生までも対象にして、青少年に原子力への関心を持たせる動きが目立ってくる。シンポジウム終了直後には5月の日米原子力産業合同会議に合わせて、日米原産会議の主催による「原子力と青少年の会」開催が報じられている（57年1月25日付第24号）。①講演（日米）「アメリカの原子力と青少年」「原子力時代と私達」、②原子力映画（米）「原子力の理論」「原子力の利用の紹介」③原子力船・原子力飛行機などの展示が予定され、全国各地の青少年向けに「テレビの放送、原子力知識啓発書の刊行など」も考慮された。大会直前の報道によれば、「原子力と青少年の会」は文部省と東京都教育委員会が後援し、小中高の教員の参加が望まれ、杉並区のある高校ではバスを仕立てて240名の出席を予定した（57年5月5日付第34号）。3日間にわたって開催された「原子力と青少年の会」の参加者は7,350名に上ったという（57年6月25日付第39号）。

こうした動きもあり、57年から58年にかけて、東京工業大学・京都大学・大阪大学・東北大学の大学院に原子核工学専攻が設置される。大学院先発・学部後発だった。60年以降、東京大学・名古屋大学・北海道大学・九州大学にも拡大するが、これらは学部先発・大学院後発だった。大学における原子力工学教育のコアをどこに置くか議論は分れた。原子力委員会参与の山県昌夫（東大）は大学における教育方向が定まらない現状を述べ、「産業界の方々の御教示を得たい」と訴えている（「原子力工学の教育体制」科学技術庁原子力局『原子力委員会月報』57年11月号（第2巻第11号））。また原子力工学の草分けといわれている大山彰（東大）も、「原子力技術者の養成が、かなり真剣な問題として、感ぜられるようになってきた。ところが、原子力技術者とは一体なにものであるか、どのくらいの数が必要なのか、大学卒が必要なのか、それとも大学院か高校かなど、問題ははなはだ多い」と思案している（「加速器　何が頼りになるのか　原子力技術者養成に一言」58年11月5日付第88号）。

産業界はどう考えていたか。58年夏におこなわれた民間企業向けのアンケート調査では、112社中、学部教育優先が75社、大学院教育優先が25社だった。原子力関連企業は学部の原子核工学科等の早急の設置を望んでいたことになる（「原子力関係科学者技術者に関するアンケートの集計」『原子力委員会月報』58年10月号（第3巻第10号））。

狙われた高校生

波は高校まで及んでいた。57年度末には利用基金と原産会議が共同で全国8高校の原子力研究サークルに図書や新聞を寄贈している。8校は神奈川・兵庫・岡山・岐阜・福岡・広島・山梨・熊本の各県立高校でほとんどが工業高校だった。「原子力に関する科学者、技術者の養成は、一日もゆるがせにできぬ状態」「高校における基礎知識の教育が、緊急の問題として心ある教育者の関心を集めている」ということで、『アイソトープ利用総覧』

『原子力年鑑』『原子力読本』『原子力は君たちで』（利用基金の出版物）の図書や、『原子力産業新聞』が贈られている（58年3月5日付第64号）。

これには後日談がある。『原子力産業新聞』の記事に刺戟されて大阪市内の工業高校生が急遽原子力研究グループを作り、研究を始めたという。報告を受けた利用基金と原産会議はこの高校も援助対象に追加した（58年4月5日付第67号）。しかし、業界新聞の『原子力産業新聞』を高校生たちはいったいどこで読んだのだろう。上記の8校も定期購読していなかったからこそ、『原子力産業新聞』を寄贈されることとなった。背景に教員の介在が考えられる。実際、教員たちもオルグの対象であった。

すでに57年に全国の工業高等学校教職員によって原子科学教育研究会が発足していたというが、58年4月に原産会議は東京都の中高教職員を対象とする「原子力講習会」を開いている（58年4月5日付第67号、同4月15日付第68号）。『原子力産業新聞』58年10月5日付第85号は前述の原子力委員会が行なった民間企業アンケート調査の結果をうけて、原子力技術者は「四年後には二倍必要」と報じている。緊急を要する課題だったわけである。

以後、全国各地で教職員向けの原子力講習会が開かれるが、大きな契機となったのは、60年4月の第1回「原子力デー」だろう（60年4月25日付第141号）。原産会議や利用基金は全国各地で講演会や映画会などを開催し、全国の理工系大学や高校にも協力を呼びかけた。大学では慶應義塾大学や東京工業大学で講演会・映画会がもたれたが、宮城・山形・長野・静岡・愛知・京都・大阪・広島・福岡各地の高校でも講演会・映画会が開かれた。普通科高校や私立高校も参加している点が注目される。

同様の取り組みは翌61年9月から10月にかけて東北・新潟地方でも行われた（61年9月25日付第192号）。原子力関連映画が盛岡市内5高校、青森市内5高校、福島市内4高校、山形市内4高校、新潟市内4高校の計22校で上映された模様である。

同じころ、利用基金は全国342高校に「原子力活動調査」おこなっている（61年11月25日付第198号）。回答数は4割弱だったが、それによれば、①学習活動に原子力を取り入れているもの80.1％、②原子力関係のサークル活動をしているもの9.2％、③学校行事に原子力を取り上げたことのあるもの47％、④原子力関係の資料を購入しているもの79％という状況だった。学習主体である高校生自身の興味は低かったと考えられる。

期待される「アトムの子」

しかし、高校における原子力教育の必要性は高まった。61年12月には日米原子力平和利用基金・日米原子力産業会議の主催、文部省・科学技術庁・日本科学技術振興財団の後援で「原子力平和利用と青少年の会」が開かれている（61年12月15日付第200号）。東京都をはじめ、長野県・大阪府・福岡県・神奈川県・山梨県・広島県の8高校の教員が「高校における原子力学習、教育の実情報告」を行い、次いで神奈川県・山梨県・大阪府・広島県の高校生5人による「高校における研究サークル活動の報告」があった。

原発地域からも声が上がった。62年9月の茨城県議会では、原子力開発特別委員会委員長が、高校における原子力教育の必要を訴えている（「加速器　工業高校に原子力科を　必要な中堅技術者の養成」62年11月25日付第235号）。

私は、原子力関係の技術者のすべてが

大学卒でなければならないとは考えない。原子炉の運転、放射線測定器具の取り扱い、あるいは原子燃料の製造過程において等々、今後、原子力の各般にわたる平和利用が進めば進むほど、補助的業務を担当する初級、中級の技術者の需要はますます増大するものと思う。わが国の現状をみるとき、原子力技術者、研究者はきわめて少なく、原子力産業の中核をなす中堅技術者の養成が等閑に付されているの感にたえない。このことは、わが国産業将来の発展にとって由々しい問題であると考える。

全国各地の高校教員の米国派遣が開始されるのもこの頃である。校長などの管理職も派遣されている。65年6月には「原子力平和利用と理科教育」というテーマの論文募集が行われた。『原子力産業新聞』65年8月25日付第330号は論説「原子力平和利用と理科教育の問題」を載せ、応募論文300編の中から注目される意見として、原子力は高校3年の「物理」の終わりに申し訳程度に出て来るだけで、受験準備で省略されることも多い、「教科の根本的な再編成が必要」だ、現在の理科教育は「原子力教育のための障害」になっているなどの声を紹介している。また、「原爆被災国民としての原子力に対する特殊心理を重く見、中学、高校時代から、アイソトープ等の安全操作に親しませることが、原子力を自然に受け入れさせることになるという卓見もあった」と述べて、反核という国民感情（核アレルギー）が原子力教育を推進するうえで大きな壁であると論じている。3本の入選論文のうち一本は、「無知から起ってくる恐怖や不安は取除かれねばならない」と結論づけていた（「原子力平和利用と理科教育　入選論文の要旨」65年9月5日付第331号）。

「アトムの子」その後

60年代、高度経済成長を支えるエンジニアの養成が急がれた。理系の時代といわれる所以である。前出の大山彰は「われわれ大学工学部のものの間では「求人難」という言葉がある。産業界の御要求に対して卒業生の数が足りないのである」と実情を述べ、叱られそうなアナロジーだがと断りつつ、解決策は「大学を工場と考え卒業生を製品と考え（中略）工場を増設して従業員も増加させ、新製品も売り出せばよいのである」と提案する。だが品質が低下し、意外に売れ行きが伸びないこともある、これでは大学も困るし、国家的にも損失だと話を戻し、「教育は時間のかかる仕事であることに御留意」されたしと結んでいる（前掲「加速器」58年11月5日付第88号）。

きわめて無難な線だろう。しかし、「アトムの子」づくりは急き立てられた。68年から69年にかけて、科学技術庁、通商産業省、運輸省、日本原子力研究所、動力炉・核燃料開発事業団、日本原子力船開発事業団、原産会議の主催、文部省、日本放送協会、朝日新聞社、都道府県教育長協議会、全国高等学校長協会、日本理化学協会の後援で、第5回原子力の日（68年10月26日）記念「原子力平和利用への期待」論文が募集される。『原子力産業新聞』69年4月3日付第469号には最優秀作に選ばれた3名の高校生と科学技術庁長官が対面している写真が載っている。

科学技術庁原子力局『原子力委員会月報』（69年4月号・第14巻第4号）によれば、応募総数は751点だった。最優秀の3名は静岡県・鹿児島県・秋田県、優秀の13名は埼玉県・大分県・山口県・東京都・長野県・岩手県・福井県・秋田県・静岡県・岐阜県の高校生だった。最優秀者には賞状と賞品（図書券）、

所属校には10万円相当の理科教材が贈られ、優秀者には賞状と記念品が贈られた。

入選者は原子力施設も見学している。東海・福島コースでは日本原子力普及センター展示館・原子力館、日本原子力研究所東海研究所、動力炉・核燃料開発事業団東海事業所、日本原子力発電株式会社東海発電所、東京電力株式会社福島原子力発電所、敦賀・美浜コースでは関西電力株式会社美浜発電所、日本原子力発電株式会社敦賀発電所を回っている。

入選した16名の高校生がその後どのような道を歩んでいったかはわからない。筆者は同世代である。論文募集の情報は北海道の片田舎までは届いていたのだろうか。もしも生徒の尊敬を集めていた人気理科教師から「どうだい、出してみないか」と勧められたら、どうしただろう。その気になったかもしれない。私も「アトムの子」だったから。

かわにし ひでみち◎1953年札幌生まれ。1976年弘前大学人文学部卒業、1979年立命館大学大学院文学研究科修士課程修了、1985年北海道大学大学院文学研究科博士後期課程単位取得満期退学、同年より上越教育大学助手・専任講師・助教授を歴任し、2007年より広島大学大学院文学研究科教授。博士(文学)。主要著書:『近代日本の地域思想』(窓社、1996年)、『東北』(中公新書、2001年)、『続・東北』(中公新書、2007年)、『せめぎあう地域と軍隊』(岩波書店、2010年)、『「東北」を読む』(無明舎、2011年)、Tōhoku: Japan's Constructed Outland (Brill, 2015) ほか。

鍼灸の地位はなぜ低いのか？
―私の中国留学経験から―

野口　創 ●登美ヶ丘治療院院長

はじめに

日本では、鍼灸治療は、差別されている。西洋医学と比べて一段と低くみなされ保険診療も適応外である。鍼灸の治療を受ける場合、患者は自費診療のため負担が大きく、治療の機会が措置的に制約されている。中国医学を正当に位置づけ直すことで医療の幅も拡がり、患者の利益にもつながる。

私がカナダ留学や中国留学で学んだことを記しておきたい。

カナダ留学

1992年から私は、カナダトロントのSHIATU CLINICという中国医学の診療所で働いた。SHIATU CLINICでは、指圧、推拿やマッサージといった手技療法を中心に、ほとんどが運動器系疾患に対する診療が行われていた。当診療所で診療に当たるセラピストは、日本人、中国人、カナダ人と国籍はバラバラで、それぞれ数名ずつ在籍していた。日本人セラピストは、日本の鍼灸大学などを卒業し、日本で臨床国家資格を取り、その後、何年か日本で経験を積み、カナダに来て診療していた。中国人セラピストは、中国の中医薬大学を卒業し、中国の大学病院などで臨床経験を積みカナダに来て診療に当たっていた。カナダ人セラピストは、SHIATU CLINICの日本人院長が、クリニックと併設して運営していた、SHIATU SCHOOL OF CANADAの卒業生で、その中でも優秀な者が、クリニックの専属セラピストとなり診療

させてもらっていた。

　カナダ人セラピストは手技療法のみで診療していたが、日本人セラピストや中国人セラピストは鍼灸治療技術もあったので治療に必要なケースでは鍼灸治療も併用して診療を行っていた。さらに、中国人セラピストは症状などから、さらに根源的な体質改善治療や慢性症状治療に対応するため、必要に応じて漢方薬を用いた治療も併せて行っていた。漢方薬治療といってもSHIATU CLINICに漢方薬房のような薬局が併設されていたわけではなく、チャイナタウンの漢方薬局で〇〇散、〇〇丸を購入して服用するようにと処方を出し、時には漢方薬の煎じ薬の処方を細かく紙に書き、その処方どおりに漢方薬局で調合してもらい、購入し、自宅で患者自身が毎日煎じて服用するといった具合である。

　しかし、私は、日本で、「鍼灸治療」「推拿治療（中国医学式マッサージ）」のみを学び、この2種の国家資格を得ただけであったため、SHIATU CLINICでは、漢方薬治療の指示は全く出来なかった。

　鍼灸治療や、漢方薬を含め中国医学をすべて学び、その知識を駆使して、根源的に病気や症状の改善に当たっている同僚の中国人セラピストから大きな刺激を受けた。中国医学を漢方薬も含めて総合的に学ぶ必要性を痛感し、2年間のカナダでのSHIATU CLINIC勤務を終了し、中国医学をさらに学ぶために北京中医薬大学への留学を決意した。

　そもそも、中国医学とは、現在の中国で行われている伝統医学で、欧米ではTraditional Chinese Medicine（TCM）と呼ばれ、日本では東洋医学あるいは中医学、中国伝統医学と呼ばれている。

　中国医学とは、独自の生理観、病理観および診断、治療法を持つ1つの体系化された医学であり、「中国医学三大治療法」を用いて病気を診断し、症状を治療する。

（1）「中薬治療（漢方薬治療）」は、天然の生薬（高麗人参とか当帰、甘草といったもの）を組み合わせた漢方薬処方を用いて治療する。
（2）「鍼灸治療」は、経穴（ツボ）に鍼を打ち、人体の持つ生命力・自然治癒力を引き出して治療する。
（3）「推拿治療（中国医学式マッサージ）」は、鍼や灸を用いず、同様の治療効果を上げる為に経穴（ツボ）や、皮膚、筋肉組織に刺激を与えて治療する。

　※中国医学は今春、WHOに正式に医学として認定された。

　中国医学には何千年という長い歴史がある。紀元前200年頃の中国最古の医学書『黄帝内経』には既に、中薬治療、鍼灸治療、推拿治療の記述がある。この長い歴史の中で、なぜ現代に至るまで3種の治療法が脈々と継承され発展してきたのか、それは、やはりそれぞれにしか治療できない病気や症状の存在があったからである。もしも鍼灸治療と推拿治療ですべての病気や症状に対処出来るのであれば、薬も何も必要のない、これほど安価で素晴らしい治療法はなく、中薬治療は淘汰されていたはず。逆に、中薬治療がすべての病気や症状に対処出来るのであれば、同様に鍼灸治療と推拿治療も淘汰されていたかもしれない。このことからも判るように3種すべてを勉強してこそ、本当の中国医学の専門家、すなわち中医師（中国医学の医師）になれる。

　例えば日本で西洋医学の眼科医師になる場合も、最初から眼科に特化し、眼科領域のことだけを学ぶのではなく、内科領域や外科領域などすべての領域を体系的に学んだ上で、最終的に自身の希望で眼科の専門医師になることを選択する。同様に、中国医学も鍼灸治療、推拿治療も、中薬治療（正確には中薬治

療には中医内科、中医外科、中医婦科等多くの分類がある)もすべての領域を学んだ上で、私は鍼灸治療を選択するべきだと考えている。

中薬治療、鍼灸治療、推拿治療、すべてを総合的に学べるのは、世界の中でも中国の中医薬大学に勝る教育機関は他にない。外国人であれば先ず中国語を学び、その上で中医薬大学において中国医学を学ばねばならないということである。

私が後に中国留学を経て知ることになるのだが、現在の中国の中国医学の臨床現場では、中薬治療が約70％、鍼灸治療と推拿治療で約30％ということである。

中国留学

私は、1994年から中国に留学した。初めての共産圏での留学生活。当時、まだ先進国とは言えなかった中国、さらに政治体制の違いもあり、カナダから中国へ来ると本当に多くの不自由さを感じた。まず留学生は、大学に併設された留学生寮に住む必要があり、学校の近くに自分で安い部屋を借りるなど、カナダや日本では当たり前にできたことが禁止されていた。留学生寮に住まない場合には学生ビザが無効になるという厳しいルールがあったため、設備が悪く家賃も他よりも高めでも住まざるを得なかった。また、これは留学生寮だけではなく、当時の中国全体の問題だったのかもしれないが、よく給水が止まったり、電気が止まったりした。シャワー中や洗濯中に給水が止まり困り果てたことや、夜の勉強中に電気が止まってしまい、仕方なく蝋燭の灯りで勉強するなど、それまで経験のないことばかりだった。寮生活は、留学生2名一部屋か、1名一部屋で、私は人生で初めて中国語も英語もままならない韓国人留学生との2名一部屋の共同生活をした。さらに門限、消灯、シャワー用温水利用の可能時間、洗濯場利用時間等が厳格に決められており、非常に窮屈に感じたのを今でも鮮明に記憶している。数ヶ月後に1名部屋の空きが出たので、私のプライベートは大きく改善されたが、門限のある生活、水や電気の不便な留学生活は続いた。しかし、中国人学生寮の実態を知り、私の考えは180度改めさせられた。当時、中国人学生も同様にたとえ自宅が大学の近くにあっても寮生活を義務づけられていた。中国人学生寮は8名一部屋で2段ベッドが4台あるだけで勉強机もおけない狭い簡素な部屋だった。中国人学生寮では、シャワーは週に一回、洗濯機はなく、洗面所で洗濯板を使い手洗いしていた。さらに食堂も留学生と中国人学生とは完全に別で、留学生の食堂には豪華ではないが、それなりのメニューがあり、レストランの様にその中の数種類から選ぶシステムだった。一方、中国人学生の食堂にはメニューすらなく、まるで学校給食のように自分のお皿をもって列に並び、ご飯とおかずを一品入れてもらうだけの質素なものだった。しかし、留学生の食堂より、はるかに安価であったので、食費節約のために私も数回は中国人学生の食堂で食事をしてみたが、その質素な食事を続けることは出来なかった。

しかし、大学での授業は、中国人学生と全く同じ講義室で、もちろん中国語で行われる。私は、中医薬大学入学前に1年間大連で中国語研修をしていたのだが、それでも中国語が母語ではない留学生の私にとって、授業についていくことは容易ではなく本当に苦労した。そのような状況でも、いつも一生懸命に勉強する中国人学生の純粋さや真剣さに励まされ、大きな刺激を受けて私は頑張れたのだと思っている。

当時、中国の講義室では、日本と違って前の席からどんどん席が埋り、日本のように後

ろの席を好むような不真面目な学生は居なかった。講義が休講になると休講を残念がったり、休み時間も、経穴（ツボ）の位置をお互いの身体で確認しながら勉強したり、教科書を読んでいる学生がほとんどで非常に驚いた。

中国は、1949年中華人民共和国の建国以来、中国医学の継承と発展を重要視してきた。これは、私の感じる数少ない中国共産党のもたらした良い部分の一つ。現在では、私の留学先である北京中医薬大学のような、大学教育によって中医師を各地で育成している。

中医師を目指す場合、高校を卒業後、主要都市にある中医薬大学に入学する。大学で針灸推拿学部または、中医薬学部を専攻し、卒業すると医学学士の学位を取得できる。大学卒業後、1年間の臨床研修を経て医師国家資格試験に合格した後、中医師として病院での仕事に就くことができる。

また、中国の医師は卒業した医科系大学の種類、中国医学系大学または西洋医学系大学かによって、中医師と西洋医師に分けられてはいるが、現在の中国では、中医師も西洋医師も中薬と西洋薬の両方の処方権を持ち、針灸治療も行える。両者の身分と地位は全く同じで、その職階もすべて同等である。いずれも実習医師→医師→主治医師→副主任医師→主任医師の順で昇進するシステムになっている。ちなみに、今日の中国では、医科系大学の内、中国医学系と西洋医学系の学生数比率は、一般的には3：7か4：6程であるといわれている。

中国の医療関連の上級管理監督機関は、西洋医学管理部署と中国医学管理部署の2つに分けられている。さらに西洋医学管理部署は、衛生部の管轄であり、中国医学管理部署は国家中医薬管理局の管轄である。針灸治療や中薬治療などの中国医学は、中医薬管理局の管轄の下、主に中医系病院、針灸系病院、あるいは西洋医学総合病院等の医療機関内に中医科、針灸科として存在している。

例えば、日本のODAで建てられた中日友好病院や、解放軍総合病院は、いずれも大型の西洋医学系の総合病院だが、病院内には中医科、針灸科も設けられている。イメージしやすいように説明すると日本の一般的な大型総合病院の中に、中国医学の中医内科、中医外科、中医婦人科等の中薬治療科と針灸科や推拿科などがあり、保険診療で治療が受けられるという感じである。

また、逆に中国医学系の総合病院もあり、例えば、北京中医薬大学東直門病院、中国中医科学院広安門病院などだが、病院内には西洋医学の内科、外科、呼吸器科等も当然入っている。

針灸病院という形式では、例えば、中国中医科学院針灸病院、北京市針灸病院という病院もある。私がインターネットで調べたところ、中国には18の針灸病院がある。

また、少し前の統計になるが、2008年中国衛生事業発展統計官報と全国中医薬統計の要約によると、中国には、2,688の中医系病院、800の中医系外来診療部門、29,902の中医系診療所がある。

日本のように、個人の鍼灸院という形式は中国では存在せず、西洋医学と同様に、保険医療に組み込まれ、針灸治療のために入院も出来る。もちろん総合診療なので、西洋医学、中国医学の分け隔て無く、西洋医学の薬や、中薬治療を併用することも可能である。

正式な医学として、針灸治療、中薬治療が、当たり前のように病院などの医療機関に取り入れられている中国の医療現場と比較すると、日本の医療現場では、偏見や誤解があって全く違う状況にあることを本当に残念というしかない。

中国では病院で、急性期や重症の患者まで

も、針灸や中薬でも治療しているケースも多い。日本では病院に鍼灸科や漢方薬で治療する科は皆無で、医師も鍼灸や漢方薬についてよく知らないのが現実。漢方薬は医療用漢方製剤として少しは病院でも診療に取り入れられてはいるが、日本の厚生労働省が認めているものはだいたい210種類くらいのみに限られている。中国では13,260種類以上もの中成薬（日本でいう漢方製剤、顆粒剤、糖衣錠やカプセル剤など、調合や煎じる必要のない加工された漢方薬）が認可されている。さらに中国の病院では、中成薬よりもほとんどの場合、中薬を処方する。中薬処方とは、それぞれの患者に合せて中医師の診断から、調合する生薬の種類や量を決め、オーダメイドの煎じ薬を作るのである。病気や症状によって組み合わせは無限で比較にすらならない。

日本と、このように大きな差があることは、日本の患者にとってプラスにはならない。

中国医学では、診断と治療システムが一体化しており、西洋医学の病名がどうであれ、病態を中国医学的に把握できれば、様々な角度から治療の可能性を見いだすことが出来る。西洋医学の検査では原因不明、病名すら不明、治療の方法すらない病気や、難治性疾患、難病、各種慢性疾患などに対して、中国では幅広く針灸治療や中薬治療が行われている。もちろん、すべての病気が中国医学で治せるわけではないが、中国医学の方が治癒効果の高いケースや、中国医学でしか治せない、中国医学であれば改善できる病気も存在することは確かである。日本では、そのような病気の患者は治療を諦めるか、長く続く慢性症状に悩まされ続けるのが現状である。

私は、西洋医学では良い治療法がなく、病気やつらい症状に苦しみ悩み続けている患者さんを少しでも多く中国医学で救うことが出来ればと思い、日本で鍼灸治療院を開き数人のスタッフとともに中国医学での治療実践に取り組んでいる。

最後に、このような貴重な執筆の機会をくださった小島さんに感謝いたします。

のぐち　そお◎1970年、京都府生まれ。1992年、鍼師、灸師、按摩・マッサージ指圧師　免許取得。1992〜カナダ（トロント）のSHIATU CLINICで研修・勤務。1994年〜北京中医薬大学に留学、中国南陽市張仲景国医大学で、李世珍教授の指導を受ける。また、北京中医薬大学附属病院や中日友好病院で研修を重ねる。1998年、奈良市に「登美ヶ丘治療院」開設（学研奈良登美ヶ丘駅に分院開院）。2014年、奈良市、ならやま大通り沿いに「登美ヶ丘治療院」（中国語、英語対応）を新規移転開院し現在に至る。著作『［チャート付］実践針灸の入門ガイド』（東洋学術出版社）翻訳・解説執筆、『針灸治療大全』（東洋学術出版社）共同翻訳など。

志賀直哉の見た発光生物

道広勇司 ●ソフトウエアエンジニア
大場裕一 ●中部大学応用生物学部環境生物学科准教授

一人の会社員が文庫本を手に大学の研究室を訪ねた。迎えたのは発光生物の専門家、大場裕一。客は道広勇司。二人は四半世紀前、短い期間ながら同じキャンパスに通っていた。長らく互いの消息を知らなかったが、大場の著書を道広が図書館で偶然見つけたこと

● Portfolio >>> 研究の前哨・余滴

をきっかけに、ときたまメールをやり取りする間柄となっている。

大場 よう、久しぶり。どうしたの。

道広 見て欲しいものがあってね。志賀直哉の「焚火」という作品に発光生物のことが書いてあった。ほらここ[1]。

　　何かに驚いて、Ｋさんがいきなり森から飛び出して来た。
　「どうしたんだ」
　「いましたよ。虫ですよ。あの尻の光っている奴が、こうやって尻を振っていたんですよ。堪ったもんじゃあない」Ｋさんは尺取り虫の類を非常にこわがった。息を跳反(はず)ませている。
　　それを見に入った。先に立ったＳさんが、
　「この辺かい？」と後の方にいるＫさんを顧みた。
　「そこに光ってるじゃあ、ありませんか」
　「なるほど、これだね」Ｓさんはマッチを擦って見た。一寸ほどの裸虫(はだかむし)がその割に大きい尻をもたげてゆるゆると振っていた。
　　その先が青くぼんやり光って見える。
　「これが、そんなにこわいかね」とＳさんが言った。
　「これからは其奴がいるんで、うっかり歩けませんよ。」とＫさんは言う。

大場 「尻の光っている奴」とあるね。

道広 これ何の虫だろう？「尻を振る」とか、まさかホタルじゃないし。以前見せてもらったDVDで、何か蠅の幼虫で光るやつがうごめいていなかったっけ？

大場 ヒカリキノコバエのこと？

道広 なんかそんな名前だった。あああ、あの映像を思い出すとぞーっとする！

大場 そういえば、君もその手が苦手だったね（笑）

道広 幼虫の類は思い浮かべるだけで叫び出したくなる。

大場 それでよく虫の話をしに来たな。

道広 嫌悪を科学的好奇心が上回ったわけ。

大場 それはそれは。で、これ、場所は？

道広 群馬県の赤城山に大沼(おの)というカルデラ湖があって、その湖畔に志賀夫婦が逗留していたときの一日を書いたものらしい。

大場 創作ではなく実際にあった話？

道広 文庫の解説などによると実際の出来事を描いたものらしい[2]。だから虫の描写も志賀が実際に見たとおりなんだと思う。

大場 ふうん、しかし「一寸ほどの裸虫」ねえ。一寸といえば、

道広 約30 mm。

大場 ちょっと思い当たらないなあ。日本の森にそんな大きな発光生物がいるとは思えないし、「青く光る」というのがどうもね。青く光る陸生の発光生物はほとんどいない。

道広 ここにくればすぐに分かるかと。

大場 まあ、そう急かさない。あと大事なのは時期だね。

道広 春から夏にかけてのいつかなんだけど、志賀の年譜とか調べれば判るかも。

大場 こっちもいろいろ調べてみる。

　　　　＊　　＊　　＊

　志賀直哉は1915（大正4）年5月、妻の康子(さだこ)と共に赤城山の大沼の湖畔にある猪谷(いがや)旅館に滞在する。直哉32歳。
　作中の「Ｋさん」はこの宿の主、猪谷六合雄(くにお)[3]。後に「日本のスキーの先駆者の一人」と評されることになる[4]。

作中の「Sさん」は洋画家の小林真二。志賀と同じ頃に猪谷旅館に滞在していた[3]。

猪谷と小林は直哉より7歳下。四人はしばしば連れ立って遊びに出かけたり、旅行に行ったりしている。

猪谷は志賀夫婦のため、「年を取った炭焼きの春さん」と共に、自ら大工仕事を行って旅館の近くに小さな山小屋を建てる。夫婦は夏をこの山小屋で過ごし、9月に赤城を去る。

「光る虫」を見たのは、ある程度小屋が出来た日のこと、夕食後に4人でボートに乗り、着いた岸辺で焚き火に使う白樺の皮や薪を求めて森に入っていたときであった。

＊　＊　＊

道広　時期がある程度絞れたよ。山小屋の完成度がポイントなんだ。

大場　虫を見た日、小屋はだいぶ形が出来ていたけれど、完成はしていなくて、移り住む前だったよね。

道広　そう。ところが全集の年譜に「六月、宿の主人猪谷六合雄に依頼して建てし山小屋に移る」という記述があるんだよ[5]。

大場　ということは、当の日は7月以降ではありえない！

道広　一方、角川文庫の「年譜」を見ると、大正4年に「五月鎌倉に移り、一週間にして上州赤城山大洞に移る。」とある[1]。

大場　つまり5月7日あたりよりも後か。

道広　来てすぐに小屋を建て始めたとは考えにくい。相談・設計・施工の時間も考えると、5月半ば以降だね。

大場　そういえば志賀が里見弴宛てに書いた手紙の中に小屋の話があった[6]。

道広　6月2日付けで、「家を建てるので毎日役にも立たない手つだひをしてゐる。」とあるね。それから、壁の作り方について、「す、を張るのだ。」とか「ムシロを二三枚入れてかこふのだ。」と書いてある。

大場　うん、作品中にも似た記述があった。

道広　この手紙の時点では、壁に関して、作り方は決まっていたけど、まだ施工はしていないように読める。

大場　どちらかというとまだ壁は作っていない印象を受けるね。

道広　ところが、作品の中では「蓆を入れた」という記述がある。しかも、山の下から牛や馬が上がってきたので、壁を食べられないよう「早く柵を拵えないと」と春さんが言っている。

大場　こちらは既に施工しているようだ。つまり、6月2日以降と。

道広　それから、「大正四年六月十三日十四日」の赤城での出来事を書いた「赤城にて或日」にこんな一節がある[7]。

自分も三四日前、近く住む為に六合さんに作つて貰つて居る小屋に根太板（ねだいた）を張ると、其晩牛に入られて何枚か板を踏み破（わ）られた。

大場　要するに6月9日～11日あたりに床板を牛に壊された、と。

道広　春さんの発言は牛に侵入される前と考えるのが自然じゃない？

大場　まとめると、虫を見た日は、5月半ばから6月末までの間で、おそらくは6月上旬、てとこかな。

＊　＊　＊

道広　で、虫の正体はなんだろう？

大場　ホタル科のなかでマドボタル亜科というのがあるんだけど、その幼虫ではないか、という気がする。群馬県あたりにいるのだ

と、クロマドボタル、オバボタル、オオオバボタルの3種が考えられるね。

道広 ホタルは幼虫のときも光るの？

大場 ホタル科の昆虫はすべて、幼虫期に発光するんだ。でも、成虫になると発光しなくなる種も多い。オバボタルやオオオバボタルもそのたぐい。クロマドボタルは成虫になっても弱く発光する。点滅ではなく、連続的にボーっと光り続ける感じ。

道広 さすが詳しいね。体長は？

大場 クロマドボタルの幼虫なら、終齢幼虫（蛹になる前の最後の幼虫ステージ）で20～24 mm。

道広 そのくらいの大きさなら「一寸」と表現してもおかしくはないんじゃないかな。ところで、クロマドボタルの幼虫は何色に光るの？

大場 ゲンジボタルやヘイケボタルの発光色は黄緑だけど、クロマドボタルやオバボタルのは「黄色っぽくない緑」。

道広 青く光るわけじゃないのか。

大場 うん、だから違うかもしれない。

道広 いや、待てよ。「青」っていう色彩語は、古くは範囲がとても広くて、緑色も含む場合があるってことを思い出した。

大場 そういえば「青菜」も色は緑だし。

道広 そういう複合語だけでなく、「青」「青い」「青く」って言葉が緑色にも使われる。

大場 そうかなあ。

道広 世代差が大きくて、緑のものに「青」や「青い」を使う率は高齢になるほど高いようだよ。志賀直哉の世代なら緑色に光る虫を見て「青く光って」と表現するのはごく普通だったと思う。

大場 ふうむ。

道広 次に行動だけど、「尻を振っていた」とか「尻をもたげてゆるゆると振っていた」とあるよね。

大場 クロマドボタルの幼虫は、尻の先の吸盤を使って自分の体をクリーニングするので、それのことかな。

道広 体をきれいにするわけ？

大場 そう。尻をねじって全身をペタペタとクリーニングする様子をよく見るよ。

道広 正解に近づいてきた気がするね。

大場 実は研究室にクロマドボタルの幼虫がいるんだけど見る？　やめとく？（笑）

道広 いや、科学優先（笑）

大場 これがそう。

道広 不思議な歩き方だね。お尻を杖にしながら、というか。

大場 尺を取ってるでしょ。

道広 ちょっと尺取り虫を思わせる歩き方。そういえば、作品中に「Kさんは尺取り虫の類を非常にこわがった。」とあったね。

大場 一読したときちょっと引っかかったんだ。なぜ「芋虫の類」や「幼虫の類」でなく「尺取り虫の類」なのか、って。

道広 もしかしたら、この歩き方が頭にあってあいう表現になったのかもしれない。

＊　　　＊　　　＊

道広 時期はどうなんだろう。

大場 5月下旬から6月だと、クロマドボタルの終齢幼虫が見られる条件に合っていると思う。

道広 大沼は標高が高いよね。調べたら、湖面が1310 mとか。

大場 クロマドボタルは低地によくいるんだけど、1000 m以上でも見つかっている。

道広 では、時期と場所は問題なし、と。

大場 ところで、虫を見たのって、雨上がりだったよね。

道広 何しろ作品の冒頭が「その日は朝から雨だった。」だし。

大場　クロマドボタルの幼虫は主に小型の陸貝（陸上に棲む巻貝で、カタツムリの仲間やキセルガイなどを含む）を襲って食べるので、雨のあとに活動している、というのは理にかなっている。

＊　＊　＊

道広　オババボタルやオオオババボタルは違う？
大場　可能性はある。ただ、どちらも幼虫が野外で見つかることはめったにない。その点、クロマドボタルの幼虫は、葉っぱの上なんかにも出てきてよく目立つ。
道広　Kさんはこの虫を以前から知ってたんだよね。「これからは其奴がいるんで、うっかり歩けませんよ。」なんて言ってるから。
大場　そうか！　今が出始めの時期だということも分かっているんだ。
道広　何度も遭遇している感じだね。
大場　もしそうなら珍しいオババボタルやオオオババボタルではなくてクロマドボタルで間違いないと思う。

＊　＊　＊

大場　志賀の使った色彩語について発見があったよ。同じ角川文庫に入っている「雨蛙」という作品にこういう一節がある[1]。

　電柱の中ほどに何か青い物を認めた。何だろう？　そう思ってすぐ雨蛙だということに気付いたが、

大場　アマガエルの色は基本的に緑。まあ黄色の色素が欠失した本当に青っぽい変異個体も稀に見つかるけど。アマガエルやトノサマガエルなんかの緑色のカエルを全般に

クロマドボタル *Pyrocoelia fumosa* (Gorham, 1883)
ホタル科マドボタル亜科マドボタル属
日本の固有種で、近畿地方以北に広く分布する普通種。成虫は低地で6月上旬に、高地では7月中旬に発生する。幼虫は夜行性で、歩きながら連続光を発する。発光の役割は、不味物質もしくは毒物質を持っていることのアピール（警告）であるとされる。成虫は昼行性で、主に性フェロモンを使って雌雄コミュニケーションをしている。写真は、クロマドボタルの幼虫。右側の尾端の白っぽい部分が発光器

「青蛙」とも言うよね。
道広　やはり緑色のものに「青い」を使っていた、と考えてよさそうだね。
大場　そもそも、クロマドボタルに限らずホタル科の幼虫の発光はそう強くないので、ヒトの目には色がよくわからないはず。それに、光が弱くて色がわかりにくいと、つい「青白い光」なんて言い方をしてしまうよね。そのことも関係してるのかな。

＊　＊　＊

道広　さて、結論としてはクロマドボタルの幼虫ということでいいの？
大場　確実性は高いと思う。
道広　実際に大沼の森に生息していることが確認できればいいね。
大場　いま、ホタルに詳しい知り合い達から情報を集めてるんだけど、大沼のすぐ隣にある小沼（湖面標高1460 m）のほとりでクロマドボタルの幼虫をかつて目撃したという情報が得られたよ。
道広　それ、ほとんど当たりじゃない？
大場　ただ、それが何月何日だったか、記録

が見当たらないらしい。そこで今年の6月17日に小沼周辺で改めて探してくれたんだけど、見つからなかったって。

道広 なんとも残念。じゃあ、今度の6月に大沼へ一緒に探しに行く？

大場 それで、もし君がいきなり森から飛び出してきたら、大当たり！というわけだ。

この会話は、実際にはメールで行われたやり取りを元に構成したものです。

文献の調査にあたっては千葉市図書館および千葉県立中央図書館のレファレンスカウンターにお世話になりました。また、赤城小沼のクロマドボタル情報は、ぐんま昆虫の森学芸員の筒井学氏に提供いただきました。

参考文献

[1] 『城の崎にて・小僧の神様』角川文庫（2012）
[2] 前掲書「作品解説」（阿川弘之）には、「焚火」を含む複数の作品について「作者の経験した事実をそのまま叙した作品」とある。
[3] 「一所不在」、『志賀直哉 上』阿川弘之 著、岩波書店（1994）、p. 228
[4] 『猪谷六合雄 人間の原型・合理主義自然人』高田宏 著、平凡社ライブラリー（2001）、p. 10
[5] 『志賀直哉全集 第二十二巻』岩波書店（2001）、p. 24
[6] 『志賀直哉全集 第十七巻』岩波書店（2000）、p. 272
[7] 『志賀直哉全集 第三巻』岩波書店（1999）、p. 427

みちひろ ゆうじ◎1968年兵庫県生まれ。技術雑誌の編集者・記者、組版オペレーターを経て、2005年よりウェブ・印刷物の制作およびシステムの設計・開発に従事。著書に『MathML 数式組版入門』（アンテナハウス）などがある。文字・組版・印刷・視覚・言語・専門書・図書館・異文化などに興味を持つほか、市民と専門家のつながりに関心がある。職歴のせいで、本を読むときはつい校閲読みをしてしまう。

おおば ゆういち◎1970年札幌生まれ、山形育ち。北海道大学理学部化学科卒。博士（理学）。名古屋大学大学院生命農学研究科助教を経て現職。「発光生物学」と名前をつけて、発光メカニズムから、分布調査、系統分類、文化史まで、発光生物に関するあらゆる研究を行っている。主著に『ホタルの光は、なぞだらけ』（くもん出版）、『恐竜はホタルを見たか』（岩波科学ライブラリー）、総監修に『光る生き物』（学研プラス）、翻訳監修に『ホタルの不思議な世界』（エクスナレッジ）がある。

日本農業に迫り来る危機と、世界最先端のイスラエル農業

竹下正哲 ●拓殖大学国際学部教授

人類が見たことのない農業の誕生

およそ400年前、初めて望遠鏡が発明されたときのショックを想像できるだろうか。

それは、タブーへの挑戦だったに違いない。それまでは、星々がきらめく天上界というものは、神々が住む世界であったはずだ。しかし、望遠鏡が発明されると同時に、ありのままの星々が見えるようになってしまった。月とは、クレーターだらけの荒野であり、土星には輪があり、木星には無数の月がある、とはっきり観察されてしまった。それまで人類が何千年とかけて積み上げてきた宇宙の知識は、望遠鏡が生まれた後のたった10年間で、軽々と追い抜かされてしまうことになる。それほどまでに、望遠鏡の衝撃は大きかったはずだ。

今の時代も、それと同じことが起きている。AIの登場が、今まさに世界を恐怖と困惑に陥れようとしているが、農業の分野でもまた、

大きな革命が次々と起きつつある。日本は、もう農業技術に関してはすっかり後進国になってしまっているので、その変化にまったくついていけていないのだが、世界——とくにヨーロッパ、イスラエル、アメリカ——はテクノロジーの進化に合わせて、農業も急速に変化している。おそらくこれから先20年の農業の変化は、これまで人類が数千年かけて積み上げて農業を、軽々と凌駕してしまうほどドラスティックなものとなるだろう。望遠鏡と同じだ。人類がこれまで見たことも想像したこともないAI農業が、今まさに生まれようとしている。

そういう話を聞くと、多くの日本人は眉をひそめると思う。「そんな農業はいやだ。農業に新しいテクノロジーはいらない」。そう拒絶反応を示す人が多いと思う。僕自身も、実はそうだ。農業はやはり昔ながらの伝統的な手法が一番いい、と個人的には感じる。でも同時に、そんな甘いことを言っている場合ではない、という現実がある。というのも、日本の農業には深刻な危機が迫っているからだ。どんな危機かというと、日本の農業がまるごと滅びるかもしれない、という危機だ。それは決して大げさな表現ではない。だが、そのことに気づいている日本人は少ない。

つい先日（2018年7月）、興味深い本が出版された。内田樹さん、養老孟司さんらによる『「農業を株式会社化する」という無理、これからの農業論』という本だ。僕は、内田さんも養老さんもとても尊敬しており、これまでにも多くの著作を愛読し、多大なる影響を受けてきた。だから、この本もとても興味深く読ませていただいた。本の内容としては、まさに農業がビジネス化していくことに対する反論で、おそらくそのような考え方が、今の日本の主流ではないかと思う。

心情的には、僕も内田さんや養老さんの主張に賛同する。正しいと思う。でも、同時に「正しいだけではいけない」とも強く感じる。というのも、危機が迫っている中にあっては、「どんな農業が正しくて、どんな農業が間違っているか」という議論は意味をなさないからだ。大切なのは、「どんな農業なら滅びてしまい、どんな農業なら生き残れるか」という議論だ。いい悪いの話ではなく、生きるか死ぬかの話なのだ。その「いかにしたら生き残れるか」を考えるためには、まずは海外に目を向けることが大切であり、その中でも日本にとって一番のお手本となるのが、イスラエル農業だろうと僕は考えている。

農業へのイメージのほとんどは間違い

日本にはいったいどんな危機が迫っているのか、そしてそれに対してイスラエル農業がどのような助けになるのか、を理解するためには、まず誤解をひもとくことが先決になる。というのも、多くの日本人は——農業関係者も含めて——日本の農業についてたくさんの誤解をしてしまっているからだ。まずは、その誤解を正していかないことには、とるべき戦略を立てようもない。

まず日本の「農業」というキーワードを聞いて、みなさんはどんなことを思い浮かべるであろうか？

農家の減少、担い手不足、農家の高齢化、低い自給率、農地の減少、耕作放棄地…

そういった暗いイメージが思い浮かぶのではないだろうか。ニュースなどを見ていると、必ずこういった論調で危機が叫ばれている。しかし、実はこれらの問題は、どれもまったく問題ではない、と言われたら、驚くだろうか。少なくとも、どれも解決可能であり、表面的なことにすぎない。ここでは詳しく解説するだけのページ数がないのだが、たとえば「農家の数が減っている」という指摘につい

て見てみると、それは日本だけの現象ではなく、世界共通の傾向であり、問題でも何でもない。ヨーロッパ、アメリカでは、日本以上のペースで農家が激減している。実のところ、日本はまだまだ農家の数が多すぎるのだ。もっともっと減らないといけない。さらに言えば、日本では「偽農家」が3分の2を占めているので、その人たちに退場願わないといけない。でも、日本だけを見ていると、その真実に気づくことが難しい。

　食糧自給率の問題についても、日本はカロリーベース自給率というまやかしの数値を使っている。それは農林水産省が発明した奇妙な計算方法であり、世界で他に使っている国は一つもない。なぜそんな数値を使うのかについては、もちろん理由があるのだが、とりあえずここでは、日本の食糧自給率38%という数字は、実は問題でも何でもないことを指摘するにとどめたい。要は、多くの日本人が信じている農業問題というのは、そのほとんどすべてが誤解であり、本当の問題はまったく別のところにあるのだ。

　そして、その本当の問題とは何か、を知るために、まずこの質問を考えてみてほしい。「世界で一番安全な作物をつくっているのは、どの国だろうか？」裏返すと、「世界で一番危険な作物をつくっているのは、どの国だろうか？」もちろん、何をもって危険とするかについては、人によって違うだろう。ここでは仮に「農薬（殺虫剤、殺菌剤、除草剤など）をたくさん使っている作物ほど危険」としてみよう。つまり、世界で一番農薬を使っている国はどこだろうか？

　学生たちにこの質問をすると、たいてい「アメリカ、中国」といった答えが返ってくる。逆に「世界で一番安全な作物をつくっている国は？」という問いに対しては、9割近くの人が、「日本」と回答してくる。

　だが、この認識は大きく間違っている。FAO（国連食糧農業機関）の統計によると、2000年の時点では、世界で一番農薬を使っている国は日本だった。その後、中国、中南米が急激に伸びてきて、2014年ではコロンビア、チリ、中国、日本という順番になっている。事実として、日本は世界トップクラスの農薬大国といって間違いない。アメリカはずっと少なく、日本の4分の1しか使っていない。ヨーロッパも低く、イギリスは日本の4分の1、ドイツは3分の1、フランス3分の1、スペイン約3分の1、デンマーク20分の1、スウェーデン20分の1となっている。

　日本人の多くは「国産野菜が一番安全」と信じているが、それは間違った神話なのかもしれない。少なくとも、農薬の量から見るならば、日本野菜と中国野菜にそれほどの違いはなく、両方とも世界トップクラスの薬漬けと言っていい。

　次に、「日本の農業は本当に衰退産業なのか？」という問いについて検証みよう。日本の農業は、本当に弱いのだろうか。衰退しつつあるのだろうか。そう信じている人が多いが、実際はそれも誤った認識と言える。農業生産を金額で表したGross Production Value（農業総生産額）という指標がある。それによると、日本は世界150カ国中第8位にランキングしている。つまり、日本は世界第8位の農業大国と言ってもよいことになる。数年前には、過去最高の世界5位を記録したこともあった。日本農業は決して弱くない。むしろ強い。

　その強さは、金額だけでなく、生産量からも裏付けられている。たとえばホウレンソウを一番多く生産しているのはどの国か知っているだろうか。FAO統計によると、1位は中国、2位はアメリカとなっている。そして3位に日本がつけている。驚いたことに、日本

表1 日本とイスラエルの生産量、収量ランキング比較

作物	日本 生産量(t) ランキング	日本 収量(t/ha) ランキング	イスラエル 生産量(t) ランキング	イスラエル 収量(t/ha) ランキング
アーモンド	-	-	20	1
リンゴ	18	25	53	11
アプリコット	9	32	42	13
アスパラガス	8	19	42	6
アヴォカド	-	-	12	15
バナナ	128	118	54	5
ソバ	10	27	-	-
キャベツ	7	16	65	121
イナゴマメ	-	-	12	13
ニンジン	10	33	29	4
サクランボ	18	29	44	9
栗	8	20	-	-
ひよこ豆	-	-	21	2
ピーマン	23	15	19	12
キュウリ	10	30	36	23
ナツメヤシ	-	-	17	10
ナス	8	17	30	22
イチジク	13	7	31	4
グレープフルーツ	-	-	10	2
ピーナッツ	61	31	60	1
キウィ	10	17	14	8
レモン	57	28	24	3
レタス	6	18	41	72
食用トウモロコシ	15	24	21	7
飼料用トウモロコ	159	97	109	4
マンゴー	67	61	39	5
その他ナッツ	-	-	46	1
オリーブ	-	-	19	12
タマネギ	18	6	65	50
ネギ	3	19	43	50
桃	19	21	26	15
梨	12	16	37	13
柿	4	13	10	1
プラム	36	31	38	10
ジャガイモ	27	23	58	18
カリン	46	31	25	4
米	13	24	-	-
ベニバナ	-	-	21	9
綿花種子	-	-	44	6
ゴマ	71	48	68	4
ソルガム	112	-	50	6
ほうれん草	3	36	53	51
イチゴ	10	15	27	4
ヒマワリ種	-	-	51	1
サツマイモ	13	8	56	20
ミカン	7	20	19	34
里芋	8	11	-	-
お茶	10	23	-	-

(FAO statより著者作成)

は世界で3番目にホウレンソウを生産しているのだ。

　他にも、日本が世界ベスト10にランキングしている作物はたくさんある（表1）。ネギは世界第3位、アスパラガス8位、キャベツ7位、レタス6位、ナス8位、ニンジン10位、キュウリ10位、ミカン7位という具合に、ベスト20までカウントすると、実に26品目もランクインしている。世間のイメージとは裏腹に、日本農業は実はかなり強い、という実態がよく見える。

　一方、イスラエルを見てみよう。イスラエルの生産量はどれくらいすごいのか、と比べてみると、それほど振るわないことに気づく。ネギは世界第43位、アスパラガスも42位、キャベツ65位、レタス41位、ナス30位、ニンジン29位、キュウリ36位、トウモロコシ（食用）21位、タマネギ65位などとなっており、世界ランキングベスト10に入るものは、グレープフルーツ、柿の2つしかない。20位以内でも、10作物しかない。日本の生産量と比べて、かなり見劣りがしてしまう。

　これだけを見ると、日本とは立派な農業大国で、イスラエルなどから学ぶことは何一つないように見えてしまう。しかし、冷静に考えてみると、これは実は公平な比較ではない。というのも、このランキングは国全体の総生産量で比べているため、国土が大きな国は、当然有利になる。イスラエルは日本の四国ぐらいの面積しかないので、世界と太刀打ちできるはずがない。そこで、国土の大小による不公平をなくすために、単位面積（1haあたり）あたりの生産量で比較をしてみたら、どうなるだろうか。

　すると、日本のランキングはぐっと落ち込んでしまう。表1の「収量」の列がそれに当たるが、世界第3位だったホウレンソウは、1haあたり収量となると、36位に下がる。ネギも生産量では3位だが、1haあたり収量となると、19位に下がる。アスパラガスは8位から19位へ。キャベツは7位から16位、ニンジンは10位から33位。キュウリは10位から30位、ナスは8位から17位とどれもランキングを下げている。生産量から見えたような「日本農業は強い」という印象は薄れざるを得ない。それに対し、イスラエルの1haあたり収量は目を見張るものがある。得意な作物は当然日本と違ってくるのだが、世界ランキングベスト10に入るものがたくさん現れてくる。

　アーモンド世界第1位。ピーナッツ1位、グレープフルーツ2位、ひよこ豆2位、レモン3位、ニンジン4位、イチジク4位、バナナ5位、アスパラガス6位と世界ベスト10に入る作物が25種類もある。ベスト20以内となると、35品目にものぼる。

　これらの数字から見えてくるのは、日本農業とイスラエル農業の際だった特徴である。まず日本農業は、総生産量では世界トップクラスと言っていい。しかしその生産効率は、決して高いとは言えない。一方イスラエル農業は、総生産量はたいしたことはない。が、その生産効率は驚くほど高く、多くの作物が世界トップレベルとなっている。

鎖国している日本

　日本農業の特徴としては、①まず、農薬を大量に使っている、②総生産量は多いが、③1haあたりの収量はそれほど高くはなく、効率性に問題を抱えていることがわかる。それでも、こういった農業で日本はそれなりにうまくやってきた。日本の作物はおいしいし、国民から愛されている。だから、多くの人は「日本は、このままの農業でいいじゃないか」と思ってしまうことだろう。先ほどの内田さんや養老さんの著作も、そのようなスタンス

だった。今のままでいいじゃないかと。しかし、もはやそういう選択肢はない。今のままを続けることは、不可能なのだ。なぜかというと、戦後70年間、日本の農業をずっと支えてきた二つの仕組みがいよいよ崩壊していくからだ。その二つの仕組みとは、「鎖国」と「膨大な農業補助金」のことだ。

鎖国から見てみよう。多くの方にとっては、鎖国とは江戸時代に終わったことであり、今の日本が鎖国しているとは信じられないという認識だろう。だが、冷静に日本の農業を見つめてみると、鎖国をしているとしか思えない状況にすぐに気づく。

鎖国とは言っても、ある種の作物は大量に輸入している。トウモロコシを毎年1,500万トン近く輸入しているのを筆頭に、小麦、大豆、菜種のほとんどを輸入している。しかし、輸出となると、日本はまったくと言っていいほどしていない。話をわかりやすくするために、諸外国との比較を通しながら見ていくことにしよう。世界でもっとも野菜・果物を輸出している国は、いったいどこだろうか？

農地1haあたりで、どれだけ輸出しているかという比較をしてみると、世界1位がオランダ、次いでベルギー、イスラエル、チリ、ニュージーランド、スペイン、イタリアといった順番になる。オランダが世界一の輸出国となっているが、ただ輸出先を詳しく見てみると、ドイツ、イギリス、ベルギー、イタリア、スウェーデン、ポーランド、フランスとほぼ決まっている。つまり近隣の国々だ。オランダからドイツへの輸出というのは、実は東京－青森間ぐらいの距離でしかない。ロンドンへの輸出といっても、東京－札幌間ぐらいのものだ。はたしてそれを「輸出」とカウントしてよいものだろうか。2位のベルギーも同じ状況で、近隣諸国にしか輸出していない。それに対し、3位のイスラエルは、本当に遠い国々へ輸出している。ロシア、オランダ、フランス、イギリス、カナダ、ブラジル、インドなどだ。そういった意味では、イスラエルこそが世界最大の輸出国と見なしてよいのかもしれない。

では、肝心の日本はどうであろうか。どれくらい、海外に輸出しているのだろうか。統計を調べてみると、驚かされるだろう。というのも、日本はほぼ何も輸出していないからだ。野菜・果物の中で日本が輸出しているものといえば、2つだけ、リンゴとお茶のみだ。それでも、その輸出量たるや微々たるもので、国内で生産されたリンゴ、お茶のうちの、それぞれたった2.6％、3.6％しか輸出していない。そしてその2つ以外は、もう輸出量は限りなくゼロに近い。キャベツは全生産量の0.05％、イチゴが0.08％、米が0.18％、ニンジン0.06％、ピーマン、キュウリ、ナス、タマネギ、トウモロコシ、ネギ、ホウレンソウ、ジャガイモなどにいたっては0.00％、となっている。世界トップレベルにたくさんの野菜を栽培しているというのに、世界に輸出しているのは、ほぼゼロということがわかる。世界をまったく見ていないのだ。

参考までにオランダやイスラエルがどれだけ輸出しているかというと、イスラエルは国内でつくったピーマン、パプリカの48％を世界に輸出している。ナツメヤシは67％、アヴォカドは61％、ニンジン53％、ジャガイモ42％、トウモロコシ53％となっている。作ったものの半分以上を遠いヨーロッパ、ロシア、ブラジル、インドなどに輸出しているのだ。日本との差に驚かされるだろう。

輸出率で言えば、オランダはさらに興味深い。オランダは、国内で作ったトマトの119％を輸出している。ピーマン、パプリカは125％、キュウリが102％、イチゴ104％、リンゴ87％、ナシ81％となっている。輸出

率が100%を超えている意味がわかるだろうか。それは、輸入してまで輸出していることを表している。そのためブドウの輸出率は44960%、菜種は9269%とむちゃくちゃな数字なる。こういうオランダのような農業を、多くの日本人は想像すらしたことがなかっただろう。それが「鎖国」と僕が呼ぶゆえんである。

海の外、世界の農業はここ20年ほどでものすごい変化を遂げた。日本は、そんな海外をまったく見ていない。世界に売ろうという気がまったくなかったからだ。狭い国内しか見ておらず、いまだ都道府県ごとの産地競争に明け暮れている。生産効率（1haあたり収穫量）は1970年代からまったく進歩しておらず、海外と比べると、悲しいほどに競争力がなくなっているが、それでも、外国産を日本から閉め出してきたおかげで、誰もそこに問題を感じることがなかった。

「日本の農業を守るために、外国の作物を入れてはいけない」、そう考えている農業関係者は多いだろう。確かにこのまま鎖国を続けられるのならば、それもよいかもしれない。でも残念ながら、もうそれは許されない。時代が変わったのだ。黒船は来てしまった。

TPP（環太平洋パートナーシップ協定）は大きな警告だった。今はヨーロッパとEPA（経済連携協定）を進めている。日本は、尋常ではない高関税（たとえばコメは788%）で外国農産物を閉め出し、鎖国を続けてきた。日本人はそれを当然と思っているかもしれないが、世界から見ると、とても非常識なことと言わざるを得ない。なぜなら、世界的に見ると、日本はたいへんずるいことをしているからだ。

1990年代に締結されたGATTウルグアイラウンドでは、日本、アメリカ、ヨーロッパなどの先進国は、「農業に対する関税と補助金をなくす」と途上国に対して約束してしまった。その代わり、途上国は工業製品に対する関税をなくすと約束した。これは、途上国側が大きく譲歩したことから、「大いなる手打ち（the grand bargain）」とも呼ばれた。工業製品の関税が低くなったおかげで、日本の自動車やパソコンが世界でたくさん売れ、日本は大もうけすることができた。

では、その見返りに、日本やアメリカは約束を守っただろうか。農業に対する関税や補助金をなくしていっただろうか。事実としては、約束は完全に踏みにじられた。先進国の農作物に対する関税や補助金は、減るどころかむしろ増えていった。そして、まんまとだまされたことに気づいた途上国は、ガットに続くWTO交渉では、最初から敵対ムードとなった。WTOの会議が開かれるたびに、街頭には過激なデモ集団が集まり、車がひっくり返され、火がつけられ燃やされた。毎回警察や機動隊が出動する羽目になり、1999年のシアトル総会では、非常事態宣言が出されてしまったほどだ。そうしてWTOは最初から混乱続きで、2003年にメキシコ・カンクンで開かれたWTO閣僚会議では、先進国と途上国の利害が完全にぶつかり合い、交渉は決裂した。

それ以外にも、日本はIMFや世界銀行を通して、途上国に関税撤廃を迫り、農業補助金を廃止させてきた。僕が毎年訪れているネパールも、元々は日本と同じように鎖国をして、多額の補助金で農家を守ってきたのだが、IMFや世界銀行からの圧力によって無理やり開国させられた。補助金もゼロにさせられ、農業が丸裸にされてしまった。その結果、インド・中国から粗悪な農薬・肥料が流れ込み、その混乱に飲み込まれる形で、ネパール農業は崩壊してしまった。

IMFや世界銀行というのは、先進国から

の出資によって成り立っている。アメリカが1番の出資国であり、2番目が日本となっている。つまりネパール人の目には、「アメリカや日本が自分たちの農業をだめにした」と映ってしまっていることだろう。それなのに、当の日本はというと、世界のどこよりも高い関税をしき、天文学的な農業補助金で農家を守ろうとしている。世界から見ると、こんなずるい話はない。

そんな日本であっても、これ以上ずるを続けることは難しくなってきた。完全にグローバル化したこの時代にあっては、日本も遅かれ早かれ開国せざるを得なくなる。実際TPPでは、コメの関税は維持したものの、他の関税は大幅に削られることになった。農業補助金も、この先大幅に減っていかざるを得ないだろう。というのも、日本の国家にもうそれほどの余裕はないし、何よりも、いったい農家を守るためにどれだけの税金が使われているのか、その実態を国民が知ったら、きっと怒りだすだろう。

さて、そうしていよいよ鎖国が終わる。そのとき、日本の農業はどう変わるだろうか。その意味を真剣に考えたことがあるだろうか。とくにヨーロッパとEPAが締結される意義は大きい。それはすなわち、ヨーロッパ産の野菜と果物が、日本のスーパーに並ぶことを意味している。その恐ろしさがわかるだろうか。

すでに今も、中国産のニンニク、メキシコ産のカボチャ、アメリカ産のサクランボなどがスーパーに並んでいる。でも、たいした混乱は起きていない。というのも、日本の主婦の心理からすると、「中国産やメキシコ産の野菜は、なんか怖い。だから多少高くても、国産を買おう」となっているからだ。しかし、ヨーロッパ産が来たらどうなるだろうか？フランス産のパプリカ、ベルギー産のトマト、スペイン産のブドウ、主婦たちははたして国産とどちらを選ぶだろうか。「おいしいけど、値段が高くて、農薬が多い国産野菜」か、あるいは「おいしくて、値段が安くて、農薬が少ないヨーロッパ産野菜」か。

勝負は見えているだろう。正直、日本野菜が勝てる要素が見つからない。

ヨーロッパ産の野菜と果物が押し寄せてきたとき、日本の農業は壊滅的なダメージを受けることになる。主婦たちはもちろんのこと、中食・外食産業は、もうヨーロッパ産に飛びつくだろう。日本の農業は本当に滅びてしまうかもしれない。

すでに世界では、食料というものは巨大なグローバルビジネスになっている。たとえば石油がエクソンモービル、ロイヤル・ダッチ・シェル、BPなどのほんの数社（石油メジャー）によって支配されているように、食料もカーギル、ADM、ブンゲなどのほんの数社（穀物メジャー）が、世界の穀物を支配し、コントロールしている。日本は鎖国をしているので、これらの存在を知らない人がほとんどだが、今後開国したときには、一気に世界のメジャーたちが押し寄せてくることになる。はたして、今の日本の農業で、それらの世界的ビジネスと渡り合っていくことができるのだろうか。

日本に迫りつつある危機については、十分に解説できていないのだが、イメージはなんとなくつかめたことと思う。日本は戦後70年間鎖国を続けてきたが、いよいよ開国を迫られてしまっているのだ。黒船が押し寄せてきている。そしてそれに対する日本の反応はどうかというと、まさに幕末のときとよく似ている。多くの農業関係者は、「攘夷、攘夷」と刀を振り回し、外国を追い出そうとしている。確かにそれができるのなら、それもよいだろう。でも、現実的には不可能だ。刀や槍

●Portfolio >>> 研究の前哨・余滴

では黒船に立ち向かえないのと同じように、これまでの日本のやり方では、とうてい歯が立たない。農家自身も気づいていないことだが、日本の生産性は1970年代で止まってしまっている。トマトを例にとれば、オランダの収量（1haあたり生産量）は、いまや日本の15倍になっている。15倍もの差があって、どうやって戦えばいいというのか。それだけ日本農業は、世界から後れをとってしまっているが、その遅れにすら気づいていない。いつの間にか、中国にも抜かされている。

今日本がするべきことは、「攘夷、攘夷」と叫んで外国を排斥しようとすることではなく、かつて明治政府がしたように、外国が先に行ってしまったことを謙虚に認め、それに学び、追いつき、追い越そうとがんばることではないだろうか。

『平家物語』の冒頭では、諸行無常がうたわれている。この世のあらゆるものは、常に移り変わっていく。永遠ものは何一つない。その変化こそが真理だと教えてくれている。農業も同じではないだろうか。常に変わり続けないといけない。好むと好まざるとに関わらず、時代に合わせて変化していかねばならない。変化を拒んだ者は、滅びるしかない。

今世界の農業は、最先端のテクノロジーを駆使して、日本人が考えたこともない形に進化している。しかも、最先端農業でありながら、日本の農業よりもずっと環境に優しい。農薬はずっと少なく、環境負荷も少ない。なのに、収穫量ははるかに多い。そういった黒船が来てしまったことをしっかりと認識して、その上で、ひるむことなく先へ進もうじゃないか、と僕は主張している。そのとき、イスラエル農業が、大いに参考になるだろうと考えている。今その本を執筆している最中だが、常に頭の中にあるのは、「残されている時間は決して多くはない」という思いだ。

昨年から養蜂家にもなった。朝4時に学生たちとハチミツを収穫している様子。
こういう昔ながらの農業は素晴らしいと感じる。

たけした　まさのり◎1970年生まれ。北海道大学大学院農学研究科博士課程修了。博士（農学）。小説家（第15回太宰治賞受賞）、博士（農学）。専門に特化したスペシャリストではなく、様々な分野をつなぐジェネラリストとして、「農業」「武術」「物語」といった世界から本質についての探求を続けている。農業では、主にイスラエル式ドリップ農法と遺伝子組み換え作物を研究している。

「孤高の画家」山内龍雄の三作品

「作品」油彩・キャンバス, 1996, 27.3 × 22 cm

「作品」油彩・キャンバス, 1996, 100 × 100 cm

「雲―孤高」油彩・キャンバス, 1989, 53 × 33.3 cm（佐々木所蔵）

山内龍雄（1950-2013）　北海道釧路近郊の産。地元の高校卒業後、郵便局に勤めたが3年で辞職。その後、絵画を独学。1984年から翌年にかけて画商の須藤一實に見いだされ、銀座の画廊で展覧会を開催。オーストリアをはじめ、世界中で高い評価を得始めた矢先の2013年12月、釧路のアトリエで制作中に仆れているのを発見された。生涯独身であり、「孤高の死」であった。ギャラリー・タイムの須藤は、2016年に神奈川県藤沢市に山内龍雄芸術館（info@yamauchitatsuo.net）を開館し、遺作を展示している。山内は、絵画制作中、バッハ音楽を聴くのをつねとしたという。近く「老賢者と少年」が芸術館に戻ってくる。「雲―孤高」は現在、佐々木力の横浜の寓居を飾っている。「孤高の美」なるここに掲載の賛辞は、佐々木が1990年代末、山内の銀座での展覧会のために執筆したエッセイ。

●Portfolio >>> 研究の前哨・余滴

孤高の美

佐々木力

　山内龍雄には1989年に描かれた「雲」とかつて題された作品がある。ぽっかりと空に浮かんだ白い雲が、横長の長方形の枠の中に収められている絵である。雲は、別様に、人が行くあてもなくふわりふわりと漂っているようにも見える。が、この絵の芸術作品として真骨頂は、中の小さな横長の長方形と全体の大枠である縦長の長方形によって囲まれる幅広い空間にある、と私は思う。その空間の形状と色彩が、ともに秀逸なのである。色彩は言語表現を拒絶する暗い藍色である。奈良の斑鳩の里を訪れた時に初めて目にすることのできる、古代日本の高い精神の目覚めを告げてでもいるかのような色が、なんとも言えない美の在り処を告げているのである。私は、この作品に「雲─孤高」と自分なりのタイトルを附して、鑑賞することにしている。

　山内の絵というと、もうひとつ、1993年に横浜で開催された第2回国際コンテンポラリーアートフェア（ニカフ展）に出品された「老賢者と少年」が傑作として語り継がれている。じつは、私が山内という当時は無名に近かった画家の並々ならぬ実力を認めたのは、この絵によってなのであった。私は、展覧会会場を圧倒して光るこの絵の制作者に、それ以来、瞠目するようになったのであった。この伝説的な「老賢者と少年」とともに、私は前述の「雲─孤高」にどうしても心惹かれてやまないのである。

　私は人のことをめったに褒めない。心から納得のゆくまでは首を縦にふることがない。顧みると、この頑固さは物心ついてから一貫してのものであるように思われるのだが、自分をつちかった西欧流の批判的精神の環境が長年かかって発酵してそういうふうになったというのが真実に近いようでもある。リップサーヴィスが嫌いなものだから、和の気が充満しているこの日本ではときどきトラブルを起こしたりする。苦労して仕上げた作品にその批評はなんだ、というわけである。しかし私自身はほんとうに心からのものだから仕方ないではないかと、と居直ることにしている。要するに、確信犯なのである。始末が悪い、とはこういうことを言うのかもしれない。

　この非妥協性は、しかしながら、真実に仕方のないものである。私は科学史家、もっと狭い専門分野でいうと数学史家である。もっとも厳密な学問としての数学を人間の悠久なる歴史の流れの中に位置づける専門家としての数学史家が、甘い鑑定眼で、にせの作品に本物のラヴェルを貼ることはできない相談なのである。提出された問題を解きえていない答案に高い点をつけることほどの欺瞞はない。世を欺き、後世に禍根を残す所業は心ある学者には断じてできることではない。

　このようにつむじが曲がった私の目にとっても、山内の作品は別である。先ほど、「言語表現を拒絶する」ということばを使ったが、山内の絵にはたしかにそのようなことばがぴったりする側面があることは否定しようもない。山内の作品の性格は、一言で言えば、「孤高の美」なのである。

世は商業主義の時代である。マスメディアは人びとの関心を惹きつけようと必死であおり立てる。商品として売れるようにである。しかも多く売れるようにである。多くの人びとの歓心を買うことは、一面、よいことかもしれないが、反面、質の高いよき生を生きたい人は気をつけなければならない。多くの人びとの購買意欲をそそるような品の質は一般に悪いからである。俗悪というやつである。けれども、いやしくも芸術作品にとって、商業主義は死に等しい。

　山内は北海道は釧路の東隣の厚岸に住み、制作にいそしむ芸術家である。山内の絵の孤高の美と、この生活環境はどうやら関係していそうである。山内は、北海道の深い自然に抱かれて、周囲の俗悪な商業主義に汚染されず、美のための孤高の生を生きているのである。

　これまでの山内の絵を鑑賞してみて、日本、いや世界の美の歴史に誇れる作品はせいぜいこの十年に描かれていることに気づかされる。具象的な明るい単純な色彩の世界は、1990年頃に、抽象的な色彩の彫琢に心血が注がれる作品の時代に移り変わった。現在のこの色彩感覚はまことに非凡であり、後世を魅了し続けるにちがいない。いまや第二の転機にあると言ってよいかもしれない。再度、形の彫琢が課題になっている、というのが私の所感である。新しい境地を切り拓くことができるかどうかがいま問われているのである。いまのままでも山内は十分に世に名を馳せうる芸術家にすでになっている、と見る人はいるかもしれない。だが、私としては、既成の自分に満足せず、体力と気力のあるいまのうちに一段と飛躍して欲しいと希望する。上には上がいるのである。海の外には、クレーやピカソがおり、わが国には、春草がいるではないか。

　山内よ、売れる絵の制作などは止めるがよい。商人への同調などは堕落だと思い定めるがよい。自分で得心できる内発的な美の表現のための形と色の組み合わせだけにこだわり続けるがよい。すぐれた作品を描くためのゆとりのある時間を持ち続けるがよい。低劣な水準の称賛のことばはひたすら拒否し続けるがよい。生きているうちは、ほんのわずかな人の質の高い同調のことばだけを信ずるがよい。自分の高い美の規準を信じて、そしてその規準をさらに高める修養を積んで、納得のできる絵だけを、わかる人にだけ示すがよい。そうして、「老賢者と少年」や「雲―孤高」といった作品の高い規準をさらに超え出る規準の作品を描き続けるがよい。非妥協的に高いところを目指すがよい。孤高の美を生み出し続けるがよい。それが君には似合っているのだ。

INTERFACE

マックス・ヴェーバーにおける「歴史―文化科学方法論」の意義
―佐々木力氏の質問に答えて―

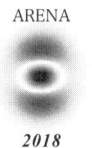

折原 浩 [東京大学名誉教授]

はじめに ―二書簡再録の趣旨―

　本稿は、佐々木力氏との交流の一端を、氏から寄せられた質問にお答えする二通の書簡の再録によって、お伝えしようとするものです。

　佐々木氏とは長年、東大教養学部の同僚として、公私にわたる交友を培うことができました。
　氏は、精力的な研鑽の成果を、矢継ぎ早に発表し、そのつど小生にも寄贈してくださいました。ところが、不明不敏な小生には、理解のおよばないことが多く、儀礼的なお礼にとどまることもしばしばでした。それにひきかえ、佐々木氏は、東北人として持ち前の勤勉に加えて、先輩や同僚に遠慮なく内容上の質問をぶつけて、応答を引き出し、ご自分の研究に活かしていく、積極的な学風と技法を身につけていました。おそらく、若き日のプリンストン留学で修得された成果のひとつでしょう。そうであれば、研鑽の成果も、広く報告する義務があると感得し、「業績なき者の辟易」など顧慮せず、一律に贈ってくださったにちがいありません。

　そういう事情から、長年の学問的交流とはいえ、小生は受け身で、佐々木氏の専門領域に立ち入っての質問には乏しく、研究成果についても「入超」がつづいていました。停年退職後も、ずっとそういう状態でしたが、佐々木氏は2014年秋、ダニエル・ベンサイド著『時ならぬマルクス――批判的冒険の偉大と逆境』の邦訳（2015年、未來社刊）に携わり、その関連で、いつものように質問を寄せてこられました。原書の第九章に "la détresse de la logique de l'histoire" という表記があり、ヴェーバー論文からの引用のようなのだが、出典の原文はどうなっていて、これを「歴史的論理の悲哀」と訳出してよいか、というお問い合わせでした。
　本稿は、この質問に寄せた二通の回答です。
　問いそのものは、「la détresse という一語をどう訳すか」という、ある意味では小さな問題で、質

おりはら・ひろし◎東京生まれ。1958年、東京大学文学部社会学科卒業、同大学院社会学研究科に学ぶ。1964年、助手。翌年より教養学部専任講師。1966年、教養学部助教授。1986年、教授。1996年名古屋大学文学部教授、1999年から椙山女学園大学教授を務め、2002年退職。『危機における人間と学問――マージナル・マンの理論とウェーバー像の変貌』（未來社、1969年）を嚆矢に日本のウェーバー研究を牽引し、その軌跡は『ヴェーバーとともに40年――社会科学の古典を学ぶ』（弘文堂、1996年）にまとめられている。『大学の頽廃の淵にて―東大闘争における一教師の歩み』（筑摩書房、1969年）から近年の『学問の未来――ヴェーバー学における末人跳梁批判』（未來社、2005年）に至る学問論・知識人論・大学論も多数あり、現在でも「折原浩のホームページ」（http://hwm5.gyao.ne.jp/hkorihara/）で知の根源を問い続けている。

問者としては、簡潔な回答を期待され、第一便だけでよく、第二便もついてくるとは、予想されなかったにちがいありません。ところが、小生は、むしろ第二便に力点を置き、これはご覧のとおり、やや詳細すぎるうえ、質問事項にたいしては蛇足ともいえる所見が加わってもいます。しかし、そうなったのも、小生としては、「長年の借りを返す」好機到来とばかり、応答に着手し、当該の一語がヴェーバー論文「文化科学の論理学の領域における批判的研究」(1906) に出てくるコンテクストを全篇にわたって解説したうえ、この論文そのものの意義も、ヴェーバーにおける「歴史―社会学」の展開過程に即して捉え返し、併せては、当の「歴史―社会学」の特性にからめて、佐々木氏への期待と希望も表白したからでした。

じつをいうと、この「期待と希望」の根底には、フォイアバハと『経哲草稿』にかんする解釈の相違と、そこに由来する（と思える）ある種の「緊張」が潜んでいます。少なくとも小生は、つねづねそう感得していて、この問題をいつかは佐々木氏に提起し、立ち入って議論したい、と考えてもいました。すなわち、フォイアバハと青年マルクスは、「人間本質の自己疎外」を「聖なる領域」と「聖ならざる領域」との両面にわたり、ですから当然、「半ば聖なる領域」としての学問の領域についても問題とし、それぞれの「神聖な」仮面を剥ぎ、「学知を、現場実践に、どう活かすか」と問うて、「学知主義」（「学知の自己充足」）を批判して止まない実践的スタンスを、堅持していました。ところが、日本の戦後「マルクス主義」は、他ならぬマルクスにおける思想の発展線を「規範」に見立て、かえって初期「疎外論」の「学知主義」批判という「生けるエレメント」は切り捨て、それ自体として「マルクス主義的学知主義」にも陥ってきたように思われます。小生の念頭からは、1968-69年「東大闘争」の間、あるいはそれ以後、「教授会で沈黙を決め込む『マルクス主義者』とは、はたして何者か」という疑念が、払拭されずにきました。

「マルクス主義者」の「なし崩しの転向と変質」にともない、「学知主義」批判はむしろ、「森は見ても木を見ない」「マルクス主義」と、「木は見ても森を見ない」「実存主義」との対抗場裡で、(「党」「階級」「国家」「大学」といった「社会諸形象 soziale Gebilde」の「実体化」は排し、それぞれを構成する諸個人の「行為 Handeln」にいったんは分解したうえ、それぞれを「秩序づけられた協働行為連関態」として再構成する、という方法で)「木も森も見る」「マルクス後の実存思想家 the post-Marxian existential thinker」マックス・ヴェーバーによって、引き継がれたように思われます。「マルクス主義と実存主義」を「対抗的相補関係」に見立て、その狭間にあったヴェーバーの実践的スタンスと方法的企投を、全幅、継受するとともに、さらに展開していきたい、というのが、小生の念願です。

ヴェーバーは、「合理化」によって「凝結した精神」としての「官僚制」機構と（そこにおける人間個々人の）「歯車（伝動装置）化」「没意味化」を問い、これと対決するのに、経験科学の三権能（①目的にたいする手段の適合度の検証、②目的達成への企投にともなう随伴諸結果の予測、③各人が生きる究極の価値理念とそのときどきの目的定立との論理-意味整合性の自己検証）を「責任倫理的」実践の契機に編入し、さればこそ、状況への企投にさいして「因果帰属」と「未来予知」を重視しました。実践の「責任倫理」性を確保するには、というよりもむしろ、そのためにこそ、そのかぎりで、経験科学の三権能を欠くことができなかったのです。

●特集論考 >>> マックス・ヴェーバーにおける「歴史―文化科学方法論」の意義―佐々木力氏の質問に答えて

ところが、「ヴェーバリアン」も、他ならぬ「因果帰属」の論理を、抽象的には解説して、講演したり、論文を書いたり、歴史研究に応用して「専門的業績」を稼いだりはしていますが、当の論理を、自分の現場実践に具体的に適用して、現場問題の解決に活かそうとはしません。やはり「学知主義」的「自己充足―自己閉塞」に陥っています。

たとえば、「東大闘争」で、東大当局（加藤執行部）と全共闘との間で、最後まで見解が分かれ、1969年1月18-19日の「安田講堂への機動隊再導入」（来年、ちょうど50周年です）を招いた最大の争点・分岐点は、「文学部の学生処分問題」でした。ところで、当の処分の理由は、1967年10月4日に起きた「築島裕教官 ⇌ 一学生」の「摩擦」（＝「行為連関」）にあり、文学部教授会は、「『文学部協議会』の閉会直後、教官委員が、築島、関野、玉城委員長、登張の順で、学生オブザーバーの囲みを掻き分けて退席―退室しようとしたところ、一学生が、真っ先に扉外に出た築島のネクタイを掴み、罵詈雑言を浴びせる非礼な行為をおこなった」と「説明」していました。ところが、この「史実的知識」に、そういう状況（「オブザーバー問題」をめぐり、教官と学生、双方の意見が対立し、学生には「文協閉鎖」の危機感も抱かれている状況）では「学生は通例、文協の存続とつぎの開会日程の確約を求めて、委員長に詰め寄る」という「法則的知識」をリンクしますと、一学生が、なぜ、まだ扉内にいるか、退室の途上にある玉城委員長はさしおいて、すでに扉外に出てしまった平委員の助教授・築島にのみ、並外れて激しい行為におよんだのか、その「動機」が「理解」できず、処分理由とされた「教官への非礼」（後に「暴力行為」に変更）の「説明」がつきません。

ところが、この「行為連関」の他方の当事者・築島についても、対象として同等かつ公正に（つまり教官―学生間の「身分差別」を前提とはせずに）考察すると、まだ扉内にいるか、少なくとも退室の途上にある同僚の三教官を見捨てて、その場から（教授会の開始時刻を過ぎているというので、教授会室に向けて）立ち去る、というのは、「同僚の誼」という「恒常的動機」に照らして「不自然」でしょう。むしろ、後ろを振り返って見て、同僚を「救出」しようと、最後列にいた一学生の腕ないし裾を、背後から抑えた、つまり「先手を掛けた」（そして、一学生が振り向きざま、この先手に抗議した）としても不思議はありません。

さて、この「明証性」と「経験的妥当性」をそなえた「築島先手仮説」は、機動隊再導入も入試中止も経た後の1969年9月6日に、学士会館本郷分館で開かれた「国文科追及集会」の席上、（本来は、文学部教授会が、処分決定前に、「事情聴取」の一環として実施していなければならなかった）当事者どうしの初の対質の後、その場における築島自身の直接証言によって立証されました。その直後、「東大文学部問題の真相」と題する『朝日ジャーナル』誌への小生の寄稿に、堀米庸三文学部長が「反論」を寄せましたが、そこにはなんと「築島が咄嗟に一学生の袖を抑えた」と明記され、文学部の責任者が「築島先手」を初めて公に認めたのです。

そのように、当時の事実経過をざっと振り返ってみても、文学部教授会によって「10月4日事件」の真相が秘匿―隠蔽されたため、文処分の白紙撤回（という「七項目要求」中の残された一項目）が認められず、交渉が決裂して、加藤執行部による機動隊再導入と入試中止に立ちいたったのですから、「一学生による一方的な退席阻止ないし退室阻止」という文学部教授会の事実誤認、虚偽宣伝、これを踏襲して「再検討」を怠った加藤執行部の失態と責任は、重大です。ちなみに、東大文学部には、林健太郎、堀米庸三というような著名な歴史家が、いるにはいました。堀米は、1964年12

月初旬の「マックス・ヴェーバー生誕百年記念シンポジウム」で、「歴史学とヴェーバー」と題して講演し、「文化科学の論理学の領域における批判的研究」の意義をこよなく強調してもいたのです。もとより、東大文学部には、「社会学科」もありました。

　さて、2014年秋の佐々木氏宛て二書簡では、小生の舌足らずもあって、そこに籠めたつもりの「学知主義」批判の心意は、佐々木氏自身にも、受け止められなかったようです。その後、「la détresse を『窮境』と訳した」という報告が、ベンサイド著の完訳本とともに、丁重に送られてきましたが、第二便の論点をめぐる議論はありませんでした。

　そこで、小生は、佐々木氏の承諾もえて、二書簡を小生のホーム・ページに掲載し、第三者の反応を期待しました。しかし、残念ながら、いまのところ反響はいっさいありません。過剰な負担に喘いでいる昨今の若手研究者が、一老人のホーム・ページなど開いてみる暇はないにちがいなく、無理もないとは思います。とはいえ、この書簡で提起した上記の<u>問題そのもの</u>は、なお顧慮に値するのではないか、という思いも、禁じえないのです。

　本論集の編集者からの呼び掛けによると、佐々木氏の古稀祝いを、新たな議論に向けての機縁にしよう、とのご趣旨のようで、小生も、その意気込みを嬉しく受け止めました。そうであれば、小生のささやかな問題提起も、あるいはお役に立つかもしれないと、この寄稿を思い立った次第です。
　そういう趣旨で、2014年11月7日に、ホーム・ページに掲載した二書簡の原文に、ほとんど変更は加えず、ただこのリードを添えて、再録を願い出ました。全編が今回の書き下ろしではないという点では、佐々木氏、編集者ならびに読者のご寛恕を乞います。

(2018年7月18日記)

第一便（2014年11月4日）

　お問い合わせの件に、以下のとおりお答えいたします。
　結論から申しますと、貴兄が「歴史的論理の悲哀」と訳出されている原文は、ヴェーバーが1906年『社会科学・社会政策論叢』に発表した論文「文化科学の論理学の領域における批判的研究 Kritische Studien auf dem Gebiet der kulturwissenschaftlichen Logik」（Johannes Winckelmann 編『科学論集 Gesammelte Aufsätze zur Wissenschaftslehre』1922, 7. Aufl., 1988, Tübingen: Mohr, S.215-290 に収録）の S. 268-69 に、つぎのように出てきます。

　Wie sehr die *Geschichtslogik noch im argen liegt,* zeigt sich u. a. auch darin, daß über diese wichtige Frage weder Historiker, noch Methodologen der Geschichte, sondern Vertreter weit abliegender Fächer die maßgebenden Untersuchungen angestellt haben.（イタリックは引用者、以下同様）

　盛岡弘通氏は、ここを、
「歴史の論理学がいまなおどんなに<u>悪い状態にあるか</u>等は、なかんずくこのような重要な問題につ

●特集論考 >>> マックス・ヴェーバーにおける「歴史―文化科学方法論」の意義―佐々木力氏の質問に答えて

いて権威ある研究をなしている人達が、歴史家でも歴史の方法論者でもなく、かえって歴史からかなり離れた専門の代［表］者達であったということからも、わかることである」(盛岡弘通訳『歴史は科学か』1965、みすず書房、p. 181、アンダーラインは引用者、以下同様)と訳出しています。

ベンサイド氏も引用している Julien Freund の仏訳（小生の手許にある版は "Études critiques pour servir à la logique des sciences de la «culture»", Essais sur la théorie de la science, 1965, Librairie Plon, pp. 203-299）では、この箇所が、

"On saisit entre autres *la détresse de la logique de l'histoire* au fait que les recherches décisives sur cette importante question ont été entreprises non pas par les historiens ou les théoriciens de la méthodologie en histoire, mais par des représentants de spéecialités très éloignées de cette discipline (p. 272).

と、正確に訳出されています。

ちなみに訳者のフロイントは、Freund という姓と Julien という名からも推認されるとおり、生前、独仏の言語と文化に通じたストラスブール大学教授で、ヴェーバー文献にかんする最良の仏訳者といえましょう。

原文を直訳すれば、「歴史の論理学が、いまなおどんなに振るわない［思わしくない］状態にあるかは、なによりも、こうした重要な問題について研究上の指針を提供するような研究が、［歴史研究をじっさいにおこなっている］歴史家［たとえばエドゥアルト・マイヤー］でも、歴史の方法論者［歴史研究をじっさいにおこないながら、その方法論的反省と研究の本質・目的・方法・視点などにかんする論理的定式化もこなせる論者、たとえばヴェーバー自身やゲオルク・ジンメル］でもなく、歴史研究からはかけ離れた専門学科の代表者ら［たとえばヴィンデルバント、リッカート、など］によってなされているという実情からも、分かる」となりましょうか。

問題は、この "la détresse de la logique de l'histoire" を「歴史的論理の悲哀」というふうに訳せるかどうかです。そこで、この論文全体の趣旨と、そのなかでこの語が用いられているコンテクストを参照しますと、「悲哀」という「主観の状態」を指す訳語は、エドゥアルト・マイヤーの「主観的状態」としても、それにたいするヴェーバーの批判ないし揶揄の表明としても、あるいはまた、ヴェーバー自身が感じていた「悲哀」と解しても、どうも適切ではないようなのです。それには、この論文全体の趣旨と、この語のコンテクストについて、ご説明する必要がありますが、ちょっと長くなりますので、今日はとりあえず、お問い合わせの典拠と訳語についての応答のみ、お伝えいたします。

第二便（2014年11月7日）

ヴェーバー論文「文化科学の論理学の領域における批判的研究」(1906) の、全体の構成と趣旨、および "la détresse de la logique de l'histoire" のコンテクストと意味について、小生の理解を、お伝えします。

この論文は、ふたつの章、
　Ⅰ．エドゥアルト・マイヤーとの批判的対決に寄せて Zur Auseinandersetzung mit Eduard Meyer (Éléments pour une discussion des idées d'Édouard Meyer)、および
　Ⅱ．歴史的因果考察における客観的可能性と適合的因果連関 Objektive Möglichkeit und adäquate Verursachung in der historischen Kausalbetrachtung (Possibilité objective et causalité adéquate en histoire)、
　から、構成されています。

　Ⅰ．は、1902年発表のマイヤー論文「歴史の理論と方法」(盛岡弘通訳『歴史は科学か』の前半 pp. 1-176に邦訳が収録) に示された、古代史家マイヤーの認識論的反省と論理学的定式化にたいする否定的批判にあてられています。
　それにたいして、Ⅱ．は、ヴェーバー自身が、マイヤーに代わって、「歴史の理論と方法」を、(マイヤー自身の歴史叙述ほか) 具体的例解も交えながら、論理的に定式化していく、(Ⅰの否定的批判の) 積極的展開です。
　Ⅰ．をネガとしますと、Ⅱ．がポジです。

　著者のベンサイドも指摘しているとおり、ドイツの学界とくに歴史学を含む文化 (人文) 科学界では、マルクスの没年後から20世紀初頭にかけて、それまで踏み慣らされてきた道を安んじて歩きつづけることができなくなり、個別学科の専門家も、自分が携わっている専門的研究の (本質・目的・方法・視点その他の) 前提に不安を感じて、認識論的反省とその論理学的定式化を余儀なくされました。なぜそんなことが起きたのかはともかく、古代史の巨匠エドゥアルト・マイヤーも、そのひとりで、そうした反省を「歴史の理論と方法」にまとめ、歴史研究を改めて基礎づけようと企てたわけです。

　ところが、当時、認識論や論理学のような哲学的学科も、すでに専門化を遂げており、歴史学ほか、sachlich な (即対象的・経験的) 諸学科の専門家が、側面的に手を染めて、精通し修得しきれる域を、越えてしまっていました。そのため、マイヤーのような巨匠も、いざ自分が通じてはいる歴史研究の諸前提について論理学的な定式化を試みると、論理学の専門家にも、そうではないヴェーバーにさえ、容易に見破られるような誤謬や不備が目立つ、というわけです。こうした思想状況は、確かに détresse [隘路、窮境、苦境] として、総括され、特徴づけられましょう。

　それではヴェーバーは、この状況に、どう立ち向かい、この「隘路」「窮境」をどう打開しようとするのでしょうか。
　前提として、ヴェーバー自身は、歴史学ほか、sachlich な (即対象的・経験的) 諸学科の側に立ち、その発展は、前提を際限なく反省することによってではなく、「じっさいの praktisch」研究に専念することによって初めて達成される、と説きます。そして、この点について、「歩行の解剖学的原理を把握したうえで歩こうとする人は、ぎこちなくなって、かえって転びかねない」という比喩を引きます。ヴェーバーがいっているわけではありませんが、「ピアニストが自分の指を意識すると、弾き損なう」ともいわれていますね。

300

●特集論考 >>> マックス・ヴェーバーにおける「歴史―文化科学方法論」の意義―佐々木力氏の質問に答えて

　さて、それでは、マイヤーもその弟子たちも、哲学的学科からの秋波や横槍など見向きもせず、ただひたすら「じっさいの」研究に没頭していればいいのか、といいますと、そうはいきません。認識論的・論理学的詮索という「思想潮流」に浸されてしまっている研究仲間や弟子たちが、巨匠マイヤーの誤った「解剖学的原理」を信じて、つぎつぎに「躓く」危険があるからです。

　そこで、ヴェーバーの出番となりますが、かれは、一方では、マイヤーの誤りと不備を剔抉し（Ⅰ章）、他方では、マイヤーの「じっさいの」研究には含まれ、かれが順当に駆使してもいる方法（「客観的可能性」の範疇による「歴史的因果帰属」）を取り出し、かれに代わって論理学的に正しく（「客観的に整合合理的」に）定式化し、かれの実例も具体的例解には活用して、分かりやすく解説し（Ⅱ章）、研究仲間や弟子たちの方法会得を促して、「じっさいの」研究に立ち帰らせようとします。

　そのさい、批判の相手が、マイヤーのように実績のある巨匠であるということが、かれでさえ誤るという深刻な警告・否定的教訓として、他方、かれがじっさいに駆使している方法は、非専門家（歴史家ではない哲学的学科の専門家）の生半な「批判」にはびくともしない、正しい核心をそなえている、という肯定的確信（「じっさい」の研究の駆動因）を生む拠り所として、二重に「教育的」意義を帯びます。ヴェーバーの方法論論文はいずれも、こうした（後述のとおり、じつは「アカデミー」の範囲を越える）いうなれば「教育者的使命感」に裏打ちされているように、小生には思えます。

　ですから、ヴェーバーが、Ⅱ章では、「歴史の論理学」の現状を、マイヤーの不備と誤謬も含め、"détresse"と総括するにしても、Ⅰ章で、当のマイヤーに的を絞って対決し、所説の難点を逐一剔抉していくときには、一貫して、"confusion"（218）、"contradictions frappantes"（221）、"entièrment fasse"（222）、"insuffisance"（237）、"la pierre d'achoppement"（243）、"certaines obscurités et contradictions"（254）、"confondre"（260）など、論理上「客観的に整合合理的か、それとも非合理的か」にかかわる用語に限定して、自他の「主観的状態性」への言及は避け、sachlichな議論に徹しています。マイヤーの読者は、「歴史の理論と方法」の論理上誤った定式化に、マイヤー自身が「じっさいの」研究では忠実にしたがわずにいてくれてよかったと、安堵して胸を撫で下ろすであろう、というのです。そういうフェア・プレーの意気に感じたのか、マイヤーも、徹底的に論難されていながら、ヴェーバーの議論を快く受け入れ、いっさい反論しなかった、とも伝えられています。

＊

　それでは、そうしたⅠ章の否定的批判を踏まえ、Ⅱ章で積極的に展開される「歴史の論理学」「歴史的因果帰属の論理」とは、どういうもので、そこではマイヤーの実例がどう活用されているのでしょうか。

　ヴェーバーは、古代史家マイヤーが、「マラトンの闘い」を含むペルシャ戦役の「歴史的・因果的意義」を「じっさいには」見事に論証していると判断し、その論理をつぎのように取り出してみせます。すなわち、かりにギリシャ勢がペルシャの大軍に敗北していたとすれば、ペルシャは、他の征服地でも企てたのと同じように、被征服民の野放図な叛乱を虞れ、被征服地の密儀や宗教を「大

衆馴致 Massendomestikation」（ちなみに、この術語は、この1906年論文にはまだ出てきていません）の手段として活用しようと、ギリシャ側にも出揃ってはいた（デルフォイの密儀やオルフィク教といった）萌芽を培養して、「祭司的・教権的支配体制」あるいは「神聖政治体制」にまで伸長させたであろう（古代ペルシャのような「世界帝国」の支配者が、通例・反復して・規則的に採用する統治—支配策の「一般経験則」を引き合いに出した「客観的可能性判断」）。その結果、その後のギリシャでじっさいには発展したような「世俗的で自由な精神」は、抑止され、「日の目を見なかった」にちがいない。ところが、じっさいにはそうはならず、「世俗的で自由な精神」（歴史研究の対象として「知るに値する」古代文化の遺産）が開花し、展開された、という「結果」は、そのかぎりで、「マラトン戦につづくギリシャ勢の勝利」という歴史的「与件」「前件」「原因」に「因果帰属」される、と。この論理は、じつは「比較対照試験」における「対照群」の「思考実験」的「構成」に相当します（富永祐治・立野保男訳『社会科学と社会政策にかかわる認識の「客観性」』1998、岩波文庫、pp. 236 ff.）。

　そのように、歴史記述から歴史学的因果帰属に移ろうとすると、ペルシャ戦役やその前後の歴史的経緯にかんする「史実的知識 ontologisches Wissen」だけでは足りず、そこに、「人間が、所与の類型的状況に、通例いかに反応するか」にかんする「法則的知識 nomologisches Wissen」を投入・援用し、「史実的知識」に関連づけてみなければなりません。換言すれば、歴史家が的確な「因果帰属」という研究目的を達成するには、「史実的知識」がどんなに豊富でも、それだけでは足りず、それに関連づけられるべき「法則的知識」の備えも万全で、よく整備されていなければならない、というわけです。この「法則的知識の定式化と整備」という課題が、その後、「理解社会学」に引き継がれ、「社会学的決疑論」という「整理の行き届いた道具箱」がしつらえられます。そのさいに、「大衆馴致」という概念も構成され、決疑論の一環に編入されます。

　さて、ヴェーバーの場合、重要と思われるのは、このように定式化され、例解される「歴史学の論理」が、なにかアカデミーの歴史家だけの、いわんや専門的論理学者や哲学者だけの、特別に深遠で秘教的・特権的な論理操作といったものではなく、本来、健全な人間常識と思考に具備されているもので、歴史学ほかの学問はただ、それを精錬し、拡張するにすぎない、と見ていることです。さればこそ、ヴェーバーは、この論理を、つぎのような市民生活のありふれたエピソードによって、具体的に例解することができます。
　ある若い母親が、（時代的制約を受けた話ではありますが）女中との口論の最中、子どものちょっとした悪戯に苛立って、ついビンタを加えてしまったそうです。その現場に、折悪しく夫が帰宅しました。すると、その若い母親は、「こんなことになってしまったのは、じつは、女中と喧嘩していたためです。いつもの私なら、『体罰は心に染み通らない』という良き戒めを守って、手荒なことはけっしてしなかったでしょう。あなたもよくご承知のように」と釈明したそうです。この件を、論理学的に定式化しますと、彼女は、手荒なビンタという現に起きた「結果」を、女中との口論という特異な「前件」に、そこから生じた「偶然的連関」として「因果帰属」しようとし、通例なら「適合的連関」として「心に染みる説諭」をしていたにちがいないという「客観的可能性」を、彼女の「恒常的習癖」（反復される通則）にかんする夫の「日常的経験知」に訴えて、主張した、と

●特集論考 >>> マックス・ヴェーバーにおける「歴史―文化科学方法論」の意義―佐々木力氏の質問に答えて

ということになりましょう。別言すれば、自分の「恒常的動機」にかんする夫の「法則的知識」に訴え、問題のビンタが、別人との喧嘩という特別の条件によって誘発された、状況への「偶然的」反応で、「適合的」な「因果連関」をなしてはいない、と論証しているわけです。

ジンメルにも、たとえば「原因と結果とは『一対一』的には固定化されない」、「同じ類型的状況は、当事者の選択を介して、類型的に多様な諸結果を生じうる」という命題を、(1)「二大政党の対立という状況から、①政権党が、野に下ったときのことを慮って、野党にも寛大に対処する、②金輪際、政権を手渡すまいと、野党を切り崩し、徹底的に弾圧する、という類型的二『結果』が生ずる」、あるいは、(2) 近世初頭における北イタリア諸都市の抗争のさい、ある都市の首長が、他都市の捕虜となったのに、寛大に処遇されて釈放されたあと、①この処遇に感謝して同じく寛大に応答するであろうという［適合的な］予想に反して、②かえって激しい反攻に出て、『恩義ある』相手都市を滅ぼしてしまった、という事例を挙げ、なぜかといえば、「ほかならぬ『寛大な』処遇に、かえって戦士としてのプライドを傷つけられ、その『屈辱を晴らそう』としたからだ」というふうに説明しています。

さて、管見では、ヴェーバーとジンメルは、「一般的定式から同じく一般的定式へ」と、もっぱら抽象的平面に立て籠もって、読者を寄せつけない、多くの専門的「哲学者」「論理学者」「方法論者」とは異なり、読者も知悉している具体的事実と（読者には一見奇異で難解な）論理学的定式化との間をたえず往復して、読者を引きつけ、そうすることによって、読者自身がそなえている健全な人間常識と思考力を目覚めさせ、みずから駆使できるように、具体的な会得と活用を促す、明白な長所をそなえています。

そして、小生は、かれらのこうしたスタンスと影響力には、「アカデミーの良き教師」に限定されない、それ以上の意味がある、と考えます。

というのも、若きマルクスは、「哲学が、大衆の心を捕らえるや、物質的な力になる」と語ったと伝えられていますが、それは、どういう「哲学」が、いかに「大衆」に差し向けられるか、によっても決まる、と思われます。まかり間違えば、自分にはさっぱり分からない（じつは分かりようのない）抽象命題を、「権威ある」教条ないし公式として振り回し、他党派との「識別標識」として固定化する、といった弊害も生じかねません。小生の偏見でなければ、敗戦後の日本マルクス主義には、スターリン教科書（『経済学教科書』や『弁証法的唯物論』）の時期ばかりか、その後にも、そうした弊害が引き継がれ、じつは「新左翼」の「廣松哲学崇拝」にも、そうした傾向が看取されるように見えます。小生が、「公開自主講座『人間―社会論』」には、むしろヴェーバーの方法論的著作と経験的モノグラフ類とを「媒体」「教材」に採用し、一貫して双方の統合的読解につとめ、具体的な会得を促してきた所以でもあります。

なるほど、「公開自主講座『人間―社会論』」では、健全な人間常識と思考力の、会衆者・参加者自身による掌握と自覚的駆使は、小生自身の力量不足にもよることながら、じつはとても難しい課題である、と痛感しました。しかし、それこそが「日本社会の根底からの民主化 Demokratisierung von Grund aus」の要で、これが十分に定着し、先行していませんと、「民主主義運動を社会主義の

方向に『領導』『総括』していく」といっても、容易に「上からの引き回し」（と、それへの反発者における同じ弊害の分散的縮小再生産）に終わりはしないか、と危惧されます。

　それとともに、労働者階級が、つぎの恐慌のさいに、どれほど組織的団結にいたったとしても、技術労働者と連携できず、技術の基礎にある合理的原理からは疎隔されたまま、技術をみずからは制御できないのでは、資本制「生産関係」のもとで発展した「生産力」を土台に、社会主義的「生産関係」を樹立することはできないはずです。この観点からも、技術労働者を養成する大学の教育、とりわけ、体制選択を含む社会問題への個々人の態度決定に与る「教養」教育の意義が、それだけ注視されましょう。

　大局的に見て、前世紀には、社会主義を目指す運動が、大恐慌後、社会主義ではなくファシズムを生み出してしまったわけですが、そういう「産みの苦しみにしては大きすぎる」犠牲（随伴結果）と、1989年にいたっての「内部崩壊」とを、他勢力のせいにするのでなく、ヴェーバーの「責任倫理」思考を媒介に、直視、切開、分析のうえ、「こうすればいい」という方向性を示すのでなければ、「環境社会主義」といっても、将来はありますまい。

＊

　さて、ここからは（貴兄のお問い合わせにたいしては）蛇足ですが、ヴェーバーにおける「法則的知識」の位置づけを、編年史的にたどってみましょう。

1.「客観性論文」（1904年）段階では、それを「歴史的因果帰属」に不可欠とは認め（GAzWL: 179、富永・立野訳：89-90）ながらも、その取り扱いは、個々の歴史家に委ねられ、「ケース・バイ・ケース」とされていました。

「（もっとも広い意味における）歴史家が、自分個人の生活経験によって培われ、方法的に訓練された想像力をもって、どれほど確実に、この帰属をなしとげることができるか、また、この帰属を可能にしてくれる特定の科学の援助に、どこまで頼るかは、個々のばあいに応じてまちまちである。しかし、いかなるばあいにも、したがって、複雑な経済事象の領域においても、そうした帰属の確かさは、われわれの一般的認識が確かで包括的であればあるほど、それだけ大きくなる。そのさいつねに、したがってすべてのいわゆる『経済』法則においても、例外なく問題となるのは、精密自然科学の意味における狭義の『法則的』連関ではなく、規則の形式で表される適合的な因果連関であり、ここでは立ち入って分析するわけにはいかないが、『客観的可能性』という範疇の適用である。……ただ、そうした規則性の確定・定式化は、認識の目標ではなく、手段である。そして、日常経験から知られる因果結合の規則性を『法則』として定式化しておくことが、意味をもつかどうかは、いずれのばあいにも、そうすることが目的に適うかどうかの問題である」（GAzWL：179、富永・立野訳：90-91）。

2.「マイヤー論文」（1906年）では、そうした「法則科学」的契機が、上記のとおり、「史実的知識」とならぶ「法則的知識」と命名されたうえ、「因果帰属」に不可欠の権能が、具体例に即して認定され、解説されます。しかしなお、「法則的知識」を、それ自体として、方法的な開拓―定式化―整備―体系化の対象として、そうした課題に取り組むにはいたっていません。

　ところが、3.（「マイヤー論文」よりも後に執筆されたと思われる）「クニースと非合理性の問題（続）」では、下記のとおり、注目すべき一歩が踏み出されます。

●特集論考 >>> マックス・ヴェーバーにおける「歴史―文化科学方法論」の意義―佐々木力氏の質問に答えて

「[ヴィルヘルム・ブッシュの著作には]『ひとが悲しんでいるときに喜ぶ人は、たいてい［通例］人に好かれない』という適切な成句が出てくる。とくにかれが事象の類的なものを、きわめて正確に、必然性の判断ではなく『適合的因果』の規則として捉えているあたり、この成句は、非の打ち所なく定式化された『歴史法則』である。その内容の経験的真理性が、たとえばボーア戦争後におけるイギリス―ドイツ間の政治的緊張の『解明』に適した補助手段として（もとより、おそらくは本質的にいっそう重要な、他のきわめて多くの契機とならんで）活かされることは、疑う余地がない。

ところで、その種の政治的『気分』の発展を［なにほどか方法的また系統的に、たとえば］『社会心理学』的に分析すれば、もとより多種多様な観点のもとに、たいへん興味深い成果が達成され、その成果は、そうした事象の歴史的解明にとっても、このうえなく重要な価値を獲得できるであろう。しかし、かならずしもそうとはかぎらない。具体的なばあいに、『通俗心理学的 vulgär-psychologisch』経験では物足りないといって、歴史的（ないし経済的）叙述をも、つねにできるかぎり心理学的『法則』を引き合いに出して飾り立てようとするのは、一種の自然主義的な虚栄心に根ざすもので、具体的なばあいには、科学的研究の経済性にたいするひとつの違反［『通俗心理学』的経験で十分なのに、ことさら手間隙をかける無駄］になろう。

原則上『理解的解明 verstehende Deutung』という目標を堅持する、『文化諸現象』の『心理学的』取り扱いには、論理上かなり異質な性格をそなえた概念を構成することが課題になると考えられるが、類概念 Gattungsbegriffe と、『適合的因果の規則』という広い意味における『法則 Gesetze』の構成もまた、必然的にそうした課題に含まれることは、明らかである。後者［『適合的因果の規則』という広い意味における『法則』］は、文化現象を解明するばあい、解明の『一義性』への関心に照らして必要な程度の、因果帰属の相対的な確実性を、『日常経験 Alltagserfahrung』が保証するには足りないばあいにのみ、しかしながらそのばあいにはつねに、価値あるものとなる。ただし、そうした［概念構成の］成果の認識価値は、まさにそれゆえ、通例、具体的な歴史的形象を直接理解し「解明」することとの関連を犠牲にしても数量化的な自然科学に似た定式や分類を追求しようとすることが、少なければ少ないほど、また、その結果、自然科学的諸学科がその目的のために使用する諸前提を受け入れることが少なければ少ないほど、それだけ大きくなろう。たとえば『精神物理学的並行関係』というような概念は、『体験しうるものの彼岸』にあるので、当然のことながら、この種の研究には、直接にはいささかも意義をもたない。そして、われわれが所有している『社会心理学』的解明の最良の業績も、その認識価値において、こうした［自然科学的諸学科の］諸前提のいかなる妥当性からも独立しており、したがって、そうした業績を『心理学』的認識の包括的体系のなかに編入することは、無意味であろう。その論理上決定的な根拠は、まさに、歴史はなるほど、なんらかの現実の全内容を『模写する』――それは、原理上不可能である――という意味の『現実科学』ではないが、別の意味で、すなわち、与えられた現実の、それ自体として概念上は相対的にしか確定しえない構成要素を、『現実の real』構成要素として、ある具体的な因果連関のなかに嵌め込む、という意味では『現実科学』である、という点にある。

ある具体的な因果連関の存在にかんするそうした個々の判断は、いずれも、それ自体としてただちに、かぎりなく分割されうるものであり、そうした判断のみが――法則的知識がまったく理想的に完成した暁には――精密な『法則』を用いて、完全な帰属に到達するであろう。しかし歴史認識

は、具体的な認識目的が要求するかぎりで、そうした分解をおこなうにすぎない。そしてこの、必然的に相対的でしかない、因果帰属の完全性は、それを実現するために使用される『経験規則 Erfahrungsregel』の、必然的に相対的でしかない確実性に、表明されている。このことは、言葉を替えていえば、方法的研究にもとづいて獲得され、さらに獲得されるべき規則も、つねに、歴史的［因果］帰属に役立つ、おびただしい『通俗心理学的』日常経験の内部にある、ひとつの飛地にすぎない nur eine Enklave innerhalb der Flut vulgär-psychologischer Alltagserfahrung ということである。だが、経験とは、論理的な意味では、まさにそうしたものである」(GAzWL : 112-14, 松井秀親訳『ロッシャーとクニース』II、1954、未來社：87-90、改行は引用者)。

　持って回った言い方で、やや難解ですが、「『［法則的知識としての］経験規則』はつねに、歴史的［因果］帰属に役立つ『通俗心理学的』日常経験の洪水の内部で、ひとつの飛び地をなすにすぎない」と位置づけ、一方では、そこから乖離して「心理学的『法則』を引き合いに出しては飾り立てようとする」(学知の) 傾向を、「一種の自然主義的な虚栄心」として斥けながら、他方では、そうした「経験規則」を「方法的研究にもとづいて獲得し、さらに獲得していく」ことに意義を認め、その方法として、クレペリン流の自然科学的「心理学」(「精神物理学 Psychophysik」)ではなく、ここでは「社会心理学」を考えている、と申せましょう。

　その直後から展開されるかれの「理解社会学」は、まさにそうした「飛び地」の方法的開拓にあたります。しかし、それがあくまで、「『通俗心理学的』日常経験の洪水の内部にあるひとつの飛び地」(その意味における「域内辺境」) と位置づけられ、見据えられているかぎり、けっして、そこから乖離して、学知として自己目的的に展開され、自己完結してしまうことはありません。ヴェーバーがその後、どんなに「社会学」的決疑論の編成と体系化を進めても、つねに「日常経験知」「通俗心理学的知識」に立ち帰って、その参照を求める所以です。

　たとえば、(エジプトとメソポタミアとの大帝国の狭間にある古代イスラエルで、独創的な宗教伝説が歴史的に成立したのはなぜか、を「因果的に説明」すべく援用される) 件の一般経験則、すなわち「新たな宗教思想が創成されるのは、合理的文化の大中心地ではなく、さりとてその影響のおよばない遠隔僻地でもなく、その影響がおよんで『驚き』を触発された（空間的には）『辺境』の文化接触地点においてである」という一般命題にも、「(「合理的文化の大中心地」における「文化的飽満 satt; gesättigt 状態」という一般的条件のもとで) 電車通学に慣れっこになってしまった子どもは、『なぜ電車が動き始めるのか』という疑問に、自分からは思いいたらない」という「日常経験知」が織り込まれています。ヴェーバーの同時代人も、自分たちが日常的には「慣れっこになって」溺れている「洪水」から、あくまでその「内部にある『飛び地』」(すなわち「ヴェーバー社会学」) に導き入れられるとき、「そういうこともあったのか」という「驚き」を触発され、「なぜか」と問い始めることにもなろう、そこにこそ、「飛び地」を丹念にしつらえる意義がある、というわけです。

　としますと、この一例のようなヴェーバーの「理解社会学」的「一般経験則」「法則的知識」は、任意の歴史的過去の歴史学的因果帰属に不可欠なばかりでなく、むしろ過去を現在に媒介し、現在における「諸要因・諸条件の個性的な布置連関」から、いかなる未来が「客観的に可能」か、を予測するのにも、不可欠かつ活用可能、あるいは、革命的実践を含む状況内企投が、所与の布置連関

のもとで、およそ「客観的に可能」か、あるいはまた、いかなる「随伴諸結果」をともなうことになるか、を予測するのにも、不可欠かつ活用可能、と考えられましょう。ヴェーバーが、第一次世界大戦にいたるドイツの政治過程に深くコミットし、敗戦後には大学に復職しようとして、いくつかの選択肢からミュンヘン大学を選んだとき、とくに「社会学」的学科の担当を願い出て実現したのは、当の「社会学」に、まさにこうした意味を付与していたから、と思われます。

　とはいえ、第一次世界大戦前後のドイツを中心とする政治史および思想史に遡って、ヴェーバーの実践的去就を具体的に究明することは、今後の課題に属します。
　それにもかかわらず、貴兄に、「お問い合わせにたいしては蛇足」と思いながら、こんなことを先走ってお伝えするのは、貴兄こそ、科学史の専門家にして、その前提を反省して論理学的に定式化できる方法論者・科学哲学者でもあり、なおかつ、「根底からの民主化」から始めて「環境社会主義」の方向に進むという難題に、実践的にも取り組んでおられるからです。そういう貴兄にして初めて、マルクス没後から20世紀初頭にいたる「アカデミックな文化科学と哲学」（の「隘路、窮境、苦境」）の死重から、ヴェーバーやジンメルの「生ける要素」を取り出して洗練し、ベンサイド評価にも活かしていただけよう、と確信し、期待するからにほかなりません。

　第九章の訳文と貴兄の解説を、いちおうは拝読して、気がついたところには朱をいれておきましたので、ご参考になさってください。

（2014年11月7日）

INTERFACE

マッテオ・リッチ「訳『幾何原本』引」
―翻訳と注釈の試み―

葛谷 登 [愛知大学経済学部教授]

まえがき

　2009年、1年間わたくしは東京大学駒場の佐々木力先生のもとで国内研修を許されました。わたくしは明末清初の中国におけるカトリック受容について関心があります。宣教師はヨーロッパの心とことがらに関するものを中国語に翻訳しました。カトリックの思想と科学技術が漢文著作の形に結晶したのです。

　カトリック思想の受容を考えるうえでキリスト教の教義に関するものを追いかけるだけでは不充分ではないか、宣教師が漢文に著した当時のヨーロッパの自然科学にも目を配らなければ需要の問題の全体像が見えてこないのではないかと思っておりました。佐々木力先生の大著『デカルトの数学思想』(東京大学出版会)はデカルト研究を進められる中でリッチの自然科学の師であるクラヴィウスを取りあげておられます。わたくしは佐々木力先生に国内研修での受入れを懇請しましたところ、お許しいただくことが出来ました。

　木曜日午後、週1回の科学哲学研究室の講義に出させていただきました。受講生は科哲の学部生が二名、そしてわたくしの1名と他の12名の学生さんではなかったかと思います。ライプニッツの『中国新事情』のラテン語原文を科哲の学生さんが訳し、佐々木先生が説明するという内容のものでした。

　かろうじてわたくしは博士課程1年のとき、非常勤講師の東大の平田さんという助手の方の授業に出させていただきました。その授業では前半は研究社のラテン語の文法を学び、後半はラテン語の読本(洋書)を読むというものでした。しかし佐々木先生の授業は進度が早く、予習が追い付かないような具合でしたが、科哲の学部生さんは余裕綽々と授業についていく様子でした。

　わたくしはこのとき、『幾何原本』の徐光啓の序やマッテオ・リッチの序などのヨーロッパの自然科学関係の漢文の小論をせっせと訳しては佐々木先生にご呈上しました。拙訳の過程でとりわけリッチの「訳『幾何原本』引」は心に残りました。一つには宣教師が軍事技術の観点から幾何学を評価していたからです。もう一つには漢文では書かれてはいるが、ここにはヨーロッパにおける幾

くずや・のぼる◎愛知県生まれ。県立一宮高校卒。一橋大学社会学部卒。1977年度文部省国際交流制度によりインドのネルー大学(JNU)に留学(〜'78)。一橋大学大学院社会学研究科修士課程修了。同大学院博士課程満期退学。現在愛知大学にて中国語を担当。共訳書に富坂キリスト教センター編『原典現代中国キリスト教資料集』(新教出版社)。明末清初の中国思想史。

何学観が凝縮された形で語られていると思ったからです。

　今回、パソコンのファイルの筐底に眠っていた拙訳を取り出し、多少手直しをしてアリーナに投稿させていただきたいと今年の5月29日に小島亮先生に懇望致しました。その後、
あまり見る機会もなく、7月になり手直しの作業を始めました。そのときはじめてこの仕事の難しさを覚えました。

　わたくしは中国の数学書を漢文で読んだことがありません。数学を専門に学んだ経験もありません。10年近く前の拙訳を見て腑に落ちないところだらけです。今回、朱維錚主編『利瑪竇中文著譯集』（香港城市大学、2001年）の文章（343～349頁）と拙訳を突き合わせてみて、その感を深くしました。

　思いもかけないほどにこの作業は難渋を極めました。ここ数日、翻訳は自分の力の及ぶところではないことを覚えました。拙訳は暴虎馮河の勇によるものであるという思いが襲いました。さらにリッチの文章の翻訳が Peter M. Engelfriet 著『中国のユークリッド』（*Euclid in China;:The Genesis of the First Chinese Translation of Euclid's Elements Books* Ⅰ-Ⅵ（*Jihe yuanben;Beijing,1607*）*and its Reception up to 1723, Brill, 1998*）の「付録Ⅰ」（APPENDEX ONE）（454-460頁）に収められていたことを8月9日に気づき、拙訳はそれを参考にしていたことを思い出しました。また同日、「訳『幾何原本』引」についての論考があるやも知れぬことにも気づきましたが、拙訳を見直すことで精いっぱいが実態です。「試み」と題する所以です。

　不確かで誤訳に満ちたものではありますが、敢えて投稿の愚挙をさせていただくことに致します。

2018年8月10日聖ランレンチオの祝日

訳文

　儒者の学問は自らの知を到す[1]ことに切なるものがあります。自らの知を致す営みは事物の原理へ到達する営みによるべきです[2]。しかし事物の原理は渺として目に見えず[3]、人の才能は頑なで道理に暗い[4]のです。既知なるものによって未知なるものを推し量る営みを積み重ねないならば、わたしたちの知の営みはどこに到達するのでしょう[5]！

　わが西洋の僻陬の国は狭小ではありますけれども、学校で教えるところの格物窮理の法[6]は列国よりも行き届いているのです。従ってわが国では事物の原理を追求する書物が極めて豊富です。わが西洋の国の知識人が議論を展開するうえでの基本は、ただ理が依拠するところを重視することにほかなりません。他者の思惑などに重きを置かないのです。

　思うに、理についてつぶさに分かってこそ初めてわたしたちの知るという行為が実現するのです[7]。他者の思いや考えは、自分の思いや考えにもなります。知は疑いのない状態のことを言いますが、思いや考えにはどうしても疑いが挟まれるものです。

　しかし実体の乏しい理や隠れた次元の理の議論[8]は、真実な意図に基づいていても疑いを解き明かし尽くすことが出来ず、他の理によって論駁することが出来るものです。このような議論は人を促して正しいと言わせることは出来ても、そのような理が存在しないとか、或いはそのような議論が誤りであることを確信させることは出来ないのです[9]。しかし実体を備えた理や具体的に捉えられる次元の理[10]でこそ初めて、心にある疑いを取り除きます。人はそれを正しいと認めざるを得

ませんし、もはやこれをあげつらうことの出来るような理は存在しないのです。致すところの知が深い領域にまで及びかつ堅固であるという点では幾何の学者に及ぶものはありません。

　幾何の学者とは、事物の広がりの境界について専門に考察する者[11]のことです。事物の広がりは分析して数の形にすると、事物がどれほど（幾何）多いかが明らかにされ、他方もしこれを統合して度の形にすると、事物がどれほど（幾何）大きいかが示されます[12]。その数と度は或いは事物の本体から独立させて[13]、これを抽象的に論じれば[14]、数は算術学者[15]を生み出し、度は幾何学者[16]を生み出すことになります。或いは数と度の両者を事物の本体の内に帰属させ、その当の事物と一緒にこれを取り上げるならば、数の場合は、その中味において音が互いに助け合って調和をなすように、音楽家[17]を生み出し、度の場合は、地球の周りを動く天が互いに運行して時を作る[18]ことにあるようなものであり、天文学者[19]を生み出すのです。この四つの大きな学派[20]は更に百個の学派に分かれます。

　幾何の学問の第一は、天地の大きさ、例えば地球を周る各層の天[21]の厚さ、太陽、月や星の天体が地球からどれほど（幾何）遠いか、それぞれが地球の大きさの何倍であるか、地球の周囲と直径の長さ、また山と建物の高さ、井戸の深さ、二つの地点間の距離、田畑、城郭、家屋の面積、米倉や大きな器の容量のようなものを測ります。

　幾何の学問の第二は、景物を測ることです。それによって春夏秋冬の時候、昼夜の長さ、日の出、日の入りの時刻を明らかにし、また天地の方位や年の初めを定め、立春、立夏、立秋、立冬の時期、閏月のある年、閏日のある月を特定するのです。

　幾何の学問の第三は、さまざまな機器を製作することです。それによって天地をかたどり、太陽と月、木星、火星、金星、水星、土星の順序[22]を明らかにし、金、石、糸、竹、匏、土、革、木の八種類の楽器を演奏させ、時計によって時を知らせ[23]、人民の用に益し、神を礼拝するのです。

　幾何の学問の第四は水工、土工、木工、石工の諸工を監督して、城郭を築いて楼台や宮殿を造り、棟木を上にしつらえ軒を下に垂らして[24]、川を通して泉に注ぎ、橋梁を造るものです。このようなもろもろの工事は美観を保たせるだけでは充分でありません。千年、万年経っても壊れないように頑丈に設計しなければなりません。

　幾何の学問の第五は精巧な装置を製作し、小さな力で大きな重さの物を動かし、高い所に昇らせ遠い所に運ぶものです。この装置によって馬草や兵糧を運搬したり、灌漑をし易くし水の溢れた地を乾かし乾いた地を潤し、船舶が川を上り下りすることを可能にします。このようなもろもろの装置は或いは空気の力[25]を借り、或いは水流を利用し、或いは回転装置[26]を用いたり、或いは動力装置[27]を設けたり、或いはふいご[28]を応用します。

　幾何の学問の第六は目の視覚機能を見極め[29]、遠近、正邪、高低の差異が浮き出るように[30]光を投げかけて物のありさまを照らし出し、球や四角い立体の度数が平面の上に現れ得る[31]ように、また物の大きさや物の実際の形が遠くから推し量ることが出来る[32]ようにします。小さく描くことによって目には大きなものに映り、近くに描くことによって目には遠くのものに映り、丸く描くことによって目には球に映るようにします。ものを描くには凹凸をつけ、部屋を描くには明暗をつけるのです。

　幾何の学問の第七は地図の製作です[33]。全体の地図や地形図から東西南北と中央の五つの方角の各国及び東海、南海、西海、北海の四つの海の各島、一州一郡に至るまでを紙上にみな配置させ

て[34]、掌を見るように一目瞭然にします。全体の地図は天と相応じ[35]、地域の地図は全体の地図に連続し[36]、根本と枝葉が調和し合い[37]、秩序を乱さないのです。地図上の分と寸、尺や尋の長さによって地と海が実際には百千万里の距離であることを理解します[38]。小により大を知り、近きより遠きを知るのです。地図を見て現実の地理を誤ることがありません。この地図は陸海を旅行するときの手引きとなります。

　これらはいずれも幾何の学問に属する正式な分野です[39]です。幾何の学問以外の学問も、中心的な学問であれ周辺的な学問であれ[40]、幾何の学問の理論を借りて自らの研究を完成しないものはありません。国のために政治に従事するならば、かならず辺境の地理や外国との距離や土地の広狭[41]に精通しなければなりません。そうしてこそ初めて賓客を遇する往来の儀礼を取り扱うことが出来ますし、予期せぬ異変対して準備する[42]ことが出来るのです。そうでなければ、いわれなく恐れるのでなければ、かならず誤って軽んじることになるはずです。

　自国の税収と支出、税の不足分の平均を計算出来なければ[43]、政策を立案することは出来ませんし、また自分に天文の知識がなく、他人から人づてに聞くことをただ信じ込むだけでは、まやかしの術によって戦乱や災害が多発することになります。農民はあらかじめ天の時を知らなければ、たくさんの種類の良い作物の種を播くことが出来ず、日照りや洪水の災害に備えられず、国の大本を保つことが出来ません。

　医者は太陽と月、そして木星、火星、土星、金星、水星の五星の位置[44]が病気の体の乖離と調和、順と逆[45]に関係することをよくわきまえないで、やみくもに薬を処方し針を打つならば、無益であるだけでなく、更には大害をもたらします。だから時に取るに足りない小さな病気であっても、このうえなく良い薬が効かず若くして亡くなる例が多いことを目の当たりにします。思うに、天道の運行の法則性[46]を知らないからにほかなりません。

　商人が計算に暗ければ、たくさんのたくさんの品物の交易、利子と元金の収支、仲間の取り分[47]のいずれについてもはっきりと理解出来ず、或いは仲間を欺き、或いは仲間に欺かれることになり、同じようにあってはならないことです。

　いまもろもろの学問の流派が幾何の術を利用するさまについて詳述する暇はありません。けれども、ただ兵法家の場合は、国の大事、安危のもとに関わることにこの幾何の学問を必要とする点ではもっとも喫緊です。従って知恵と勇気にすぐれた将軍はまず幾何の学問を学ぶことが求められます。もしそうでなければ、知恵や勇気があると言ってもこれを用いるところがないのです。かの天文の時日に関する事柄をどうして優れた将軍は心に留めるでしょうか。彼が喫緊の課題とするものは、第一に兵士の食糧と軍馬の飼料が満ち足りているか否か、道のり、地形の距離、険しさ、広さ、死生に関することへの配慮です。

　次に配慮すべきは地形の有利なところ[48]へ兵員を配置することです。或いは円形によって少数であることを示し、或いは角形によって多数であることを示し、或いは半月形の隊列によって敵を包囲し、或いは精鋭部隊[49]によって敵を壊滅します。その次に攻撃と防御の兵器を考案し[50]有利な状況を作り出し先々で戦いに勝ち、常に新しい態勢を整えることです。詳細に列国の歴史書に記されているところを読めば、精巧で新しい機器を扱うにもかかわらず、その機器を戦いに勝ち堅く守るための手立てとしない者がいるでしょうか。大勢で少人数に勝ち、強い者が弱い者に勝ったとしてどこに価値があるでしょうか。少人数の弱い者が大勢の強い者に勝つことは知恵者の優れた力

をもってしなければ出来ないことです。

　わたくしが聞いたところによれば、我が西方の国では千六百年前、まだカトリックの教えが広く伝わっていない頃、列国が互いに他を兼併することが多かったのです。そのところに少人数の弱い兵士によって十倍の軍隊に当たり、孤立して危うい城を守り水陸の攻撃を防いだ優れた者が現れました。例えば、中華に言うところの公輪盤と墨子間での「九攻九拒」[51]というようなものでしょう。このようなことはしばしば実際にあったことなのです。かれはどのような方法を駆使してこのような不利な戦いに勝ったのでしょう。幾何の学問に熟達していたからにほかなりません[52]。

　以上からこの幾何の学問が世の中にもたらす有用性というものは極めて広範囲で喫緊であることが分かります。こういうわけで経世済民の優れた志士は幾何の学問に関しては前に作り後に述べる[53]という具合に成果を生み出し、それらは世に絶えることがありません。彼らはしばしば幾何の学問を明らかに示しこれを発展させ、これに関する論著は大いに隆盛をなしています。

　かくして中古に至り、わが西洋の学校にとりわけ優れた一人の名士が出現しました。名をエウクレイデスと言い[54]、幾何の学問を修めました。彼は先人に勝り後進を導きました。幾何の学問は益々輝き、彼が著したものは極めて多くまた極めて精確でした。彼が常日頃著したものには一語として疑いを抱かせるようなものはありませんでした。中でも『幾何原本』の一書はもっとも確実で適切なものです。「原本」という言い方は、幾何の原理[55]を明らかにしようというものです。およそ幾何の学問を論ずるものはこの「原本」の範囲から抜け出ることはありません。従って後世の人は、「エウクレイデスは他書によって人に超え、本書によって己を超えた。」と言うようになりました。

　いま本書を吟味するとき、その範囲と構成はまことに意表を突くものがあります。「題」（命題）と「論」（証明）の前に最初に「界説」（定義）[56]を掲げます。その次に「題」と「論」の拠り所になる「公論」（公理、共通概念）[57]を設けます。こうして初めて「題」を記します。「題」にはその「解」（解説）[58]と「法」（方法）[59]と「論」（証明）[60]が設けられます。正しいものとして挙げられたものにはかならず根拠となるものが示されます[61]。

　十三巻中の五百余りの「題」（命題）[62]は血脈の如く関連しているのであり、巻と巻、「題」と「題」は互いに密接に寄りかかっているので、先にあるものは一つとして前に持って来ることが出来ず、後ろにあるものは一つとして前に持って来ることは出来ません。互いに繋がり合って後ろが前を承け、最後までそのつながりは絶えることがありません。初めに極めて平易で明白な実なる理を述べて、それが一つずつ積み重なって最後になってようやく深奥なる意味を明示します。もし一時的に後ろにある「題」（命題）の文章を読むならば、その論述は人の推し量りがたいものであるだけでなく、また信じがたいものでさえあります。しかし前にある「題」（命題）を根拠にして一つ一つ証明して行き次々と明白なものにして行くならば、「題」（命題）の意味は二つ並んだ眉の如く明らかなものとなり、疑問が氷解してそれまでのことを失笑することがしばしばです。

　千百年このかた、勝気で強弁の士が一所懸命に追い求めても、幾何の学問について一字も議論することが出来ませんでした。幾何の学問に従事する者はたとえこの上なく聡明であったとしてもこの『幾何原本』を借りて学習の手引きとしないわけには行きません。本書の述べるところを理解するに至っていなければ、そのままの状態で幾何の学問に入って行こうと欲しても、学ぶ者はどこに心を向ければよいか分からず、教える者とてどこから話をすればよいか分からないのです。我が西洋の学校では昔から「幾何の学問は幾百もの学問と関わる」と言うように、育百もの学問はおおよ

そ万巻の書物を出していますが、それらはいずれも本書を基礎としています。一つの意味を示すのに、本書を引用して証拠とします。他の書物を証拠として用いる場合は、必ずその書名を掲げなければならないのですけれども、本書に限ってはただ巻数と「題」(命題)の番号を述べるだけで足ります。本書は幾何を学ぶ者にとって毎日の飲食のようなものなのです。

今の世に至ってまた一人の抜きん出た名士が登場しました。わたくしが幾何の学問を教わった先生で、クラヴィウス先生とおっしゃいます[63]。先生はこの幾何の学問に広く通じ、それに応じて多くの著述をなさいました。わたくしは昔西海に遊び名高い国々を訪れたおり、専門のすぐれた学者に会うごとに、彼らはクラヴィウス先生について「後世の人物については分かりませんが、今の世とそれ以前の人物については幾何の学問ではクラヴィウス先生に並ぶ者はいません。」と言ったものです[64]。先生は本書につい深く研究し、本書の註解をされただけでなく、更に二巻を増補しました。エウクレイデス本来の書と合わせて全部で十五巻となりました[65]。また各巻においてその意味の分類[66]によってそれぞれ新しい議論を展開しています。これ以降、本書は極めて詳細な体裁をなし、幾何の学問を学ぶうえでの後学の手引きとなり、ほとんど何も望むところがありません。

Evclidis Elementorvm [Euclidis Elementorum] Libri XV and Evclidis Posteriores Libri IX. [2 volumes]
Clavio, Christophoro [Christoph Clavius]
Published by Printed by ex officina typographica Nicholai Hoffmanni sumptibus Ionae Rhodii [printed by Nikolaus Hoffmann for Jonas Rhodius], 1607(愛知大学名古屋図書館所蔵)

わたくしが中国に参りましてこのかた分かりましたところは、幾何の学問を学ぶ者の人数と書物はまことに充分であるということでした。しかしただ原理についての議論は見ることがありませんでした。根元になるものがないからには、新たなものを創造することは難しいのです。麗々しく著述する者がいたとしても、その原理[67]を解明することが出来ません。正しいことがらについて自分でもそれを明確に認識することが出来ず、誤りについて他人もそれを訂正することが出来ません。

この時にあたり、勃然と本書を翻訳してこれを当世の賢人君子に質し、旅人のわたくしを有り難くも信じてくださったお心に報いたいという思いが起きました。しかしわたくしは才能に乏しいうえに、東西の文章の理路は自ずと甚だしく異なっています。同じ意味の文字を探し求めてみたものの対応するものが欠けていることが多いのです。それでも同じ意味の語を探し出すべきであると明言することは出来ても、いざ筆を執って文章に表すとなると、たちまち難渋が生じます。これ以来、縷々志ある士に会い協力し合ってみたものの、常に休止の恐れが生じ、三たび進んでは三たび止まるというような具合でした[68]。ああ！この遊芸の学問たる幾何学[69]は大きな図形を扱います[70]。『幾何原本』に記されているところを表そうとすると齟齬を来たすのです。まことにことを始めることは難しいものです！だが、「志あれば、竟(つい)に成る」[71]のです。この言葉によって今日の到来を待ったのです。

庚子の年(万暦28年〔1600年〕)にわたくしは朝廷に貢物を献上するために北京の都[72]に仮住まいしました[73]。癸卯(万暦31年)の冬に呉下(江蘇)の徐太史先生[74]が訪れてくださいました[75]。太史は思考が緻密で文筆にも優れ、旅人であるわたしたちとかなり前より交渉があったので、秘かに太史ならば共に翻訳することも出来、書物にすることも難しくないと考えました。丁度計画

実現の時期が訪れました[76]。春になって太史は会試に進み[77]、合格して翰林院庶吉士[78]に選ばれました。かくして太史は宮中秘蔵の書物を読むことになりました。太史は時にわたくしと向き合って話をすることが出来ました[79]。その折は多くは主なる神様の大いなる道が取り上げられそれが話し合われました、中でも身を修め天に事えることが議論の中心をなしました。それに比べればちり芥の如きこの翻訳の作業を取り上げる時間がありませんでした[80]。

太史は秋になって西洋の学校の勉強について尋ねられたので、わたくしは物に格って得られる真実なる意味[81]を学習しまうと答えました。更に話は幾何の学問の学者の説に及んだので、わたくしは本書の精密なることを述べ、そのうえ更に本書が翻訳し難いものであること、またこれまで途中で翻訳が挫折したさまを伝えました。それに対して先生は次のように言われました[82]。

わが昔の賢人の言葉に、「一物として知らざれば、儒者の恥」[83]というものがあります。今中国には幾何の学問はすでに伝えられなくなってしまっており、学ぶ者はみなほかならず暗中模索の状態に置かれています。わたくしはたまたま本書に出会っただけでなく、本書について教授の思いを持っておられる謙虚で物惜しみしないあなたのようなお方にお目にかかることが出来ました。どうして労苦を厭い日を玩び、わたしのこの時代に幾何の学問を失ってしまってよいものでしょうか。ああ、わたくしが翻訳の困難を避ければ、その困難は自ずと増大することでしょう。しかしわたしが翻訳の困難に立ち向かえば、困難は自ずと消滅することでしょう。

かならず翻訳を成し遂げてみせます。

先生は翻訳の仕事に取りかかられると、わたくしに口述するように命ぜられ、先生の方は自ら筆を取ってそれを記されました。何度も繰り返し、本書の意にかなうように努めたのですけれども、中華の文章が重複するのでこれを訂正し、全部で三度稿を改めました。先生は勤勉であられ、わたくしはそれに対してあえて怠惰な態度で対することなど出来ず、今春の初めまでに、その最重要の前半の六巻の翻訳作業を終えることが出来たのです。しかしエウクレイデスの本文はすでに意味が分からなくなっており[84]、クラヴィウス先生の文章はただ各巻の最初の定義の論述部分に訳註を施したにすぎません[85]。太史は意欲が旺盛で、翻訳を最後のところまで終わらせようとされました。そこでわたくしは次のように言いました。

やめましょう。志を同じくする者が学習出来るように、翻訳はまずはここまでにと願います。果たしてこれが有用であると見なされれば、その後でゆっくりと残りの部分の翻訳について相談することに致しましょう[86]。

それに対して太史は次のように答えられました。

その通りです。もしこの書物が有用であると見なされるならば、なにもわたくしが翻訳を最後まで完成させるのにこだわるべくもありません。

そこで翻訳作業をやめて計画した分を出版し、これを多くの人に知らせることにしました。一日たりと私蔵することに耐えられなかったからです[87]。

版木が完成し、わたくしがその大意をかいつまんで紙の切れ端に記そうとしたのであるけれども、自ら無学であることをふりかえれば、どうして秘かにせよ論述の木々の林にわたくしの文章など附することが憚ることなく出来るでしょうか。さてさて後学の徒が翻訳を始めた大いなる意義を知ることが出来るように、間に合わせに本書の要旨と翻訳の経緯を叙することにします。協力者の出現と翻訳遂行の力の二つとも難しい問題がありましたが、ともに良き方向に転じ、翻訳の大業を終え

ることが出来ました[88]。『幾何原本』が物事を始め進めるところの士[89]に実なる理に心を向わせ、先に述べたところの百種の技術のいずれにも堪能となり、上は国家のために功業を樹立せんことを願うものです。わたくしどもは数年このかた旅人の身で皇帝から禄を頂戴し、手厚い御恩を受けている身でございます。助けを借りて本書を世に出しその万分の一なりとも報いんことをも願うものです。

　　万暦丁巳三十五年（1607年）[90]

　　　　泰西リッチ謹んで書す。

【注】

1) 「致其知」。『大学』「経」中の語。
2) 「致其知、當由物理耳」。同じく『大学』「経」中の、「致知在格物」を承けたものではないであろうか。朱子の「大学或問上」には、「故致知之道、在乎即事観理、以格夫物。」（朱熹『司書或問』上海古籍出版社、2001年、8頁）とある。また「物理」は方以智『物理小識』の「物理」を想起させる。
3) 「物理渺隠」。
4) 「人才頑昏」。
5) 「不因既明、累推其未明、吾知奚至哉！」。これは安大玉『明末西洋科学東伝史―『天学初函』器編の研究―』（知泉書館、2007年、23頁）に紹介するクラヴィウスの 'Prolegomena' の中の "Procedunt enim semper ex praecognitis quibusdam princípýs ad conclusiones demonstrandas,quod proprium est munus, atque officium, doctorinae, siue disciplinae, vt et Aristoteles Ⅰ.Posteriorum testatur; neque vnquam aliquid non probatum assumunt Mathematici, " (*Euclidis Elementarum libri IV*、（1）、1594. この部分、頁数の記載はない。但し 'Prolegomena' には「）：（ 4）」、「）：（ 5」のように下辺に数字が記されている箇所があった。愛知大学名古屋図書館にお勤めの司書の方のご教示によれば、それは前受ページの時に使用する折記号であるということである。典拠として福島知己「R.A.Sayce『1530 1800年に印刷された本の植字慣行と印刷の特定』の検討（1）」（『一橋大学社会科学古典資料センター年報』35、2015年、104-140頁）を教えてくださった。記して感謝す。同論文の「Ⅰ．折記号」「1．前付部分の折記号」「(ⅵ) 丸括弧と角括弧」の「(a) 逆順の丸括弧」（ ）：（ ）0（ ）？（ ）」には、「これはドイツに特徴的な前付部分の折記号のやり方である。」（116頁）とあった）（東京大学駒場図書館所蔵）（下線訳者注。以下同じ）という箇所を想起させる。

　　これは文中に言及されているように、アリストテレス『分析論後書』第一章冒頭の「何かを志向することがかかわる教えることや学ぶことはみな、それらに先立って成立している何らかの認識から生ずる。このことはすべての教えることや学ぶことのあり方を考察すれば明らかである。実際、もろもろの知識のうち数学的な事柄にかかわる知識はこのような仕方で生じてくる。また、他の諸技術のそれぞれもそうである。」（高橋久一郎訳「分析論後書」岩波『アリストテレス全集2』2014年、338頁）に拠っているのではないであろうか。

　　ラテン語訳のうち Iacobi Venetici のものは、"Omnis doctrina et omnis disciplina intellectiva ex preexistente fit cognitione. Manifestum est autem hoc speculantibus in omnes ;mathematiceque enim scientarum per hunc moudum fiunt et aliarum unaquequ artium." (*Analytica posteiora*, ediderunt Laurentius MInio-Paluello et Bernarudus G. Dod..Desclée,De Bruouwer,1968,p.5)（神戸大学附属図書館総合・国際文化学図書館所蔵）とある。
6) 「格物窮理之法」。既述のように「格物」は『大学』「経」中の語。「窮理」は『易』「説卦伝」の「窮理尽性以至於命」という語句中に現われる。
7) 「蓋曰理之審、乃令我知」。
8) 「虚理隠理之論」。
9) 「能引人以是之、而不能使人信其無或非也」。
10) 「獨實理者明理者」。「實理」は既述の「虚理」に、「明理」は既述の「隠理」に対応する。明末には仏教思想と無善無悪思想が流行した。それらの思想と対蹠的な立場にあることを示す語が「實」という語ではないであろうか。「實」という語は明末の社会思想のあり方を示す重要な語ではないであろうか。

　　「實理」はそれ自身伝統的な朱子学の概念でもある。岡田武彦『宋明哲学の本質』（木耳社、1984年）の第五章「宋明の実学」には、「宋儒のいう実理は、仏（老）の空理に対する語であるが、…。宋儒は、『実学』という言葉を掲げて理の実なることを切論し、それによって儒学の特色を世に明らかにしようとした。…宋儒が理を『實理』としたのは、理を個々の事物に内在し、事物自体が主体的に持っている本質根源であると考えたからである。」（95頁、96頁）とある。
11) 「専察物之分限者」。「事物の広がり」と訳した「分限」は大漢和巻二の「分限」の項（198頁）には第一の語義として「自己の持ち分を守ること。」、第二として「上下尊卑の差別」、第三として「法律上の地位及び資格。官吏の身分。」とある。このいずれでもないであろう。哲学用語の対概念の「思惟」と「延長」の「延長」にあたるのではないか。よく分からない。
12) 「其分者若截以為數，則顯物幾何眾也；若完以為度，指物幾何大也」。

　　Peter M. Engelfriert 著『中国のユークリッド』（Euclid in China:The Genesis of the First Chinese Translation of Euclid's Elements Books Ⅰ-Ⅵ (Jihe yuanben;Beijing,1607) and its Reception up to 1723, Brill, 1998)の第五章「『幾何原本』」(The JiheYuanben)の「B. 術語と言語」(Terminology and Lngugae)では、「數」に 'discrete quantity (number)' という

語を、また「度」に 'continuous quantity (magnitude)' という語を当てている（139頁）。

　ところで Engelfriert 著『中国のユークリッド』は第五章の B の箇所で、「幾何」という語は後に「幾何学」の意味で用いられるようになったが、徐光啓とリッチは geometria の意味で音訳したのではなかった、としている（138頁）。注35で、F.Massini が "The Formation of Modern Chinese Lexicon and Its Evolution Towars a National Language; The Period form 1840 tp !898（Journal of Chinese Lingistics,Monograph Series, nr.6,1993,p.58）で「幾何」という語は音（geo）と意味（どれほど）を合わせて出来たものであるという説を述べていることを紹介している（同頁）。

　陳衛平・李春勇『徐光啓評伝』（南京出版社、2006年）では、「幾何」という語は中国の古代の数学においては例えば『九章算術』に見られるように「数が定まっていないものについて問う」（「関于数未定而設問」（189頁）場合に用いられた。図形の場合には用いられなかったようである（同頁）。

　単に「どれほど」の意味で用いられているとすると、「学」という語の前に「幾何」という語が来るのは難しいのではないであろうか。「学」の前には名詞が適合的であると思われるからである。

　クラヴィウス版（東大駒場図書館所蔵）は偶数ページの上部に 'EVCLIDIS　GEOMETRIAE' となっている。'GEOMETRIAE' の後には 'ELEMENTA' が来るのではないか。九州大学中央図書館に 'Euclidis Elementa geometriae' という資料が所蔵されているようである。『幾何原本』を訳出するに当たり、ラテン語の音を活かしたことは充分考えられることではないであろうか。

13）「其数與度或脱於物體」。「事物の本体」と訳したものは「物體」である。よく分からない。Peter M. Engelfriert 著『中国のユークリッド』の第五章「『幾何原本』の「B 術語と言語」によれば、この語句はクラヴィウス prolegomena に拠るもののようである（140頁）。

14）「而空論之」。

15）「算法家」。

16）「量法家」。

17）「律呂樂家」。「律呂」とは陽の性格を持つ律と陰の性格を持つ呂を合わせた中国の音階の総称。ここでは実質的には音楽家のことを指す。

18）「動天迭運為時」。「動天」とは中世的な primum mobile を最も外側に置く多重の動的天の構造を指すのであろう。ディアスの『天問略』では primum mobile は第十一重天とし、「宗動天」としている（1葉表裏）。『薮内清著作集』第四巻（臨川書店）29頁の図8には「アリストテレスの九天説は後に歳差を説明するため1天球を加えて十天説となり中世の宇宙観として流行した。」という文が附されている。わたくしは2018年8月20日より25日まで台湾台北を訪れた。滞在中、国立故宮博物院図書文献館にて善本旧籍の中の『天学初画』32冊（明崇禎中刊本、金陵大学蔵書寄存）閲覧を許された。その折『天問略』（第24冊）12層の天が描かれた図（3葉裏）に書き込まれた文字をつぶさに見ることが出来た。12層の天のうち、11番めは「第十一重。無星宗動天。帯轉動下十重、口（日？）竹（作？）一周。」とあり、12番めは「第十二重天。天主上帝發見。大（天？）堂諸神聖所居、永静不動。」とあった。

　伊東俊太郎「科学革命について」には図1として「中世にうけとられたアリストテレスのコスモスの図8（ペトルス、アビアヌスの『宇宙誌』の1539年版）」が掲載されている（日本科学史学会編『科学革命』森北出版、1961年、15頁）。1553年発行のデューク大学所蔵のものが https://babel.hathitrust.org/cqi/pt?id=dull.ark:/13960/t7wm24j12;view=lup;seq=1 に公開されていた。これについては愛知大学名古屋図書館勤務の司書の方より教示を得た。記して感謝する。

19）「天文歴家」。

20）「四大支流」。自由七科のうちの「四科」（quadrivium）であるところの、「数論（算術）・幾何学・音楽・天文学」（高橋憲一「自由学芸」『科学史技術史事典』（弘文堂、449頁）を指すのであろう。「算法家」を「算術学者」、「量法家」を「幾何学者」、「律呂楽家」を「音楽家」、「天文歴家」を「天文学者」と訳した所以である。「量法家」がなぜ幾何学者になるのかは、浅学にはリッチの文章を見てもよく分からない。

21）『天問略』では十一重の動的天の外側に神の住処である不動の第十二重天を設けている（1葉表）。

22）「七政次舎」。「次舎」は『大漢和』巻六には、「宮中の詰所。宿直所。」、「宿ること。軍隊の舎衛。」、「宮舎の次序。」（617頁）とあった。ここでは順序の意味ではないであろうか。

23）「以自鳴知時」。「自鳴鐘」という漢訳された置き時計が万暦帝にリッチより贈呈されている。

24）「上棟下宇」。『周易』「繋辞下伝」の中に、「上古穴居而野處。後世聖人易之以宮室、上棟下宇、以待風雨、蓋取諸大壯。」（下線、訳者注）（高田真治・後藤基巳訳『易経　下』岩波文庫、255頁）とある。

25）「風気」。

26）「轉盤」。徐光啓『農政全書校注』（上）（石聲漢校注、上海古籍出版社、1979年）の巻十八「水利」に「輾盤」の図が掲載されている（464頁）。水流を利用して粉をひく回転盤のようである。アグリコラの『デ・レ・メタリカー全訳とその研究 近世技術の集大成』（三枝博人訳、山崎俊雄編、岩崎学術出版社、1968年）の「六の巻」に揚水球装置の第三の図が掲載されている（170頁）。その図のBの「歯車」もまた「轉盤」に当たるのではないであろうか。動力を伝達する円盤状の動力装置のことであろう。王徴の『遠西奇器図説録最』は Marcus Vitrvius Pollio, De Architectura, Simon Stevin, Hypomnenemata mathematica（1608）, Geogius Agricola, De Re Metallica（1556）, Agostino Ramelli, Le Diverse e Artificiose Machine del Capotano（1588）Jacques Besson, Theatre de Instruments Mathematiques et Mecaniques（1578）, Fausutus Verantius, Machinae Novae（1615）, Vittoroio Zonca, Novo Teatre di Machini（1607,1621）等に依拠しているそうである（羽離子『中外科技交流史論考』齊魯書社、2008年、164－166頁）。

27）「關捩」。『漢語大詞典』第12巻に「關戻」（160頁）という語が挙げてある。語義は「能轉動的機械裝置。」（同頁）で『晋書』

「天文志上」の中の文が用例として引いてある。

28) 「空虛」。Engelfriet の訳は vacuum とする（455頁）。佐々木先生はこの解釈を非とされたことを思い出す。アグリコラの『デ・レ・メタリカ』には真空を利用した道具は出て来ないように思う。青木国夫「真空」には、「…アリストテレスの説があまりにも広く信じられていたので、のちにゲーリケやパスカルらの実験が行なわれるまで一般に真空の存在は認められなかった。」（『科学史技術史事典』、501頁）とある。真空非存在を信じたこの時代に「空虛」が真空の意味で用いられたとは考えにくいのではないであろうか。「ふいご」と訳したのは誤りであろう。『デ・レ・メタリカ』に出て来たので苦し紛れに当ててみたに過ぎない。
29) 「察目視勢」。『論語』「顔淵」の中の「察言而觀」を押して言い方ではないだろうか。透視図法のことを指しているのであろう。
30) 「以遠近正邪高下之差」。「正邪」の意味がよく分からない。
31) 「照物狀可晝立圜立方之度數於平版之上」。
32) 「可遠測物度及真形」。
33) 「其一為地理者」。
34) 「歛布之簡中」。「簡」は字義通りには竹間のことであるが、実際には紙のことを指しているのであろう。
35) 「全圖與天相應」。
36) 「方之圖與全相接」。句読は上海交通大学出版社より2013年に出た評点本『天學初函』（黄曙輝點校）「器編（上）」（224頁）に拠った。これについては王紅霞點校『幾何原本』（朱維錚・李天綱主編『徐光啓全集』第4冊、上海古籍出版社、2010年）も同じである（7頁）。初校時に気づいたが、この上海古籍出版社本こそが翻訳にあたり依拠されるべきものではないであろうか。
37) 「宗與支相稱」。句読は評点本『天學初函』（黄曙輝點校）「器編（上）」（224頁）に拠った。『徐光啓全集』第4冊も同じ（7頁）。
38) 「知地海之百千萬里」。『中文著譯集』では「里」の字が「重」となっている（345頁）。評点本『天學初函』（黄曙輝點校）「器編（上）」（224頁）に拠った。『徐光啓全集』第4冊も同じ（7頁）。
39) 「正屬」。
40) 「大道小道」。
41) 「壤也廣狹」。『中文著譯集』では「壤」の字が「壞」となっている（345頁）。評点本『天學初函』（黄曙輝點校）「器編（上）」（224頁）に拠った。『徐光啓全集』第4冊も同じ（8頁）。
42) 「虞不虞之變」。
43) 「不計算本國生耗出入錢穀之凡」。「耗」とは、「欠損・消耗・不足・損害を意味する。穀物・茶・塩などの税物の搬入、移送及び保管途中の損失分、またこの損失分を見越して、納税時にあらかじめ一定額を追加徴収した一種の付加税の名称となった。」（「耗」斯波義信編著『中国社会経済史用語解』東洋文庫、35－36頁）というものである。「錢穀」とは、「錢幣と穀物、通常は賦税のことを指す。」（「賦税」同書、28頁）というものである。よく分からない箇所であるが、当時の社会経済用語の実例を知るうえで有用である。
44) 「躔次」。『漢語大詞典』第10巻にこの語が掲げられ（568頁）、「日月星辰在運行軌道上的位次。」（同頁）と語義が記されている。中国の天文学で天の赤道を基準にした座標系。
45) 「日月五星躔次與病體相視乖和逆順」。句読は評点本『天學初函』（黄曙輝點校）「器編（上）」（225頁）に拠った。『徐光啓全集』第4冊も同じ（8頁）伝統的な中国医学の思想が表わされているように思われる。
46) 「周易上經」の「乾」に、「夫大人者、與天地合其德、與日月合其明、與四時合其序、與鬼神合其吉凶。先天而天弗違、後天而奉天時。天且弗違、而況於人乎、而況於鬼神乎。」（高田真治・後藤基巳訳『易経　上』〔岩波文庫、94頁〕とある。高田・後藤は「天道の法則」（96）頁）と訳す。「乾」には更に「象曰、天行健。君子以自不息。」（83頁）という箇所もある。君子たるものは天の運行に即して活動すべきであるという考え方が記されているようである。
47) 「衰分」。漢の張蒼等輯撰『九章算術』巻三「衰分」で扱われる中国古代数学の概念である。巻三の冒頭に、「衰分術曰：各置列衰、副并為法、以所分乘未并者各自為実、実如法而一。不満法者、以法命之。」とある。曾海龍訳解『九章算術』（重慶大学出版社、2006年）には同箇所の「衰分」の「注釈」に、「衰（cui）分：按一定比率進行分配。」（64頁）とある。藪内清責任編集『中国の科学』（中公バックス世界の名著12、1979年）の「九章算術」では「衰分」の注として「『衰』は『差』である。『衰分』はまた『差分』ともいう。物を分配するのに差等をつけて行なうのである。」（110頁）と記す。ここでは仲間同士で利益を一定の比率で分け合うことを言ったものであろう。明末において商人間で利益の分配率を「衰分」という言い方で表していたものをリッチが記録したものとすれば、興味深いものがある。
48) 「形勢所宜」。
49) 「鋭勢」。『漢語大詞典』第11巻の「鋭勢」という語が掲げられ（1307頁）、「精鋭的勢力」（同頁）と語義を記している。近現代の語彙のようである。
50) 「策諸攻守器械」。
51) 「公輸、墨翟所九攻九拒」。中華書局新編諸子集成・呉毓江撰『墨子校注　下』（1993年）の巻十三「公輸第五十」の中に、「於是見公輸般、子墨子解帶爲城、以蝶爲械、公輸般九設攻城機變、子墨子九拒之、公輸般盡械、子墨子守圉有餘。」（748頁）。平凡社古典文学大系第五巻『韓非子・墨子』（1968年）の藪内清訳「墨子」の第五十「公輸篇」の*には、「ここではじめて戦争技術者としての墨子が登場してくる。篇名にある公輸盤が楚国のために雲梯をつくり、それによって宋を攻めようとして、両者は楚王の前で模擬戦をやり、公輸盤が九たび攻撃するのを、墨子はそのたびに退却させるのである。侵略戦争を否定しながらも、防禦のための技術を習得する墨家の面目が明白に記されている。この篇以後、さらに具体的な戦争技術のことが書かれている。」（487頁）と記されている。

52) Peter M. Engelfriert 著『中国のユークリッド』(Euclid in China,:The Genesis of the First Chinese Translation of Euclid's Elements Books Ⅰ - Ⅵ (Jihe yuanben;Beijing,1607) and its Reception up to 1723, Brill, 1998) の第一部の第二章「イエズス会士の文脈における数学」(Mathematics in Jesuit Context) では、幾何学の知識は技術者（engineer）、製図家（cartographer）、建築家（architect）、測量士（land surveyor）、画家（painter）にとって意味のあるものであったけれども、15世紀末に大砲が導入され要塞が建設されるようになって戦争が様相を変え築城術（fortification）と弾道学（ballistics）の面で幾何学的な専門知識が新たに意味を持つようになり、軍隊において指揮官が数学者の必要性を認め、幾何学の学徒となったこと、砲弾の軌道を幾何学的に解析したタルタリアの著作が注目を浴びるようになったこと、更に軍務に就くことの多い貴族の子弟がイエズス会のコレージュで学ぶ実態があり、その意味で実用性を志向した幾何学教育はイエズス会の学校教育のカリキュラムの中から排除することが出来なかったことなどが記されている（24頁）。

池上俊一監修『原典ルネサンス自然学　下』（名古屋大学出版会，2017年）にはジョン・ディー『数学への序説』が収められている。これは、「1570年、ユークリッドの『幾何学原論』の初めての英訳が出版された際に、その序説として書き下ろされたものである…。」（640頁）とある。同書では「数学の実践的応用の有用性について広く知らしめ、数学を用いた諸技術を推進する機運を高めること」（641頁）が意図された。リッチの序の叙述を想起させるような箇所が複数認められる。例えば、「数学的事物の第一のものはこうあり、数（Number）と大きさ（Magnitude）である。」（645頁）がそれである。また同書には「世俗の幾何学」という項目があり、「測地学」、「地理学」、「地方地理学」、「水路学」、「兵法算術」が紹介されている。（660-662頁）

『イエズス会学事規定』（1559年版）では「数学教師に関する規則」の中で、「「第1条　数学教師は、自然学学年生に対し、学級で約4分の3時間、エウクレイデスの『［幾何学］原論』を説明しなければならない。されに、学生たちがそれ［＝幾何学原論］に2カ月ほど従事した後では、地誌（ゲオーグラビア）や天球（スパエラ）など、彼らが喜んで聴くのが常である事どもに関する原論を加えるものとし、それをエウクレイデスとともに、同じ日にか。或いは一日おきに教えるものとする。」（坂本雅彦訳『『イエズス会学事規定』1599年版（上）Ratio atque Insititutio Studiorum Socitatis Iesu』（長崎純心大学　比較文化研究所『「比較文化」研究シリーズ』No.5、2005年、59頁）とある。

同頁の注の58にはタルタリアとの関連で、Stillman Drake・I.E.Drabkin 著『十六世紀イタリアの機械工』(Mechanics in Sixteenth-Century Italy)（The University of Wisconsin Press、1969）という本が挙げられている。同書の「導言」(Introduction) の16頁から26頁がタルタリアについての記述である。結論とも言うべき最後の箇所で、「タルタリアの数学と機械工への影響は広範囲に及んだ。彼の学生の多くは外国人であった。著書の幾つかは16世紀に英、仏、独語に翻訳された。また17世紀には他の著作が翻訳された。…イタリアにおける最も重要な弟子はベネデッティ Giovanni Battista Benedetti であった。…ガリレオの数学の教師リッチ Ostilio Ricci がタルタリアの弟子であったことも信じられている。」(26頁) と記されている。

53)「前作後述」。

54)「名曰歐幾里得」。伊東俊太郎「エウクレイデス」には、「一般にユークリッド（Euclid）の呼称で知られ、アレクサンドリアで活躍したギリシアのもっとも著名な数学者。その主著『原論』(Stoicheia) は定義、公準、公理に発し、命題を一歩一歩証明してゆく、厳密な演繹的論証数学の集大成であり、古代・中世を通じて近代にいたるまでヨーロッパの合理的学問の典型として尊重され学びつがれてきた。それは聖書につぐ読者人口を持ったと言われるほどによく知られた科学史の古典中の古典であるが、その著者エレクデイウスその人の生涯となると詳しいことはほとんど分からない。」（伊東俊太郎・坂本賢三・山田慶児・村上陽一郎編『（縮刷版）科学史技術史事典』弘文堂、108-109頁）とある。エウクレイデスは西洋で読み継がれた幾何学の古典『幾何原本』の原書の Stoicheia の著者であるが、
人物については不確かな部分が多いようである。

55)「幾何之所以然」。「所以然」は林語堂『當代漢英詞典』（香港中文大学、1972年）は 'the reason why'（1192頁）とする。朱子『四書或問』（上海古籍出版社・安徽教育出版社、2001年）の「大学或問　上」に、「至於天下之物、則必各有所以然之故、與其所當然之則、所謂理也、人莫不知、而或不能其清粗隠顕、究極無餘、則理所未窮、知必有蔽、雖欲勉強以致之、亦不可得而致矣。」（8頁）とある。島田虔次『朱子学と陽明学』（岩波新書、1967年）第二章「宋学の完成・朱子学」の「理とはなにか」の中に、「あるべきようにあらしめているところの『当然の則』のほかに、理はまた『然る所以の故』すなわち根拠という意味をももつ。」（87頁）とある。従ってリッチの文章のこの部分もまた「幾何の学問の根拠」、或いは「幾何の学問の理」を表わしていると言えるのではないか。

56)「界説」。斎藤憲・三浦伸夫訳・解説『エウクレイデス全集　第1巻　『原論』Ⅰ－Ⅵ』（東京大学出版会、2008年）の中の「『原論』解説（Ⅰ－Ⅵ巻）（斎藤憲）」によれば、
「なお、定義と訳したギリシャ語はホロス（οροϛ）である。これは境界を意味する語であり、…マテオ・リッチと徐光啓の漢訳で用いられた『界説』という訳語はこの語の意味をよく伝えている。」（70頁）ということである。

57)「公論」。前掲『『原論』解説（Ⅰ－Ⅵ巻）（斎藤憲）』によれば、「共通概念（χοιναι εννοιαιコイナイ・エンノイアイ）は、要請が幾何学的命題に限定されているのに対し、数学全般に成立する命題である。これと同様の意味で用いられる語にはアクシオーマタ（αξιωματα）があり、これは公理と訳される。言うまでもなく英語 axiom の語源である。公理という訳語のほうがなじみが深いが、ギリシャ語での違いを明らかにするために、あえて共通概念と訳した共立版の訳にしたがう。」（71頁）ということである。

58)「本解」。『幾何原本』では単に「解」と表記。ラテン語 'corollarium' に当たるのであろうか。よく分からない。

59)「作法」。『幾何原本』では単に「法」と表記。ラテン語 'scholium' に当たるのであろうか。よく分からない。

60)「推論」。『幾何原本』では単に「論」と表記。ラテン語 'theorema' に当たるのであろうか。よく分からない。

61) 「先之所徴、必後之所恃。」。「徴」の字の具体的に意味するところがよく分からないが、『論語』「八佾」の「夏禮吾能言之、杞不足徴也」を参考にして意訳した。はなはだ心もとない。

62) 「十三卷中、五百餘題、」。前掲『『原論』解説（Ⅰ－Ⅵ巻）（斎藤憲）」には、「『原論』は全13巻からなり、約15万語の本文と多数の図版からなる数学書である。」（52頁）とある。また、中村幸四郎・寺阪英孝・伊東俊太郎・池田美恵『ユークリッド原論　縮刷版』（共立出版、1996年）の中の「『原論』の内容集約」によれば、第1巻の命題の数が48個（523-525頁）、第2巻のそれが14個（525頁）、第3巻のそれが37個（525-527頁）、第4巻のそれが16個（527-528頁）、第5巻のそれが25個（528-529頁）、第6巻のそれが33個（529-530頁）、第7巻のそれが39個（531-532頁）、第8巻のそれが27個（532-533頁）、第9巻のそれが36個（533-535頁）、第10巻のそれが115個（535-540頁）、第11巻のそれが39個（540-542頁）、第12巻のそれが18個（542頁）、第13巻のそれが18個（543頁）である。全部で465個になる。

63) 「曰丁先生」。佐々木力「クラヴィウス」には、「イエズス会士で16世紀のエウクレイデスと呼ばれた数学者。ドイツに生れ1555年イエズス会に入会し、ポルトガルのコインブラ大学で学んだ。1565年からコレージョ・ロマーノの数学教授となり、2年間の例外を除き終生その地位にあった。1574年、エウクレイデスの『原論』のラテン語集大成版を刊行し、中世・ルネサンスの注釈に自己の創見を織り込んだ。クラヴィウスのローマにおける学生リッチが中国語に口述した『幾何原本』の原典はこの版の初めの6巻である。」（『〔縮刷版〕科学史技術史事典』、292-293頁）とある。また同著者による『デカルトの数学思想』（東京大学出版会、2003年）の第二章は「クラヴィウスの数学思想」（51-109頁）となっており、クラヴィウスについての専論が書かれている。
平川祐弘『マッテオ・リッチ伝2』（平凡社東洋文庫、1997年）に「104　クラヴィウスの盛名」という項（30－32頁）には、「この1538年生まれのイエズス会士は1572年から75年にかけてローマのコレジオでリッチに数学を教えた。ドイツ語のKlauは「釘」を意味する。それでその意味を取ってリッチは「丁先生」とシナ語に訳した。釘の金偏を取った意訳的当字である。」（31－32頁）とある。
さらに岩波の「大航海時代叢書（第Ⅱ期）8」のリッチ『中国キリスト教布教史1』の矢沢利彦による「補注」の「二　クラヴィウスの著書と中国語訳」（592-593頁）という項には、「徐光啓がリッチの口述を受けてこれを漢文に記した『幾何原本』はユークリッドのはじめの六巻を翻訳したもので、初版は1607年北京で公けにされた。これは大変好評で広く読まれ、1721年方中通はこれを再刻してかれの『数度衍』に入れたし、康熙帝はこの満洲語訳をつくらせた。また1865年に曽国藩が江南総督時代にこれを再版した。『海山仙館叢書』に入っているものは錯誤が非常に多いが、李之藻の『天学初函』に収められているもの定本ともいうべきものだという（『中国史学叢書』所収『天学初函』（一）、毛子水「徐訳幾何原本影印本導言」）。なおリッチが瞿太素に幾何学を教えている間（1589-90）にこの翻訳の骨格が形成されたものと思われる。」（593頁）とある。台湾学生書局『天学初函（一）』所収の毛子水が1965年に著した「一、幾何原本和幾何原本的作者」、「二、幾何原本的流傳」、「三、幾何原本的中譯本」の三つから構成される「徐譯幾何原本影印本導言」（一～九頁）には李之藻が『天学初函』に入れた徐光啓とリッチが訳した『幾何原本』のことが言及されている（九頁）。矢沢先生の他の記述が何に拠ったものであるかということは大変興味深いところであるけれども、浅学の及ばぬところである。

64) 「寶昔游西海、所過名邦、毎遇顒門名家、輒言後世不可知、若今世以前、則丁先生方於幾何無兩也」。
平川祐弘『マッテオ・リッチ伝3』（平凡社東洋文庫）所収の「マッテオ・リッチ　年表」によれば、リッチは1552年イタリアの教皇領のマチェラータで生を享け、1561年にマチェラータのイエズス会の学校に入学し、1568年にローマの大学で法律を勉強し、1571年にローマでイエズス会に入会し、1572年にコレージョ・ロマーノに進み（以上、258頁）、1577年にはポルトガルのコインブラにてポルトガル語を学習している（259頁）。「名邦」とはローマ、コインブラ、及びローマからコインブラまでの途上の地を指しているのであろうか。
「輒言」の主語は「顒門名家」ではないかと思ったが、不確かなため2018年8月3日に現在日本における周作人研究の第一人者木山英雄先生に「言」の主語についてお尋ねしたところ、忝くも浅見を肯うご教示を得た。記して感謝する。また「後世不可知」の「後世」は主語ではなく、主題である。安本玉『明末西洋科学東伝史』（知泉書館）の中に示されたこの箇所の訳文（65頁）によって自らの誤りに気づかされた。記して感謝する。

65) 「先生於此書、覃精已久、既為之集解、又復推久求繢補凡二巻、與元書都為十五巻；」。
中村幸四郎他『ユークリッド原論　縮刷版』（共立出版）の中の「ユークリッドと『原論』の歴史」の「§3　ユークリッド『原論』の伝承」の「(c)　近代における伝承」の「5. クラヴィウス版（1574）」には、「これもコンマンディーノのものと並んで有名なラテン版であり、ローマで出版された。…しかしこの書は単なる翻訳というよりも、先行者たちの注釈やノートをあつめクラヴィウス自身の批判や改良を加えた一種の編述書である。標題はつぎのとおり。Euclidis elementorum libri ⅩⅤ…」〔478頁〕とある。

66) 「義類」。

67) 「所以然之故」。

68) 「三進三止」。矢沢利彦「マッテオ・リッチと瞿太素」という論文（初出は『埼玉大学紀要　社会科学編（歴史学、地理学）』第八巻、1959年）にこれに関して興味深いことが書いてある。それによれば、「李心斎はリッチのことを南京の高級官僚に宣伝するほかに自分の二名の弟子を宣教師に与えて数学を学ばせた。この弟子のうち一人は中国の数学に精通した男で、さきに李の息子の名で出版された数学書の実際の編者であった。瞿太素は西洋数学をまず学んだ先輩として、半ば教師の役を勤めながらみなとともに学んだ。このころ北京翰林院にかつて職を奉じ、当時郷里の金壇に隠居していた王順庵という大読書人が中国の数学を法則的な学問に引き上げたいという希望をもち、大数学者だという名声の高いリッチから西洋数学の基礎を学習させるために、非常に能力のあるかれの弟子張養黙を南京のリッチのもとへ送ってよこした。この男は意志も強く、負けぬ気も強い人であったので、忽ちのうちにリッチの弟子たちのうちで頭角を現わした。『かれは瞿太素の訳したユーク

リッドの初巻を自修自学し、ユークリッド式の理論以外はもう聴こうと望まなくなった。』瞿太素が韶洲においてリッチからユークリッド幾何学を学んだのは前述のように1589年から翌1590年にかけてのことであった。この時かれはリッチの持っている書物から図形を写し、リッチの講義を書き加えることによって、ユークリッド幾何学（テキストはローマ大学におけるリッチの自然科学の師クラヴィウスが校訂解説増補した Euclidis elementorum libri ⅩⅤ）の第一巻の翻訳を一応終えていたものと見える。『天学初函』などに収められている『幾何原本』はリッチの口述にもとづき徐光啓が筆訳したものということになっており、1605年北京刊の六巻本によったものであるが、本書の完成には右の瞿太素の訳も参考に供されたことと思う。『幾何原本』の巻頭に載っているリッチの序にもこれについて述べられていないが、やや片手落ちの感がなくもない。…」（矢沢利彦『東西文化交渉史』〔アジア学叢書33〕大空社、1997年、277-278頁）とあるように、瞿太素はクラヴィウス版の『幾何原本』の第一巻を翻訳し終えていたようである。

69)「遊藝之學」。「遊藝」は「游藝」に通じよう。『大漢和辞典』巻七の「遊藝」の項には、「藝は禮・樂・射・御・書・數等。」（110頁）とあり、『論語』「述而」の一節とその集注を用例として挙げている（同頁）。ここでは中国の伝統的学問の六芸のなかの特に数の学を意識しているのであろう。

70)「言象之粗」。

71)「有志竟成」。『後漢書』「耿弇伝」の中に、「帝謂弇曰：『昔韓信破歴下以開基、今將軍攻祝阿以發迹、此皆齊之西界、功足相方。…將軍前南陽建此大策、常以爲落落難合、有志者事竟成也！』弇因復追步、步奔平壽、乃肉袒負斧鑕於軍門。」（中華書局版第三冊、711－712頁）。とある。また明代の文人張岱の『瑯嬛文集』巻一の「補孤山種梅序」の中に、「白石蒼鬆、擬築草亭招素鶴、濃山淡水、閒鋤明月種梅花。有志竟成、無約不實踐。將與羅浮爭　、還期庚分香。實爲林處士之功臣、亦是蘇東坡之勝友。」（『張岱詩文集』上海古籍出版社、1991年、121頁）とある～この用例は湖北大学古籍研究所編『漢語成語大詞典』中華書局、1320頁）にて知り得た。このように「有志畢成」という句は明代にあって成句としてよく用いられるようになって来ていたのではないであろうか。

72)「燕臺」。「燕臺」は字義通りには戦国時代燕の昭王が賢者を招くために築いた台のこと。

73) リッチは1600年（万暦28年）の春、南京で初めて徐光啓と出会った。5月18日、リッチはパントーハと共に朝貢の名目で北京への船上の旅に出た。船が臨清に着くと、宦官馬堂に止められた。7月31日に馬堂は朝貢を求めてリッチたちがやって来ていることを万暦帝に上奏した。リッチたちはそこから天津に行き、天津で年末まで待たされた後、北京入りを許可する諭旨がくだった（顧衛民『中国天主教編年史』上海世紀出版集団・上海書店出版社、2003年、94頁）。

74)「徐太史先生」。「太史」は官職名。孟慶遠主編、小島晋二・立間祥介・丸山松幸訳『中国歴史文化事典』（新潮社、1998年）の「太史」の項には、「近代以前の中国の官名。『周礼』の記述によると、太史は天文暦法をつかさどる官だった。…漢初には、太史令という官はさらに兼ねて歴史を書く責任を持っていた。…明・清両代には翰林院が歴史を書く責任を負う編集・検討を置いたため、翰林院を太史と称する人もあった。」（664頁）とある。徐光啓は1604年（万暦32年）、43歳のとき進士に及第し、翰林院庶吉士となった（梁家勉著『徐光啓年譜』上海古籍出版社、1981年、72頁）。リッチが「訳『幾何原本』引」を書いている1607年（万暦35年）の4月10日に翰林院検討になっている（『徐光啓年譜』、85頁）。『幾何原本』は1607年の春に翻訳が終わっている（『徐光啓年譜』、84頁）。「附注」の［4］には「付刻期稍後、約在五月頃。」（86頁）とある。ここでリッチが「太史」と記すのはこの1607年（万暦35年）5月当時の徐光啓の官職を指すのではないであろうか。

75) 1603年（万暦31年）に徐光啓は二度南京を訪れているが、二度ともリッチには会っていない。リッチはすでに北京にいたからである。一度目の南京訪問のとき2月11日に徐光啓は宣教師のローシャから洗礼を授けられた（霊名、保禄）（マッテーオ・リッチ『中国キリスト教布教史　一』「第四の書」第十九章（川名公平訳、矢沢利彦注、岩波書店、1982年、572－575頁）。前掲『中国天主教編年史』、97頁）。1603年の二回目の南京訪問は翌年3月9日から始まる会試受験のために北上する必要があり、南京はその通過点にあったからであろう。冬は旧暦の10月から12月までである。旧暦10月から12月の間に徐光啓は北京に到着し、リッチに会ったのであろう。それゆえ前掲『徐光啓年譜』は万暦31年の終わりで既に1604年に入った陽暦1月頃をリッチとの面会の時期と推測する（71頁、73七頁）。要するに、徐光啓は会試受験前の不安な時期にリッチに会って彼から『幾何原本』について学んだわけである。

76)「於時以計偕至」。リッチは計画を実現する機会が訪れたほどの意味をこのように表現したのであろう。字義通りには時機と計画が共に到来したというような意味であろう。

77)「及春薦南宮」。「南宮」とは『漢語大詞典』第一巻の「南宮」という項の第六の語釈によれば、「指礼部会試、即進士考試。」（894頁）とあるように、礼部が実施する進士への試験、つまり会試を意味するようである。前掲『徐光啓年譜』によれば、1604年（万暦32年）の3月9日から会試が実施され、4月13日に合格発表がなされた（71頁）。会試受験のことを述べたものであろう。

78)「庶常」。『漢語大詞典』第3巻の「庶常」の項に、「明置庶吉士、取義于此。」（1237頁）とある。前掲『徐光啓年譜』によれば、徐光啓は1604年7月12日に翰林院庶吉士に選ばれている（72頁）。

79)「時得晤言」。「晤言」とは雅言であろう。

80)「未違此土苴之業也」。「土苴」については、『荘子』「雑篇」「譲王篇」に「道之眞以治身、其緒以爲國家、其土苴以治天下。」とあり、「土苴」は成玄英の疏には「土、糞也。苴、草也。」（新編諸子集成『荘子集釈』第四冊、1961年、92頁）と記す。『大漢和辞典』巻三の「土苴」の項では、「あくた。糞草。土芥。一説に無心のさま。」（114頁）を語義としいている。

81)「格物實義」。「格物」は『大学』第一章の中の語。「朱熹の格物説は、事物についてその一々の理を究めることを通して、我が心の理（本性として賦与された理）と万物の理とが一つに貫流することをめざすものであった。物は事物の理として問題とされた。」（池田知久・神近淑子・溝口雄三・大島晃「物」「格物説」『中国思想文化事典』東京大学出版会、2001年、58頁）とあるように、本来儒教的な「格物」の営みは外的事物の世界の理を内面的心の世界の理と関係づけようとするものである。

リッチの「格物」の営みは内面的心の世界とは独立した事物の世界の理を追求することも含意されているのではないであろうか。内の世界と外の世界がそれぞれ独立して存在するということを前提としているのではないかと考えられ、「格物」の「物」の意味の質的転換が見られるように思われる。

82)「先生曰」。「先生」とのみある。先輩のリッチが年下の徐光啓に「先生」という敬称を用いている。読み過しそうな平易な語であるが、リッチがどのような意図をもってこの語を用いているのかよく分からない。後藤基巳「保禄徐公評伝⑴」に、「こうした信仰上の追求のほかに、徐光啓はリッチ師から諸般の西洋学術…を吸収摂取してその訳述紹介につとめた。…いわゆる奉教士人の場合でも、多くは西洋学術に対する知的関心がその信仰に先行し、西学→西教のプロセスを、辿ったが、徐光啓の場合は必ずしもそうではない。かれは西洋学術の紹介が伝道の捷径たることを意識してその鼓吹につとめたとも見得る。」(『明清思想とキリスト教』研文出版、1979年、149-150頁)とある。そうであるならば西教→西学という経過を辿った徐光啓が西洋の科学技術を宣教の観点から重視したことがリッチの容れるところとなり、このような措辞に至ったと考えられなくもないであろう。リッチの『中国キリスト教布教史』に関連する記述がある(川名公平訳、矢沢利彦注『中国キリスト教布教史　二』(岩波書店、1983年、71頁))。

83)「一物不知、儒者之恥」。『漢語大詞典』第一巻の「一物不知」の項では、漢の揚雄の『法言』の揚雄の『法言』「君子」の中の語句を用例として挙げている(46頁)。韓敬注『法言注』(中華書局、1992年)には「聖人之於天下、恥一物之不知；仙人之於天下、恥一日之不生。」(328頁)とある。不老不死を求める仙人と対照させて、知らないことを恥とする儒教の聖人が語られているのである。徐光啓がこの『法言』の言葉を意識して語っているのであれば、多様な思想に理解と興味を示す徐光啓の姿が彷彿として思い浮かんで来よう。

84)「已不遺旨」。

85)「若丁先生之文、惟譯註首論耳」。

86)「止、請先傳此、使同志者習之」。前掲毛子水「徐譯幾何原本影印本導言」の「三、幾何原本的中譯本」には、六巻で翻訳をやめたことについて中国の100年前の学者の多くが不満を持ったことに触れている。例えば、「…清朝第1の数学者とされたが、生涯仕官しなかった。若いときから数学を学び、明代の大統暦のみならず、ヨーロッパから伝えられた数学・天文学に通じた。」(橋本敬造「梅文鼎」『科学史技術史事典』、802頁)とされる梅文鼎は秘密にする意図があったためか、それとも難解で翻訳が困難なために六巻までで翻訳をやめたのではないかと疑義を呈した。しかし前六巻は平面幾何と比例、第七巻から九巻までは数、第十巻は無理数、第十一巻から十五巻までは立体幾何を取り扱っている。第七巻以降の翻訳は相当の時間をかけて行うべきものであり(「實仁足可以上緩圖的」)、リッチが第七巻以降の継続的な翻訳を望まなかったことには然るべき理由があったようである(「徐譯幾何原本影印本導言」、8頁)。

　わたくしは東大駒場図書館に所蔵されているクラヴィウス版の前六巻分の二冊を愛知大学図書館を介して借り出して見てみた。リッチの苦労のほどがひしひしと伝わって来た。リッチはラテン語の本文を徐光啓に教授するに際し、まず図と漢文の教材を手書きで自ら作ったに違いない。これには中国の伝統数学に関する知識を要するし、準備に並はずれた時間がかかったに違いない。その教材を徐光啓に渡して自らが漢文に表わしたものを口述したのであろう。リッチは徐光啓の数学の理解力を確かめながら説明を加えて行ったものと思われる。翻訳の作業は相当の体力を使ったはずである。『幾何原本』の残りの部分が中国の伝統数学の世界に占める位置を定め、徐光啓の数学の全体的な能力を測り、自分の体力を見極め、総合的に見て翻訳の休止が最善であると判断したのではないであろうか。

　リッチの『中国キリスト教布教史』では、「彼はさらに先へ進んで、全訳を望んだ。だが、神父はもっと別のキリスト教本来の問題に専念したくもあり、彼を少し休息させたくもあった。そこで、まずこの最初の各書がチーナの友人たちにどのくらい受け入れられるかを見定めて、そのあとで残りの各書の翻訳を言成しようと言った。」(『中国キリスト教布教史　二』、73頁)とある。

　陳衛平・李春勇『徐光啓評伝』(南京大学出版社、2006年)では、翻訳を続行しなかった理由として西洋の数学と中国の数学は体系が異なるので当時の中国語に西洋数学の用語に対応する語がなかったことを挙げる(183-184頁)。第六巻までの翻訳の過程で徐光啓が西洋数学の用語に対応する中国語の一連の術語を新たに作成したのもこれによる(184頁)。

87)「遂綴譯而梓是謀、以公布之、不忍一日私蔵焉」。リッチの『中国キリスト教布教史』ではこの間の消息について以下のように記す。「だがそれから間もなく、ドットール・パーオロは、かつて神父が、彼ほどの才能がなければ、この仕事は完成をみないだろう、と言っていたことを思い知らされた。それゆえ、彼はみずからこれに専念しようと決意して、毎日わたしたちの家を訪れ、三時間から四時間ものあいだ、神父とともにこの仕事にあたった。そのことはわたしたちに大きな権威を与えた。国王の学校であるハンリンユエン〔翰林院〕のたいそう著名な人物が、毎日、わたしたちを訪ねて講義を受け、学んでいることが、王都の内外にあまねく知れわたったからだ。一方、彼自身もその精緻で堅固な書物を理解できるようになると、それを楽しむようになり、同僚たちともほかに話すことを知らないというほどであった。そしてその著作を明快かつ重厚で優雅な文章に移そうと、日夜、研究を重ね、一年余りこれに打ちこんだすえに、ついに完成し、その本で最も必要な最初の六書を翻訳した。そのうえ、エウクーデの著作の翻訳と並行して、数学の他の著作も翻訳した。

　彼はさらに先へ進んで、全訳を望んだ。だが、神父はもっと別のキリスト教本来の問題に専念したくもあり、彼を少し休息させたくもあった。そこで、まずこの最初の各書がチーナの文人たちにどのくらい受け入れられるかを見定めて、そのあとで残りの各書の翻訳を完成しようと言った。こうして、立派な二編の序文をつけて、ただちにそれを印刷させた。序文の一編はマッテーオ神父のものであった。神父は、そのなかで、わたしたちのあいだでもきわめて古いこの本の著者について説明するとともに、神父の師匠である註釈者のクリストーフォロ・クラーヴィオ〔クリストフォルス・クラヴィウス〕神父(その重要な証明や註釈も翻訳した)や、』数学の他の事柄や、この本の利用法についても併せて説明した。もう一編はドットール・パオロ自身の序文で、彼はわたしたちのことをたいそう誇張して書きたてた。そして開板〔刻版の誤り〕を終える

と、数多く印刷し、友人たちや希望する人びとに贈った。」(リッチ『中国キリスト教布教史 二』(岩波書店、1983年、72－73頁)。

88)「縁力倶難、相共増修、以終美業」。

89)「開濟之士」。『漢語大詞典』第12巻の「開濟」の項の第二の語義に「開創并匡済。」(66頁)とある。この意味ではないであろうか。また、『周易』「繋辞上伝」の中に、「子曰、夫易何爲者也。夫易開物成務、冒天下之道。」(高田真治・後藤基巳訳『易経 下』「岩波文庫」、240頁)とある。

90)『徐光啓年譜』では1607年(万暦三十五年)の5月頃と推測する(注[6]、86頁)。この年の5月23日に徐光啓の父思誠が世を去ったので、『幾何原本』の上梓後間もなく徐光啓は北京を去り服喪のために郷里上海に戻らねばならなかった。1610年(万暦38年)の4月にリッチは帰天した。『徐光啓年譜』にはリッチの北京での帰天の後の箇所に、「服関後赴京、妻呉氏随行。」(95頁)と記す。注[6]では、徐光啓が北京に戻ったのは三年の服喪の期間を終えた後のことであって、同年の夏以降のことであろうと推測する(96頁)。服喪のための郷里への旅は地上でのリッチとの別れを意味した。

〔補記1〕注52)に挙げたジョン・ディー『数学の序説』によれば、数学の要素は数(Number)と大きさ(Magnitude)である。数を追求する学が算術であり、大きさを追求する学が幾何学である。つまり数学＝算術＋幾何学ということになるのであろう。これは本質的にリッチの考え方と同じではないであろうか。算術と幾何学の総合としての学の体系であるとこの数学という概念は伝統的な中国の数学の世界にはなかったものであろう。'mathematica regina omnium scientarum'(「数学は諸学の女王」)という言い方があるそうだが－近代と呼べる時代の数学者ガウスもこれと似た語を言い始めたようである。この語の典拠に辿りついていない。まことに心もとないまま挙げさせていただいた－、リッチの文中の「幾何之屬幾百家」という語句はこれを思い出させる。

というのも中村幸四郎『『原論』の解説』によれば、『原論』の第7巻から第9巻は数論、第10巻は無理量論だからである(中村他訳・解説『ユークリッド原論－縮刷版』共立出版、531-541頁)。数論と無理量論は数に関する学であり、これは算術に分類されるのではないであろうか。

従って Euclidis Geometriae とは広義において数学(mathematica)を指し、狭義において幾何学(geometria)を指しているように思われてならない。つまり、「幾何家」という語は数学と幾何学の双方の意味を兼ねているのではないであろうか。

ただリッチが「幾何家」として挙げている七つの例は実質的には幾何学として括られるものではないであろうか。つまり「幾何家」という語は形式的には数学と幾何学の双方の意味を表わし得るのであるけれども、実質的には幾何学を指すものではないであるように感ぜられる。

安大玉『明末西洋科学東伝史』(知泉書館)には、「…幾何とは、度と量とを扱う学問、つまり数学全体の意味を持つ概念である、ということである。要するに、マティマティカ＝幾何＝度を扱う算法＋量を扱う量法という等式が成立するので、量法が geometry なのである。」(99頁)とある。つまり「幾何」とは算術と幾何学からなる数学を表わす語であるという点では管見と重なる。

また同書(98頁)に挙げる渡辺純成先生のご高論「満洲語資料からみた『幾何』の語源について」(「数学史の研究」『数理解析研究所講究録』1444、京都大学数理解析研究所、2005年7月、34－42頁)はアレニの『西学凡』の中の文に拠って、「まとめると、明末のイエズス会士の共通認識においては、『幾何』という語は数学的対象としての量一般を意味し、『幾何之学』という語は今日の数学全体 mathematics を意味していた。今日のいわゆる幾何学 geometry のみを意味する語ではなかったのである。」(37頁)とある。つまりリッチの後輩のアレニにおいても「幾何」という語は算術と幾何学からなる数学を現わすという意味が継承されているということであろう。

ところで同書(99頁)に「有度有数者、皆依頼十府中幾何府属」と引用されている『幾何原本』第一巻首の箇所－『利瑪竇中文著譯集』、上海交通大学出版社『天學初函 器編(上)』(234頁)、上海古籍出版社(15頁)、上海古籍出版社『徐光啓全集』第肆冊(15頁)も同様の句読を施すー－は、「有度有数者皆依頼、十府中幾何府属」となるのではないであろうか。

というのも粟田賢三・古在由重編『岩波哲学小辞典』の「カテゴリー」の箇所には、「…アリストテレスは、〈である〉(存在)の10個のカテゴリーをあげた(実体・量・質・関係・場所・時・能動・受動・状態・所有態)。」(39頁)とあるからである。

また『カテゴリー論』第四章には、「いかなる組み合わせにももとづかずに語られるもののそれぞれは、次のいずれかを表示する。 (1)まさにそれであるもの(本質存在)、(2)どれだけか(量)、(3)どのようか(性質的なもの)、(4)何に対する(関係的なもの)、(5)どこか(所)、(6)いつか(時)、(7)置かれている(態勢)、(8)持っている(所持)、(9)作用する(能動)、(10)作用を受ける(受動)。」(傍点訳者注)(中畑正志訳「カテゴリー論」『アリストテレス全集1』岩波書店、2013年、18頁)とある。

「カテゴリー論」の複数のラテン語訳のうちボエティウス(Boethius)訳とされる(Tranlsratio Boethii)には、"Eorumu quae secundum nullam complexionem dicunturu singulum aut substantiam sinificat sut quantitatem aut qualitatem aut ad aliquid aut ubi aut quando aut situm aut habitum aut facere aut pati."(Categoriae vel praedicamenta, ediderunt Laurentius Mlnio-Paluello et Bernarudus G. Dod..Desclée,De Bruouwer,1961, p.6)(筑波大学附属中央図書館所蔵)とある。

中畑訳の「どれだけか(量)」に当たる箇所は 'quantitatem'、すなわち量という意味の名詞 'quantitas' の対格であろう。

ギリシア語原文では中畑訳の該当箇所は "ποσὸν"(AristotelesCategoriae et Liber de interpretatione, すなわち 疑問詞 'πόσος' の対格であろう。オックスフォードの『希英辞典』(Greek-English Lexicon)(第九版、望月光神父様からご恵与のもの)には、この疑問詞の語義を "interrog.Adj. Of what quantity?"(p.1453)としている。同辞典はさらにこれを、"1.of

●Interface >>> マッテオ・リッチ「訳『幾何原本』引」【翻訳と注解】

Number, how manay?"、"2.of Distance, how far?"、"3.of Times, how long?"、"4. of Value, how much?"、"5.of Degree, how great?"の五つに分類する。

　リッチはラテン語の名詞 'quantitas' ではなく、ギリシア語の疑問詞で形容詞の 'πόσος' を漢語の「幾何」に置き換えたものではないであろうか。その際には徐光啓の意見も参考にされていることであろう。佐々木力『デカルトの数学思想』(東京大学出版会、2003年)には、「実際、リッチ自身の『幾何』の発音が 'kì hô' であった」(42頁、注(77))と記されている。但し同書は「幾何」の音訳説は俗説と捉える(同頁)。

　'geometria' の 'ge' の音を「幾」に 'o' の音を「何」に置き換えたとは考えられないであろうか。現代中国語には 'e' という音がないために 'i' の音を有する「幾」'ki' を 'ge' に当てたのである。口の開きは異なるが 'o' の音に近い母音を含んだ「何」'ho' を 'o' に当てたのである。

　中国語には外来語を全部音訳することは伝統的に少ないのではないであろうか。意訳が基本で可能であれば、そこに音を反映させるようにするのである。その場合、二字からなる漢語に置きかえられる場合が多いように思われる。例えば、仏教漢語に「羅漢」がある。サンスクリットの原語は 'arhat' である。また「菩薩」という語がある。サンスクリットの原語は 'bodhisattva' である。漢語は二字である。『翻訳名義集』が漢訳語の宝庫であろうか。

　渡辺純成先生のご高論「満洲語資料からみた『幾何』の語源について」(「数学史の研究」『数理解析研究所講究録』1444、京都大学数理解析研究所、2005年7月)は第1節(34-36頁)で、「『幾何』の発音が明末清初のイエズス会士に対してはgeometira の音訳になり得ないことを、観察した。」(39頁)とある。中国語の音韻論に基づいた実証的なご研究である。

　浅見は学問的根拠のないものであるかも知れないが、サンスクリットの漢訳のほんのわずかな例を想起すると、妄想を禁じ得なかったのである。

〔補記2〕愛知大学図書館で司書としてお勤めの山井啓子さんがお調べくださったところによると、東京大学駒場図書館所蔵になる1591年本の判型は、東京大学駒場図書館の書誌情報によると、オリジナルの判型を示す表記はないが、ドイツの複数の所蔵館の書誌欄には、すべてフォリオ(folio 2折判)と記されている。版に関する記述は、標題紙によると、'Nunc tertiò editi' とある。'tertiò' の ' ò' は、この 'o' が長音であることを記しているものと思われる。駒場図書館所蔵のものは原本代替資料(In-house reproduction)である。

　愛知大学名古屋図書館所蔵になる1607年本の判型は同様に折記号から、オクターヴォ(octavo 8折判)と見受けられる。版に関する記述は、標題紙によると、'Nunc quarto editi' とある。'quarto' の 'a' と 'o' はそれぞれ長音であるが、それらが長音であることを示す記号はない。

　1607年本(第四版、フランクフルト)について見ると、紙の大きさは実測では18.4㎝(縦)×11.0㎝(横)である。上巻(第1巻から第6巻)は671頁、下巻(第7巻から第16巻)は680頁である。

　取次の極東書店からの情報によれば、本書は 'Latin revised edition'、すなわちラテン語改訂版であり、また 'rebound'、すなわち再製本されたものである。この資料は、天の部分がきれいに切り揃えられているように見えることから近年、再製本時に裁断されたのではないかと推測される。また 19㎝ ×12.5㎝で Hardback とある。

　Hoffman 社出版のものはドイツの図書館ではドレスデン Dresden、ライプチヒ Leipzig、ハイデルベルク Heidlberg、チュービンゲン Tübingen 、フライブルク Freiburg 等の大学図書館 Universitätsbibliothek に所蔵されているようである(WorldCat による。2018年10月10日現在)。これは東京大学駒場図書館所蔵の1591年本(第三版、ケルン)のものより一回り小さく、判型(format)も異なっている。

〔補記3〕安大玉『明末西洋科学東伝史―『天学初函』器編の研究―』(知泉書館、2007年)は、「補記1」の校正で「というのも中村幸四郎「『原論』の解説」によれば、『原論』の第7巻から第9巻は数論、第10巻は無理量論だからである(中村他訳・解説『ユークリッド原論―縮刷版』共立出版、531-541頁)。」というところまで見ていたときに、それまだ書架に置いてあった本を念のためにこの時初めて読み出したものである。「補記1」のここに示した箇所以降の記述は何らかの形で同書に影響されているかも知れない。注5)、注64)は同書により書き換えを余儀なくされている。

　同書を通して知り得た重要なことのうち注では書き加えることの出来なかった点を以下に記す。

　同書63頁の注20)には、「エンゲルフリート氏も指摘しているように、厳密にいえば、クラビウスの分け方とリッチの分け方は多少異なっている。…ある意味では、クラビウスの分け方には、…数を実際に存在する実体として考えるプラトン主義者の傾向が強く見受けられる。実際に彼がユークリッドの『原論』を研究する際に、新プラトン主義者として有名なプロクロス(Proclus)の『原論』の注釈を大いに参考にしたといわれる。」とある。リッチはクラヴィウスの単なる祖述者ではなく、『原論』の解釈にあたり新プラトン主義者のプロクロス(Proklos)の著作を参考にしていたということである。留意すべき重要な点であろう。

　佐々木力「プロクロス」には、「科学史上重要なものは何より『エウクレイデスの原論第一巻への注釈』…であり、新プラトン主義的認識論から数学の哲学が展開されている。」(弘文堂『科学史技術史事典』、933頁)とある。ディー『数学への序説』の中にも「メルクリウスの果実であるディアノイアによる思考は、…」(名古屋大学出版会『原典ルネサンス自然学　下』(645頁)とあり、注(8)にて「ディーが参照したプロクロスの『ユークリッド原論』第一巻への注釈…」(698頁)とあるように、ジョン・ディーもまたプロクロスの『エウクレイデスの原論第一巻への注釈』を参照していたことが分かる。

　クラヴィウス(1537-1612)(『科学史技術史事典』、292-293頁)、リッチ(1552-1610)(『科学史技術史事典』、1105頁)、ディー(1527-1608/9)(『原典ルネサンス自然学　上』(31-32頁)の生きた時代のヨーロッパには科学史上新プラトン主義への志向が存在し、それがエウクレイデスの『原論』を読むことに影響を及ぼしたということなのであろうか。

　同書の『幾何原本』に関する第4章「『幾何原本』と公理的秩序」の中で最も重要な箇所の一つは、「4．『幾何原本』の構成―『原論』と『幾何原本』の第一原理の異同」(65-82頁)ではないであろうか。その「4.5『幾何原本』の論述」の箇

所に、「また、ここで、クラビウスの底本とリッチと徐光啓の訳語を対照してみると、『解』『法』『論』に対応する言葉がクラビウスの底本にはないことをまずいわねばならない。クラビウスの底本は、ヨーロッパのユークリッドの伝統に従い、『命題―論証』が全体として叙述されており、『題―解―論』、または『題―法―論』のような分け方はしない。つまり、scholium（傍注）、praxis（用法）、ex Proclo（プロクロスより）、ex Peletario（ペレタリウスより）のように、他の注釈者による補足（増）やクラビウス本人による追加―例えばコロラリー（系）―等は、必要に応じて段落を改めて見出し語付きにされているものの、『解』『法』『論』については、クラビウスの底本には、対応するものが全くない。これは、おそらく、中国伝統数学のやり方に倣ったものと見られる。

　また、それ以外にも、第二巻以降は、『注曰』と始まる段落がある。…この『注』とは、クラビウスの『傍注』（scholium）を訳出したものであり、もともとのユークリッドの『原論』にはないものである。リッチと徐光啓は、クラビウスの傍注については、ほとんど訳していないが、ここだけは『注』という名目で具体的な数字を以て説明している。」（77-78頁）とある。これにより拙文の注の58)、59)、60)は誤りであることになる。

　クラヴィウスの原書と『幾何原本』の間のこの異同はどこから出てきたのであろうか。「解」、「法」、「論」とは中国の伝統数学の体系から演繹された概念なのであろうか。それならば、徐光啓の果たした役割は思いのほか大きくなる。それはもはや翻訳の枠組みを超えた創作に足を半歩進めたものとなるのではないであろうか。

■ INTERFACE

トロツキイとアメリカン・プラグマティズム
―「佐々木力先生から学んだこと」にもとづいて―

笠松幸一 [日本大学兼任講師]

はじめに

　私は佐々木力先生の厖大な著作群からたくさん学んできた。学んだことは余りにも多すぎて、私の頭の中ではいまだに整理されていない。佐々木力先生の科学史・科学哲学の研究は、浅学菲才の私の理解力をはるかに超えている。

　そこで本稿では、私の研究領域であるプラグマティズム、とくにプラグマティズムの大成者デューイ、ネオ・プラグマティズムの推進者ローティに注目して、トロツキイとデューイおよびローティとの哲学的交差に接近してみよう。トロツキイは20世紀におけるプラグマティズムの進展に大きなインパクトを及ぼした。

　佐々木力さんと私は、もちろん研究領域を異にしている。とはいえ私は、これまでの佐々木さんの研究活動とその成果に大いに注目してきた。佐々木さんの著書を何度もひも解きながら学んできた。というのは佐々木さんの研究は、私のプラグマティム研究を特別に啓発してくれる、観念・思想の源泉であるからである。思いつくまま上げると、吉野作造の民本主義（デモクラシー）、陳独秀における民主と科学、トーマス・S・クーンのパラダイム論、フォン・ノイマン問題、数学史・数学基礎論、トロツキイの永続革命論等々である。

　佐々木力さんと私は、戦後間もなくの同じ年の生まれであり、宮城県立古川高等学校の同窓である。誕生日の違いにより学年としては新年度4月1日を境にして、佐々木さんは私の1学年先輩となる。

　私は、佐々木さんとは同窓の気安さもあって、遠慮会釈なしに上述のような思想を主題に、佐々木さんに失礼を省みずに質問し、こんなこともお前知らないのか、と佐々木さんを苛立たせてきた。そんな時は「マア一杯」などとお酒をつぐと、その険しい場は不思議とおさまり再び会話がはずんでいく。同窓のよしみというものであろうか。

　本稿においては、まず佐々木力さんの生まれ故郷、次に学問の面白さを自覚した古川高校および佐々木さんが自由に思索し忙しく活動した東北大学を訪れてみよう。さらに佐々木さんの科学史・

かさまつ・こういち◎1947年宮城県生まれ。日本大学大学院博士課程（哲学専攻）単位取得修了・日本大学助手、講師、助教授、トロント大学哲学部客員研究員、日本大学文理学部教授を歴任。専門は哲学（プラグマティズム、記号学、環境倫理）。著書・論文、「記号学―統一科学運動を乗り越えて」『プラグマティズムを学ぶ人のために』（世界思想社、2017年）、「デューイ・プラグマテイムズと日本民主思想の交流」『精神科学（第52号）』（日本大学哲学研究室、2014年）、John Dewey's Semiotic, Semiotics Encyclopedia, University of Toronto, 2010. 学会活動、日本生命倫理学会編集委員、日本記号学会理事、総合社会科学会理事、日本デューイ学会理事を歴任。

科学哲学の学問的方法論が定められたプリンストン大学を探訪してみよう。そしてトロツキイとプラグマティズムの関係を捉えることにより、佐々木力さんのトロツキイ研究の意義を確認して結びとしたい。

1．故郷—小野田町—

　佐々木力さんは、東北の奥羽山脈の麓、山形県境に近い、宮城県小野田町に生を受けた。奥羽山脈に沿う山懐の町村は、冬と春の間に、子どもたちにとっては「春を待ちわびる季節」がある。春よ来い、早く来い、と童謡に歌われるように切実に春を待つのである。

　いまは冬、しかし春はくる、とは思うものの春はあまりにも遠い。いつしか雪の下から福寿草が黄色いつぼみを覗かせて、蕗のとうがつぼみを膨らますようになる。長い冬がゆっくり遠のいて、太陽が時おり青空に輝くようになる。しかし雪はなお山肌に残り、頬にあたる風はまだ冷たい。ようやく桜前線が小野田町に到達し、満開の桜を仰ぎ眺めて春の訪れを実感する。うららかな春の光を浴びながら町なかは活気にあふれ、子どもたちも大人たちも笑顔で往来するようになる。

　したがって、春を待ちわびる風土に生れ育った佐々木さんは、忍耐強く、思索に耽り、興味深い物事にはとことん集中する。両親と四人兄弟とで身を寄せ語り合いながら、末っ子のゆえに家族のなかで一番可愛がられて力さんは春を待つ。

　春になると、佐々木家の大黒柱、腕利きの大工職人・棟梁、佐々木さんの父は建築注文が舞い込んでにわかに忙しくなる。そんな父の職人冥利につきる一世一代の大仕事は東小野田中学校の建設であった。父が造った学校だ、と得意に感じながらも、しっかり勉強しなければ、と日々決意しながら登校する。佐々木家の四人兄弟は父の学校を誇りに思いながら一生懸命学んだ。だから佐々木家の兄弟たちはみな成績優秀である。このような風土の中で、力さんは奥羽の山懐と暖かい家族のなかにいだかれて健やかに育った。

2．学問への志

（1）古川高校時代—蛍雪健児

　さて佐々木さんは、小野田町からバスで60分ほどの、古川市（現在の大崎市）の高校に通うことになる。古川という小都市は、今では東北新幹線の堂々たる停車駅であるが、新幹線のなかった当時は静かな田園風景の中にあった。古川高校の校章は「蛍の光、窓の雪」である。暗くなっても、蛍の光、窓の雪明かりで学ぶ、という気概をもって勉学に励め、ということである。古川高校の生徒たちは「蛍雪健児」と言われる（この言葉は男女共学の現在では使われない）。

　古川市は、民本主義を掲げて大正デモクラシーを推進した東京帝国大学教授、吉野作造の出身地である。蛍雪健児たちは吉野作造にたいして敬愛の念を抱いている。吉野作造の民本主義（デモクラシー）の話になると盛り上がる。吉野作造が唱道した「一般民衆の利益・幸福を目的とする政治」とともに、その政治を実現するための「普通選挙制」を語り合うことが、大人に成りうるインテリ青年の証のようなものであった。

　佐々木さんは模範的な蛍雪健児として努力を重ね、成績優秀な学生として頭角を顕わし、教師た

ちの解けない数学の問題を難なく解いて、先生たちを驚かせて全国的にも名前を知られる数学少年であった。毎学期の試験では常にトップの成績優秀者として表彰されるのが佐々木さんであった。（佐々木さんに比べてこの俺は、と思い悩む必要はない、学年が違うのだ。）

　高橋秀夫先生が、佐々木さんの数学の才能を見出し、熱心に数学の手ほどきをしてくださった。数学の論理の美しさに魅了された佐々木さんは、さらに難度の高い問題にとことん取り組んだ。まるでフランスの若き天才数学者ガロワ（Galois）のような高校生であった。佐々木さんはガロアの理論に憧れて数学者になることを決意した。

　もう一つ夢中になったのが化学である。クラブ活動として佐々木さんは化学部に所属し、写真の科学的原理の探究に熱心に取り組んだ。実験器具を手にしながら何かを仲間に話している白衣姿の佐々木さんは科学者の風貌であった。（私は小学の時分からウィーン少年合唱団の澄んだコーラスに憧れていたので合唱団に入った。パートはテノールであった。）

　現在の方に時の流れを早めよう。佐々木さんは、フランスでの会議やセミナーに参加する傍ら、恋と革命と数学に生きたガロワについて文献・資料を調査し考証し『ガロア正伝―革命家にして数学者』（2011年）を著した。本書は恩師高橋秀夫先生・よし子夫人に捧げられた。東京大学定年間際の、東日本大震災の混乱のなかでの出版であった。

　私の古川高校の恩師米城一善先生（「人文地理」指導、3年生の時のクラス担任）にも触れておこう、佐々木さんもよくご存知である[1]。米城先生を囲む新年会で、先生はほろ酔い気分で私に度々言った。「つけぇーんだがら、一度、挨拶さ行ったらいいっちゃ、うんと学んだらいいっちゃ」。つまり笠松は佐々木さんと近いところで仕事をしているのだから、挨拶に行ったらいいでしょう、佐々木さんからうんと学んだらいいでしょう、と言うのである。米城先生には失礼ながら、その「うんと学んだらいいっちゃ」とは何ですか、私にもプライドというものがあります―内心そんな思いであった。

　ところが、ある時、佐々木さんに会うことになり（後述しよう）、それを機に私は佐々木さんからうんと学ぶことになる（米城先生、おっしゃるとおりになりました。本稿サブタイトルに「佐々木力先生から学んだこと」と記すしだいです）。

（2）東北大学時代―疾風怒濤

　蛍雪健児佐々木力さんはガロワの数学に憧れてガロワになるべく東北大学理学部に入学し（1965年）数学教室に進学し、さらに同大学大学院に入学し数学を専攻した。佐々木さんにとって東北大学時代は、高校時代のように数学研究ひとすじとはいかなかった。いささか道草を食うことになる。だがそれは決して無駄な道ではない。むしろ今にして思うと、プリンストン大学に通じる有意義な道と言うべきである（佐々木さんに対して僭越な言い方ではあるが）。

　佐々木さんにとっての東北大学時代は、社会・政治的問題に関心を寄せる生活であった。学内外では全共闘運動のデモが行われ、ベトナム戦争反対、日米安保反対、環境破壊（公害）反対等の声が高まり騒然たる世相であった。闘争に背中を向けて、数学研究の道ひとすじとはいかなかった。これらの問題の解決を模索しながら、佐々木さんは文学部哲学研究室、細谷貞雄教授の門をたたきヘーゲル研究ゼミに参加し『精神現象学』を読んだ。マルクスの『資本論』を完璧なまでに読み込み理解した。さらにはハイデガー研究ゼミに参加し『存在と時間』の読解にも集中した。

哲学思想関係のゼミや研究会に参加し反対闘争のデモにも連帯し、佐々木さんはマルクス主義とくにトロツキイ主義（永続革命論・国際主義的社会主義）に傾倒するようになった。さらに、佐々木さんは「東北大学新聞社」の編集にも携わり、書評や論説等の締め切りに追われ、講演会やセミナーも主催し数学研究に専念する時間の確保は難しくなった。

　佐々木さんは活動家学生として、東京の各大学の大学生・院生と連帯しつつ仙台と東京を鉄道で往復するようになった。「春はきたる、されど今は冬なり」そんな思いで故郷の厳しい冬のような状況に耐えなければならなかった。

　佐々木さんは当時のベトナム戦争や環境破壊（公害）等への反対運動を通して、科学技術の在り方を考えるようになった。「私は1960年代末、20代の前半に科学史に志してからというもの、科学や技術はそれ自体で自律的には存立しえず、よき政体とともにでなければ、健全には成長しえないと考えてきた」[2]。科学技術は民主主義と共存してこそ健全に成長できる。つまり吉野作造に照らして言うと、「一般民衆の利益・幸福を目的とする政治」は「一般民衆の利益・幸福を目的とする科学技術」を健全に成長させてくれる基盤である。

3．プリンストン大学での研究―苦学力行―

（1）フォン・ノイマン問題

　佐々木さんはプリンストン大学で実に学識豊かな錚々たる教授陣・同僚たちに恵まれた。トーマス・S・クーン、マイケル・S・マホーニィ、ナタリー・Z・デービィス、チャールズ・C・ギリスビー等々うらやましい限りである。

　さて佐々木さんのプリンストンにおける研鑽に触れなければならない。上記の先生たちとの4年間にもわたる学問・人格的な交流を通して、科学史・科学哲学者としての佐々木さんの学問的基礎が確立した。当然のごとく佐々木さんは恩師クーン先生が掲げるパラダイム論（科学革命論）の研究に取り組んだ。同時にまた、もう一人の恩師マホーニィ先生の指導のもとで博士論文をめざして「デカルトの数学思想」の研究に打ち込んだ。とはいえ佐々木さんは、パラダイム論やデカルトの数学思想に関する所定の研究のみに満足したわけではない。

　佐々木さんはプリンストンで、現代科学における負の遺産としての、いわゆる「フォン・ノイマン問題」を、換言すると科学者の良心の問題をしっかりと胸に刻んだ。

　フォン・ノイマン問題は科学者と科学技術の関係において、科学者の倫理的あり方についての問題を私たちに投げかけている。プリンストン大学教授、天才数学者フォン・ノイマン（John von Neumann,1903－1957）は晩年、アメリカ政府が進める原子爆弾の製造に関わった数学者である。原子爆弾はヒロシマ、ナガサキに投下され人類史上未曾有の悲惨をもたらした。彼に原爆製造に関わった良心の痛みはないのか。

　フォン・ノイマンは、プリンストン大学において、純粋数学から応用数学へと転向し、国家プロジェクトとしての原子爆弾製造に参画した。佐々木さんは、フォン・ノイマンのビッグ・サイエンスへの転向あるいは盲従を、「徳盲」（倫理における「徳」について盲目になること）として注目する[3]。その根拠をウィトゲンシュタインの「アスペクト盲」に探りあて考察しフォン・ノイマンの倫理（感）の欠如を徳盲として批判した。

●Interface >>> トロツキイとアメリカン・プラグマティズム──「佐々木力先生から学んだこと」にもとづいて──

　佐々木さんは、なぜフォン・ノイマンの転向に批判的なのか。それはクーン先生からパラダイム論の主旨を直に学んだ佐々木さんならではの創見にもとづいている。クーン先生のパラダイム論に触れるにつれて、佐々木さんの数学観も微妙に変わることになる。数学において科学革命はけっして起こらない、というのがパラダイム論が登場する以前の数学者たちの一般的見解であった（この見解を保持する数学者は現在も多いように見受けられる）。

　佐々木さんは、パラダイム転換としての科学革命は数学においても起こりうる、と把握し以下のように説明する。「ほとんどの数学的発展は漸進的であるが、しばしば革命的に発展する。個々の数学的発見ないし発明が、大局的な思想的変革と結合する場合である」[4]。その革命的事例が、17世紀微分積分学の定式化、19世紀非ユークリッド幾何学の成立などである。端的に言うと「数学という知的営みは、けっして自立的－自律的ではなく、数学の外の学問分野（力学はその代表である）や、社会的背景と交錯している」[5]。

　上述のようにして、数学もまた諸科学や社会的背景と交錯し、パラダイム転換と緩やかな関わりをもつ。したがって以下のような断定は厳禁である。科学（数学も含む）は善い・悪いとしての価値判断（倫理）とは無関係である。科学は真・偽に関わる事実判断（認識）に専ら関わる学問である。このような見解でもって科学者が日々の研究に従事しているのであるならば、それは社会（倫理）的には無責任ひいては徳盲のそしりを免れえないことになるであろう。

（2）佐々木さんとプリンストン・プラグマティズム

　ところで、「日本科学哲学会」大会が香川大学で開催されることになって（1996年11月15日・16日）、佐々木さんは「近代における科学と哲学」と題するシンポジウムで講演することになった。私は日大文理学部哲学科の助手に就いて以来、科学哲学会の事務局を手伝っていたので香川大学に行くことになった。

　シンポジウムが盛況のうちに終わり、私は佐々木さんに挨拶し直ぐ打ち解けて、金森修さんたちも一緒に高松駅近くの居酒屋で打ち上げパーティとなった。その時、佐々木さんから「トーマス・S・クーンと科学観の展開」と題する論文をいただいた[6]。そこにはプリンストン大学の哲学の動向が簡明に描写されていた。

　「クーンはプリンストンに移ってからは、哲学教授のヘンペルと親しく交わった。ヘンペルはクーンの「科学哲学入門」に関する代講で、自分はいま、カルナップとポパーの陣営ではなく、クーンと同じプラグマティズムの陣営に属していると明確に宣言した」[7]。

　ここから把握できることは、ドイツからアメリカに渡って来た論理実証主義者ヘンペル（ウィーン学団と密接なベルリン「経験哲学協会」会員）、そしてクーンもプラグマティズムの研究者である、ということである。佐々木さんのこの言明は私のプラグマティズム研究をおおいに鼓舞してくれた。私はこの佐々木さんの論文を含む『構造以来の道』を私なりに読み込んで、クーン、ヘンペル、カヴェルらの哲学方法論はプラグマティズムの新展開に通じていることを学んだ。この新プラグマティズムの見取り図を、私は往時のシカゴ・プラグマティズムと区分しプリンストン・プラグマティズムと勝手に名付けている。この担い手たちは、クーン、ヘンペル、カヴェル、ローティ（プリンストン大学）、ブランダム（ローティの教え子）等である。一言でいうと、プリンストン・プラグマティズムとは、クーンのパラダイム論を基調にして、文化と自然、価値と事実などの区分を拒否

し、むしろそこに相関性を認める新しいプラグマティムと見て取れる。

　佐々木さんがこの論文で慨嘆するように、たしかにカヴェルは今日においてもなお研究されていない。カヴェルのプラグマティズムについては、佐々木さんから私に与えられた宿題と受け止めている。

(3) ニューヨークとトロツキイ

　プリンストン大学は、佐々木さんの科学史・科学哲学の研究においても、トロツキイ研究においても、まことに最適な大学であった。佐々木さんは、プリンストン大学において、東北大学時代以来、自分自身の課題として心に留めてきたトロツキイ研究にも取り組んだ。

　いうまでもなくニューヨークはトロツキイ研究の中心地である。ニューヨークを訪れることなくしてトロツキイを語るなかれ、といっても過言ではなかろう。ニューヨークはプリンストンから電車で一時間を少し超えるぐらいの距離に在り、その都市には今なおデューイのプラグマティズムおよび教育哲学の研究が盛んなコロンビア大学がある。

　この大学において、デューイは彼の二人の教え子フックとイーストマンを指導した。この二人はマルクス主義にも関心を寄せて、ソヴィエト・ロシアを訪問し、ロシア革命やマルクスやトロツキイに関する数多くの本を著した異色のプラグマティストである。さらに加えて、ローティの両親は、フックとイーストマンと協力しながら、反スターリン・親トロツキイの立場からトロツキイの亡命および支援に尽力した。プリンストンに近いニューヨークはプラグマティズムとマルクス主義が交差する都市であった。

　佐々木さんは、もちろんニューヨークに足を運びトロツキイ関係の文献を調査しひも解いて、トロツキイに関心を寄せる多くの市民・労働者・研究者たちと交流した。

4．トロツキイとプラグマティズム―逆モスクワ裁判をめぐって―

　この章では、最初にデューイとトロツキイの関係、次にデューイの後継者ローティとトロツキイの関係を取り上げていこう。とくに注目したいのは、デューイであり、彼の教え子であるフックとイーストマンであり、ローティの両親である。

　以上の人たちが連携し協力し合いながら、トロツキイを追放したモスクワ裁判に抵抗し「逆モスクワ裁判」をメキシコのコヨアカンに開廷した。逆モスクワ裁判では、トロツキイの証言を聴取し検討した結果、モスクワ裁判とは逆にトロツキイは無罪であると判定した。逆モスクワ裁判は、デューイおよびローティのプラグマティズムに大きな影響を与えることになった。

(1) モスクワ裁判とメキシコ亡命

　まずレフ・トロツキイ（Lev Trotsky, 1879-1940）とスターリン（1879-1953）はなぜ対決するようになったのか、この点を押さえておこう。1917年、ロシア革命は、同年3月ロマノフ王朝の専制を打倒し、次いで11月ボルシェヴィキによるソヴィエト政権を成立させて、世界最初の社会主義革命が宣言された。

　その革命の指導者レーニン（1870-1924）の没後、スターリン体制が強化されて独裁体制となり、

●Interface >>> トロツキイとアメリカン・プラグマティズム―「佐々木力先生から学んだこと」にもとづいて―

労働者、農民、市民たちの自由な言論は封じ込められた。スターリンは多くの政敵を粛清し自らの政治権力を拡大した。スターリンの独裁に反対するトロツキイは、永続革命論・国際主義的社会主義（世界各国における革命的実践により社会主義政権の成立を目指して連帯する）を掲げて、スターリンの「一国社会主義」（ソヴィエト連邦共和国一国において社会主義建設は可能である）を批判した。スターリンは永続革命論・国際主義的社会主義を主張するトロツキイを打ち破り、最高指導者の権力を得た。

スターリンとその支持者たちは、とくに1929年以降、トロツキイ支持者の大検挙を行って、「モスクワ裁判（1936–37年）においてトロツキイはじめ彼の支持者たちに対して有罪の判決をくだした。モスクワ裁判では、古くからの共産党指導者が起訴され有罪を宣告されて処刑された。起訴された人物の中に反スターリンのトロツキイとともに彼の息子セドフ（1906–1938）がいた。トロツキイとセドフに対する告訴は、彼らがスターリンその他のソヴィエト政府要人にテロを企てた、つまりはロシアにおける資本主義の復活を企てた、という理由によるものであった。

トロツキイは国内のアルマ・アタ（現在のカザフスタン共和国アルマトイ）に追放され、やがて国外追放となり、パスポートの所有もなしに各国（トルコ、フランス、ノルウェイ）を流浪し最終的にメキシコに入国しメキシコ市の近郊コヨアカンに落ち着いた。

トロツキイは若い頃、ニューヨークに2カ月半ほど滞在したことがあった。彼は1917年1月13日ニューヨークに到着し、同年3月27日、2月革命勃発を知りニューヨークを出発しロシアに向かった。彼はニューヨークでは革命活動に従事しロシア語新聞『ノーヴィ・ミール（新世界）』の編集に携わった。そのような経緯もあって、トロツキイは、メキシコの亡命の前にアメリカへの亡命を求めた。しかし結局、アメリカ共産党（親スターリン・反トロツキイの立場であった）の拒絶により入国できなかったので、メキシコに入国し（1937年1月9日）コヨアカンに亡命することになった。

コヨアカンにおいてトロツキイは、モスクワ裁判を批判し、トロツキイ自身と彼の息子セドフの証言を公正な立場から聴いてほしいと各国世論に訴えた。そこで1937年4月2日、デューイを中心とする調査委員会はニューヨークを出発し、トロツキイの証言を聴くためにメキシコに向かった。

デューイは、モスクワ裁判におけるトロツキイに対する判決の正当性ないし不当性を確認するために、調査委員会委員長として、メキシコのコヨアカンを訪れた。デューイが調査委員会委員長を引き受けた理由は、ロシア革命（1917年）以後の社会主義の状況とともに、民主主義と教育の現状を知りたい、という思いもあったと推測される。

デューイは、コヨアカンを訪れる9年前、1928年の夏（7月7日–7月末まで）、彼の教え子シドニー・フックとともに、「アメリカ教育使節団」（総勢25名）の一員として、新生ソヴィエト（とくにレニングラード〔7月7日着〕やモスクワ〔7月13日着〕）を訪れて、その国の社会とともに教育の実状を見学した。モスクワ滞在中、アメリカ教育使節団歓迎の晩餐会が開かれた。その素晴らしい心温まる晩餐会の主催者は「ソヴィエト外国文化交流協会」会長、カメーネフ夫人（Mme. Kamenoff）であった[8]。

カメーネフ夫人はトロツキイの妹、名前はオーリガである。カメーネフ（1883–1936）は、党機関紙『プラウダ』の編集者や党の要職を歴任した人物である。彼はモスクワ裁判でトロツキイの協力者と認定されて判決直後に処刑され、数年後にオーリガ（1883–1941）もまた処刑された[9]。

デューイはソヴィエトから帰国後、ロシア革命の意義を彼なりに高く評価して週刊誌『ニュー・

リパブリック（New Republic）』に、ソヴィエトの政治および教育の現状に好意と期待を寄せるエッセイを発表した。1928年11月14日から同年12月19日までの6週連続の寄稿であった。その特集号タイトル 'Impressions of Soviet Russia（ソヴィエト・ロシアの印象）' はアメリカ国民の注目を集めニュー・リパブリック誌は飛ぶように売れた。

（2）逆モスクワ裁判：無罪

さてデューイは、逆モスクワ裁判（1937年4月10日−17日）において、トロツキイと対面し言葉を交わした。デューイ調査委員会は、モスクワ裁判のすべての公の記録に目を通し、トロツキイの証言に耳を傾けた。モスクワ裁判の記録とトロツキイの提出した証拠とを照らし合わせて、ついにトロツキイおよびトロツキイ派の人たちの主張が正しいと結論した。

デューイ調査員会の結論は以下のとおりである。「我々は、モスクワ裁判はでっち上げ（frame-ups）であると認定する」、「我々はトロツキイおよびセドフは無罪であると認定する」[10]。したがってトロツキイがソヴィエト政府要人に対してテロや暗殺を企図したことも指示したこともないことが明白になった。トロツキイは無罪である。なぜならモスクワ裁判は、スターリンおよびスターリン派が背後で主導したでっち上げ裁判であったことが確認されたからである。

トロツキイはデューイ調査委員会の審理の閉廷後に、調査委員会にたいして以下のような感謝の意を述べた。

あなた方のすべての方に私の心からなる感謝の言葉をどうか述べさせてください。こういう場合は、個人的な思いを申し上げられませんが、終わりにのぞんで私の心からなる敬意を、教育者であり、哲学者でもある、真のアメリカ理想主義を担っておられる方、そして委員会の活動を指導なさってくださった学者のお方に述べさせてください[11]。

ここに言われる教育者、哲学者、真のアメリカ理想主義者を担っておられる方とは明らかにデューイである。

一方デューイは、調査のあるところでトロツキイに以下のように漏らした、と伝えられる。「もしすべてのマルクス主義者があなたのようだったら、私もマルクス主義者になっているでしょうよ、トロツキイさん」[12]。デューイとトロツキイの間には、お互いに信頼と敬意が通い合っていたことが推察される。

デューイ調査委員会は逆モスクワ裁判終了後、その裁判に関する以下の二つの報告書を刊行した。

The Case of Leon Trotsky, Harper & Brothers, New York, 1937.

Not Guilty, Harper & Brothers, New York, 1938.

二つの書物のうち、*The Case of Leon Trotsky*（レオン・トロツキイの裁判）は、調査委員会の会議についての逐語的報告であり、聴聞会での証言と証拠物件を保証する旨の声明の書である。*Not Guilty*（無罪）は聴聞会におけるトロツキイの証言および証拠の信憑性を検討し、調査委員会として無罪の判決を論述したものである。

その後、トロツキイはスターリン派の刺客（ラモン・メルカデル）により暗殺された（1940年8月21日）。何ともおぞましい言論・思想弾圧であった。デューイは、トロツキイ暗殺の報に触れて

●*Interface* >>> トロツキイとアメリカン・プラグマティズム—「佐々木力先生から学んだこと」にもとづいて—

スターリン独裁の確信を深めた。デューイがニュー・リパブリック誌上に表明したところの、新生ソヴィエトに寄せる彼の期待と好印象は消え去ってしまった。

なお、*Not Guilty* は、日本においては、実にその出版から71年も過ぎ去った2009年翻訳出版された。梓澤登訳、ジョン・デューイ調査委員会編著『トロツキーは無罪だ！ モスクワ裁判［検証の記録］』、現代書館、2009年。誠に偉大な訳業である。

デューイ調査委員会の逆モスクワ裁判に関する上掲の二書は、アメリカの市民および知識人のトロツキイ観を、反スターリン・親トロツキイに一挙に転回させる契機となった。ところが、アメリカに比べると、日本におけるトロツキイの研究・評価の取り組みは、上記翻訳書が71年もの空白をおいた出版であるように、きわめて消極的であった。

(3) ローティとトロツキイ

さてリチャード・ローティ（Richard Makay Rorty, 1931—2007）が育ったローティ家の書架には、*The Case of Leon Trotsky*（レオン・トロツイ裁判）と *Not Guilty*（無罪）という、デューイ調査委員会の報告書二冊が置かれてあった。それらはローティの父と母の輝かしい仕事であった。ローティは長じるにつれて、その二つの報告書を「家族の聖書」のように「救済の真理と道徳の卓越性の光を放つ本」[13]として捉えるようになった。また彼は「まっとうな大人たちは、すべてトロツキイ派でないにしても、少なくとも社会主義者ではある」[14]ことを信じた。やがてローティは哲学を学ぶことを志しシカゴ大学で哲学を専攻した。

時は流れて、老境に達したローティは、彼の自伝的エッセイ「トロツキーと野生の蘭」（Trotsky and the Wild Orchids, 1992）において、彼の少年時代を述懐する。自分の人格形成期には二つの世界の葛藤があったことを。

その一つは、少年ローティはニュージャージー州北西部の山中を彷徨し、森のなかに香しく美しく咲く野生の蘭を見つけてしばし陶然とする、そんな自分の秘密の場所に私的耽美の時間をもった。もう一つの世界は、デューイの報告書が教示してくれたところの、トロツキイの正義の実践とともに、自分の両親も関わった正義の実践である。自分は私的耽美の時間に生きるべきか、それとも公的正義の実践の時間に生きるべきなのか。そんな二つの思いにローティはとらわれてしまった。

少年ローティは、耽美な私的「実在」の時間と、トロツキイが実践した公的「正義」の時間との、つまり「実在と正義をひとつのビィジョンのうちに捉えること」（to hold reality and justice in a single vision）を望んだ[15]。すなわち、野生の蘭の耽美（私的）とトロツキイの正義（公的）との一致しうる理想の境地を求めた。こうして少年ローティは、自分のトロツキイ経験のもとに哲学研究を希望し、やがては彼独自のプラグマティズムの研究に歩を進めることになる。

5．トロツキイの擁護

(1) ローティの両親

さてここでR. ローティ（以後文脈に応じて適宜ファースト・ネームのRを付記する）の両親について触れなければならない。彼の両親はトロツキイといかなる関わりをもったのか。ローティが彼の自伝「トロツキーと野生の蘭」にもの語るように、ローティの父ジェイムズ・ハンコック・ロー

ティ（James Hancock Rorty, 1890-1973）は社会的正義とともにデモクラシーの実践に情熱を注ぐジャーナリストであり、当初、アメリカ共産党（1919年ニューヨーク市に創立）の党員であった。R. ローティの母ウィニフレッド・ラウシェンブッシ・ローティ（Winifred Rauchenbusch Rorty, 1894-1979）もまた党員であり、共産党系の文学雑誌『ニュー・マッセズ（The New Masses）』（創刊1926年）の編集に携わった。

J. H. ローティとW. R. ローティは1932年、アメリカ共産党に反対し離党した。というのも、アメリカ共産党は、モスクワのコミンテルンの統制下にあって、スターリン独裁を支持したからである。換言すると、共産党は永続革命論を掲げて民主的な社会主義の樹立を主張するトロツキイの追放処分を支持したからである。

J. H. ローティは、トロツキイを国外に追放したモスクワ裁判の判決ははたして正当であったのか否かという問題意識を、マックス・イーストマン（Max Eastman, 1883-1969）、シドニー・フック（Sidney Hook, 1902-1989）とともに共有した。彼らはデューイのコロンビア大学における教え子である。J. H. ローティは、デューイ調査委員会委員長のメキシコ・コヨアカン訪問・滞在に、委員会広報として同行した。それはシドニー・フックの取り計らいであった。

(2) トロツキイの理解者たち

ここで、デューイに学んだフックとイーストマンの略歴を、トロツキイとの関係において述べておこう。フックは「レオン・トロツキイ擁護のためのアメリカ委員会」を1936年10月に設立し、ニューヨークの知識人たちにトロツキイの擁護を呼びかけた。デューイはそのアメリカ委員会に参加した。

フックは Towards the Understanding Karl Marx（カール・マルクスの理解に向けて）(1933)、From Hegel to Marx（ヘーゲルからマルクスへ）(1936) の著書があるように、マルクス主義を深く理解するプラグマティストであった。フックはローティの父、J. H. ローティとはとくに親しい付き合いがあった。

イーストマンは、フックと同様に、コロンビア大学でデューイの指導を受け、プラトン研究で博士号を得た。その後彼は『マッセズ(Masses)』という共産党雑誌の編集に携わることになった（1912年以降）。彼はソヴィエトに滞在（1922-24年）し多くの政府要人と交流し、その経験に基づいて Since Lenin Died（レーニン没後）(1925) を出版した。1930年代にはトロツキイの大著『ロシア革命史』の翻訳にも取り組んだ。彼はトロツキイに関する伝記出版を企画しトロツキイとモスクワで面会した。その時、トロツキイの机の上にはアインシュタイン相対性理論の本があった、トロツキイは自然科学にも明るい学識豊かな人物であった[16]。逆モスクワ裁判後の1939年、イーストマンは Stalin's Russia and the Crisis in Socialism（スターリンのロシアと社会主義の危機）を著した。この著書は、Not Guilty とも相俟ってソビィエト社会主義（共産主義）に託するアメリカ国民の希望を決定的に打ち砕いた。

その他、この人物を無視してはならない。アメリカのトロツキイ運動の創始者ジェイムズ・キャノン（James P. Cannon, 1890-1974）である。彼は何度もソヴィエトを訪問しトロツキイと親交をもった。キャノンは、同志たちとともにトロツキイ支援に奔走し、デューイ調査委員会に先立って、コヨアカンのトロツキイ宅を訪問した。キャノンは、J. H. ローティと同様に、マッカーシズム（通

称「アカ狩り」と言われる言論・思想弾圧）に抵抗し、黒人の公民権獲得運動、ヴェトナム戦争反対運動を推進した人物である。

　キャノンは、トロツキイ没後5年の記念集会（1945年8月25日）で、ヒロシマ、ナガサキの原爆投下に対して当時のアメリカ政府を厳しく批判した。このことは世界にとって特筆に値することである。佐々木さんはキャノンを高く評価する。「ヒロシマとナガサキへの原爆投下の悲劇に対する根源的告発はアメリカ・トロツキズムの創始者ジェイムズ・P・キャノンによって投下からさほど時を置かず同時代的になされた」[17]。まさしくキャノンはトロツキイ主義者にしてヒューマニストである。

（3）ローティのプラグマティズム的転回

　さてハーバーマスは、トロツキイとローティの関係に着目しローティのプラグマティズムの特質を浮き彫りにする。ハーバーマスはブランダム（Robert Brandam）が編集する *Rorty and His Critics*（ローティと彼の批判者たち）において、ローティの「トロツキイと野生の蘭」を取り上げて「ローティのプラグマティズム的転回」に注目する[18]。（ブランダムはプリンストン大学でローティに学び、現在ピッツバーグ大学教授である。）

　既述したように、少年ローティの苦悩は、正義と耽美、公と私の狭間に揺れ動いて、さて自分はいかに生きるべきか、という問題にとらわれた。その問題意識（正義と耽美、公と私）はローティをして哲学の道に促し、ローティはその統合の「ひとつのヴィジョン」をプラトン哲学に見出した。

　ここで長い説明になるがプラトン哲学を捉えておこう。プラトン哲学は、現象界（生成消滅の世界）と本体界（不生不滅・永遠の世界）から成る世界観（a world view）を提示する。われわれ人間は、現象界では美しいものに触れ、正義を実践し、正三角形の定理を学んだりする。しかし、プラトンによるとこれらはニセモノであり、ホンモノは本体界（イデア界）における完全なる本質であるところの、美のイデア、正義のイデア、正三角形のイデア等として階層序列のうちにある。それらのイデアを最高位の唯一絶対の「善」のイデアが恰も太陽のごとくに普く照らしている。本体界における諸々のイデアは不生不滅・永遠なる絶対の真実在である。

　ところが、現象界の様々な事物は生成消滅する不完全なる存在である。美しい花は、美のイデアに与り美のイデアに似る性質を分有する美にすぎない。正義の実践は、正義のイデアに与り正義のイデアに似る性質を分有する行動にすぎない。正三角形の図形も上述と同様である。現象界においては、善は絶対・普遍の存在ではなく、あくまでも相対的に「より善い」ものである。

　以上、冗長な説明になったが、ローティはプラトン哲学（本体界）に自らの生きる「ひとつのヴィジョン」を求めた。しかし、ローティは徐々にハイデガーの現象学的存在論やデューイのプラグマティズム（道具主義、実験主義）を学びつつプラトン哲学から離れることになる。つまりは本体界とは一切関係のない現実（現象）の世界に回帰する、その世界は相対性、偶然性、可謬性の世界でもある。ローティは、その世界における人間の文化・社会に、またそこにおける会話（コミュニケーション）の「解釈」に注目するようになった。

　ハーバーマスは以下のように主張する。ローティは「プラトン哲学に動機づけられた反プラトニスト」[19]になって、デューイ・プラグマティズムを考究しネオ・プラグマティズムを提唱する。彼のこの主張はローティのネオ・プラグマティズムに接近するに際しての、いわば道標として広く認

められている。

　私はハーバーマスの上述の主張に異を唱えるものではない。ただし、もうひとつ別ルートの道標を強く指摘し主張したい。少年ローティは、プラトンを研究する以前に、トロツキイ擁護の運動を目の当たりにして、トロツキイの正義および社会主義と向き合った。したがって、ローティにおける「プラグマティズム的転回」は、ローティのトロツキイ経験、すなわちトロツキイの正義・社会主義に強く動機づけられているのである。

結語　—佐々木力先生のトロツキイ研究の意義—

　私は、佐々木さんが東北大学在学中から一貫してトロツキイ研究をやり抜いた、その研究姿勢に敬意を表している。というのは、トロツキイ研究はデューイ・プラグマティズムとともにローティのネオ・プラグマティズムの特質を浮き彫りにしてくれるからである。言い換えると、トロツキイが提起する永続革命論とともに民主的社会主義は、デューイ・プラグマティズムを研究するに際しても、ローティのネオ・プラグマティズムを研究するに際しても、必ず捉えておかなければならない要諦だからである。

　佐々木力さんの『生きているトロツキイ』（1996年）、『マルクス主義科学論』（1997年）、この二つの著書は、日本におけるマルクス主義とともにトロツキズムについての本格的研究の嚆矢である。

　かつての米ソ冷戦期、日本においては「プラグマティズムはアメリカ帝国主義の哲学である」あるいは「マルクス主義はソヴィエト・ロシア共産主義の哲学である」と声高に論難し非生産的な議論に終始した。そのような党派的な原則論や常套句を感情的に振り回すばかりの議論であった。まさしく哲学の貧困ともいえる状況であった。

　佐々木力さんのトロツキイ研究は、そんな冷戦期の教条主義を打破すべく、マルクス主義もプラグマティズムも、換言するとマルクスもトロツキイもデューイもローティも平等に据え置いて、本格的な研究対象として接近しえる道を切り開いてくれた。

　多くの読者は、佐々木力さんの厖大な著作の中に、ある一貫した眼差しを感得するであろう。貧しき者・弱き者・虐げられし者を救済するぞ、という意思の眼差しである。すなわち、佐々木さん自身が自らの学問（科学史・科学哲学）に課するところの、一貫している学問的視座からの眼差しである。

　今日のIT技術を駆使するグローバル経済は、国際的な「搾取」を産み出しているのではないか。国際的大企業は、その経済活動において、資源（エネルギー）拠点の獲得をめざし苛烈な競争を繰り広げている。さらに私たちの個人情報・データさえもが掻き集められ蓄積されて、商品価値を付加されて市場経済拡大のための手段となっている。このようなグローバル経済にいたっては、富める者と貧しき者、富める国と貧しき国の経済格差は、指数関数的に拡大していくように見える。しかもその格差は無限に増大していくように見える。格差是正の効果はないに等しい。だからこそトロツキイの国際主義・社会主義・永続革命論は現代においてもなお生きているのである。

　私は、佐々木力先生という人と思想に触れて、日本・世界の時代状況を共有しながら、たくさん

●Interface >>> トロツキイとアメリカン・プラグマティズム―「佐々木力先生から学んだこと」にもとづいて―

学ぶことができたことに感謝している。佐々木さん、ありがとう。

　　佐々木力さん
　　　「歴史の天使は君にほほ笑む」　　　　　　　　　　　　　　　（ヴァルター・ベンヤミン）

【註】

1) 佐々木力「古川学人 吉野作造先生」『UP (university press)』（第280号）、東京大学出版会、1996年、1-2頁。米城一善先生が「吉野作造記念館」の開館に努力されたことが紹介されている。
2) 佐々木力「生きているトロツキイ」、東京大学出版会、1996年、ⅱ頁。
3) 佐々木力『二十世紀数学思想』、みすず書房、2001年、274-275頁。
4) 佐々木力『数学史入門 微分積分学の成立』、ちくま学芸文庫、2005年、208-209頁。
5) マイケル・S・マホーニィ『歴史の中の数学』佐々木力編訳、ちくま学芸文庫、2007年、360頁。
6) 佐々木力「トーマス・S・クーンと科学観の展開」『みすず』（第425号、1996年8月）、みすず書房。この論文は後に以下の著作に所収される。『トーマス・S・クーン『構造以来の道 哲学論集 1970-1993』佐々木力訳、みすず書房、2008年。
7) トーマス・S・クーン『構造以来の道 哲学論集 1970-1993』佐々木力訳、みすず書房、2008年、458-459頁。
8) ジョージ・ダイキューゼン『ジョン・デューイの生涯と思想』三浦典郎・石田理訳、清水弘文堂、昭和52年、343頁。
9) トロツキー『ロシア革命史（五）』藤井一行訳、岩波文庫、2017年、5-6頁（訳者註）。
10) ジョン・デューイ調査委員会編『トロツキーは無罪だ！モスクワ裁判［検証の記録］』梓澤登訳、現代書館、2009年、22-23頁。
11) ジョージ・ダイキューゼン『ジョン・デューイの生涯と思想』三浦典郎・石田理訳、清水弘文堂、昭和52年、403-404頁。
12) 佐々木力『マルクス主義科学論』、みすず書房、1997年、ⅷ頁。
13) R.Rorty,'Trotsky and the Wild Orchids' *Philosophy and Social Hope*, Penguin Books, 1999, p.5.
14) *Ibid*., p.6.
15) *Ibid*., p.7.
16) 佐々木力『マルクス主義科学論』、みすず書房、1998年、380頁。
17) 佐々木力『生きているトロツキイ』、東京大学出版会、1996年、233頁。
18) Jürgen Habermas,'Richard Rorty's Pragmatic Turn', *Rorty and His Critics*, edited by Robert B.Brandom, Blackwell Publishers,2002, p.31.
19) *Ibid*., p.32.

名古屋を読む

庄司達「布による空間造形」

中山 真一 ●名古屋画廊社主

「…ナゴヤをふろしきで包んで海に捨て、その空き地で大きな布をバルーンで浮かせて、子供たちと乗って遊んでみたい…」
（庄司達「四ヵ条書きの私」『朝日新聞』夕刊・名古屋版、1968年、6月19日）

　天上からつるした白い布による渦巻き状の回廊を中心めざしてめぐると、最後は無限という行きどまりに至った。歩くという行為は、こんなにもこころ軽やかになるものなのか。庄司達先生による私どもでの先回個展（2016年）は、それほどまで私にとって画期的なものとなる。それまでは、私どものギャラリースペースに、せまい、キューブでないなど私は少なからぬコンプレックスをいだいていた。ビルの形状からしてやむをえず、しかしそれでも精一杯に工夫をこらしたスペース。ところが、庄司芸術によってわがギャラリースペースはそれほど悪くないなと思わせて頂くこととなったのである。もっとも、庄司先生からすれば、渦巻き状の中心に広いスペースをしつらえてそこを茶席とすることができれば、それに越したことはなかったであろうが。

　庄司達は1939年（昭和14）京都市に生まれた。生後二ヶ月で両親とともに名古屋市に移住。父親は華道と茶道の師範であり、のち庄司の弟2人はそれぞれ華道や茶道のあとを継いでいる。庄司は元来、身体が頑強なほうではなく、なんにつけ学校でそれほど目立つ存在ではなかったという。庄司と接していると、芸術家としては理知的というか理論家肌と思われるときがしばしばある。そういうタイプは、納得づくでないとなにごとに対しても動き出さぬため、えてして人生のスロースターターになりがちであろう。あるいは庄司もそんな融通のきかぬ少年であったか。そんななか名古屋市立工芸高等学校産業美術科（現・デザイン科）に進学。同校で久野真（美術史）[1]や大清水瑛子（絵画）、石田清（彫刻）らに学んだ。私見によれば、庄司芸術のルーツをさぐろうとすると、まず茶華道の家に育ったことと、つぎにこの市工芸に学んだことに着目すべきではなかろうか。

　織機王・豊田佐吉の長男として生まれた豊田喜一郎は、やはり旧制中学校時代まではとくに注目をあつめるような存在ではなかったらしい。しかるに喜一郎はつぎのとおり述べる。

なかやま　しんいち◎1958年、名古屋市生。早大在学中より坂崎乙郎の指導を受けるとともに、父母と共に作家のアトリエ訪問をかさねる。1983年株式会社名古屋画廊副社長。2000年より父母を継いで同社社長。2017年、木雨賞。移動美術展を主宰する「郷土美術愛好家」。著書に『愛知洋画壇物語』（2011年、風媒社）等。

●名古屋を読む>>>庄司達「布による空間造形」

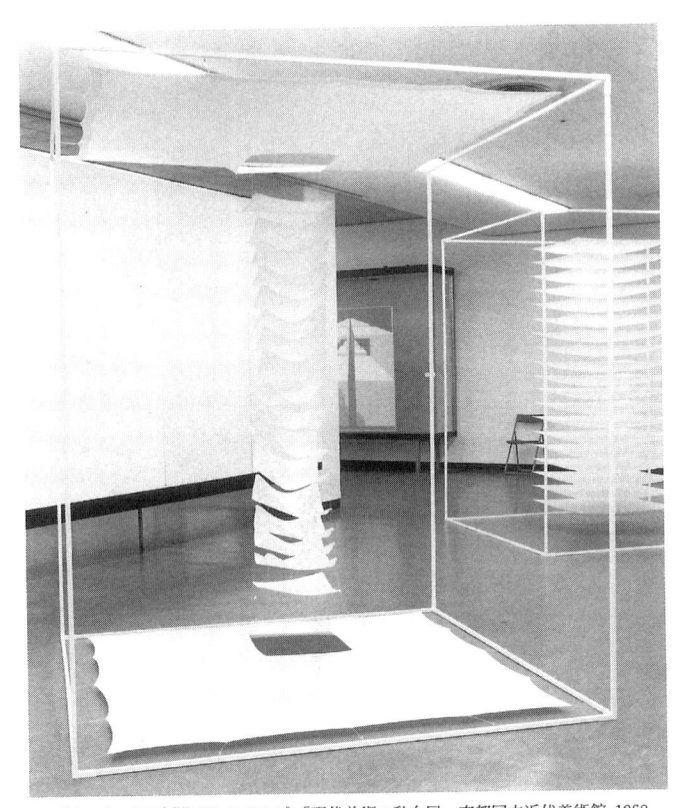

《白い布による空間 '68-6、'68-7》「現代美術の動向展」京都国立近代美術館 1968

「織機の方では社会に出る前より心掛けていたことでもあり、名古屋で小規模に織機を作っていたころから、非常に環境に恵まれその上に立っての学校に於ける勉強は大いに役立った。私は常にそう思っている。又学校出の人によく云うのであるが、学校に於いて二、三年学ぶよりも、幼児十五、六才の時に機械に慣れ親しんだ方が機械をどの位理解するかわからないし、この様な人がその上で学校でしっかり勉強すれば本当に機械に通じる様になるのである」(『豊田喜一郎文書集成』和田一夫、1999年)。

　豊田喜一郎はそう述べるものの、そうした環境は実際のところ世にそうそうあることではない。喜一郎自身は、その年頃に名古屋市内の父の工場敷地に自宅があり、そうした経験に恵まれた。のち東京帝国大学（現・東京大学）工学部にすすむのだが、同様な経験をもつ同級生は皆無に等しかったであろう。庄司の場合も、卒業後に名門の京都市立美術大学（現・京都市立芸術大学）へとすすむ。ちなみに、愛知県立旭丘高等学校に1950年（昭25）美術科が新設されている。しかるに、おそらくは早くから美術系大学への予備校のような面を多少なり担っていたかもしれない。それにくらべると市工芸は、材料や工具類がよくそろうなど立体造形をささえる工匠気質の類をよりじっくりと涵養するに適していたのではないか。庄司達が庄司達となるために、出自を含めこうした経歴はやはり喜一郎の場合と同様に必要条件のごときものであったと思われてならない。

　さて、庄司にとって京都は出生地であり、また古都への憧れがあった。家業を継ぐという約束のもと同大学美術学部彫刻科への進学であったという。当時の教官陣は、辻晉堂や堀内正和ら。クレーらを教員とする戦前ドイツの造形学校・バウハウスふうの一部教育内容のもと、針金やブリキ板などで基礎構成の演習に熱心にとりくむ。ところが、西洋流の構築的で求心的な「彫刻」というものはもうひとつなじめない。かといって、作者の観念を具現、表象すべくブロンズや木（木彫）、石（石彫）など永続的でボリューム感のあるいわゆる実材は、とくに大学内なら立体造形の基本としてほとんど避けてとおれない時代。苦悩するおり、辻から「仕事をする時は緊張しない方がいいよ」、堀内からは「彫刻を作ろうと思わないで、自分が作りたいのが彫刻だと思えばいいんだよ」と、そ

れぞれ忘れがたい助言をうけた。

　一方で関西は当時、吉原治良ら「具体美術協会」の活動がはなばなしい。野外展をはじめ今までにない芸術をということで、材料はまったくの自由であった。しかし庄司は、美術界の新たな動向として注目はしたものの、具体メンバーの元永定正を学園祭の講演会講師に呼ぶなどする以外とくに接近することはなかった。1964年（昭39）同大学専攻科を修了し、2年ほど助手として同大学にのこる。その間、自身にふさわしい材料や方法論をしきりに模索していた。そして母校・市工芸に奉職がきまり、1966年（昭41）満26歳のとき名古屋市に移住している。

　市工芸では、デザインを教え、そのりっぱな口ヒゲ顎ヒゲや彫りのふかいほっそりとした容貌、くわえて原理主義者的な性格（？）から生徒に「キリスト」とあだ名され、慕われていた。市工芸は、実技系の教員に「準備室」があてがわれ、あたかも美術大学のような環境がととのう。また、建築科や土木科、印刷科などさまざまな学科があるなか、当然ながら在学していたころにもまして演習の材料や道具類にはことかかず、久野真らとともに自身の制作上も比較的自由な教員生活をおくることができた。

　そんな教員生活1年目のこと。ある運命的な経験をする。校内の購買部でなにかを買おうと列にならんでいたところ、前の生徒がハンカチを買おうとして、何枚も折りたたんで積みかさねられたいわば立方体の量塊から、1番上に積んであったハンカチを1枚つまみあげた。そのとき、庄司は宙に浮かばんとする布が空間をなすのを見る。思わず息をのんだ。自分の道が見えた。キリストと呼ばれる青年教師に、「求めよ、さらば与えられん」という道筋がついにつくこととなったのである。その日は授業をするのももどかしくなった。放課後すぐ購買部で1枚30円也の白いハンカチを買いしめてアトリエ（準備室）にこもる。つるしたり、ひっぱったり、ハンカチで空間構成のあらゆる試行をくりかえした。やがて校内のそんなアトリエをのぞいた久野は、新しい芸術の誕生を予感する。庄司不在のおり桜画廊の藤田八栄子をそのアトリエに招きいれ、すぐに個展開催がきまる。

　購買部でハンカチが舞うのを見てから2年後1968年（昭43）3月、満28歳のとき庄司にとって作家人生初の個展を桜画廊で開催する。出品は6点。うち4点は大型だが、どれも約2メートル四方にわたる立方体のアルミニウム製フレームのなかに天竺木綿の白い布というもので、インスタレーション（仮設芸術）と呼ぶべき作品ではなかった。のちに初期の代表作とされるそのおりの1点は、フレームの四方から木綿の糸でゆるく引っぱられたハンカチ19枚が、まさに空中に浮揚するかのごとくタテに規則ただしい等間隔で重なっている。優雅でなんとも美しい情景。こちらの気持ちもフワリと浮びあがりそうだ。その意味で、庄司芸術は重力の美学とも呼ぶべきものであろう。眼目は「ハンカチをフワーっと置く、ということ。緊張ではなく、ゆるみ。純粋造形でなく非合理」[2]。リンゴは木から落ちてニュートンが物理学をひらき、ハンカチは庄司に展べられて空間芸術をなしたのである。

　布という素材は、庄司がしばしば皮膚にたとえるとおり肌触りの感覚をおぼえさせ、ともかくも私たちになじみやすい。タペストリーや絨毯などテキスタイルアート（染織美術）は、おもに平面性のなかその素材感の魅力で私たちにまずは親しみをおぼえさせようか。多くはより立体的で紙や金属など他の素材も含むファイバーアート（繊維芸術）にしても、たいていは空間をまきこんでというよりむしろまずはそれ自体が装飾性などをおびる、やはり西洋発祥のものとすべきであろう。一方で庄司は、その肌触りの感覚をもとにしつつも、布による空間造形として東洋的とも日本的と

●名古屋を読む>>>庄司達「布による空間造形」

もいうべき新たな芸術領域を切りひらいていく。すなわち庄司芸術は、布という素材を扱いつつ、布の使用はある意味あくまで方法の問題であって、空間の造形ということにこそその要諦があるといえよう。

　その年の4月、桜画廊の個展を終えてすぐ同様な個展を京都市内の画廊（galerie 16）でも開き、やはり小さからぬ注目をあつめる。同年8月に京都国立近代美術館で開催される「現代美術の動向」展に急遽、出品要請をうけた[3]。作家としてまことに順調なすべり出しであったといえよう。翌1969年（昭44）桜画廊での第2回個展では、みずから赤く染めた逆さ富士のかたちをした大きな布13枚を等間隔で天井から波状的につるすなど今日へとつながるインスタレーションの形式を早くもとる。先回個展でなんらかリリシズム（叙情性）をおぼえると感ぜられた白色はさけた。また同年、庄司の発案で久野真らとともに主体的にかかわった「第1回名古屋野外彫刻展」（名古屋市中区・白川公園）においては、1本の大木のまわりをドーナツ状に赤い布をしくという作品を発表している。

　これまで回顧展などでそうした作品群を見て、私は自分なりに思うところが少なからずあった。私の手にあまるものの、庄司芸術を茶の湯や老荘の世界と関連させながら見てみたくなるのである。とくに茶の世界は、東洋の空間芸術として、さらに庄司自身が茶華道の家に育ったゆえ、ことさら重要なつながりがあろう。あるいはまた、はなはだ拙いながらも私にとってより近しい合気道との親和性を考えてみたくなる。私は学生時代、合気道（植芝流）に闇雲ながら関わっていた。斯界で伝説となった先輩がいくらもいるなか、私は有段者としては大学でまちがいなく史上最弱のメンバーであった。合気道の奥義からはまったくほど遠いばかりながらも、卒業後もたとえばなにか会合などで面談者との物理的距離感や、相手の呼吸を読もうとしながら会話での間合いをとろうとするなどのクセがついていようか。当時の仲間が聞いたら最弱がなにを言うかと大笑いするような話ながら、自分なりにいつもそうしてしまっている。

　それにしても、平面作品にさえすぐなんらか空間を見ようとし、かつ間合いをとろうとする私は、庄司作品には反応がよいほうかもしれぬとかねて内心おもってきた。見ていて、自分なりにしても呼吸がととのうのである。じつに心地よい。まったくもって身体になじむ。庄司のインスタレーション作品につつまれるとき、私は至福の時間をもつ。合気道には試合がない。自分からはなにも仕掛けるということがない以上、競技にはならないのである。合気道流にものを考えれば、競いあうべき何もない平和な状況であるに越したことはない。和合の精神という。それでも相手の出かたに応じては最善の対応をするというわけで、ひたすら組手の稽古をするばかり。そのとき、攻めてくる相手方の力を利用すべく相手との呼吸、すなわち間合いということがつねに問題となる。それゆえ、合気道は武道のなかでもっとも"美学"をおぼえさようか。多少なり庄司芸術の命題に近いものがあるかもしれない。庄司作品を"体験"していると、私くらいであろうが、ときに武道場にいて相手とむかいあっているような気持ちになるのである。

　布による空間。そもそも造形芸術においては、それが平面作品においてさえ物理性を越えたなにか心理的な空間を体験することが本質的な理解であり、私たち鑑賞者のもっとも大きな愉しみとなる。布によってその空間たるものを造形しようとする庄司にとって、では空間とはなにか。名古屋における都市空間というものをもとに庄司は語る。

　「名古屋という都市空間は、私にとって最も嫌悪すべきものでありながら、今のところはこの

空間の中に住んでいたいと強く思っている。平面と直角と直線と白色によって造られている都市空間の中にいて、制作し働いている私の内部には特有の空間感が絶えずつもり、たまって行く。私はこの現象を重視している。自らの中の空間感を強く意識し、その反映としての空間の造形を拒否し、それに対抗しうる新しい空間を探しつづける。…人間的な空間とは外側の空間の容貌と同時に、人間内部の空間感をも絶えず変えて行かねばならないと思って制作している。」
(『マガジンシャチナゴヤ』NO.2　1971年)

　庄司の場合、まず布ありきではなく、庄司のしばしば使う「空間感」というキーワードのとおり、やはりあくまで空間造形の意思が先に立っている。それも都市空間というものへの意識がことさら強いようだ。20世紀は都市の時代。そして21世紀は自然回帰がいっそう切実な問題となる時代であろう。であれば当時、都市文明にあらがい21世紀の芸術をめざすのが才能ある作家のつとめであるはずであった。とくに名古屋の場合、京都の街並みなどとはちがい、大空襲にあいながら戦後の整然とした都市整備がおおいにすすんだ状況である。空間を造形する作家の本能としても、名古屋の都市空間をみずからの方法で止揚していかねばならなかった。庄司にとってその方法が布による空間造形であったといえよう。ちなみに庄司は自転車で名古屋の市街をのりまわすのを好んだ。「歩くことや自動車に乗ってては見えなかった都市が自転車に乗れば、把握できるんです」[4]。名古屋の都市空間をそれほどまでに嫌っても、あえて住みつづけたいと思っていたのは、自転車で回遊すると自身の問題意識からさまざまな発見をともなうという楽しさと意義ゆえであったかもしれない。

　さて、1970年（昭45）を境に、庄司は布による作品を一時中断することになる。そのきっかけは、1970年（昭45）に東京都美術館などで開催された第10回日本国際美術展（東京ビエンナーレ）にあった。同展は、美術評論家の中原佑介ディレクターのもと「人間と物質」をテーマに開催される。今となっては伝説的な、その後のアート・シーンを決するような展覧内容であった。1960年代の"アートの時代"を総括し、「もの派」の登場以降における材料の多様化や作品のインスタレーション化など的確にうらなうという画期的かつ歴史的な展覧会となったのである。外国作家もクリストやマリオ・メルツ、リチャード・セラらそうそうたる顔ぶれであった（ちなみにクリストは巡回先の旧愛知県美術館で2階の床に彼らしく白い布を（包むかのように）敷いている）。庄司の作品が中原の目にとまり、出展を要請される。当然、布による作品を中原も庄司も考えていた。

　ところが、庄司がそのおり構想する作品は物理的に東京都美術館に展示困難とわかり、もう布の作品を出展しようとする気が萎えてしまう。かわりに庄司は新聞紙をつかった作品2点《コピーした新聞紙の一部の上に本当の新聞紙を貼った52枚の新聞紙—3/31—5/1》《新聞紙30枚に四角の孔を残して赤く塗った新聞紙》を制作し、出品している。後者の作品では、タイトルのとおりラッカーで赤くぬられた30枚もの新聞第1面（各55×105cm）がタテ3段ヨコ10段（トータル165×1050cm）すきまなく壁面にはられていた。鑑賞者は、赤い大きな平面にまず目をうばわれながらも、赤くぬられていない30枚の各小面積の四角い孔に近づいてついのぞきこんだり、見出しや記事を読んでしまいそうである。日々すぎさっていく日常とはなにか。そんな"概念"がこめられているのである。庄司いわく「新しさとは、何もとっぴなものである必要はない。ほら、日常のありふれた時間のひとつをこうして切取っただけで、あなたは新鮮なものを感じませんか」[5]。かつて学生運動に

もかかわった庄司であってみれば、社会的な関心が小さいほうではなかったであろう。「よど号ハイジャック事件」やベトナム戦争など社会をゆるがせるような内外の事件の記事が使われていた。

　その後、同様にコンセプチャルアート（概念芸術）とも呼ぶべき研究的な姿勢による制作がつづくこととなる。代表的なものは「コピーによる作品・絵はがき」シリーズ（1972年）であろう。《富士　美保の松原 '72-3》では、美の古典的カノン（基準）たるかのような「絵はがき」ゆえ、当然わたしたちだれもが美しいと思って安心してながめる親しみのある典型的な富士山図に、あろうことか中心部にポスターカラーによる赤いワクのような幅1センチほどの線が無遠慮に描きこまれている。富士山を初めて見るひとのなかには、「絵はがきといっしょだ」とまずは思うむきもあるかもしれない。そんなひとがのちにこの作品を見たら、あってはならぬ不条理な赤い線にさぞや当惑することであろう。しかし庄司からすれば、「絵はがきといっしょだ」と反応するようなひとにこそ、ぜひ見てもらいたい作品なのである。なにせ美術の教科書でかつて見た名画も、美術館で初めて実作品にふれると私たちはつい「教科書といっしょだ」などと思いながら見てしまう傾向があろうか（「いっしょ」のはずはない！）。私たちは先入観を排してものごとにあたらねばならぬ。このころ他に同様のコンセプトで写真を使った作品や、多くの作家たちが名古屋近郊の思いおもいのスペースで作品展示をこころみた「やろまいか '76」で庄司は実験的な映像作品を発表している。

　それらは一見、布の芸術とは無関係にみえるものの、庄司の作家としての趣旨をよく表わし、しかも「自らに課したいわば自己確認の作業」とのちに述べるとおり布の芸術家として大成していくのに不可欠なステップをふんだものと言えるかもしれない。それどころか、高橋秀治（現・岐阜県現代陶芸美術館館長）が指摘したとおり、のち《垂れ布　野外 '77》（「アート・ナウ '77」展、兵庫県立近代美術館、1977年）など「風景の中に異質な物を提示するというそれまでの概念的な仕事—例えば絵はがきの作品—の延長線上に位置すると考えられる」[6]。くわえて、サンクト・マルガレーテン（オーストリア、1970年）やニュルンベルク（ドイツ、1971年）、三重県紀伊長島町（1973年）など内外で、自身でけっして得意分野とは思っていない石彫に共同制作ではげむ経験も、庄司の芸術上の視野をいっそうひろげたことであろう。

　さて1977年（昭52）京都の画廊での個展や兵庫県立近代美術館の展覧会で、7年ぶり庄司は布のインスタレーションに復帰する。赤い布をつかった「垂れ布」シリーズの発表であった。いよいよ展示空間の全体をつよく意識した制作となっていく。それも、かつてにもまして自覚と自信にあふれた堂々たる表現となった。合成繊維の内装用テントシートによる、目に映えるような鮮やかな赤（古代色ともいうべき朱赤）。もとより視認性のつよい色彩である赤は、太い帯状で床にしかれると、祭事用の緋毛氈を連想させ、西洋流でいえばレッドカーペットか。いずれにせよ、日常的な親しみをもつ布という素材をつかいながらも、見る者をあえてハレやかな非日常の感覚へと誘う。当然、空間全体もまずは同様に。だがそれにしても、布は豊かな空間をつむぎながらも重力の法則にしたがってただ垂れている。「ただ」垂れているというところに、重力の美学とともにモノの存在感や東洋的な諦念をもおぼえさせようか。そして2年後1979年（昭54）名古屋市芸術奨励賞受賞記念展（名古屋市博物館）では、赤い布は壁から垂れるのではなく、展示室に8本もの太い支柱（白い鉄パイプ）が対角線上に配されるなか約50メートルにわたってジグザグに横ぎっていき、空間の演出性をいっそう強めている。

　つづく1980年（昭55）から、こんどは白い帯状の布が中空でぴんと張られていたり、だらりと

垂れていたり、その緊張と弛緩の対比のなかで豊かな空間を生みだす「懸垂」シリーズが発表された。しかも、空間のなかでの"距離"を感じさせる赤い布の使用をへて白い布への復帰は、色彩としての白をじゅうぶん自己の掌中におさめてのもの。つづいて1985年（昭60）からは、伸縮性のつよいポリプロピレン繊維の布とともに米ツガ材の細い棒や太いロープを使った「Navigation」（空間の誘導）シリーズが始まり、庄司芸術はさらに大きな一歩をふみだす。同シリーズの「Arch」連作では、展示空間の両端へと帯状の白い布がロープで渡され、その下を無数の細い棒が支え支えられるというインスタレーションである。作品はどれも林のなかを歩くように布の下をくぐっていけるものであった。また「Flight」連作では、その支える棒が宙に浮いたように見える。すなわちすべての棒の下部が1本のロープによって支えられ、したがって飛行機のつばさのような構造となっていよう。さらに「Level」連作では、白い布を地上から、および天井から棒が突くようにして、布は上下に突起をみせつつ優雅にして緊張感のある空間をなしている。庄司芸術のひとつの大きな達成ともいうべきこの「Navigation」シリーズのころ、以前にまして庄司の自然に対する感受性がつまっていたようだ。庄司の自然観が、他のシリーズにくらべてわかりやすく出ていようか。布にくわえ木という私たちにとって親しみのある材料が使ってあるということもあってか、見ていて、または中をくぐって歩くとじつに寛げるのである。

　「今の私の空間感は初春の地表が地中の生命によって突き上げられるように、あるいは海の底の岩の起伏が水面の波にうねりを見せるように、いくつかの要素が互いに関連し合って空間が生まれてくるようなことに興味を持っている。さらに、私が草の芽や幼虫のように地中から、あるいは水面下を遊泳する海藻や魚たちの目や皮膚感覚を想って、作品の中からその空間を眺めることが出来るようなスケールを欲して作っている。」
（『街』1986年5月31日）

　また、このころから庄司にコミッションワーク（注文制作）の仕事が舞いこむようになる。作品の魅力とともに、すでに実績もつんできた。立体作品を都市空間にとりこむべしとする時代の気運や景気のよさもあった（その最たるものは1984年「国際アパレルマシンショー　ナゴヤ '84」（名古屋市国際展示場）で会期全4日間のみ展示された地上10メートル直径約26メートル六角形の白い布による吊られた"天蓋"であったかもしれない。今からすれば贅沢なことに予算約600万円であったという）。いわば庄司芸術にいよいよ時代が追いついてきたのである。建物や内装の諸条件のなかで、かえって発想の豊かさを獲得していくこともあったのではなかろうか。そのためか「浮かぶ布」シリーズ（1986年から）や「SHOJI KITE」シリーズ（1989年から）、「SOFT WALLS」シリーズ（1991年から）など遊び心をふくませながら、新鮮な発想でより自由な制作を展開していった。
　90年代以降、庄司はさらに新機軸を打ちだしていく。92年（平成四）からの「Sailing」シリーズでは、壁や展示室のコーナーに、帆船の帆のようなイメージで布による伸びやかな空間をつくりだす。実際、庄司は帆船を好み、それを見るため港へ出かけることさえあったという。その2年後からの「Beyond the Sailing」シリーズでは、「Sailing」シリーズをより発展させたかたちで、展示空間の両側の壁からシンメトリカルかつダイナミックに帆の緊張感を出していく。また、95年（平7）に始まる「柔空間」（ニューくうかん）シリーズは、カーテン状にまるく吊った布の中にひとが入って遊ぶことができる

というもの。その後、やはりその発展系として、多くのドローイングやマケットの制作をしながら「垂れ旗」「垂れ幕」両シリーズへと。それが2000年代に入ると、「Cloth Behind」シリーズなど、空間に鑑賞者を導くかのように、またよりいっそう大がかりに。すこし前から、幼少のころ自宅にあった茶室が自分の芸術の根本にあるのではと考えるようになっていた庄司は、このシリーズからしばしば作品内で茶会を催すようになった（男子の一生は、少年の日の不思議を追いもとめることなのかもしれない）。さらに「空間軸の内と外」シリーズともなると、「SHOJI KITE」シリーズから補助材的に使っていた竹材を布とともに主要な材料として用いるなど、より環境的な空間を複合的に表現している。2010年（平22）に開催された碧南市藤井達吉現代美術館での回顧展では、40余年にわたるそうした作歴をひとめぐりすることができ、まことに圧巻な鑑賞体験であった。

　閑話休題。ことし六本木の新国立美術館で外国人作家らによる「こいのぼりなう！」という展覧会が開催された。図柄こそ鯉ではなくさまざまな抽象模様だが、こいのぼりと同様のかたちをとった布が展示室上空を群れるように泳ぐ。床には寝そべることもできるようなイス状のクッションが無数においてあり、私もそのひとつに仰向けになって鯉のぼりが泳ぐのをながめていた。そのときふと、庄司の布作品をいっしょに展示したら面白いコラボレーションになるのではと思ってしまう。また今になって思うには、ほんものの鯉のぼりとさえ庄司作品は相性がよいのではないか。鯉のぼりは立派な芸術（限界芸術）であろう。布によるすぐれた芸術どうし、調子の高いものどうし、芸術に古代も現代も、あるいは聖も俗もないということか。いずれにせよ私はそんなコラボレーションがいつか実現されることを夢みている。

　ところで、桜画廊の画廊主・藤田八栄子の逝去（1993年）にともなう閉廊にあたり、庄司は追悼展開催や、精算関連などなにかと尽力した。『藤田八栄子の軌跡　桜画廊34年の記録　1961〜1994』（2004年）刊行に際しても中心的な役割をはたす。それにしても私はあるとき、全114ページの同書を後世のためもっと浩瀚なものにすべきではなかったかと不届きにも庄司に話した。この種の刊行がいかにたいへんな労苦をともなうか、私は自分の経験上よく知っているつもりではあった。そのおり庄司から苦しい言葉がもれる。庄司自身は誠意のかぎり労力も時間も金銭も惜しまなかった。善意だがそれらを惜しむメンバーもいたということなのであろう。

　「桜画廊の作家」と称される一群の作家たちのなかで、昭和二ケタ生まれの庄司はほとんど最年少である。年長者とは久野真ら大正生まれ。庄司は桜画廊周辺では末っ子的な存在といっていいかもしれない。私のよく知る似た"境遇"の作家といえば、洋画壇における中谷泰（1909年〈明治42〉生）がそれにあたるであろうか。中央で明治後期生まれの錚々たる洋画家群のなかにあって、諸先輩からなにかとおおいに学ぶとともに、真似てはならぬと自覚するような事例もときおりあったようである。また、気ぐらいの高いようなタイプどうしの画壇的な対立構図にはさまる場合など、おとなしい緩衝材の役割を果たされていたようだ。ときに旗幟を鮮明にせねばならぬ場合でも、天然（？）にくわえ誠意をもって対応するばかりであった。最後に守るべきは自分や相手に対する誠実さなのであろう。中谷先生に画壇のよもやま話をお伺いする機会がときおりあったが、聞いていてよくそんなことを思ったものである。

　庄司も桜画廊周辺において年少者の立場で、見たくもないような激しい場面も含め多く作家人生における人間学上の教訓をおぼえてきたのではないか。それをつねに糧とし、名古屋の美術界をゆるがせたあの"ゴミ裁判"の混乱のさなか、第2回名古屋野外美術展の中止を事務局長としてみず

から決断するなど、ときに庄司なりぎりぎりの選択をせまられながら、誠実に生き、真面目な態度で制作にたずさわってこられたにちがいない。久野真は、庄司と国島征二を前にすると、よく「清流のアユ、ドブ川のハゼ」とたとえたという。「ドブ川…」のほうはともかく、それなりにエリートコースを歩んできた庄司ということもあって「清流のアユ」は言いえて妙であろう。

　庄司先生とお話しさせて頂いていると、厳格な生き方をずっとつらぬいてこられた方だと感じることがしばしばある。そのことは、自身による布の芸術が今日へとみごとに展開されてきていることと、私には無関係とは思われない。それはまた、庄司芸術の今後の展望を期待をもって抱かせることにもつながっていく。私どもで来年満80歳を記念しての個展を、お誕生日の一ヶ月前の会期でいまお願いしているところである。それは今までどおり小規模であるにしても、凛とした布が文字どおり達観の表情で以前にもまして空間を造形するであろう。弘法は筆を選ばず、もはや庄司はますますもって部屋を選ばず。先回にもまして画廊の空間を、マイナスをプラスに変えつつ活かしてくれるにちがいない。それも2020年代、30年代の庄司芸術をも予感させる展覧となるであろうと、私はかたく信じて微塵も疑うところがないのである。

注
(1) 久野真は実技系の科目も担当していたものの、庄司は授業をとることがたまたまできなかった。
(2) 『朝日新聞』名古屋版・夕刊 1973年6月23日
(3) 当然もっと以前から出展作家の陣容が決まっていたものの、庄司は追加されるようなかたちで急な招待をうけたという。
(4) 『GRUNDY』1984年7月号
(5) 『毎日新聞』名古屋版・夕刊、1970年7月11日
(6) 『久野真・庄司達展―鉄の絵画と布の彫刻―』愛知県美術館、1998年

※庄司達先生にお話をお伺いするとともに資料のご提供をいただきました。

主要参考文献
「現代風景考8」『朝日新聞』（1973年6月23日）
『浮かぶ布―庄司達展［柔・空間の散歩］』（新潟市美術館、1995―1996年）
『庄司達展』（下山芸術の森発電所美術館、1996年）
『久野真・庄司達展―鉄の絵画と布の彫刻―』（愛知県美術館、1998年）
高橋綾子「「白い布」と「赤い布」のあいだ　1970年《人間と物質》展の庄司達をめぐって」『REAR』NO.6（リア制作室、2004年5月1日）
「この人と…」『なごや文化情報』（名古屋市文化振興事業団、2009年12月号　NO.309）
『庄司達展　空間の航行』（碧南市藤井達吉現代美術館、2010年）

Book Review

ダムと民(たみ)の五十年抗争
～紀ノ川源流村取材記

風媒社　2017年

浅野 詠子◎ジャーナリスト

半世紀がかりの大工事、失われゆく山村史の空白を埋める

　50年もの歳月をかけた巨大なダムが2013年、奈良県吉野郡川上村の紀ノ川上流、吉野川に完成した。伊勢湾台風がもたらした甚大な被害は下流一帯におよんだことから、建設省（当時）が洪水調節のダムをもくろんだ。えん堤が切り立つ土地の名を借りて、大滝ダムという。その名が宿すものは、絶景の河川の記憶である。大滝という地名は昔、澄んだ水が勢いよく流れる様をいったと聞く。いまでは、おびただしい集落が湖底に沈み、五百世帯が立ち退きを余儀なくされた。近畿一のスケールである。

　万葉ゆかりの山峡に陣取る構造物と向き合わざるを得なかった人々に聞き取りをし、一冊の本にまとめた。取材は2年ほどかかった。

　ダムの補償を得て建てられた新築の家々をよそから来た人が見て、「水没御殿」などと、面白おかしくいい放ったことがある。補償で建つ家が立派であればあるほど、奇異な視線が注がれる。

　とくに私が注目したのは、ダムが試験湛水を始めた2003年、湖岸の白屋地区の家屋や地面に亀裂が見つかり、全37世帯が離散を強いられたことである。深度70メートルの地点に異変が起きていた。緊急の地すべり対策工事が始まり、工期は10年伸びた。

　本書の構成においては、前半のヤマ場が、この亀裂現象の発生から国交省敗訴に至るまでの出来事である。

　一、二審ともに、大滝ダムの危険防止措置は不十分であることを認定し、ダムの設置に瑕疵があったことを裁判所は言及した。住民側の勝訴であった。

　「立ち退きの補償金が入るのに、まだカネを取りにいくんか」とからかわれた原告もいた。

　ふつう土木の世界は、実験室のなかだけで解答を導き出すわけもなく、想定外の天災や事故に直面し、橋や道路などが受けた深い痛手が技術改善につながっていくだろう。

　しかし、この度の地すべり騒動をめぐっては、土木の教訓にするという視点だけでは、問題の本質がつかめないと考えた。そもそも、大きな工事を発生させることが主な目的ではなかったのか、地質に課題を残したまま工事を強行した

あさの・えいこ◎1959年、神奈川県生まれ。青山学院大学経営学部卒。奈良新聞記者を経てフリーライター。奈良教育大学経営協議会委員、同大学非常勤講師（地域社会と政治）、長浜市不祥事防止委員などを務めた。現在は『大阪春秋』編集委員、街角の散策案内「大阪あそ歩」公認ガイド、奈良市六条自治連合会大学校講師（近代化遺産）。主な著書に『奈良の平日　誰も知らない深いまち』（講談社）、『ルポ刑期なき収容～医療観察法という社会防衛体制』（現代書館）。『情報公開ですすめる自治体改革～取材ノートが明かす活用術』（自治体研究社）

自著を語る

のではないか、という疑義を私はずっと抱いてきた。取材を重ね、氷解するどころか疑問は深まった。

私は思いついた。

大滝ダムの事業費3640億円すべての入札、随意契約にまつわる公文書を分析しようと考え、情報公開法に基づき、国交省に公文書の開示請求をした。

いったいどのくらいの高さになるのか。50年という歳月を、自分なりにこの手でつかんでみようと思った。設計や工事にまつわるすべての契約文書を得れば、談合の"法則"を発見できるかもしれない。業者間の受注調整の痕跡をあらわすような不自然な競争結果が見つかる可能性もある。下請け、孫請けの構造を追跡すれば、国家の大工事と地方経済との関係がわかるだろう。「政治とカネ」という問題をつかむ端緒にもなると踏んだ。

しかし保存年限はたったの10年であった。お話しにならない。工事に半世紀も費やし、これから60年以上は居座る馬鹿でかい構造物だ。永年保存をめざしてしかるべきであろう。

あきらめきれなかった。100人を目標に聞き取りをすることにした。

延々と工事に突き合わされてきた老人たちをはじめ、立ち退きにより村を去る決断をした人々らに話を聞いた。

ダムで消えた清流は、昔どんな姿をしていたのか、教えてくれる古老もいた。吉野川の岩には名前がついていた。坊主岩や乞食岩など、茶目っ気のある岩もあった。河川が生きていたころの記憶だ。「わしは岩の名前を十いえるぞ」とガキ大将のころに帰ったように自慢するお年寄りもいた。

かつては物流の道として、吉野杉、吉野ヒノキの丸太で組んだ筏が河口の和歌山をめざして、川を下っていったものだ。行く手に難所が待ち受けている航路もあり、船頭たる筏師は水神様にひたすら安全を願い、神のいる川面に直接小便をかけない。用を足すには筏の上で済ました。そんな話も聞いた。

「もうダムのことは話したくない」と門前払いされることも度々であった。沈黙する人がいるのも現実だ。取材を断られた件数もまた、人々の複雑な心情の裏返しである。

川上村が大滝ダムの本体工事を受け入れたのは80年代に入ってからのことであった。

いまダムが完成し、村政は「ダムとの共生」を全面にかかげている。ダム湖の水は県民の上水道に使われ、遠路はるばる奈良盆地に送られる。よって「水源の村」と役場はアピールする。早くから温泉開発に乗り出し、村の食堂では、ダムカレーのメニューが話題をさらっている。

村をあげてダムを肯定しようとする動きに対し、「もうダムのことは話したくない」と、言葉を飲み込んでしまう村民の思いとの間には、目には見えない隔たりがあるに違いない。

村役場とて、居丈高なダムをパートナーにするまでの間、長く険しい道を歩んできた。その空白を埋めるルポルタージュを書きたいと思った。

あのときこんな村長がいた

古い時代を知る関係者は次々と世を去っていく。

伊勢湾台風といっても、もう60年が過ぎようとしている。この台風の襲撃を受け、甚大な被害に見舞われた川上村は、復旧作業もままならない渦中に、巨大ダムの適地にえらばれてしまう。

ときの村長は住川逸郎といった。明治生まれの住川が他界して30年が過ぎた。生家は甥の準典さんが守っていた。川上村武木という土地である。

訪ねて、ほぉと感嘆した。聞けば、幕末の天誅組が敗走する途中に立ち寄り、昼ごはんを食べた家であった。軍監の志士、元土佐勤王党の那須信吾がお礼に残していった愛用の矢立（携行用筆記具）を準典さんは大切に保存している。

甥の彼から聞いた村長住川の無念の思いは、

本書の後半で取り上げた。

　林野解放という規格はずれの条件闘争を構想した人だった。農地解放なら、学校の教科書に出てくるが、林野解放など聞いたことがない。大規模な森林所有者の支配から山林労働者を解放することを、ダム建設と引き替えに、住川は考えていた。

　日本でも有数な人工林の産地である川上村は、村外地主が多くを占める。一方、山守制度という資本と経営を分離させた独特な林業が村で開拓され、優れた酒樽の材や住宅用材を産出してきた。住川のいう解放とは、山守の下で働く末端の労働者の地位向上を模索したのだろう。

　大滝ダムのすぐ上流には、もうひとつ、大きなダムがある。

　73に年に完成した農水省の大迫ダムだ。吉野川分水といって、水系の異なる奈良盆地に農業用水を送っている。むろん、このダムとて、村人は絶対に要らないと拒絶したものだ。戦後の食糧難のときに計画されたものの、出来上がるころには、減反の時代を迎え、用水が送られる先々の大和平野において耕作放棄地が次第に目立つようになってきた。計画当時、ダム建設の根拠となった食糧増産の掛け声はもはや聞こえてこない。

　日本の農業のためになるのだから…と水没の正義を自分に言い聞かせ、郷里を後にした人もいた。

　川上村が編んだ『大迫ダム誌』の終わりの方に、往年の村長、住川逸郎晩年の寄稿文が載っている。小さい村が国家事業のダムに翻弄されるとはどういうことなのか、首長経験者の住川がありのままに書いており、貴重な資料である。

　県庁の刊行した大迫ダムにまつわる小史（『吉野川分水史』）に対する怒りも込められた。苦しみ、迷惑を受けた川上村への配慮が欠けていると断じた。一言でもいいから水没者にねぎらいと感謝の言葉があれば、すこしは読む人の心を打つだろうと住川は書いた。

　ある日、バスのなかで偶然耳にした「千載一遇」という声は、胸のなかに太い釘が刺さる思いだったと住川は回想している。土地らしいものは何ももたない山林労働者とって、ダムの補償金は自分を解放するチャンスなのだと思い知らされる。どうにもならない人間のさがに触れている。

30年前に警告されていた地すべり

　ダムが完成に近づいてくると、貯水の位置が上がったり、下がったりする。基礎となっている地盤に問題はないか、まわりの土地は安全かどうかを確かめる作業である。これを試験湛水という。大滝ダムは2003年3月17日より、開始された。

　白屋地区の家や地面に亀裂現象が見つかったのは翌月のことである。区民は、10キロ上流の仮設住宅に移され、3年余りの不自由な暮らしを強いられる。

　昭和3（1928）年生まれの井阪勘四郎さんもその一人だった。その30年ほど前、岡山県倉敷市祐安の吉岡金市博士の家を区の役員らと共に訪問し、ダム貯水によって白屋地区はどのような影響を受けるのか、調査を頼んでいた。

　昔から地下水が涌き出て、地盤がゆるいといわれてきた。家々は急峻な地形にへばりつくように建っている。地すべり対策は万全だと国はいうが、どうも確信がもてない。井阪さんはこのとき、45歳の壮年であった。吉岡先生のお宅は質素なたたずまいだったと、よく覚えている。

　1年をかけて吉岡博士は綿密な調査をした。報告書（『奈良県川上村大滝ダムに関する研究：白屋地区の大滝ダム建設に伴う地すべりを中心として』）は、奈良県立図書情報館の地下書庫に保存されていた。

　これを読むと、家々は継続的に一定方向に傾いていたことがわかる。傾きは日々ひどくなり、柱などを補修しても、10年ほどして再び、同じように傾く民家もあった。

　このまま大滝ダムの貯水をすれば、地すべり

自著を語る

が拡大して危険であると報告書は訴え、建設省に提出された。すなわち、ダム湖の試験湛水中に亀裂現象が発生する30年も前に警告されていたのだ。

吉岡博士は、集落の小字にも注目した。崩落があったことを示唆する「崩谷」、水と関係の深い「大舟」、石灰岩をあらわす「白谷」、水と崩壊地すべりがあったことを物語る「水ハジキ」。文字のない時代からの事実を地名は反映していると博士は言及していた。

国を相手取り、旧白屋区民が損害賠償請求の裁判に立ち上がったのは2007年のことである。奥西一夫（地形土壌災害）、高田直俊（地盤工学）の二氏が被害住民の立場で意見書を書き、奈良地裁に採用された。

住民側が勝訴した。決め手は、吉岡博士の報告書が出された後、建設省が1978年に行ったボーリング調査（および横坑調査）の結果にあった。深度70メートルの地点で風化した粘土があることが確認されていたが、抜本的な地すべり対策を講じなかったことが法廷で問われたのだ。

しかし裁判で勝っても、800年の歴史を有した白屋の集落はもうない。廃虚となり、家々の石垣だけが残された。

区民同士のきずなには、とうに亀裂が走っていた。仮設住宅に移され、不自由な暮らしを強いられている最中、これからどこに移転するのか、話し合いがもつれ、激しい対立を生んでしまった。「ダムがなければ、いやな争いに巻き込まれることもなかった」ともらす人もいた。

なぜか国は、最高裁への上告を断念した。あれほど、工事は万全を期して地すべりは予見できなかったと真っ向から主張していたではないか。なぜ諦めたのかと思い、その理由を知ろうと、関係する公文書（上訴求指示、法務省）を情報公開法に基づき開示請求した。ほとんど黒塗りであった。

こんなことまで国民に隠してどうするのだろう。

それでいて、大滝ダムのPR館（学べる防災ステーション）を訪ねると、紀ノ川の治水のあり方をめぐっては、ダム建設が最適であると読み取れる展示がなされている。ダムに頼らない治水論もあるのに、これでは霞が関の官庁に都合のよい一方的な情報提供ではないのかと考えてしまう。いつも住民は河川行政の核心部から置き去りにされている。

西日本豪雨災害に思う

この原稿をいま書いている最中にも、広島、岡山、愛媛などを襲った西日本豪雨災害のおびただしい惨状が次々と報じられている。土砂崩れや堤防の決壊だけでなく、各地の8カ所にわたるダムが満水に近い状態になり、緊急放流が行われて耳目を集めた。放流後、河川が増水して逃げ遅れ、愛媛県の肱川流域では8人が犠牲になった。

緊急放流がもたらした水害は紀ノ川上流でも起きていた。本書の第四話「釣ざおの国家賠償請求」のなかで取り上げた。

1982年8月1日、集中豪雨が発生した吉野川において、大迫ダムの緊急放流により水位がみるみる上昇し、釣り人ら7人が溺死した。惨事はなぜ起きたのか、裁判記録をもとに再現した。

当時、すぐ下流のところで大滝ダムが本体着工をめざして準備に取りかかっていた。奈良県警は業務上過失致死の疑いで大迫ダムを管理する農水省の吏員を送検したが、地検が不起訴処分にした。遺族が提訴し、一審で国は敗訴した後、大阪高裁で和解が成立した。犠牲になった人々は、あと何年の人生を謳歌できたのか、推計の算出がなされ、国は賠償金を支払った。

大滝ダムは本体に着工する前、「74万人が洪水から免れる」とパンフレットで豪語していた。そこに権力者の奢りはないのかと思う。

対話的超越性と主体化過程、そして持続可能性
──プラセンジット・ドゥアラ『グローバル近代の危機：アジアの伝統と持続可能な未来』をめぐって

ラセンジット・ドゥアラ 著

Cambridge University Press, 2015

磯前順一◎国際日本文化研究センター教授
鍾　以江◎東京大学東洋文化研究所准教授

はじめに

ここでレビューされるプラセンジット・ドゥアラ『グローバル近代の危機：アジアの伝統と持続可能な未来』(Prasenjit Duara. *The Crisis of Global Modernity: Asian Traditions and A Sustainable Future*. Cambridge: Cambridge University Press, 2015、以下「本書」）の著者、デューク大学の教授のプラセンジット・ドゥアラは世界的に著名な研究者である。しかし、数多あるドゥアラの著作はいまだ一冊も日本語に翻訳されておらず、日本での知名度は十分とは決していえない。それは、日本における研究者は日本の地域研究を超えて活動する研究に対して関心を持つことが弱いことに起因しているようにも思われる。

以下、最初にドゥアラを個人史的に紹介して、次は国際的に広い反響を呼んでいる本書を彼の研究史の中に位置づけ紹介する。そして最後に、本書の中心的な概念の一つである「対話的超越性」（dialogic transcendence）をポストコロニアルな分析視点としての「主体化」と関連付けながら、ナショナリズムに回収されることのない異なる主体形成（subjectification）のあり方をドゥアラとともに模索していきたい。

著者の研究史

ドゥアラは1950年にインドのアッサン州に生まれ、名門のデリー大学で歴史を専攻するが、1960と70年代の中国の文化大革命に鼓舞され学生運動に参加した。その背景にはインドの脱植民地の成功を期待した世代の独立後農村の近代化の失敗と脱植民地への失望感があったのだ。インドに伝わってきた文化大革命のユートピア的な可能性、なかんずくそこで描かれた中国の農村革命の成功像が、彼の関心を中国農村に導いた。

その関心を持って、ドゥアラは1976年からシカゴ大学とハーバード大学大学院で中国史を専攻し、1983年に日本軍占領期の中国北部の農村の歴史をテーマにした博士論文を持ってハーバード大学で博士号を取った。そのあと幾つかの大学で教えたあと、1990年からシカゴ大学で教鞭をとることとなった。ドゥアラの博士論文は『文化、パワーと国家：1900-1942年における華北の農村』（*Culture, Power, and the State: Rural North China, 1900-1942*. Stanford University Press,1988）のタイトルで出版された。出版後すぐ大きな反響を呼び、翌年アメリカ歴史研究学会のジョン・K・フェアバンク賞とアジア研究学会のジョーセフ・レヴェンセン賞を受賞した。本書は華北農村での前近代的な宗教生活と資源採取の様式がいかに近代化の衝撃で変化また消失したかを考究したもので、ドゥアラはこの研究を通じて中国史のなかの宗教とりわけ民間宗教の重要性を認識するようになった。

この民間宗教への関心は、ドゥアラの２冊目の近代国民国家批判の著作『ネイションから歴史を救う──近代中国のナラティブを問う』（*Rescuing History from the Nation: Questioning Narratives of Modern China*. University of Chicago Press,1995）

新刊旧刊

で、ネイションの「他者」と「余白」として、言い換えればネイション批判の方法として、大きな部分を占めることになる。前近代の地域生活あるいは公共空間の基盤となっていた民間宗教は、近代化のために「世俗主義」、「宗教」、「迷信」などの近代カテゴリーによって再改編されたが、完全に近代的なネイションの空間に吸収されることはなかったことが指摘される。

そのあと、ドゥアラの宗教に対する関心は「超越性」に移っていく。『主権と真正さ——満州国と東アジアの近代』(Sovereignty and Authenticity: Manchukuo and the East Asian Modern. Rowman & Littlefield Publishers, 2004) は、中国の民間宗教結社の普遍的な理想と実践のなかの「超越性」が如何に近代国民的な共同体と市民のビジョンと突きつけ、抗争しあって、いかにその抗争によって近代的な「人間」が形成されてきたかをめぐる研究であった。中でも、満州国が主権国家という体裁を整えた上で、実際には日本帝国の植民地として機能した指摘は、アメリカの戦後の東アジア政策を決定付けるような、新しい形態の植民地支配として、ピーター・ドゥースの「植民地なき帝国主義」という主張と呼応しあって大きな注目を浴びた。

2008年にドゥアラは18年間務めたシカゴ大学を辞め、シンガポール国立大学のアジア研究所 (Asia Research Institute) の所長に着任した。そして2015年にデューク大学に移るまで、アジアで有数の人文系研究所をリードしながら、本書『グローバル近代の危機——アジアの伝統と持続可能な未来』を完成させたのである。なおオスロ大学はこの本によるドゥアラの研究が今日の環境問題の研究へ多く貢献していることを認め、2017年に名誉博士号を授与した。

ここでドゥアラとポストコロニアル研究の関係を説明しておこう。学生時代のドゥアラは同じ世代のインドの研究者と同じく、60年代のポスト構造主義とカルチュラル・スタディーズに多く影響された。その研究者たちの一定の部分は、ずっと農村に関心を持ち続けた者がいて、彼らの研究関心が、ポストコロニアル研究の先駆者であるエドワード・サイードの『オリエンタリズム』(1972年) に刺激され、後に「サバルタン・スタディーズ」のメンバーとして知られるインド系研究者たちを生み出していった。その代表者が、コロンビア大学教授であるパルタ・チャタジー (Patha Chatterjee) であった。

マルクス主義はインドを矛盾的な状況から救い出せないこと、独立したインドはいまだ元宗主国の植民地主義者たちと同じ国民国家単位での資本主義のゲームをして負け続けていることを認識したサバルタン・スタディーズのメンバーたちは、のちに学術世界を席巻するポストコロニアル的研究の先駆者であったといえよう。チャタジーの著書『ナショナリスト思想と植民地世界——派生的言説にすぎないのか？』(Nationalist Thought and the Colonial World: A Derivative Discourse? United Nations University,1986、のちに University of Minnesota Press,1993) は、サバルタン・スタディーズによるベネディクト・アンダーソン『想像の共同体』(1983年) に対する批判の書であった。

しかし、ドゥアラは、サバルタン・スタディーズが行っていたブルジョアジー的なナショナリズムへの批判より、ナショナリズム自体を研究対象に据えるべきだと考えるようになる。それだけでなく、サバルタン・スタディーズが有する植民地からの解放運動へのコミットメントと、その運動をも脱構築しようとする批判性との間に存する緊張関係に着目するようにもなる。その影響を受けて、上記の『ネイションから歴史を救う』は、その緊張関係のバランスを保ちながら、実証的な歴史としてのナショナリズムに対して脱構築的な言説分析を行い、中国近代史を国民国家に吸収されない視点を提供する批判的な研究となったのである。ほぼ同じ時期に、ガヤトリ・スピヴァクは「サバルタン・スタディーズは脱構築可能か」という論文で、やはりラナジット・グハらのサバルタン・スタディーズを批判的に読み替えたが、彼女を一躍有名にした論文「サバルタンは語れるのか」につながるような代理表象のポリティクスへの脱構築的介入とは異なる、実証的な歴史学の手法を用いたのである。

西洋を発端とする近代知に対する批判的視点から国民国家と近代性を批判し続けてきた意味で、ドゥアラもまたポストコロニアル研究者だと理解できる。ポストコロニアル御三家といえば、先のサイードに加え、現在、ドゥアラと同じベンガル出身のガヤトリ・スピヴァク（Gayatri Spivak、コロンビア大学教授）と、ペルシァ系インド人のホミ・バーバ（Homi Bhabha、ハーバード大学教授）の三人が並び称せられて来たが、この「御三家」はいずれも英語圏の大学で学位を習得し、研究経歴を積み上げて着た共通点を有する。その点ではドゥアラも同様であり、そうした経歴自体が西洋と非西洋の入り混じった植民地主義の時代以降の「異種混淆的な生と知」を体現した存在である。

ただし、彼は「ポストコロニアル（the postcolonial）」とは一つの理論（theory）ではなく、一つの視点（perspective）であること。またその視点はヨーロッパの啓蒙理性に基づいた近代的な視点の外からの、想像力に富んだ視点であると、従来のポストコロニアル批評に対しては留保を置いたポストコロニアル研究の立場を取る。このポストコロニアルの定義は、同じインド出身の研究者でもスピヴァクやバーバとはかなり差があるように思われる。

一般にポストコロニアル研究といえば、ジャック・デリダやミシェル・フーコーなどのポスト構造主義―構造の実体化を批判する立場―を方法論に据えたうえで、非決定的な主体が個別の歴史状況の中に分節化（articulation）されていくなかで生じる搾取や排除を問題化するアプローチを指す。先述のポストコロニアル「御三家」がいずれも英語文学批評家（English critic）であり、デリダを批判するサイードにしても、旧宗主国の英語文学テクストのコノテーションを転覆させたり横領する戦略を取る点で共通する。

それが、ドゥアラが距離を置くポストコロニアル批評の典型的な「理論」なわけだが、政治史を主舞台とするドゥアラはこうした主体やアイデンティティの脱構築的な効果よりも、社会状況や構造の分析に主眼を置いたのである。その社会構造自体が、ポストコロニアル状況に他ならない事実、すなわち政治的に独立したあとも、政治的な影響を含めて、経済的にも文化的にも植民地化の歴史から解き放たれることはないという現実を、彼は「ポストコロニアル状況（postcolonial condition）」と名づけたのである。「ポスト」とは時代的な区切りのついた「後」という意味ではなく、依然として影響が続く、先行する植民地期がいまだ持続する空間の「内部で」という意味なのだ。その状況に介入するためには、脱構築的なテクストの意味の転覆とは異なる多様な方法があることを、文学者ではなく歴史学者であるドゥアラは「視点（perspective）」と呼んだのである。

こうしたポスコロニアル研究の散種（dissemination）は、中国史研究のドゥアラのみならず、日本研究の酒井直樹、韓国研究の尹海東や金哲、キリスト教研究のタラル・アサド、インド研究のゴウリ・ヴィシュワナータンなど、「御三家」以外の研究者によって広く推し進められてきたところである。そして、スピヴァク自身もまた、ポストコロニアル研究はインド系の英文研究の方法に限定されるべきものではなく、各地域の植民地経験に沿って、その固有の特質の方法と主題をもとに発展させられていくべきだと述べている。いずれも、俗流のポストコロニアリストのように単なる差異の称賛に終わるのではなく、差異を梃子とした主体と公共空間そのものの再編を目的とする点では、共通点を有する第二世代に属するといえる。

こうした先行研究に敬意を払いつつも、距離をおいたその柔軟な姿勢から、ドゥアラはやがて近現代資本主義とナショナリズムへの最も重要な批判は自然の破壊であるという、彼ならではの主題を発見するにいたる。その思考の成果が、本書なのである。

主題：超越性と主体化

超越性に焦点を当てた本書は、ポストコロニアル研究の新しい地平を切り開くものである。超越性（transcendence）はかつての宗教や政治イデオロギーが持っていた理念、原則、倫理の源泉と

新刊旧刊

いうことを指している。今日の世界の物理的な救いは今の時代の超越的な目的になるべきだが、そのためまず国民主権を超越しないといけない。彼はアジアの伝統が人間、生態、普遍との関係に対する、西洋と違う理解の仕方を持っていて、そこに実現可能な持続可能な世界のための基礎になるものを見つけることが可能だと説く。その可能性への歴史的と理論的探索がこの本の目的である。

ここでのドゥアラの関心は、非ヨーロッパ人が、特にアジアにおいてどのような形で超越性を養うことができるかということにある。言うまでもなく、この議論の背景には、超越性に関するヨーロッパ人の優越性への信念がある。その典型が現象学の祖、エドモンド・フッサールであった。

その代表作『ヨーロッパの学問の危機と超越論的現象学』においてフッサールが述べる「無限の、脱自的な自己克服」という言葉は、今日のポストコロニアル研究を代表する酒井直樹が「理論」と呼ぶ「超越論的態度」に対応するものである。こうした超越論的態度にのっとって、「普通アジアからの理論というものは期待されていない」[1]として、酒井はフッサールの現象学を厳しく批判する。このヨーロッパ中心主義的に対する批判こそが、ドゥアラが本書を執筆した最大の動機にもなっている。例えば、エマニュエル・レヴィナスが「超越性」の意味をユダヤ・キリスト教の伝統に基づいて、次のように定義する。

「無限とは超越的であるかぎりでの超越的な存在に固有なものであり、無限なものは絶対的に他なるものである。超越的なものは、観念だけが私たちのうちにあり、しかもそれ自体は観念から無限に遠ざかるような、ただひとつの観念されたものである。言い換えると、このことが、超越的なものが無限であるがゆえに外部的に存在する、ということなのである。」[2]

この定義はユダヤ・キリスト教の伝統のみならず、超越性の特質を有するあらゆる宗教に当てはまるものであろう。こうした超越性の普遍的性質の上にのっとって、ドゥアラは東アジアの宗教的伝統に固有な超越性のかたちを捜し求めるのである。特に本書では、彼の超越性の議論が近代のグローバリゼーションへの対策として取り上げられているということなのである。ちなみに、グローバリゼーションを彼は以下の三つの指標で捉えている。1、非西洋世界の上昇、2、自然環境の持続不可能の危機と3、権力源泉としての超越性の喪失である。

以下、前作『ネイションから歴史を救う』からの流れを踏まえながら、超越性と主体化をめぐるドゥアラの考察を、先行する思想研究の中に位置づけていこう。そうするなかで、彼ならではのポストコロニアル理解に基づく本書が提起する独自の視点もおのずと明らかになるはずである。

かつてマックス・ウェーバーは「脱呪術化」を通した普遍的な合理化は、西洋のプロテスタンティズムのみが成しえるものであると述べた。このウェーバー・テーゼを多くの研究者たちが西洋中心主義だと批判してきたが、ドゥアラはそうした批判を繰り返すことをせず、別のやりかたを取った。すなわち、「自己形成あるいは自己陶冶の訓練」の重要性、「自己を地域性や共同体や環境あるいは普遍的なものに結びつける」方法論の必要性を、積極的に訴えたのである（p.2。以下、ページは *The Crisis of Global Modernity: Asian Traditions and A Sustainable Future.* Cambridge University Press, 2015に基づく。訳文は評者）。そのために、ドゥアラは晩年のフーコーが唱えた「主体化」技術を動機付けるものとして、伝統的なコスモロジーを改めて評価したのだ。

ただし、ドゥアラの主体化の議論はアイデンティティ・ポリティクスとは厳密に区別されるべきものである。なぜならば、「自己はそれ自身で単一的に構築されるものではなく、むしろ伝えず替わりゆく、しかも葛藤を抱えた表象のネットワークの中で形成される」[3]。具体的には、「『先験な』自己はネイションのネットワークの中で縫い合わされ、その同一性を獲得するが、それ自体が、女性、コリアン-アメリカ人、バプティストといった他者の表象群との関係の中で構築されるものに他ならない」とドゥアラは説明している[4]。

こうしたネットワーク網の中で主体化過程を理解する姿勢は、「アジアの歴史は倫理的に規律化された陶冶をめぐる競合するもろもろの理論と実践に満ち満ちている」（p.2）という発言から分かるように、ドゥアラがアジア的な伝統を積極的に評価していることと密接につながっている。「主体化」という術語は、「主体」の術語が静態的な状態をもっぱら表わすのに対して、ネットワーク網の中での主体の形成過程を把握するための力動的な視点に基づくものであることを見落としてはならないのだ。

ドゥアラの主体化の議論において、「循環的な歴史 circulatory histories と超越性」という術語は、「直線的に方向付けられた国家や文明の歴史」（p.3）に対抗するための鍵概念でもある。ポール・リクールに倣って、ドゥアラはナショナリズムの直線的な歴史観を、「無関係な出来事の連なりからなる」「無数の『現在』が連続する時間」に充たされたものと説明する。それは、彼の議論の中では、「循環的な時間」と呼ぶような、「永遠性に満ちた、回帰するオルタナティヴな時間の知覚（神の時間であり、歴史の終焉）」とは対照的をなすものとして位置づけられている[5]。

ここに、なぜドゥアラが直線的な歴史ではなく、循環的な歴史を支持するのかという理由がある。「回帰を強調する歴史に属する伝統的で循環的な諸概念は連続性を構築するための [直線的な歴史とは] 異なる別の方法を指し示すものであり、未来に向けて帰還なき不確かな冒険を示す直線的な歴史とは異なって、より不安の少ない状態をもたらす」[6]ものだからである。

ドゥアラの議論における、この対照的な歴史観の存在は、ヴァルター・ベンヤミンの「均質で空洞な時間」と「メシア的な時間」の対比を想起させる。しかし、ベンヤミンのメシア的な時間に比べれば、ドゥアラの循環的な歴史概念が「より不安の少ない」、オプティミスティクな彩りに満ちたものになっていることは間違いがない。後に見るように、この両者の違いは、アジア的な伝統とユダヤ-キリスト教的な伝統の相違に由来するものと考えられるべきなのであろう。

他方、ドゥアラのナショナリズム批判は、「ナショナリストの歴史叙述の虚偽性」を暴くだけで事足りとするナショナリズム論の「初期の批判」に見られた批判とも区別されるべきものである[7]。むしろ、彼は「分岐した歴史 bifurcated history」という名前の下におこなわれる実証的な歴史叙述に注目する。それは、「現在の視点から、分散した過去をめぐる様々な意味を流用したり、抑圧したり、あるいは再構成することで、もう一度過去の再生産を行なうといった相互交流的なもの」である[8]。

ここからドゥアラのナショナリズム批判の目的が明らかになる。それは「単に『差異』を称揚するのではなく」、むしろ「社会を全体化しようとするイデオロギーに抵抗するために、社会の中に潜在的に存在する批判的な力」を示すことなのである[9]。この差異に対する警戒心という点で、ドゥアラはベニタ・パリーと立場を同じくする。パリーは、日本研究者のハリー・ハルトゥーニアンとともに、ポストコロニアリストの欠点として、「差異」を唱えることで、「あらゆる歴史的あるいは経験した内容が脱落してしまう」と懸念する[10]。

具体的にはパリーはデリダの影響を受けたポストコロニアル批評家のホミ・バーバを批判するなかで、「『差異』は「非西洋世界」の歴史や社会に存在した階級的な異議申し立てや反帝国主義の運動をいずれも否定してきた」[11]と述べる。維持されるべき重要なことは、「差異」という名のもとに均質化された状態ではなく、「差異化 differenciation」という異質化していく力動的な過程なのである。

1960年代後半から1970年代にかけて、差異の概念は自らの歴史的な特殊性を普遍化しようとするナショナリストの立場を問題化し、歴史的な連続性を宙吊りにする余白を挿入する役割を果たしてきた。しかし、歴史的な文脈を相対化する余りに、ポストモダニストたちは自分が立脚する日常世界の地平を見過ごすようになっていった。ここにおいて、歴史を宙吊りにする余白の機能を再び歴史的な固有性の文脈の中へと再分節化する必要

新刊旧刊

性が生じてきたのである。それが、植民地の差別や搾取を扱うポストコロニアル研究やサバルタン・スタディーズの出現であった。

ドゥアラもパリーと同様に、「差異」や「虚偽性」といった均質化する言説に対して、それが彼等を包み込む言説の中に同質化させるものであるが故に、警戒を怠らない。まさにこの点においてこそ、主体を同質化させる状況を問うものとして超越論的態度が必要になるのだ。その観点から言えば、「超越性」と「内在性 immanence」という術語は、「余白」と「歴史的局所性 historical locality」という言葉と重ね合わせることが可能なものなのかもしれない。

本書の中でドゥアラがしばしば肯定的に言及するポストモダニストの哲学者、ジル・ドゥルーズは、内在を肯定的に論じるなかで、超越性を批判的に扱うことで広く知られる。しかし、そうした通俗的理解に反して、ドゥルーズが超越性の名のもとに批判しているのは、自らの置かれた歴史的状況に反して、自分の認識論的な中立性や優越性を主張する主観的な態度なのである。確かに、通俗化された神学的理解では、超越性の反対語として内在性が位置づけられてきた。しかし既述したように、超越性とは人間の個人的内面や日常生活との関係の中で昨日を発揮するものであって、そうした歴史的文脈から完全に切り離されたものではないだろうか。

その意味で、超越性とは歴史的状況という内在化された次元において、その制約された人間世界を超え出るものとして想起されるものなのである。そうした延長線上に立って、ドゥアラは自らの術語「対話的超越性」を、「単に今ここという時空間を越え出るだけでなく、その実現を求めて解決法を吟味する能力」（p.281）なのである。こうしたドゥアラの「対話論的超越性」は、ドゥルーズが「超越的」と区別して「超越論的」と呼んだところのものと重なり合う。ドゥルーズは「超越論的なもの」を、人間の主体性との関係から次のように説明する。

超越的は超越論的とは異なる。個別の意識を伴うことのない超越論的領域は内在の純粋平面として定義されるべきなのかもしれない。なぜならば、それは主観においても客観においても、あらゆる超越的なものから逃れ出るものだからである。完全なる内在というものがまさしくこの超越論的なものにあたる。どこにも存在せず、何か特定なものに帰属するものでもない。[12]

もし超越性が内在にありえなければ、主体は自分の体験世界に統合した意味を与えることができず、統合失調症に陥ることだろう。たしかに旧来の通俗的な理解のもとでは、超越性と内在は相容れない排他的なものと考えられてきた。しかしドゥルーズが指摘しているように、超越性と内在性、その双方が共に機能することで、主体は絶えず自らの主体化過程を更新することが可能になり、バランスを保つことができると見るべきなのだ。

そして、安丸良夫は、認識論における超越論的機能を「全体性」[13]と名づけたことも付け加えておきたい。ドゥアラやハルトゥーニアン、そして安丸のような歴史学者は、彼らの主体に対する関心を歴史的文脈とともに社会構造とも結び付けようとしてきた。それは、繰り返し述べて来たように、ホミ・バーバのようにポストモダンに深くコミットしてきた文学評論家と決定的に異なる特徴と言えよう。

本書の内容：二項対立の脱臼

以下、本書の内容を各章の流れに沿って紹介していこう。この本は、序章、本文の7章とエピローグからなる。本文の最初の3章では、ドゥアラは超越性の問題に関する「方法論的な」(p.12)アプローチを取扱う。そこで最も重要な鍵概念は、「人文学的な諸学問 the humanistic disciplines」に対する「持続可能な近代性 sustainable modernity」である (p.11)。それは、ナショナリズムと消費主義を結びつけるヨーロッパ中心主義的な「ナショナルな近代化」に対抗する場所として想定されている (p.11)。ドァウラはここでは個人や特定の学閥の名前に言及することはないが、この「近代化」がロストウ（日本近代化論ではライ

シャワー）やタルコット・パーソンズというエシュタブリッシュメンタルな論調を指していることは明らかである。

そして、ドゥアラは「持続可能な近代性」は「対話的な超越性」によって支えられるべきものであると考える。この超越性のもとでこそ、人々は「排他的なネイションの主権を乗り越え」、「個人的なものと、コミュニティ、その環境、そして世界を繋ぐ有効な方法論」を構想することができるからである（p.11-12）。その実現のために、彼は人間のエージェンシーを、「差異と異議申し立て」だけでなく「普遍的でコスモロジカルな時間」との関係のもとに把握しようとする。

差異のみに焦点を置くポストモダン的な相対主義を超えて、こうした「普遍主義」を再評価しようと試みるところにドゥアラの議論の特徴があることは明白である。彼は差異というものを一面的に賞賛する立場に対してそれが結局は、国民国家の枠を超えて世界の隅々までを「脱全体化」という資本主義の論理に陥り安いことを指摘する。この点において、ドゥアラの議論に従うならば、現代の国民国家システムの内部に生きざるを得ない人々は、「競争的で無秩序な世界において主権を獲得するために、ネイションか世界のいずれかを構築する」という「間違った認識」をした二項対立に追い込まれていることになる（p.13）。

たしかに、国民国家の暴力的な側面を一方的に指弾するだけでは現実的な解決策にはならないだろう。今日、我々を支配しているシステムはフーコーの言う意味での「生政治」（biopolitique）であって、規律権力ではない。「生政治」のもとでは、人間は主体性を喪失し、権力は抵抗されることなく人間を管理することが可能となる。こうした現代的な状況を考えるならば、今求められていることは単に国民的な主体を批判するだけでなく、それに変わる主体を形成する方途を自ら構想することになる。

ドゥアラの超越性をめぐる議論は、こうした主体を批判的に構築する問題のなかで立ち顕れたものである。事実、ドゥアラは主体性という問題が、「超越性にもとづく運動が循環的な形式をどのように操作し、形作り、権威付けるか」（p.13）という問題と密接な関係を有すると述べている。「グローバルネットワークという目立たない循環的な文化と、制度化された超越性と意図的な変容をとげる「ハイ・カルチャー」」（p.13）を仲介するものとして、ドゥアラは超越性の新しい形を模索しているのだ。超越性と主体性の関係というものが、この本の主題であることは明白である。なぜならば、それは人々が共生していくために、新しい社会のビジョンを提供するものとなるからである。

さらに具体的に各章の内容を要約すれば、第1章「サステナビリティと超越性の危機」はグローバル近代の危機とは何かを説明し、普遍的なヴィジョンの問題とそれへの探求、アジア社会におけるその探求の事例を紹介する。アジア特に中国の上昇とともにアジアの研究者が、近代的な普遍主義よりもっと公正な世界像の構築に値する超越的な知的資源を土着の伝統から探し出そうとしている。本章はこの「ポスト西洋の近代」（post-Western modernity）における超越性の可能性を理解する必要があると説く。

第2章「循環的歴史と競争的歴史」は、国民国家単位の近代化記述の中心概念「主権」（sovereignty）を批判するため、「循環的歴史」概念を導入する。前近代の歴史記述は、普遍的あるいは宇宙論的な時間との関係性を持ちながら差異と論争を包摂したが、近代になり競争的排他的な国民国家の直線的な（linear）歴史記述は主流になった。このような直線的な記述は、前近代社会を可能にしたコスモポリタン的循環性を隠蔽してしまう。

第3章「グローバル近代の歴史的ロジック」は、サステナビリティの危機を理解するために、今まで規範的であった西洋モデルの資本主義を頂点とする近代化理論（modernization theory）を相対化しつつ、「グローバル近代のロジック」という分析概念を導入する。「ロジック」とは歴史変化のパタンであり、資本、政治システム、文化との三種類がある。資本は一番強いロジックと考えられがちだが、この三種類はそれぞれ独自性を持つ。

脱地域性を持つ、あらゆる境界を越えて市場と資源を探し出すのは資本のロジックで、今日の資

新刊旧刊

本はインターネットを通して国民国家の世界システムを再空間化している。国民国家に埋め込んでいる政治ロジックは、主権と世界的無秩序状態とのテンションによって表象されている。文化ロジックは、組織化された超越性に基づく「文明」と「ハイ・カルチャー」、と気づかれていない循環のグローバルなネットワークの間の動きを指している。冷戦後の資本は国民国家の政治ロジックと文化ロジックを飲み込んでいるように見えるが、公と私のパートナシップ、ソーシャル・メディア、市民社会ネットワークの発達などの新たな社会文化的な動きから、三つのロジックのバランスをとる様式が生まれてくるかもしれないと予測している。

次の三つの章、第4章から6章では、「「ハイ・カルチャー」とアジアの近代に見られる循環的な文化」との緊張関係が歴史的な視点から扱われる。ここでドゥアラは、西洋の「プロテスタント化、世俗化、スピリチュアル化、そしてナショナル化」（p.14）がどのようにアジアの超越性に影響を与えてきたのかを検証する。

第4章「対話的な超越性と超絶的な超越性」では、この本の最も重要な概念の一つ「対話的超越性」（dialogical transcendence）が披露される。ドゥアラは、ユーラシアの超越性の伝統を、絶対的な一神教の創造神Godの観念に基づいた「極端な超越性（radical transcendence）」と複数性（plurality）を持つ内在的な、多神的な、汎神的な宗教実践と織り交ぜていた対話的超越性とを区別する。対話的超越性では真理の異なったレベルでの分節化の共存が許されていた。その共存は討論と論争、互いの無視、相互的「借用」などの形で実現化されるものである。この章はアジアの対話的超越性の伝統を紹介し、また各種の個人と身体的修養実践と技法、とその哲学的教義面での特徴を紹介し、これらの特徴とサステナビリティの関係を検討する。

第5章「中華文化圏における対話的超越性と世俗的ナショナリズム」は、世俗主義とナショナリズムが制度化される前の中国民間宗教の対話的超越性を考察する。中国歴史にラディカルな超越性による宗教的な衝突がなかったが、対話的超越性の分節化の一つは、国家とエリート階層対民間宗教の競争であった。この垂直的な区分は、ラディカルな超越性のキリスト教をモデルにした世俗化理論では理解できず、見落とされることのほうが多い。

第6章「世俗主義と超越性の往来（traffic）」は第五章で提起された世俗化の問題を念頭に、「往来」という概念を利用してアジアにおける世俗化の過程を考える。ドゥアラによると、往来が二つの面があり、一つは世俗を作り出す過程で宗教に関する特性と特徴の循環的に社会的再分配であり、もう一つは近代政治の要素の新たに構成された宗教への移転とのこと。近代アジア歴史の中では、超越性と宗教の他の要素はただ消失していくではなく、多くは異なった空間と制度に転移したのだ。「往来」概念を利用してアジアの世俗化にたいする考察は、今日の世界で如何に超越性を再想像できるかを考えるために示唆的である。

アジアにおける西洋世界との接触過程について、ここで少し議論を私の立場から補っておこう。超絶的な超越性がプロテスタンティズムと共にアジアに移入されたとき、アジアの対話的な超越性は西洋的な超越性に覆われて、その存在自体が目に見えない地位に追いやられた。そのため、西洋人のみならず、当事者であるアジア人もまたアジアに超越性は存在しないと考えるようになった。そこで、超越的な西洋と内在的なアジアという、ドゥアラの言うところの二項対立的な言説が成立してきたのである。

しかし、そうした超越性の理解がアジアのみならず、西洋についても当てはまらないのは、ドゥアラの議論にもあるようにいまや明白である。例えば、キリスト教の三位一体の観念は、超絶的な父神ヤーヴェと内在的な聖霊、そして神人イエス・キリストの三者から、キリスト教においても聖なるものの観念が成り立っていることを示している。同様にアジアの近代に目を向けてみれば、国民国家と世俗化という関係が西洋と同様に浸透していることに気付く。周知のように、「宗教と世俗」という二項対立は、当初は西洋近代の国民国家と

対になって成立した制度であり観念であった。

しかし、さらにドゥアラは近代の中国を例に取り、この西洋的な二項対立が脱臼させられていることを明示する。彼がそのために取り上げたのは、ウェーバーとカール・シュミットの術語としての「交通」（p.15）である。そこでは、宗教的な領域と世俗的な領域が、プロテスタンティズム的な世俗化に抗うかのように、相互に浸透しあう「交通」関係を形成していたのである。それゆえ、ドゥアラは、近代中国において超越性は世俗領域の内部においてこそ、内面的な宗教と交じり合って再想像されていることを指摘するのだ。

ここでドゥアラの議論を深めるために、日本宗教史の例を付け加えてみよう。日本もまた制度的には政教分離を取り入れているが、実際には神の末裔であることを存在理由とする天皇制を国民国家に中核に据えている以上、公共空間を世俗的なものに限定しようとするその政教分離は読み替えられてしまっている。西洋列強との関係においては、帝国主義に対する日本側の抵抗の象徴となるが、日本国内およびアジアとの関係においては、人民を支配する帝国主義の権力的象徴となる。その意味で天皇制の示す超越性は両義的なものであり、文脈においてその機能を変えるものとなる。

たしかに、日本社会にとって天皇制は西洋プロテスタント的な宗教と世俗の二項対立を脱臼する対話的な超越性の役割を果たす。しかしその一方で、ドゥアラの説明に基づくならば、天皇制は「創造神としての絶対的性質と密接な関係を有する」点で、「超絶的な超越性」の性質も有するものである。超越性という観点から見ても、近代天皇制はキリスト教の影響のもとに再発明された近代的な伝統なのである。

一方で、近世後期から1960年代にかけて、中山みき（天理教）、出口なお（大本教）、金光大神（金光教）ら、「対話的な超越性」を有する新宗教の教祖が出現してきたことも事実である。それはドゥアラが対話的な超越性の特徴として説明する「内在的で、多神教的でかつ汎神教的で、複数の宗教実践をひとつに織り込んだものである」。しかも、これらの教祖は生き神と呼ばれる点で、天皇と同じ超越的な性質を有する存在である。

だが、近代天皇制とは異なり、教祖たちは自らを神だとは僭称しない。正確にいうならば、彼らは自分たちが生身の人間であって、超越的な神ではないことを熟知している。しかし、自身の人間性の中にこそ、それを超え出る聖なるものが宿っていると自覚しているのである。彼らの内在的次元においてこそ、人間が神と「対話する」場が生じる。それは超絶的な一神教とは異なり、習合的で多神教的な宗教の形態、すなわち仏教や神道や儒教、さらには民俗宗教などが交渉し合う対話的な空間なのである。

そうした点において、日本の新宗教は「対話的超越性」の典型的な例の一つと考えることができよう。しかし、それらもまた、「超絶的超越性」としての天皇制の影響から無関係でいられなかったこと、既に日本宗教の歴史に明らかなとおりである。近代日本において公共宗教として認められるためには、彼らは国家権力や市民社会に認められなければならない。だが、天皇制こそが公共領域を象徴するものとして機能してきたことはよく知られた事実である。

とくに戦前において天皇制は国体の精華であった。それは国民による知覚や定義づけを超え出た、言及不能な沈黙の存在であることを意味した。ラカン的な意味で、天皇の眼差しは謎めいた他者の眼差しであり、その眼差しに曝されることで人々は国民として公共領域に参入することが可能になる。ここに、何ゆえ近代日本においては、新宗教や民俗宗教の対話的超越性が超絶した超越性と交じり合っていくのかという原因が存する。

例えば、島薗進は日本の新宗教に広く見られる生命主義のもつ欠点として、「権力構造が作り出す社会的葛藤を回避したり、見過ごす難点」があると認めている。また安丸良夫は、日本の新宗教に一般的に見られる両義性として次のような指摘をしている。

> 民衆的諸思想の経験主義的な認識力は、せまい人間―関係のなかでは、ある意味できわめて鋭かったが、社会体制全体の客観的な分析力を欠

新刊旧刊

如していた。[14]

　天皇制のように、国家が超越的な権威を独占し、「コモンズ」(p.17)の持続可能性が失われている時には、民衆が超越性をもって社会構造を批判的に捉えることはきわめて困難になる。こうした日本宗教史の例を考え見るとき、ドゥアラの言うような、対話的超越性を超絶的な超越性から分離して、民衆の持続可能な未来を獲得することは、きわめて困難なことだと言わなければならないだろう。

　制度的だけでなく精神的にも、天皇の眼差しから逃れえる国民は存在しないと言っても過言ではない。唯一とも言える例外は、自分の生存権を保証する市民権を剥奪されて公共領域から排除されたアウトサイダーになることである。しかし制度的には困難であったとしても、精神的な難民あるいは非国民として公共領域を脱臼していく代補的行為は、排除や差別を緩和させていく共生の空間を、かすかであるにせよ切り開く可能性を秘めているものとして試みられるべきであろう。

　では、本書に戻り、最終章にあたる第7章「アジアにおける循環地域とサステナビリティのネットワーク」の紹介をしておこう。ここで、グローバリゼーションの中の地域化を考察し、グローバル経済と戦略競争による地域主義（regionalism）から循環とネットワークの視点で新たな可能性を読み出す。EU、ASEAN、APECなどの地域主義は相互依存を深めるだけではなく、地域それからグローバルのコモンズ―生命に不可欠な資源、いかなる私的な個体と国民でも独占できない資源―を共同的に管理する考えがそこから生まれてくる。

　そんななかで彼は、グローバリズムを拒否するのではなく、地域主義とグローバリズムの関係に注目する。地域主義はグローバリズムと相容れないものに見えるが、ドゥアラは「今日の地域主義は、不安定ながら増強していく空間として、国民国家的富のグローバル的源泉と国民的諸問題のグローバル的源泉を仲介するものになりえる」(p.16)と考えている。そこで「地域における持続可能性」が、「グローバルなものと地域的なものを結びつけ、今日多くの問題に直面するなかでそれを解決していく役割を受け継いできたのだ」(p.17)と述べる。その一つの例が、「ASEANをめぐる諸活動の再開を、中国、日本、インドの主要経済大国の間で」期待することである。

　この「持続可能性」という術語は、ドゥアラにとって重要なのは、それが来るべき社会のヴィジョンを超越性という観点から構想するものだからである。彼は持続可能性という概念を以下のように説明する。

> 持続可能性は、破壊や退化をもたらす加熱する消費主義の支配的実践（文化）を超越するだけでなく、高まり行くナショナリズム（誤認された真正さの文化）のイデオロギーやその主権的主張を超越するものとなる。たしかに個人や集団の行動に変化をもたらすためには、自己形成や自己規律を形どる理念や原理の変化が必要である。しかし、こうした変化を制度へと定着させるためには、共有された主権という理念もまた必要になるのだ。(p.114)

別の言い方をすれば、ドゥアラにとってそれは、「持続可能な近代性というパラダイムは、人間と世界の間のバランスを取り戻すための諸論理を作り出すために必要なもの」であり、「この惑星と生き物を支えるための価値体系」をもたらすもの」として定義付けられているものなのである(p.118)。こうした社会の「環境的」で調和的なヴィジョンは、日本の新宗教の生命主義 vitalism と共振するものでもある。島薗は生命主義の特徴を次のように説明している。

> 人間の真実の姿は、本来の内的生命と一体となり、自然や他の生物と調和し、あらゆるものが同じ生命から生まれているという心持で生きることである[15]

その意味で、この惑星と生き物を支える対話的超越性は、確かに東アジアの宗教伝統に深く根ざしたものといえよう。ドゥアラはアジアを「ネットワーク化された宗教」という特徴から捉えるが、

それが「近代の植民地経験を含めて、巨大な帝国に推進されたり妨害されてきた」のもその不可欠な特徴であったと考える。アジアもまた経済的或は政治的な帝国を通して拡大するグローバル化の外側に逃れ出ることはできない。その点で、彼は地域主義とグローバリズムという二つの要素を、反動的なナショナリズムや夢想的なコスモポリタニズムに陥ることなく、統合していくことが必要だと考えるのだ。

こうしたドゥアラのアジア地域に対する理解は、ガヤトリ・スピヴァクの唱える「批判的地域主義」とも重なり合う。スピヴァクは批判的地域主義を「食事、言語、そして何気ない日々の生活における居心地の良さ」[16]に基づく理念だとする。ただし、それが、彼女が「アイデンティティなき立場」と名づけたような、「複雑性と異質性によって常に代補されていく」ところに「批判的」という言葉を関した意味がある[17]。

しかも、こうした「居心地の良さ」は「何気ない日々の生活」だけでなく、「アジア」のような広汎な地域においても見られるものだと考える。しかし、ここで彼女はアジアという地域を「絶えず多重化していくアジア」あるいは「他者化していくアジア」と呼び、「本質化された同質なアイデンティ」を脱臼させていくものと位置づけられていることを見落としてはならない[18]。こうした脱構築の視点に立つ彼女の議論は、ドゥアラの「対話的超越性」が過去の地域主義者たちが陥ってきた同質化されたナショナリズムや帝国主義と峻別させる役割を果たすだろう。

討論：対話的超越性の課題

本書を通して、ドゥアラはグローバル資本主義およびナショナリズム的な地域主義という二項対立的な動きによって生み出された諸問題に解決の糸口を見出そうとしてきた。この二項対立的な動きは表裏一体をなすものであり、ドゥアラは両者を仲介することで、「文明全体に変容をもたらすような商品や地域、あるいは技術や??宗教の交流をもたらすような」新しいネットワークのあり方を模索してきたのである（p.16）。ドゥアラの議論においては「対話的超越性」こそが、このネットワークを批判的に樹立するために重要な役割を果たすと考えられてきた。

なぜならば対話的超越性こそが、現実世界において実際に何が起きているのかを認識するために人間に自覚をもたらすからである。その意味において、対話的超越性は、旧弊的な意味での超越性と内在の対立に統一をもたらすものとして構想されている。

こうして本書を読んだあとで、この対話的超越性を生み出したアジア的な伝統が、従来の西洋的な超越性と内在性をめぐる通俗的な観念が再会し、互いに変容をもたらす場として機能しえることに気づく。翻訳理論の観点から、酒井直樹が超越性を外部性（exteriority）と名の余白として理解していたことをここで指摘しておきたい。

> 普遍性において暗に了解されているのは、『私たち』あるいは『私』は普遍であるものを知らないということに対応する根源的な対話論性であり、普遍性は『私たちの』あるいは『私の』意識に対して常に（外部性あるいは他者性という意味において）外部的なのだ。私は普遍的なものを求めることによって、他者によって教えられなければならないのである。[19]

超越性が真実や正義でありえるのは、それが歴史的世界のいかなる存在をも超越するものだからである。デリダが指摘するように、正義とはそれ自身は歴史的世界に現出することは決してないし、常に超え出る働きゆえに、自己同一性に安住することも出来ない。

ジャック・ラカンの術語を借りるならば、超越性とは、歴史的世界に拘束された主体を外部から基礎付ける「謎めいた他者の眼差し」に他ならない。その意味で、超絶的な超越性は固定された外部に存在するものと看做される点で、ラカンの言う「大文字の他者」になぞらえるものである。それに対して、対話的超越性は固定されることのない「外部性」として、内在する空間から立ち顕

れるような「小文字の他者」を意味するものなのだ。

　この問題は、ドゥアラの超越性の議論が不安の問題を一切考慮していない点ともつながってくる。小文字の他者すなわち「対象a」とは、自分が主体形成を行うさいに、切り捨ててきたもうひとつの可能性なのだ。自らの万能感を犠牲にすることで、人間は何者かになる、すなわち特定のアイデンティティを獲得することができるわけだが、その切捨て行為に対する罪悪感やノスタルジアがすでに構築された主体のなかに不安の感情を呼び起こし、新たな主体の再編を誘うと見るべきであろう。

　日本の民衆宗教に見られる生命主義の場合もまた、対話的な超越性が人々を包み込むとき、彼らの不安は、自分が全体の一部であるという安心感によって充たされていく。他方、超絶的な超越性は神によって自分が救われるか否かという不安を、絶えず人間に突きつけていく。特に、それがカルヴァン主義では「恩寵」と呼ばれてきたことは周知のとおりである。

　普遍的なものとは、差異がくまなく認識されるといった超越的原理を意味するものではない。…むしろ、「超越論的」というものが意味するのは、最終的な目的を設定することなく、法を機能不全に陥れるような操作を含みこむものなのである。ユダヤ人やギリシャ人の中に、普遍的な人間も典型的なキリスト者も見つけ出すことは出来ない。原理も目的もない。あらゆる者は残りの者であり、自己同一性を有するユダヤ人やギリシャ人であることは一切不可能なのだ。[20]

　こうして不安感に触れることで、人々は「均質で空洞化された時間」を脱臼して、異質的な時間への移行することができる。過剰にならない適切な不安感は、人間の主体を構築するために、「ネイションから人々を救出する」ために必要なものであろう。このような不安感をめぐる議論もまた、本書におけるドゥアラの主体化過程をめぐる議論、対話論的超越性の眼差しの元でいかに他者と共存可能な主体性を構築していくかという課題に誘発されたものである。それは、我々を排除なき公共空間の構想へと導いていくことであろう。それこそが、ドゥアラが「環境の持続可能性」と名づけたものにほかなるまい。

（いそまえ・じゅんいち）
（しょう・いこう）

【註】

1　Naoki Sakai, "Universality, Internationality and the Modern Regime of Translation: On the Question of Anthropological Difference," in Naoki Sakai & Joyce Liu, eds., *Conflict, Justice and Decolonization II : Paradigm Shift of the Colonial-Imperial Order and the Aporia of Human Sciences*（Collected papers）, Shinchu: The National Chiao Tung University, 2017, p.265.
2　エマニュエル・レヴィナス『全体性と無限』1961（熊野純彦訳、岩波文庫、2005 年、76 頁）。
3　Prasenjit Duara, *Rescuing History from the Nation: Questioning Narratives of Modern China*, Chicago and London: The University of Chicago Press, 1995, p.7.
4　op.cit, p.7.
5　op.cit, p.28.
6　op.cit, p.28.
7　op.cit., p.233.
8　op.cit, p.233.
9　op.cit, p.16.
10　Benita Parry, "Signs of Our Times: A Discussion of Homi Bhabha's The Location of Culture," in Masao Miyoshi and H. D. Harootunian, eds., *Learning Places: The Afterlives of Area Studies*, Durham and London: Duke University Press, 2002, p.133.
11　Op. cit., p.133.
12　Gilles Deleuze, "Immanence: A Life," in *Two Regimes of Madness: Texts and Interviews 1975-1995*, trans. by Ames Hodges and Mikes Taormina, Cambridge（Mass）and London: The MIT Press, 2006（originally written in French in 1995）, pp.384-385.
13　安丸良夫『文明化の経験―近代転換期の日本』岩波書店、2007 年、338 頁。
14　安丸良夫『日本の近代化と民衆思想』青木書店、1974 年、45 頁。

15 Susumu Shimazono, *From Salvation to Spirituality: Popular Religious Movements in Modern Japan*, Melbourne: Trans Pacific Press, 2004, p.50.
16 Gayatri Chakravorty Spivak, *Nationalism and the Imagination*, Calcutta: Seagull Book, 2010, p.31.
17 Gayatri Chakravorty Spivak, "Position Without Identity ? 2004: An Interview with Gayatri Chakravorty Spivak by Yan Hairong," in *Other Asias*, Malden, Oxford & Victoria: Blackwell Publishing, 2008, p.254.
18 Gayatri Chakravorty Spivak, "Foreword," in *Other Asias*, p.2 and 9.
19 酒井直樹『過去の声――八世紀日本の言説における言語の地位』1991 年（酒井直樹監訳、以文社、2002 年、546 頁）。
20 Giorgio Agamben, *The Time That Remains: A Commentary on the Letter to the Romans*, trans. by Patricia Dailey, 2005（originally published in Italian in 2005）, Stanford: Stanford University Press, pp.52-53.

『ひきこもりの国民主義』

酒井直樹 著

岩波書店、2017 年

磯前順一◎国際日本文化研究センター教授

　本書で酒井直樹は、カズオ・イシグロの代表作『日の名残り』（原作1989年）を紹介しつつ、かつての大英帝国の末裔たちが宗主国としての地位を喪失した現状を認められず、自意識の中に引きこもる零落した姿を描写する。それは英国だけでなく、帝国を喪失した戦後の日本の姿でもある、さらにはバブル経済が破れて東アジア諸国に対する経済的優位も保てなくなった現在の日本の姿でもあると指摘する。

　そして安部政権の登場は、こうした「国際世界から「ひきこもる」傾向と脱植民地化を拒絶する態度」としての「ひきこもり国民主義」を体現し手いると解釈する。「ひきこもり国民主義」を酒井は、メディアと安部政権の関係を引き合いに出して、より詳しく次のように説明する。

　「マスメディアは、このような仲間内の議論に干渉する代わりに、協調性のために正義や公正さを犠牲にする論理にますます弱腰になってしまいました。ところが、このような協調性の神格化は、いったん日本の外に出ると全く通用しませんから、日本国民共同体の中に空想的に閉じこもろうとする願望が、人々を捉えてしまう。このような安楽の場として空想された日本の国民共同体から一歩でも出ると、異質で協調性を尊重しない人々と触れ合わなければならなくなりますから、このような外人との〈ふれあい〉の機会を出来るだけ避けるようになるのです。」

　酒井は、こうした状況を作り上げているのが、まさに「ポスト・コロニアル状況（行政体制、法制度や経済支配としての植民地統治が終わったにもかかわらず、意識構造や集団的自己確定の様態としての植民地体制が存続する状態）」であると考える。日本においては二重の意味でのポストコロニアル状況である。戦前の日本帝国の喪失者であると同時に、戦後のアメリカ帝国に保護／占領された被植民地国の喪失者である。

　この状況を乗り越えていくためには、現在に至る植民地主義の認識という「恥の体験」が必要になる。「なぜならば、恥をめぐる体験こそが、かつて植民地宗主国の側にいた人間と被植民地住人の間に、それまでの支配・従属あるいは蔑視・憧憬の関係とは違った新たな社会関係を作り出す歴史的に創造的な過程だからです。」。と酒井は考えるからである。しかし、「ひきこもりの国民主義」はその過去や現状を「否認（disavowal）」するという「恥知らず」に陥っている点で深刻な問題を抱えていると酒井は日本社会の現状を批判する。

　「恥（shame）」という概念はアメリカの人類学

新刊旧刊

者ルース・ベネディクトが内面的な倫理を持たない否定的な意味で用いたものだが、作田啓一『恥の文化再考』の仕事を介して、ここでは他者の眼差しに開かれた公共的意識として肯定的な価値観として読み替えられている。こうした西洋の眼差しのもとでの非西洋の価値付けを、非西洋の側で読み直していく行為が、精神分析でいう「転移 (transference)」を介した「人間的な西洋人と「残余 (the rest)」」(スチュアート・ホール)の「相互依存性」を非西洋側から翻訳しなおして、「新たな共同性を作り出すだけでなく、新しい主体を制作する」「西洋の脱臼」という、酒井ならではの実践なのだ。

酒井はこうした実践を「理論 (theory)」と呼び、「自分を犠牲者の側に位置づけ、そうすることで正義の味方を気取ろうとするアイデンティティ・ポリティクスに対する防御策」と定義する。しかも、理論は西洋の独占物ではなく、西洋人によって非人間すなわち「残余」としてまなざされてきた非西洋人にも可能な実践として横領されていく。以上の議論が本書の二本柱の一つ、第五章「パックス・アメリカーナの終焉とひきこもりの国民主義」の骨子である。

1997年に刊行された『日本思想という問題 翻訳と主体』で、一躍時の人となった酒井は、ポストモダン的な国民国家批判と主体批判で脚光を浴びた。多くの人たちは酒井の主張を国民国家の外部に出ることだと信じ、主体の脱構築とは、歴史の重みから主体を解放することだと誤読した。しかし、そうした期待に反して、「私が試みているのは、「恥の体験」と主体的技術とを接合することであり、そうすることで、日本のポスト・コロニアル状況を脱植民地化の方向から解明することなのです。」と述べるように、その後の酒井の議論は無制約な自由といった通俗的な脱構築論には向かわなかった。

むしろ、自らの置かれた植民地主義的な歴史的制約に内在しつつ、それを脱臼させる方向の模索のために、地域研究の中に潜行していった。その転機の象徴が、『米国／映像／日本 共感の共同体と帝国的国民主義』(2007年)における植民地での恋愛をめぐる「情動論 (theory of affect/affection)」であったと評者は考える。情動論もまた酒井が「情 (feeling)」の議論として、処女作『過去の声』(1992年) の段階から展開していた問題である。

その議論が本書のもう一つの柱、第一章「〈ふれあい〉の政治」で展開される「同情 (sympathy)」と「共感 (compassion)」の区別である。酒井は、「他者の内面性において生きられた、媒介されていない元の感情や感覚を共有することを「共感」とよぶならば、同情は共感と違っていて、感情移入の形式を必要としない。」として、同情を次のように定義する。

「苦しむ人……の身体が傷つけられているのだから、彼は痛みを無媒介に受容しているはずだが、それを看取りつつある私たちは彼の痛みを無媒介に体験することはできない。……ここでは同情は、苦しむ人と同じ情緒や感情を共有することではないのである。同情とは、比喩的な形象化によって撃たれることであって、共有されるは、情熱、すなわち、他なるものによって変容されること、なのである。」

こうした議論の前提には、〈ふれあい (touch 磯前訳)〉という情動的な身体行為が想定されている。酒井は〈ふれあい〉を「能動にも受動にも転じうるある微妙な両義的な瞬間」として、「穢すことと穢されること、侵すことと侵される(あるいは犯される)こと、変容することと変容させられること、傷つけることと傷つくことが分岐する以前の事態を示唆している」として、次のように〈ふれあう〉瞬間を描写する。

「私は相手に唇で触れることができる。あるいは指先で相手の肌をたどることもできる。〈ふれあい〉が喚起するのは、まず身体的な想念や記憶であり、〈ふれあい〉という表現からこのようなエロティックな含みを奪い去ることは出来ない。……しかも、〈ふれあい〉がすぐれて社会的な出来事となりうるのは、そこに「恐れ」お「おのの

き」の契機が予想されているからである。……躊躇や恥じらいによっておもわず立ち止まるとき、人は＜ふれあい＞の契機に気がつくのである。」

「触覚」（ジャン＝リュック・ナンシー）をめぐる議論を展開しつつ、酒井は、「＜ふれあい＞は予期できない事態を招くかもしれないのである。私は相手を「分かった」つもりでいても、じつは十全には分かっていないのであり、相手には「分からない」ところが必ずある。……私が躊躇してしまうのは、私自身が＜ふれあい＞によってかえって変容させられてしまうこともありうるからで、私が傷つけられる可能性を予期しているからだろう。」と述べる。そして、「触れたからといって、私は相手を「分かってしまう」ことはない。」という言葉で議論を締め括る。

＜ふれあい＞を「情念と社会性、この二つの主題が重なり合う領域」として捉える酒井は、ここで国民国家という主体を問題にする議論に立ち戻る。「内面性が実体化されたときに、＜ふれあい＞から隔離された、私の小さな主権領土である内面性において、あたかも私の一存で勝手に処理できるものであるかのように情動が理解されてしまう。このように理解された情動を私は「感傷（sentiment）」と呼んできたが、いったんこのように情動を理解してしまうと、人々が情動を分かち合う形態は、＜同情＞ではなく＜共感＞ということになってしまうだろう。」と述べる。

そして、「十八世紀以降でこのような共感の共同体の範型はいうまでもなく国民共同体である。感傷はまさに国民国家にふさわしい情念の形式なのだ。」、と結論付ける。具体的には、天皇の眼差しの下に内閉化した均質な共同体を作り出した近代日本の国民国家が、触れ合うことを拒否した感傷の共同体として批判される。しかし言うまでもなく、情動のナショナリズムはどこにでも存在する。評者から言えば、それは日常の人間関係の実践でもある。恋愛、友情、家族愛、職場、そして信仰共同体や学者共同体、いたるところで、線引きされた我々の閉域は問い直されることになる。

ナショナリズムを批判する学者共同体においても、論争者を仮想敵として想定することで閉域を作り出すかぎり、ナショナリズム批判という言説に呑みこまれて、現実否認のひきこもり共同体を作っているにほかならない。それは酒井を支持する我々読者と酒井との関係においても、十分に起こりうる。事実、そうした関係によって彼の議論は骨抜きにされてきたように感じるは評者だけであろうか。

では、その骨抜きにした主体を作り上げているものはだれなのか。酒井がしばしば言及する精神分析の議論を引き合いに出すならば、ジャック・ラカンの言うところの「謎めいた他者（mysterious others）」である。酒井が天皇制の例で言うように、あらゆる主体は他者にまなざされることで主体として生れ落ちる。謎めいた他者は天皇であり、国民国家であり、眼前のあなたである。

評者はかつてそれを「どこにもいないあなた（unpresent you）」と呼んだ。その他者の眼差しあるいは声によって、我々は国民あるいは私という主体として生れ落ちる。しかし、同時にその生は他者が享楽する快楽に搾取され、喜びつつ苦しむダブルバンド状態に陥ることになる。

酒井が本書では触れていなかったイシグロの最新作、『忘れられた巨人』（2015年）は、まさにこの問題に取り組んだ作品である。酒井は他者への転移感情から主体が解放されることを説くが、評者はむしろその感情を否定することなく、その質とベクトルを変容する「転回（conversion）」が肝要であると考える。どのように埋め込まれた歴史の記憶から、主体を作り上げると同時に解放していくか、そこに今後の「主体化（subjectification）」論の課題がある。酒井直樹氏の著作との対話を通して深めていきたい。

（いそまえ・じゅんいち）

新刊旧刊

アルフレッド・シュッツ

佐藤嘉一 監訳

明石書店、2018年

星川啓慈 ◎大正大学文学部人文学科教授

はじめに

　ワーグナーによるこの大著『アルフレッド・シュッツ』は翻訳書で500頁を優に超えるが、それでも、著者が書いた2600頁の原稿の20パーセントほどであるという。つまり、準備した原稿の上澄みだけの内容なのである。それだけ、凝縮された内容であり、かなり厳密な論述なので、気軽にスラスラ読める著作ではない。

　それはさておき、評者は、これまでシュッツの論文・著作はかなり読んでいるが、それらの内容がどのように体系づけられるのかは、なかなか理解できなかった。もちろん、この大著を一読するだけで、シュッツの多方面にわたる主題の関連が即座にわかるわけではない。しかし、評者にとって、「そうだったのか！」「この理論の背景にはそういうこともあったのか！」などと、教えられることが山ほどあった。また、おぼろげながら、シュッツの全体像も見えてきたような気がする。

　「昼は銀行員、夜は哲学者」であったシュッツだが、銀行員として激務をこなす一方で、その学問にかける真摯な姿勢・情熱などはひしひしと伝わってくる。アメリカにおいて現象学をさかんにしようと労を惜しまなかった姿も描かれているし、交友関係の記述も興味深い。60歳で亡くなったのは過労のせいだ、という見解にも納得した。

シュッツに影響を与えた人々

　ワーグナーは実に多くの学者・哲学者とシュッツの関係を論じている。そうしたなかで、シュッツと「学術上の緊密な共同と〈生粋の友情〉の間で釣り合いのとれた関係」を長年続けたグルヴィッチ（第13章）や、シュッツと「共通する関心の中核部分を分け合うと同時に、根本的な哲学方針の部分では互いに対立」しながらも、たがいに友情をもちつづけたフェーゲリン（第12章）に多くの紙幅をさいている。シュッツの見解と2人の見解の一致点ならびに対立点を知ることで、シュッツの思索の過程が立体的に見えてくる。

　シュッツは、ライプニッツをめぐって、そのグルヴィッチと遣り取りをしていたのだが、評者は「シュッツとライプニッツにはどんな関係があるのか？」と不思議に思った。評者は、個人的に、ベルクソン、ウェーバー、フッサール、ジェイムズの4人がシュッツに大きな影響を与えた思想家だと思っており、ライプニッツは念頭になかった。だが、著者はライプニッツに1章分の紙幅を割いているのだ（第15章）。

シュッツにおけるライプニッツの重要性

　シュッツに歴史的関心はそれほどなく、彼が「西洋哲学の合理主義者の伝統のなかにあった」ことは理解できる。フッサールは近代哲学の開祖であるデカルトに注目したが、シュッツはデカルトを厳しく批判したライプニッツに注意を向けた。

　その理由の一部について、ワーグナーは次のように論じている。

　　シュッツは、フッサールの超越論的推論、部分的には同じく形相論的推論の…はっきりと支持しがたい事情が、その基盤の基本的欠陥にあることに気づいた。『危機』書のなかで、フッサールはデカルトにこれらの土台の歴史的根源があることを示した。しかし、シュッツの確信はデカルトの土台が不安定であり、デカルトの

最初のそして最も厳しい批判者、ライプニッツの土台によって代替されるべきであるということであった。（第Ⅲ部への序言）

次に、フッサール、ベルクソン、ライプニッツの3人を比較しているシュッツの文章を引用したい。自我・知覚・選択・目的・可能性などにかかわるものであるが、次の引用は、これら3人の研究の相性が良い側面である。なぜなら、これらの問題をめぐる3人の理論はすべて、ある「決定」がなされてしまって、「何が起きたのかを後から再構成するのではない」ものだからだ。つまり、「意識の流れのただなか」のことについての理論だからである。

フッサールは不確かな問題的諸可能性の構成を様相化にしたがってあらゆる可能的選択として研究する。ベルクソンは複雑な時間のパースペクティブ（遠近法）の分析のなかで選択する経過それ自体を記述する。ライプニッツは決心の最終的決断（fiat）に至る種々の意志や意向の相互影響をフォローしている。3つの理論は収斂する。なぜなら、これらのすべては、まさにその選択をしようとしている行為者の進行中の意識の流れのただなかに並べられるからである。（第15章）

一言でいうと、「ライプニッツの認識と意志の理論はシュッツの現象学的心理学と合流した」ということになろう。

シュッツに対するライプニッツの影響はこの程度の引用で理解できるはずはないが、評者は「フッサールやベルクソンに加えて、ライプニッツがシュッツにとっていかに重要な思想家であるか」を本書によって教えられた。1934年頃、ヨーロッパで悲痛な状況にあったとき、アメリカの友人マハルプに「真の哲学者、ライプニッツを読む」と書き送っている。

シュッツとベルクソン

1982年に、ワーグナーがベルクソン時代のシュッツの原稿を翻訳し註釈をつけて、『生の形式と意味構造』出版したとき、評者はすぐに読んだのだが、当時はシュッツとベルクソンの関係がよくわからなかった。本書『アルフレッド・シュッツ』はその翌年に出版されたわけだが、第12章「ベルクソン」では、簡潔に、シュッツとベルクソンとフッサールの関係が述べられている。シュッツはベルクソンの「純粋持続」という「捉えどころのない現象自体を1つの概念に変換」した。言いかえれば、「純粋持続を1つの生の形式に、またその生の形式を1つの理念型に変換」したのである。それでも、ベルクソンの思索は、シュッツの「関連性の理論」「多元的現実の概念」「実用的・意志的行為の理論」に底流として流れている。

シュッツはベルクソンからフッサールへと研究の重点を移していくことになるが、フッサールがベルクソンに入れ代わることはなかった。すなわち、「フッサールはシュッツの現象学的心理学研究の中心をかち取りはしたが、ベルクソンがこれを実質的に補った」のである。そして、「シュッツの思索におけるベルクソンとフッサールの着想の一致点は、その全範囲に及んではいないものの、〔シュッツの思索における〕着想の基本線の大部分、そして高度に重要な部分を保証した」のである。

シュッツとフッサール

評者がもっとも感銘を受けたのは、第18章「フッサール——限界と批評」である。学生・大学院生時代にフッサールや現象学者の著作を読んで、素朴に「現象学的還元なんて本当にできるのかな？」「それが遂行できたことはどうやって保証されるのだろう？」などという疑問をもった。もちろん、これは、形相的還元や超越論的立場などに対する疑問でもあった。フッサールを研究している友人からは、「内世界的立場にとどまるシュッツなんてつまらない」「〈自然的態度の構成的現象学〉なんて成立するはずがない」などといわれたのを、懐かしく思い出す。シュッツは超越論的立場を批判し、その立場にたつことを拒否するから、シュッツのフッサール批判を知らない現象学

者一般からは評価されないであろう。これは当然のことかもしれない。

しかし、本書を読んで改めて感じたことは、「シュッツはフッサールの議論を知悉したうえで彼を批判している」ことである。ワーグナーは、大きく2つの事柄について論じている。(1)シュッツの実際の現象学的関心は現象学的心理学に関係する事柄に限られ、彼の批判がフッサールの超越論的現象学一般へと広がること、(2)シュッツの社会学的関心の中心になった超越論的現象学の間主観性理論についての批判を、彼が展開することである。

シュッツとフッサールの関係は複雑だし、時間の経過とともに変化する。また実際に、シュッツはフッサールを執拗に批判している。だが、その一方で、シュッツは次のことをいつも明確に自覚していたのである――「フッサールを乗り越え、そして本当にフッサールから離れる自分の批判的な歩みが可能であったのは、唯ひたすらにフッサールがさまざまな問題を提起し、天才的な強靭な精神でこれらの問題を追及していたからである」。すなわち、ワーグナーがいうように、「フッサールの思索の諸成果は、シュッツがこれらの諸成果に見出した一定の形式や内容をそこから切り分け識別しなければならなかったとしても、シュッツと一緒に生き残った」のである。

シュッツのフッサール批判が的外れでないことは、1957年にパリに近いロワヤモンで開かれたフッサール・コロキアムで「フッサールにおける超越論的間主観性の問題」を発表した時の様子からも分かる。フッサールの超越論的現象学の重要部分の論駁を構想したこの論文の内容にもかかわらず（後述）、シュッツに対して学識ある現象学者たちから何の反論もなかったのである。それどころか、インガルテンはシュッツの述べた「基本点」を承認し、フィンクは自分の見解はシュッツのものと「完全に一致する」と述べたのである。

自然的態度の現象学

1945年に、シュッツはスピーゲルバーグへの手紙のなかで「私の本分は世界に対する自然的態度の現象学に自分を限ることです」と書いた。そしてさらに、「あらゆる職業的現象学者たちによる自然的態度の現象学の軽視に直面しますから、まだまだたくさんすることがあります」とか「私はいよいよもって社会的なるものの起源は超越論的領域にはなく、もっぱら自然的領域にあるという確信に達します」とも書いた。ここで注目すべきことは、シュッツは、(1)「自然的態度の現象学」という自分の立場を明確に意識し、(2)それに対する「職業的現象学者たち」による軽視・批判を予想し、(3)フッサールに対する「社会的なるものの起源は超越論的領域にはない」という将来展開される批判をしていることである。

ところで、シュッツに大きな影響を与えた人物として、これまで上で言及してきた人物以外に、シェーラーもあげることができよう。彼には「形相的知識の機能化」という構想がある。これは「形相的還元を実行し、また形相的諸本質を直観する主体が、依然として社会的存在のままであること、つまり、彼の生活世界の諸現実の内部に生きる一存在であること」を主張している。「形相的知識」は現象学者たちの知識であり、彼らはこの知識を自分たちの日常的な知識や一般的に「科学的」知識を判断中止することによって手にする。だが、シェーラーの考えでは、彼らは自分たちの諸経験の基礎的諸様態を同様に判断中止する手段をもたないのである。すなわち、「現象学的に還元されているものは相変わらず彼らの非反省的生活の基盤から生じた」のである。そうであれば、シェーラーは、実質的に形相的洞察が普遍的でも包括的でもないことを、明らかにしたことになろう。たしかに、現象学者は生活世界を超越しているかもしれないが、彼らは生活世界を廃棄できないのである。ワーグナーは、この文脈では、「基本的に、シュッツの現象学は形相的であった」と述べているが、評者は、シュッツはこうしたシェーラーの見解に完全に同意すると思う。

超越論的現象学批判

1943年に、フェーゲリンが『危機』研究の最初の2巻を槍玉にあげたとき、シュッツはフッサールを擁護したのだが、次のように付け加えた

――「はっきり告白しますが、私は自分を超越論的現象学の一擁護者にすることはできません。それが決定的な点で失敗しているのではないかと思うからです」。

　その『危機』書の出版は1954年であるが、シュッツにとってこの出版は、フッサール批判の開陳や自身の研究の励みになったことは間違いない。彼は超越論的現象学の3つの側面について批判を展開した。(1)フッサールの超越論的自我論、(2)超越論的現象学を「超越する」傾向、(3)超越論的間主観性の問題である。以下では、(3)に焦点をあてながら、ワーグナーの議論を追っていきたい。

　前出のロワヤモンで発表した論文の準備中に、シュッツはスピーゲルバーグに「ぼくは〔フッサールの〕超越論的哲学には同行できないんだ。ぼくは内世界的な現象学をやるしかない」と述べたそうだ。これはワーグナー宛ての手紙にある話だが、ワーグナーは「シュッツは、そのとき、フッサールの諸理論の相当部分を彼の哲学の本体から切断することを決意した」という。ワーグナーは、シュッツに同意して、「〈間主観性〉を人間たちの間の人間存在として世人の存在が密接に相互に関係し合う、最も基礎的な諸特徴の複合体を指す現象心理学の1つの用語」として理解するという。やや飛躍があるかもしれないが、「間主観性は全くの所与だ」ということであろう。

　時間がたつにつれ、シュッツはフッサールの「超越論的間主観性の問題」を「間主観性の一問題」として考えなくなり始めた。この「問題」の組み立てと前提が疑わしくなったのだ。「問題」自体が問題になってしまったのである。

　1948年、シュッツは「サルトルの他我理論」について論じた。そのなかで、「世界の構成の源泉としての例の超越論的自我の観念と、複数の共存する超越論的諸主体の観念とを調和させることは…現象学の最も困難な問題の1つであり――おそらく解決不可能の問題である」とか「フッサールがいかにして他者は構成されるかを説明するかぎり、彼は他者を〈内世界的心理学的統一体〉として取り上げている」と述べている。

　1957年のフッサール・コロキアムで発表した論文「フッサールにおける超越論的間主観性の問題」の最後で、シュッツは超越論的自我と超越論的他者の間に関するさまざまな追加的説明が、『危機』書のなかで、初期フッサールの立論の諸難点をさらに倍加したことを示した。主要な難点として、次のようなもの（4つのうち3つ）が挙げられている。(1)超越論的還元においては、「いかなる超越論的共同態、いかなる超越論的我々も絶対に構成されない」。(2)「複数の超越論的自我」という表現は疑問に付されねばならない。超越論的自我は「もっぱら単数形で考えられる」。(3)「超越論的間主観性の構成」は、「私、省察する哲学者」によって行われる。この者は、超越論的還元のあと、「ある独特の哲学的孤独」において存在するが、同じく他者たちとの共同態において超越論的エポケーを行うとも述べられている。いかにしてこのようなことが可能であるか。

　シュッツは、フッサールの間主観性をめぐる自分の批判的評価が適切であることを確信していたが、コロキアムにおける学識ある聴衆の反応に不安も懐いていただろう。だが、先述したように、インガルテンやフィンクを始め、聴衆からは何の反論もなかったのである。シュッツはフッサールの超越論的立場を採用せず、内世界的立場にたち続けたが、それはフッサールに造詣の深い現象学者たちからも認められたことだったのである。

シュッツと宗教学との関係

　宗教学を学んでいる評者の修士論文は「現象学的宗教社会学」について論じたもので、シュッツ、バーガー、ルックマンの理論を主として扱った。評者はバーガーとルックマンによる『日常世界の構成』は何度も読み返し、高く評価している。だが、スピカードは、2人はサムナーやデュルケムの目を通してシュッツを読んでいる、と批判している。つまり、このことは「宗教体験」をめぐる現象学的考察を妨げるというわけだ。基本的に、評者はこの批判に賛成する。

　評者はこれまで、『悟りの現象学』（1992）などにおいて、宗教現象の分析にシュッツの「多元的現実論」「知識論」「関連性論」「象徴的間接呈

新刊旧刊

示論」などを持ち込めないか、と思案してきた。そこで当然、シュッツ自身が宗教についていかに考えていたかが問題となるが、残念ながら、彼の著作全体において、宗教はあまり（ほとんど）登場しないといってよい。

シュッツは『社会的世界の意味構成』（1932）を執筆するにあたって、ウェーバーの諸著作にあたっているが、世界の諸宗教の歴史的・社会的研究を収める『宗教社会学論集』（全3巻）に、シュッツが飛びついたかどうかは「知られていない」。

ワーグナーの著作を読むと、その可能性は低いように思われる。その傍証として、例えば、次の2つのことをあげることができよう。(1)フェーゲリンとの遣り取りで、「シュッツは宗教的知識を思想家たちの正当な関心の一領域として認めたが、社会科学の諸領域に基本的に宗教的・倫理的見解が侵入することには頑なに反対した」こと。(2)ナタンソンは「シュッツの付帯現前の理論が〈象徴の究極の水準〉を構成する〈神秘主義の分析のための興味深い基盤〉を提供している」と指摘したのだが、シュッツはこの指摘をそれほど心にとめなかったこと（ただし、評者はナタンソンの言葉は正鵠を射ていると思う）。

残念ながら、評者の「ワーグナーの著書で、シュッツ自身の宗教観はいかなるものか、彼は学問的に宗教をいかに捉えているか、などについて少しは論じられているのでは…」という期待に応えてもらうことはできなかった。だが、シュッツの理論を宗教現象の分析に応用することは充分に生産的なことである。

たしかに、わが国では「多元的現実」の1つとして宗教が挙げられることは多いが、シュッツ理論の宗教学への本格的応用は、管見では、まだそれほどさかんに行われてはいない。しかし、最近、Human Studies（vol. 40, issue 4, 2017）が "Alfred Schutz and Religion" という興味深い特集を組んだ。評者も、ウィーン大学のシュタウディグル博士との共著論文だが、"A Schutzian Analysis of Prayer with Perspectives from Linguistic Philosophy" という論文を寄稿している。

シュッツ自身がこうした特集をどう評価するかは不明である。けれども、自分の仕事が後世に引き継がれて豊かな果実を提供しているとすれば、学問としての宗教学に「宗教的・倫理的見解を侵入」させていない限り、宗教現象を分析する方法として自分の理論が使用されていることを喜ぶのではないだろうか。

ワーグナーは「結びの言葉」で、シュッツの仕事は「1つの課題、1つの委任事項として私たちと彼の後継者たちの前に置かれている。彼が始めたことを、私たちは何としても続けなければならない」と述べている。そうであれば、学問としての宗教学において、シュッツの理論を宗教現象の分析に応用することは、宗教学者に与えられた「委任事項」なのだから、彼も喜んでくれるに違いないのである。

おわりに

評者はシュッツについての海外の研究書（バーバー、コックス、ゴーマンなどによるもの）もそれなりに読んだのだが、恥ずかしながら、本訳書が刊行されるまで、本書の存在は知らなかった。監訳者の佐藤氏は、最後に、本書の翻訳の決定をめぐってワーグナーからきた「貴方〔佐藤氏〕をこの伝記の訳者として選ぶのは最高です」という手紙を紹介している。その日付は、1983年12月16日である。つまり、なんと35年も前の話である。評者としては、もっと早くこの翻訳を出版していただきたかったと痛切に思う。しかし、35年たっても本書の価値は失われないし、わが国における今後のシュッツ研究にとって本訳書が出版されたことの意義が大きいことに何らの疑いもない。

Book Review

大正＝歴史の踊り場とは何か
現代の起点を探る

鷲田清一 編著

講談社、2018年

影浦順子◉中部大学現代教育学部助教

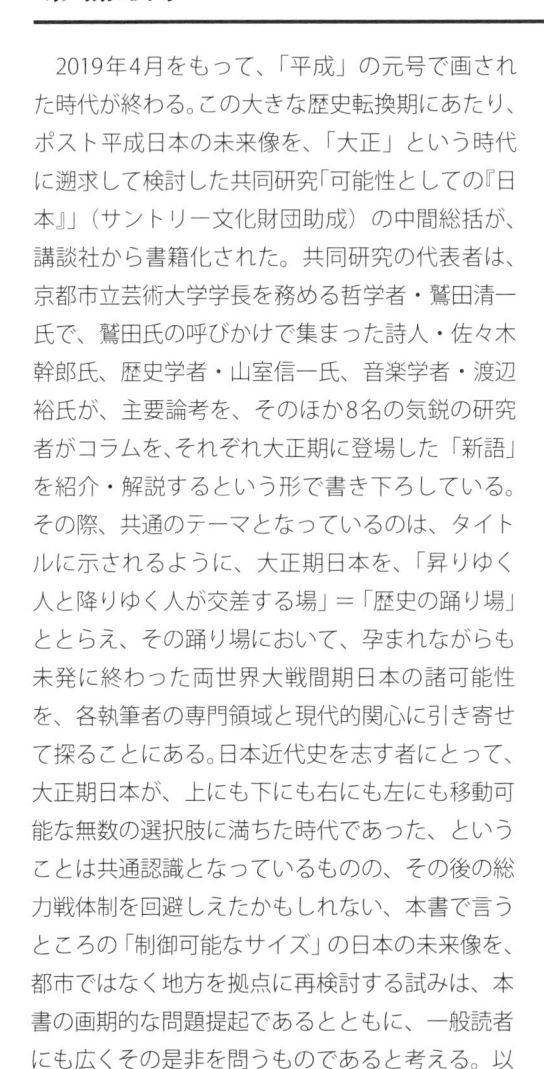

　2019年4月をもって、「平成」の元号で画された時代が終わる。この大きな歴史転換期にあたり、ポスト平成日本の未来像を、「大正」という時代に遡求して検討した共同研究「可能性としての『日本』」（サントリー文化財団助成）の中間総括が、講談社から書籍化された。共同研究の代表者は、京都市立芸術大学学長を務める哲学者・鷲田清一氏で、鷲田氏の呼びかけで集まった詩人・佐々木幹郎氏、歴史学者・山室信一氏、音楽学者・渡辺裕氏が、主要論考を、そのほか8名の気鋭の研究者がコラムを、それぞれ大正期に登場した「新語」を紹介・解説するという形で書き下ろしている。その際、共通のテーマとなっているのは、タイトルに示されるように、大正期日本を、「昇りゆく人と降りゆく人が交差する場」＝「歴史の踊り場」ととらえ、その踊り場において、孕まれながらも未発に終わった両世界大戦間期日本の諸可能性を、各執筆者の専門領域と現代的関心に引き寄せて探ることにある。日本近代史を志す者にとって、大正期日本が、上にも下にも右にも左にも移動可能な無数の選択肢に満ちた時代であった、ということは共通認識となっているものの、その後の総力戦体制を回避しえたかもしれない、本書で言うところの「制御可能なサイズ」の日本の未来像を、都市ではなく地方を拠点に再検討する試みは、本書の画期的な問題提起であるとともに、一般読者にも広くその是非を問うものであると考える。以下、本書の内容を、主要論考を中心に評者の観点から概要してゆきたい。

　まず第一部「現代の起点としての「大正」」では、1923年の関東大震災の経験が、大正期日本の一般市民に与えた身体的・精神的・言語的影響について検討がなされている。言うまでもなく、ここで想定されているのは、東日本大震災後の日本と今後の道のりである。「震災―言葉の崩壊から新しい意識へ」（佐々木氏）では、当時の文化人の震災論を手がかりに、この震災が、一般市民にとっては、対岸の火事にすぎなかった第一次世界大戦よりも、時代の危機を共通に認識する一大契機であったことが確認される。そしてその結果、社会全般にわたる「明治的旧秩序」への懐疑が、市民レベルで引き起こされ、それに代わる「大正的新秩序」が、その担い手となる大衆の登場とともに模索されていたことが示される。本書では、この大衆による「下からの」新秩序形成の事例として、「学区―コモンの成り立つ場所」（鷲田氏）では、震災前後に京都・大阪で展開された自治的な学区制度の内容が、「民生―生存権・生活権への出発」（山室氏）では、民の生死・生活を地域でケアする民間による救済事業の内容が紹介されている。このように本書は、一大巨大都市・東京の破壊的崩壊を機に、地方の都市や農村の内部において、「民の自立」に繋がるような相互扶助の共同体的精神が復興・再生されつつあったことを指摘するのである。この「新しい共同体秩序」は総力戦体制の確立過程で再編され、さらに戦災への対応を担うことになったわけであるが、「下からのアソシエーション」の形成に向かった可能性もあり、すべてを結果論から遡求させる評価は歴史学的ではないと論じているようである。

　そしてこの事実は、経済思想史の文脈では次の点において重要である。すなわち、講座派マルクス主義の議論を持ち出すまでもなく、一般的な理解において、近代日本の脆弱性・特殊性とは、先

新刊旧刊

進的な都市と後進的な農村が並存している状態（＝経済の二重構造）のことを指し、その根本的解決は、後者が前者に追いつき資本主義的に「同化」することにあると考えられてきた。しかし、本書に示された事例が一定の普遍性をもっていたとすれば、予期せぬ自然災害や都市化がもたらす社会問題に柔軟な対応力を発揮していたのは、鷲田氏が「中景」、山室氏が「地域包括ケアシステム」と評価する地方自治の自助的・協働的な「紐帯」や「コモン」の存在であり、中央政府がバラマキ的に散財する財政システムや温情主義的に施す福祉政策ではなかった、と整理できるのである。都市の急速な近代化に対して遅れをとる地方、中央から指導・監督されなくてはならない地方というイメージは、少なくとも大正期日本においては払拭されなくてはならない、と本書は強調する。とはいえ、もちろん実際の社会的動向は「グローバルな都市対ローカルな地方」といった二項対立で完全に図式化できるものではなかったと言えるだろう。そのことは、大正期日本の遊びの概念化を紹介した「趣味・娯楽―民衆文化再編成への胎動」（渡辺氏）が、その内容を、都会的要素と地方的要素が合わさった不均等で無秩序なカオス状態であった、と整理する点からも読み解ける。つまり本書が重視する日本社会の「適正サイズ」を求めて、グローバルにもローカルにも、あるいはグローカルにも転じられる過渡的な可能性を秘めた段階が、都市と地方を含む大正期日本の一般的な風景であったと仮説化できるのである。

次に「第二部 踊り場としての「大正」」では、欧米資本主義を標準としたグローバリズムや、その後の軍国主義の波に拮抗するような大正期日本に固有の「踊り場」の光景が、文化史的側面から検討されている。まず「サラリーマン・職業婦人・専業主婦の登場」（山室氏）では、モダンな都市文化を象徴するこれら新人間類型が、労働や家族の形態を近代化させたことが紹介される。他方、サラリーマンの代名詞であった「中間・新中間・中産・中流・中等」などの言葉が、当時は有産でも無産でもない「中途半端な階層」として認識されていた、という指摘は重要だろう。本書にしたがえば、大正期日本の中間階層は、出現はしたものの安定した階級とはなれず、「漂流する個人」として踊り場から降りゆく可能性を常に持つ存在であったと評せる。後進的な地方が固定されたイメージであったのと同様に、20世紀世界史に「同期」する先進的な都市というイメージも限定して論じる必要があるのだ。そのほか「校歌―替え歌の文化が結ぶ共同体」（渡辺氏）では、軍国主義の教化ツールであった校歌を対象に、それが大正期には、草の根的に自由に創作されていた事例が、「民衆と詩―文語詞から口語詩への移行」（佐々木氏）では、大正期日本の詩史が、既成の価値観を否定するダダイズムの影響を受けながら、詩と散文の未分化な状態を経過していた事例などが紹介されている。そして最後に「地方学―「地方」と「地方」そして「郷土」への眼差し」（山室氏）では、本書が重視する地方の独自な存在形態が、同時代の知識人や官僚を中心に「地方学」として注目されていたことが、新渡戸稲造と柳田國男が主導する郷土研究会や郷土会の事例から紹介される。地方の習俗・習慣への着目をとおして農業問題の克服を試みた地方学が、のちの民俗学に発展したことはよく知られるとおりである。

以上、簡単に概観したように、本書の魅力は、先行研究が力点を置いてきた欧米資本主義を標準にモダン化する大正期日本の姿を、急進的な都市に限定された「特例」にあえて引き下げ、郊外や地方を拠点に復興・再生されつつあった日本固有のローカルな共同体のあり方に、ポスト平成日本の未来の可能性を検討したことにあると考える。周知のように、東欧崩壊とともにはじまった平成は、ソ連崩壊によるグローバリゼーションのもと、「9・11」からイラク戦争、欧州連合の拡大、日本から中国へのアジア覇権の変化、さらにはトランプ政権の登場など世界史上の大きな画期と重なった時代であった。国内でも、阪神・淡路大震災からオウム真理教事件、「3・11」と福島原発事故などの社会的事件が相次ぎ、また政治的には小泉政権や安倍政権など、旧来の自民党の枠組みではとらえられない強いリーダーシップをもった政権が続いた。未来の日本研究者にとって「平成史

研究」は重要な研究対象となると言え、本書の試みは、その重要な出発点になったと確信する。その確信をもとに最後、評者の観点から今後の地方研究に期待することを寸言しておきたい。

　ひとつには、大正期に入って、地方や郷土など日本の「内部」が、「日本の固有性」という相対的価値をもって「再発見」されてゆく前提には、佐谷眞木人『民俗学・台湾・国際連盟 柳田國男と新渡戸稲造』（講談社、2015年）などの最新作が詳細するように、台湾などの植民地統合を媒介とする「外部」の経験が重要な契機となっていた、という問題である。中央システムに従属・同化しない「分離主義」「自主主義」たる地方自治のヒントは、本書で示された前近代日本に固有の共同体的精神からはもちろんのこと、日本帝国主義が模索していた合理的な植民地経営のあり方からも得られていたのである。もっとも、このように地域と植民地を地続きで捉え、両者を「自主主義」に従って救済・改良すべきとする見方は、郷土会に限って言えば、新渡戸に顕著な特徴であり、柳田は、やや異なる地方学の構想を持っていたようである（並松信久「新渡戸稲造における地方学の構想と展開－農政学から郷土研究へ－」（『京都産業大学論集 社会科学系列』、2011年3月）など）。荒削りながらその内容を整理すると、柳田の理解における日本の都市と農村は、対立・従属の関係にあるのではなく、有機的な繋がりや循環性を本来的にもつものであり、並存・移動は可能であるばかりか、伝統的な農村生活の追求や再検討にこそ日本の都市問題ひいては日本の近代化を解決する可能性が秘められている。これは、経済学の観点から柳田民俗学を再評価した玉野井芳郎編『近代日本を考える』（東洋経済新報社、1973年）の一節が先駆的に指摘したように、後の講座派マルクス主義が「封建的遺制」と理論化し、社会主義革命によってのみ転覆可能とした農業経済の後進性を、積極的に読み替える同時代からの問題提起であったと言える。そのほか、日本資本主義論争の論争点のひとつであった封建地代の問題を、柳田が、工業優先の財源確保のために明治政府が一時的に措置した近代的制度であったと実証的に議論するところなどは、同時代の経済評論家・高橋亀吉の日本農業論と同じくする視点であり、改めて大正期日本の農業運動や地方自治の可能性は、領域を超えて多様に存在していたことが伺える。またそのように考えると、自身の地方学や農政学を、「地方経済学」ではなく「農民生活誌」と主張した柳田の意図は、日本の農業社会を、経済理論一辺倒で捉えるマルクス主義の経済決定論へのアンチテーゼとも取れ、柳田民俗学の歩みは、経済学的考察をあえて排除することによって、日本本来の共同体体あり方を模索していたようにも思える。ふたつには、地方学の学問知が民俗学に昇華してゆく一方で、本来の目的であった農業問題の克服が、相次ぐ経済恐慌を背景に、農商官僚・石黒忠篤に代表されるような中央の革新官僚の手によって、「上から」の日本資本主義統合案に継承されていったという経緯についてである。これを地方自治の断絶・限界ととらえることは容易であるが、石黒は郷土会のメンバーでもあり、地方と農村の特殊性を内在的に理解したうえで政策立案に臨んでいる人物であった。つまりこの事例に特化すれば、狭義の意味での地方主義は、大正期に未発のまま終わったのではなく、昭和期の統制経済に順接する形で開花していたと評価することはできるのではないだろうか。すなわち本書が強調した地方主義は、日本のオリジナルな固有性・特殊性を評価するがゆえに、ナショナリズムを基盤とした帝国主義や軍国主義の思想と融和する方向性を一定有していたことは、地方自治の議論とセットで検討すべきであると考える。なお、こうした視点は、1960年代中期以降、高度経済成長の矛盾を再検討するなかで登場した「反近代的地方史研究」、それらの歴史学的マニフェストとも称すべき芳賀登『地方史の思想』（日本放送出版協会、1972年）できわめて荒削りに問題提起されていた。「平成」も去る近未来、日本の20世紀史総体を問い直す作業のなかで、80年代以降の日本歴史学が忘れ去った知的遺産も議論の俎上に乗せて、再継承と再検討を行うことを自覚したい。

● 記憶の歴史学 >>> 奥羽山脈の麓から東北大学へ……佐々木力学問への道程 1

タリク・アリ
（1943年パキスタン生まれ）

偶然ではない。そして、その中心は今野求だった。ただ、顧みて、一九七三年頃が仙台の労働者・学生の運動がピークの時期だったかもしれない。タリク・アリはオックスフォード大学の学生会とかの会長であった経歴の持ち主であった。彼は国際的なトロツキストの指導者として来日したのであった。一九八七年公刊の彼の自伝『街頭闘争の諸年』をひもといてみると、ビートルズの主要なひとりジョン・レノンからよく電話がかかってきたそうで、一月に一、二度の頻度だったようだ。名作の「イマジン」は、このような状況のもとに生まれたのであった。レノンは英国トロツキストの機関紙『レッド・モール』（赤いモグラ）を購読していた。

一九七三年十二月初旬、タリク・アリは日本からの帰路タイのバンコックに立ち寄るとのことであった。東南アジアの学生たちは日本の経済侵略に抵抗して、大きな社会運動を展開していたので、彼らと接触したかったのであろう。私もあとを追う手はずであった。が、バンコックに到着して、英文紙の『バンコック・ポスト』の一面見出しをみると、彼は「好ましからざる人物」（ペルソナ・ノン・グラータ）として、その空港から追放されてしまったところだった。私はマレーシアの学生との接触には成功したものの、それ以上の活動はできなかった。帰国した直後、私はタイでの旅程を東京での集会で述べる機会があった。作家の大江健三郎氏も連帯の話をした。印象的だったのは、隣に座った大江氏のスーツが立派だったことである。

直後に廣松渉氏と東京で会い、話し合った。私は、彼の「物象化論」などの認識論中心のマルクス主義では今後の展望は見えない、といったことを率直に述べたと思う。彼は問うて曰く、「それでは何が重要だというの？」私はこう言い返した、「政治だと思う」、と。ここで「政治」とは、具体的には、マルクス主義とは国際的視野に立った思想であり、ナショナルなボーダーを超えた考えによって構築された企図でなければならないということをも含意していた。

他方、私は、哲学ないし科学哲学ではなく、科学史的探究が枢要なので、本格的に数学や近代自然科学の古典をひもといて、そのうえで科学論を展開する必要があると真剣に思うようになっていた。一九七三年暮れの彼との面談は、ある種の「廣松渉との決別宣言」だった。ただし、廣松氏は同時期、政治的に辛い転換期に置かれていたかもしれない。私は彼の後継者的気分からは脱出したものの、彼との友誼は無くならなかった。彼には一般に「教祖」的役割を演じようとする側面があり、それは嫌だったが、彼は人物的にけっして卑しくはなかった。

翌一九七四年春、私は二七歳になった。数学教室の大学院主任は土倉保教授であったが、教授は「東京に出るのなら、その地で頑張るように」と温かい鼓舞のことばをかけてくれた。私は東京大学大学院で本格的に数学史を研究しようと思って東京に出ようとしたのであったが、実際には「世界」へと出ることになってしまう。そして東北大学の後輩たちに見送られ、上野行きの各駅停車のたしか常磐線廻りの夜行列車に乗車した。こうして私ははじめて本格的学問の味を九年間にわたって教えてくれた思い出深い仙台の地を離れたのであった。

ど集まらなかった。

それ以前は、数学者になる夢を捨てようなどとは思っていなかった。だが、現代数学や現代自然科学の「意味」を問うことに大きな意義を感じ始めていた。換言すれば、数学史家への転換を考え始めた。

科学史・科学哲学関係の読書は、博士課程に進学してから本格的になり、『思想』第五七四号（一九七二年四月）に「近代科学の現代的位相──形式的合理性の歴史的消長」を掲載した。この時点で、私の科学論者としての地位はかなり確立したのではないだろうか？ 廣重徹氏などは、そう思ったと漏れ聞く。他方で、その立論の「大胆さ」とともに未成熟をも感得したに相違ない。

博士課程では、数学をはじめとしようとしたのだが、熱は入らなかった。内田講師はお見通しで、私はむしろ理学部数学科棟に向かい合った文学部に通った。哲学部の細谷貞雄教授のヘーゲルの『精神現象学』や『論理の学』のドイツ語原典を読み進めるセミナーに出席したり、ギリシャ語、ラテン語、イタリア語の学部講義に熱心に出た。ギリシャ語の授業では、たくさんの語尾変化をノートに書きつけていって練習したり、最後には『オイディプス王』のテ

キストを主として教師の生地竹次郎先生が読み進めていった。細谷教授は私のことを「文学部の客員学生」と呼んだ。

数学専攻の大学院生でありながら、哲学書は熱心に読んだ。ヒルベルト的形式主義に批判的だったため、ヘルマン・ヴァイル（ワイル）はそうとう入れ込んで読んだ。その延長上で、エトムント・フッサールの著作は系統的に精読した。現象学とトロツキズムの交差点にはモーリス・メルロ＝ポンティがおり、彼の哲学を私はいまでも高く評価している。

仙台のトロツキスト系労働者・学生と連携しながら、みずからのマルクス主義思想を同時代的に深化させていった。その現実の動きと連動して、世界のマルクス主義思潮にも多少通じていった。たとえば、ベルギーのマルクス主義経済学者のエルネスト・マンデルの著作『カール・マルクス──《経哲草稿》から《資本論》へ』が河出書房新社から訳刊されたのは一九七一年一月だが、熱心にひもといた。私は自分のマルクス主義理論の師はマンデル先生だと見なしている。彼の教え子たちと私はごく親しくなった。

しかしながら、一九七〇年代初頭の日本での思想界の寵児は廣松渉であった。彼は一連のマルクス主義論を展開したあと、後年『世界の共

同主観的存在構造』としてまとめられる論考群を発表していった。一九七一年暮れから、『日本読書新聞』は、「孤絶の反世界群」なるいくにんかの思想家に注目した記事を連載し、その企画の最後の一九七二年一月二四日号に「廣松渉論」を掲載した。廣松氏にインタヴューに私のコメント「宿命のヤーヌスの相貌」を付け加えた記事であった。コメントは年少で何らかの意味での後継者が指命されて見解を述べるといった性格をもっていた。たしかに私と廣松氏の連携関係は当時きわめて密接であった。「蜜月」と形容しても過言ではなかったであろう。

だが、この企画以降、私の学問意識は、より本格的な歴史認識を目指し、他方、国際的により本格的なマルクス主義理解へと先鋭化していった。一九七三年には当時ヨーロッパでのヴェトナム反戦運動の中心的活動家であったパキスタン出身のタリク・アリらが来仙して講演した。集会には労働者・学生を中心に五〇〇名近くの聴衆はいたと思う。ヘーゲルの翻訳で有名な哲学者にその事実を話したら、「そんなの嘘だろう」と言われた。そんなことで嘘をついてどうなるというのだ。それほど当時の仙台は反戦の活気で充満していた。一九六九年からの反戦青年委員会が宮城から立ち上がったのはけっして

ッチャー編『永久革命の時代』（河出書房）だったと思う。その序文でドイッチャーは書いている。「トロツキーは、いろいろな意味で古典的マルクス主義者である」。「精神においても、かれはマルクスの弟子たちや追随者たちのだれよりも、マルクス自身にいちばん近い」。トロツキーは理論の総体においてはマルクスよりもはるかに下位に位置するであろうが、歴史的洞察と著述は師を凌ぐと私は見なしている。ドイッチャーに協力してそのアンソロジー収録の著作群の選定にあたったのは、ハーヴァードでホワイトヘッドに師事し、のちにトロツキイ派になったジョージ・ノヴァクであった。ノヴァク先生は一九七〇年代の前半に一度来日し、そうして私の滞米中の先生には、おおいにお世話になることとなる。けれども、私は大学院に進学し、数学を学び続けた。仙台での出口の模索は大学院在学中の五年間続行することとなった。下宿先は、伯母宅から、東北大学新聞社で知り合った織田勝也氏宅に移った。織田氏は東京の出版社に就職し、私が母君を見守ってくれるかもしれないという思惑も持ったかもしれない。古城という地で、近くに伊達家の隠居城の若林城が在ったところ

で、現在は宮城刑務所になっている。

10 東北大学大学院理学研究科に在学し学問的模索を続行
——一九六九年から一九七四年まで

大学院修士課程では代数群論を専攻した。恩師は淡中忠郎教授だったが、実質的に指導してくれたのは内田興二講師だった。淡中教授は肝炎を患っていた。修士論文は「完全体上の線型代数群の分類理論について」。シュヴァレーリー群論についての諸著作をもとに、佐竹一郎先生の複素数体を完全体に一般化した理論に基づいていた。セミナーでは、ラングの『アーベル多様体』（Abelian Varieties, 1959）を読まされた。やはり、おもしろくなかった。

じつは私は理学部卒業の直前、物理学史家の廣重徹（一九二八―一九七五）が中央公論社の月刊誌『自然』の一九六九年二月号に掲載した「問い直される科学の意味——体制化された科学とその変革」を読んで、大きなインパクトを受けた。当時、廣重は日本大学理工学部の教員だった。その論考は、その後朝日選書の一冊『近代科学再考』の中に収録されて一九七九年に出版された。当時は未だコピーも自由にはできる時代ではなく、同学年の学生たちと謄写版刷り

にして印刷し、理科系学部の学生に回覧しようとした思い出がある。

それに先立って、廣松渉（一九三三―一九九四）の『エンゲルス論』をひもとき、廣重の論考に劣らず、衝撃を与えた。『東北大学新聞』の六九年二月五日号に『エンゲルス論』の書評を掲載した。それは廣松氏の目にとまり、交流が始まった。私の大袈裟に言えば中央論壇へのデビュー作は一九六九年八月号の『情況』に掲載された「科学論」であった。その筆名の由来は母の旧姓である。かなり評判が高かったようである。廣松氏は今度は岩波書店の学術月刊誌『思想』への執筆を促した。私は修士論文の完成に先立って、一九七〇年十二月刊のその第五五八号に「近代科学の認識構造——近代科学の意味解明への視角」を書いた。執筆者は私だった。おそらく、戦後最年少の『思想』執筆者は私だった。二三歳だった。あるいはその雑誌始まってからの最年少だったかもしれない。

たしか一九七〇年五月だったと思うが、廣松渉と塩川喜信の両氏を招いて東北大学新聞社主催の講演会を開催した。彼ら両氏は左派の著名人なので、大聴衆を期待して川内記念講堂を会場にした。だが予期に反して会場に人はほとん

記憶されているわけではない。前年秋、ラテン・アメリカの革命児チェことエルネスト・ゲバラは「第二、第三のヴェトナムを！」という呼びかけを遺して、ボリビアで銃殺された。すなわち、ヴェトナムは六八年革命を領導する前衛であった。それのみならず、パリの革命に呼応する運動は東欧をも席巻しつつあった。とくに当時のチェコスロヴァキアではソ連共産党と連携した指導者に抵抗する学生・知識人が明確な政治的意思表明を行い、八月にはソ連軍がそれらの鎮圧に動員されるという事態になった。要するに、この年、戦後政治総体の基本的枠組みが揺ぎ始めていることがだれの目にも明らかになった。

ウォーラーステインが、六八年をそれ以降の反システム運動の発端として理解するのも理由のないことではないのである」(同前、一四一ページ)。

このような世界システムの理解の端緒をつかんだことは、みずからの思想的経歴にとって大きな転換点となった。私は心情倫理的発想をする人間ではない。だが、責任倫理については厳格な行使をなす。換言すれば、私は単純な急進主義的心情には動かされない。他の同年代の学生たちがよくやる、教養部から専門学部に進学するや、かつての急進主義的運動から「足を洗

う」、といった身の振り方をせずに、逆の生き方を敢えて選んだのは、そういった一般的な生きざまのせいであろう。

ウォーラーステインのいう「世界システムの転換点としての一九六八年」というとらえ方は後知恵からの見方かもしれない。世界中で、この年以降、エコロジー的考え方が枢要な意味をもち始めた。あとで学んだことだが、フランスのリュシアン・フェーヴルやマルク・ブロックらのいわゆる『年報(アナール)』学派は、マルクスの政治経済的「下部構造」にとどまらず、自然環境的「下部構造」に着目し始めていた。とりわけ、近世地中海世界を歴史学的に包括的に論じたフェルナン・ブローデルや『気候の歴史』の著者エマニュエル・ル＝ロワ＝ラデュリはそうであった。

こういった激動の一九六八年の最中、九月に東北大学大学院修士課程を受験し、合格した。それほどの高得点を獲得しえたわけではなかったと思うが、数学的に内容ある質問が教師たちから口頭試問のさいになされたわけでなく、「佐々木君は奨学資金を希望しますか？」が主要な問いであった。

その後、六八年の秋、東北大のトロツキスト学生たちの主流派は、まずもって戦術的に急進

主義的に正しい選択をしなければならないと私は説いた。すなわち、労働者などの政治社会の基幹部の変革と組織が重要であると訴えた。圧倒的多数は聞き耳をほとんど持たなかった。彼らはむしろ労働運動を担っていた年長者たちを批判した。私はこう思うのだった――これは自分にとって重要な岐路になるかもしれない、ひょっとすると数学者の道からの転身を迫られることも起こるかもしれない、と。ほんとうに現実に真剣にそう思ったわけではない。しかし、ともかくも原則をそう通すことが重要だ、と私は思うのだった。

一九六〇年代中葉までの東北大学のトロツキスト学生は、「レフト」と呼ばれることをつねとした。ひとつは、国際的「左翼反対派」の意味での「レフト」、もうひとつは、一九六〇年当時の学生主流派であった共産主義者同盟＝ブントの単純急進主義に満足することなく、そのマルクス主義的「レフト」の立場にみずからを位置づけるといった意味であった。私は一九六八年以後も「マルクス主義的レフト」であり続けているのではないかと思うことがある。

この時代を象徴する著作は山西英一先生によって一九六八年十一月に邦訳が刊行されたドイ

での出世はもはやないだろうと観念したかもしれない。「そんなに抵抗しても仕方ない」などと皮肉を言われた。

その直前、岩波書店から向坂逸郎訳『資本論』の第一刷が、一〇月五日の日付で全3巻全4冊として出版された。『資本論』第一巻刊行百年の記念版であった。少し経って東北大学の川内記念講堂において、訳者の向坂逸郎先生の記念講演会が開催された。向坂先生の講演は、マルクスの『資本論』刊行事業についての包括的な話であったが、脇道に逸れて「社会主義者はタバコを吸ってはならない」などという発言をされた。どうしてそのような発言をしたのかは判然としないが、私はその教唆をまったく正しいと思い、生涯一度もタバコなるものと吸ったことはない。もっとも、貧乏学生にはタバコなど健康に有害なばかりの嗜好品を買う経済的余裕などあるわけはなかった。酒も学部時代まではほとんど呑んだことはない。私は発売ととひょっとするとその岩波記念版全巻を、書店関係者・刊行に直接かかわった訳者などを除外すれば、最初に読了した読者は私だったかもしれない。ヘーゲルの『大論理学』の読書の余勢を駆っての挑戦であった。第一巻の読了の日付が

例によって巻末にフランス語で書いてある———"Le 6 novembre '67."第一巻で終わったのではなく、かなり粗略にはなったものの、第三巻まで読み終わった。

年が明け、一九六八年になると、アイザック・ドイッチャーのトロツキイ伝・三部作を書店で見つけ、それも全巻読了した。その読書は私を大きく変えた。一九六七年秋まで、私は、反動的であったことは一度もなかったであろうが、せいぜい先進的な保守的数学少年であった。『資本論』三部作を読了してからは、もっと本格的一歩をみずからの人生に刻印しなければならないのではないか、と思案するようになった。私はこのような読書の時、二〇歳であった。

一九六八年春、私は数学科の最終学年になった。相変わらず、数学書を熱心に読み続ける習慣に大きく変わりはなかった。しかし政治社会的観点は大きく変わった。新学年になるや、私は『東北大学新聞』のために、「公理主義における数学の豊饒性とは何か———転形期の数学」なるかなり長文のエッセイを書いた。むろん未熟さは免れていない。五月二五日号に掲載の運びとなった。

この同じ五月、パリに「五月革命」が起こっ

た。私は、その月には、明確なトロツキスト的マルクス主義者の影響を自覚するようになっていた。前記の一連の読書と同時代的経験が私を変えたのであった。夏の国際反戦集会に、ジャネット・アベールというトロツキイ派の若い女性活動家が来日し、「五月革命」について語ってくれた。私は心を強く動かされた。

はるか後年の一九九八年五月、パリの『共産党宣言』刊行一五〇年記念集会で出会ったイマニュエル・ウォーラーステインがそう指摘していたのであったが、一九六八年は世界システムにとって大きな転換の年であった。私は一九六八年の意味について、後年、つぎのように書いている。「ウォーラーステインによれば、ヨーロッパ中を震撼させた一八四八年革命に匹敵する政治的・思想的革命が一九六八年に起こった。それ以降の歴史的事件は、この年に起こった反システム運動の小規模な再現にしかすぎない。一九八〇年代末から数年間、東欧・ソ連邦を襲った激変も、思想史的にみて、六八年の枠を大きく超えるものではない」(拙稿「批判的思考の再生を求めて———日仏左翼知識人の三〇年(上)」『世界』一九九九年一月号、一四〇ページ)。

一九六八年は、パリの五月革命によってだけ

ュアリー（保険数理士）になるべく思い定める。

この時期には、コンピューター関係の仕事も出始めていた。私は、貧しい才能ながら、数学科の同級生そして教師のあいだでかなり高い評価を得ていたのではないかと考える。

平山諦先生の和算史についての最後の講義は、この年が平山先生の定年退職前の最後の講義であった。数学の前線的研究を推進しようとしていた私は講義に出席しない数少ないひとりであった。いまとなっては後悔の念しきりである。

第四学年になると淡中忠郎教授、内田興二講師のもとで代数学を専攻するコースに配属された。第二講座代数学専攻ないしセミナーの名札の下であった。専攻助手や学生の前で特定のテキストブックを読み、順番で発表してゆくというセミナーであった。私は、サージ・ラングというたしかブルバキのひとりの代数幾何学入門の教科書を割り当てられた（Serge Lang, *Introduction to Algebraic Geometry*, 1958）。淡中教授も内田講師も専門分野ではなく、熱心に指導するということはなかった。率直に言って、あまりおもしろいとは思えなかった。一般的に、二〇世紀の現代数学はそれほどおもしろくないことに気づいていった。もちろん性急な感触であった。なんだこれは、というわけで、その理由を探究するようになった。

第四学年次にやったことは、大学院理学研究科数学専攻の修士課程に進学するための準備であった。けれども、それは、教養部時代に学部卒業程度のことはやってしまった心算だったのでそれほど気になることではなかった。

今度は政治社会的方面に話題を転ずる。一九六七年になると、ヴェトナム戦争、換言すればアメリカ帝国主義のヴェトナム侵略戦争に抵抗する市民・労働者・学生の運動が熾烈さを増していった。それに歩調を合わせるように、私の人文社会科学関係の読書は多くかつ深くなり出した。マルクスやエンゲルスのマルクス主義の古典的図書、それからマルクス主義思想形成にかかわるフォイエルバッハなどの著作を多くひもといた。主として岩波文庫であった。ヘーゲルの『大論理学』も難解ながら、熱心に読んだ。もっとも、それら以上に数学書を系統的に真剣に読んだことは先に述べた。

秋になって、一〇月八日に東北大学の同輩の学生たちも含めて、羽田で佐藤栄作首相のヴェトナム訪問阻止闘争が闘われ、京都大学の山崎博昭君が亡くなった。装甲車に引かれたとのことであった。ヘルメットを装着し、角材での武装が一般的になっていった。その日、二〇歳の文字を黒マジックインキで書き記した記憶は鮮明である。伯母は、それを知って、私に体制内

私は伯母の下宿で数学書を独習していた。ラジオで一学生の死が報道された。翌日、東北大学の川内キャンパスに出向いてみると、頭を包帯でぐるぐる巻きにしたほとんど同年配の学生諸君が報告集会をやっていた。教養部のトロツキストを中心とする「先進的学生たち」は反戦行動委員会という組織のもとで闘ったのであったが、数学書を熱心に勉学していた私はいたたまれない気持ちになった。たしか第三年次に数学思想史研究会を数学科内で立ち上げていたのであったが、理学部生の有志で理学部反戦行動委員会を組織しようと思い定めた。

数学思想史についてであるが、一九六六年に近藤洋逸の『新幾何学思想史』が三一書房から出版されたので、早速読了し、ひどく感銘した私は、数学科に進学してしばらくして前記研究会を組織して、学生たちと討議を始めた。佐々木重夫教授に来ていただいて、リーマンの非ユークリッド幾何学について学問的に厳密にお話しいただいたこともある。その延長上で、私は理学部反戦行動委員会を立ち上げたのであった。伯母の下宿で、六畳間にほとんど一杯になるほどの赤旗に「理学部反戦行動委員会」の

た阿部教授は、「佐々木という数学科の青年はどういう男か」と知り合いの理科系教授に打診したところ、即座に「佐々木なら間違いない学徒だ」という答えを得たそうである。当然以上に阿部教授は娘が佐々木重夫に嫁ぐことを祝賀した。渡利助教授は娘のご出身は水戸で、流麗な講義であった。解析学集合論講義の準備は見事であった。渡利先生のご出身は水戸で、彼の名「千波」はその地にある千波湖に由来したようである。

こうして、私は一九六七年四月から理学部数学科の第三学年となった。第三学年での講義と演習は、数学徒にとってきわめて重要である。連日講座順に午前中は一般的講義、そして午後になると長時間の演習があった。月曜日の午前には、第一講座の黒田正教授の複素解析学の講義があった。黒田教授は、東北大を出てから名古屋大学の能代清教授のもとに修業に出て、仙台に帰ってきたばかりだったと思う。午後に助手が、その講義に関連した演習を出した。助手は、その二人で来て、いくつかの問題をふつう二人で来て、いくつかの問題をばらく経って教室に再度出現し、教授と一緒に学生に回答を求めるといった手順を踏む。時間は午後一時に始まり、同五時までには終了するのだが、できる学生か、そうでないかの分別は、この時間に決まると言っても過言ではないであろう。できない学生にとってひとつの解答を板書して答えることを求められても、この時間は苦痛以外のなにものでもないのではないかと想像する。

火曜日午前の代数学の講義は内田興二講師によるもので、私は「ガロワ理論講義」であった。前年度から、私はエミール・アルティンの『ガロワ理論』(Galois Theory)の英語原文を手に入れ、ノートブックに万年筆で筆写して、目を通していた。その英文講義録の標題は、現在、ちくま学芸文庫に収録されている。寺田文行氏は東北大学代数学の淡中門下生で、私の大先輩にあたる。内田講師は篤実な数論研究者として知られ、講義ぶりも堅実そのものであった。午後には、その演習があった。

水曜日午前の講義は幾何学講義で、担当は佐々木教授であったであろう。微分幾何学についての講義であった。午後の演習では膨大な微分幾何学の計算を課された。

木曜日は位相解析学の深宮政範教授の講義であった。一般トポロジー＝位相空間論について話されたと思う。カタカナ書きに板書して講義された。竹崎正道助教授も同じ講座におられて、海外雄飛を計画しておられたよう

である。午後の位相空間論演習で、私は問題のひとつの解答を板書して答えることを求められた。私がみずからの解答を黒板上に書いたところ、深宮教授は「この解答はだれのか？」と問われるのであった。私は間違いを指摘されるにちがいないと思って、恐る恐る手を挙げたところ、深宮教授曰く、「見事な解答である。私自身が予想していたものとはまったく異なり、きわめて簡潔である」。めずらしいお褒めのことばであった。

実解析学の講義はフランス留学から戻ったばかりの猪狩惺助教授によってなされた。思い返しても猪之内源一郎教授の講義を聞いた記憶がない。あとで考えてみると、同じクラスにはご長男の洲之内長一郎君がいて、それゆえに講義を控えたのではなかったかと想像する。

京都大学から赴任したばかりの吉沢太郎教授の微分方程式論講義もあった。加藤順二助教授の演習もあった。その演習で、私は回答させられたのであったが、その答えを読んだ加藤先生曰く、「境界条件をまったく無視してしまっている。私の単純なしくじりの一例であった。ともかく、第三学年の時点で、みずからの実力に自信をもてなかった学生は、高校教師なり、その他、アクチュ

数学徒の実力がほぼわかり、できる学生か、そ

学生であったようだ。一九六〇年代の中葉、彼らは社青同の一部分を構成しており、仙台の労働者の周辺では、宮城県労働者評議会を拠点にする青年婦人労働者にかなりの影響を及ぼしていたという。

私自身は、民青系自治会執行部に敵対的というようなことはなかったものの、それほど熱心に支持することはなかった。東北大学は青葉山移転をやろうとしていた。その移転案に批判的だった彼らの中で政治的に迫害される学生がいたときには、当然、彼らの側に立って支援した。

けれども、一般的には、社青系の学生たちが立てた候補を支持し、投票していたと思う。一九六六年秋になって、三派全学連が立ち上がったと記憶する。たしか私はそのさい、立て看板作製を手伝った記憶がある。私は「反戦」という原則については非妥協的で、それで反帝国主義と反戦の原則を鮮明にうたいあげる学生たちを支持したのであった。そのころは「ベトナムに平和を！市民連合」（略称「ベ平連」）なる市民組織が小田実氏らによって組織され、私はその支持者であった。ベ平連が作製した「殺すな！」と書かれた金属製バッジを私は自分の胸に装着して通学していたと思う。仙台の市電に乗っていた私のそのバッジを凝視していた女子

高生がいたな、などといまでも思い出す。他方で、私は思想的には実存主義などの影響を受けていた。農学部進学志望の元古川高校の同級生によって私はそのことを明確に批判的に数学を専門的に学ぼうとする時期であった。というよりは、「数学秀才」であり続ける私をその友人は批判したのだと思う。その批判は強くこたえた。

ともかく、たとえば反戦の立て看板作製を手伝いはしたものの、私は学生活動家からは一線を引いて遠ざかり、数学勉強三昧の生活を続けていた。ところで、一九六六年一一月一〇日に、それまでは学友会新聞部によって編集刊行がなされていた『東北大学新聞』が、新たに東北大学新聞社を創立させて、自立した。初代社長に就任してくれたのが、経済学部の中村吉治教授であった。学友会の多数派が民青系だったので、「トロツキストによって支配された」新聞会を「民主化」し、みずからの傘下に新聞を収めようとした学生たちは「編集権侵害」ととらえた。そのときに自立記念号として発行した文面には、「ふれぶてしいオプティミズム　夢想による武装なる見出しが躍っていた。なにかしら「かっこいいな」と私は思った。

私は当時、一九歳であった。教養部時代の第

二学年の夏休み明けには、数学科進学が決定されたと思う。一九六六年秋である。毎週金曜日午後には理学部数学科に通って、そろそろ本格的に数学を専門的に学ぼうとする時期であった。

9　理学部数学科（片平丁）の講義を聴く
——一九六七年から一九六九年まで

一九六六年九月から理学部数学科に通って専門的講義を聴講する機会が週一回訪れることと思う。印象に残った数学講義は、佐々木重夫教授の幾何学概論や渡利千波助教授の集合論概論であった。ほかにも講義があったかもしれない。

第二学年後半からの片平での講義は、次年度からの本格的な数学講義に備えての講義だったと思う。印象に残った講義は、佐々木重夫教授の幾何学概論や渡利千波助教授の集合論概論であった。ほかにも講義があったかもしれない。

佐々木教授は、ヒルベルトが一八九九年に公刊した『幾何学の基礎』のドイツ語原文テキストを黒板に書いて、それを学生に訳させて、その幾何学思想上の意味を克明に解説していった。ちなみに、佐々木重夫教授の夫人は東北大学の著名な美学教授の阿部次郎の娘だった。東北大学で数学を学んでいた若き学徒佐々木重夫とみずからの娘が恋仲になっていることを知っ

う効用があるのかが説明されていなかったからにほかならない。その当時、私は読了した書の奥付のページには、フランス語で日付を書き込む習慣であった。この書には "Le 10 mars 1967" と書き記されている。続いて読んだのが、河田敬義・三村征雄『現代数学概説Ⅱ』で、一九六五年五月三一日刊の第一刷であった。位相空間論と測度論についてのその書の読了の日付は、"Le 22 mars 1967" である。川内の教養部平丁の理学部数学科に進む直前の春休みに読んだのだった。

ともかく、川内時代は、教師が指定した教科書だけではなく、日本語の数学書をたくさん読み、毎日十ページは読んだのではないかと思う。厳密な証明の付いた数学書は、それ以上、読むのは不可能であろう。

数学書だけを読んだわけではない。川内に通学し始めるや、私よりも一年年長の高校の先輩が数学教師志望だったので、学生のサークルのひとつ教育科学研究班に出入りし始めた。私は数学者になることを目指していたために、そのサークルにはほとんど真剣な関心は持たなかったのだが、公式の講義の内容とは異なった思想を学ぶのが何かしらおもしろいことは確かであった。ともかく、一九六〇年代にはカウンターカルチャーが健在だっただけに、新たに華咲こうとしていた。教育科学研究班でみんなが読み進めていった書物はマルクス主義の古典であり、『共産党宣言』や『賃労働と資本』というシリーズものが売りに出されており、その一冊で読んだのではなかったかと思う。東大インフェルトのガロワ伝は、筑摩書房の《世界ノンフィクション全集》／2（一九六〇年五月刊）に『神々の愛でし人』の標題で入っていたのを見いだして、熱中して読んだ。その伝記は、哲学者の市井三郎が生計のために、しかし、ほんとうに熱心に邦訳したものであった。

一九六六年一〇月以降、『三木清全集』が岩波から出版されており、生協書籍部を通して予約して全二〇巻購入した。定価は一冊五〇〇円だったと思う。安価なのと、三木清が戦中に政治的迫害に付られた事実を知って購入したのであろう。全巻を読んだ形跡はほとんどない。部分的にかいま見る程度であった。後年、戸坂潤の『全集』は全巻ひもといた。

私の川内時代はたしかに左翼の学生運動は盛んであったのだが、学生たちがかなりいかれていたのはサルトルらの実存主義思潮であった。同じサークル棟の隣には社会科学研究班というサークルもあって、そこで活動していた学生たちが「反帝国主義」の原則を明確に掲げる自治会執行部の候補者であったあとで気づいたのだが、彼らは実際はトロツキ

けたひとりであった。私が最初に読んだ本格的哲学書はニーチェの『ツァラツストラはかく語りき』であった。当時は河出書房の大思想全集という書物はそこで身に着けた。

川内の教養部時代の学生自治会は、日本共産党傘下の民主青年同盟（民青と略称）が掌握していた。彼らの主張は、「トイレにトイレット・ペーパーを設置させる」などといういわゆる諸要求闘争中心であった。対抗勢力は、社青同（社会主義青年同盟）を名乗っていた学生たちであった。彼らの政治的主張は、民青のよりはもっとラディカルで、明確に反帝国主義を唱えていた。じつは、よく顔を出していた先述の教育科学研究班は、その影響色濃いサークルだったようだ。同じサークル棟の隣には社会科学研究班もあった。そこの班長は代々、後光が差すほどの学生理論家であったそうだ。階上には後進国研究班というサークルもあって、そこで活動していた学生たちが「反帝国主義」の原則を明確に掲げる自治会執行部の候補者であった。あとで気づいたのだが、彼らは実際はトロツキ

教員時代に親しくしていた哲学者の大森荘蔵先生、その「告白」を聞いて曰く、「それはセンスがよい」。

六五年当時は、かつてアメリカの駐留軍がいたかまぼこ状の建物をそのまま教室と使うといった状態であった。

教養部では、数学、自然科学、人文科学、社会科学、語学、体育と、多様な課目履修を義務づけられていた。だが、私の学問的関心は、断然、数学中心であった。語学は、古川高校では第二学年次からドイツ語がほとんど必修であったこともあり、さらに理学部生で数学科進学を希望する者はフランス語を履修することが望ましいということをフランス語の授業に出るために英語は第一外国語とされ、フランス語を履修することをほとんど必修を義務づけられていた。

ともかく、第一学年次は、数学の学習に努力を傾注した。数学講義としては、微分積分学、代数学・幾何学などを熱心に聴講した。傍ら、以上の一字も忽せにせず、精読した。指定された教科書を精読するほかに、その設問にはほとんど網羅的に答え、ノートに書き記していった。さらに、大学の微分積分学の名著として評判の高木貞治著『解析概論』を精読していった。なにか芸術的な香りがした。入学してすぐの夏休みに東京に出る機会があったのだが、藤原松三郎の内田老鶴圃という書肆から出ていることになっている『代数学』全二巻および『微分積分学』全二巻を神田の書店を廻って探索した。が、当時は品切れ状態だったようだ。購入できたのは、一九六六年以後であった。

高木貞治の『解析概論』で私が精読した岩波書店の版本は、一九六四年九月三〇日発行の改訂第三版第五刷であった。続いて挑戦した高木の『代数学講義』は、共立出版からの一九六五年一一月二五日発行の改訂新版第一刷だった。代数学を専攻しようと考えていたので熱心に読み進んだが、きわめて不謹慎な発言になるが期待したほどではなかった。

ソヴェト・ロシアの数学者ポントリャーギンの『連続群論』全二巻は、柴岡泰光・杉浦光夫・宮崎功共訳が一九五七—五八年に岩波書店から出ていた。その位相群論についての名著は、そ

れこそ一字も忽せにせず、精読した。以上の一字も忽せにせず習い覚えたフランス語で大学に入ってはじめて習い覚えたフランス語で書かれたニコラ・ブルバキのパリのエルマン社から出版されていた Éléments de mathématique（『数学原論』）は、可能なかぎり購入し、読み進めていった。その知的作業は、あたかも「青年儀礼」のようなものであった。中世ヨーロッパの青年は大学に入学するとラテン語で書き話すようになったという。それと同様に出版された『ガロワ全集』は一九六二年には出版されており、私は読解に挑戦しようと紀伊國屋書店仙台支店に発注したのであったが、到着して値段を見ると、七、〇〇〇円台であった。貧乏学生には手が出ないと、書店員に理由を言って、引き取れないと諦めた。

一九六〇年代当時、東京大学数学科教授の彌永昌吉先生の名声は絶大で、彌永先生が中心になって編集された岩波の講座《現代数学》は可能なかぎり購入して、読解しようとした。彌永昌吉・小平邦彦『現代数学概説Ⅰ』は、一九六五年七月三〇日発行の第四刷で読んだ。現代代数学についての概説書であったが、最後にはカテゴリー（圏）論についても記述されていた。しかし、それほど惹かれはしなかった。どうい

理科大学は中心的な学部であり、そのなかでも数学科は中心的な学科となった。一九一一年九月に現実に開学の運びとなったとき、その開学に伴う最初の講義を行なったのは林鶴一教授だった。

じつは、淡中忠郎教授は、夏目漱石の小説「坊っちゃん」に登場する松山の数学教師「山嵐」こと、「堀田」の後任教師となった淡中済のご子息で、したがって、四国からわざわざ仙台に出てきて東北大学で学んだ経歴の持ち主であった。父君の済先生は、前任者の「堀田」から羽織を贈呈されたそうである。淡中教授が仙台にまで出てきたについては、兄の淡中益郎が仙台で学ぶ学徒であったことが大きな理由であったことをうかがったことがある。淡中教授が私の恩師になるので、藤原松三郎は私の師の師にあたる。中国語では「師爺」(シイエ)という。

いずれにせよ、私は、「東北月沈原」を自称した理学部に進学することが確定的な身分の「40 S」(昭和四〇年入学の理学部生の意味、Sは "Science" の略)の理学部生として入学し、そして学是が「研究第一主義」の東北大学で学ぶことになったのだった。私は誇らしい気分で、下宿先は長町の伯母の佐藤みどり宅であった。

その後、東北大学で学ぶこととなった。下宿先は長町の伯母の佐藤みどり宅であった。伯母の家業は箒作りで、近隣の諏訪町に、昔、仙台藩の足軽が多く住んだところで、彼らは箒製作を主たる家業ないし副業とした。その伝統を伯母は継承していたのであった。

最初に学ぶところは川内に位置する教養部であった。私は長町から川内に近い西公園まで市電で通学することになった。西公園で下車して、広瀬川を渡り、かなり歩いて川内の校舎に到着するという通学路であった。

私が東北大学の門をくぐったのは一九六五年四月であったが、それまで奥羽山脈の山中に暮らしているも同然だった。実際、古川高校時代は、「小野田の山猿」などと呼ばれたこともあった。みずからが生きている時代について何らかの政治的意識をもったことはほとんどなかった。せいぜい、定期購読していた学習研究社の受験参考書からの情報に接する程度で、大学合格の通知を受けとってからも、たしか学習研究社から出版されていた文学書の何冊かをひもといた水準であった。小林多喜二の『蟹工船』のことははっきりと覚えている。太宰治の「走れメロス」は、高校の教科書に出てきたのか、その時の読書においてだったかは判然としない。この「受験明け」の時から、芥川龍之介の創作がとても好きになったことは印象深く記憶している。その明晰な文体におおいに惹かれたのだった。少年時代から親しんだ石川啄木に加えて、芥川龍之介はちょっぴり大人の味のする日本語の文章として私の胸底に留め置かれることとなったのだった。

戦後の東北人の私にとって印象深いことと言えば、郷里の墓地には、戦死した下級兵士の墓がたくさん存在していたことだった。ほとんどが陸軍上等兵とかで、それ以上の地位の兵士は稀だった。

私の同学年の学徒で教員志望の人は、東北大学教育学部教員養成課程を分離させて出来たばかりの宮城教育大学を受験して、そこで学んだ。第一期生だったことになる。政治的思惑濃厚な宮城教育大創設であったことについては、あとから知った。それから入学した年は、日韓条約締結のときに当たっており、ヴェトナム戦争も激烈に戦われていた。東アジアは依然として歴史の激動の最中に置かれていたのだ。だが、「数学少年」であり続けた私はそういった歴史認識は何ももっていなかった。

8　東北大学教養部(川内)にて
———一九六五年から一九六七年まで

川内の教養部は青葉山の直下に位置し、一九

東北帝大の理科大学は、別称ないし愛称「東北月沈原」(トウホク・ゲッチンゲン)と呼ばれた。その理由は、設立に当たった教授たちの多くが、ドイツの同時期の自然科学と数学研究の中心地ゲッティンゲン大学に留学して学んだからであった。たとえば、金属材料の世界的権威となる本多光太郎がそうであった。そして、数学教授になる予定の藤原松三郎も、大学創設に先立って、一年半にわたってゲッティンゲン大学で、ヒルベルトとミンコフスキーのもとで学んだ。もうひとつ、東京帝大が法学中心の国家高級官僚の養成所であったのに対して、東北帝大理科大学は、研究を重点的に遂行すべく目標を定めたためであった。

私が入学した一九六五年の数学科の教員の陣容は、私が記憶しているかぎり、全員が東北大学数学科卒業者であった。いわば「純粋培養」の生え抜き教員が数学教室を担っていたのであった。

入学式に出席してみると、学長は文学部の石津照璽教授だったが、前学長の医学者の黒川利雄名誉教授が記念講演の講壇に立って、東北大学の学是は「研究第一主義」であることを告げた。私としては大学が研究を第一になすことは当然だと聞いた。

あとから知ったことだが、東北帝大にとって、

閥の所有だったのだが、岩手出身の有力な政治家で仙台の地への東北帝大創設に積極的だった原敬は、古河家との関係が密だったこともあり、出資を古河家に提案した。設立資金のすべてではなかったものの、こういった経緯で、東北帝大設立が法的に決定され、実際に、一九一一年に開学の運びとなった。

東北帝大創設に至る経緯は、一九六〇年一月刊の『東北大学五十年史』上冊に詳細に書かれている。その書物の編集を委員長として中心的に担ったのは経済学部の中村吉治教授であった。中村教授は日本経済史研究の泰斗として知られ、戦前は経済理論の宇野弘蔵の盟友として知られた。『東北大学五十年史』は帝国大学史の名著として特筆される。その功績の過半は中村教授に帰せることができるであろう。もっとも、実際は大久保利謙(名目的には編纂嘱託)が執筆した『東京帝国大学五十年史』上・下(一九三二)も痛快な傑作である。大久保利謙は、大久保利通の孫で、すぐれた日本史家として立派な業績を遺した。彼は戦後に華族制度が消滅したとき、快哉を叫んだという。

東北帝国大学は仙台に理科大学(現在は「理学部」と呼ぶ)、それから北海道に農科大学を設置してその歩みを始めることとなった。後者

は、札幌農学校を改編しての農科大学であった。理科大学後年は北海道大学農学部となる。理科大学の歴史については、『東北大学五十年史』編集にも協力した佐々木重夫教授の『東北大学数学教室の歴史』(東北大学数学教室同窓会、一九八四)が得がたい情報を提供してくれる。

東北帝国大学理科大学の数学科の設立委員として実権を握ったのは、東京帝大の藤澤利喜太郎であった。創設時の教授には、彼の門下生の林鶴一(一八七三―一九三五)と藤原松三郎(一八八一―一九四六)が就任した。林は、藤澤に多少煙たがられていた数学者であったが、「藤原君が行くというのなら」という条件を出して受け容れられて承諾したらしい。藤原は、戦前東大の高木貞治と並び称された数学者で、帝国学士院の会員数学者というと、高木と藤原が著名であった。高木は研究業績の独創性、藤原は碩学として名を馳せた。『代数学』全二巻(一九二八―一九二九)および『微分積分学』全二巻(一九三四―一九三九)は名著として現在でも読み続けられている。さらに遺著として出版された日本学士院編『明治前 日本数学史』全五巻(岩波書店、一九五四―一九六〇)は今なお並ぶものがない名作である。ともかく東京帝大と相並ぶ数学教室が仙台に創設を見たのであった。

●記憶の歴史学＞＞＞奥羽山脈の麓から東北大学へ……佐々木力学問への道程 1

理論を研究するためであった。いずれにせよ、数学者として生計を立てる可能性があるとは、付きの紹介記事は吸い込まれるような心地で読んでいたこともあり、とくに淡中教授の肖像写真私にとっては夢のような話であった。

ところで、私は東北大学ないしその理学部の介のために、片平丁の理学部から、学科紹介のために、各学科の教授たちが教養部のある川内を訪問し、呼び込みをなした。数学科を代表して、その紹介をなしたのは淡中教授であった。その機会が淡中教授のお姿を仰いだ最初であった。教授は一九〇八年生まれなので、当時、五〇代後半だったはずである。なにか神々しい印象であった。

東北帝国大学は、一九〇七年に法制的な創設が決まった。近代日本の帝国大学は、最初の東京大学が一八七七年＝明治一〇年創立で、その東大が帝国大学に再編成されたのが一八八六年であった。当時は唯一の帝国大学であった。日清戦争が日本側の勝利で終結するや、京都帝国大学の設立が決まった。一八九七年のことであった。清朝中国からの賠償金がそうとうに役立ったようである。周知のように、日露戦争は、日本側の勝利として喧伝されたものの、実情は日本側の勝利とは異なっていた。賠償金など無いも同然であって、目を凝らして読み進んだ。私は、代数学なので、じつに華麗な記事が掲載されたのである。私はみずからが進学を考えている学科であるなどと、国際的に著名で夫教授など数人の教授たちが、幾何学の佐々木重の淡中忠郎教授から始まり、代数学があった。数学科の教員の陣容として、が理学部の各学科の教員の紹介を掲載したこと年経たない時期に、地元の日刊紙『河北新報』

たしか、入学した直後だったか、ともかく一は、つぎのランク程度であったろう。数学科績がよくないと進学がかなわなくなる。数学科志望学科はほとんど決まった。物理学などは成理学科という大枠で受験するので、数学科や物なかった。教養部第一学年での成績によっては理学科といった学科での枠での受験することでの枠で受験するわけでは理学部という大枠で受験するので、数学科や物余地はなかった。次年度からは別になるのだが、ースを進むことができるのなら、それほど迷うとなった。その大学への進学はほとんど憧れのコーとんどない。古川高校にとって、その大学への進学はほとんど憧れのコーとなった。古川高校にとって、その大学へのことをよく知って受験しようとしたわけではない。古川高校にとって、その大学への

高校時代までの私の精神性について一言。古川高校の二学年下には、現在では「青葉城恋歌」で知られる、さとう宗幸が在校していた。彼は東北学院大学に進んだ。彼の東北人としてのメンタリティは私のものでもある、と私はほとんど躊躇なく言うことができる。それから、同じ歌手のフランク永井は同窓生なはずである。ただし彼は周知のように低音の美声であったため卒業までは在学せずに歌手を生業とするにいたったのだという噂であった。

高校時代には、中学時代の延長で一般の読書はしなかった。受験勉強三昧であったと言ってよいであろう。

7 数学者をめざしての東北大学理学部志望とその時代背景
——ユニークな「東北月沈原」の学風

先述のように、一九六五年三月、私は東北大学理学部を受験し、合格となった。数学者になってガロワ理論、あるいはその延長上の代数学を専攻したいのは揺るぎない既定事実になっ

たことか、金メダルを受賞することはなかったではないか、と発言する人がいるかもしれないだが、残念ながら、金は高価すぎたからかもしれない。金メダルは存在しなかった。そもそも金メダルは存在しない。

会問題として浮上していた。その銅山は古河財た。ところが、足尾銅山からの鉱毒が大きな社は異なっていた。私は、代数学

学問題五〇〇題の回答をすべて詳細にノートに書き記していったのである。そのノートブックはたしか五冊になった。卒業時に高橋先生に問題集と一緒に後輩のためにと残した。高橋先生によれば、そのノートブックのうち一冊は生徒の誰かが持ち去ったらしく散佚し残っていないが、他の四冊はいまでも高校内に伝承されているという。

一九六五年の年明けには、石巻、古川、築館の三校連合模擬試験が挙行された。私は古川高校内ではトップの成績を収めたと思う。だが、数学の点数は、一二〇点満点で一〇〇点ほどではなかったかと記憶する。それで国語の教師に皮肉を言われた。二〇点も満点から不足しているのだよ、と。だが、それは私の受験上の作戦だったと思う。確実に六問中、五問で満点をとり、合格間違いなし、を狙ったのであった。むろん、もっと充分な実力があれば、一二〇点を狙えたであろうけれども。

こうして私は古川高等学校を卒業して、東北大学理学部を受験した。たしか、三月三、四、五日の三日間であった。古川高校からの理学部受験者は二名だった。私は仙台長町に住まいしていた伯母の佐

藤みどり宅から通って受験したのであったが、そのみどり伯母曰く、「つから〔力のこと〕、受かったぞ、おぐらばぁさんが夢枕に立って、つからはうまくいった」と言ったという伯母であった。そのようなことをよく言う伯母であった。

東北大合格者発表の日、私は母と一緒に合格者の名前を発表する東北放送ラジオに耳をそばたてた。するとテレビを見ていた近所の女性が家を訪れ、「おめでとう、力さん合格だよ」と告げるのだった。私たちはテレビで合格者発表の掲示を流すことは知らなかったのだった。早速、私は町内で働いていた父に報告しにいった。「とうちゃん、うがったよ」。父は「いがったな」と言ってはくれたものの、複雑な表情を顔に浮かべていたと思う。それというのも、私を自分の生業の建築大工の跡継ぎにしようという「野望」はその時に最終的に潰えたからにほかならない。高校三年生の時であった。玄関先の修理が必要になったとき、私は建築材料などの指示を父から受け、学校から帰還後に大工仕事にとりかかった。仕上げをみた父曰く、「この力が跡を継いでくれればな」。私は、父以上に複雑な気持ちで、この発言を耳にしたのだった。

古川高校卒業時には、二つのメダルを頂戴した。銀メダルと銅メダルであった。高校の蛍雪の徽章が刻印されていた。銀メダルは「優等賞」、銅メダルは「皆勤賞」を意味していた。それみ

古川高校校舎の公式写真（校章は蛍雪）並びに，
高橋秀夫先生が佐々木力のために特別に描いてくれた古川高校校舎の水彩画

得したのではないかと記憶する。それで東北大学に入学後、私の名前は合格した学生のあいだではかなりよく知られていた。よく「東北大学ではなく、どうして東京大学を受験しなかったのか」と問われた。けれども私にとってそれはほとんど考えられないことであった。第一に、東北大学ですら家計が大変なのに、東京では生活してゆけないだろうと思った。第二に、古川高校では、仙北の他校との競争があり、東北大学合格者の数を減らすことは容易に許されることではなかった。母親の姉に仙台在住の佐藤みどりがおり、彼女に世話されれば、何とか学生生活を続けてゆけそうである、という思惑もあった。

第三学年になると、就職クラス一組、文系クラス三組、理系クラス二組とクラスの弁別がな

摩周湖を背景にして（1963年夏）

されるようになった。私は三年六組に配属され、担任教諭は前記の高橋秀夫先生であった。私は一心不乱に数学を中心とする勉強に励んだ。東北大学理科系の受験課目は、国語、英語、数学に加えて、理科の二科目、と社会科の一科目に定めた。理科は、物理学と化学を受験することに定めた。社会科は、日本史に定めた。

第三学年の夏休みが終わると、いよいよ本格的に受験の準備にかかった。そのような時期、佐々栄文盛堂という書店で、ある数学書を見いだした。守屋美賀雄著『方程式』であった。至文堂からの初版一九六四年八月二五日の発行である。おそらく大学教養課程の教科書ないし参考書として使用するために執筆されたのであろう。そこには、五次以上の代数方程式の解の公式が存在しない数学的事実を示したガロワ（「ガロア」と記されていた）の理論のことが紹介されていた。そのことは、まったくの驚きであった。不可能を証明する！たいへんに刺激的であった。そのうえ、そのフランスの数学少年は二〇歳で決闘死したとも書かれていた。そうだ、こういったことをほんとうに将来学びたいと私は思うようになった。今日の目から見ると、まことに幼稚な感慨かもしれないが、高校三年生の私にとっては大きな学問的目標が据えられた

といった印象であった。その小冊をただちに購入したというわけではない、三度ほど書店に通って、結局、買い求めた。それほど小遣い銭が多くはなかったことが主要な理由であった。前述のように、それ以前、私は東北大学工学部を受験しようと考えていた。たしか長兄と次兄の二人が土木屋であったからであろう。

秋が本格的になって、校長（村上忠孝という国文学の先生）がクラスを訪問し、各生徒に具体的にどの大学を受験するのか尋ねた。私は東北大工学部を受験しようと思っていたのだが、数学の研究ができる理学部に変更しようと考えていると述べた。そこで校長先生曰く、「ランクを一段下げて合格を狙うというわけだな」。それまで私は教師を軽侮の気持ちで見たことはなかったと思う。だが、この発言には少なからず驚き呆れた。たしかに東北大工学部の通常最低合格点数は、理学部のよりは少し高かった。いずれにせよ、私は東北大理学部を受験することに思い定めた。この目標はしっかりと堅固なものだった。クラス担任の高橋先生は、私のこの決断をうれしく思ったという。

高校三年次で私の数学学習はかなり明確で具体的かたちをとって進められた。数研出版の数

に放課後は一時間ほど残され、ラフカディオ・ハーン（小泉八雲）の『怪談』の英文テキストを読まされた、と記憶する。古川高校では、宮城県内で、仙台第一高等学校、仙台第二高等学校の下の受験校にランクされていた仙北グループの石巻高校、築館高校と毎年の東北大合格者の数を競い合っていた。仙南では、白石高校、角田高校が同様のライヴァル同士だったであろう。

私の当初の目標は東北大学の工学部を受験し、首尾よく合格することであった。当時の国立大学の年間授業料はたしか一二,〇〇〇円（したがって月額は千円）だった。これなら、それほど裕福ではない建築大工の子どもでも何とか学費を支払いできそうであった。

それに、私は中学三年生で試験を受けさせられ、日本育英会の高校特別奨学生に選出されていた。その後、この日本育英会の特別奨学生には、大学学部の四年間、それから大学院の五年間、選出された。私見では、この配慮は、ある種の社会主義的制度だと思う。

しばらくして高校の成績が公開されることになった。私は普通、学年上位の三番目ほどにはいつも位置していたのではないか、と思う。数学の試験では、いつもほとんど満点に近い成績

古川高校時代（朴歯の高下駄を履いていた）

演を要請され、久しぶりに集まった同級生たちが高校時代の私について発言して言うには、私はともかく数学ばかり勉強していたそうである。それは誇張だが、数学を中心的に勉強していたのは真実である。そして私のノートブックは鉛筆で最初から綺麗に筆記され、消しゴムを使うことはほとんどなかったのだそうである。

私たちがいた時期の宮城県の高校はほとんどが男女別学校であった。それで古川高校はかつて男子校であったが、前記のような講演に出向いたときには男女共学校になっていた。宝塚歌劇団の一員になれる女子生徒が出たのが誇りである、などと学校はうたっていた。

どうも私は第一学年から東北大学を受験すべき軌道に乗せられていたようである。受験準備のために、英語では特別の補修クラス

をとり、学校内では、「数学少年」として「勇名」を馳せた。すなわち、高校二年目にして、学校内では数学の成績ではほとんどトップであった。しかし、例外的に、回答のための時間が足りなくなって、それほど良い成績ではないこともあった。原因を探ってみると、遠距離通学のために、睡眠時間が極端に短くなり、心身状態がそれほど良好ではないときであったようだ。たしかに就寝するのはほとんど午前二時か三時であった。朝の七時一〇分の時刻に停留所からバスに乗車するのであったが。

第二学年目が始まると、数学の時間の初めにはどういうわけか私がほとんどわけもなく回答を指命された。これは私の想像では教師たちが「数学少年」として学校内で有名な私の顔を見てみたいがゆえであった。第二学年目の夏休みには北海道に修学旅行に出かけた。晴れ上がった摩周湖は見事な美しさであった。

高校時代、私は学習研究社の『高校コース』を購読していた。その月刊雑誌では、科目ごとに筆記試験を課して応募を求めていた。私は熱心に数学の科目でみずから回答を送付して好成績で有名になった。褒美としてカメラやトランジスタ・ラジオが与えられた。私は最低一度、あるいは二度ほど数学で全国トップの地位を獲

私に提供してくれていたと思う。ともかく、国語、数学、英語、社会、理科などの練習帳の回答欄に熱心に書き入れ、教師に持っていって指導を受けていたように記憶する。通信簿の成績は、五段階評価でほとんど最上位の「五」と記されていた。だが、体育だけは、第一学期と第二学期は、良くて「四」どまりであった。跳び箱を越えることができなかったからである。しかし三月に結果が記される第三学期の通信簿ではたいてい「オール五」と評価された。この処置は、筆記試験で好成績を取る、私にたいする教師たちの特別の配慮だったにに相違ない。

中学時代、私はある種の万能型生徒であった。英語の暗唱大会があると私が代表となった。理科の研究発表大会があると私が代表となった。ブラスバンドで子どもには難しい楽器のクラリネット奏者となると私に割り当てられた。スポーツでは、三兄の晃に倣って剣道部に属していた。ところが、ツベルクリン反応が陽性となり、続けることはできなくなった。兄は強く、主将だった。小野田町では剣道を奨励していた。いまもそのことで著名なはずだ。

中学校でよかったといま私が思うのは、就職や進学の進路で生徒が差別されなかったことであった。こんなわけで、私は卒業間際に古川高

等学校を受験し、めでたく合格となり、入学を許されることととなる。師恩と同輩の生徒たちの友情を思うべきであろう。

**6 数学少年としての古川高等学校在学時代
――一九六二年から一九六五年まで**

以上のような経緯で、県北大崎地方の受験校としてそれなりに有名な宮城県古川高等学校に私は一九六二年四月に入学した。古川高校は、戦前、宮城県第三中学校として創立された。別名「大崎大学」と呼ばれるほど、教師と生徒の質は悪くはなかった。しかし都会の名門受験校とは明確にちがった。自然な教育がなされ、「もやし」を人工的に育成することはなかった。まずまずの受験校で、とくに東北大学をはじめとする国立大学を受験するのにふさわしい教育をやっていたとは言えるであろう。

小野田から古川への通学には、当時の名称で陸前バスを利用した。片道、約五〇分で、西館という停留所で下車して、古川高校まで歩いた。帰りは、たいてい国鉄の陸前古川駅近くの古川車庫前から小野田車庫前を経由し、普通、西小野田方面行きのバスに乗車した。

入学して数ヵ月もしないうちに、古川市を震源とする、宮城県北部地震を経験した。古川市を震源とする直下型地

震であった。午前一一時ころであった。英語の授業のときで、私たちは木造二階の教室で講義を聞いていた。すさまじく強い揺れとともに、私は即座に木製の机の下に隠れた。だが、一五歳にして死んでしまうのか、はかない人生だったな、と一度は観念した。西館近くの女性がひとり、ブロック塀の下敷きになって亡くなった。午後早くに、学校から返されたが、酒屋や瀬戸物屋は割れ物で大変な状態であった。「地震、雷、火事、親父」とは、怖いものを順番に並べての表現である。私は、ほんとうに地震は怖いものだと実感した。

高校の授業が始まると、立派な授業をやる教師たちに出会った。とくに数学教諭の高橋秀夫先生の授業がそうであった。彼の第一学年の担当数学授業は「代数」だった。高橋先生は一九三二年一一月の県北の生まれで、たしか築館高校を出てから、東京学芸大学で学んだ。それも数学教育を専門的に学んだ。ともかく数学教育を専門的に学んだ教師の授業は生徒にとってもよい。私は高橋先生の芸術的授業のとりこになった。高橋先生が私の第一学年のクラス担任でもあり、先生にはほんとうにお世話になった。

二〇一三年八月に、古川高校同窓会の記念講

らいた。私の学年は、いわゆる団塊世代に属し、一クラス約五〇名で、四クラスからなっていた。中学校では、国語、数学、英語、理科、社会、体育、職業家庭などと課目が特化し、教師は別々であった。これらの課目のうち、私がそれほどの成績をあげることができなかったのは体育実技であった。とくに跳び箱はうまく跳べなかった。とはいえ、一般に筆記試験の成績は抜群だったと思う。教師たちのあいだではよく知られていたようだ。職業の授業で、カンナかけや、ノコギリを使う木工の時間があったが、私があまりに見事にカンナ屑を綺麗にスーと出すのに、女子生徒は眼を丸くして見ていたようだ。その光景はいまも覚えている。このことには何の不思議もない。建築大工の父親について修業し、彼の跡継ぎにほんとうになろうとしていたからにほかならない。

たしか第三学年になって学期ごとに生徒の成績を上位から順番に張り出すようになった。私は第二位になったことはないと思う。それだけではなく、第二位のたしか女子生徒を断然引き離し、いつも百点ほどは上廻っていたのではないかと記憶する。例外的なことはあったかもしれない。このような措置を契機にして、それ以前は、自分で言うのも恐縮であるが、「めちゃんこ可愛く」、女の子からはかなり好かれていたのであったが、それ以後は、ほとんどまったく駄目になった。現在にいたっている、と言って過言ではないのではないか。もっとも、この発言はほとんど冗談である。

東小野田中学校では、第三学年の四月に、日光、東京、横浜、鎌倉方面に「修学旅行」に出る決まりであった。私たちの学年のときは、バスで郷里から旅した。いまでも宮城県境を越えた瞬間のことはよく覚えている。これは生徒への サーヴィスというよりは、東京方面に集団就職するためのリハーサルを兼ねていたと思う。最初の夜は、日光のいろは坂を登って、中禅寺湖湖畔に宿泊した。つぎの日以降は、東京本郷の修学旅行客を泊める旅館にみんなで雑魚寝しながら、就寝した。

そういった一晩、東京に就職している次兄の守が、郷里へのお土産を持参して、面会に来た。会見時間は二〇分ほどだったと思う。彼が言うには、お前は成績は良いのか、もし成績が良いのであれば、国立大学なら大学進学を兄たちが応援するので、普通高校で大学進学を自分たちの学校である古川高等学校を目指せ、というのであった。その助言は私にとって衝撃的であった。明確に大学進学のことが私の頭に中に入ったのは、この時であった。次兄はよく覚えていないというのだが──。それ以前は、父の跡継ぎの大工になるか、兄たちと同様、古川工業高校に進学するか、どちらかだと思っていた。ただし、同じ工業高校とはいえ、親たちは手先の器用な大工ではなく、土木科や建築科ではなく、電気科がよいのでは、と言っていた。

関東への修学旅行からの帰還後は、普通高校に入るために受験勉強をよくした思う。東北大学の学生たちが宮城県内の中学生を相手に模擬試験を三月に一度ほどの間隔で実施していたのであったが、私は県内の成績ベストテン入りしばしばという状況であった。上位十名から始まって、以下数十人は名前が明示されるのでよく覚えている。県内では、成績優良校ではけっしてなく、むしろ下から数えられるほどの田舎の中学校だったのだが、これは学校にとっても異例の事態だったはずである。

私はこの好成績を勉強の努力のせいではなく、「本来的」な生まれつきの才能のせいと考えていたのであったが、省みてみると、そうではなかったかもしれないと思うようになった。成績優良校ではなかったものの、よい教師にめぐまれた。また彼らは受験のために業者から手に入るワークブックないし練習帳類を

●記憶の歴史学＞＞＞奥羽山脈の麓から東北大学へ……佐々木力学問への道程 1

四年卒）は伝説的に記憶力が抜群であったという。東海道線の各駅をすべて空で唱えることができたそうである。そのような人工的な記憶力を発揮できるかどうかは別にして、ともかく私は少年時から記憶力がよかった。

私は通常のときは野山で遊んだのだが、ともかく勤勉ではあった。小学五年ころに撮影されたクラスの集合写真があるが、生徒たちのうしろに隠れてはいても築山には二宮金次郎＝尊徳の像があった。私は金次郎少年が好きだった。いまでも尊敬している。そして、言うまでもなく、ただ生真面目だった。一般に東北人はそう言われるのであるが、馬鹿真面目ですらあった。

それでは読書はどうか？　私の家には本など

ほとんど存在せず、書物を読む習慣はなかった。書物を読む無類の本好きを自認する今日の私からすれば、信じられないことかもしれない。学校の図書室もほとんど利用することはなかったと思う。ただし、たしかに小学校第六学年のときに、少年向きに書かれた三国志とナポレオン・ボナパルトに関する伝記の二冊は借りて読んだはずである。前者は『三国志演義』の改作版であろう。この時から私は諸葛孔明のファンになった。読書に関しては、その程度でしかなかった。

先ほど裁縫のことについて言及したが、小学校上学年になると、関心は大工仕事に移った。日曜日と祝日、学校が休みの日には、父といくにんかの弟子たちに大工仕事を習うためについていった。カンナやノコギリ、そしてノミはほとんど自由に使えるようになった。私は父のあとを継いで建築大工になることを当然のごとく考え、そのことは私の少年時の夢となった。

小学校高学年時に、私は切手蒐集を始めた。とくに趣味週間切手の豪華さ、美しさには強く打たれた。

東小野田小学校第5学年頃、級友たちと
（上から2段目右から2人目の白い服で微笑んでいる子）

5　東小野田中学校時代
　　――一九五九年から一九六二年まで

一九五九年春、私は小学校に隣接する小野田町立東小野田中学校に進んだ。男子生徒は黄色の二線が引かれた帽子をかぶった。この学校には、後知恵から省みて、教育熱心な教師がいくにんかいた。学年主任の小和田清先生がその代表だった。また新任教諭として赴任してきた小澤俊郎先生も間違いなくそうであった。小澤先生は東北大学教育学部を卒業したばかりの新米教師で、ともかく奥羽山脈の麓の田舎中学校とその生徒たちにはそうとう驚かれたはずである。小澤先生は本来そういった田舎中学校の教師をするような教育者ではなかった。まさしく例外的に、私は小澤先生のような秀逸な教師に教えをうけることができたのであった。

その中学校の生徒は、卒業すると、仙台や東京に就職するのが大部分であった。高校に進学する生徒も少なくはなかったが、ほとんどは近くの加美農業高校に進んだ。農業を主とする町であったのと、通学に便利だったからである。中には、古川の普通高校、工業高校、それから私立の古川商業高校に進学する生徒もいた。小牛田の農林高校に進学する生徒もごく少数なが

392 (109)

●記憶の歴史＞＞＞テロルの「凶弾」……白鳥事件・高安知彦氏の手記

た写真は残されている。

先述のように、私は幼児期に女子として育てられた。そして三月生まれなので、奥手でおとなしく幼かった。三人の兄たちは小学校の低学年から成績優秀で、最上位の例外的生徒に与えられる「優等賞」を取得できたのであったが、私はそうではなかった。小学第一学年と第二学年時、私は優等賞のつぎの「努力賞」であった。

低学年時代、私は母に習った裁縫が好きで、小切れをもらっては針で縫っていた。手先が器用で、うまく縫えているので褒められた。母は、卒業したら仕立屋＝テイラーに修業に出すと言っていた。ある時期には私もそう考えていたと思う。

小学第一学年と第二学年では、兄たちとは相違して、「努力賞」止まりであると先に書いたが、第三学年になると「優等賞」に格上げになった。後知恵から考えて、その主要な理由は、教師から「わかる人、手を挙げて」と言われて、わかっていても手を挙げなかったのだが、間違えると怖いので手を挙げるのに躊躇したからであった。ところが、第三学年から筆記試験がかなり重要な重みをもつようになったために、教師は半ばは仕方なしに「優等賞」を授けるようになったのだと思う。そのあとは、毎年、優等賞を受賞したと思う。

それから幼少時から特筆すべきことが自分にはあることに気づいていた。「神経衰弱」というトランプを用いてのゲームについてはご承知であろう。トランプを裏返しにしてあったものを、ひっくり返して表にし、以前に見た札と合っていれば点数を獲得できるというゲームである。私はそのゲームの名手で、大人をはじめ年長の人に負けたことはなかった。むしろ、大人たちが一度めくった札がどうであったか忘れることがとても不思議でならなかった。私は一度見た札はほとんど例外なく記憶していた。

いまにして思えば、記憶力抜群であった。人からたくさんのことをよく覚えているので、指摘されると、歴史学は私の天職なのだと答えることがある。いまにいたるまで私よりも記憶力のよい人とは出会ったことはないと思う。そういった点で、数学者のオイラーとフォン・ノイマンは伝説的に記憶力抜群だったと言われる。オイラーは、ウェルギリウスのラテン語詩『アエネーイス』をすべて暗記していたばかりではなく、あるページの冒頭の語彙が何で、末尾の語彙が何であるか言えたそうである。さらに、東北大学数学教室の大先輩で、戦後はイェール大学の教授になった角谷静夫氏（東北帝大一九三

に変更したのだと思う。そのあとは、毎年、優等賞を受賞したと思う。

学年末になってもらう通信簿には、ほとんど例外なく毎回、「力君は発表力がない」と書かれてあった。私はその意味がよくはわからなかった。ともかく授業中に手を挙げたり、積極的に自分の回答や意見を述べることはなかった。〈ここで岩間さんから、どうしていまのように変わったのか？と質問された。私としては、いまもそれほど変わってはいない、が、高学年になると、多少は大人になり、自然に教師の思う方向に順応したのだと思う。〉

それから、当時、小学校では知能テストというのがあった。IQテストである。その子どもたちの特性を見分けるためのテストとしての適格性には問題であったかもしれない。私はよく教師よくは理解できなかった。それが知能テストと関連しているかもしれない。上記のように指摘されるのはとても嫌だったので、私はテストの回答を中途で止め、末尾に近い後半部の問いには回答しなくなった。高得点を取得するのを回避したのであった。

兄の晃は、上の二人の兄よりはより社交的であったが、優等生であることに変わりはなかった。彼は古川工業高校建築科で学び、卒業後に東京の建築会社に就職した。

兄たち、とくに次兄は、東北地方の文学者を愛した。なかんずく、石川啄木だった。啄木は岩手の産で、彼のたとえば『一握の砂』に収録された短歌は、少年期の私の心に沁みた。都会ではなく、渋民村という農村の出身で、苦労しながら、故郷を懐かしむ彼の歌はいまでも私の精神的中核になっている。社会的に先鋭な生を歩み、夭折した啄木は、私のさまざまな意味での原点となっていると言っても過言ではないかもしれない。宮澤賢治のことも知ってはいたのだが、花巻のわりと裕福な家庭の出身なので、啄木ほどの影響はなかった。ただし、「雨ニモマケズ」の文句を私は好きだった。

八戸で生き、秋田の大館で死んだ安藤昌益を読んで感動したのは、はるかに長じてからのことで、学者的読書を通して学んだだけであった。古川出身の吉野作造は早くから尊敬していた。

子どものころ好きなことは戦さごっこと雪遊びとであったが、これは近隣が野山と川、それに冬が長い自然環境のせいだろう。

私はおおむね健康だったが、それはかなり年たが彼の死を報ずる第一面の見出しが印象的であった。長兄が出身地の町を離れたのはその直後であったろう。そして私は四月から地元の小学校に通い始めることとなる。

次兄の守も秀才で、長兄と同じく、古川工業高校土木科に進学して、卒業した。文学好き、それにレコードを買い集めたりで、「文化的」であった。彼はどうしても大学に進学したらしかったのだが、家庭の経済事情から普通の大学への入学はかなわず、東京の帝都高速度交通営団（現在の「東京メトロ」）に就職し、夜間部の日本大学理工学部土木科で学んだ。三

長になってからであり、幼年時はかなり特異な体質だった。精確にはわからないが、「泣き切って」しまうことがよくあり、場合によっては意識を喪失したと思う。両親は心配して、周辺の小川で取れるイモリを焼いたのを食べさせたり、それから宮城の南方で採れる孫太郎虫と呼ばれる薬を飲ませ、私は次第に健康を恢復していった。それから、家を人相見と称する男が訪問し、幼い私の顔を見て言ったことをいまだに覚えている。「この人は特殊な人相をしている。耳を観音様に引っ張られてこの世に出てきたようだ」。そういったあと、偉い人になる可能性があるとも言われたと思う。どうも最後の「予言」は当たったようである。もっとも、この発言は、半分以上、冗談である。その人相見がどんなことを述べたのかについても精確な真相はおおいに怪しい。

4 東小野田小学校生徒時代
――一九五三年から一九五九年まで

私は小野田町立東小野田小学校に一九五三年四月に入学した。幼稚園のようなものはなかった。小学校の桜の木の下で同級生全員で撮影し

長兄・勇一（1935年生まれ）と（2018年7月撮影）

3 奥羽山脈の麓からの東北人としての出自

私は一般に日本人を自称することと嫌う。じじつ、それほど日本人的ではない。政治的かつ学問的に「国際主義者」（Internationalist）を自認するからにほかならない。だが、東北人であることは誇りに思い、そういう出自を隠さない。母の出た岩井家は、山形庄内の黒森に起源がある、とうかがっている。佐々木は宮城県の仙台平野に多い姓であるが、もともとは近江源氏である。ただし、古代からの近江源氏の佐々木家の血が繋がっているかどうかはわからない。長兄がかなり詳細に調査している。

郷里の小野田町は仙台平野の北西のもっとも奥まった地に位置し、町というよりは山地の多い山村といった趣きである。もっとも高い山は、奥羽山脈の中に聳えている。宮城県は、北西に栗駒山系があり、西に船形山系があり、南西に蔵王山系が位置する。船形山は、山のかたちが船底をひっくり返した形状であるところから、その名がある。頂上は一五〇〇メートルである。十月初旬に紅葉で美しくなる。カモシカが棲息し、熊もいる。もっと低いが、町から望める形状のよい山が薬莱山である。加美郡に位置するために、「加美富士」の異名で親しまれている。高さは五五三メートル。子どものころは、よく登った。平安時代に坂上田村麻呂が征服しに来たという伝説があり、彼が頂上から大きな石を転がしたので形状が現在にようになったといわれる。奥羽山脈沿いに走る川が鳴瀬川で、奥松島の野蒜で太平洋に注ぐ。上流にはイワナが住み、私の生家の前では鮎がたくさん釣れる。カジカもよく取れる。ウナギやナマズもよく取れた。

ただし、町の東部には人が多く住む東小野田の地域が存在し、そこには近在の農民が買い物に出かけてきた。そして春と秋には馬の市、牛

をまるでわがことのように思っていたようだ。
ともあれ、私は「この世に用無くして生まれ出た」。男子なので名は「力」と名づけられた。それから長兄の名が勇一なので、「一」なる名前は使えない。それで兄たちは一字名で、つぎに簡単なのは二画の「力」一字名で、私に力強い男の子になれるようにと両親は、私に力なる名を授けたわけではまったくない。幼くとも、それから多少頭が悪くとも名前を知らなかった。「つとむ」という読みも単純に知らなかった。「この世に用無くして生まれ出た」私にじつにふさわしい名であった。

らない。前近代から農耕馬の産地として知られたらしい。

母や兄弟たちと一緒に奥羽山脈の一部の向い山に山菜採りに出かけた。春にはワラビ、ゼンマイ、コゴミがたくさん採れ、新鮮でかつ美味であった。秋には栗を採り、鉄砲白百合を採り、百合根も採った。夏には、キノコを探察した。しばしば蛇が出た。マムシにもよく出会った。私は、東京に職を得てからも、母とふたりで山菜採りや、キノコ採りによく出かけた。母は自称「山おなご」であった。年少時代の私は、受験生的境遇とはほど遠く、野山を駆け巡る少年だったのだ。

年長の兄たちの影響は甚大であった。ことに私と同じく猪年生まれの長兄の勇一は几帳面でかつ秀才であった。精密に描いた土木設計図の出来は見事であった。私が東小野田小学校に入学しようとする一九五三年春に、彼は古川工業高等学校土木科を卒業して大学には進学せず、土木建設業で有名な間組（現在「ハザマ」）に就職し、中部本社が建設中の佐久間ダムに赴いた。当時の名称で陸前バスに乗って古川に出る彼を見送りに出た日のことは覚えている。その年はスターリンが死んだ年で、死去の日は三月五日のことであった。ほどなく朝日新聞であっ

親とする家族は食料生産のための田畑を所有するにいたった。戦後に住んだのは、母が戦前に勤めた石川製糸場の車庫跡に建てられた家であったようだ。そういった次第で、幼少のころ私は女子の赤い衣服を着せられて育てられた。三月生まれなので、いわゆる「早生まれ」で、ともかく幼かった。そして末っ子であり、甘やかされて育ったかもしれない。

父は建築大工として腕はよかったが、それほど経営の才といったものを持たなかったようだ。換言すれば、経済的なもうけを求める人ではなかった。ただ正直・勤勉一途であった。母は、負けん気が強く、精神性が強かった。正義感がしごく強かった。それほど裕福ではない家庭の人々への同情心は比類なかった。少女時代に読んだシャーロット・ブロンテの『ジェイン・エア』が大好きであった。というより、そのロマンが唯一読んだ書だったと思う。兄弟たちから、この母の気質を一番に受け継いだのは私だ、と指摘される。

後年のことになるが、母はみずからをテレビ・ドラマの主人公「おしん」に同化していたと思う。小林綾子が扮した登場人物である。子ども時代の「おしん」は銀山温泉の旅館で働く母に会いにゆく、そういったシーンもあったはずであるが、母はそのようなシーンの中の「おしん」

三五年夏、長兄の勇一が生まれてからあとのことであった。したがって、二人は結婚式をあげておらず、事実婚から戸籍上で婚姻届けをしただけにとどまった。前述の祖母は、父の勇治郎を見かけると、「この泥棒野郎！」と罵倒したのだという。

この駆け落ち夫婦から、長兄の勇一は一九三五年七月一九日に出生し、次兄の守は一九三九年四月六日に生まれた。そして唯一の女子として玉美（戸籍名は玉代だが、戸籍係の記載ミスだったようである）が一九四一年一二月一〇日にこの世に生まれ出た。太平洋戦争勃発の直後であった。すぐ上の三兄の晃は一九四四年七月二四日の生まれであった。男子の名がなにか軍国調なのは戦前・戦中だからであろう。姉の玉美は、戦争中の医療事情が悪いこともあって、終戦の年の一九四五年六月一日に亡くなってしまう。敗血症だった。ただひとりの女子なのに、と両親は悲嘆にくれたようである。

父は、アジア・太平洋戦争の最後の局面で、二等兵として徴兵された。だが、軍人としてではなく、立川飛行場の兵舎の窓枠などを大工として修理する仕事が主たる任務だったようだ。それで日本の敗戦直後に無事帰還できた。戦後は、農地解放などもあり、若い二人を両

●記憶の歴史学＞＞＞奥羽山脈の麓から東北大学へ……佐々木力学問への道程 1

前に生まれ出てくる子の性別は知りようがないので、母は女子用の衣服を作って待っていたようだ。そういった次第で、幼少のころ私は女子の赤い衣服を着せられて育てられた。こうして、母は、主として子どもを養育し、農業に従事し、家事をてきぱきとこなした。彼ら夫婦の悩みは、子どもに女子がいないことであった。そこで期待されて出生したのが私であった。私は夭折した姉玉美の代替として、この世に生まれ出た。誕生日は先にも記したように一九四七年三月七日だが、残念ながら、両親の期待どおりではなく、男子であった。簡明にみずからの出生について特徴づけるとすると、私はこの世に用無くして生まれ出たのであった。当時は、男女の産み分けといった考えはなく、事

3歳頃（左），三兄・晃と

現在も長兄の家族はここに住んでいる。

は加美町小野田地区）に生を享けた。奥羽山脈の麓の町であり、峠を越えると山形県尾花沢市の銀山に出る。一七世紀のはじめ、銀の鉱山が栄えたので、「銀山」の名があり、いまでは銀山温泉という観光地になっている。誕生日は、日本の敗戦直後の一九四七年三月七日であった。私は日本的元号を用いない主義である。

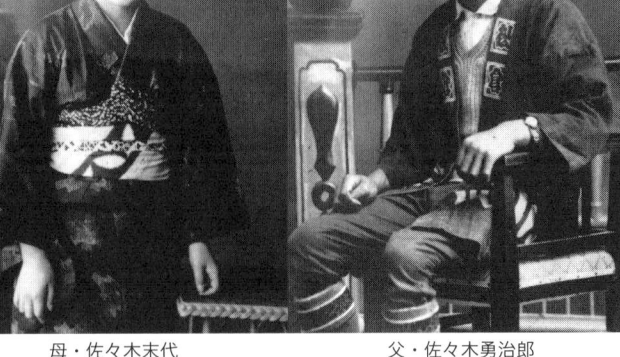

父親は佐々木勇治郎で、建築大工が職業であった。一九一〇年五月二日に生まれ、一九八四年一月一四日に亡くなった。高等小学校を卒えるとすぐ、大工の徒弟修業に出された。父は細かい細工が得意な大工で、かなり多くの弟子たちを育成した。すなわち棟梁であった。有力な農家の家屋を数多く建築し、近隣の学校や寺院も建てた。

母親は岩井末代といい、一九一四年一月二五日に生まれ、一九九七年三月一日に没した。畳職人の末娘であった。通常よりは一歳早く小学校に入学させられ、卒業するや、ただちに製糸女工として働きに出された。地元には石川製糸工場があり、その工場で女工になったのである。この母は、少女時代、工場内でトップ女工としての栄誉を得たらしい。郷里の神社に石川社長と一緒にお参りするのは少女時代の母であった。工場での生糸の出来高が最高である女工だけが、そのような名誉ある扱いを受けたのだという。母については、拙著『科学技術と現代政治』（ちくま新書、二〇〇一）の第一章「女性として科学技術社会を生きる」の中で若干のことを述べている。

母の母、すなわち私の郷里の小野田では、美貌をもって知られ、「小野田小町」なるニックネ

母・佐々木末代
（旧姓・岩井，1914～1997）

父・佐々木勇治郎
（1910～1984）

ームを授けられたようである。ある人からうかがった話では、映画館に入って出てくると、もとが恋文で一杯になっていたそうである。むろん誇張が入っているだろうが、付け文をもらった経験は本当らしい。私の母は女系の姉妹の末子であったが、彼女の姉たちはたしかに美人揃いであった。私が最初に記憶しているのは、この祖母が亡くなろうとしている床のひとつは、光景である。

父と母は近所同士であり、十代の半ばで父は製糸女工の母に恋心をもったらしい。それで、大工の特技を活かして、針箱を作ったりして贈り、気を引こうとしたようである。母も男ぶりがよく勤勉な父をまんざらでもなく思い、ともに結婚を考える仲になったらしい。ところが、上記「おくらさん」は許そうとはしなかった。可愛い末娘を大工ごとき財産のない男にくれてやるわけにはゆかないと猛然と反対したのである。郷里の近在では、「財産のない」とは田畑などを所有していないを意味する。

ところが、のちの父と母に助言してくれる人もいて、「あんたらは手に職をもっているのだから」と、郷里の町から出奔することを示唆したのだ。そこで、若い二人は仙台そして東京へと働をもって郷里に帰還したのは、一九

かしながら、意外に身近に思われてくる人物なのだと私には感じられたのであった。道真は、一言で言えば、「艱難のなかで学」んだのだった。

道真は左遷されて大宰府に流謫の身となり、愁嘆の漢詩をたくさん作成し、結局、五九歳にして亡くなる。晩年の「道真は、荘子の思想にも強く迫るものをもつ。かれの政治的な失脚は、この香り高い文学を生んだことにおいて、徒事でなかったと言うべきであろう」（同前、一四八ページ）。この評言はすばらしい。道真は、漢詩文と和歌に長けた文学者として名高いが、それ以上に、国史の編纂官として学問的実力を発揮した。すなわち、歴史家としても秀逸だったということだ。そのことにも坂本は焦点を当てている。

それにしても、菅原道真のように天神様にならなくとも、新しい「学問の神様」をめざすのもよいことかもしれないな、などと学問的オプティミストの私は、ふてぶてしく省みるのであった。

大工の子ナザレのイエスは一三人の弟子のひとりユダに売られて十字架刑にかけられ残虐に殺害されたことでパウロの「十字架の神学」によってキリスト＝救世主となり、菅原道真は三善清行と藤原時平によって政治学問的に陥られ真像を現実の姿に引き戻した伝記として知ら

真像を現実の姿に引き戻した伝記として知られて大宰府で空しくなることで天神・天満となったのだ。このような悲劇の死を迎えることなくして神格化はない。

ところで、二〇一六年九月から中部大学の中部高等学術研究所に特任教授として迎えられて、ほぼ一年経過した二〇一七年秋、数人の学内・学外の若手研究者が私の研究室に集い、私は請われて学問自伝的話を試みることとなった。聞き役の中心は岩間優希講師が務めてくれることになった。聞き役をお願いしたのは、自伝的回想というからには、ある種の客観性が必要とされると予想し、そして、この種のことに書き下されると予想し、そして、この種のことに読むことで、卑小ながら、私の人間としての「存在」（Existence）という事実を認めてくれる人が多少は増えるかもしれないと願いながら。

以下の文章は、先述のような経緯で全五回にわたって語り合ったときの記録をもとに綴られた、このように書き下された自伝的エッセイを読むことで、卑小ながら、私の人間としての「存在」（Existence）という事実を認めてくれる人が多少は増えるかもしれないと願いながら。

2 駆け落ち夫婦の第四男として祖国日本の敗戦直後に東北の山間部で生まれる

私は、教育的背景がほとんどない駆け落ち夫婦の第四男として宮城県加美郡小野田町（現在

道真の慨嘆の調子が極端だとして批難する向きもいる。だが詩文において感情表現が大袈裟になるのはごく自然なことである。しかも道真は老齢にして病にむしばまれていた。出世主義者の小人どもに仕返しをしようとしたり、死後に祟ったりしてもどうなるものではない。もっとも、死後の祟りは道真の責任ではなかろうが。私としては、学問的嫉妬による社会的身分の剥奪などには愁嘆することなく、学問の再生と向上によってみずからを鍛え上げ、後世の学徒のために学業を鍛えて、世間に裨益することが最良の見返しだと思う。

坂本太郎の『菅原道真』（吉川弘文館・人物叢書、一九六二）は、神聖化されてしまった道

愁嘆の漢詩をたくさん作成し、結局、五九歳にして亡くなる。晩年の「道真は、荘子の思想にも強く迫るものをもつ。かれの政治的な失自らを励まし、より高き思想を重ねていった」（酒井一字「「荘子」と道真の理想」、『菅原道真事典』勉誠書房、二〇〇四、一二三ページ）。

るが、その書は道真の学問をこう総括する。「中国風の律令学問体系の日本的な修正として起こった紀伝道を発展させ、その大成者たる地位を占めた」（一九九〇年新装版、一三二ページ）。「大宰府流謫後の詩は、血涙をもって綴った大叙情詩文学であり、その至純の真情は、いつの世にも強く人に迫るものをもつ。かれの政治的な失

れば、しかるべく言及されるべき拙作が存在するのに、不自然に意図的に回避し、言及しなかったりするのである。そのような扱いをなす人は、ほとんど例外なく、受験エリートだった者である。

本エッセイを綴る直前、私はヴァルター・ベンヤミンの『パサージュ論』全五巻（岩波書店、一九九三―九五、新編・岩波現代文庫版、二〇〇三）を読み終え、さらに、佐藤包晴による菅原道真についての伝記を読んで、ある種のまとまった感懐をもつことができた。

ベンヤミン（一八九二―一九四〇）は生前それほど読まれた著作家ではなかったかもしれない。だが、一九四〇年に自死する直前に書き綴った『歴史の概念について』の思想は、とても深く強烈な印象を与えてくれる。そして『パサージュ論』全巻をひもとくとき、私は後世の者にはこんなかたちで読まれたらよいなと思うのであった。そういった点で、ベンヤミンは著作家ないし思想家として親しみがもて、かつ畏敬できる人である。

菅原道真（八四五―九〇三）は日本では「学問の神様」などといわれ、知らない人はいない。とりわけ西日本の人にとって多く存在する天満宮は身近な神社であろう。右大臣にまで上り詰

めた学者であり、卑賤の私にはとても及ばない人物かもしれない。けれど、二〇一一年二月、九州大学に数学史の講演に赴いたさい、訪ねた太宰府天満宮で買い求めた佐藤包晴著『菅原道真』（西日本新聞社、一九九九）をひもといてみると、意外に親しみのもてる人物のように思われた。道真が、かなり年下の名門出身の藤原時平の讒言によって、九州に左遷されてしまい、その地で憤死した話はよく知られている。道真は「天神」（雷）となって祟り、時平らは早死にしてしまう、といった史話は馴染みであろう。そのために道真が住んだ京都には北野天満宮が建てられて、まつられるようになったのであった。

だが、話はそれほど簡単ではないようでろいと思った。佐藤はさらに書いている。「大宰府流謫の詩は血涙を以て綴られた大叙情詩である。その誠実な人柄はどの時代にも、深い尊敬の念に包まれていた。彼の政治的失脚は、高くから学者的嫉妬心が道真には投げかけられい人間性の文学を生んだのである」（一四一ペ

ージ）。道真の漢詩の最高傑作は大宰府で創られた「叙意一百韻」（意を叙ぶ一百韻）とされる（『菅家後集』、所収）。その一行に曰く、「貶降軽自芥」（貶しおろされて芥よりも軽し）。たしかに菅原道真は私のような者にとっては雲上人のような遠い「学者の神様」かもしれない。し

る声を聞くにいたった、というのである。人は学者の嫉みなどは、ほとんどあり得ないと考えるかもしれない。さにあらず、学者の高い社会的地位が嫉みの対象になるのは古今東西常態である。ところが、名門貴族、藤原一門の時平によるほど陥れに少し先立って、道真によってそれほど高くは評価されていなかった著名な三善清行（八四七―九一八）が道真を追い落とす策動をやっていたことが前記著書には書かれていた。「清行の道真に対する不満と、文人としての出世に対する野望は大きかった。そして、道真左遷西下により、清行は大学頭へと栄転するのである」（七一ページ）。当時、道真は五七歳、清行は二歳下の五五歳だった。私はこれはおもしろいと思った。佐藤はさらに書いている。「大宰府流謫の詩は血涙を以て綴られた大叙情詩である。その誠実な人柄はどの時代にも、深い尊敬の念に包まれていた。彼の政治的失脚は、高くから学者的嫉妬心が道真には投げかけられい人間性の文学を生んだのである」（一四一ペ

面縦三日 耳聞誹謗聲」（我をして諸生に授けしむ 南面すること縦かに三日 耳に誹謗の聲を聞けり）。私は大学寮の学生諸君に教授するようになった。そうして北堂の講壇から南面してわずか三日も経たずに、誹謗すのような遠い「学者の神様」かもしれない。

かし菅原道真は私のような者にとっては雲上人のような遠い「学者の神様」かもしれない。しかし菅原道真は『菅家文草』巻第二、所収）。「令我授諸生 南

記憶の歴史学

奥羽山脈の麓から東北大学へ
佐々木力学問への道程 1

佐々木 力

παθει μαθος
艱難のなかで学びながら
——アイスキュロス
『アガメムノーン』第一七七行

1 三つの学問的特徴

本エッセイの標題は、「佐々木力学問」＋「への道程」とも、あるいは「佐々木力」＋「学問への道程」とも、どちらとも読めるであろう。けれども、著者の私としては前者が望ましい読みだと考えている。後者でも間違いだとは言えないものの——。

「佐々木力学問」はかなり特異な特徴をもっている、と当人自身は考えている。まずもって、都会の温室育ちの「もやし」のような人物の学問ではない、野山の「草花」のような野生の学問を創ろうと努力してきた。私は一五歳になるまで、大学に進学し、高等学問を教育され、身に着けることができるものとは考えていなかった。父親のあとを継いで、建築大工になる道が順当であると思っていた。実際、父は少年時代の私の大工としての腕前をほとんどプロ級だと認知していた。だが、中学三年生で初めて宮城県の県境を越えて東京に出て、その後の命運は急速に転換することとなった。

「佐々木力学問」の三つの特徴を書き出してみるとつぎのようになるであろう。

一、東北の田舎出の少年が、日本の主要大学で学ぶことができただけではなく、世界の学問的中心で学ぶことができた。

二、理科系の典型的学問とされる数学を学び、その後、文科系の学問をも専門的に学ぶことができた。文科系の学問とは、主要に歴史学であるが、おおいに哲学的であり、さらに社会科学にも尋常ならざる関心を寄せて学んだ。すなわち、理科・文科の学問の両方を学ぶことができた。

三、米国で西方の学問を専門的に学び、その後、中国北京という東方の学問の中心地で教育と研究に従事することができた。東西学問に通じたと言えば、嘘になるだろうが、東西両方の学問文化に触れたとまでは言えるかもしれない。

というように、「佐々木力学問」は、他の学徒がたどった経歴とはかなり異なった特徴をもつ。私の学問は、省みるに、一般的にはほとんど無視され、真剣に理解してひもといてくれるわずかな人がいるだけであろう。今日では、学問的にたんに無視されるだけではなく、「存在していないもの」＝「非存在」(non-existence) としての扱いを受けるときがある。毛沢東が権力を掌握してからの彼の師であった陳独秀は同様の「非存在」の扱いを受けた。具体的に述べ

に考えさせてくれる時を与えてくれることになった、と思われる。

ここに書いた事件や当時の党活動、社会状況をそのまま理解できる方々は、今ではもう数少なくなったであろう。

だがこれは、あくまで五〇年余年前の、またその後の現実にあった、川口、斎藤そして高安の三名が体験し、あるいは知り得た事実と、それに基づくノンフィクションのドキュメントであり、そのことへの我々自身の想いである。そして高安個人にとってはざんげと鎮魂の記録でもある。そしてまた、共著者三名は事件との係りの立場は異なるが、この事件の当事者として、またこの事件が現在にもつながる党の体質的な問題点として見逃すことのできぬ者として、これだけは書き残しておかねばならない気持ちから、一致してこれを公表することに決心したのである。

しかし今更この事件の真実を公表することによって、党に自己批判を求めようということかもしれない。「木に登って魚を求める」ようなことかもしれない。

ただこの現在の若い党員諸君の心の中に、党の歴史にはこのような誤った行動もあったこと、その党内矛盾に真剣に苦悩した多くの元同志達がいたことをとどめてくれるならば、そしてそのような経験を繰り返さない、組織作りの本質的問題点を考えてくれるならば、幸いと思うのみである。

そして残り少なくなった札幌の元中自隊の、事件関係者の諸氏が、悔のない最後の人生を送って欲しいと願っている。

この「あとがき」を私が書いている今、世界は二〇〇一年九月一一日のニューヨーク事件以降の、不安とさい疑心に閉ざされた憎しみの連鎖の激動の中にある。

かつてのベトナム戦争での、あるいはこれまでの中東での苦い争いでの多くの教訓が生かされず、また軍国主義時代での多くの血を流した歴史の経験も、一見忘れ去られたような日本の現在である。それがすべてであれば、日本人の、そして地球人類の未来はなく、愚かで悲しいことだ。

だが素直な民衆は、過去の多くの悲劇的な事実が生じた苦悩を、決して忘れてはいない。その民衆の、より高まった反戦、反独善主義の、そして憎しみの連鎖の終結を願う少なくない声による世論を、為政者達が必ずしも無視できずにいることも現実であろう。

私は五〇年前、「ただ単に歴史は繰り返すものではない」、その動きは目に見えないかもしれないが、その歯車は確実に前進していることを信じよう、未来への一筋の希望の光を信じよう、迷いに迷う自らに言い聞かせて離党したことを思い出している。

二〇〇四年一一月一〇日共著者川口孝夫氏は、三年前に旅立たれた故栄子夫人のあとを追うように、享年八三歳の生涯を終えられた。氏の一生の大半を占めた、白鳥事件とのかかわりによる波乱に富んだ人生を振り返るとき、幾多の苦難を経られたのにもかかわらず、周りの人々の心を温かくみつめようとする氏の率直なお人柄に引かれる、実父のように最後まで氏の面倒を見られた斎藤孝夫氏を始め、中国生活時代の現地の方々をも含む多くの若い友人達に囲まれて、その晩年は必ずしも孤独ではなかったものと察せられた。

その心境は本書に収録された氏の最後の未発表回想記にも、伺い知れるものと思われる。

出版の遅れたことをお詫びしつつ、川口御夫妻のご霊前にこの書を供え、安らかな御冥福をお祈りしたい。

● 記憶の歴史学>>>テロルの「凶弾」……白鳥事件・高安知彦氏の手記

　も他人様にお見せしたい過去ではない。しかし特に私のような陰を背負ってきた人生には、最後の締めくくりと、自分自身の納得のためにも、自分史を書くことが必要なのかもしれないとも思われた。
　そしてまた私の関与した事件はひと時代を騒がせし、犠牲者としてしまった人はもちろんのこと、他の多くの方々にも多大なご迷惑をおかけしたものであったから、それを謎にしておいてはいけない義務が残っているように思われた。さらにこの事件にかかわっての、多くの私の想いもある。
　しかし、もしもこの事件の真実を知りたい方がおられるのであれば、そして少しでもこのことを理解していただけ、それが社会の前に何ほどかでも役立つ記録になるかもしれないのであれば、この事件発生の背景、私とこの事件との係り、そしてこの事件への私の心情を残すということは、幾分かの意味があるのかとも思われた。
　そして私は、食って行かねばならぬ身勝手で雑多な私情にとらわれて、恥ずかしい自分をさらけ出せずにきた人生も終末に近づきつつある今になって、これまで重かった筆を取ろうという気持になったのであった。
　その切っかけを作ってくれたのは、本書の共著者の一人である斎藤孝であった。

　斎藤は白鳥事件の謎に迫ってこの全記録を残そうと考え、現在可能な限りの事件に関する文書、記録類、そして埋もれた証言を集めることに実に多大な努力を傾けた。また事件関係者の証言収集のために全国を行脚し、また鶴田倫也氏の話しを聞くためと氏の帰国を勧めるために、わざわざ三度にわたって中国を訪れた。
　そして斎藤は当初一人でこのドキュメントを出版しようとし、それに添える私の文が欲しい、と求めてきたのであった。私はそれを、短い添え書きとでもしようと書きだしたのである。
　しかし過去の記憶を改めてたどるうちに、私がこの事件について、一度もまとめて書いたことがなかったこと、そのことに消極的だったことが気になりだしたのであった。
　本来ならば斉藤の記録収集作業は、この事件の直接関係者であった私がやらねばならなかったのかもしれなかった。しかし当事者の私には五〇年たってもまだ生々しいことで、荷が重すぎる仕事だったのかもしれない。
　だが短い添え書きのつもりで始めた文は、しだいにその想いが膨らんで何度も書き足し、私の思い出せる事実とその補足的説明、想いのほとんどすべてを吐き出すまでになってしまった。

　そしてまた川口が自著書「流されて蜀の国へ」に、「高安らの自供は、事件関係者から聞いていた事実と基本的に一致している」と書いて、党によるこの自供を公表したことは、事件がこの波紋を契機として川口夫妻にも、私も知らなかった事件にまつわる事実や、中国亡命者との係わりについての事実の公表を、決意させることになったのであった。
　それだけに、川口夫妻を理不尽な中国亡命に追いやる原因となったこの事件についての、この出版を心待ちにされつつ先立たれた栄子夫人には、出版が遅れたことが申し訳ない気持ちで一杯である。
　しかしこの公表が今頃になってしまったのは、大変遅れたことかもしれないが、この事件についてその後の党の対応についても、また私自身の反省についても、五〇年余という年月がより客観的

　来初めてというほどの率直な深い会話であった。そして今はなき川口栄子夫人を交えたなかから、夫妻の中国亡命にかかわる苦難の心情にふれることになった。
　この川口夫妻との交際が、この事件の陰を背負い、党の無責任な対応と、このことへの深い想いを胸に秘めて長い年月過ごしてきたのが、私一人ではなかったことを教えてくれたのであった。この事件をめぐる多くの想いを公表する責務を果す気持ちと勇気を、私に与えてくれることになったのである。

　そしてこの斎藤との接触を通じて、私の党員時代に一、二度しか会っていない記憶の無かった川口孝夫と再会し、過ぎ去った事件のことや党のことをしみじみと語り合える交際が始まったのであった。私にとってこのようなことは、それこそ離党以

402 (99)

このような、人間を人間として大事に扱おうとする温かい血の通った党組織でなく、また党員同志の、そして大衆の心情を正しくつかみ学び取ろうとする謙虚さもなくては、党が真に大衆に奉仕する道を步めるのであろうか。

これでは、日本の党が持っていた本質的な誤った体質と内部矛盾を、象徴的に示したと言える、この白鳥事件の、白鳥警部を始めとする多くの犠牲者を出した、この誤った行動による血を流した貴重な教訓が、党のそして社会の前進に少しも生かされない全く無意味でしかなかった、単なる過去の不幸な一事件として忘れられてしまう。

私はこの白鳥事件を謎の多いまま歴史のひだに埋没させてはいけない義務感から、党に憎まれ私の恥をさらすことを覚悟して、この手記を書き残そうと思ったのである。

白鳥事件発生から五〇年余年を経た今になり、私がこの事件の真実を公表することについては、事件が党によるものだと認めず、あるいは「まだ公表の時期ではない」とする党や、鶴田氏を始めとする元中自隊員の諸氏は、党を邪魔ものとして敵対視する反動層を助ける「利敵行為」であると、私を非難するかもしれない。

また私のこの手記に反論できる当時の関係者がごく少数になった今頃になって、これは卑きょうだ、とでも言われるのかもしれない。

だが現在も真面目な党員諸君が、身近な我々の多くの政治的、社会的な不合理、矛盾と諸議会や地域で闘っているのにもかかわらず、その闘いが必ずしも広範な国民運動に、そして選挙の票に結びついてかないのは何故なのか？それは一般大衆の中に党に対する根強い疑惑と不信感が容易に消えていないことを、党自身がまだ真剣に考え自覚していないからではないだろうか。

それを払拭して真の国民の党として前進したいのであれば、この手記に示した党の体質ともいえる、あるいは過去の党が持っていた白鳥事件を象徴的に示していた内部矛盾点を、それにまつわる多くの真しな自己批判の事実をさらけ出し、これに対する真しな自己批判と国民大衆への謝罪を公表し、裸になって出直すしかない、と私は思っている。

このことについての逃げ道はあり得ないし、それが人間を、大衆を信ずることなのであろう。

「関係者の生存中は公表すべきでない」などと、目先の組織の利益、個人の利益の優先に固執しているようでは、真に大衆の心に触れ、心をつかむことは不可能であろう。

たとえ党の歩んできた、そしてその中で私自身が歩んできた道がどんなに傷だらけ泥だらけの過去であっても、自ら背負ってきたものであるのであれば、その歩んできた道への、より正しい正負の評価を厳しく下す努力を、私のみならず公党として求められるのではなかろうか。それを避けるのは怠惰にほかならない。自己批判とは、たとえどんなに苦しくても、誤った全ての事実を直視することから始まるものであって、公党としてはそれを背負う責任があり、また大衆に向かってきちんと公表すべき義務があるはずである。

天皇制軍国主義の苦い経験を経て日本と同様に、党もまた目を覆いたいような誤った事実を、その党史から隠してはならないのである。その歴史の真実に謙虚であらねばならないと思う。

その事実を直観する視点に立たずして、失敗や欠陥を克服する真の歴史的前進はあり得ない。

あとがき

一九五二年一月の雪の中で、白鳥警部射殺事件が発生した。

私は一人の日本共産党員として、この計画に参加していた。このため私は、三年近い拘置所生活を過ごすことになった。

「我が青春に悔なし」とは、とても言えない苦悩のひと時であった。そしてこの陰を引きずりながら、私は精一杯生きてきたつもりであったが、事件発生から五〇年たって、やっと少しは自分なりにその時代を割り切れるように思えてきた。

よく人は人生の終末に近づくと、過ごしてきた自らを振り返って自分の人生録を書き残したくなるというが、私はそういう歳になってきた。

人様とはかなり違った道を步んできて、必ずしも

二〇〇　年　月　　高安記

ようと言う姿勢など一片もなかった、と考えざるを得ない。

そして武装闘争の過去の大失態に慌てて戦術を転換し、それによる失敗の過去の事実をタブー化して、時の流れにまかせて忘れさせようと時間稼ぎに誤魔化し続けてきた、と言わざるを得ないことになるのであろう。

そのような党は、自らの党史の一九五〇年代の伏せられた軍事方針下の暗黒の空欄を、そしてその後の矛盾した重大なペテン行為を、真しな自己批判や総括もせずに、欺瞞とほっかむりのままで通そうと思っているのであろうか。

これでは欺瞞に満ちた操作的報道で国民を敗戦に導いた天皇制軍国主義の指導者達、「今さら自らの古傷を暴くな」という、いわゆる自虐史観に反対する皇国史観者達や、過去の太平洋戦争の責任問題をあいまいにしてきた政治屋、あるいは近頃のマスコミをにぎわしている、組織防衛に走りつつも結局は自己の権威と利益擁護しか考えない、真の責任感と倫理の欠如した大企業や官僚組織の幹部らと、全く同列になってしまうのではなかろうか。

また六〇年前の広島、長崎の原爆による目を覆う大被害を、そして最近では自国内のBSEによるヤコブ病の発生例を、いまだにひた隠しにしている米政府、あるいはこの二〇年前のチェルノブイリ原発での広大な放射線被害を公表してこなかった旧ソ連政府等の、数えきれないほどの真実を直視しようとしない権力者達は、日本の党中央指導部員達と、一体どこが違うと言えるのであろうか。

これまで公表されてきた党史などでは、あたかも党が一貫して正しい誤りのない道を歩んできたように表明してきている。党が一貫して保守反動層に対して闘い続けてきたことは、基本的には正しかったのかもしれない。しかしその八〇余年の歴史の中には幾多の山坂があり、決して少なくはない誤った戦術、方針、そして行動もあったのである。五〇年前の軍事方針と白鳥事件も、間違いなくその一つであった。それを絶対誤りを犯さない党であるかのように、革命の大義と大衆の前衛であるとの美名で覆い隠し、ぬけぬけと通そうという、その厚顔さと、自己批判の行われない隠された党の体質的な誤りが、これまで救いようのない無駄な犠牲者を生み出し、また内部批判で遠ざけられ、あるいは党の体質に絶望した多くの真面目な党員達を捨て去り、切り離してきたのだった。少なくとも私が知っていた党内部では、党員同志の人権をあまりにも独善的に無視した、非人間的、非民主主義やさい疑心による誤りが少なくなかった。

その時々の党中央や上級幹部の方針、指導が、それがあとになって誤りが明白になったことでも、それに反するものは反党分子として、また人間的であることをプチブル主義者の、慎重な者を日和見主義者のレッテルを軽々しく張って、党外に追い出してきた。

そして党内ではこれらのことに対して、全ての党員の自覚をうながすための、教条主義的、権威主義的なに指導者の惑わされない、広範な党員同士による自発的で自由な討議に基づく自己批判活動が行われてこなかった。またそれらの犠牲者を、本気で救済し名誉回復しようともしなかった。

それが少なくとも、最近まで改められていないことは、これまで私がこの手記に示してきた白鳥事件の関係者達の扱い方に、そしてこの事件や軍事方針を原因として離党した少なくない元同志達の扱いに、明らかに見られるのではないだろうか。

私の北大での先輩で恩師でもあり、本当に真面目な活動家だった、今は亡き太田嘉四夫氏は、ソ連崩壊を機に苦悩の末離党せざるを得なかったのであるが、氏は自らの誤った党活動を大衆に謝罪しなければ、とまで思い詰めていたそうである。

またこの頃の一九九〇年代には、私の元同志だった北大細胞出身のある諸君も、党内矛盾への煩もんの末に党を去らねばならなくなったり、激しい内部批判活動により除名されたりしていたことを、私はあとになって聞かされている。

これらの人々の苦悩はいかばかりであったのだろうか。すでに五〇年も過去のことだった私には、その心中を痛いほど察することができたのである。

しかしこれらの人々がすべて個人的な転向者であり、あるいは反党分子であった、あるいはその時々の組織防衛のため止むを得なかった、で片付けられるのであれば、党は余りにも身勝手であり、無責任であって、それらを生きた経験とする真の自己批判がなかったことになってしまう。

そしてその上、誤った過去の党中央がこの事件の事実を隠ぺいしてえん罪としてきたことを、指導部が大きく変わった六全協以降もそのまま継承して、現在に至るまで国民大衆を欺瞞し続けていることについては、重大な責任があると言わざるを得ないと思われる。

だが六全協以降の党主流派だった宮本氏ら当時の国際派は、一九五一年綱領の決定には関与していなかったかもしれないが、宮本氏も参加してこれらの自己批判をしたはずの六全協決定にも無関係だった、白鳥事件のことは知らなかった、とでも言い逃れをしたいのであろうか。

しかし間接的な五名の事件関係者を中国に追いやることにしたのは、事件の真相をすでに把握していて六全協を取り仕切った、宮本氏を含む分裂を解消した再建中央指導部だったのである。

党の組織原則は「民主集中制」とされ、「国際的な性質および全国的に決定すべき問題は、中央機関で統一的に処理する」としており、また少なくとも当時は、「党内では下部が上部の決定に従う」ことが原則とされていた。更に、「党の内部問題は党内で解決し、党外に持ち出してはならない」とも決められていた。

従って五全協当時でもその後であろうとも、党中央指導部で決定された方針とそれによって生じた結果については、一般大衆に対して党全体が責任を負うべきであり、党内においては党中央が全党員に対して責任を負うのが当然のことであろう。白鳥事件は誤った戦術が招いた重大な行動であって、白鳥警部を殺害した党組織にも甚大な損害

を与えた。その上事実を隠ぺいしたペテンにより良心的国民大衆一四〇万人をも動員した白対協運動は、国外にまで広く宣伝した偽りの大闘争だったのであった。

にもかかわらず、それを生じた戦術方針は曲がりなりにも反省したが、しかしその誤った行動については党の大失態を敵に見せられないので、党内問題として隠密のうちに処理して公表しなかった、とでも言いたいのであろうか。

だがこの事件が党内問題にとどめておけるほどの、一般大衆に影響のなかった小事件だったのだろうか。革命の大義の名の下に許されるほどのごく些細な誤りだった、と言えることなのであろうか？

もしも仮にも、この事件が謀略によるえん罪であり本当に党が無実だったのであれば、白対協運動は権力の陰謀を告発する闘争として、永遠に継続しなければならなかったのである。

また、この事件でえん罪で逮捕拘禁されるのを避けるために中国に亡命させたという関係者達を、最後まで擁護する責任が党にあったはずである。それを党は、それまで積極的に進めてきた白対協運動を突如中止し、闘士として祭り上げた村上氏を最後に捨て去り、危険を避けるため亡命させたはずの中国帰国者達を、のちには「反党分子」として扱うことで、事件のその後の党とは無関係であったかのように、取り繕てしまう。ましてやこの事件の邪魔者にしかならないことになってしまう。

このようにみてくるとさ、結局党にとってこの事件の我々関係者達は、過去の誤った戦術方針によって生じた単なる使い捨て要員であって、またその後の党にとって邪魔者にしかならないことになってしまう。ましてやこの事件の事実を、またそれを生じることになった原因を、真しに自己批判し

党員達が、誤った軍事方針によりこの事件をてに起こしたので、それらの者達は反党分子として除名処分にしたから、現在の党中央指導部には責任がない、とでも言おうとしてかのようである。

だが私は自分の意志で離党したのであって、脱党届の提出後に改めて除名処分の通告を受けたことともなかった。

また何時も党に忠実だった村上氏が、極左反党分子として除名処分されたとの公表を、私はこれまで聞かされたことはなかった。

もしも氏がひそかに処分されていた訳でもなかったのであれば、「村上氏を偲ぶ会」など開かれる今頃になって、事件発生後五〇年もたった今頃になって、事件発生の責任を当時の誤った党中央指導部一派と、それに従った元党員にとを認めたことになる。だが少なくともこの事件は、誤った党中央（国際派から言わせれば分派だろうが）の指導下にあったとはいえ、党中央を始め我々中自隊員はれっきとした日本共産党員だったのだから、それまでの事件に対する党員の冤罪説、無罪説を、自ら否定したことになるのではないか。

しかしこのように、事件の責任を当時の党中央指導部一派と、それに従った元党員にせよ、それら反党分子がこの事件を実行したとすれば、事件発生後五〇年もたった今頃になって、「村上氏を偲ぶ会」など開かれる訳などなかったのであろう。

●記憶の歴史学>>>テロルの「凶弾」……白鳥事件・高安知彦氏の手記

すでに、村上氏を含む当時のいわゆる反党分子の事件実行を実質的には認めていながら、「現在の党とは無関係」とうそぶきその指導者はおろか説明責任すらも取ろうとはしない党が、いまさら無実を訴えようと言うのか。村上氏を組織防衛のためにさんざん利用した末に捨て去ったことを、そして一四〇万もの大衆をペテンにかけて欺き、白対協運動に参加させてきたことを、謝罪しようと言うのならば理解できるが。

このようにして白鳥事件後の党の、この事件に対するその態度を見てくるとき、私が知る限りにおいても、この事件を巡って党はいったい何を考えてきたのであろうか？　疑問、疑惑が涌き出てくるばかりである。

党にとってこの白鳥事件など、誤魔化し切れるとでも思っていたような、ほんのわずかなかすり傷に過ぎなかったのであろうか。

そしてこの事件において、「裏切り者！」、「転向者！」とは、一体、誰が誰に向かって言う言葉なのであろうか。

「無責任と偽りの自己批判」

このようにして、白鳥事件の発生からもうすでに半世紀余の年月が過ぎてしまった。

これまで示してきたとおりこの白鳥事件は、当時の党札幌委員会村上キャップの指揮下にあった、私を含む中自隊が実行したものであった。それは党の五全協と五一年綱領に基づく軍事方針による、極左冒険主義的テロ行動であった。そ

して一九五五年の党の六全協によりこの綱領と軍事方針は廃止され、また五全協時代の党中央指導部の所感派と国際派の分裂も解消されたのだった。

だが国際派が武装革命方針決定の責任を負わせなかった、敗戦後の党再建の第一実力者で所感派の指導者でもあった、愛称「徳球」こと徳田球一中央委員会書記長は、すでに一九五三年に北京で客死していたのだった。

そしてこの六全協においては、五全協での武装革命論と軍事方針が誤りであったとの自己批判により、それらが廃止されたはずである。

だが自己批判とは、誤った戦術、方針とそれによる誤った行動に対して行われるべきものであろう。それにもかかわらず公表された六全協決議報告には、それまでの極左冒険主義的偏向等への極めて抽象的な自己批判と、過去の諸決定のうちこの決議に反するものは廃棄するというだけで、軍事方針はおろか白鳥事件等の誤った具体的な事実については、一言も触れずに通していたのであった。

当時の軍事行動での最大の自己批判の対象と見られるこの事件についても、すでにえん罪方針による白対協運動が大々的に進められており、その事実を隠し通すことにしたのであろう。

そして、ともに闇に葬り去られそうもない軍事行動については、のちに他人ごとのように「徳田分派による武装闘争」と、責任を回避して無関係と言い出したのであった。

その後の一九六一年の第八回党大会で、いわゆる「自主独立路線」の新綱領が作られた。しかし事件当時の党中央指導部の主導権争いは尾を引き、事件当

の国際派の中心だった宮本憲治氏による指導権の確立と、現在につながる宮本―不破体制ができたのは一九七八年以降とみられている。

けれども六全協以前にえん罪という誤魔化しで始められた白鳥事件の処理が、村上氏らの活発な活動で拡大してゆくのが重荷になり、事件の真相を知っているだけに何時かは終止符をうちたかったのであろう。宮本氏主導の指導部は、五全協当時の旧指導部員を追放的に整理しつつ新指導体制を固めてきた一九七五年に、最高裁による白鳥事件裁判再審請求棄却のチャンスをとらえて、すべての白対協運動を中止したのであった。

しかし党中央の指導体制と戦術方針が混乱して大きく変わったからといって、この事件についての明確な説明もなしに、突然「現在の党には無関係」と言い出すのは、余りにも無責任としか言いようがないのではないだろうか。たとえそれが過去の誤った分派によるものであったとしても、その誤った行動の説明と責任の所在をうやむやにすることは許されない。

一般の国民にとっては、それが過去の分派によることであろうが、現在の党がやったとしか見られないのであるまったく同じ党がこの事件とどうかかわってきたのかを、明確にする義務はあるはずだ。すくなくとも、党がこの事件と「無関係」と言い出すのは、余りにも無責任としか言いようがないのではないだろうか。

それは日本の過去の軍国主義的侵略行為に対する歴史的反省に、現在の日本政府がどう対処するかを明確にする義務があることと、まったく同様なのではいだろうか。

しかし党中央は、すでに一九五五年頃には川口氏らの報告ながら白鳥事件の真相を、村上氏の仮出所以前から直接、間接の事件関係者達の党からの切り離しを、あらかじめ考えていたものと思われた。

中自隊の一員であった門脇戊巳氏によれば、氏は、六七年に亡命先の中国から日本の党中央宮本指導部の政策方針に反対して、自分の異なる意見書を送付したところ、それについての回答もなく、事実無根の理由で党籍除名の通知が突然送られてきたという。

しかし川口氏の話では、一九六六年に日本の党の北京駐在代表、管理下にあった、事件関係者を含む左派グループは中国路線に賛同し、宮本路線に反対する意見書を日本の党の第一〇回全国大会に送ったそうである。そしてこのグループの除名処分が「赤旗」に発表されたが、これには事件関係の亡命者は含まれず（公表できないためか？）、相変らず北京駐在代表管理下の日本の党員であったということである。

そして一九七三年からこの事件関係中国亡命者達の日本への帰国が始まったが、党中央は六全協以後の宮本路線に反対する者達から、白鳥事件の真相が漏れることを恐れたのであろうか。一九七五年に最高裁が再審請求の特別抗告を最終的に棄却したのを機会に、突如として白鳥事件運動引きの終結宣言を出し、白対協を解散して活動を中止したのであった。

このとき当時の元党員の話によると、事件の無実を信じて闘ってきた白対協運動の中心的活動家達の日本への帰国が始まったが、党中央は六全協以後の宮本路線に反対する者達から、白鳥事件の真相が漏れることを恐れたのであろうか。一九七五年に最高裁が再審請求の特別抗告を最終的に棄却したのを機会に、突如として白鳥事件運動引きの終結宣言を出し、白対協を解散して活動を中止したのであった。

は、「これまでの二〇余年の活動は、いったい何だったのか!?」と、決定した党中央への割り切れはこの事態を報じたのみで、あとはまったく無視する態度に出た。またこの終結宣言に続いて党機関紙「赤旗」は、ぬ不信と悲憤の念に追いやられたそうである。

六全協以前には軍事活動に従事した党員が他にも多数いたにもかかわらず、中国亡命から帰国した白鳥事件と直接無関係だった川口氏ら五名に対して、「党が分裂した時代の、誤った一派の指導による極左冒険主義の反党盲従分子である」との記事を掲載したのであった。

一九五五年の六全協以後も白鳥事件は権力による陰謀として闘ってきて、未逮捕の事件関係者らを亡命させた宮本氏主導の党は、この一九七五年に至って突然にも「白鳥事件は誤った分派によるもので、現在の党とは無関係」との矛盾した反対の態度に転向してしまい、以後現在に至るまで「無関係」と言い続けることになったのである。

そして一九七七年の門脇氏の中国からの帰国は、「赤旗」は、氏を尊称抜きの犯人扱いで他人事のように「白鳥事件の容疑者帰国」と報じ、「反党分子」を、現在の党とは無関係」と馬脚を現した記事であった。

すでに除名されていると思っていた門脇氏は、ある程度の覚悟をして帰国したのだろうが、少なくとも一九七五年までは事件を無実として闘ってきた党だから、まさかこれほどまでのひどい態度に出るとは思ってもみなかったのであろう。これに対し氏は「大きな疑問を抱いた」と声明を発表したが、党は追い打ちをかけるように、「門脇は党さんをしのぶ交流の集い」を、国民救援会の名で札幌と東京で開催したと聞いている。

翌一九七八年には大林昇氏が帰国したが、「赤旗」はこの事態を報じたのみで、あとはまったく無視する態度に出た。帰国後大林氏は、二五年前に起訴されたままになっていた「住民登録事件」のみの公判が開始されたが、先に帰国した者達と同様に、党の弁護士や国民救援会らによる救援活動はまったく何もなかったという。

先に示したように、村上国治氏は一九八五年に自転車泥棒を疑われたことで、国民救援会の副会長を辞任し、以後は捨てられたかのような、惨めな闘士の末路に落とされ不審な最後になってしまったとみられている。

誤っていたとはいえ、軍事方針を彼なりに理解し、それを大胆に実行し、逮捕後は党組織防衛に全力を尽くした忠実な党員村上氏を、そして彼に従って行動した元中自隊党員や、事件実行に無関係ながらもその事実に触れていると疑われた関係者達を中国に追いやり苦労をさせ、そのあげくには疑心暗鬼のまま「反党分子」扱いで、結局ことごとく弊履のように捨て去ったのであった。

それはまた、事件の無実を確信して白対協運動に参加し闘ってきた党員とシンパ、それを援助した多くの大衆を切り捨てたものである。

だがそれにもかかわらず、白対協運動中止後二七年も放置してきた二〇〇二年の今頃になって、何故か党は突然思い出して寝た児を起こすかのように、「白鳥事件五〇周年村上国治さんをしのぶ交流の集い」を、国民救援会の名で札幌と東京で開催したと聞いている。

● 記憶の歴史学＞＞＞テロルの「凶弾」……白鳥事件・高安知彦氏の手記

六回全国協議会（略称 六全協）で所感派と国際派の分裂に終止符を打ち、五全教と一九五一年綱領による武装革命方針を転換せざるを得なかったのであった。

しかし党はこの武装革命戦術の誤りを認めながらも、これから生じた象徴的な白鳥事件を相変らず権力の陰謀として、六全協以降もそのまま白対協運動を盛り上げて、全国的な活動と組織化を進めたのであった。

また六全協でこれまで地下組織の非合法活動を中止し、全党活動の公然化をも決定したのであった。この事件の直接関係者で未逮捕だった元中自隊員ら五名はすでに中国に逃亡させていたが、この公然化で地下に隠匿していた間接関係者ら五名も邪魔になり、続いて中国に追いやることになったのである。

そして一九五六～六〇年頃には白鳥事件対策としては、党組織や関連の国民救援会等の「全国被告団（逮捕党員らの）協議会」や、「白鳥事件報告懇談会」等の報告集会が催された。また北海道では、社会党、国鉄労組、全道労協、札幌地区労、それに村上氏出身地の比布連盟等が応援した、権力の陰謀を訴える北海道民大会等に拡大して持たれ、北海道白対協が結成された。比布村議会では白鳥裁判分離公判反対の併合審理要望決議がなされた。更に一九五九年頃からは北海道以外の東京その他の地域でもこの事件への関心が高まり、実に多くの集会等が行われるようになった。党組織以外でも国民救援会や自由法曹団等も発起団体となって、「白鳥事件懇談会」や「人権を守る会」、「白鳥学校」

等々の多彩な報告、懇談集会が各地でたびたび開催された。一九六二年には東京で中央白対協が結成された。また先に示したような「小説」類の出版会や映画・演劇等の会、宣伝報告のピクニックといったリクリエーション等も頻繁に催された。

また全逓、全日通、全自交、私鉄総連、全港湾、全農林、全林野、東京地評、都職労等々の幅広い労働組合の集会や、その他多くの団体の集会でも、国治釈放、再審請求等の決議が行われたりしたのであった。

一九六九年に網走刑務所を仮出所した村上氏は一九七五年までの間、白対協や労働組合その他の多くの支援団体等のえん罪を訴える集会活動に連日のように奔走して、「獄中に無実を通した闘士」として称賛されたのだった。村上氏の出席したこれらの集会は、この五年間に全国で延べ数百回以上にも及んだそうである。多い時は千人もが全国から参加して、三〇回も実施されたという。

またこの事件の詳細をよく知らない札幌市内のシンパ大衆に、偽りの説明で党のえん罪を実感させるため、札幌市内幌見峠拳銃試射現場や警部射殺等の事件関係個所を巡回する現地調査会が、多

らの関係諸団体や、党系列の労組はもちろんのこと、当時の党に批判的だった総評傘下の多くの労働組合等をも巻き込み、社会党や公明党までをも再審請求運動に協力させるほどになった。党議員のいるような地方議会での再審要望決議は、一五〇議会にもなったそうである。

このようにして最高裁への特別抗告再審要望の署名運動は、一四〇万人にも達したという。

疑惑の宣伝活動は党と村上氏のえん罪は、容易に勝ち取るには至らなかったけれど、検察権力とその裁判に対して多くの人々に疑問と不信を抱かせたことでの宣伝効果から見れば、半ば成功したかにも思えたのであった。

この調査会場の一つに、私もひととき間借りさせてもらった小野さん宅があった。この小野家は、事件について多くの自供をした迫平氏の夫人の実家でもあった。このため小野家は事件とは直接無関係にもかかわらず、党や集会参加者達から「高安、追平の裏切り者が根城にした住まい」

との、こじつけの非難を何度も浴びることになってしまったのである。

小野家は近所からも好奇の眼でみられるようになり、まもなくこの自宅から逃げ出さざるを得なかったらしい。

党や村上氏らは、このような無関係な人々への無情な嫌がらせや仕打ちを、いったい何と考えていたのであろうか。

しかし村上氏は平和運動の闘士として、世界平和評議会からの「ランブランキス賞」という表彰を、平然と受けていたそうである。また党の中枢からは遠いけれど、一時期国民救援会副会長に祭り上げられていたのだった。

この熱狂的な氏のパフォーマンスによって白対協運動は勢いを得て活発化した。全国の良心的、進歩的？文化人、知識人、宗教家、学者等、それ

だが少なくとも現在の私は、強固で固かった同志的友情の壁を乗り越えた自己批判の結果、私自身を本来動かしてきたヒューマニズムに戻り、真実を直視する姿勢を持ち続けたいと考え、それに反する党組織から離脱したのであるから、党組織に対して、また昔の元同志達に対しても、今さら何等の引け目を感ずることは少しもないのである。むしろ党によるこの事件の実行に参加しないながら、あるいはこの事実を知り、また感じながらも、「謀略による党のえん罪!」を声高に叫ばねばならなかった当時の党員諸君の方が、私に対しても、そして真実とヒューマニズムに対して、自らの偽りの行動に引け目を感じているのでは、とすら私は思っている。

ただ私は、党組織や党理論の持つじゅ縛性から逃れられない党員や元党員諸君と、この事件や私の考え方について、声高に論争しようとは思っていなかったし、また党や白対協の組織に反していなかったならば、闇に消されていてもそれほど不思議ではなかったのかもしれないのだった。
そのため佐藤直道、追平の両氏は、私は直接間いていないが、実際にかなりの直接攻撃、迫害を

受けたのだろうと推察された。
また私が村上氏の自転車泥棒事件や火災による事故死事件を、何者かに仕組まれたものではないかと不審に思うのは、一見景気のよい目立った活動実績を重視するかのような、誤った英雄気取りの風潮も当時の党内には多分にあったのである。
そしてこの軍事方針は、白鳥事件に象徴的なテロリズム的行動に向かってしまったのだった。この困難な状況に耐えられず、大衆の意識を一歩一歩高めて「一歩後退、二歩前進」を繰り返すような、地道な活動をおざなりにしてしまって、一揆主義的なテロ行動に走ったのだった。
党の北海道地方委員会の吉田キャップは、この事件の計画を事前に知っていたかもしれないのに中止させなかったが、事後に「プチブルのゴロツキ的行動」と村上氏を酷評したと聞いている。だがまさにその通りには違いなかった。
このような誤った軍事行動は特に一九五二年前半期に頻発して、火炎瓶事件や暴力的対警官事件等により全国に拡がった。当然激しい権力による弾圧が加えられ、誤ってはいたけれども真面目で勇敢な多くの党員が逮捕されて、党組織は大打撃を受けざるを得なかったのであった。
そしてこの武装闘争と強引な極左引き回しの指導は離党者を続出させ、一九五〇年当時一万いた党員は一九五五年には三万人に激減していたそうであり、一九四九年に当選した三五名の国会議員は、一九五二年一〇月の選挙でゼロになってし

しかしまた振り返ってこの事件当時を考えると、五〇年にぼっ発した朝鮮戦争前後をめぐっての、警察予備隊発足による日本の再軍備化、レッドパージによる党の実質的非合法化、これに激しく抵抗した党への日米権力の弾圧と策略渦巻く、緊迫した嵐の中で生まれてコミンフォルムの押しつけによる軍事方針と武装抵抗運動は、たとえ一人で孤軍奮闘することには、いささかちゅうちょせざるを得ない気持ちもあって、長い間沈黙を続けてきたのだった。
それほどに、少なくとも五〇年前の私が知っていた党組織は、暗くて陰険な一面のある、地下活動能力を持ったものであった。党を裏切った私が、釈放後も党に対して強く立ち向かう行動を続けていたならば、闇に消されていてもそれほど不思議ではなかったのかもしれないのだった。

まったのである。
そしてこの武装闘争と強引な極左引き回しの指導は離党者を続出させ、一九五〇年当時一万いた党員は一九五五年には三万人に激減していたそうであり、一九四九年に当選した三五名の国会議員は、一九五二年一〇月の選挙でゼロになってしまった。
自己暗示的に落ち入ってしまったのであった。
村上はまた、「東京に(五一年暮に東京・練馬で

この事態に混乱した党中央は、一九五五年の第

私が拘留されていた月寒地区の党町議桑原氏は、逮捕二年以上もたった私の立場を承知の上で、哀れとでも思い手を伸ばして、救い上げようと考えてくれたのだろうか。そして私を党に取り戻して、一緒に偽りのえん罪を闘って欲しかったのであろうか。

しかしいずれにせよ、当時の札幌の党員諸君はこの事件に直接的には無関係であったか、当時の党をとりまく米軍占領下の厳しい状況と、白鳥警部が党員らからどれほど憎まれた存在であったかを、身をもって体験していたのであるから、射殺行為の是非は別としても、この事件が党組織の誰かによるものであることを、心中では密かに感じ取っていたはずである。

だが党籍のあるものとしての立場上、裏切り者呼ばわりされている私に事件の真相を聞くこともできず、真実にはただ眼を閉じて、党の命ずるままに「でっちあげの冤罪事件!」と叫ばねばならなかったので、私に向かって「裏切り者!」とはとても強く責めることができなかったのではと私には感じられたのだった。

北大細胞出身者でまだ「えん罪」を唱える中国亡命者のある者は、今だに私が「裏切り者」であり「転向者」であるという冷たい目にさらされ、引け目を感じてひっそりと暮らしていると思っているそうである。

しかし私は、自分自身がヒューマニズムに反した行動に参加してしまったことを恥じ、事件の犠牲者となってしまった白鳥警部とそのご家族、また多くの世間の方々に申し訳ない気持ちから、控え目に生きたいと思ってきたのであった。

この事件での裏切り者とは?

私は拘置所内で自らの活動の清算を決意し、この白鳥事件が札幌の党の中自隊により行われ、もかかわった計画的実行であったことを自供した。

だがこのことは、少なくとも当時の党組織にとっては、重大な裏切り行為であった。はっきり文書化されたものではなかったが中自隊訓案では「死をとして秘密を厳守する」とうたわれていたのであった。

そして共産主義者、共産党員にとっては、その思想を変えることは「転向者」とされ、組織の「裏切り者」と言われることが、思想と意志の薄弱さ従って私は、党に大打撃を与える事件の秘密を暴露したからには、ことの是非はともかくとして裏切り行為そのものには、厳しい罵声を浴びせられるものと覚悟していた。にもかかわらず文書上以外では、これまで私に直接面と向かって党員諸君らから、「権力に魂を売った者!」と厳しくのしられ、侮辱されたことはただの一度もなかったのであった。

そして村上氏以外の札幌の党指導部員達は、この事件に影響の大きいであろうことを恐れて、すぐにこの「天ちゅうビラ」配布を中止させ、回収しようとしたが、委員会の名が入っていまいが、あるいはこのビラ配布がなくても、党の実行が疑われていることに大差はなかったのであろう。

また事件発生後二〇年以上もたったある時、私をよく知っていた札幌の古い党幹部高橋昭一氏と、路上で偶然出会ったことがあった。彼は東京の中央白対協の中心ポストや村上氏の特別弁護人を務めたこともある白対協運動の幹部活動家でもあって、言ってみれば私を糾弾する立場の急先ぽうだった。

ところが彼はそのことをすっかり忘れたかのように、懐かしそうに笑顔で話しかけ、選挙のカンパを求めたのであったが、もちろん私は冗談を交えてそれを断ったが、彼の真意とそのような無神経さを理解することができなかった。

そしてまた、未だに冤罪に固執する中国亡命者のある者と会った時や、村上氏に仮出所直後会った時にも、彼らは一言も表立って私を面ばしたことがなかった。

それらの人達にその真意を確かめたことはなかったが、私が権力側にやむを得ず「偽りの作文」と言わされた、「裏切り者」と責めるにも値しない哀れな犠牲者とでも思ってのことだったのであろうか?

私を「裏切り者!」と叱責せずに、一緒の統一公判にさそい、のちには自ら旧交を温めに来た村上氏、優しく?差し入れしてくれた桑原町議、そして気軽にカンパを求めた高橋党幹部らは、私を

の弾丸を埋めるのであれば、すでに判明している警部の体内からの供述の弾丸や私の初めのざわざわ違う、疑問を抱かせるかもしれないことのを使わないだろう。また弾丸のおかれた環境の少々の差でも、長期間では腐食の度合いはかなり違うのでは、とも私には思われた。

この試射地での弾丸捜索は、五三年夏から秋と五四年春から夏の長期間に、たしか三〇〜四〇cmほどのササや草を刈り、そこの落葉土を繰り返しフルイにかけて丹念に行われたものであった。

それにしても二発の発見とは、少なすぎるとも私には思われた。発射弾丸は三〇cm前後の新雪層を斜めに通過して、おそらくその下の落葉土層の比較的表面にとどまり、二年ほどの間に傾斜地の下方に流失してしまったのをフルイにかけがひっかりと忘れてしまったのだろうか。あるいは試射時には私以外の隊員の多くは、立木の幹でも狙って発射していたのだろうか。

また発射時に銃から飛び出す空薬きょうは、弾丸より大きいので雪中で見つけやすいと思っていたが、その発射直後に雪中に回収した記憶がまったくないのに、捜索時に一つも発見されなかったのは不思議であった。私は空薬きょうを回収したのをすっかり忘れてしまったのだろうか。あるいは試射時だれかが回収したのだろうか？

しかしこのように弾丸等にいくつもの疑問はあったけれども、この場所で少なくとも一回、私ら中自隊員による数発の拳銃試射があったのは、紛れもなく私自身体験した事実であった。

この時私が標的にした、白い雪上にポツンと落ちていた大きな一枚のホオノキの落葉が印象的で、これだけが鮮明な記憶として私には残っている。

しかし、事件後は、その銃や故障で使用不能だったこの銃をどのように保管、処理したかは、私はまったく知らないことであった。

またこのブローニング銃の入手経路についても、私にはまったく知らないことであった。

北大細胞の桂川良伸氏植野光彦氏二名は、中自隊ではないけれども軍事部に関係していることは知っていたが、植野氏が武器の担当で手りゅう弾の作成に苦労していることを少々見聞していただけで、彼等が日常的にどのような活動をしていたのかは、私はまったく知らないことであった。

いわゆる、「天誅遂に下る」ビラについては、村上氏も否定し党も触れまいとしていたかしれないが、このビラの原稿が村上氏によって書かれたことは、私が札幌委員会名を間違って入れてしまう失敗があったので、はっきりした記憶のある事実であった。

この事件は党を敵とする警察等権力側の恐怖心をあおる為に実行したものであるから、その政治的意図を宣伝しなければ、その効果が半減すると考えられるので、村上氏が頭を絞って名文？のビラを作ったのである。この事件発生後は、それぞれの地域のシンボル的な敵を目標に掲げて、「第二の白鳥になるな！」という脅迫的なビラを盛んに流したのであるが、彼のその心境がよくわかるような気

がするものであった。

この場所の実地検証時に、そこにホオノキ倒卵形の葉があることも、その特徴のある楕円形の葉で、確認することができたのである。

またこの拳銃発射ときすぐ近くで、植野氏手作りの手りゅう弾の爆発テストを行ったが失敗に終わった。この長さ二〇cmほどの鉄パイプを利用した不発弾は、私も立会った現場検証時に、その小沢の谷底から泥水に埋まって、すぐ見つけ出されたのであった。

しかし党側は、同時に行われたこの不発弾の発見の事実が、拳銃発射と結びつけられて私の供述の信ぴょう性を心証づけられているためであろうか。この事件の訴訟内容には直接的に無関係な事実であるかのように、都合の悪い不発弾発見は無視して触れないようにしていた。かとも私には思われたのであった。

この札幌の中核自衛隊が所持していたブローニング型拳銃は、一般の警察官が携帯しているSW型弾倉回転式のものより格好の良いスマート感があり、確か六発の弾丸が装てんされる弾倉の入った銃把を握ると、手のひらにズシリと心地よい重量感があり、今考えてみれば身勝手ではあるが、所持する者に優越感と安心感を持たせるものでもあったのだろう。

当時中自隊の隊長格であったためだろうか、宍戸氏がよくポケットにこの銃を持ち歩いていたようであるが、彼のその心境がよくわかるような気

詳細は私には不明であったが、植野氏が関係しているような話を、一九五一年の暮頃聞かされたようだが、はっきりした記憶は残っていない。この入手には斉藤和夫氏が関係してるようだ。私は斉藤氏をよく知らなかったので、はっきりした記憶は残っていない。

れた弾丸は、すぐに国家警察の科学捜査研究所に鑑定に回されたらしい。しかしこれらの弾丸が同一拳銃から発射されたという明確な結果は得られなかったそうである。

そうして三発の弾丸の正式な鑑定は、当時の東大の磯部教授に依頼された。磯部教授は、三発の弾丸の外観、大きさ、重量、比較構造がほぼ等しく、発射時に銃身内の溝で弾丸につく線条痕も、極めて類似する一致点があると鑑定したのだった。

ところがその後、この弾丸を再鑑定した元東北大長崎助教授により、この証拠の信ぴょう性を疑う結果が出されたのであった。試射地から発見された二発の弾丸は、発射後発見されるまで一年七カ月と二年三カ月経っていたにもかかわらず、その土中でほとんど腐食していなかったことから、はたして試射地に長期間埋まっていたのだろうかという疑問が提出されたのである。

長崎助教授は、その後も試射地の幌見峠や協力を得た中国で長期間の実験を行い、土中に埋められた弾丸はほとんど腐食するという結果を得たのであった。

また党側の証人となった当時理学部の宮原教授は、弾丸の線条痕の白鳥警部の体内から摘出されたものと、試射地から発見されたものとの間の差異が確率論的に認められるとして、同一拳銃から発射されたものではないという証明しようとされた。

他にも北大の岡本教授は、弾丸の放置期間はその腐食状況から推定できない、と証言され、また東北大の下平教授や東大の原助教授らは、それぞれ弾丸の腐食状況や線条痕の点等から、同一拳銃

の発射を否定する証明をしようとし、検察側あるいは弁護側のこれらの鑑定結果が札幌地裁や札幌高裁などに提出されたのであった。

最高裁は長崎助教授の実験結果の科学性を認めて、幌見峠で発見された二発の証拠弾丸に「不公正な捜査の介在する疑念」があるとし、「疑わしきは被告人の利益に」の原則が再審開始にも適用されるとした。しかし結局は札幌高裁と同様に、長崎助教授や他の弾丸の鑑定人を調べただけで、「三発の物証弾が同一拳銃から発射されたことが否定されても、原判決（札幌地裁、高裁）は影響を受けない」として、最高裁は再審請求の特別抗告を全て棄却したのであった。

また私は、試射前後に私が見ていた拳銃の弾丸はしんちゅう色のものだった、と取り調べで供述していた。警部の体内から摘出された弾丸の色も、同様に真ちゅう色だったそうである。

ところが私の供述したこの試射地から発見された弾丸は、ニッケルメッキ状の金属色のものと、それに真ちゅう色の斑点のあるものだったのであった。

こうしてみると、当時中自隊が所持していた弾丸には、二種類、あるいはそれ以上の色の違うものがあったことになるのであろうか。

しかし私の供述した試射での弾丸が警部射殺に使われたものではないという疑いにより、党側は私の証言を疑問視することになった。そして故意に埋められた場所から発見された二発の弾丸が、検察側により故意に埋められたものであり、更に

は拳銃の試射や訓練そのものが「あり得ないでっち上げ」だと飛びついて、公判廷やあらゆる抗議集会、宣伝活動で、激しい反論や攻撃を加えることになったのだった。

幌見峠で発見された二発のうち、たしか最初に発掘された捜索時、私はそこに立ち会ってその弾丸を見せられたのだが、あるいは故意に別の弾丸を埋めることがあるかもしれないといった私は、先に供述した弾丸の色のことをすっかり忘れて、その場所が私の指示地点に近かったことから、即座に「これだ！」と思い込んでしまったのである。

だがその後よくよく考えてみると試射当時私は、弾丸についてそれほど注意して見ていた訳ではなかったようだった。当時札幌の党の所持していた弾丸が、全部でどのくらいの数量であったのかも知らなかったし、そのすべてが同一色でなかったのかも、それほど正確な記憶がなかったことに、あとで気づいたのであった。

また拳銃の弾丸は小さいので、それについている火薬の入った薬きょうは比較的大きいので、薬きょうの真ちゅう色の記憶から、弾丸全て真ちゅう色と混同して思い込んでいたのかもしれない、とも思われた。

したがって弾丸の色などに正確な記憶のなかった私は、試射地から発見後に弾丸の色や腐食などの疑問が出ても、私の記憶が混乱するだけで、この試射での弾丸が警部射殺に使われたのかどうかの真疑は、私には判断のつけようがないことになってしまったのである。

だが仮にも当局が「でっち上げ」の試射地に「偽

いくら考えても思い出せなかったのであった。しかし事件の重大な争点においては、いわゆる共同謀議の有無は重大な争点となるので、その日時、場所等の私の不正確な記憶による証言は、検察側によって作られた「でっちあげ」のせいであると、弁護側による激しい攻撃の的にされた。

この一月四日頃という私の証言には、三～五日頃には他の会議等で村上氏と一諸に居たという他の何人かの党員の、弁護側によるアリバイ証言があったのである。

しかし同日でも会議開催の時間差があるかもしれないし、大体家族同様かあるいはそれ以上に精神的、思想的に結び付きの強い党員同士の証言が、はたして信用できるのか、私には極めて疑問であった。

また門脇宅と村手氏の下宿先の家人による、「そのような人（村上氏）が来たことはなかった」、「そこにはあいまいな記憶も少なくないために、記憶違いや誤った思い込みもかなりあって、それに気付いたときには、その都度以前の供述を訂正することが何度もあったのであった。

また取調官からは、「これほどの重大な事件にかかわりながら、記憶があいまいなのはおかしいのではないか？」と、指摘を受けたことすらもあったのだった。

私の記憶の不確かさは、当日の日常的な打ち合わせや連絡等の会合の合い間に、白鳥警部殺害の話題がたびたび出され、その意志が次第に積み重ねられ醸成されていったこと、そして人ひとりを射殺するという本来なら重大な問題が、他の軍事行動の連続とエスカレートした中に埋没、あるいは拡散されて、その認識感が麻痺し薄れてゆき明確な記憶が残らず、とあとになって思われたのであろう、とあとになって思われたのであった。

その意味では、これが自意識を失っている、いわゆるマインド・コントロールされた結果だったと言えるのかもしれない。よくよく考えれば、あるいはこの計画が突如として提示されたものなったなら、その重大さを感ずるであろう問題なのに、我々中自隊員は上部の決定、命令を無批判に理解して即座に行動に移れる、極めて飲み込みの早い、素直？で優秀？な、便利な軍事組織になっていたのである。

故郷に帰れば温厚な父であり夫である兵士達の戦場での残虐行為にみられる、いわゆる「戦場心理」とはこのようなことかもしれないと、このことを自分のこととして考えるとき、本来の自分を見失った認識、意識のあいまいさを生む、日々の行動による慣れの恐ろしさを、離党後つくづくと痛感させられたのであった。

私の供述により、捜査当局は札幌市郊外幌見峠下の山中で二発の拳銃試射弾を発見した。

当時札幌の軍事組織が所持していたブローニング拳銃は一丁だけだったから、白鳥警部の体内から採取された弾丸は、この二発の試射弾と同一拳銃から発射されたはずであった。これが証明されれば、この二発の弾丸はこの事件の唯一の物的証拠となる訳であった。

この警部の体内からの弾丸と試射地から発見さ

そしてまた、このような重大な計画が中自隊という軍隊的組織上から考えても、村上委員長の直接あるいは間接的指示なしの隊員だけの勝手な判断で、実行に移れることはあり得ないのである。

この事件についての私への取調べにおける供述や証言では、私の直接に関与し見聞した事実と、間接的なまた聞きやそれらによる推察とを、なるべく明確に区分けすることを心掛けたつもりだった。

とかく警官らはあいまいな供述を認めたがらず、事実の白黒を強調した供述を求めたがるものであるが、私はあいまいな記憶はあいまいなままでの表現での調書作成を、取調官に要求していた。

のような人（村上氏）が来たことはなかった」、「そこにはあいまいな記憶も少なくないために、記憶違いや誤った思い込みもかなりあって、それに気付いたときには、その都度以前の供述を訂正することが何度もあったのであった。

護側の証言もあった。だが村上氏のような党の地下幹部が家人らに顔をさらしたり、また大声での会議などや、出入口に何人もの靴を置くようなことは極力避けるように気を使うのが、当時のアジト使用上の常識的な原則であったから、アジトの家人らが村上氏の出入りや会議の存在を知らなかったとしても、それはごくあたり前のことだった。

それを将来を嘱望された大会社の幹部候補社員だった門脇氏の兄甫氏は、弟の党活動に反対していると日頃聞かされていたので、たとえ自宅が党のアジト化しているとうすうす知っていても、そ

●記憶の歴史学>>>テロルの「凶弾」……白鳥事件・高安知彦氏の手記

もなく立ち上げることになった。私はこれまで見せられてきた労働貴族的な組合に反対する立場から、「とにかく精一杯働いた上で、できるだけの要求をしよう」と、小さな組合の初代委員長を勤めたのであった。組合員達と手造りのプラカードを担いで、メーデーに参加したのも楽しい思い出である。

事件の証言への私の想い

その頃の党組織内では、直線的な縦の上下関係のみで指導、指示が行われ、また下部からの報告が上げられる、集中制が原則とされていた。また党の壊滅を狙う敵からの組織防衛上の原則として、党内といえども他組織や個々の党員間の横の連絡をみだりに持つことや、自分の分担以外のことに不必要な関心を持つことや、不必要な他言は親しい者の間でも禁じられていた。とくに極秘活動に従事する地下組織内では、厳守しなければならなかったのである。

しかし実際には他人の知らぬことを自慢げに漏らしたり、不安な気持ちを信頼するものに打ち明けたいのが人の常なのか、あるいは一般組織内にも白鳥警部攻撃の肯定的雰囲気を作っておきたい意図的な目的のためだったのであろうか。党組織内とはいえ、他人に白鳥事件の秘密計画を話した者がいたことを、私は後になって知ったのであった。

ともあれこの白鳥事件の動静調査行動のみにしか参加していないので、私と同様な行動を取っていた者以

私の参加した中自衛隊の内部では事件発生一カ月以上前から、他の打ち合せ会議等の場においても、白鳥警部が不倶戴天の敵であり殺すに価することや、いずれ警部を攻撃目標にしなければならないことなどが度々話題にされていて、この意志が自然に醸成されてきていたのであった。特に「もち代よこせ事件」発生後の一二月末以降であれば、この意志は急速に固まり、何時でも行動開始の命令次第、必要な行動打ち合わせのみで、即座に白鳥警部攻撃が実行に移れる状態にあった。そのための中自衛隊内の意志確認は、改めて不必要だったのである。

したがってこの白鳥事件の実行開始が指示されるということは、普通ならばかなりの精神的重圧を感じる「出発点」なのであろうが、それなりの意識がすでにできあがっている状況下の中自衛隊員内では、単に「始めるか」という程度の軽い認識だったのであった。少なくとも拳銃発射要員ではなかった私自身では、その程度にしか意識していなかったのであった。

だが射殺実行要員に選ばれた佐藤博氏の心中は、どうだったのであろうか。今、彼のその心中を察するのは、あまりにも　重苦しい想いである。

村上委員長はこの射殺要員に、北大細胞出身のインテリ中自衛隊員ではない、生粋の労働者党員で

ある佐藤氏を選んだのであった。もしも私が命ぜられていたならば、はたしてその瞬間に迷いなく拳銃の引金を引けたのであろうか?

「軍事行動にブルジョワ的道徳は不必要」という思想に惑わされて、自分が射殺行為を直接担当していないからといって、また自分の思想敵とはいえ人ひとりを殺害しようとする行動開始時に、その心情に想い及ばなかった私は、何と身勝手で浅はかだったのだろうか。

そしてこのような中自衛隊関係の会議や打合せ、連絡に使われたアジトは、一九五一年一二月頃から翌年の一、二月にかけて、私や村手氏の間借先、門脇氏や佐藤博氏の自宅を始め、他のシンパ宅、大林氏などのいくつもの学生寮や北大内の空き教室等々の、一〇数箇所を、連日のように何度も繰り返し使っていた。

また当時は、何時、何らかの理由をつけて逮捕や不審尋問、家宅捜索されるかもしれない苛酷な状況下にあったから、記録やメモ類を残すことが厳禁されていた。したがってのちに確認する材料がまったくなく、その時々の日時、場所、会合内容や出席者等の記憶は、あとになってとても正確には思い出せるものではなかった。

このようなことから、何時どこの場所での会議において、この事件の計画行動開始が指示されたのかという意味での、いわゆる共同謀議があったのか、はっきりとは思い出せないのであった。それはたしか、多分一月早々四日頃、いつも使っている門脇氏か村手氏の所だったような程度の記憶しか

414 (87)

焼チュウ瓶を食卓に並べて私の手料理を待っている、住込みの作業員らに大歓迎されたのである。

学校の履修単位はほとんど取得していたが、不足している単位を取るためには期末ごとの試験を受けに帰校していた。普段の講義は出席しなくとも、他人のノートや教科書だけの勉強でも許される良き時代であった。真面目に講義に出て「優」を並べて卒業しても、私のような前歴者でなくても就職先がほとんどなかったからでもあった。

ところでこのような野外での研究活動は、父に大きな経済的負担をかけた事を気にしていた私にとっては、親からの仕送りの軽減ために大いに役立った。まことに恰好なアルバイトの収入源となった。養老牛事業所でのこの二年間はお金の使い途のない山小屋生活であったから、生活費がわずかで済みこれだけで十分だった。たまの帰札には、教室の貧乏学生らに安酒をおごれるほどだった。その上、その後の就職にも生かされた林業関連の実学を身につける、実に得難い貴重な体験にもなったのである。

一九六〇年の一月からは、犬飼先生が会長を勤めていた（財）北海道森林防疫協会（現在名称は、北海道森林保全協会）に、これまでのアルバイトの縁もあって正式に職員に採用され、学生時代に継続した野ネズミ駆除等に関連した職を得ることになったのであった。

そしてその後の人生においては、高まいな理論派的学者や研究者ではなく、身近な現場の問題点を含んだ、より正しく役立つ実践的な技術者への道を歩みたい、と考えるようになったのである。

これで石狩や名寄での活動中に、もっと農学等の基本的勉学を身に付けていたならば、技術的問題を含む農民の政治的、経済的向上に役立っていただろう、と痛切に感じさせられたことにも原因していたのである。

社会の改革の道を少しでも前進したい理想を願いながらも、あせらず現実の一歩から地道に進みたい、再認識するようになったのだった。

当時の私の気持ちとすれば、これ以上親に心配と負担をかけたくないという就職への願いが、大学院での自由な勉学に没頭したい欲求にまさったのであり、またこれまでの社会的な現実の諸問題への強い関心を捨てきれなかったのが、正直なところだったのであろう。

私が復学した北大内の学生運動は、占領下一九五〇年代初めの私の頃とは全く変わっていた。教授に向かって「貴様ッ！　お前ッ！」と叫ぶ学生達には、その目的には賛同することがあっても、行動には到底一緒にやって行けるものではなかった。我々の時代はどんな反動とみられる教授であろうとも、「先生ッ！、そんなことでいいのですか！」というように抗議し、攻撃するにも敬語を使っていたのであった。

六〇年安保闘争にも一九七〇年闘争にも、私は抗議の声を署名活動にしか表わすしかできず、学生らの心情に賛同し、あるいは理解してやれても、学園紛争で学者にとって聖域であるべき研究棟を占拠した学生達と警官隊の攻防戦を、遠くからただぼう然と見送るしかなかったのであった。

武装闘争を捨てた党は議会活動への道をたどり、キバを抜かれたかのようにすっかりおとなしくしまった。そして、一九七〇年代の成田新空港などでは、姿が見えなくなってしまったどころか、激しく闘う学生らの足を引っぱるような態度に終始したのであった。

これに飽き足らず日共系新左翼として武装闘争に抵抗した学生らは、反日共系新左翼として武装闘争を過激化させることになった。しかし彼らが意見が異なり、セクトが違うといって敵として殺し合う、いわゆる「内ゲバ」だけは、私には到底理解することができなかった。

そして私が就職したこの森林防疫協会の直営工場で、反日共系新左翼として武装闘争に抵抗した学生らは、反日共系新左翼として武装闘争を過激化

私の願いは、とにかく基礎研究に走りがちな農林省の試験場とは異なる、あくまで現場に役立つ応用研究・調査であった。このため付属の研究部と応用研究室の設置、整備に私は努力したのだった。私は相変わらず年間の三分の一近い野外活動や、この研究室と工場との生活に明け暮れしていたのである。

また私はこの直営工場で、作業員のおだてに乗って苛酷な職場環境改善のための労働組合を、間

●記憶の歴史学>>>テロルの「凶弾」……白鳥事件・高安知彦氏の手記

一方村上氏の第一審公判は一九五三年四月から爆発物取締関係で始まり、その後殺人罪容疑までいくつもの追起訴が加えられ、また途中から村手氏も加わる共同審議になった。そして多くの検察側、弁護側証人を直接法廷に呼んで尋問を重ねたので、長々と九二回にも及び、その判決は私よりも八カ月も遅れて一九五七年の五月にもつれてしまったのだった。

保釈された私はとにかく落ち着く居場所が欲しく、この挫折から立ち直るものを見つけたい気持ちから、その年の五月頃であったか大学に戻ることにした。幸いにして北大農学部の学部長や教授会、そして農学部の応用生物学科の応用動物学講座の恩師である、犬飼哲夫教授は、私の反省を認めて心よく復学を許可されたのであった。

この応用動物学講座とは、野生哺乳類、鳥類、魚類、ダニ類などの生態や有害性の防除対策を調査研究する学術分野であるが、たまたま公然党員であって野ネズミ研究者の太田嘉四夫博士が常勤講師で在籍していたのである。

しかし太田先生は党や事件のことには一切触れることなく、学問での教師と学生、先輩と後輩の温かい関係を保ちつつ指導して下さった。

この挫折感に打ちひしがれて孤独だった私を救ってくれたのは、自然の動物達を扱って自由な学術的雰囲気を作っていた、犬飼、太田先生らの先輩恩師諸氏と、北海道の自然とこの教室にあこがれて全国から集まっていた学生達であった。この人々との温かい関係なしには、その後の私はなかった

のかもしれない。

そして私は、党との関係を断ちつつ、考え直した生き方をしたかったから、元々大好きだった自然の小動物達、野ネズミや、野ウサギを相手にして、山野のその害を防除する実地を身に着けようと、山野の実地調査や試験、研究、そのための基礎学と関連文献類の研究に没頭しようとしたのであった。

一九五六年頃には日本で初めての南極観測基地設営の準備が進められており、犬飼教授や教室の芳賀助手の指導で犬ゾリ用のカラフト犬の訓練が、北海道の最北端の稚内市の裏山で行われていた。刑が確定した私は間もなく、北大山スキー部、山岳部の学生達と共に、ソリ犬調教の手伝いに派遣された。

南極のブリザード（雪嵐）に似た厳しい気象条件の下でのカラフト犬の世話は、名寄での寒さに鍛えられた私にとっては、むしろ楽しい仕事であった。のちに南極で一年も置き去りにされながら生還した、かの「タロ、ジロ」の二頭は、この時まだヤンチャで可愛い小犬だったのである。

一九五四年に発生した青函連絡船洞爺丸沈没事故の一五号台風は、北海道におびただしい風倒木を生じた。一九五六〜六〇年頃にはこの倒木処理跡始末の植林作業が忙しく、これにともなって野ネズミ、野ウサギにより育成林への食害も急増して、植え付けた苗木が各地で全滅したりした。この対策のいくつもの野外調査や現地での薬剤試験等に、私も喜んで駆り出されたものである。また北海道東部根釧原野の標茶町、厚岸町から

別海村にかけては、ほとんど林道もなく山火事や盗木が多くて、ろくな林もない荒れた地域が放置されていた。一九五七年にはこの一万ヘクタールに「パイロット・フォーレスト」と名付けられた一大植林事業が開始されたのである。

このプロジェクトで事前から予測される野ネズミ被害対策には、我々の講座を始めとする帯広営林局から依頼され、太田先生に当時の野ネズミ研究専攻の学生達が総動員された。私もこれに加わって、数年にわたる長期継続調査、試験業務に従事したのであった。

私は一九五九年三月に農学部を卒業できたのであるが、その前後の二年間は生活の本拠を、北海道東部中標津町の中標津営林署養老牛造林事業所の留守番を担当したのである。

ここで月雇造林手という職名の人夫に雇ってもらい、当時とすれば高額な人夫賃日給五〇〇円を支給され、この付近一帯の造林事業所植林現場での野ネズミ対策と、冬期間の野ウサギ駆除や事業所（当時は俗に作業飯場と言われていた）に置いた。

この住込み作業所は、一番近い店や部落まで八km、JR駅まで一八kmもある不便な山奥にあったが、温泉がふんだんに湧き出る快適な山小屋だった。現場作業の合い間には野ウサギの捕獲作業に、ヒグマやキツネのよく出没する造林地を、毎日歩き回っていたものである。これは、私の卒業論文—エゾノウサギの生態調査—の研究資料となる材料収集と調査をも兼ねていたのであった。調査解剖が終わって不用になった野ウサギの肉は、作業所での単調な食事の貴重な食材として、

な成り行きだったのである。

あれだけ取調官らに敵愾心を燃やして徹底した反抗行動をとった村上国治氏ですら、網走刑務所では刑務官とも協調した模範囚だったそうではないか。これが普通の素直な人間性なのだろう。

村上氏の母セイさんの葬儀には、刑務所長はまことに異例の参列の機会を与えてくれたほどであったという。

しかし私の逮捕後二年以上もたって、長かった肉親以外との接見禁止も解け、このような人間らしい環境になってきた頃に面会に来た桑原氏の、検察や警察を敵として意識して見ることができない、また眼からすれば、私を「裏切り者」と疑い「権力に屈した犠牲者」見る眼からすれば、私を取り巻くその人間的な雰囲気などとても理解できない、私を飼いならすため権力による懐柔策としか考えられないのは、無理からぬことかもしれない。

その頃にはすでにもう私は村上氏を恨むでもない気持でいたから、昔の同志が折角来たのだからといい軽い気持ちで面会したのだと思われる。それでなければ、現役の党幹部との面会など私は頭から拒否したはずである。

そして私が仮にも「小説」にあるように、「村上さんによろしく」と桑原氏に伝言を依頼したとすれば、それはまだ意地を張ってていた村上氏を思いやる人間としての気持ちからであって、いまさら村上氏や党に同調する未練や引け目が残っているからではあり得ない。

だが面会のために警察署内という敵中にはいっ

ていることを意識していた桑原氏に、私の真意が通じる訳がなかった。それどころか「小説」によると村上氏に伝言したことで私に対して村上氏に裏切ったことを「申し訳ない」と思う気持ちが残っている、かのように受け取ったらしい。

そして彼に党に私を慰問する気持ちがあるどころか、出来うれば党に私を取り戻したいのが目的で、慰問の形を装って私の拘留生活振りを伺い知ろうとし、そのかみ合うわけのない会話と、彼から見て異常な私の雰囲気の状況をことさらに誇張して上部に報告し、山田清三郎氏らの宣伝小説の材料にも都合よく利用したのであろう。

私は直接見ていないが、この面会の少しあとのマスコミ新聞に、「高安が村上らと比較にならぬほど拘置所で自由にしている」という記事が出ていたそうである。これは桑原氏の誇張ででっち上げた報告なしにはありえない、私と捜査当局との癒着を作り上げたい宣伝攻撃だったのである。

けれども、待遇のよさを餌にして私を手なずけ都合のよい供述を得ようといった、そんな子供だましのチャチナ手段を使うような安倍、高木検事ではなかった。

この検事達と私の間には、たとえ国家権力を背負った検察官と重罪を犯した被告人との立場ではありながら、組織から自立した人間性を信頼し合える者同士として、いわば温かくも、しかし真実を追求する真剣な関係もあった、と私は今でも考えている。

一九五六年に入り私についての取調べや関連事

情等の聞き取りもほとんどなくなったので、二月に私の身柄は札幌市内の大通拘置所に移された。そして三月初めには保釈が許可されて、やっと二年九カ月振りで「しゃ婆」の風に当たることができきたのであった。私はとりあえず余市町の実家に戻った。

高校時代の生物部などの学友は釈放を心から喜んでくれ、早速私の苦労をねぎらいに集まってくれたのだった。

だがしかし、党からの接触はまったくなかった。「裏切り者!」とのしりにくる者もなく、「また権力による犠牲者」として、党に取り戻そうとして説得工作にくる者もまったくなかった。当時余市高校の時代の同級生だったk君という、活発な党員活動家がいたけれど。

それはこの事件が党によることを実際に感じ、あるいは知っていたためか、また権力の犬になり下がった者として警戒し近づかなかったためか、私には理解できぬことであった。

そしてこの九月には第一審の札幌地裁で、私の殺人ほう助罪と暴力行為等処罰に関する法律違反について、懲役三年執行猶予三年の判決が下り、私は控訴することなくこの判決に従うことにして刑が確定したのだった。

この判決書は五七ページにもなり、四〇名程度の証言が採用されていた。事件を裏付けるこの多くの証言は、私にとってはほとんど全てが納得しうるものばかりであった、村上氏のように証人を法廷に呼んで反対尋問をする必要がなく、公判は静かに、順調に進行して結審したのである。

●記憶の歴史学＞＞＞テロルの「凶弾」……白鳥事件・高安知彦氏の手記

毎日三度の食事は、この署の近くの小さな旅館に委託して運ばれてくるので、特別良いものではないが、大通拘置所や札幌中央署でのものに比べれば、まあまあ少しはましなものだった。離党後は逃亡する気持ちなどさらさらない私は、この建物玄関前の外部に面しているが通行人はごく少ない小公園のような前庭に、運動や日光浴に時々出してもらっていた。

退屈まぎれと運動を兼ねての冬の雪かき、石炭ストーブの煙突掃除、私も入れる風呂洗い等の雑用や、取り調べのない日中には房外の留置場監視室や空き取調室での読書や勉強も、交流の後半からは次第に許してもらえるようになってきた。

しかしそれらは、あくまで監視付きの極めて限られた場所の範囲内での限られた自由であった。山田氏の「小説」にあるような、重要被告人の私にもしもの事故を恐れる警察が許すはずがなく、とても考えられる訳がない。

また、「小説」にある、私が着ていたという「こざっぱりとした背広」など持ったことはなく、当時はいつもジャンパー姿だったのである。

ただ検事達や署内の警察官らと私の間には、二年半余りの長い期間中にごく限られた人々のみとの接触であったから、人間としての付き合いと信頼関係が生まれてきたのは、紛れもない事実であった。

時々来署する検事や検察事務官、捜査本部の担当警察官、ほとんど私だけのための交替勤務する

私が拘留されていた豊平町警察はのちに札幌東警察署の月寒警部派出所となったが、その庁舎は旧陸軍が将校集会所として使っていたと言う、古い小さな木造平屋の建物だった。この署の札幌中央署等とは大違いで、私のいる留置場に収容される検挙者もごくまれだったし、元々署員も少なくてその署内の雰囲気も小じんまりと、家庭的ともいえるような和やかなものだった。

その留置場は高い天井近くに明かりを取りの小窓のある、三～四畳ほどの木格子のはまった房が確か三つあって、頑丈な木造だった。便器は木製のおまる式だったかも知れないが、収容者がごくまれなので、用の都度房外のトイレを使わせてもらっていたと思われる。備え付けの布団はあまり使っていないものなので、それほど汚れていなかったようだった。のちに私は私用のシーツや毛布などの差し入れも許されていたような気がする。その房の前室である監視室のストーブからは遠くて冬は寒く、日当たりが悪く風通しのない房だけに、夏にはかなり蒸し暑かったと思われるが、名寄などでの貧乏暮らしに慣れていた私にとっては、それほど辛い独房生活だった思い出はもう今はない。

いが、この小説によると、私についての保釈要求の勧めや近所の党員による洗濯物等の手助けなどの申し入れに、私はとりつくしまのないような断りをしたそうである。今更党の迷惑な援助を得ようとは少しも思っていない私には、ごく当然のことだったのであるが。

留置場監視の巡査、それに留置場に立ち寄ったり、取調べ室や運動に出る廊下などでいつも顔を会わせる数少ない署員達と廊下で交す、挨拶や雑談は、趣味や食べ物のこと、軽い身の上話や冗談等々と、全く一般での会話と同じものだった。毎日の新聞は見れなくとも、社会的な出来事などはある程度口伝えに聞かされていたのである。

また署内に住み込みの用務員夫妻や、一人しかいない女性事務員までもが、私の不自由な生活に同情して、時々親切に温かい差し入れをしてくれたりしていたのだった。

そして私はこの事務員S嬢に、あろうことか片思いの恋心をひそかに抱いてしまったのである。拘置場所とすれば恵まれていたとはいえ、反省と挫折感、孤独感にさ迷っていた私にとって、彼女の笑顔は唯一の光明であり、暖かい心の救いだったのであった。

こうして、私の罪に対する反省と拘留被告人の立場を除けば、血の通った対等な人間同士の付き合いが生まれてきたのである。

このような人間関係は、警察、検察の権力によって意図的に作り上げられたというようなものではなく、私自身が離党して普通の人間に戻っていったことが、自然なごく当たり前の関係を生じさせて、次第に育てさせることになったのだった。

私がいたこの拘留施設が、他の普通の拘置所に比べて恵まれた環境のためもあってか、収容された当初は規則通りの陰うつな生活だったものが、次第にこのような立場を越えた温かい普通の人間関係のあるものに変わっていったのは、ごく自然

逮捕後一年もたった頃だったろうか、ある晩の留置場の外塀越しに、「高安がんばれ！」と言った数人の叫び声が聞こえたことがあった。多分この月寒地区の党員らだったのであろう。すでに脱党届を郵送してかなりの月日がたっているはずなのに、何故今頃になっとっくに知れているのだから、私が逮捕されてここに居ることはて激励に来たのだろうか。私の心中はすでにかなり落ち着いてきた頃であったから、その意図する真意を計りかねた私は、「今頃来たってもう遅いよ」と、一人つぶやくしかなかったのであった。

また私は、村上氏や村手氏の公判廷にも、事件を認める検察側証人として数回出廷した。

村上氏の反対尋問は、私の証言の些細なあいまいさをも鋭く指摘して虚偽だと感じさせようとする、しつこいものだった。

例えば、「中自隊などというものが本当にあったのか。証人が勝手に取り調べで特別な待遇を受けているのではないか？有利な待遇を得たいため虚偽の証言をしているのではないか？」といった、子供だましな言い方をしていたものである。

これにはさすがの私もムッとして、「私もこの事件に参加していて同様に処分を受けるのに、自分だけ有利な待遇や処分を得たいために、虚偽で自

分にも不利な事実をここで証言できるか」と反論したのだった。

また村上氏と村手氏の主任弁護人杉之原俊一（戦後の北大法文学部創設者の一人で、のちに現職教授の席を捨てて、弁護士となられた）先生は、一審、二審の法廷で、私に向かって丁重な発言をしながらも、真面目で執ような反対尋問を浴びせられた。

先生の質問は村上氏のとぼけた尋問と違って、私の記憶のあいまいさを印象づけながらも、村上氏のアリバイ作りに都合のよい時刻、共同謀議の日時を固定させるといった、ち密な作戦の反対尋問を実に真剣に続けられたのであった。

杉之原先生は三〇〇名の弁護団の先頭に立ち、唯一の物証弾丸の疑惑に「科学を無視するもの」と反論して、無実のために闘われた。

けれどもただ党の操作的情報に惑わされた人々とは違って、先生は法廷に出された全ての証言証拠書類に目を通しておられたのである。多少の食い違いがあっても、とてもでっち上げとは言い切れないその生々しい多くの証言に、例えそれが状況証拠であっても、真面目な社会科学者であり物事を大局的に視る目をお持ちのはずの先生なら、結局は党の実行を心中では認めざるを得なかったに違いない。

先生がお持ちだったこの事件の膨大な裁判資料は、先生の生存中に長野県松本市にある日本司法博物館に寄贈され、現在公開されている。ひょっとしたら先生は、この疑惑に満ちた事件の判定を

後世の歴史にゆだねるつもりで、この公判記録を闇に葬りもせずに保存公開の道を考えられたのでは、と私は推察している。

私たちに自由の身になってから、杉之原先生にお目にかかる機会があったので、できれば事件のことをお話しし先生の本当の気持ちをうかがいたい衝動にかられた。しかし党員弁護人の立場上、事件の真相のためでも真剣に闘わなければならないその胸の内に触れることは、とてもお気の毒で、偽りのためでも真剣に闘わなければならないその胸の内に触れることは、とてもお気の毒で、さりげない会話しかできなかったのだった。

このようにしてこの事件での私の供述や証言は、法廷ではあからさまではなかったが、それ以外の場では、私に対して「権力の犬になり下がった裏切り者！」との非難が浴びせられていたことを、私は後になって知ったのであった。

そのことの一因には、事件の秘密だった事実を暴露しただけでなく、私の拘置所生活が優遇されていて検察等権力と癒着している、と見られたことにあったのかもしれない。たしかに私は、自自していない逮捕党員に比べれば、かなり良い取扱いだったのであろう。

私の拘置所があった豊平町月寒地区の町会議員であった桑原一氏が私の面会に来たときの様子を、山田清三郎氏は、「小説・白鳥事件」（一九六九年刊）に、私が特別に自由な待遇を受けていると、あり得ない想像を混ぜて脚色したものを発表して私への接見禁止が解けた頃に面会に来たその桑原氏との会話を、私は今ではほとんど覚えていな

●記憶の歴史学>>>テロルの「凶弾」……白鳥事件・高安知彦氏の手記

そのまま残されたのであった。
このように高木氏は、彼自身の見解を押し付けたり、私の供述を誘導しないように、また他人のこの事件への供述による予断を与えないようにと心掛けていたようだった。
そして私は、このような訂正したり不確実な記憶の供述があっても、作成調書に記述されたすべての文面をその都度確認し、私の口述に不適当と思われる文章表現があれば、とくにあいまいな事実の表現については、私が納得できるまで書き直しを求めたうえで、私の署名、ぼ印をするようにしていたのであった。
今思うと、検事の傍らで私のあいまいな口述であるものを供述調書に書き上げなければならない検察事務官の諸氏にも、このような随分と手間のかかる作業で大変な苦労をかけていたのだろうか、と考えさせられたものであった。
このように私についての聞き取りと調書作成作業は、かなりの日時と労力を費やした根気のいるものだった。検事によってでっち上げられた作文と党側が攻撃するものからはほど遠い、地道なそして自然な供述調書の作成手法だったと、私は思っている。
そしてこれは、取調官と被疑者、被告人という立場を越えた、この事件の真実を探求し、どれだけ過去の事実に近づけるか、近づこうとするのか。誤解と大言壮語のそしりを恐れずに言えば、歴史の真実を再現しようという共同作業であったとすら、振り返っても思えるものであった。また私個人についていえば、出来るものなら隠

しておきたい、恥ずかしい私の誤った行為についての自信は、犠牲者白鳥警部への謝罪であり、現場検証や、自己批判とこのことによる挫折から立ち直るために必要だった、真実と向き合う「みそぎ」でもあったのである。

また高木氏はこの調書作成作業に疲れた休憩の合間には、氏が日本の敗戦前に勤務したことがある当時の満州（現在の中華人民共和国東北部）での経済担当検事の立場上知り得たという、太平洋戦争時の日本の基礎産業力がアメリカと比べていかに低かったか、というような興味深い話を、よく聞かせてくれたものであった。

このようにして、一九五三年七月末から一九五六年一月までの二年半にわたって、主として高木検事による取り調べ調書が、たしか六〇数編作成されたのであった。その調書は、白鳥事件に関することの全てはもち論、私の生い立ちや入党の経緯、党活動の概略、軍事行動の全般にわたる広い範囲のものになってしまったのであった。
また一九五五年の四月には、事件当時に札幌で武器技術の担当だった植野光彦氏に間違えられ、学生党員あがりだったらしい玉井仁氏が北海道外で誤認逮捕されたことがあった。このような時には、確認のため私に写真を見せるといった、取り調べではないが事件がらみの事情聴取、確認問い合わせ、といったことも時々あったのである。

拘置所生活と再出発

この間、札幌市郊外幌見峠での拳銃試射地等での弾丸の捜索立ち合いなどがあり、私自身の公判も一九五五年一〇月に開始された。
村上国治氏は、自分の無実を闘うために裁判法廷での共同作戦をねらった。私より少し遅れて逮捕された村上宏光氏を、確か裁判の後半からだと思われるが、共同の統一公判審議に巻き込んだ。氏にもこれに加わるように勧める連絡をよこしたのである。しかし私はすでに離党して事件を認める立場にあり、党とは無関係な弁護士を選任して裁判を受けるなど、対立する立場の村上氏と一緒の法廷で裁判を受けるなど、とても考えられる訳がなかった。私はこれを断り、分離公判のままであった。

そして私は取調調書とは別に、私の生い立ちと入党の理由や状況、党活動と軍事活動、白鳥事件に関与した事実を手記として書き上げ、この法廷に提出したのである。
公判廷では私の父や高校時代の恩師に、私の生い立ちや性格、高校生時代の品行などの情状について、温かい証言もしていただいたものであった。父が「このような息子に育てたのは私の責任です」と、証言台から法廷に頭を下げたことは、今だに忘れられない。
母は、「居場所がはっきりしているだけで安心」と言って、当時交通の便のよくない月寒まで、わざわざ何度も面会と差し入れに通ってきてくれた。高校生時代の生物部員の後輩も、接見禁止がとけてから面会に訪れてくれていたのだった。

その後は袴田事件などいくつものえん罪事件や再審請求活動等に奔走されていたが、ついに文字通り命をかけて一九九九年に壮絶な病死をとげられてしまったのであった。

私は今でも氏を、兄貴のように敬慕している。

そして私が離党を決意し、黙秘を中止したのである。

しかし自分自身のことを自供するのは、私個人の責任であるから構わなかったけれども、私以外のこれまでの同志達のことに触れるのは、苦しくて辛いことだった。

北大細胞出身の中自隊員らと私は、単なる組織構成員を越えた同志的友情に結ばれていた。それにしても人間としてもすぐれた魅力と素質の持ち主であり、よき友人だと信じきってきたのであった。

組織を離れて党を裏切ることは、どうやら理屈で割り切った。だがまだ活動を続けている元同志達とこのことでの議論もできぬまま、結果として離別し信頼と友情を裏切ることは、理屈抜きの感情の壁を乗り越えねばならないことだった。

出来るものならばたとえ組織を裏切っても、この友情だけは傷つけたくはなかった。しかしあくまで真実に立たねばならぬ私の立場は、このことに冷酷であらねばならなかった。友を傷つけ、私自身も血みどろになっての自己批判を、自らに課さなければならなかったのである。

私は脱党届を留置場から郵送してのち、虚脱した挫折感と孤独感の中でこの問題を解決しなければならぬ辛さと寂しさに、独房で初めて一人涙を流し眠れぬ夜を続けた。しかしもう私は、自らを

追い詰めたこの絶壁から飛び出してしまったのだから、もう元に戻ることはできなかったのであった。

しかし高木検事は私の気持を酌み取ってくれた離党を決意してから、第一回目の取調べ供述調書ができるまでには、このようにしてまた半月近い葛藤の時間を費やしてしまったのである。

私の心の中で、私とすればとてつもない闘いが生じていることを察してくれたのであろうか、私が重い口を開くまで気長に待ってくれたのは安倍検事と、氏の留学渡米で取調べ担当を交替した、高木一札幌地検の次席検事だった。

高木検事は、かの帝銀事件や当時の北海道での芦別鉄道爆破事件で、強引な起訴に持ち込んだ検察官だと、とかく世論をにぎわした人であった。けれども私の取調べでは厳しさの反面、実に涙もろくて温かい人情家でもあり、私には誠実な人と信じられた。また誤解を招くようなことにも、いちいち弁解などせず平気で笑いながら泥をかぶると言った、古武士のような筋の通った印象深い人であった。

そして氏は、私の不確かな記憶の事実について、私の口述のあいまいな表現のまま灰色混じりの調書とすることを心よく認めるといった、私にとっては意外な型破りの取調官だったのである。

だが、幾多の葛藤の末私がやっと重い口を開き供述し始めた当初では、質問以外に応えない、不必要なことまで話さないといった、身に沁みついた党員としての警戒心も、なかなか捨て切れなかった。また雑談としては話せるが調書にはしたくないといった、身勝手な気持ちも時々あったのである。

しかし高木検事は私の気持を酌み取ってくれたのだろうか、決してせかしたり無理強いすることはなかった。

このような状態を経て、私は次第に氏を人間として信頼し、すべてを話せるようになっていったのだった。

私への取調べ以前には、すでに佐藤直道、追平氏からの情報を得ていたにもかかわらず、それには触れずに、事件のいくつかの主要な質問について、私にほとんど自由に話させるといった聴き取りが進められた。

そしてある部分の供述が一段落する毎に、いくつかの質問があり、またそれまでの私の供述内容の矛盾点や他人の供述事実との食い違いなどの、他の供述者の名前には触れないような慎重な質問があった。私はそれをもう一度考え直し記憶を整理確認して、私の思い込みによる間違いなどあれば訂正する、というような方式で調書の作成作業が続けられた。

また私が供述を始めた当初には、警戒心が残っていた以外にも、離党についての不安定な動揺や精神的な高ぶりもあったのだろう、不確かな思い込みによる記憶違いや不足した供述もかなりあったようで、何日もたってから気が付いて訂正したり補足することも度々あったのであった。

しかし何度考え直しても私の記憶ではこうだとしか思えることがあれば、訂正を強要されることはなく、他人の供述との食い違いや矛盾点があっても

●記憶の歴史学＞＞＞テロルの「凶弾」……白鳥事件・高安知彦氏の手記

のではないか。これに抵抗する党の活動は、確かに多くの矛盾をかかえながらも、基本的な方向では間違っているとは言えないのではないか。そして党の社会主義社会への革命思想は、誤った行動をかかえながらも、基本的には正しいものではないのだろうか。このために自分の生涯をかけようと入党を決意した私の考えは、間違っていなかったのではないか…という。これまでの党員意識と活動を肯定しようとする考えを、とても容易に捨てるなどできるものではなかった。

こうして私の頭の中には、すぐにとても答えの導き出せない党活動と私自身を巡る多くの問題で、たちまち一杯になってしまったのであった。拘置所生活一カ月にして、思いもかけぬ安倍検事の真っ正面からの言葉に触発された私は、「自らの生き方に怠惰であってはならない」ことに気付かされ、これまでの自分自身の生き方と党活動を検討し直さざるを得なくなったのである。

更に私は、組織というものがその構成員個人の持つ本来の姿を抑圧し、自意識を減退させてしまう魔力を持つことにも気付かされたのだった。この党理論と党組織の持つじゅう縛性に気付き、本来の自分自身のあり方を考えるようになってきた私は、理想と現実のはざまでの多くの混乱を抱えて混乱した意識のままでは、とてもこれまでの党員意識と党活動を継続することができなくなってしまったのだった。

そして党組織のことはさて置いても、少なくとも私個人は、白鳥警部射殺行為の一部であって

人間として許されない行動に加担したことへの責任は取らざるを得ない。しかし党籍に入るまま組織を裏切る行為はできない。そしてすべてをもう一度白紙に戻して考え直すためには組織を離れなければ、という私自身の結論に、堂々めぐりの末やっとたどり着いたのであった。

とは言っても、私がそれまで理想と信じ込んできた、共産主義を信条とする道から離れるという自己否定は、とてつもなく苦しい煩もんとの闘いであった。私はまた、逮捕一カ月余りの身柄拘束状況下で抵抗を中止せざるを得ないという、党員としてのプライドを捨てる屈辱感にさいなまれることになってしまった。

そしてまた、自然を愛し生物を扱うことを望んで生物学を志したはずの私が、人間の生命を否定する行為に加担してしまったという自己矛盾は、私自身に嫌悪感すら抱かせてしまったのであった。

しかし、私をそれまで外に向けて動かしてきたヒューマニズム的思考と社会正義感は、私自身に対しても、もうこれ以上党員として行動することを許さなかった。

白鳥警部殺害という人間としての重大な行為を経て、その矛盾に気付かされた私が、そのままれまでの反ヒューマニズム的な行為につながる党活動を続けることは、不可能だったのである。

安倍治夫氏は出生地である旧制小樽中学の出身であり、敗戦後は東大法科卒業後学徒出陣で海軍大尉を経て、東大法科政治学科に再入学している。司法修習生終了時には、法務関係機関でも最も

封建的官僚制の強いと思われた刑務官を志望した私に話された。新任の札幌地検時代には、新聞に「貧困がプロレタリア犯罪を生む」と投書したことで、私が許されず、やむを得ず次の検察庁入りをしたと「赤い（共産主義の）検事」と言われたこともあったそうした。

私の取調べ担当中、フルブライト交換留学制度（アメリカ上院議員フルブライトの発案による）で刑事学の勉強にハーバード大学に渡米したが、二年目には法務省の帰庁命令に背いて休職し留学を続けたという。この留学には札幌で大学の教師に推計学を基礎から学んで準備し、また趣味の囲碁も初めから先生について学ぶといった、何事にも徹底した意志の人であった。氏は留学から帰国直後、まだ拘留中の私にわざわざ面会にきてくださった。

帰国後は法務省刑事局検事の立場で、留学で研究してきた犯罪予測論を日本に紹介、またいくつかの国際会議等に日本代表等の立場で出席され国連アジア極東犯罪防止研修所教授をも兼任された。

一九六三年には在職中でありながら、いわゆる「がんくつ王事件」や死刑囚免田栄氏の再審運動に関与、また中央公論誌上に「新検察官論」（日本の検察機構批判論）を発表して、地方の検察庁に左遷されたのだった。

一九六七年には退職し、弁護士として「ユーザー・ユニオン事件」（日本初の？欠陥自動車の製造責任損害賠償訴訟事件）で、メーカー側の策略により恐喝罪で起訴されたこともあった。

また取調官が、「事件の概略はすでにつかんでいるぞ！」というような素振りを見せることもなく、ただ私が自発的に口を開くのをいつまでもまとう、という態度であった。清野氏は私の出身地の余市署に勤務経験があり、町の状況や私の実家の事情をよく知っていたが、そのような話に軽々しく乗るような私ではなかった。

私は逮捕後すぐに、札幌中央署から札幌郊外の豊平町にある、豊平町警察署月寒警部派出所（のちの札幌東警察署月寒警部派出所）の留置場に移監された。

この一見穏やかな抵抗の長期黙秘作戦が一ヶ月近く続き、これ以上長引くのでは党の弁護士とも連絡を取らねばと思ってきたある日、安陪検事がなぜ自分が検察官になったかの理由を、一人語りに「封建的な日本の検察機構を壊すのが私の目的だ」と、思いがけないことを話したのだった。私に真っ直ぐにぶつけられたこの言葉は、検事の話を無視し聞き流そうとしていた私の胸に、ズシンと大きく響いたのである。

その後日には氏は、「自己を直観せよ」、そしてまた、「生きることに怠惰であってはならない」と話したのであった。その中で氏は、「自己を直観せよ」。そしてまた、「本来の自分を偽らずに生きよ」と、そしてまた、「生きることに怠惰であってはならない」と話したのであった。

ただ無我夢中で動き回ってきた三年間の党活動から、強制的ではあったが隔離され一人になって、自分を振り返る精神的な余裕ができたのであろうか。そしてまた、日常的な党活動で深く感じていた問題点、矛盾点について、惰性的に深く考えずに私の心にひそむ怠惰性を、はっきり指摘されたためだったのであろうか。

「怠惰であってたまるか」と開き直って、意地を張っていた私自身を、強くムチ打ったのであった。「権力に負けてはならない」のひと言は、「権力に負けてはならない」と開き直って、意地を張って一人独房で考えこんでしまった。

私をこれまで党活動にかりたててきたものは一体何だったのであろうか？党の方針を基本的に正しいと思い込み、矛盾したことがあっても小さな問題として深く考えず、自己流に片付けてきたのが実は逆であって、矛盾点を含む党活動の問題点ではなかったのか？白鳥警部を射殺した行為は、いったい何だったのであろうか？……と。

取調官から白鳥事件のことを直接強く指摘されたのでもないのに、私の頭の中にはこれまで深く考えてもみなかった白鳥事件を含む党活動の問題点が、次から次へと一人でに沸出してきたのであった。

振り返ってみたとき高校生から党員時代に至るまで、一貫して私自身を動かしてきた本来のものは、人を人として認め、人が人として素直にまっすぐに生きようとすることを阻害し、抑圧し、またそれを粉飾することへの抵抗であって、私のヒューマニズムに基づいた行動であったはずだ、と気付かされたのであった。

しかしその延長線上に生じた党活動としては、思想敵に恐怖を与えるための殺人による脅迫テロ行為を認められるのであろうか？

そしてまた、敵を殺さなければ自分が逆に殺される、あるいは命にも代えがたいものを守るためなのだったのであろうか。現在はそのような状況下にあるといえるのであろうか？百歩譲って、仮にも選択肢のないぎりぎりの状況下にあったならば、それは許されるのであろうか？

それはヒューマニズムに反しないと、胸を張って断言できるのであろうか？

しかし白鳥警部射殺の計画においては、この人間としての最も重大であるべき人命にかかわる武装革命の思想的問題点についての検討や討議が、少なくとも私自身を含む中自隊内部においてはまったく行われていなかったに等しかったことに気付いていたのであった。

そして我々の軍事行動は、とかく感情的、情緒的な権力への反抗心、闘争心から出発していたのではなかったか、本当の組織的革命行動とはどうあらねばならなかったか、という問題点も私の頭をよぎりだしたのであった。

また少なくとも当時の党組織の行動は、日米反動の抑圧下にある国民の前衛であるとの英雄気取りの美名の下に、思い上がった反ヒューマニズムの多くの誤りを犯していたのではないか？と、白鳥事件を始め他の活動についても考えさせられてきたのであった。

このようにして私は、これまでの党活動についての、いくつもの問題点に気付かされたのであった。

けれどもまた一方では、現実の日本では日米反動権力の抑圧下戦前化の道をたどろうとしている

● 記憶の歴史学＞＞＞テロルの「凶弾」……白鳥事件・高安知彦氏の手記

へ強引に連行されてしまったのである。
　いつも一人で活動していた私は党に連絡する方法も思いつかないまま、その車で札幌まで護送されることになったのだった。
　まさかこのY氏との付き合いが、私の釈放後今日に至るまで友人として続くことになろうとは、とてもその時想像すらできるはずもなかったのであった。
　当時の札幌までの道のりは遠く、すっかり暗くなった懐かしい札幌市内に夜おそくなって入った。
　すぐ私は逮捕の弁解録調書を取られたのだが、しかしこの逮捕に抗議してこれには署名しなかったと思うけれども、その時の様子や場所は今ではもう思い出せない。
　その場所は地検の宿直室だったのである。
　その弁録の担当者は札幌地検の安倍治夫検事で、安倍の話によれば、私はその畳敷きの部屋にゴム長靴を揃えて上がり、座り机に向かって正座した。逮捕理由に対しては言葉少なに「黙秘します」と答え、退坐するときは座布団代わりの毛布をたたんで元に戻したそうである。
　そして「卑屈やへつらいは少しもないその真面目な態度には、ごまかしや無作法すら許さない気持ちが見られ、ずぼらな私（安倍氏）の方が恥じ入るぐらいであった」と、安倍氏は後に私の印象を他人に語っていたとのことであった。
　私の護送到着を札幌で待っていた捜査官らの中にY巡査がいた。「さっぱり警察官らしい癖の見られない、何時もニコニコしているこの私服の男は何者か？」。私に思わせた彼は、以後、私の留置場出入り、取り調べや私の運動時間等の付き添い等々

に、丁度私の秘書のように、ほとんど毎日の監視係、兼連絡係、兼世話役を、判決までの三年間近く専属で勤めてくれることになった。

私の取調べ、そして離党

　留置場経験も二度目であったし、脅迫文書送付容疑の逮捕理由や取調官の尋問内容が、白鳥事件の核心に直接触れるものでもないことから、この事件の詳細はまだつかまれていないと推察した私は、これは長期戦になるかもしれないと覚悟して腹も決まった。
　しかし実際に我々中自隊軍事行動や白鳥事件の概略は、佐藤直道、追平氏や他の党員の供述により、捜査当局にもすでに知られていたのであった。
　そのような情報をまったく持っていなかった私は、まず一度は逮捕理由を否認し抗議したのちは、極最小限の必要以外は無言で通す、あらゆる質問、尋問に肯定も否定もしない黙秘抵抗の毎日を繰り返したのである。なまじ上手に容疑を否認しようなどとすることは、得てして取調官の術中にはまるからであり、それに逮捕に対する抗議、抵抗にならないからである。
　元来が孤独な生活に慣れていた私であったから、毎日の食事の心配もないし、連日の独房生活や長時間の取調室詰めも、さほど緊張もせず苦しいものではなかった。

　このような落ち着いた私の態度が印象的だったのか、当初の取調べ官だった国家警察札幌札幌方面隊の清野警部補や、札幌地検の安倍治夫検事らは私を紳士的に扱ってくれて、自白を強制するためにばか声を浴びせるといったことは一度もなかった。
　それはとかく思想敵であっても人間そのものを否定しない私の本来の考え方が出たのだろう。例えば昭和天皇の戦争責任は厳しく追及するが、その個人的尊厳は認めている、というのが私の元来の人間的な考え方だったのであった。
　それはまた、思想敵であっても人間そのものを否定しないし、自己満足にすぎず無意味な抵抗と思えたし、とかく警察の党員達に抗議したり、取調官を小馬鹿にするような態度はとらなかった。
　そしてまた私は、逮捕された党員達がよくとるつまらぬ小さなことにも大げさに抗議したり、落とし作戦とか、理論詰めに巻き込む人情話の泣き落し作戦とか、理論詰めに巻き込むイデオロギー作戦が、逮捕経験の多い党員には役立たぬことを、捜査担当官もよく承知していたのだろう。
　一方的に話される型通りの尋問と雑談を無視し、黙ってそれを聞き流す気長な時間潰しが続けられた。よく警察官らが犯人を落とす（自白させる）ために使う脅しや、家族等についての人情話の泣き落とし作戦とか、理論詰めに巻き込むイデオロギー作戦が、逮捕経験の多い党員には役立たぬことを、捜査担当官もよく承知していたのだろう。
　このような犯人の心理的動揺をさそう手段を私に使うことは、ほとんどなかったのであった。

　それに職業革命家として生きようと覚悟を決めていた私にとっては、この弾圧下の党活動には逮捕拘禁は避けて通れないものと割り切っていたから、個人的な将来への不安や悲壮感もまったくなかった。しかしこれは、一見冷静ではあるが、あるいは単純な開き直りだったのかもしれない。

〇年頃党の常任活動家になるため離農した農地等の売却金で購入し、党の事務所として使っていたものだそうである。

上川委員会では、「その者達を追い出して使え」と指示されたのであったが、私には、代わりの住居を用意してやれないのに追い出すとは、とても出来ることではなかった。しかし、私よりもはるかに貧しい党員がいて、「こんなことで貧しい一般大衆の生活を奪うことはできない」という私と論争になったものである。

私はこの建物の廊下の隅に寝台を作って、生活の根拠にした。しかし板壁だけのバラック造りで火の気のない夜は、零下二〇～三〇度の夜は、北海道育ちの私でもさすがに苛酷な寒さだった。

その頃はもっぱらインク入りの万年筆を使っていた時代だったが、うっかりして一杯に補充してしまったインクの凍結で、万年筆が割れてしまう有様であった。我慢できずシンパを頼り、泊めてもらったこともあって、在日朝鮮人連盟系パチンコ屋さんには、何かと随分お世話になったものである。

党からの支給はまったくなくって、再刊された「アカハタ」等の機関紙・誌やパンフ類の販売金のうち半分程の手数料が手元に残り、これが活動費と生活費のためにも、シンパからのカンパも少々あったが、名寄町の隣村、風連の農民党員の奥さんに、「ただの乞食だ

けにはならないでね」と言われたことが、今でも忘れられない。

この地域は北海道北端の稲作農村なので米をたかり歩く乞食が多く、駅待合室の石炭ストーブで飯を炊き、余った米を売った金で買った肉を焼いて、私よりもはるかによい食生活の連中がいたものである。

私といえば、ストーブはもちろんコンロもないので、水割り醬油をかけただけの素うどんで腹を満たしたり、ごく安く買えた固くなった干し芋を食事代わりに長時間かけてしゃぶりながら、コチコチに氷張られた雪の農道をよく歩いていたのであった。

私はこの奥さんの言葉を胸に「乞食になるまい」と、一人で空腹をかかえながら、この地域の実情把握をかねた党の宣伝工作活動を毎日続けていたのである。

札幌から遠く離れていて逮捕されるなどの警戒心がほとんどなかった私は、ただで遊ばせてもらったパチンコ屋で、保安隊との接触を試みたり、当時の国会議員選挙には公然と演説会や戸別訪問活動に、付近の部落や農村をくまなく歩き回った。

私の担当区域最北端の音威子府村は酷寒だけの私の担当区域最北端の音威子府村は酷寒だけでなく豪雪地帯で、四月下旬だというのに市街地の国道が五〇cm以上もの雪道だったのには、さすがの私も驚かされたものだった。

私の活動担当は五町村にも及び、南北七〇km程もある広さだった。鉄道の駅だけでも一〇以上あった。どうしても汽車賃がない時は、駅員がほとんどいない田舎駅ばかりなので、無賃乗車を上手

にやってのけるコツも覚えたものである。ただ一度だけであるとあとが駅員につかまって、これ以上問題にならないようにと思い、素直に始末書をペンネームで書いたこともあった。

一九四五年の敗戦後にはよく苦しめられたシラミに、入浴や洗濯がごくまれな私が、久しぶりでたかられたのもこの頃だった。この退治には親しくなった農家に分けてもらった、販売出始めの農薬BHCがよく効いたが、その臭いの強さには他人にすぐに感ずかれるのでいささか閉口した思い出もある。

そんな生活や活動を五ヶ月続けて地域の状況もかなりわかってきたし、ようやく暖かくなりだしたので、そろそろ休眠党員やシンパの組織活動を開始しようと考え始めた一九五三年六月初めだった。

何時ものように朝九時頃だったろうか、駅止め荷物で届く「アカハタ」を受け取りに出かけたところ、人気の少なかった名寄の駅前広場で突然数人の私服警官に取り囲まれた。

「高安だね！」と質問され、即座に私は、「違うよ！」と否定してペンネーム（当時は確か記憶していたと思う）で答えたが、これまでのんきだった私も内心では、「いよいよ来たか！」と腹をくくらざるを得なかったのだった。

とっさに逃げようか、と頭に浮かんだが、私の毎日の行動を予知して待ち構えた数人の私には、それも不可能だった。少々の抵抗の末に手錠をかけられ、用意してあったジープで名寄警察署

●記憶の歴史学＞＞＞テロルの「凶弾」……白鳥事件・高安知彦氏の手記

金を党から得ていたように思われる。その所持金が少なくなった時は、角食パンの耳ばかりを安く買って、水だけで一週間以上も過ごしていた記憶がある。軍事行動からこの一年近い間借り先も、三〜四カ月毎に点々と変える生活を続けていたものだった。しかし間借り先の大家に不審にみられるのは危険なので、家賃だけはキチンと必ず払っておかねばならなかった。

また一般党員のように党の宣伝活動をするといった、党員と見られる活動は一切慎まねばならなかったし、ペンネームでの生活なのでアパートの隣人と親しくなっても写真をとられたりしないように、というようなことにも気を配らねばならなかったのである。

このようなことから私は九月末だったか一〇月に入って、札幌委員会に属する石狩川河口の農村地帯の石狩細胞に、応援オルグとして派遣された。

石狩細胞と言っても、実際には農業を営む党員が一人いるだけであった。その農家に私は住み込むことになったのである。

丁度水田稲作の収穫多忙期であったから、新しい党員が活動したところで誰も相手にしてくれない。

そこで私は中学生時代の援農作業の経験を生かして、まず稲刈りに全力を注ぐことにした。おかげで二〜三カ月して、「札幌から来たわりはよく働くな」と近所の評判になり、付近の農民

とも親しくなり言葉を交わすようになってきたのだった。その為には必死の思いで腰の痛くなる不慣れな農作業に、それこそ必死の思いで体にムチ打ったのである。

この農繁期に私の住まわしてもらった農家で、乳児の死亡事故が発生した。ここのお嫁さんが添え乳をしたまま寝込んだために、窒息死させてしまったのである。夜明け前一番に起床して朝食を支度し、皆と一緒に農作業をしてから家事の後始末を終えて、深夜に最後に就寝するのであるから、疲れはててのことであった。

今さらながら農民の、とくに若いお嫁さんの苦悩を身にしみて考えさせられる。何とも言いようのない悲劇的な事故であり、農民と女性の地位の向上を願わざるを得ない。忘れられない苦い経験もさせられたのであった。

そして水田の繁忙期も終り時間の余裕もできてきたので、さてこれから顔の知れた近所の農家から、ボチボチビラ配りでもと活動を始めた矢先の、一二月末か一月に入って、「上川委員会へ行け」との命令を受けたのである。

この一九五二年の八月末には札幌ビューローの佐藤直道副委員長が、また一〇月には村上委員長と地下幹部の逮捕が続き、にわかに白鳥事件関係者の退避の必要が生じたためかも知れなかった。

だが私は、この幹部逮捕の詳細や他の元中自隊員らの状況を少しも聞かされていなかったので、この「上川へ」の指示もあまり深くは受け止めてはいなかった。相変らず、我々の軍事行動が容易に警察にはつかまらない、とたかをくくっていた

のだった。

旭川市に事務所のあった上川委員会では、私にそのような事情があるのを知っていたかどうか、「名寄町（現在は市）のオルグに」と指示された。

私は旭川市から更に北へ七〇km離れた初めての町名寄町へ着任した。

この町は、当時農民運動の活発な地域の中心であり、鉄道本線にローカル線が交差する交通の要所であって、国鉄の機関区もあった。

ひと時は多数の党員がいたのであったが、優秀な党員は組織の上部機関に引き抜かれ、その後は強引な引き回しの誤った指導があって多くの離党者を出してしまい、組織が崩壊してしまったのだった。

私が赴任した時はごくわずかな農民党員が無活動状態で付近の農村に残り、町内には少数のシンパがいるだけであった。ここで私一人で「組織を再建せよ」と言うのであるから、これといった頼れる相談相手もいないのに大変な仕事をさせられる、と思ったものであったが、誰かがやらねばならぬことと腹をくくったのだった。

この頃この町には警察予備隊が名称変更して陸上保安隊となり駐屯していた。休日には十分に訓練が行き届かないチンピラやヤクザまがいの保安隊員が、パチンコ屋や居酒屋にたむろしていた。

またこの町には、ボロであったが平屋の小さな党の建物があって、生活保護者や老人夫婦が二部屋ほどに、家賃も払わずに住み着いていた。川口氏から後日聞いた話によれば、この建物は氏が五

しとめたので、それ以上現場を調べられることもなく元自衛隊員はこの防衛隊の中心になったのであった。しかしペンネームでの始末書を取られ、私は早々にそのアパートを逃げ出さなければならなかったのである。

この年の五月には、東京で警官隊との激突になった壮絶な「血の二重橋メーデー事件」が発生し、その前後頃から七、八月にかけては、競うように警官隊との衝突事件や交番襲撃事件が全国的に続出して、火炎瓶による武装闘争が意識的に繰り広げられた。

北海道でも吉田首相が来道するとかで、小樽市や旭川市で火炎瓶事件が起き、また逮捕された党員が無罪となった犯人不明の「芦別鉄道爆破事件」が、いずれも七月に発生したのだった。

また五月下旬には「前進座事件」があった。当時の前進座は、党の指導下で革新的な歌舞伎を目指した演劇活動を行っていた。

北海道のへき地では小学校等の校舎を借りて公演していたが、この年党への弾圧が厳しくなると断られるようになった。しかし座は、道内の何箇所かでは断られた会場での公演を強行開催したので、座長の中村翫右衛門氏に建造物不法侵入罪の逮捕状が出されるに至った。

翫右衛門氏は地下に潜入して公演時のみ舞台に現れる作戦をとり、ついに未逮捕のまま道内最後の公演を、六月初め札幌市民会館で開催することになったのである。

警察当局は意地でも翫右衛門氏逮捕の道内最後の機会に全力を尽くすであろうし、党は当然組織をあげての防衛隊を市民会館に配備したのである。このこの防衛隊の中心になった我々元中自衛隊員はこの防衛隊の中心になった我々元中自衛隊員は出来るだけの火炎瓶十発を、無事会場に搬入するのが大問題であった。

しかし警察側としても当時の党の過激な行動振りをしていて、大騒ぎになれば一般市民をも巻き込む大事故の発生が予測されるだけに、多くの警官隊で会場を包囲して出入口を一箇所にしぼり、観客や役者関係者の帰路で翫右衛門氏を逮捕するという、慎重策をとったのである。

この時翫右衛門氏が演じた舞台は、平安時代末期に平家討伐の中傷により鬼界島に流刑された物語の「俊寛（しゅんかん）」であったが、何時警官隊が突入してくるかもしれぬという極度の緊迫状況下にあったから、これほど鬼気迫った演技は二度とみられないのでは、と思われるものであった。

そして変装した氏は観客に紛れて会場を脱出し、小樽から密航船に乗り込んで中国に亡命したそうである。警官隊迎撃用搬入した多数の投石と火炎瓶は使わずに済んだが、私はまた厳重な警察官の警戒網をくぐって、火炎瓶を持ち帰らねばならなかったのだった。

七月頃になって私は、札幌委員会の地下レポーター（連絡員）を命ぜられた。これは秘密組織の指導部員らの同時逮捕を防ぐために、何時もは主に端独で行動している指導部員間や地下指導部と表（公然部門）の幹部等を間接的につなぐ神経のような、極めて重要な任務であった。

毎日定時に路上等の指定場所で限られた人物の重要文書を手渡し受け取って、やりとりするのである。このレポーターが逮捕されると、大事な秘密文書、指令書や連絡書が警察の手中に入る。またレポーターに接触する者がアジトを確認することなどもできることになる。

当然としていつも警察に狙われるので、この行動は完全な隠密行動とし実施しなければならない。何時も付近に、警官らしい怪しい眼がないか、尾行者がいないか、カメラが狙っていないかと、絶えず神経をとがらせ注意を怠ってはならないのであった。

少しでも不審なことがあれば手渡しを中止してさりげなくその場を離れなければならないし、事後の行動を変更して逮捕や不審尋問、尾行を避け、あるいはそれらに備えた準備をしておかなければならないのである。しかし逮捕されなくても、当局が地下の党組織を察知するために、わざとレポーターを泳がせて尾行を続けていることもあり得るのだった。

従ってこの任務を長期間続けるのは危険であり、私に逮捕歴があって顔が知れているのも問題であった。実際に逮捕されたある党員に取調官が、「この頃高安が見えないと思っていたら、レポをやっているんだな」と漏らしたという極秘情報が入ったため、私は三ヵ月ほどで急きょこの任務から外れなければならなくなったのであった。

このレポ要員期間は余市の実家はもち論、他の一般党員や北大細胞とも完全に接触を断って表に出ない地下活動だったので、たしか微々たる支給

●記憶の歴史学＞＞＞テロルの「凶弾」……白鳥事件・高安知彦氏の手記

試行錯誤的に次々と逮捕あるいは事情聴取をしたのであった。これらの中には「赤ランプ事件」の参加者や、村上氏や佐藤博氏の事件を示唆する発言を聞いていた者もおり、離党を迫るような強圧的な取り調べに、軍事方針に懐疑的だったり思想的に必ずしも強固とは言えない者達の供述から、捜査当局がまったく知らなかった札幌の党組織や軍事行動の輪郭が、少しずつつかめてきたものと思われた

こうして八月下旬には、ついに警察の手が札幌委員会の地下組織に及び、ビューローの佐藤副委員長が逮捕され、更に一〇月初め村上委員長が都内で逮捕されたのは、事件発生より一年余たった翌一九五三年四月だった。

また白鳥事件発生前後の党内事情に詳しかった当時札幌委員会の元幹部だった追平雍嘉氏が東京都内で逮捕されたのは、事件発生より一年余たった翌一九五三年四月だった。

この村上氏の白鳥事件実行に批判的だった佐藤、追平両氏は、札幌における軍事行動に直接的にはほとんど関与していなかったが中自隊の具体的な行動以外の、直接、間接的に知り得た軍事行動と白鳥事件の概略や、佐藤直道氏実行のメモや、その後の党のレポーター逮捕により当局に暴露してしまったとかで、のちに国会で問題にされたという。当局に、党による白鳥事件実行の心証を裏付ける証拠材料の一つにされてしまったのであった。

この一九五三年六月の私と、九月の村手宏光氏の郷里長野での逮捕になったのであった。そして他の元中自隊関係者らは、以後二年以上もの徹底した国内地下潜伏行動に入り、一九五五

一九五六年には、間接的な軍事関係者を含めて中国への亡命、逃亡が、事件処理に困惑した党中央の指示により、あるいは虚偽の理由付けにより、のような捜査当局の動きや逮捕者の状況等の詳細な情報を、ほとんど知らずにいたのだった。

村上委員長は札幌での一連の軍事行動が明らかになるにつれて、それらを計画、指揮、命令した容疑の多くの違反罪名、暴発物取締法、爆発物取締法に関する法律、鉄砲刀剣類取締法、暴力行為の処罰に関する法律、鉄砲刀剣類取締法、暴発物取締法、列車往来妨害罪、等々で次々に逮捕を更新され、追起訴されて、遂には殺人容疑を適用されるに至った。

しかし村上氏はこれらのすべての容疑に対して、権力によるあり得ないでっち上げだと徹底的に否認、抗議し、拘置場所をたらい回しにされるような長期間の拘留に激しい反抗を続けたそうである。失敗はしたが、二度も留置場からの脱走をも試みたという。

だが、五三年の六月、村上氏は党員である特別弁護人との面会時に、「潜らせたい者を絶対に活動させず、できれば国外にやって欲しい」という連絡をひそかにしたらしい。ところがそのことを書いたメモが、その後の党のレポーター逮捕により当局に暴露してしまったとかで、のちに国会で問題にされたという。当局に、党による白鳥事件実行の心証を裏付ける証拠材料の一つにされてしまったのであった。

その後の党活動と逮捕

一九五二年二月、我々の中自隊が発展的？に解散したのちにも、札幌委員会軍事部門での仕事は引き続き継続されていた。

私の知る限りでも、相変わらず爆発しない試作手りゅう弾のテストに駆り出されたり、私は他の活動の合間に火炎瓶を造り、一般党員への製造方法動を指導する会合に、私が講師役で出席することがあったりしたのである。

四月頃だったかと思われるが、私がボヤ騒ぎを仕出かす大失敗をやらかしてしまった。火炎瓶の製作中に誤って発火させてしまったのだった。突然の煙が流れ出し、アパートの隣人が通報して消防車が飛んできた。私は慌てて資材を隠し、食用油に引火してしまった「大箱のマッチが誤って発火し、食用油に引火してしまった」と誤魔化したのだが、消防車の到着前に消

私は特に一九五二年の一〇月以降では、白鳥事件の真実を知っているごく一部の党員や、元中自

隊関係者等事件の成り行きに関心の強い党員らに、まったく接触しない所で活動していたので、以上のような捜査当局の動きや逮捕者の状況等の詳細な情報を、ほとんど知らずにいたのだった。したがってその頃の私の身の上にのん気に、この事件が容易に当局につかまれるはずがない、と思い込んでいたのであった。

以上のような捜査当局の動きや逮捕後の詳しい状況などは、ほとんどが私自身の逮捕後や拘留からの釈放後に、追平氏や佐藤直道氏、その他の党員らの手記、証言、捜査官らとの雑談、斎藤孝氏の収集本書の共著者川口孝夫氏の談話、斎藤孝氏の収集資料などから知ったことだったのである。

そしてにわかに厳しくなった札幌市内の警察の動きにより、我々中自隊は「第二の白鳥を出すな！」といった、対警察等への脅迫的ビラの郵送など以外の突出した軍事行動は、しばらく中止せざるを得ないような状況に置かれることになったのであった。

この事件発生から半月程のたった二月上旬いは中旬頃であっただろうか、村上委員長は上部機関の吉田キャップから厳しい批判と指示を受けた（私はこれをのちに他の党員の証言で知った）ためかと想像されるが、我々中自隊員全員を集めて、「この中自隊を発展的に解散する。今後はそれぞれの部所で軍事組織を新たに作ることに努力するように」と指示したのであった。

そこで私ら北大出身者のほとんどは、一応元の北大に戻ったのである。

一方捜査当局は事件発生の翌二二日未明から、ただちに国家警察札幌管区本部、同札幌方面隊、札幌市警察、札幌検察庁等による緊急捜査会議を開き、「一応日共関係の犯行と見るが、基本捜査を実施し、警察の威信にかけた犯人を検挙する」と声明を発表した。

しかし札幌の党関係者情報を一人で掌握していたと見られる白鳥警備課長の死後、残された札幌市警警備課員らは的確な具体的情報を持たなかったのであろう、捜査の進展は容易ではなかったらしい。

一月下旬には衆議院本会議で政府は、「この事件

は政治的暗殺行為と見られる点がある」と明言した。
そして二月早々には、衆議院行政監察委員会のはっぴっせた村上委員長が軽率にも山本氏を追わった主として自民党議員による現地調査団が来道し、ハップニングもあって、鶴田氏が逮捕されてしまった唐沢とし子代議士も参加しようとしたが、断られたそうであった。

二月上旬、この事件とはまったく無関係な党員尾谷豊氏が、そして四月には成田良松氏が、「天ちゅうビラ」等の配布や他の公務執行妨害等の理由をつけられて逮捕された。捜査官はこの三名から事件のカギを引き出したいあまり、自白の強制や供述の誘導尋問工作もあったようだが、結局は間もなく釈放せざるを得なかったのだった。

しかし吉田、成田氏は捜査官による誘導供述やスパイの疑いを党にかけられ、釈放後に党からの追及や査問を受けることになってしまったのであった。

私はその特別の任務があって参加しなかっただろうが、この吉田氏の査問委には元中自隊員の何名かが加わっていて、その場所は北大西裏の競馬場だったらしく、査問から逃げ出した吉田氏を追った大林氏だったかが排水溝に落ち、ズボンを泥水だらけにしていたのを見ている。また離党して自殺しようとしたのを救われ再拘引された成田氏は、まだ何も知らなかった捜査当局に、初めて札幌委員会の組織網を知らせる自供をしたのだったそうである。

そして三月中旬には、北大構内で張りビラや壁新聞を盗撮していた反共連盟の山本弘氏から、鶴

田氏がカメラを奪う事件が起き、たまたま居合わせた村上委員長が軽率にも山本氏を追ったといったハプニングもあって、鶴田氏が逮捕されてしまった

また七月には大林氏が、北大学生寮での「住民登録反対事件」で、市吏員への公務執行妨害で逮捕されることが発生した。

しかしこれらの時点では、鶴田、大林氏が中自隊員であったことを、捜査当局はまったく知らなかったのであろう。一応それぞれ起訴したものの、事件としては微罪なためか、間もなく釈放してしまったのである。

四月上旬には、「モチ代よこせ事件」にからむ脅迫ハガキ郵送の容疑で、北大の教官党員太田嘉四夫講師を始め、札幌自由労組委員長、国民救援会北海道本部長、北海道平和委員会幹部等の、表にも出ている公然活動家らと、その上何を間違えたのか労農党札幌市議会議員の山田長吉氏までをも逮捕したのであった。もちろんこのような公然活動家達が、白鳥事件の秘密を知っている訳はなかった。

この時は逮捕直後の家宅捜索に備えて、大学の関係で良く知っていることもあり、太田先生の自宅内の党関係文書類処分を行ったり、太田夫人らと共に市警中央署への逮捕抗議釈放デモにも、公然と参加していたのだった。

この頃はまだ捜査当局は、事件の核心に迫ることができないあせりを感じていたのであろう。他にも四〇〜五〇名程の、どちらかと言えば公然活動をしていて氏名も割り出しやすい党員達や、民青員の高校生らまでを、何らかの理由をつけて、

●記憶の歴史学＞＞＞テロルの「凶弾」……白鳥事件・高安知彦氏の手記

トルでの人殺しがあったんだって！」と、噂話を興奮して告げたのだった。
わたしはこれを他人事のように聞き流したのであるが、心中はとっさに「やったな！」とピンときたのだった。その場所は我々の動静調査箇所に近く、白鳥警部の通勤の可能性の高い道路だったからであった。佐藤警部の頭には、私の住所はもちろん自身の家がごく近かったことなど、思い浮かばなかったのであろう。
それから間もなく、この事件後に何等かの急用が発生するかも知れないと考えたので、小野宅から南に少々歩いて近い、中自隊員の一人である門脇氏宅に向かったのであった。そこでは特に私の仕事はなかったが、今ははっきり思い出せない誰（村上委員長だったかも知れない）かに緊急連絡が届いて、何か緊張した異様な雰囲気があったような薄い記憶が残っている。
たしかその翌日二二日は、中自隊員の野外行動のためのスキー訓練に、郊外の山に行く予定になっていた。私にはまったく久しぶりのスキーなので、小野さん宅のスキー用具を借りて準備し、その事件当夜には近所の公園か空き地で、足慣らしにスキーで一人滑りしたのである。しかしこの直後に事件が発生してしまっていたので、この借りたスキーでの訓練は中止に終わったのであった。

事件発生の翌朝、我々中自隊員はアジトの一つに使っていた、北大の北学寮にある大林氏の居室に集合した。佐藤博氏を除き集まった隊員は皆、事件に直接触れる話は意識的に避けながらも、「やったな！」という笑顔を互に交わし、だまって握手し合ったのだった。
村上委員長もここに来て、その場でいわゆる「見よ！天ちゅう遂に下る！」のビラ原稿を書き上げられたのである。その原稿は我々隊員の誰かが何時でも党関係の印刷を依頼している、札幌駅北西裏の「北海道機関紙共同印刷所」に持参したのだった。
私はその日の夕方だったろうか、そのビラのゲラの校正を命じられて印刷所に出かけた。ところがビラの末尾に書き入れる「日本共産党札幌委員会」の文字が抜けていたのである。それをどうするかと、印刷所の顔見知りの小母さんに尋ねられた私は、村上氏と連絡をとろうとしたが所在がなかなかつかめなかった。困った私は止むを得ずこれまでの常識的判断に従って、札幌委員会名を入れることに独断的判断をしてしまったのであった。
アジトに戻ってからその報告を私から聞いた村上氏は、「入れないつもりだったんだがなあ」と、私の失敗を苦笑して済ましてくれたのだった。しかしこのことが、のちに大きな問題となったのである。
このビラは、党が実行したとは言ってないが、白鳥警部が民主的行動を弾圧する調本人であり、

射殺されたことを「天ちゅう下る」と肯定尾的に当然視し、この実行行為を称賛して大衆の決起を促した過激な文面のものであったから、札幌委員会のあることは党の実行宣言とも受けとられかねないと、党指導部の間で問題視されたのであった。この事件発生と党名入りのビラへの対応に戸惑った村上氏以外の道地方委員会と札幌の指導部は、慌ててこのビラの配布中止と回収を指示したが、すでにかなりの量のビラが、私ら元気な党員によって二三日午前中に市内各所で配られてしまったのである。
このビラの内容については札幌の党内でも、「当然だ、名文だ」という肯定派と、「非常に危険だ。全く政治性がない」との否定派が、ひそかに議論されたようだった。
中自隊という秘密組織内にいて一般党員とあまり接触がなかったこの頃の私には、党内全般におけるこの事件の発生についての詳細な反応はよくわからないけれど、このように北海道地方と札幌の党指導部や一般党員間にも、この事件をめぐっての困惑とひそかな論争があったようである。党への実行疑惑に対する組織防衛上から、「党はこのようなテロ行為は行わない。この事件は党壊滅をねらった陰謀である。当局は基本的な捜査を行え」と声明したかと思えば、のちには「この実行は愛国的行為だ」といった、混乱した発表をしたりしたものだった。また二二日早朝の、民青事務所等への根拠のない場当たり的家宅捜索にも、抗議行動を開始した。

毎朝のことでもあり神経を使うものであった。

この調査状況は当初、鶴田、大林氏が、札幌市隣の江別市野幌での、反共映画「私はシベリアの捕虜だった」のロケ妨害に出かけたことがあり、私が中央署側へ代わりに行ったこともあった。しかしこのロケ放火は、たしか未遂に終わってしまったのだった。

この動静調査では、何度か警部の姿を発見し追跡し、あるいは尾行中の見逃しなどもあったが、次第に警部の出勤、退庁、帰宅の時間や経路のパターンがわかり、また通勤にはほとんど一人で自転車を使っていること、退庁後はススキノ歓楽街に近いバー・シローによく立寄ること、ここに自転車を預けること、等々が知られたのだった。

しかしこの動静調査があまり長くなくて、警部が連絡のためよく立寄っていたらしいこのバー・シローはCICアジトであったらしくて、警部が連絡のためよく立寄っていたらしいたことを私が知ったのは、私の逮捕後の捜査官との雑談からだったようである。

一応の警部の動向が把握された一〇日ほどで、全隊員での警部の動静調査を打ち切ることになった。その後は鶴田氏ら一部の隊員のみが、実行目的としての尾行行動に移ったようであるが、その詳細は私には不明であった。

尾行を察知されるようになったのであった。しかしこの警部の動向があまりによく知られてはいけないのでこのバー・シローはCICアジトであったらしいだった。

だが私は逮捕後の取調べの時まで、拳銃による射殺の実行者は優れた党員であり、勇敢で落ち着きのある実行者は最適任者だろうと思い込み、そ
れ以上は重大機密でもあり最後まで残っていて、鶴田氏の言動や状況から推察してよく考えて当時の佐藤氏の言動や状況から推察考えないでいたのであった。しかし後日このことをよく考えて当時の佐藤氏の言動や状況から推察すれば、私はこの実行現場を直接見ていないけれど、結局白鳥警部への発射実行者は佐藤博氏であったものと、認めない訳にはいかなかったのである。

またのちに他の党員らの証言などで知ったのだが、彼は一九五二年正月の円山細胞の会合で、「白鳥課長はもう生かしておく必要はない」、「国民救援会（左翼運動犠牲者の救援組織）が、お前が馬鹿なことをしたのだから面倒見ないなどと、常識的判断をされては困る」と言った、この事件発生

実行班と推察される鶴田氏らの班に加わったのだった。そして、彼が警部を中央署側から追跡し、拳銃の引き金を引いたのに発射せず、失敗に終わったことが起きたのだった。この原因を調べるため、私も他の隊員と共に拳銃のオーバーホールをしたのだが、これという故障らしきこともなく、初めての通称南六条通りで、追い越しながら拳銃を発目の通称南六条通りで、追い越しながら拳銃を発射したものと見られている。

そして佐藤氏は事件発生数日後からだったろうか、村上氏の指令により自宅を捨てて、札幌からの逃亡生活に入ったのだった。

その出発一、二日前かに私は、たしか一晩だけだったと思うが、彼の自宅の留守番に行ったことがあったのである。家の中はほとんど整理されてガランとしていて、私の使う布団もなかった。

今思えば本当に最後の別れになってしまったが、その留守番の翌日であったか翌々日であったか私には彼が労働者出身で理論的には弱いように思えていたので、党や社会主義関係の書籍を二、三冊餞別代わりに届け、射殺実行者があるいは鶴田氏かと思っていたこともあり聞くこともなく、別れを告げ激励したのだった。

こうして佐藤博氏は、我々中自隊からまっ先に姿を消さざるを得なかったのであった。彼はその後北海道内での逃避生活を続け、のちにまた中自隊員だった者達と一緒に中国へ亡命したのである。

事件発生当夜の午後八時過ぎであっただろうか、私の間借り先の市内（現、中央区）南六条西一八丁目の小野さん宅に戻っていた。そこへ小野さんの娘さんが外から帰宅するなり、「今、近所でピス

実行班と推察される鶴田氏らの班に加わったのだった。

その佐藤氏は一九五二年一月二一日当夜、雪道を暗に示唆するような発言もしていたそうである。

その佐藤氏は一九五二年一月二一日当夜、雪道を自転車で帰宅する白鳥警部を発見して同様に自転車で追跡し、午後七時四二分頃に人通りのほとんどなかった市内（現、中央区）南六条西一六丁目の通称南六条通りで、追い越しながら拳銃を発射したものと見られている。

佐藤氏は純朴な労働者タイプであり、「赤ランプ事件」の三回目の実行時に、他の者が危険を避けて逃げていたにもかかわらず最後まで残って、停止した列車機関手に向け、「米軍用の石炭軍事輸送に反対せよ！」と説得しようとした勇敢な党員だった。

全隊員での警部の動静調査時には、札幌委員会の円山細胞員だった佐藤博氏が中自隊に参加してきた。

当初は彼が何を担当するのかわからなかったが、

●記憶の歴史学＞＞＞テロルの「凶弾」……白鳥事件・高安知彦氏の手記

って休学届をだしてくれていたのであった。

白鳥事件の実行

当時札幌市警察の警備課長白鳥一雄警部は、札幌での党活動、行動を監視し規制する警備部門の最高責任者であった。

党が開催する集会やデモ行動は、市の公安条例により無届のまま許可にならなかった。それを不許可やほとんど無届のまま実施すると、解散させるために警官隊が出動して来た。いつもこの先頭になって積極的に警察官を指揮していたのが白鳥警部であった。したがって札幌の党員らにとっては、民主的活動の弾圧の調本人である、身近な権力のシンボル的不倶戴天の敵として、目に焼き付けられていたのだった。

一九五一年十二月には、いわゆる「モチ代よこせ座り込み事件」が札幌市役所庁舎で発生、多数の党員らが逮捕された。この逮捕者の釈放をねらって、高田札幌市長と担当の塩谷検事公宅へ投石攻撃が実施され、札幌の全党をあげての抗議、脅迫ハガキ、ビラの郵送作戦等が、年末から翌年始にかけて大々的に行われた。

しかしこの攻撃手段に対して、拳銃による射殺することについては、党札幌委員会の上部機関である北海道地方委員会ビューロー（地下指導部）

の吉田四郎キャップ（委員長）と、何等かの討議があったのかもしれなかった。

当時北海道地方委員会軍事部に所属していた川口孝夫氏によれば、氏はこの事件発生の数日前にこの計画があることを察知し、急ぎ中止を進言する連絡文書を吉田キャップに送ったが返事がなく、そのままこの事件を吉田キャップに及ぼしてしまったという。

これから推測すると、もしもの実行時に捜査当局の追及が上部機関に及ぶことを避けるため、はっきりした指示をださないままにしたのでもあろうか。

また村上氏は、札幌委員会ビューローの白鳥警部への佐藤直道副委員長に向かって、白鳥警部への白昼堂々とした公然襲撃案を打ち明けて、意見を求めたが強く反対され、「どうしても止むを得ないときは暗殺にすべきだ」、と言われたこともあったそうである。

事件発生前には、我々下部党員には知るすべもないこのようなことがあったらしいが、結局村上氏は、射殺攻撃が一般大衆からも支持され遊離することがないと思いこみ、また上部機関も何等かの了解をしていると解釈して、具体的な計画を考え独断的に実行の決定をしたのであろうかと、私は今想像している。

我々中自隊員には、一九五二年正月早々（私の記憶では四日頃か）に、村上氏から拳銃での射殺による攻撃開始が、初めて告げられたのである。

しかし前年末から、白鳥警部への徹底的な攻撃と、はっきり明示されなくとも射殺を意味することは、中自隊員間ではそれとなく話題にされてお

り、それが当然とする雰囲気がすでに出来上がっていて、それを私としてはこの指示を淡々と受け入れ、すぐに実行に移っていったのであった。たとえ武装革命を目指して少々の疑問があったとしても、高揚した雰囲気の中にあった中自隊員には、「日和見主義」と非難され、敵扱いされるだけだったのであろう。

このようにしてこの作戦は開始されたのであった。

まず白鳥警部の通勤状況などを調査して射殺実行適地を選定するために、隊員は二班に分けられた。鶴田、大林氏は、警部の勤務先である市内の札幌市警察本部のある中央署側（現、中央区北一条西五丁目）側を、私と、村手、門脇氏は市内幌西地区の警部公宅（現、中央区南九条西二三丁目）側を、それぞれ担当して警部の尾行活動を直ちに実施することになった。

この調査中でも、「確実なチャンスがあれば発射を実行せよ」と村上氏から言われていたようで、一丁しかない拳銃は中央署班が携帯していたようで、私ら公宅班が拳銃を所持したことはなかったのである。

一月の雪の中での早朝、夜間の警部公宅やバス・市警停留所に立つ見張り、尾行は寒さを覚悟してのものだったが、楽なものではなかった。夜間は闇にまぎれて隠れることもできたが、人通りの少ない明るい早朝では、警部の発見まで同じ場所をウロウロしている訳にはいかないから、不審に見られないよう通行人らしく歩きながらの見張りは、

ことがあるので。三八銃での発射経験が一、二度あったのである。そしてこの発射の帰途、試射場下の小沢の末端を横切るU字状道路から小沢の谷底めがけて、植野氏試作の手りゅう弾を投げ込んだのであるが、不発に終わってしまったのである。この不発弾は持ち帰るのも危険だし、他人に見つかることもないだろうと、その谷底に放置したまま我々は帰路についたのであった。

当時札幌新内では、米占領軍（進駐軍と言われていた）が、現在の南区真駒内に広大な種羊場を接収して駐屯基地としていた。

その並んだレンガ造りのエキゾチックな兵舎は、電灯が明あかとつき、日本人が使えない山積の良質炭をふんだんに使ったボイラーで暖め、上半身を裸にした米兵達が窓を開け放って、日本人がそれまで見たこともない缶ビールを飲んで騒いでいるのが、フェンス越の道路から見せつけられていた。そして今でこそ七二年冬季オリンピックで整備された真駒内公園の森が、朝鮮戦争で痛めつけられて戻って来た米兵達に、将校住宅で働く日本人メイドが帰り道で辱められる場所にさせられたのであった。

市内中央を流れる豊平川の堤防やススキノ歓楽街周辺では、日本人が強盗に会い、何人もが無惨に殴り殺された。新聞は「一三文半（今でいう三三・五cm）の靴跡が残ってた」と、日本人には大足の靴の大きさ）の表現でしか記事が書けなかったのだ。

その頃北大ボート部長で高名な理学部の某教授は、豊平川向かいの平岸（ひらぎし）地区の自宅

へ真夜中の研究の帰途、木刀を常時携えておられたことは学内の有名なうわさだった。

我々が山村工作に入った千歳町は、朝鮮戦争生き残りの荒れた米兵達が、命の洗濯をする後方基地であった。バラックの米兵用のパンパン・ハウス（売春宿）が続々と新築し、午後三時前の銭湯入口には、風呂が開くのを待った、日本女性のパンパン・ガール（売春婦）達が、そうぞうしくたむろしていた。その性病菌の恐ろしい浴場に、一般のご婦人達が不安げもなく？一緒に入っていたのである。そのパンパンが使った御用済みのコンドームが、あの清らかな千歳川に捨てられ、無心な子供らがそれを拾って、ゴム風船代わりに口でふくらませて遊んでいたのである。

今考えても背筋の寒けのするような異様な屈辱的光景が、ごく日常的に繰り広げられている基地の街だった。それは我々党員の反米、反帝国主義の反抗心、闘争心をいやがうえにもかき立てる。占領下にあった殖民地に日本の地獄絵のような現実世界であった。

私は五一年九月、農学部農業生物学科応用動物学講座の専門課程に進むことにした。それまでの教養課程では、党活動に熱中して履修単位の取りこぼしも少なくないため、私は教養部長教授に呼びつけられ厳しくしぼられたが、一応の進級は許してくれたのである。この専門学科は元来私の希望して北大へ入った道であったから、アカデミックでも入った北大ボート部としてのての仕事も増えだし、次第に学業どころではなくなってきたのである。そして私は、学問への道に多くの未練を残しながらも専従的な党員活動を選び、大学を放棄せざるを得ないと決心したのであった。

私は一二月の暮れも迫って、ひそかに余市の実家に帰った。私の真意を察して父にだけは話して大学を止めて職業党員になる」と告げられた父は、当時の党活動を十分理解していたとは言えないまでも、元来理想主義者でもあり共産主義がいかに苦難の道であるかを知っていた。だが「止めろ」と言っても理想に燃えている私には無駄なことを、即座に理解したのであろう。黙って私の話を聞き、ただ「そうか」と一言いったきり、あとは何も言おうともしなかった。

しかし父は、自分の青年期に見聞した党の大弾圧時代の体験から、その党活動がいかに苦難の道かを知っていた。だが「止めろ」と言っても理想に燃えている私には無駄なことを、即座に理解したのであろう。黙って私の話を聞き、ただ「そうか」と一言いったきり、大粒の涙を二つ、三つポロリと流したまま、あとは何も言おうともしなかった。

涙もろくなった老後以前に父の涙を見たのは、一〇年ほど後に、結婚した私が長男を五ケ月の幼児で失った時、冷たくなった孫を抱き泣いてくれたことの二回限りであった。父の複雑な心中を感じながらも、後ろ髪を引かれる想いを断ち切って、私は早々に我が家をあとにした。以後四年三カ月の間、私はこの実家に一度も戻ることがなかったのである。けれど父は、私がまた必ず大学に戻りたくなるのでは、と予想したのであろう。未納だった分を含めて無駄になるかもしれない授業料をしばらく納め続け、その後はだま

●記憶の歴史学＞＞＞テロルの「凶弾」……白鳥事件・高安知彦氏の手記

い作業と生活だった。

しかしこの農村工作活動は、開始直後の一二月に札幌で発生した「モチ代よこせ座り込み事件」で、急ぎ戻らねばならなくなり中断してしまったのである。

この事件は自由労組（日雇労働組合）が年末のモチ代を要求し、札幌市役所の市長室を占拠して座り込んだが、この要求を拒否した市長の要請による、白鳥課長指揮の警官隊の出動で、応援に駆け付けた多くの党員が逮捕されたものであった。札幌の党は直ちに全組織をあげて、ささやかな要求に対する不当逮捕抗議、逮捕者釈放要求行動を開始した。

この時いわゆる「人非人ビラ」は、「血も涙もない人非人、高田市長、白鳥警備課長、塩谷検事を札幌から葬り去れ！」というようなもので、多分村上氏の原稿だったろうと思われた。今から見れば時代がかった文章だが、この弾圧に対する強い武力的反撃の意思を示した過激なものであった。

そして村上委員長は、この逮捕者奪還を目的に地検への抗議、逮捕者釈放要求行動を開始した。圧力をかける行動を、千歳から戻った我々中自隊に指示したのである。

暮れも押し迫った一二月二九日夜には、この事件担当の塩谷公安検事公宅に、また三一日夜には、年越しの宴を家族と囲んでいた高田市長公宅に、脅迫のビラ張りと、レンガ片やこぶし大の石を、それぞれ一〇数個も投げ込み、窓やガラス戸を破壊する攻撃を実施したのであった。

翌五二年一月初めには、警察官への脅迫サタ―

ジュ文「新年に当たり警察官諸君に宣言す！！」の市内の全党員らによる逮捕者釈放要求の年賀ハガキの送付作業も、札幌の党指導部の指令で大々的に、高田市長、塩谷検事、白鳥課長の三名を目標に行われたのである。この時の警察官向けの宣言文とは、おおよそ次のようなものであった。

「親愛なる札幌の警察官諸君、新しい年を迎え我々は諸君達に重大な決意を固めていただかなくてはならなくなったことを遺憾とするものである。
……今諸君がどう考えようと……日本人をアメリカに売り渡す売国奴共の命令を拒否し敢然として、日本の利益のために闘う道を選ぶ事を要請している。
……諸君達も労働者、農民の息子だから、我々の親兄弟の生活を、君達は逮捕し、弾圧しそれを命令だからと言って、君達に対抗するであろう。……我々はこれ以上黙っている事は出来ない。……我々はこれらの敵、白鳥、○○、△△、……君たちの親兄弟、我々の親兄弟を以って君たちに対抗するであろう。
……我々はこれらの敵、白鳥、○○、△△、……を国民の名において葬り去る事を宣言する。……最後に今一度、……国民の側に立ち……闘うことを切望する。……近い将来においてこの諸君を国民の味方として優遇するであろう」

いかにも村上氏や中自隊らしい、名指しで白鳥課長らを当面の攻撃目標に掲げた、何とも勇ましい宣言のビラが、市内の各交番等あてにも郵送されたのであった。この「対警宣言ビラ」には、白鳥警部への攻撃予告の意味がすでに含まれていたのだが、当局には「まさか？」としか、本気に受け取れなかったのであろうか。

これらの行動と同時期の一二月から翌五二年の正月にかけて、札幌市内の郊外などでは拳銃の試射や訓練が、中自隊員や軍事要員、あるいはその候補者等によって繰り返されていたのである。

私の参加したのは一度だけだったが、参加しない場合も何度かあったようで、「今日藻岩？の警察の射場で、誰もいなかったからやってきた」と、得意ぶった話を聞かされたこともあった。また銃の使用になれるために、我々は暇な時を利用して、拳銃の分解手入れも何度か試みたものである。

私の参加した円山公園奥の幌見峠手前の山中でのブローニング拳銃試射は、一月初めだったろうか。我々中自隊員数名は、その当時除雪などされていない、峠越えの踏みつけられた雪道からそれて、ゴム長靴でも歩かれる程度の小雪の積もった雪中を、やや急な小沢上部の斜面に登って入った。

その下草のササの少ない大木の林の雪上に、ちょうど目線の位置にホオノキの大きな枯葉が一枚落ちていたので、私はこれを標的にして三～四mの至近距離で、ほとんど水平に発射したものであった。他の隊員らも、それぞれの標的にかわるがわる一発ずつ発射したのであった。

時は夕暮れか、どんより薄暗い曇りだったのであろうか。標的にうまく命中したかどうか、はっきりした記憶はもう今はない。しかし両手拳銃でも、三八式歩兵銃の発射の衝撃より少なかったようだ。私は戦時中の中学生のとき射撃部にいて

の結成が計画されたのであった。

多分村上氏や相談を受けたであろう北大細胞キャップ（責任者：当時は小島正治氏だったと思われる）などの人選によると推察される隊員候補は、大学内の空き教室に集められた。ここで隊員になる覚悟があるかとの意志が問われ、断った者は私の知る限りでは一名のみであり、他はその場かその何日か後に、進んで参加を承諾した。私を始めとして、まさに太平洋戦争末期の神風特攻隊員そのものだったのである。

この参加を承認した門脇茂、村手宏光氏と私の三名には何日かおいて決定の連絡があり、またその頃すでに北大細胞外の常任活動に従事していた鶴田倫也、大林昇氏はその後この中自隊に加わることになって、この五名による隊が結成されたのであった。

しかし今になって考えてみるとこの中自隊の実情は、札幌委員会ビューロー（指導部）に所属せず、村上氏に直結して独立していたらしい。（組織系統は我々に明示されていなかったが）宍戸均氏であって、中自隊長兼務といった立場だったのである。

村上氏の下でこの隊員を直接指揮・指導したのは、札幌の軍事委員であったらしい。大原則から逸脱した、村上氏の私兵的な存在なのあった。「軍事は政治に従属する」

このようにして中自隊は結成されたが、用意された武器は古ぼけた刀剣等の子供だましのものばかりで、唯一のトラの子はブローニング型の拳銃一丁ぐらいのものであった。この中自隊が持って

いた拳銃には、この他にイタリア製？だったかのベルナリデル・ガルドンネとかいう、小型の婦人用らしき自動銃もあったが、北大工学部の機械補修工場で製品修理を試みたが、結局うまくゆかなくて、確かに使用不能になってしまったのだった。

発火装置の単純な火炎瓶の製造は一番手軽であって、私もすぐこの製造に慣れて、のちには担当量が備蓄された。手榴弾の制作は、北大細胞にいた植野光彦氏の担当になったか知らなかったが、安全で爆発可能なものは容易に出来なかったらしくて、何度もテストを繰り返していたが、そんな極めて危険な爆発物を持ち歩くのは嫌だったし、それに植野氏が火薬調合中にボヤ騒ぎを起こしたりと、つまらない苦労もしたものである

発火用信管造りは、微妙な作業が特に困難だったらしくて、何度もテストを繰り返していたが、安全で爆発可能なものは容易に出来なかったが、そんな極めて危険な爆発物を持ち歩くのは嫌だったし、それに植野氏が火薬調合中にボヤ騒ぎを起こしたりと、つまらない苦労もしたものである

私が参加した札幌の中自隊等による軍事活動は、一二月に入っていくつかが実施された。

一二月の上、中旬には、大掛かりな「赤ランプ事件」があった。当時一般の家庭では冬期間の入手に困っていたが、米軍用には最上質の炭が多量に輸送されていた。この石炭列車を札幌の労働者街に近い苗穂駅付近の線路上で赤ランプを振って停め、石炭貨車から石炭を落とし拾わせようと考えたのである。私や門脇氏は貨車から石炭を落下させるハンドル操作を覚えようと、市内の石炭

置き場で盗み見する実地見学に行くなどして準備したりした。

そしてこの作戦には、元気な一般党員や民青の高校生グループを動員し、総勢は二〇名ほどにもなって実際に行動にあったのである。しかし実際にやってみると、目的外の貨客混合列車を間違えて停めてしまったり、付近の人に怪しまれて中止したりしたうえ、人数だけ多くてもかえって統率にくく、急ごしらえの舞台では訓練不足や役立つほどの度胸もなくて、結局三回試みたが失敗の連続におわってしまった。ところが三回目には米軍用の石炭列車を妨害しようとしたことがマスコミに報道されたので、それなりの宣伝効果はあったことになるのだろうか。

またこれも結局は成功しなかったのだが、逮捕されて本国送還になる朝鮮人同志を、列車での護送中に奪還しようとした、極めてずさんな行動の計画もあった。

一二月下旬には我々の中自隊は、中国共産党の経験をまねて山村工作活動を開始した。これは将来のゲリラ戦の拠点造りを目標に、工作拠点に選んだのは、党組織を浸透させようとしたものであった。工作拠点のある千歳町（後の市）の開拓部落祝梅や阿宇砂里と札幌市内だが当時山奥だった常盤部落だった。

私が参加した千歳町での、何歳かの間に何回もの樽前火山噴火により厚さ一〜二mの火山灰を人力でひっくり返すという、ボロ小屋住まいの引揚者らに強いられた農地開拓は、想像を絶する酷

●記憶の歴史学＞＞＞テロルの「凶弾」……白鳥事件・高安知彦氏の手記

党員である我々でも尊敬するその名誉教授は孫を心配の余り、我々が何時もたむろしている学生会館の社会科学研究会の部室に、探しに訪ねてこられたのである。我々は汚い部屋のイスに丁重に座らせ、「早く家に戻るように言ってください」という老先生を説得して、やっとお帰り願ったのだった。

このような者を救済するために、ひと時は細胞員一〇数名でコミューン（共同組織）を作ったこともあった。コミューン員は、自らの仕送り、育英資金、アルバイト等の稼ぎ等の収入を全額拠出してプールし、それを平等に分配して生活するというのである。資金が少なくなった時は、全員の喫煙を禁止することにした。ところが他人からタバコをもらって、喫煙する現場を見つかった者があったのである。この喫煙者はコミューンの会議で真面目に自己批判を求められることになったのであった。

今考えればタバコくらいでと子供じみていたと思うけれども、当時はまさに真剣そのものであった。このようにして、共産主義の理想に燃える学生党員の間には、他の学生グループや趣味のサークルには見られない、一風変わった同志的友情が育ったのであった。

軍事方針下の中自隊活動

一九五一年九月には敗戦国日本に対する平和条約が、ソ連を除く国々だけでサンフランシスコにおいて調印され、同時に日米安全保障条約もアメリカとの間で結ばれ、日本はアメリカの軍事力の傘下に納まることを決定した。朝鮮戦争は半島全

域に及ぶ激しい攻防戦の末に、やっと休戦会議が始まったけれども、依然として米ソの冷戦は止ることを知らない厳しい状況であった。そして日米権力の施策に真の独立を要求して勇敢に抵抗する党への攻撃は、ますます激しさを増すばかりであった。

日本がまだ占領下にあったこの頃の活動は、日本の警備警察のみならずCICの監視下にあった。札幌では北海道庁通りと札幌駅前通りの交差角のビルに入っていた、CIC事務所に占領政策違反で直接拘引されると、軍事裁判にかけられ二度と外に出られないという噂も耳にする時代であった。

一九五二年の平和条約発効後はCICに替わって、主として党組織対策のために新たに作られた破壊活動防止法による公安調査局が党の監視にわわることになった。

そして党は、一九五〇年のGHQ指令以来のレッドパージで多くの党員達が職場を追われ、朝鮮戦争ぼっ発と同時に機関紙「アカハタ」は発行禁止とされ、党活動は実質的に半非合法下においこまれていたのである。

このような状況下で、日本の党のそれまでの「占領下平和革命論」は、コミンフォルム（欧州九か国共産党による情報交換局）から厳しい否定的な批判を受けた。このため党は五一年一〇月の五全協（第五回全国協議会）で「五一年綱領」を作り、批判を受け入れて武装革命のため軍事方針を決定し、その武装闘争の実施組織として「中核自衛隊」

（以下、「中自隊」と略す）の組織化を、極秘裏に指示したのであった。

この決定をめぐって党の中央指導部は、徳田球一氏らの所感派と宮本顕治氏らの国際派に分裂し、その所感派が主流派となって五一年綱領がつくられたとのことであるが、当時そのような状況の詳細を、我々下部党員は知る由もなかったのである。

しかし日米権力の激しい弾圧下で有効な反撃手段に苦しんでいた我々下部党員にとっては、このような武装闘争のための軍事方針は、極左冒険主義に落ちいるかもしれぬ結果を心配するどころか、むしろこの弾圧に対する果敢な戦闘的行動指針として、大歓迎だったのである。

いつも結局は破られ殴られ放題の集会時のスクラムで、警官隊に一矢報いたいと悔しさに歯ぎしりしていた我々だったのだ。そして合法的な活動を極度に抑えられていた党では、各級の指導者はその地下組織から指令、指導していて、会議や打ち合わせ等はアジト（秘密の会合所）で行われていた。また軍事関係の方針書類は、「球根栽培法」などという何気ない、穏やかを偽装したタイトルを付けた文書で、党中央のから最下部組織まで、地下印刷所と極秘ルートで届くようになったのであった。

札幌委員会の傘下においても、この一〇月下旬であったか、一一月初め頃に、当時の村上委員長の指示だったのであろう、時間的余裕もあり頭も悪くない？学生党員が多数いると考えたのかも知れないが、北大細胞の先鋭的活動家による中自隊

世の中に怖いものなどないような、あいまいさを吹き飛ばしてくれることになったのである。

この時私は処分保留で釈放されたのだったが、一緒に逮捕された一学友が、集会解散のため警官隊からあびせられた、消防用ホースからの放水でビショビショにされ、逮捕直後の留置場で私が彼に貸したレインコートを証拠にされたことを、私は後日知った。

それで私は、「その青いレインコートを着ていた公務執行妨害者は私だった」と、証人として彼の裁判法廷に名乗り出たのである。その友人は証拠不十分で無罪となり、恋人との結婚と就職を得ることができたのだった。

この逮捕後に私は釈放されて間借り先に帰宅してみたところ、いくらもない私の荷物がまとめられており、私は追い出されるはめになっていた。あとの入居学生も、既に決まっていたのだった。

当時私は部屋代の替わりにその家の子供二人の家庭教師を無料でやっていたのだった。しかし、二〇日間の拘留の最後に私の氏名が判明して新聞紙上に出たらしく、また長期間無断で帰って来ないのだから、党を異端視した間借り先では、やむを得ない処置だったのであろう。

このようにして党員としての活動に自信を持ちだした私は、学内のみならず他の北海道内各大学での、党が裏から指導する全学連系自治会の反戦平和集会等に、オルグ（組織調整役）として派遣されアジ（扇動）演説をぶったりするようになった。

また反戦画家として有名な丸木位里、俊（まるき

いり、とし）夫妻の大作「原爆の図」展、開催の平和運動等に、入党一年ほどで北海道内を飛び回るようになっていたのだった。

音痴だった私が反戦平和の歌声大会に駆り出されて、当時の札幌市内随一の劇場だった松竹座の舞台にたったりしたこともあったのである。

そして北大では五〇年以前には学内自治権がかなり守られ、北大細胞も全国大学で唯一の学内公認団体であったが、イールズ事件以後一九五一、五二年になるにつれて、右傾化政治権力の施策が文部官僚の締め付けとなって、学内にも波及しだし細胞も公認取り消しとなったのであった。

一九五二年頃には、学生自治会等の学長や大学当局への団体交渉や、座り込みなどの実力行使が長引いたりすると、大学当局はそれまであまりなかった警官導入による強行排除で、これに対抗するようになってきたのである。

その具体的な我々の活動や闘争は、五〇年たった今ではなかなか思い出せないが、日常的な学生らの生活、授業や施設面などの改善要求、授業料値上げ反対闘争、反戦平和運動などのほかにも、一九五一年には大学構内を通そうという札幌市の道路建設計画の軍用道路転用の疑いから、「クラーク像を戦車の車塵で汚すな！」という闘争があった。

また一九五二年には、学生寮の管理強化につながる住民登録制度開始への闘争があり、市の調査員に対する執行妨害で細胞の大林昇君が逮捕されるという事件が発生したりして、我々の活動も次第に過激化していったのである。

一九五一年頃の北大細胞には一〇〇名程度の党員が在籍していたかと思われるが、特に積極的な学生の公然活動家もその半数強だった。その中の一人は現在活発な女子学生党員も数名いて、その半数は職の北大教授の娘で私と同じ教養部班だった。党籍を秘した民青団員もかなりいたし、当時退職された杉之原舜一教授のほかにも、党員を公表している教職員が二名おり、また有名教授を含む一〇数名の秘密教官党員らもいたのである。

党員以外には、入党には踏み込めないが関心の強い学生達が数百人から千人近くが参加するのが、当時の積極的な民青党員や党のシンパ学生らが、全学で一〇〇名以上それぞれ活動していた。大きな問題での集会や平和運動のデモ行進などには、全学の半数近くの学生が参加しての集会になれば、全学の半数近くの学生が参加していたろうと推察される。当時の学生達の政治や学内問題への問題意識は、現在に比べて非常に高かったのであろう。その頃の北大の全学生数は、私が入った時、一学年千名程だったので、大学院生を含めてもせいぜい四〇〇〇名に満たない、現在の半数以下の時代だった。しかし積極的な学生党員には、親にきつく反対されて勘当同然で仕送りを絶たれる者もいて、宿泊先のない者は我々のアパートや学生寮は、いつも何人かがゴロゴロしていた。

中には祖父が高名な世界的植物学の名誉教授で、父親が大会社の取締役員なために勘当を言い渡され、我々の間を泊まり歩いている細胞員がいた。

●記憶の歴史学＞＞＞テロルの「凶弾」……白鳥事件・高安知彦氏の手記

やし続けて、苦しさに耐えながら学校に通っていたのだった。

四五年八月の敗戦後は、治安維持法による政治犯の釈放、戦犯の追放と東京軍事裁判の開始、財閥の解体、国家と神道の分離、婦人参政権成立、労働組合法、農地解放法などの公布、天皇の人間宣言、……

そして平和憲法の施行等々、敗戦日本の再建への道は明るく輝くはずであった。にもかかわらず第二次大戦終結後の世界は、米ソ対立の冷戦状態に突入してしまったのだった。そして占領下の日本はアメリカの対共産圏戦略に巻き込まれ、これに便乗した右傾化権力は、日本を戦前化への道に、逆戻りさせようと動き出したのであった。

そしてこの民主的で自由な言動を抑圧しようとする逆波は、軍国主義崩壊を身をもって体験した一般大衆と共に、時代の流れに敏感な学生達の、日本の将来への不安感、危機感をあおることになったのである。

入党した私は、このような大学内外の諸問題についての生活防衛、反戦・平和等々の学生自治活動、これらの宣伝や集会、デモ行動等の抵抗運動に、それまで外部者的に参加していたことから、自らその先頭に立って積極的に動くという党活動にのめりこんでいったのだった。

こうして、私が大学の教室に出席することは、講義を受講することよりも、学生らと接触して宣伝活動をすることが、主な目的となっていったのであった。

宣伝活動は今のようなコピー機のない時代なので、ヤスリ板でロウ原紙に鉄筆で一字一字刻み込んでガリ版の謄写版刷りで作ったビラが使われた。

これで活動の意義を訴え、討議や参加を呼びかけるビラや、マスコミに出ない情報を知らせる新聞を作り、インクで手を汚しながら精を出し、毎日のように学内各所の出入り口や教室等で、教職員や学生に配ったものであった。

当時、米占領軍批判、GHQの政令に反するような内容の集会やデモ行進等は、市の公安条例で許可にならなかった。しかし党は、このような違反行動をも市民にアピールするために、あえて強行したのだった。

札幌市内中央にあり人通りの多い大通公園等で、不許可や無届集会を開くと、それを解散させるために警官が出動してきて、集会を守る我々党員の一団はこの警官隊の列が一〇〜二〇メートルへだてて対峙することになる。その警官達は指揮者の「かかれ！」という号令で、警棒を構えて突進してくるのだ。それまでの数分というものは、私の心臓の鼓動が緊張で一気に高まるのだった。

私はある集会の時この緊張に我慢しきれず、警官隊の目の前でタバコを一服付けたことがあった。だがこの一服は私の緊張感を即座に鎮めてくれることになったのである。以来この経験が、私をタバコが手離せない愛煙家にしてしまうことになった。

細胞の特徴として、我々は誇りにしていたものである。

当時の大学構内は、政治権力や官憲の介入から学問・学園の自由を守るという、自治意識の強い聖域的区画であって、制服警官は自由に立ち入れない雰囲気だった。校内での党活動は安全だったが、時折私服の警官や反共連盟の者が入り込んできて、細胞や自治会の張ビラや集会をカメラで盗写するのが発見され、それをつるし上げて学外にたたきだす事件が起きたりした。

一歩構内を出ると活動は活発なことを知られている北大細胞員は警官にねらわれ、占領軍命令の政令違反等の理由をつけて逮捕される危険もあった。大工場入り口等のビラ配りは労働者が多く比較的安全だった。ただし学外での格好のビラ張場所である、北大に近い札幌駅脇の鉄道線路をまたぐガード橋（当時は「おか橋」といわれたいた）などでは、対警察官の見張りピケ（警戒員）が必要だった。この橋のコンクリート製の手すりは真冬は冷え切っているので、ノリなしでも水を塗るだけでビラが凍り付いたものだった。

また元気な北大細胞員は労学共闘と称して、学外の大工場や炭坑などの労働争議にも応援に出かけたものだった。これは東大や京大細胞の理論派活動に比べて泥臭いが、実践活動を重視する北大細胞の特徴であった。

一九五一年四月には大通公園で起きた、たしか朝鮮戦争での米州兵派遣反対おける無届集会での警官隊との衝突で、私は公務執行妨害で逮捕されてしまった。初めての二〇日間の留置場生活と、容疑事実はもちろんのこと、自分の氏名すら逮捕の抗議のために、尋問に答えない、完全黙秘を通すことを経験したのである。

この体験は私に開き直りの気持ちを植え付け、

党員の追放）等々の目まぐるしい社会情勢は、私を党に関心を持たせ接近させる大きな誘因となったのである。

大学の講義にいささか飽きかけていた私は、この事件を契機として党の活動に強烈な関心を持たされ、社会主義や党の文献等を読み漁ったのである。そして学内の学生自治会や北大細胞の集会や学習会に顔を出し、参加するようになった。

この自治会や集会に参加する学生達は、北大細胞員や党のシンパなど積極的な者が多かったから、彼らとの接触を通じてそれほどの抵抗もなく、その年の夏頃にはごく自然な気持ちで、党の青年部的性格の民青団に勧誘されるままに参加したのである。

そして一〇月頃には、対共産圏戦略に隷属させるアメリカ占領軍の施策、これに従う日本の右傾化保守権力への抵抗と、社会主義運動実践の必要性を痛感し、先輩学生党員からの勧めもあって、今考えれば、まことに幼稚なしかし新鮮な希望に満ちた共産主義の理想と行動を夢見て、私は入党を決意したのであった。

北大細胞での活動

一九五〇年六月には朝鮮半島三八度線での衝突に始まる朝鮮戦争が勃発し、アメリカは日本占領軍を主体とする国連軍を投入したが、朝鮮人民共和国はこれを半島南端まで追いつめた。危機感を持った米軍は半島中央部の仁川に上陸を敢行、人民共和国軍を逆に半島北端に追い上げ、戦争は国際

的対立という泥沼に入り込んでしまった。

GHQは日本国内の治安維持の名目で、警察予備隊設置を命令、これが二年後に保安隊と改称、更に二年後には現在の陸上自衛隊となって、日本の再軍備が始まったのだった。

海上保安庁には爆雷掃海部門が急設され、朝鮮半島の仁川上陸作戦等に投入されたが、爆発事故等で戦死傷者が出たのであった。この部門はのちに海上自衛隊として独立したのである。

また福岡空港は朝鮮出兵の軍事基地化した。ここに搬送されてきた米兵のバラバラ死体は、アルバイトに狩り出された九大医学部の学生たちによって、形を整えるために縫い合わされて米本国に空輸されたそうである。

確か一九四九年だったかと思われるが、私は敗戦後初めて東京に行く機会があった。だが、その東京は、私が小学生の頃上京した時とは、まったく変わり果てた姿だった。山の手環状線のガード上を走る省線電車（現在のJR）から見下ろした町並みは、見渡す限り焼跡のバラック小屋だった。伯母の住む井の頭公園や玉川上水の美しかった武蔵野原も消えはてて、哀れなバラック住宅街に変わってしまっていた。国鉄上野駅の地下道には、住まいのない戦災孤児や浮浪者が、通路一杯に寝転がっていた。私はこの目で戦争の傷跡を見せつけられ実感させられたものである。

しかしこの戦禍の廃墟の中から、戦場への学徒出陣や勤労奉仕で学業を捨てざるを得なかった若者達は、再び学問への希望を抱いて、それぞれの勉学の道を懸命に生きようとしていたのが、私の

入った学生時代だったのである。

けれどもまだ食うだけでも大変な苦難の道だった。親からの仕送りも乏しく、育英資金とアルバイトで生活を続ける学生も少なくなかった。手っ取り早い収入方法の一つに、現在は禁止されている輸血用の売血があった。過度の売血でやせた姿は、何とも言えない悲惨さを痛感させられたものである。この学生生活を援護するために、各大学に生活協同組合が始められていた。

私の入学した北大の生協食堂では、食糧配給制度の食券で登録する三食が一九五〇年、五一年頃で手数料込みでたしか一日五五円か六〇円だった。そのメニューは、朝：外米のどんぶり飯に味噌汁、早い者勝ちの漬物、昼：実なしのうどんか一杯かバターのかけらつきのパン一切れ、夕：どんぶり飯一杯に、いきの下がった（つまり極端に安い）煮魚か野菜料理の一品。唯一のご馳走は、週に一回の怪しげなカレーライスか散らし寿司だったことを、今でも覚えている。この前年頃までは、まがいものの海藻麺やイモ団子シチューぐらいしか出せなかったそうである。

北大の中央図書館では、アパートや寮に帰っても暖房のない学生の勉強や読書のために、冬期間夜一〇時まで石炭ストーブをたいてくれたりしていたのだった。

今から見ればこんなわびしく貧しい生活であっても当時の学生たちは、天皇制軍国主義崩壊後の日本に、平和で自由な民主主義的な社会を作ろうとして、それぞれの夢と希望の灯を心のうちに燃

●記憶の歴史＞＞＞テロルの「凶弾」……白鳥事件・高安知彦氏の手記

高安知彦氏（2012年）

中からの予算不足から施設は荒廃したままで、まだ大学の新制度が未整備だったせいもあったろうが、教養部の講義は高校教育の延長的内容のものが多く、私が生意気にも夢見た程のアカデミックな雰囲気ではないことに、いささか落胆させられてしまったのである。

ところが入学直後の五月中旬、いわゆる「北大イールズ事件」が発生したのである。

これは敗戦後占領下のGHQ（占領軍総司令部）のCIE（民間情報教育局）顧問イールズ博士による、「大学内共産主義教官追放」講演への抵抗運動であった。第二次大戦終結後の米ソ対立の冷戦下で、占領軍の施策に抵抗する党員教官を追放し、日本の知識層内の党の影響力を排除するのが目的であった。

こうして開催を押し付けたGHQと文部省の強引な圧力・策謀にかかわらず、北大での共産主義教官追放は実施不可能となった。しかし、学内に侵入したCIC（米占領軍対諜報機関）と日本の警察はリーダー学生に、占領政策違反容疑の捜査と強圧的取り調べを行った。そしてスケープゴーストの（罪人の身代わり）として、一〇名の学生が大学から退学の処分を受けることになったのである。（この事件の詳細に興味のある読者は処分学生の一人、梁田政方氏編著の『北大イールズ闘争』（二〇〇六年、光洋出版刊）、を参照されたい。

このイールズ事件は、「これこそが大学なんだ」と目を覚ますような未経験の新鮮な衝撃を私に与えることになった。

敗戦という天皇制軍国主義崩壊の大きな歴史的経験を過ごした中学・高校生時代に、小さな田舎町と学校でもいやというほど見せつけられ、体験させられた社会における不合理と矛盾。このことへの強い関心と個人的抵抗を、民主主義的思考と組織で積極的な実践行動により解決しようとする活動、運動の有ることがこの事件で思い知らされる大きなきっかけとなったのだった。

この前年、前々年頃から発生した緊迫した労働運動、GHQなどの組合運動への介入、謎の三鷹、下山、松川事件や、中国共産党と中華人民共和国の成立等々の関心も深まり、更にこの事件直後の朝鮮戦争の勃発、これを援護する警察予備隊（現在の自衛隊）発足による日本の再軍備化、官庁、報道機関、炭坑等大企業での日本のレッドパージ（共産

これを批判する日本学術会議や日本大学教授連合評議会等の反対決議にもかかわらず、博士は全国の二七大学で講演したが、東大では総長がこれを拒否、東北大では学生の闘争で中止された。北大では一応講演を聞き、公開討論を要求することになったのである。会場の古めかしい中央講堂は二階席が落ちないように補強され、一五〇〇人をはるかに越える教職員、学生で超満員となった。

私は、好奇心旺盛な野次馬でこの会議に出席したのだったが、初日の博士の型破りの反共講演に対して、博士をイール（うなぎ）とユーモアたっぷりに比喩しつつ言葉鋭く、カトリック信者ながらも共産主義教官追放を説く、また日本軍国主義時代の反共歴史認識や共産主義教官不適格の実例に迫る、といった教授たちの質問による論戦は、いかに博士の講演が非論理的で粗雑なものかを、逆にはっきりさせてしまった。講演会を拒否できなかった北大の学長でさえ、「博士と意見が異なる」と発言させるほどであったのだ。

そして二日目には、前日学生らの質問を受けて公開討論を認めていたはずの博士は、それを破棄して一方的に講演を続けようとしたため学生らの自由討論の声が高まり、その混乱の起きる寸前司会の松浦教授は講演中止を宣言し、非公開懇談会として農学部に会場を移そうとしたのであった。しかしあくまで公開討論を要求する学生・教職員の激しい抗議で、この講演はそのまま中断してしま

の練習用グライダーが校庭の我々の涙の中で焼却され、軍事教練用の三八式歩兵銃や軽機関銃は街の鉄工場で破壊処分された。

天皇からの教育勅語や天皇・皇后等の写真が収められた奉安殿も壊され、樺太・朝鮮等に赴任した地理掛図等の教材類もみな処分された。我々の使う教科書にある軍国主義的、国粋主義的記述部分は、真っ黒く墨で塗りつぶしてしまうことになった。

このような敗戦の惨めさと同時に、間もなくこの戦争がいかに無謀で矛盾に満ちたものだったかを、我々は初めて知ったのだった。この戦争と天皇制軍国主義の馬鹿らしい実体験が反面教師となり、また学校外の実社会に触れた多くの経験などが、元来感受性の強かった私に、反権力、反権威意識の批判精神や、ヒューマニティックな社会正義感を植え付け、育てることになったのであろう。

都会校とは違って進学受験に鈍感な敗戦後の田舎の中学校後期〜新制高校では、私は戦時中の反動の部室に入りびたりだった。土曜日の午後から日曜日は積丹半島や近郊の山野と海浜が、生物採集と自然観察の素晴らしいホームグランドになった。町には相変わらず学校も休みになる、リンゴ園や漁場のアルバイトがあったので、敗戦後はきちんともらえるようになった賃金をためては、私が

先頭になって今思えば粗末な装備で、夏休みの採集学校旅行に出かけた。安上がりの山小屋やへき地の小学校の分教場などを泊まり歩き、ニセコ、羊蹄山、大雪山などにも度々遠征したものである。

学校では、これまで田舎に赴任などあまり興味を持たされていないような優秀な教師たちが、樺太などの外地からの引揚げや学徒出陣の特攻帰り、戦災などで大変な苦労をして、当時とすれば住宅や食糧事情がまだまだいい方だったこの町の教壇に立っていたのだった。

そして戦時中の常識や軍国主義統制の枠からはずれた、今でも考えられないほどの型破りの、自由で個性豊かな、また情熱的な教師も少なくなかったのであった。

この多種多様な教師たちが、田舎育ちの純真無垢な？我々に与えた感化は実に大きく、当時の青春映画「青い山脈」そっくりな、多感な好奇心を育ててくれたものである。

独身で一度社会経験を持ちながらも向学心から教師になった生物学のK先生には、授業以外で毎日付き合ってくれたクラブ活動、夜の訪問等々で生物界への興味はもちろん、人の生き方についても、その後の基礎となる多くのものをおしえられたのだった。

他の教師達から在り来たりの授業にないものを与えられ、我々はそれを生々と学んだ敗戦直後のこの三年間の学校生活は、誠に充実した恵まれた青春時代だったと、今でも忘れることができない。

教師もいて、口先だけの民主主義教育と、矛盾し学校運営を鋭く批判する生徒会活動や反抗ストライキに、私は何時も参加していた。また大人達の国政選挙運動にも、選挙権がないのに大いに興味を持たされたものである。時には教師の指示に従わずその行事を一人でボイコットしたり、朝礼の校長の訓辞の反対意見を述べに校長室へ出かける、また生徒達の応援練習で戦時下同様に下級生を虐げる、いわゆる番長の同級生に抗議して殴りつけるといったこともあった。私は幼﨟ながらも批判精神旺盛で背伸びした理屈屋の正義感であった。

このようにして私は学校のことについては、何事でも自主的であり、反抗ばかりでなく積極的であったから、このことを好意的に評価する校長もいて、優等生でもないのに卒業式には、前例のない特別功労賞で表彰してくれることがあったりしたのだった。

一九五〇年の春、高校生時代に熱中した生物学にあこがれて、がり勉嫌いの私は一浪して北大に進学し、都会の札幌に出てきた。

家業を継ぐための歯科医大は、当時の私の力で合格はとても無理な国立一校のみ以外はすべて私立大学だった。その私大には裏口入学も可能な多額の学費を必要としたが、我が家にはそれほどの経済的余裕がないことを私は知っていた。父は強いて家業を継がせようとは私を、私の自由に任せてくれたのだった。

しかし私が希望を抱いて入学した北大は、戦時

● 記憶の歴史学＞＞＞テロルの「凶弾」……白鳥事件・高安知彦氏の手記

　私の父も動物や昆虫に触れることを趣味としていたので、私は子供のころからこのような知的環境の影響を多分に受けながら育ったのだった。父は子供たちを引きつれて近所の海岸に遊びがてら貝採取によく行ったり、小学生の私をニセコアンヌプリに同行したりしていたものである。
　とにかく家に閉じこもりがちな私に、子供向きの自然科学書などをよく買ってくれたが、小学生の頃はあまり意味が分からないのに、父の本棚から引っ張り出した世界文学全集とか菊池寛全集などを生意気に読みふけり、中学生になると近所の貸本屋のシャーロック・ホームズ、ルパン全集などを、かたっぱしから乱読したものである。
　一九四三年に入学した旧制の余市中学では、一年から三年までのほとんどが、軍事教練と色々な無報酬の勤労奉仕作業に明け暮れた。この町はニシン漁とリンゴ等の果樹栽培が盛んな田舎だったから、季節ごとの畑、水田、果樹農業や、ニシン等の水揚げ、水産物の加工といった援農、援漁作業、それに冬期の鉄道線路の除雪等々の、兵隊や軍需工場等に男手を取られて困って労働作業に、一二、三歳で食糧不足のやせこけた中学生が駆り出されていたのであった。
　こんな労働の合間に学校に戻っても、戦争ゴッコのような軍事教練のほか、空襲に備えての防火訓練、学校の冬期薪取作業等が次々と待っていて、授業料は払いながらも、落ち着いた勉強らしい勉強は三年間さっぱりできなかったのである。
　北海道では北方警備のため各地に軍用飛行場が造られていて、この造成工事に今ではとても想像も付かぬモッコ（広げた袋に土を入れ、棒でつる下げて二人で担ぐ運搬法）での土運びをさせられた。
　この飛行場作業の合間に、軍国少年育成のサービスとして飛行場見学があった。ところがそこで見せられた軍用飛行機は、単発二〇〇馬力、時速二〇〇kmだという、機体のリベット鋲が出っぱなしの木製プロペラ機だった。当時少年たちは航空知識が豊富だったから、「世界の最新鋭機は二〇〇〇馬力、時速六〇〇km以上の時代に、これで戦争ができるのだろうか？」と、不安になったものであった。たまに日本軍の金属プロペラ音の最新機が飛来すると、我々少年達は無邪気に大喜びしていたものである。
　敗戦間近の一九四五年に入ると、それまで遠かった戦場が北海道にも押し寄せ、空母艦載機の空襲や軍艦からの艦砲射撃が始まった。町内にも米軍との本土決戦に備えるということで、軍の弾薬庫が造られた。この作業には、食糧事情の特に悪い中学校の寄宿寮生らが動員された。しかしこの作業中に一兵士の不始末から弾薬庫が大爆発を起こし、一学友が全身火傷で命を失ってしまった。一四歳の若さで彼は、戦死軍属者としてのまことさやかな扱いで処理された。
　七月の空襲時には、操縦士の顔が見えるほど超低空のグラマン艦載機の機関銃弾の雨の中で、本当の戦場の流血を知らない私は、校舎屋上に設けられた対空監視塔から、「降りろ！」と叫ぶ教師の声をよそに、怖いもの知らずで逃げようとも思わなかったのだった。
　我が家は幸い直撃弾は免れたが、表と裏に落ちた爆弾の猛烈な爆風で、戸や窓、瀬戸物がメチャメチャになった。
　中学校の校舎は、暁部隊（上陸用舟艇を扱う陸軍の船舶工兵隊）に半分接収され、兵舎に使われていた。校庭では年配の招集兵達が若くて生意気な下士官の制裁を受けながら、苛酷な訓練でしごかれていた。その天皇の名において繰り広げられた軍隊の残酷さを、我々中学生は固唾をのんで見せつけられていたものであった。
　近郊農家での援農作業では、私は帰路に毎日一束の山ブキを採って戻った。このフキを小さく刻み、ごくわずかの配給米に炊き込む野草雑炊がこの頃の一家の主食で、家族はいつも空腹、皆栄養失調気味であった。
　そして金属物資の極度の欠乏から鍋、釜までも回収して武器にしようとする戦時下の生活に、日清、日露戦争を経験した祖母は、「これまでの戦争ではこんなことでなかった。これでは日本は負ける」と、私にひそかに告げたものだった。
　一九四五年八月一五日、私は満一五歳の直前で敗戦の日を迎えた。街は真夏の白茶けた暑さの中で、ただ静まりかかっていた。その二、三日後、長く続いた灯火管制（夜間の照明が空襲の目標にならぬよう、全ての電灯に黒いカバーがかけられていた）が解除されて、家々の窓から貧しい電灯の明かりが漏れ始めた。私はこの明るさに、「これが平和なんだ！」としみじみ実感したことが忘れられない。
　学校では、軍国少年あこがれの的だった滑空班

疑惑の弾丸　白鳥事件については、奇怪な情報がとびかう。CICの陰謀説もそうだし、暴力団こと札幌信用組合理事長の佐藤英明が真犯人だという「原田（政雄）情報」なるものが、『北海道日日新聞』に堂々と掲載される。しかも佐藤理事長は、何も語らず服毒自殺を遂げる。

白鳥事件の唯一の物証は、白鳥警部の体内から出た一発の弾丸だけである。その後、高安が幌見峠での射撃訓練を自供し、そこから二発の弾丸が見つかるが、この弾丸には腐食孔も無く、検察側の証人の発言もなくて、かえって疑惑を深めることになる。

二　高安知彦の手記

この手記は、白鳥事件の五〇周年を記念して、二〇〇二年に五月書房から出版される予定であった。高安の手記に、川口孝夫の回想を加え、斎藤孝が「白鳥事件の真相」を執筆して、一冊の本にする予定であった。ところが斎藤の原稿が進まず、二〇一四年に斎藤が入院すると五月書房から原稿を引きあげてきている。斎藤の急逝によって、残された白鳥事件の関係史料は、高安の手から河野民雄の協力を得て、北海道大学の文書館に寄贈された。ここに紹介するのは、その一冊である。

高安の手記は、二通残されている。『白鳥事件と私』（タイトルには二〇〇二年とあり、同量に○三、二、二四の日付がある）と、分量の多い『白鳥事件覚書――元日本共産党札幌委員会、中核、自衛隊委員の手記――』（原稿には「〇六、一二、二三」と記載されている）であり、今回は後者を掲載することにした。

高安とは、河野の紹介で、彼のオーラルヒストリを、河野との共編で「白鳥事件と北大」（『商学討究』第六三巻一号、二〇一二年）に掲載した時が最初の出会いであった。その後、白鳥事件の六〇周年の集まり、「白鳥事件を考える会」などを共催し、彼の主張を聴衆に聞いてもらった。『毎日新聞』が彼の主張を大きく取り上げてくれた。この手記によって、彼の主張がより多くの人に届くことを切望している。

白鳥事件覚書
――元日本共産党札幌委員会、
中核自衛隊委員の手記――

高安知彦

私の生い立ちと党への接近

私は一九三〇年北海道の西海岸、小樽市で生まれた。父、績は、一九二七年ここで歯科医を開業した。しかし丁度昭和初期の世界的大恐慌の真只中でもあり、歯科医専を出て免許を取ったばかりの新米では患者がさっぱり来てくれない。生活に困窮した一家は、ニシン漁で比較的景気の良い近くの余市町に、夜逃げ同然で一九三二年に引っ越したそうである。

私の下には五人の弟妹が生まれ、もともと父方の祖母も一緒の生活の上、母方の祖母や未亡人となった叔母とその子供らが同居した時もあって、いまからみれば大家族生活だった。嫁・姑の争いもあって、この二人の間で子供心を痛めたこともあり、「婆さん子」だった私は、大人のことにも敏感で神経質な、感受性の強い子供になったのであった。

大正デモクラシー時代に育った父は、気は弱いが真面目な自由主義的で理想主義でもあるインテリだった。太平洋戦争後には党のシンパというほどでもないのに、町内の平和運動のデモ行進で先頭に立つこともあった。恐らく断り切れなかったのであろう。

手先が器用で徹底した技術科肌の父が造った入れ歯は、患者の口に合ってしかも丈夫で長持ちした。その上少しでも安価にと、可能な限り保険を適用させる良心的な仕事は、患者に大いに喜ばれたけれど金もうけには縁遠かった。

私は満州事変に続いた一九三七年にぼっ発した日中戦争、そして一九四一年の真珠湾攻撃に始まる太平洋戦争と、日本軍国主義時代の最盛期に軍国少年として小・中学校教育下にあった。

このような家庭環境の、小学校入学前後に小児結核を患い学校を休んでばかりの病弱な長男で、おまけに

しかし親戚には大学教授の医者や水産試験場員の伯父、昆虫標本作製を業とする叔父がおり、又

●記憶の歴史学＞＞＞テロルの「凶弾」……白鳥事件・高安知彦氏の手記

政府は、すぐに衆議院の調査団として自由党の篠田幸作ら四人を札幌に送り、二月六日には、衆議院の予算委員会で取り上げ、四月には破防法を国会に提出している。そして六月に大分県竹田地区の菅生村の駐在所がダイナマイトで爆破されるという菅生事件が起こる。しかしこれは、完全な警察のデッチあげであった。

迷走の日々

警察は、全学連の委員長の玉井仁を北大生植野光彦と誤認逮捕し、裁判まで気づかなかったという「迷走」ぶりであった。そこで強盗傷害容疑で逮捕されたが完全黙秘の鶴田にイソミタールという自白剤を使うのではないかと、党はおそれていた。しかし鶴田はハンストを続け釈放された。

ここで白鳥事件の捜査は行き詰まるが、意外な所から光が射してきた。静岡県の伊東市で行き倒れになっていた若者、成田良松を警察が気づくと、白鳥事件の関係者だと判明し、彼が共産党地下組織の全貌を話し出したのである。成田を取り調べたのが新任の検事安倍治夫であった。

捜査当局が最初に目をつけた実行犯は、秘密党員で札幌自由労組の尾谷豊であった。しかし、彼にはアリバイがあったので、次に目をつけたのが同じく自由労組の活動家であった吉田哲である。吉田の指紋と薬莢の指紋が似ていることから、吉田犯人説が浮上した。ハンストで釈放された吉田に、党は査問をかけ、リンチされそうになった。

吉田は逆に警察に保護をもとめている。吉田は、事件の首謀者は札幌委員会の佐藤直道

だと供述したので釈放されている。佐藤は、白鳥事件の実行犯は佐藤博で、やらせたのは「村上委員長だ」と供述した。この供述を裏付けるために国会に提出された一一日後、名寄駅前で北大生高安が逮捕された。高安は安倍の人間味に打たれ、離党してすべてを自供した。

佐藤の次に白鳥事件の全貌を語ったのは追平で、彼は手記と「追平供述書」を書き、最終的には安倍検事と合作で『白鳥事件』（日本週報社、一九五九年）という本まで書いている。そして、追平の調書が安倍検事に提出された一一日後、名寄駅前で北大生高安が逮捕された。高安は安倍の人間味に打たれ、離党してすべてを自供した。

事件の実行犯は佐藤博で、やらせたのは「村上委員長だ」と供述した。この供述を裏付けるために国会に提出された一一日後、北大生の村手宏光は、精神に障害を起こし、二〇〇〇年に郷里長野県松本市の精神病院で死亡している。

しかし、白鳥事件の後、五二年一〇月一日に逮捕され、その首謀としてまた獄につながれた。長い獄中闘争の始まりである。一九六〇年の最高裁判決は上告を棄却して、二審判決を支持した。

佐藤は、白鳥目的阻害行為処罰令違反で逮捕され、旭川刑務所に収監された。その年の七月、出所して自宅に戻っていた彼は、党の命令で極秘に村を脱出し、札幌委員会の委員長に抜擢された。

しかし五一年四月には、占領目的阻害行為処罰令違反で逮捕され、旭川刑務所に収監された。その年の七月、出所して自宅に戻っていた彼は、党の命令で極秘に村を脱出し、札幌委員会の委員長に抜擢された。

村上国治の獄中闘争

村上国治は、一九二二年、大雪山麓の村で生まれた。国治の母セイは四国の伊予で育ったが、村上七蔵の後妻として北海道に嫁いだ。父の博打好きで貧乏な家庭であったが、国治は捕鯨船の乗組員になりたいと思い、東京の無線学校に通うようになった。成績が優秀だったので埼玉県所沢の陸軍航空隊に動員されて訓練を受けた。ニューギニア戦線やマニラにかかり、途中のマニラで彼の部隊は全滅した。

戦後、比布に帰った国治は、「今度は革命だ」と言って青年団を組織し、共産党に入った。自宅に「日本共産党比布細胞」の看板を掲げた国治は、五〇名を超える細胞員を確保したという。農民運動の要員獲得に汗を流した国治は、比布細胞長から留萌地区委員長、旭川地区委員会専従常任などの階

段を上っていった。しかし五一年四月には、占領目的阻害行為処罰令違反で逮捕され、旭川刑務所に収監された。その年の七月、出所して自宅に戻っていた彼は、党の命令で極秘に村を脱出し、札幌委員会の委員長に抜擢された。

しかし、白鳥事件の後、五二年一〇月一日に逮捕され、その首謀としてまた獄につながれた。長い獄中闘争の始まりである。五七年、実行犯が行方不明という異常事態のなか、札幌地裁で裁判は始まった。被告人は国治と村手宏光で、高安は分離公判となった。公判では、共同謀議があったかなかったかで、果てしない議論が続いた。村上セイは、一、二審を通じて一二〇回の公判に、一回も休まず通い続けた。一九六〇年の最高裁判決は上告を棄却して、二審判決を支持した。

潜伏の日々

佐藤博は、北海道軍事委員会の幹部だった川口孝夫の世話で、飯場に入り、千歳、十勝とまわって東京に逃げた。党からは外に出ないように言われて、発送の手伝いをして月一万円貰っていた。一九五五年三月三〇日、佐藤と門脇は人民艦隊に乗って、静岡県の焼津から上海に送られた。第二陣は、宍戸、植野、鶴田に斉藤和夫が続き、最後の五六年三月までの船には、桂川良伸や川口夫妻も加わっていた。この亡命の背後には、国治の「潜らせた人間を外国にやって欲しい」という指示があったと言われている。亡命地区委員会の川口らの行動については、次回「白鳥事件と中国亡命者」で紹介する。

噂も喧伝されていた。それが警察手帳非公開の理由だと考える人もいる。

占領下の青春

一九四五年一〇月四日から米第八軍九軍団七七師団の六〇〇〇人が函館港に入港し、翌朝には北海道進駐米軍最高司令官ライダー少尉が八〇〇〇人を従えて小樽港に入港した。進駐軍は、札幌に向かい、中島公園の元北部軍司令部をはじめ、札幌市内で八〇カ所、全道で三〇〇カ所以上の建物・施設を接収した。

街では米兵と「パンパン」(売春婦)が腕を組んで歩き、「オンリー」(現地妻)の家の前にジープがよく止まっていた。民衆は石炭不足と食糧難で苦しんでいた時代、鶴田らは「エルムの杜」で青春を謳歌していた。

朝鮮戦争下の五一年秋に北海道の米軍基地を拡張する工事が進展し、北大生もアルバイトとして参加する者がいた。北海道学生自治会連合会(道学連)委員長の中林重祐や秋田出身の辛昌錫ら北大の共産党細胞の学生は、「平和なアルバイトを探そう」と、学生を説得した。その行動の最中に、警察は中林を逮捕した。

この北大軍事アルバイト事件は、五年後に無罪判決が出された。北星学園高校では、朝鮮戦争に出撃する米軍に「慰問袋」を配る動きがあり、中林らは正門前で「やめよう」と訴えた。また、「パンパン屋」も復活されたので、共産党はクリスマスイブの夜、家の窓ガラスをパチンコで攻撃した。

「逆コース」と言われる時代がはじまり、北大留学生の朝鮮人李承斌は、小樽でCICのスパイなれとと脅迫され、逮捕されて軍事裁判にかけられ

沖縄に連行されて強制労働させられた。一九五〇年からはまず「レッドパージ」の嵐が吹き荒れて、北海道ではまず北海道炭鉱汽船の夕張、三笠、幌内の炭鉱労働者が共産党員か、そのシンパ(同調者)として解雇された。特に北海道新聞社は、レーニン主義者を自称する新谷虎之助が組合委員長のまま編集長をしていた。そこでCIEの新聞課長ダニエル・C・インボデン少佐が自ら来道し、「道新をつぶす」と言って、社員二五人を退職、二八人を休職処分に追い込んだ。全国ではメディア関係で七〇〇人、基幹産業では一万人以上が解雇された。

一方、大学では北大の法学部教授杉之原舜一を「罷免させる」という圧力が文部省から学長にかかる。この時にCIEの教育顧問ウォルター・クロスビー・イールズによる全国の大学への講演を決めた。これが全国でイールズ闘争を巻き起こすのである。北大でも五〇年五月一五、一六日とイールズの講演が行われ、一六日には共産党北海道委員会の委員長吉田四郎や学生対策部長追平雍嘉らの指導で、壇上に道学連委員長の梁田政方らが登った。学生たちが「占領政策違反」の罪に問われるのを恐れた司会の松浦一教授は、咄嗟に「講演中止」を宣言した。ここで学生たちは全学集会に切り替え、「イールズ声明の全面拒否」を決議した。これがイールズ闘争であるが、二〇歳前後で闘争の洗礼を受けた学生たちは、その後波乱の人生をおくっている。

白鳥事件前後

米軍は朝鮮戦争の軍需と基地で使用するために北海道の石炭を優先的に使って

いた。この石炭を輸送する列車を赤ランプを振って止め、貨物の石炭を奪う計画が立てられていた。俗に「赤ランプ事件」と言う。共産党札幌委員会に作られた軍事委員会の村上国治委員長に次ぐナンバー二・宍戸均の指揮官だった。この計画には、鶴田と北大生とともに、高校生も加わっており、ある高校生は、警察の取り調べを受けて赤ランプを警察に差し出した。これが党にバレると裏切り者としてリンチを受ける恐怖から自殺した者もいる。

党本部最高軍事委員会「パスカル」から吉田ら北海道の軍事闘争は「軍事目的・意識が全くない」と批判されており、その一カ月後に白鳥事件は起こっている。一九五一年の「軍事綱領」をもとに、札幌委員会では、指導部が地下に潜り、委員長の村上国治と副委員長の佐藤直道が、軍事方針を立てた。中核自衛隊は宍戸が隊長になり、北大細胞の鶴田倫也、大林昇、高安知彦、村手宏光らが選ばれた。それに労働者党員の佐藤博が加わった。

白鳥警部が北大学生の「原爆展」を妨害し、市役所前の「ニコヨン」(日雇い労働者)の座り込みを弾圧すると、鶴田らは「脅迫ハガキ」を白鳥警部らに送って、殺人を予告した。一月二一日の暗殺の後には、「見よ天誅遂に下る」という日本共産党札幌委員会名の「天誅ビラ」がまかれている。このビラの印刷を命じたのは村上委員長であり、印刷に行ったのは高安であった。議長の吉田は、白鳥事件について「農民的、ゴロツキで、プチブルのあせりだ」と批判していたという。

●記憶の歴史学＞＞＞テロルの「凶弾」……白鳥事件・高安知彦氏の手記

一 白鳥事件の概略

 ここでは、白鳥事件をを最も詳細に論じた、後藤篤志の『亡命者 白鳥警部射殺事件の闇』（筑摩書房、二〇一三年）をベースに、白鳥事件の概略を述べたい。著者の後藤篤志は、一九四八年に北海道紋別市に生まれている。筆者とまったくの同世代である。後藤は、北海道大学の教育学部に学んでいるが、まさに七〇年安保闘争の世代である。彼はサッカーに熱中し、ベ平連（ベトナムに平和を！市民連合）のデモに参加する「ノンポリ」であったという。しかし、「白鳥運動」などを通して、「白鳥事件は冤罪だ」と思っていたが、北大で白鳥事件のことになると先輩達の口が重くなるのを不思議に思っていた。教育学部教授の布施鉄治のように、「権力への鋭い告発をしてきた反骨の学者」でさえ、「白鳥運動」に取り組もうとする人に、「冤罪だ」と語っていた。近所の主婦の話では、「自転車がパンクするようなカン高い銃声が一発聞こえた」といい。白鳥事件を三鷹事件や松川事件と同列に論じる人に、北大生はいない。

本共産党（革命左派）神奈川県委員会）のグループは、連合赤軍結成以前に脱走しようとした二名の男女を殺害していた。
 九〇年代になると、大学の学生部の担当者から「昔はセクト、今はカルトが問題なのです」ということをよく聞かされた。しかし、革命運動における暴力の問題も、タブーが多くて、未だ十分に解明されているとは言えない。ここでは一九五〇年代の政治的テロの史料を紹介したい。「白鳥事件」と言っても、若い人にはわからないだろうから簡単に事件の概略から説明しておきたい。

 後藤は、北大を卒業してHBCの記者になり、北海道庁爆破事件、大韓航空機墜落事件などを取材した。北方海域のレポ船の暗躍を取材したドキュメント「黒い海図」で放送文化基金賞を受賞し、夕張炭鉱事故と地域崩壊に長期間追った「地底の葬列」で芸術祭大賞を受賞するなど、社会派ドキュメンタリーの第一人者である。その後、編集長、報道局長などを歴任して退職している。七〇年代から追いかけてきた白鳥事件を、二〇一一年ラジオ・ドキュメンタリー「インターが聴こえない～白鳥事件六〇年目の真実」として制作し、ギャラクシー大賞や放送文化基金賞などを受賞した。その成果をまとめたのが本書である。
 本書は、まず「北海道警察本部の上層階の警備部書庫に六〇年を超えて執行を待ち続けている逮捕状がある」という書き出しで始まる。これは白鳥一雄警部を射殺したとして、中国に逃亡した元ポンプ職人佐藤博（実行犯、二〇一二年死亡）と元北大生鶴田倫也（二〇一二年死亡）のものである。二人の死亡を、いなその存在をさえ中国政府は認めないのだから、永遠に書きかえられて逮捕状は存在する。

 白鳥警部は、北海道芽室町で生まれ、帯広中学を卒業して、一九三七年に北海道庁の巡査になる。戦時中は満州のハルビン学院の委託生としてロシア語を学び、日本陸軍の特務機関に属して、対ソ諜報要員を務めていた。終戦時も特高警察の外事係として情報収集にあたっていた。戦後は札幌市警の警備課長として左翼運動を監視しながら、朝鮮人や買売春などの取り締まりを担当していた。そこからもいろんな犯人像が噂されるようになる。ただ戦前戦後を通じて彼は一貫して特高警察そのものであり、共産党への囮、スパイ工作が、戦時中のハルビン学院時代の諜報機関の日系将校がつぶやいた、「ウイスキーや軍用拳銃の闇市への横流しを知りすぎた白鳥が消された」という黒い猜疑心の固まりにしたとも言われている。口数は少なく、仕事の虫で、情報収集を何よりも優先させた。
 彼が所持していた警察手帳には、何らかの情報が書かれていたはずだが、警察は最後まで証拠としての提出を拒んだ。これも疑惑を呼ぶ要因になっている。犯行に使われた拳銃も自転車も、最後まで見つからなかった。ここからも白鳥裁判は、「物証なき裁判」と言われるようになる。

北の街のミステリー

話は一九五二年一月二一日午後七時半過ぎの白鳥警部の暗殺事件から始まる。NHKの「三つの歌」が流れるなか、札幌市中央区南六条西一六丁目の道を、二台の自転車が走っていた。当時のススキノの中心部には、バー「シロー」があり、ここは米占領軍のなかでも幅をきかせていたCICのアジトであり、日系将校

うが、「二発聞こえた」とする通りすがりの者もいる。弾丸は白鳥警部の体内の一発からしか発見できなかったし、自転車の後ろから撃って一撃でしとめた犯人の拳銃の腕のよさから、後にいろんな憶測が生まれてくる。

記憶の歴史学

テロルの「兇弾」
──白鳥事件・高安知彦氏の手記

今西 一 ●小樽商科大学名誉教授

いまにし はじめ◎1948年、京都生まれ。龍谷大学文学部を経て79年、立命館大学大学院文学研究科修士課程修了。90年、京都大学より農学博士。92年から小樽商科大学助教授、95年から教授・特任教授を務め、2014年に退職。現在、立命館大学大学院文学研究科非常勤講師。
著作は、『近代日本成立期の民衆運動』(柏書房、1991年)、『文明開化と差別』(吉川弘文館、2001年)、『遊女の社会史』(有志舎、2007年) など多数。

はじめに

「平成」の終焉を前にして、オウム真理教教祖麻原彰晃(本名、松本智津夫)ら一三人の死刑囚の処刑が執行された。平成の大事件を平成の内に終わらせようという政府の焦りは見えてくるが、三週間たらずの間に一三人も死刑にするというのは、前代未聞の「ジェノサイド(皆殺し)」である。国際的には「死刑廃止」の世論が強まるなかで、日本の"野蛮さ"を世界に示すことになり、これこそが国家的テロ行為と言えるのではないだろうか。

確かに一九九五年三月二〇日の地下鉄サリン事件は、日本で最初の「無差別テロ」事件と言える。フランスの政治学者ジル・ケペルは、一九七〇年代半ばを境として、世界中に「宗教再確認運動」ともいうべき現象が見られるようになったとする(中島ひかる訳『宗教の復讐』晶文社、一九九二年)。この「宗教再確認」は、世界システムの構造的な不均衡と結びついており、抑圧された民衆の間で活発になってきている。宗教学者の島薗進は、その背景には、「資源・環境問題や大都市生活の荒廃(犯罪、貧困、家族崩壊等)が深刻化するとともに、合理主義や科学的知性や世俗国家の力による福祉の増進が疑われるようになる。かわりに宗教的な戒律や禁欲倫理にかかわる何かを世界の若者は求めている」と語っている(『オウム真理教の軌跡』岩波書店、一九九五年、一九四頁)。

また、アメリカの宗教社会学者マーク・ユルゲンスマイヤーは、こうした「宗教再確認」では、宗教とテロリズムが深く結びついており、アメリカの福音主義、ユダヤ教、イスラム教、シク教などにおける原理主義的急進主義をあげているが、オウム真理教もその重要な一環として取りあげている(立山良司監修『グローバル時代の宗教とテロリズム』明石書店、二〇〇三年)。日本史の安丸良夫は、オウム真理教を、「原理主義的急進主義」のひとつとするのには懐疑的であるが、七〇年代半ば以降の「宗教再確認」が錯乱したことの結果として、あるいは曖昧な力に操作されて生みだされきたのではなく、われわれの伝統的な思考のカテゴリーではもはや解釈できない深い社会不安のかけがえのない証言になっている」というケペルの言葉(前掲書、三四頁)に賛同している。

安丸は、「現代の資本主義的世界システムのもとでは、形成期の国民国家の成立がはるかに困難になった普遍的な公共性原理の成立がはるかに困難になっているのであり、そこでの対抗と不均衡の大きさが、宗教的コスモロジーを媒介にしてはるかに絶対的に構造化されている」と指摘している(『現代日本思想論』岩波書店、二〇一二年、二九八頁)。オウム真理教の問題は、麻原ら一三名の死刑によって解決したとは言えない。

日本では、一九七〇年代初頭の新「左翼」、とりわけ連合赤軍のよど号ハイジャック事件、山岳ベース事件、あさま山荘事件などによって、「左翼」運動は民心から完全に離反していった。特に山岳ベース事件では、「総括」という集団リンチで一二名を殺害している。これ以外にも京浜安保共闘(日

●記憶の歴史学>>>越境による抵抗、あるいは抵抗のための越境 2……高橋武智氏に聞く

爺のじいさんとばあさんで、もちろん何の野心もないわけですが、びっくりしたのは、駐在武官としてワルシャワにいたことがあるみたいで、社交界を知っているからか、ブリッジができたんですね。そうなると彼も夫人もフランス語が出てきまして、僕は本当にびっくりしました。

それから四、五年後、僕がフランスに留学したときに、東地中海を回るクルーズに参加したことがあったんです。アラブ諸国を回った後、最後にイスラエルに行ったので、その話を思い出しまして、この機会にゴールデンブックを見せてもらおうと思ったんですね。それで、アメリカのユダヤ人の学生についてきてもらって、一緒にその機関に行きました。でも、私はこういう関係の者だから見せてくださいと言ったんですが、見せてくれませんでした。「あなたがエルサレムの市民をだれか知っていれば別だ」と言うんですが、旅行者だからだれも知らなかったんです。逆に言えばそれは不愉快な思い出ですが、ともかくユダヤ人問題に興味を持つそのじいさんが原点です。

あと、七〇年のヨーロッパ旅行でパスポートを集めて回ったときも、そういうところで接した主な人たちがユダヤ人だったんですね。アンリ・キュリエル［脱走米兵密出国で協力してくれた組織「連帯」のリーダー］ももちろんそうです。そういったことからは、逆に違った意味でユダヤ人への関心が強くなりました。つまり、ユダヤ人というのは国境を越えられる人たちなんで

すよね。先ほどの銀細工師ではありませんが、彼らは歴史的な理由から土地と切り離されているわけです。そういうことがわかってきたから、今はそういう親密さのほうが大きいです。

じいさんの話は、文章なんかが出たら親戚が送ってきてくれたりはしています。実はその直系の孫である樋口隆一君が麻布中高卒で、僕よりずっと下なんですが、別の麻布のつき合いのある人がいるので、今度会おうかと言っているところです。その人は音楽家で、専門はバッハ研究なんですが、ベートーヴェンが生前指揮をしたと言うからびっくりしてしまいました。

岩間 なるほど。そういうつながりもあるんですね。

高橋 じいさんは間違いなく悪いこともしていますが、少なくともきっかけとしては悪くないんですね。彼が関係している事件としては、アッツ島玉砕もあります。あのときの上官でした。札幌に部隊があって、その北部軍の司令官だったんですが、多分そこで彼が「玉砕」という古い言葉を使って山崎部隊長を褒めたんだろうと思います。その後、キスカ島から撤退したのも、彼の指揮下で成功しています。占守島の戦いというのがありましたが、そのときの司令官でもありました。もう停戦しているのにソ連軍が攻めてきたので、彼は戦えと指示を出して、犠牲者はあったものの防衛戦に勝利したんです。（二〇一七年一〇月、僕がまだリハビリ施設にいる時、隆一君がサントリーホール

でベートーヴェン「ミサ・ソレムニス」を指揮した時、親娘で聴きに行きました。ピアニストだった妻・山本雛が生の音楽演奏を聴いたのはそれが最後になりました。）

じいさんかなんかが出たら親戚が送ってきてくれたりはしています。それが最後になりました。それが縁というのはそういうものでもありますね。

岩間 今回はアジア民衆法廷と『ショアー』を中心に戦争責任や戦争の記憶についてのお話を伺いました。九〇年代の日本ではずいぶんとそのような議論がありましたが、現在は少なくなっていますよね。今回もいろいろとありがとうございました。

（高橋氏による追記：「ショアー」という名は上映委員会で決まったけれども、長音は不要で「ショア」が正しかった。）

＊インタヴューは二〇一六年六月一二日、七月三一日に渋谷の喫茶店にて実施された。その後、一時高橋氏が入院されたこともあり公開が延期されたが、このほど校正と最終的な確認をいただくことができ、掲載に至った次第である。ご協力くださった高橋氏に改めて感謝したい。なお、インタヴュー日以後に発生した事項のいくつかは（　）内に記載した。

西さんから、読み返したらとてもよくなったと言われました（笑）。「屋根の上のヴァイオリン弾き」というミュージカルがありますよね。日本では森繁久弥がやったんじゃないかと思いますが、西さんはあの原作を岩波文庫で訳しているんです。イディッシュ語から訳したのは彼が初めてだろうと思います。表題は全然違っていて、『牛乳屋デヴィエ』というんですが、それが原書だそうです。とても貴重な人です。

高橋 そうなんですか。あなたの博士論文は何でしたか。

岩間 ヴェトナム戦争と日本のジャーナリズムについてです。

高橋 西先生は私の博士論文の副査をしてくださったうちのお一人ですよ。

岩間 そうなんですか。

ハルビン特務機関長・樋口季一郎

岩間 でも、こうしてお話を伺ってみると、ユダヤ人問題というのも高橋さんのお仕事の中で重要な部分を占めていますね。

高橋 おっしゃるとおりです。戦争とヨーロッパを扱っていたら当然出てくるテーマであるのですが、もう一つ、ちょっと個人的な理由もあるんです。

岩間 それは何ですか。

高橋 では、そもそも僕がユダヤ人問題に興味を持ったのはなぜかという話を、今からちょっといたしましょう。

実は、血のつながりはないものの、僕の遠い親戚のじいさんがしたことと関係があるんです。樋口季一郎というんですが、軍人中将までいった人です。彼にはいい面と悪い面の両方があって、僕はそれを全部言わなければいけないんですが、それはその人のいい面のある部分で言うと、それはユダヤ人問題とつながりのあるオトポール事件という言い方もあるらしいですが、御存じでしょうか。「命のヴィザ」の杉原千畝より少し前あたりの話ですが、ナチスの圧力によって、ユダヤ人たちがユーラシア大陸を横断し、シベリアを越え日本の傀儡政権にあたる「満州国」との国境、オトポールまで来た。彼らはもちろん同盟国だから難しい状況でしたが、腹心の部下と協力して日本はドイツの同盟国だから難しい状況でした。そのとき、ハルビンの特務機関長だった彼（当時陸軍少将か大佐）が、腹心の部下と協力してユダヤ人を通させたわけです。もちろんそちらの了解なんかとも知り合いで、もちろんそちらの了解もとった上でのことだったろうと思います。特務機関というのは、わかりやすく言えば諜報部隊で、スパイみたいな謀略的なことをする機関です。今はそういう言葉を使わないから、忘れられていますけどね。それに、もし順番をつけるとするならば、ユダヤ人が一番行きたかったのはもちろんアメリカだったでしょう。次が上海で、その次が日本というぐらいではなかったかと思います。日本はそんなにランクが上とは思えませんが、神戸にもユダヤ人のコミュニティがあったんだとすれば、やはりそれも選択肢

の中には入ったんでしょう。このとき、杉原が発行した「命のヴィザ」の数の多い二万人のユダヤ人を通したと言われていますが、それによって彼の名前は首都エルサレムにあるゴールデンブックという芳名帳みたいなものに載っているんだそうです。

ところが、もっと前にさかのぼりますと、ロシア革命の後、日本は内政干渉で出兵し、ウラジオストク特務機関というものを置いていたわけで、そこへも行っております。そういう意味では悪いこともしているんです。もちろん彼の意志ではなくて、命令があってのことというのは間違いありませんが、やはり戦後のソ連からは、救われたユダヤ人たちがアメリカでロビー活動をして、結局問われなかったということもあったようです。

岩間 その方がご親族でいらっしゃるんですが、戦後のそういう状態の中、宮崎県の村でじいさんとばあさんで静かに暮らしていました。謡曲の先生をしている息子さんがいて、音楽の血の流れもあったようですが、彼はその後亡くなっています。僕は大学一年生のとき、そっちの家につながっている従兄弟の玉村敏雄君と一緒にそこへ行き、一夏いたんです。高千穂の峰に一人でそこに登ったら雷が鳴って怖かったイがあったんだとすれば、やはりそれも選択肢、すごくいい思い出になりました。もう好々

●記憶の歴史学＞＞＞越境による抵抗、あるいは抵抗のための越境 2……高橋武智氏に聞く

攻めてくる前で、彼は活動家なんですが、ドイツが入ってきてしまって身動きがとれなくなった。ユダヤ人であるというハンディキャップがもう一つあるわけですから、かくまわれなければならない立場になったんですね。その青年には徘徊癖があって、たまたまかくまってくれているおばさんがいないときに徘徊していたために、帰ってきたおばさんが彼のいないことに気がついた。それで、おばさんは警察に行って、「私はユダヤ人をかくまっていましたが、姿が見えませんので私をかわりに捕まえてください」という。それがすごい迫力なんです。そのシーンだけでも感激しました。でも、結局彼は捕まってはいないんですね。おばさんがどうなったのか、そこから先はもう映画に出てきませんが。彼は放浪してどこか別のところへ行き、そこでかくまわれることになります。絶えずかくまう人がいたということですね。そういう中で、彼はワルシャワの蜂起の話を耳にします。もちろんかくまわれているから外には出られないんですが、やはり彼にも聞こえてくるわけです。そして最後にゲットーの蜂起に至るんです。彼も、もう最後だから闘おうという気持ちになって、パルチザンというか、つまり町の至るところにドイツ軍と戦っている人たちがいたので、そこに加わって戦うわけです。そこでついて牢獄にいたとき彼のリーダーだった人に再会したりしながら、最後には骨組みだけが残っていた大きな建物が壊れて死んでいくというような話です。

もう一つ思い出したんですが、『ショアー』中の人物で、第一部のいわば主人公的な役割をしている人、当時は少年で、ドイツの歌を覚えさせられ、とてもいい声で歌っていたことを村人が覚えているというような人物が出てきましたよね。ランズマンが彼を何十年かぶりでドイツではなくて、立命館の西成彦さんから「スレブニク」なのではないかと教えてもらったんです。

『ショアー』の最後のほうに、母と娘がイディッシュ語の歌を歌うところがありましたよね。フランス語の原文にその翻訳がちょっとだけだからどうかちょっと覚えていないんですが、とにかく確かめる必要があったので、西さんにお願いしてその部分を訳してもらっていたんです。そんなこともあって、彼には訳書を送ってありました。それで、ポーランド語版が出たときに、彼はそれも買って読

うな話です。僕は留学中、夏にポーランドへ旅行に行ったこともあったから余計に、普通のポーランド人のおばさんがユダヤ人をかくまって、身がわりに自分を捕まえてくださいと言った、ということで、ホロコーストの主要な舞台だったとにかくそこに感激したんです。これにはモデルがいたのかもしれません。あの時代、モデルになるような話はたくさんあったのだろうと思います。映画はワイダの創作だとしても、ポーランド語版では「スレブルニク」になっていたというわけです。「スレブルニク」だったら「銀細工師」という意味が十分通じるから、固有名詞として「スレブニク」というのがないと断定するのは難しいけれども、ランズマンの原文に「bn」とあるのをそのまま「スレブニク」と訳しました。ところが、表記は違うけれども、同じスラブ語ですからね。表記は違うけれど、街中に「Srebrni～」という言葉がいっぱいあったんです。銀細工の商品を売っているお店です。銀細工であった「スレブレニツァの虐殺」と言われる大虐殺事件も、調べてみると、「スレブレニツァ」だというふうに出ていました。ですから、完全にそちらが正しいと考えて、それがわかった段階で、DVDも「スレブルニク」に直しました。正確にいつだったかは忘れましたが、新しい会社になってもそれは継続しています。

それで僕は驚いて、改めて考えてみたんですね。言われてみれば、クロアチアの東の山沿いのほうであった「スレブレニツァの虐殺」と言われる大虐殺事件も、調べてみると、「スレブレニツァ」だというふうに出ていました。ですから、完全にそちらが正しいと考えて、それがわかった段階で、DVDも「スレブルニク」に直しました。正確にいつだったかは忘れましたが、新しい会社になってもそれは継続しています。

ものらしいんです。つまり、新しい会社になったので、そこが前のものも継承して新たに上映したというわけです。

その字幕は大変でしたよ。なぜかというと、『ショアー』はフランス語も入っているし、フランス語で翻訳されたものもあったわけですが、三作目は、イタリアで生活しているときにインタヴューをしているものの、ランズマンもドイツ語ができて、相手もユダヤ人だからイディッシュ語だということで、延々とドイツ語もやりましたが、僕はドイツ語もできなくはないからやりました が、大変でした。

ちょっと別の話ですが、僕は、新しい会社になったので、そこへ行ってみたんです。失礼な言い方だけれども、信頼できるかどうか、分析できないんですが、僕がフランスに留学していた一九六五年から一九六七年の間、住んでいた国際学生都市ではしょっちゅう文化活動があって、そういう中で見た映画の一つです。

そういえば、同じころ京大の仏文の先生をしていた山田稔という短編小説の達人も当時フランスにいて、実は僕が提供した話題をテーマに

した短編小説を書いているんですよ。いたずら心でやったんですが、『幸福へのパスポート』（河出書房新社、一九六九年）というタイトルです。

岩間 どういう内容ですか。

高橋 僕が向こうで新聞を見ていたら、広告欄に結婚の紹介をしますよというようなものがあったんです。フランスの新聞といっても、『ル・モンド』とかではなくて、『フランス・ソワール』とか、そこら辺によくあるごく普通の新聞です。それで僕は、「紹介してください」ということで出したんですね。そうしたら、僕の名前を見て、外国人の方はちょっと難しいかもしれませんという返事が来た。そういうばかなことをしているんだけれども、やってみないとわからない反応ですよね。それを山田さんに見せたら、これは短編小説として一番おもしろいよということで、「人には黙っていてね」と言われたのを覚えています。今となっては言っても大丈夫でしょうが（笑）。

岩間 それをモチーフにして書かれたんですね。それにヒントを得て彼が創作したんだろうと思います。

高橋 そう、それにヒントを得て彼が創作した。

そのころフランスで一緒にいた人たちで関西出身の僕の連中は、みんな桑原武夫さんに習った人たちでした。脱線して申しわけないんですが、僕は桑原さんをすごく尊敬しているんです。まだ僕が大学人で、京都でフランス文学会があったとき、僕が京都市の南のほうにあると聞いた被差別部落へ行ってみたいのだと桑原さんに

言ったら、その場で名刺を出して、その地域の有名人の名前を書いてくれて、この名刺を見せれば絶対大丈夫だからと言ってくださいました。僕は偉い人だなと思いました。そういうことをさっと気軽にできるんですね。あの人は今でも本当に尊敬しています。僕は学校が違うから生意気にもそういうアプローチをしたんですが、すぐにそういうことをしてくれて、やはりなかなか立派な先生だと思いました。

話を戻しますと、そのアンジェイ・ワイダの『サムソン』という映画なんですが、僕はフランスで見てすごく二度か三度見ましたし、山田稔さんも見てすごく感激したそうで、向こうで大いに意気投合したものです。僕は前にも岩波ホールのだれかにその映画のことを調べてもらっていて、日本ではまだ上映されていないと言われていたんですね。それで、その新しい会社に行ったときに、「うちはポーランドの映画を扱っている」と言うから、それならぜひこれを輸入してください、まだ日本には輸入されていないはずですからと言ったわけです。そうしたら、一年か二年たって、その会社がポーランド映画祭をやったときに、それをちゃんと輸入してくれていました。

それがどういう映画だったかというと、第二次大戦下、要するにナチス占領下と言ったほうがいいのかもしれませんが、そのころのワルシャワで、あるユダヤ人の青年が大人になっていく半生を描いているんです。最初はドイツ軍が

●記憶の歴史学>>>越境による抵抗、あるいは抵抗のための越境 2……高橋武智氏に聞く

『ショアー』の余波

高橋 『ショアー』は日本におけるユダヤ研究の種をまいたと言えますが、もう一つ、僕個人の関係では、関谷興仁さん制作の陶板が切り離せないものとしてあります。関谷さんという方は、もともと学校の先生です。この人が『ショアー』の僕の全訳を陶板に焼きつけたわけですが、これはすごいことです。うまくいかなければやり直すわけですから、すごい努力です。

岩間 大変な量ですからね。

高橋 『ショアー』だけでなく、ほかにも非業に殺された人の作品、あるいはそれをうたった作品を陶板にされていて、『ショアー』もまさにそのひとつの典型的な例と言えるものなんでしょう。こういう作品が出たというのは、あの映画の偉大さゆえでもあったろうと僕は思っています。もちろん夫人である石川逸子さんの詩集の作品もすばらしいし、中国の万人坑に関する一番新しい作品もすばらしいんです。万人坑というのは、何千何万もの中国人を働かせて、最後は生き埋めにしてしまったわけです。そこから日本に強制連行されてきた人もいました。そういう方々の名前だけが書いてあるという作品です。それから、後にノーベル文学賞をとったスヴェトラーナ・アレクシエーヴィッチの『チェルノブイリの祈り』も、彼は作品にしています。僕はこのことをランズマンに知らせました。写真集を送ったので、ありがとうとは言ってきたん

ですが、同じような企てはないようですね。あの殺問題に関してはまだないようですので。朝鮮人の虐殺問題に関してはまだないようですが、もうお年で新しい作品はつくれないということなので、今は体制を変えて、少し商業的に成り立つような仕掛けているところです。陶芸の里・栃木県益子にある彼の仕事場、朝露館で関谷作品が見られますし、その転換は軌道に乗ったようです。みんなつながっているんですよね。『ショアー』にはいろんなことが絡んでいるんです。

岩間 そうですね。本当にそこからいろいろなものが生まれていますね。

高橋 この前、また新たに『ショアー』が上映されましたよね。あれはどういうことだったんですか。

実は、いつも僕と一緒に字幕をやっていた加納さんから、「三作目の字幕の注文が来たので一緒にやりませんか」という連絡があったんです。でも、もう既にシグロが『ショアー』『ソビブル、一九四三年一〇月一四日午後四時』を一緒にDVDにしていたので、それはシグロの契約なんじゃないかと思って、僕はびっくりしたんです。それで、彼に言ってもしようがないから、すぐシグロに連絡してみたんですね。そうしたら、シグロが言うには、契約の更新のときに高い金を吹っかけられたと。それはランズマンが吹っかけたわけではなくて、ランズマンの資産管理をしている会社から吹っかけられたんでしょうけれども、それでおりたと言うわけです。三作目の日本での権利は別の会社がとっていたんですね。シグロはいい仕事をするんですが、大金持ちというわけではないですから、それはしようがないことでした。三作目の日本のユダヤ人評議会のボスとアイヒマンとの闘いを描いた『不正義の果て』は、最初からそこがやり始めるということでした。そうすると、前のものも全部その会社が継承しちゃうんですね。そういう

関谷興仁による陶板作品（朝露館にて）

ラッシュフィルムからつくった第二作目の『ソビブル、一九四三年一〇月一四日午後四時』(これは作戦名でもあるので「一六時」の方が正確。原題は"Sobibor, 14 octobre 1943, 16 heures")は、六つの絶滅収容所のうちの一つで武装蜂起をして成功した記録です。封切りには武装蜂起をして成功した記録です。封切りにはなっていないんですが、これも僕がさっき言った寺尾次郎さんと組んで字幕をやりました。

第一作目の『ショアー』では、ゾンダーコマンドの目を通して、もちろんポーランド人の目撃証言も含めながら、どのように多くの人が殺されていったかが語られました。ヨーロッパ規模で約六〇〇万人が殺されたわけですから、やはりそれが一番大きいんです。でも、その中で抵抗もあった。『ショアー』の中でも武装蜂起の計画の話が何度もありましたよね。ランズマンではありませんが、『サウルの息子』(ネメシュ・ラースロー監督による二〇一五年公開のハンガリー映画。アカデミー賞外国語映画賞、カンヌ国際映画祭グランプリ受賞)もそうです。それで第二作目の、ソビブル収容所で武装蜂起に成功した例があったことを描いているんです。ドイツ人がいかに時間を守るかが皮肉に作用して成功したとも読めるんですが、もう一つ、収容所があった場所の関係で、ユダヤ人だけでなく、捕虜になったソ連軍兵士がいっぱいいたので、彼らとユダヤ人が組むことによって実行できたというような話でした。ユダヤ人というのは、きっとゾンダーコマンドが一緒になってやったんでしょうね。相手の親衛隊の主な者を殺しておいて、みんな一緒にわーっと逃げておいて、みんな一緒にわーっと逃げておいて、みんな一緒にわーっと逃げた。もちろん周りには武装した兵士がいたし、踏めば爆発するような装置もあったから、犠牲は多かったようなんだと。そこまではっきり言い切っているかどうかはちょっとわかりませんが、とにかくそれは成功したんです。「ユダヤ人における暴力の奪還」が二作目のテーマであるとランズマンは語っています。

ただ、不幸としか言いようがないんですが、これが二〇〇一年の作品だったんですね。二〇〇一年というのは米国での同時多発テロの年でいたということを言いたかったわけです。『ショアー』の最後のほうでも、愛する同胞が絶滅収容所に移送された直後にユダヤ人評議会の責任者アダム・チェルニアコフが自殺していましたよね。アーレントは切り捨て派なので、そういう違いがあるわけです。

三作目の『不正義の果て』は、表題にもテーマにも露骨には出てこないんですが、ハンナ・アーレントの考え方とランズマンの考え方の違いがよく出ている映画です。ハンナ・アーレントの名前は出てきていますが、ランズマンは語っていません。

アイヒマンが仕切っていたチェコのテレジン収容所から収容者がアウシュヴィッツに送られるというくだりが『ショアー』にも出てきますが、そこはいい意味で「模範的な収容所」と呼ばれていたんですね。第三作目は、その収容所でユダヤ人評議会の代表をしていた人を相手に、ランズマンがほとんど一対一でおこなっているインタヴューです。アイヒマンと闘ってきた、しかもユダヤ人評議会の男です。アーレントは『イェルサレムのアイヒマン』の中で、評議会はナチスの手先であって、ナチスのつくらせた組織なんだと、そこまではっきり言い切っているんです。それに対してランズマンは、もちろん評議会はナチスのつくらせた組織に違いないけれども、その中にもシンパシーを持って同胞のユダヤ人を救おうと努力した人がいたということを言いたかったわけです。『ショアー』の最後のほうでも、愛する同胞が絶滅収容所に移送された直後にユダヤ人評議会の責任者アダム・チェルニアコフが自殺していましたよね。アーレントは切り捨て派なので、そういう違いがあるわけです。

岩間 なるほど。

高橋 その映画を見れば、ランズマンがいかに広いかということがよくわかります。そして、もう亡くなっていると言っていました。嫌いなんでしょうね。さっきのシュロモー・サンドとランズマンではないんですが、ユダヤ人同士でもいろいろ複雑なんです。彼らの間でも意見の違いは大きいんですね。

高橋 トジャーナリストの広河隆一さんの友達なんで広河がいいだろうと言ってくれたようで、広河さんが僕に連絡してきてくれたんです。広河さんは若いころキブツに憧れてイスラエルに行ったんですが、イスラエルで見た現実が全然違ったということで今の彼に至っています。合作なんです。

サンドさんは、明治大学で講演をして、京都と広島に行って、また東北大震災でも講演をしたんですが、帰り際に僕は東京の駒場で一緒に彼と夫人に会ったんですね。僕がランズマンの『ショアー』を訳したと言ったら、それはユダヤ人大変な仕事だったと言った上で、でも「私はランズマンの見方には賛成できない」と言っていました。それはなぜかというと、ナチはまず精神障害者を断種することから始めて、ユダヤ人に至ったのであって、そういうことを一切言わずにユダヤ人だけを取り上げるのは問題だと。彼は映画にも詳しかったようで、すぐそう言いながらもやはり彼はすごい人だと思いました。ユダヤ人でありながらそういう発言ができるとは、やはり彼は本物です。実際に闘っているわけですからね。彼は多くの場合、ユダヤ人というよりもユダヤ教徒という意味で使っているんだろうと思いますが、ユダヤ教徒の歴史のかなり大胆な仮説をあの本の中で出していて、それも注目すべき点です。ランズマンとは仲が悪いだろうと思いますが（笑）。

その後のランズマン作品

高橋 ランズマンが『ショアー』に続いて同じ

岩間 パレスチナの問題をずっと報道されていますよね。

高橋 そう、パレスチナの問題も、チェルノブイリの問題も扱っていて、さらに東北大震災関連の仕事も含め、本当に立派なフォトジャーナリストです。思想的にサンドさんがかなり広河さんに影響を与えたんでしょうね。彼の来日はまだ翻訳もできていないのにすぐにでも来るような話になっていたんですが、ともかく翻訳をしてくれないかと頼まれたんです。僕はヘブライ語ができるわけではないんですが、サンドさんの第一外国語がフランス語なんだそうで、既に出ているフランス語訳は彼自身がチェックしているに決まっているから、そこから行きましょうということで、僕が引き受けることになったんです。

岩間 広河さんからお話があったということですね。

高橋 彼から直接話がありました。

岩間 広河さんとはお知り合いだったんですか。

高橋 互いに名前を知っている程度でした。実はそのときも間に鵜飼さんが立っていて、だれに訳をさせるかということになったときに、もちろん暇かどうかという問題はあったにせよ、

にぱっと帰り、「ブレーメン館」という文学サークルをつくっています。『ショアー』という作品をきっかけにとてもいいものが生み出されてきているということも、忘れてはいけないことですね。日本におけるユダヤ研究、ユダヤ人問題研究の種がまかれ、成長しているわけです。

岩間 なるほど。

高橋 小岸さんは、中国におけるユダヤ人問題といったことまで、ちゃんと現地へ行って調べているんですよ。

岩間 それは興味深いですね。

高橋 彼はユダヤ人問題についての本を何冊か出していまして、最初はスペインから始めているのか、スペインでは改宗させられたユダヤ人を「ブタ」と言っているんですが、そのことも詳しく書いています。中国のことまでやっているのには、僕も本当に感心しました。フィールドワークをしているわけですね。

それとつなげるわけではないんですが、中でもシュロモー・サンドの『ユダヤ人の起源 歴史はどのように創作されたのか』というのはとても優れた本ですから、ぜひ読んでもらいたいと思います。（同書は、二〇一〇年にちくま学芸文庫に収められました。その後、二〇一七年に浩気社から刊行され、その際、僕の病気のため、佐々木康之君がフランスで出版された新版も参照して、若干の手直しをしてくれました。）あの著者は『デイズ・ジャパン』を出しているフォ

こういったことをだれの目を通して描いたかというと、ゾンダーコマンド（働かされたユダヤ人収容者）なんです。こういう証言をしたのは全部ゾンダーコマンドなんです。「ゾンダーコマンド」というのは直訳すれば「特別部隊」ですが、全部軍隊化して呼んでいたから「コマンド」と言っていたんだろうと思います。彼らは幸か不幸か働くほうに回され、シャワー室までついていって服を脱がせ、最後に連れていくところまで行くわけです。証言をしたのは帰ってこられた人たちですが、もちろん彼らも何年かに一度は殺される運命にあったわけですから、殺された人も大勢いたのでしょう。恐らく彼らなしにはあそこまで再現できなかっただろうと、イスラエルでゾンダーコマンドの意義が非常に強調されるようになり、それはそのとおりだと思います。

ただ、これは映画が出たずっと後の話ですが、あの中に繰り返し出てくる証言者の一人、スイスのバーゼルでライン川を前にしゃべっていたリヒアルト・グラツァールは、九七年に自殺していたそうです。それから、これは僕がランズマンから聞いた話ですが、勇敢にも殺されずに何回も生き延びたフィリップ・ミュラーが、六八年にチェコのプラハでまた闘ったということでした。もう今は亡くなっているのでしょうが、生き延びるというのは、それだけでも非常な精神力が必要だというのもよくわかります。自殺した人がいるというのも本当にすごいことだと思います。一人でというよりも、割合つながっ

副産物としては、『ショアー』という本はそのものずばりですし、高橋哲哉さんはいくつも論文も書いています。彼はそれを裏切らないで今もずっと頑張っているから、本当にずっと偉いと思います。あと、「記憶」ということがずっと問題になっていましたので、それはそれで有名な本があります。ランズマンの『ショアー』を題材にして書いていて、その翻訳が出ていますね。どこまで突っ込むか、記憶が何をさせるか、インタヴューにはそういう役割があるんです。本人がふだん思い出さないようなことでも、しつこく聞かれるうちに思い出されることがあるんですね。それを逃さずに突っ込んでいく。そういう例が、あの中にもいくつもありました。そういうふうにして広がっていったわけです。

岩間 日本でも『ショアー』に言及するものが多く出ましたよね。日本の戦後責任論争の流れにもつながっています。

高橋 そうそう。僕などはそちらのほうがやりやすいんですが、もちろんそこにもつながるわけです。

あと、ユダヤ研究、ユダヤ人問題の研究ということで言うなら、東京と京都というふうに大学を分けてしまうとちょっとまずいかもしれませんが、僕は密かに、どちらかといえば関西のほうが深かったのではないかと思っているようなんですね。

した。それがとてもよかったんですね。最初の字幕の工程も、そういう人たちがつながっていろいろ進めてくれていたわけです。もちろん、例えばハイネはどうだったかというようなことをとっても、ユダヤ人が一人でもいればユダヤ人問題はあるわけですから、東京の大学にもユダヤ問題の研究者はいたんです。例えば、わだつみ会運動で功績があり事務局長を務めてくださっていた山下肇さんとか、やはり個人的に研究をしていたと思います。

さらに関西では、『ショアー』を出発点にして研究会もできているんですね。途中で名前がいろいろ変わったようですが、今は「神戸・ユダヤ文化研究会」という名前になっています。神戸まで行くのがなかなか大変で簡単には行けないものの、僕も名前だけは入っています。神戸にはもともとユダヤ人のコミュニティがあったんじゃありませんか。

岩間 そうですね。

高橋 それだけが理由ではないんでしょうが、そういうことも一つあって、やはり研究者が進んでちゃんと支えていたわけです。例えば、神戸の研究会の中心人物でもあった、ドイツ文学者の小岸昭という京大名誉教授の方がおられます。普通大学の先生ということは、もちろん好みや生き方はそれぞれですが、大学にずっととどまって名誉教授になり、いろんな大学を教えて回るというような人が多いですよね。でも、小岸さんは潔くて、定年を機に生まれ故郷の北海道

たそうなんです。あそこの師弟関係はとても篤くて、啓之会というのがあって、もう先生は亡くなったんですが、今でも続いているようです。それで時々わだつみのこえ記念館に来てくれたりもしています。僕は、そのことより、何せ『ショアー』のことで感謝しているんですけどね。ランズマンと土本さんは、「記録することの意味」という作品を一緒につくっているんですよ。プロデュースしたのはシグロで、それはNHKから放映されました。(一九九六年八月二四日放送)。僕も見たはずですが、あまり覚えていません。(二人の監督とも亡くなった今、再放送してくれるとよいのですが。)

それで、ランズマンはもう一回、次の年にも来たんですね。いろんなひっかかりが日本にでてきたのと、特に二回目からはシグロがすごく献身的でした。代表の山上徹二郎君がいろいろな事で奔走して、二つの世界の映画祭もしましたし、彼がもともと九州の人だったということもあって、水俣問題も扱っていました。そんなこともあってか、三年目の滞在は結構シグロが動かしていました。ランズマンは若いガールフレンドを連れてきたんですが、これは秘密にしてくれと言われて、みんな秘密にしていました(笑)。このとき、ランズマンはシグロと契約を結んだんですね。日本での上映権をシグロに渡すという契約です。逆に、それ以後は、もちろんお金のやりとりはあるわけですが、シグロに申し出れば借りられるようになりまし

たそれより前はどうなっていたんですか。

高橋　僕もよくわからないんですが、多分日仏が保管していて、最初の条件として大学関係には無条件で貸すということだったろうと思います。文書がどうなっていたのかはわかりませんが、大学関係に貸すことにはだれの反対もありえませんからね。そういう形で日仏が管理していたんじゃないかと思います。

そういえば、僕はランズマンから序文の中に功績者の名前を書き込んでくれと言われたので、わかったということで、鵜飼さんの名前と僕の名前を書いたんですね。日本での上映にはいろいろ困難があったけれども、努力してくれる人がいてやっと実現することになったというような序文の中で、僕については、映画の上映が実現される日が来るかどうかもわからないのに翻訳をしたというふうに書きました。鵜飼さんについてはあまり詳しく書かなかったけれども、彼はもともとパレスチナの運動にすごく肩入れしているのに、そんな彼がまずここを通過しないとだめなんだということで仲間を説得したわけで、そこを僕は非常に評価していました。

一般論として、彼のような人が上映委員会を立ち上げに努力し、上映のためにあれだけ尽力したというのはすごいことなんです。やはり上映委員会でも、彼が提案して『ショアー』を見ていないといいますね。

岩間　それより前はどうなっていたんですか。

かというと、樺美智子さんが安保闘争で虐殺されたのが六月だったから、いつもそのころに市民(多くの場合、学生や労働者も加わる)のデモがあったんですが、そういう集会の実行委員会でも、彼が提案して『ショアー』を見ていないといいますね。そう考えると、大学とは限っていませんね。どういう基準だったのか、ちょっとわかりません。とにかく、僕と鵜飼さんは、功績者として名前があがっていたために、ランズマンにごちそうになりました(笑)。

ユダヤ人問題と日本

高橋　『ショアー』の一番大きなテーマとしては、非常に大ざっぱに言うと、どのようにしてユダヤ人が殺されていったのかというところに焦点が当たっていると思います。まず捕らえられてヨーロッパ中から移送されるんですね。序文「恐怖の記憶」の中で、ボーヴォワールが強調しているところですが、通奏低音のように、しょっちゅう移送列車が出ていました。そして、ポーランドにあった六つの絶滅収容所に送られてからはどういうことが起こるのか。働ける者と働けない者の二つに分けられて、働けない者はすぐに殺されます。あの映画の証言の中にそういったことがたえず出てきていて、ガス室の話もかなり詳しく描いてありましたよね。ヘウムノ収容所では、ガストラックを使い、排ガスで殺していました。その後、灰が流されたところまでが描かれています。

ツではどうだったのかというさらに大きな、もっと深刻な問題もあります。ドイツでも、ユダヤ人が迫害されたことは知っているかと言われたとしても、その実態をどこまで知っているかと言われたら、やはりわからなかったんでしょう。ガス室はなかったと言えるぐらいのものなのかもしれません。

ランズマンは、あの映画をつくるのに、準備から数えると一二年かけています。資料を読むことから始めて、インタヴューの相手となる証人を探し、世界中を回ってラッシュフィルムを三六〇時間ぐらい撮って、そこから九時間半だけに編集したものが『ショアー』です。最初は一本だけで終わりにするつもりだったのかもしれませんが、せっかくだから違う角度からもやろうというふうにして二作目、三作目とつくっていったのでしょう。生涯をほとんどそれに費やしているようなものですよね（ランズマンは二〇一八年七月に死去）。二作目、三作目については後で少しお話ししましょう。

ランズマンと土本典昭

高橋 最初の上映のとき、僕は土本典昭さんに『ショアー』の訳本を送ったんです。もちろん彼はまだ水俣に張りついて仕事をしていたわけですが、NHKで放映して日本中に流布したものを監督仲間がビデオにとって送ったようで、彼から返事がいろいろあるんだけれども、同じドキュメンタリーの定義にもいろいろあるけれども、同じドキュメン

タリー映画をつくる者として驚嘆したと言っていました。全セリフから本をつくるのは全く異例だということでした。それで彼は、周囲の人とも相談したと思うんですが、ランズマンに、水俣のために、顔も知らない土本さんのために、来年自分の全作品の上映会をするから、できたらあなたにも来ていただいて、そこで『ショアー』を上映させてほしいという手紙を出したんです。

岩間 高橋さんは、同じドキュメンタリーの監督として優れた先品をつくっているという理由で土本監督に本を送られたのでしょうか。

高橋 僕はもっと前から土本さんとつき合いがあって、親近感を持っていましたからね。大学闘争の時代に彼もいろいろ動いて、大事な人もかくまったりしていたようです。そういうこともあって、水俣は水俣で動いていて、もちろんドキュメンタリー映画の作家であることは僕も承知していたので、これは大変な映画だから見てほしいという気持ちで翻訳本を送りました。土本さんの働きかけが実って、ランズマンは次の年も日本に来たんです。そのときの企画はシグロ主催「クロード・ランズマンと土本典昭——二つの世界の映画を観る」（一九九六年）というもので、パンフレットが出てきました。

岩間 ランズマンと土本監督との交流というのは、映画史を考える上で興味深いですよね。

高橋 そうなんです。はっきりとは書いていませんが、ランズマンは最初、こいつはどこの馬の骨だと思っていたみたいなんですね。でも、

調べればだんだんわかってくるわけで、同業者からこういう申し出をもらうのはうれしいことだからと、顔も知らない土本さんのために、水俣のために、次の年に来日したんです。「二つの世界の映画を観る」の企画で『ショアー』と『水俣』の上映会をして腹につながりました。このときランズマンは水俣まで行ったんですよ。土本さんも偉くなっていたから、工場にも入れました。それだけでなく、その奥座敷というか、チッソは賓客を泊める施設をちゃんと持っていたので、そこに泊まったんです。石牟礼道子さんとも、どっちがどっちをインタヴューしたのかはわかりませんが、取材を続けていた平野新介君も一緒に来ていて文章を書いていました。しかし、どちらも、それについて文章を書いていないようです。僕は勝手なことをして、船で刺身になってタチウオを釣ったりしていました。それがすぐ刺身になって出てくることもあるんですよ。ユダヤ人への関心をずっと持っておられます。

岩間 平野さんは『ドレフュス一家の一世紀』（朝日新聞社、一九九七年）という本も書かれていて、ドレフュスの子孫にもインタヴューされていますね。ユダヤ人への関心をずっと持っておられます。

高橋 平野君もそこまでつき合ったわけですから、いろんな意味で偉いですよね。

これは別の話ですが、平野君は実は東大の仏文の後輩でもあって、駒場の教養学部の時代に平井啓之というサルトリアンの先生が担任だっ

高橋 そうなんです。こともあろうに、そういう映画が来るときに記事を出すなんて、センスがないでしょう。花田さんというのは、そういうことがわかっていない人だったんだと思います。この事件はその直後に映画が吹き飛ばしてしまったので、今はもう忘れ去られていますが、やはり忘れてはいけない話ですよね。実は、その花田が、『月刊Hanada』という雑誌を出している出版社としての生命が終わったはずの花田が出すこと自体が問題です。そこへ金を出している出版社もある。

岩間 そうですね。

高橋 僕が機会あるごとに繰り返し書き、訳書の解説でも書いていることは、これはドイツだけの話ではないんだということです。つまり、同盟国だったわけでもあるんです。もしドイツ人の罪を言うのなら、日本人の罪は何なのか。ユダヤ人はかわいそうだという次元の話ではなくて、そこのところをずっと掘り下げないと、この映画の真意はわからないのだろうと思います。

岩間 日本人は戦争中のユダヤ人というと、杉原千畝がヴィザを発行して助けた、という話しか出てこないですもんね。ドイツと同盟国だったという意味での責任は忘れてはいけないですし、それと同じようにアジアの人々に行ったことというのを、少なくとも『ショアー』を見たら考える必要があります。

もつき合うことがありました。やはり日仏学院あたりで集まるわけですが、そういうところへ僕も呼ばれていって、日本語の翻訳を聞いたりしていました。ランズマンの第一回目の滞在のときにも、日仏の若い職員がずっと付き添って、パーティまでありました。

話は前後しますが、同じ一九九五年には阪神・淡路大震災がありました。ランズマンはそのことを日本語版の序文に書いています。地下鉄サリン事件も同じ年でしたから、そのことにも触れています。ランズマンはジャーナリストなので、やはり非常にそういうことに敏感なんですね。でも、もちろん自分の作品の意義を切り開いていくのだと。それは彼の作品の力自体の自信ですよね。

おまけに、映画の初上映の直前に文藝春秋社が『マルコポーロ』という雑誌の一九九五年二月号に「戦後世界史最大のタブー。ナチ『ガス室』はなかった。」という記事を載せたんです。そのときの編集長が花田紀凱だったことを思い出しました。ガス室がなかったなんて相当ひどいスキャンダルで、歴史修正主義もいいところです。それを書いた西岡昌紀という人は医者だったと記憶していますが、何か文献を見つけてそれを信じてそういうふうに書いたんでしょう。それが世界中からたたかれて、雑誌自体がつぶれました。

岩間 確かにあれも九五年の二月でしたね。

高橋 ランズマン自身なぜあの映画をつくったのか、僕も彼に直接聞いたわけではないので、ちゃんと聞くべきだったと思っているんですが、僕の想像では、何があったのかを知らなかったことに対する反省のようなものがあったのではないかと思うんです。彼は戦争中にレジスタンスもしていますし、それなりに立派に闘ったわけですが、やはりあれほどの規模のユダヤ人のホロコーストがあったことは知らなかったのでしょう。

『ショアー』の最後のほうに出てくるポーランド亡命政府の密使、ヤン・カルスキが語る言葉の中にもありましたよね。彼はゲットーのユダヤ人たちが武装闘争を決意していることを伝えに行くわけです。そして、ロンドンの亡命ポーランド政府やユダヤ人指導者に会ってから、アメリカまで行ってルーズベルト大統領にも会い、一切ほかの目的ではなく、ユダヤ人が殺害されているのをやめさせるという、ただその申し入れは聞いてもらえなかった。でも、その訴えるためだけに攻撃をしてくれたと。この問題にランズマンがわざわざ映画の最後のほうの時間を割いているのはなぜなのか。つまり、彼自身も含めて、それは全く彼が悪いわけではないんですが、知らなかった者の責任として『ショアー』をつくったということなのではないか。これは僕の仮説ですが、一端としては合っていると思うんです。

もちろんまだ難しい問題は随分あって、ドイ

五人でチェックしていたわけです。東京は鵜飼さんだけだったと記憶していますが、僕の訳書解説には名前が列挙してあるかと思います。映像がどういうふうにそこへ流れたのかはわからないんですが、映像を見ながら、本も見ながらということだったんでしょう。例外を除いて、本はほとんど出ていませんからね。ポーヴォワールの明快な序文「恐怖の記憶」をプラスして、あとはその国用のものだから、例えばアメリカで出たものなら英語の部分な英語のまま入れて、そうでないところは英語に直すという当たり前のやり方でやっていたと思います。それが相当流布していました。

そのときは鵜飼さんが頑張っていたらしいるんだけれども、だれが日本語に翻訳しているかと尋ねたのかもしれません。ランズマンから教わったのか、あるいは、フランス著作権事務所とつながる翻訳会社に問い合わせたのか、最終的には作品社が翻訳権を取ったわけですが、高橋が翻訳しているということで、完成はしていないいまでもほっとしたようなものだったので、みんな本当にほっとしたのだと鵜飼さんが言っていました。京都側のお歴々がチェックするのと同時に、もう一つ字幕のもとになるテクストがあることがわかった

わけで、それはとても喜んでいました。翻訳もほぼ準備ができているという状態になってたんですね。寺尾さんも僕の途中訳を見たはずです。

岩間　なるほど。いろんな動きが合流すること ができたんですね。

そこで高橋哲哉さんとも知り合いました。彼は非常に熱心でしたし、全部の名前はあげられませんが、ほかにも熱心な人が何人もいました。『ショアーの衝撃』(未来社、一九九五年)という本まで出ているわけで、ホロコースト関係の本や、フランス語で書かれた本の翻訳や、あのときは関連の本も相次いで出たんです。それは上映されてからでしたから、やはり最初の上映が決定的だったんですね。最初の上映は一九九五年一月二七日でしたが、この日は実はアウシュヴィッツ収容所の解放記念日で、それに合わせて日仏学院が初映したわけです。それまではみんな大変だったと思います。僕もそれに間に合うように本を仕上げました。

当時どこが映画のフィルムの所有権を持っていたのかは、あまりはっきりしていません。恐らく日仏学院が持っていたんでしょう。大学関係には貸し出すというようなことで、いくつかの大学では自主上映していました。早稲田でも、慶應でも、東大の駒場でもやりました。見るべき層の人たちがみんな見たわけですね。それでだんだん反響が大きくなっていって、論評が出たりしました。個人的な名前を出すとすれば、

朝日の社会部の平野新介君という記者がいい記事を書いたんです。もちろん全体像を中心に書いています(「重い証言から学ぶ努力を──ナチスの大虐殺検証の映画『ショアー』から」一九九五年二月一〇日夕刊)。僕が言うのもおかしいけれども、『ショアー』は彼にものすごく恩があるわけです。その記事を通じても知られることになったわけです。

高橋　そうなんです。すごく反響が大きかった。

夏になって、今度はNHKが頑張って「NHKスペシャル」という番組で『ショアー』を紹介してくれました。加藤周一さんが出て、もちろん部分的には映画も使いながら、どんなにすごい映画なのかということを示したんです。そうしたら全編が放映されることになって、三夜だったか四夜だったかに分けて実際に放映されました。それがまたものすごく評判で、すぐに再放映になりました。これによって『ショアー』は大学関係者だけでなく人々の目にも触れるようになったんです。それは大きかったですよ。NHKにも感謝しないといけません。もっと早い段階で決断してもらえるとよかったですが、やはりそれはできなかったんでしょうね。NHKの担当者が書いた自分がいかに努力したかというような文章をちらっと読みましたから、細かいことはわかりませんが、そこまで持っていくのも実は大変だったのかもしれません。

あと、僕は在東京のフランスの文化人たちと

●記憶の歴史学＞＞＞越境による抵抗、あるいは抵抗のための越境 2……高橋武智氏に聞く

写会はしたけれども、残念ながら一般上映はできないようだと言ったら、彼はすごく怒っていました。それはちゃんと熱意を持った人間がいないからだと憤慨していたわけです。ただ、昨年か一昨年に、渋谷の宮益坂を上がったところにできたイメージフォーラムの映画館でも、少し上映されました。僕には今昔の感がありますが、イメージフォーラムの人たちはみんなあのころのことをよく覚えていたようでした。

岩間 それはすごいですね。

高橋 もちろん休憩はたくさんとって、三時間ごとに休みながらやったんですが、それにしても条件が悪いですよね。あなたが著作目録をつくってくださった中に、僕が『広告批評』に載せた文章があったでしょう（「最終的解決の証人たち 九時間半のインタビュー映画「ショア」を見る」『広告批評』九七号、一九八七年）。あれはそのときのたまもので、僕が映画の簡単な紹介をして、一部を日本語に起こしてあるんですが、その際は小田さんのコピーを見ながらやったのかもしれません。

でも、そこからは何の反応も得られなかったんですね。来て見てくれた人はだれしもすごい映画だと感動してくれたんですが、本当にすごい映画であることはわかっているわけですが、試写会ではだめだった。そこで、本を翻訳して、そこから機運をつくるしかないと僕は戦略を立てまして、それから一〇年近く続けまして、そのことはランズマンにも知らせていたんです。

『ショアー』上映へ向けて

高橋 一九九五年が日本での初上映ですが、恐らく一九九四年ぐらいに、ランズマンと日仏会館院長とユニフランスの三者がカンヌ映画祭で落ち合ったのではないかという話があります。ユニフランスというのは、フランス映画を輸出する公社、つまり準フランス政府機関です。いろんな推測も交えてですが、これはほぼ間違いないと僕は思っています。こんなに世界中で評判になっているのに、日本のような、とくにフランス映画の観客数の多いところで上映されていないのは、何とかしなければいけないということで、いろいろ戦術を練ったようで、彼らは日本語字幕の制作費を負担するからやりませんかというふうに日本側に持ちかけてきたんです。

岩間 高橋さんのところにですか。

高橋 どこに申し入れてきたのかはわかりません。これは想像ですが、在日フランス大使館の文化部か何かを通じて申し入れてきたのではないかと思います。そういうところとつき合っている日本人もいたわけですね。正確にいつなのか、時期はわかりませんが、そのころがいろいろな意味で展開点だったんでしょう。もう一つ、高橋哲哉君や鵜飼哲君のような若い人たちが、雑誌などの文献を通じてこれは大変重要な作品だということに気づいて、上映運動を始めていたんですね。ですから、そういう運動とも合体できたわけです。

彼らは彼らでフランス語字幕制作のプロである寺尾次郎さん（二〇一八年六月死去）に頼んでいたようで、この方と僕はその後も何回もつき合うことになるんですが、僕が知らない間に一稿とか二稿とかいうことで進めていたんだろうと思います。しかし、もちろんプロとしては基本的に信頼できるんだけれども、問題が問題だからという意味で、背景理解の点で信頼できるのかということがありました。万一、間違いがあったり誤解があったりしてはまずいから、やはりちゃんとした専門家に見てもらったほうがいいということで、関西の研究者たちが四〜

ていたので、つまりドイツ語版なんですが、それは非常に早かったと思います。

それからもう一つ、まだ東西ドイツに分かれていたころの話になりますが、小田実がそのとき西ドイツ・ベルリンにいて、すぐにこの映画に関する短い文章を書いています。「まさに「ショアー」は他人ごとか」というような文章で終わっていたかと思います（小田実「SHOAH」『法学セミナー』三八二号、日本評論社、一九八六年一〇月）。彼がどういう機会に見たのかは知りませんが、文化人の滞在というようなプロジェクトで行っていましたから、もしかしたら招待されて見たのかもしれません。

岩間 高橋さんはイメージフォーラムの方とやりとりがあったんですか。

高橋 いわゆる全共闘と呼ばれるようになる前、そのはしりのころに早稲田と慶應で大きな闘争があったんですが、そのとき慶應の学費値上げ反対闘争のリーダーだった梶村太一郎君という人がイメージフォーラムとつながりがあったみたいなんですね。そのころの全共闘体験者は何となく外国へ行ってしまうのでしたが、彼も割と早くベルリンへ行っていて、小田と常に行動をともにしていたんだろうと思うんです。そういうわけで、梶村君にはすごい映画のドイツ語版が既に日本へ送られたということがわかっていて、僕のところにも、もし見ようと思うならイメージフォーラムへ行って見せてもらえと

いうような連絡が回ってきました。なぜかというと、今はそんなことないと思うんですが、当時はヨーロッパで録画されたものを日本で見ることができなかったからです。

岩間 ビデオの形式のために見られなかったんですね。

高橋 そうです。普通にビデオを再生する機械にかけても見られないんですね。でも、イメージフォーラムはプロだから、もちろんそういう転換装置を持っていました。ですから、だれから聞いたのかはよく覚えていませんが、今言ったようなソースのどこかからイメージフォーラムへ行けば見られるということを聞いて、僕も見てほしいということで行ったわけです。

岩間 その情報を聞いて、高橋さんのほうから行かれたんですね。

高橋 イメージフォーラムの人もそのことをもう既にどこかへ書いていたようだと思いますが、知らずに行ったんだと思います。小田さんの名前を出したからなのか、本当に問題なく見ることができまして、僕は何回も見せてもらいに行きました。それはドイツで放映されたものの録画でしたが、ドイツ語の字幕が出ているだけで、フランス語はまだありませんでした。ランズマンは映画発表と同時に全せりふを本にして出していましたが、それ自体すごく画期的な批評だったようです。そちらは、非常に優れた短い批評「恐怖の記憶」というボーヴォワールの短い文章だけ載っていて、

あとはフランス語版の字幕を再現したものです。ランズマンの映画ですから、ランズマンが全部インタヴューの映画で、いろいろな人にインタヴューして、通訳がそれをフランス語にしているんです。ランズマンは西ドイツのベルリン自由大学で哲学を教えていたわけですから、相手がドイツ人の場合は通訳が要りません。それは「ベルリン封鎖」の時代にさかのぼるので、話がどんどん古くなるんですけどね。

それで、小田が日本にいないうちからとても強く働きかけて、『広告批評』の主催で試写会をしようということになったんです。この間亡くなりましたが、主宰者の天野祐吉さんがまだ元気でした。イメージフォーラムの持っているものが唯一の映像でしたから、もちろんイメージフォーラムが協力してくれて、四谷三丁目あたりの小さな会場で観ました。試写会とは言うものの、みんなに広く呼びかけてやったわけではありませんでした。『広告批評』の宣伝力の問題もあって、映画関係者もあまり来なかったんですね。『広告批評』の周囲の人と僕の周囲の人が集まった程度で二〇人といませんでした。『広告批評』からは天野さん、東大の駒場で先生をしていたドイツ演劇に詳しい小宮曠三さん。同じ駒場で、そこの全共闘と激しくやり合った平井啓之さんたちも来てくれました。小田はちょっと来ただけで、全部見ている時間はなかったようでした。

僕はランズマンと文通を始めていたので、試

●記憶の歴史学>>>越境による抵抗、あるいは抵抗のための越境 2……高橋武智氏に聞く

いわま・ゆうき◎専門はマス・コミュニケーション研究。主に「戦争とジャーナリズム」をテーマとする。著作に『PANA通信社と戦後日本』(人文書院、2017)、『文献目録 ベトナム戦争と日本』(人間社、2008)など。オーラルヒストリー調査を数多く行い、その記録を『伽藍が赤かったとき』(共著、風媒社、2012)、「越境による抵抗、あるいは抵抗のための越境―高橋武智氏に聞く―」『アリーナ』(18号別冊、中部大学、2015)などに発表。

僕は全然知りませんでした。この人はジャワで憲兵をしていて捕り、虐待をしたという理由で死刑になったわけで、『戦没農民兵士の手紙』に入る資格は十分にあるんですが、憲兵というのは悪い役回りですから、安田さんは憲兵というだけでもちょっとアレルギーを起こしたんだと思います。それで、菅さんは『ジャワ獄中記』を全部読んで、すごく反省し、いろいろ大変厚いもので、ものすごく感心したんだろうと思います。それをちゃんと議論に取り入れないと農民兵士論争は完結しないというのが菅さんの意見でした。僕は送ってもらっておりますが、まだ読んでいませんが、菅さんがどういうものなのかというのをまとめて送ってくださいました(菅さんは二〇一七年七月事故で死去)。

岩間 そうでしたか。

高橋 この関係で書かれたものとしては、僕の「農民兵士論争」の上・下が一九六二年と一九六三年に出ていますでしょう。それからもう一つ、立命館の赤澤史朗さんの「農民兵士論争」再論というものがありまして、二〇〇〇年に僕の書いたものから全体を整理し直してくれています。当時のわだつみ会で活動した人の間に対立があったので、それを背景に僕の整理は多少偏見をもって書かれているのではないかということを批判しているわけです。そのほか、岩手県農村文化懇談会の責任者になっていた人も、その後文化懇談会の責任者の方も、大島さんも、一言も佐藤源治さんの『ジャワ獄中記』に触れていません。編者が解説をつけているわけですから、多少は注目されていたはずですし、実際に多少は話題になってもいいはずですが、当時はだれも気づいていませんでした。そういう農民兵士側の重要な文献はきちんと取り上げないと、農民兵士論争の枠組みが全く変わってしまいます。

やはりこういう問題は終わりませんね。いろいろな意味で、なるほど、やはり終わらないんだなということがわかりました。僕らのはもうこれでいいんですが、やはり新しい文献が出てきたときに

考えているらしくて、それをちゃんと議論に取り入れないと農民兵士論争は完結しないというのが菅さんの意見でした。僕は送ってもらっておりますが、まだ読んでいませんが、菅さんがどういうものなのかというのをまとめて送ってくださいました(菅さんは二〇一七年七月事故で死去)。

ところが、私をはじめ、赤澤さんも、農村文化懇談会の責任者の方も、大島さんも、一言も佐藤源治さんの『ジャワ獄中記』に触れていません。編者が解説をつけているわけですから、多少は注目されていたはずですし、実際に多少は話題になってもいいはずですが、当時はだれも気づいていませんでした。そういう農民兵士側の重要な文献はきちんと取り上げないと、農民兵士論争の枠組みが全く変わってしまいます。

子学院の院長になり、わだつみ会にも入り、とても活発に活動し、二〇一二年に亡くなっております。彼は、仙台にいたころそのグループにいて、東京に来て女子学院の院長になり、わだつみ会にも入り、大島孝一さんも本を書いておられます。

文化懇談会の責任者になっていた人も、その後文化懇談会の責任者の方も、大島さんも、一言も佐藤源治さんの『ジャワ獄中記』に触れていません。

は考え直さないといけませんよね。

岩間 どんどん新しい動きも出てきますから、終わらないということはあると思います。今日もお話を聞いて改めて思いましたが、高橋さんはお仕事が大変多岐にわたっていますし。

高橋 でも、岩間さんからいろいろ刺激を受けて頑張っています(笑)。

映画『ショアー』との出会い

岩間 ここまでのお話とも密接に関わることですが、高橋さんの重要なお仕事の一つとしてクロード・ランズマンの映画『ショアー』の翻訳があります。つまり、前史が長いわけです。

高橋 『ショアー』は一九八五年に制作、翌年ベルリン映画祭でカリガリ賞をとりましたが、日本では一九九五年になってやっと上映されました。

岩間 高橋さんが最初に『ショアー』を知ったときのことを覚えていらっしゃいますか。

高橋 日本人では、翌年に原一男監督による奥崎謙三を主題とする『ゆきゆきて、神軍』が同じ賞をとっています。八六年に、向こうにいたイメージフォーラムの人が、すごい映画が出たということでビデオを送ってきたのがこちらへの第一報でした。イメージフォーラムというのは、当時から積極的に活動をしていた、映像問題を中心に取り扱うグループの名前で、今は渋谷の宮益坂上で映画館も経営しています。ドイツで放映されたものをビデオにとって送ってき

に思います。発足集会もそうだったと思いますが、田中さんも書いているし、僕もいつも言うことですが、連合国による裁判の後、西ドイツは自分で自国民を裁いたわけですね。そこが日本とドイツの一番違う点であって、それをやっていないところが日本の戦争責任追及の一番弱い部分なんです。映画『ショアー』の中でも専らユダヤ人を殺すためにつくられた「親衛隊」という組織にいた人(フランツ・ズーホメル)が出てきていますが、あれは、裁判で実刑を受けて釈放されてから、あのインタヴューに応じているわけです。ランズマンはその記録を読んでいるわけです。うそはつけないということです。日本はそこから本人に会ってインタヴューをしているんですね。要するに、証拠はもう握っているわけです。

岩間 既にわかっていて聞いている。

高橋 そうそう。ですから、「裁判でもそう出ているだろう」というようなやりとりがありましたよね。

岩間 まとまった話になるかどうかわかりませんが、ちょっと別の話に移ってもいいですか。
岩間さんがつくってくださった僕の著作目録に「農民兵士論争」というのがあるでしょう(上:『わだつみのこえ』一四号、一九六二年、下:『わだつみのこえ』一六号、一九六三年)。わだつみ会の雑誌に書いたわけですが、あれには起源が

戦没農民兵士論争

あるんです。岩波新書で『戦没農民兵士の手紙』(岩手県農村文化懇談会編、一九六一年)というのが出ました。それが論争のきっかけになって二つに分かれて当時の進歩的な文化人も加わって、戦没学生の手紙は一方で引きがあるのに、戦没農民兵士はどうなんだという意識から、岩手の文化人が農民兵士の手紙を集めて出したんですが、それをめぐって当時いろんな議論が出たので、それを僕が整理した限りで整理したわけです。

当時は、安田武さんが「一世代を越えて学徒不戦の誓いを新たにしようではないか」という投書をし、それが「不戦のつどい」の起源となって、一九六七年一二月にほとんどすべての大学で集会がおこなわれていました。彼にはそういう非常に積極的な面があったんだと思います。そのように学徒不戦の誓いを新たにしようということになっていたのを受けて、岩手県農村文化懇談会は、それだけでいいのかと考えて、農民出身の兵士が残した手紙を集め、薄いものではありますが、岩波新書から出したわけです。それに対して安田さんは、学徒兵擁護の先頭に立って、こんなだらしない農民兵士ではどうにもならないというような言い方をしました。その一方で、そうは言ってもこれが生活の実感だったのではないか、これを無視することはできないだろうという言い方もあって、こちらは農民兵士を擁護することになったんです。僕は学徒兵だけが偉いとは全然思わないし、ど

ちらも犠牲者であったと思うんですが、わだつみ会に限らず当時の進歩的な文化人も加わって、その学徒兵と農民兵士をめぐる論争を、どちらがいいとか悪いというようなことではなくて、「農民兵士論争」ということで僕が整理した論争になりました。

ただ、これについては、関西わだつみ会の菅富士夫さんという方が東京に来て話をしたときに、僕が気づいていなかった意見があったことを教えてもらいました。関西わだつみ会は『海』という機関紙を出しているんですが、菅さんはそのニューズレターのようなものに「わだつみのこえ」を読む」という連載をしておられます。農民兵士論争の問題にすごく興味を持っているそうで、例えば、『部落』という雑誌の中に被差別部落出身の兵士はどうだったのかという文章が出ていることを教えてくれました。僕は当時それを全然読んでいなかったというか、気がつきもせずにいたわけです。網羅しているつもりだったけれども、網羅し切れていなかったことを指摘してくれて、いろいろなことがわかりました。

菅さんは、『戦没農民兵士の手紙』の一番最後が佐藤源治さんという農民の手紙で終わっているんですが、それが実はただの一行でしかなかったということも発見します。佐藤源治さんはもっと長い文章を書き残していて、何年かした後に、それが草思社から『ジャワ獄中記』(一九八五年)として出版されていたそうなんです。

岩間　一番先駆けになったということなんですね。

高橋　そうそう。民衆法廷の格好でやるというのも、慰安婦の問題でも二〇〇〇年に国際的な民衆法廷をしたわけですし、そういう意味ではいろんな個人やグループが合流したとのことでしたよね。

岩間　このフォーラムは高橋さんたちが企画されたものですか。

高橋　もちろん僕も最初からそこに加わっていましたが、一番は天野恵一さんです。彼は中央大学だったと思うんですが、全共闘世代で、その世代の中から天皇制の問題を問う声が出なかったことを反省してそういう運動を始めたわけです。「反天連」とよく言われますが、あれは「反天皇制運動連絡会」の略なんですね。「連絡会」ですから、自分たちもその一翼ではあるとしても、自分たちだけというわけではなかった。非

とはどういうことかという問題提起をしたのが、彼がその中心になっていたこの団体の役割だったと僕は思います。それがいろんな形でどんどん広がっていったわけですね。

高橋　そうそう。民衆法廷の格好でやるというのも、慰安婦の問題でも二〇〇〇年に国際的な民衆法廷をしたわけですし、そういう意味では全部つながっていますよね。時期はちょっと遅かったけれども、あれは結論で「天皇に責任がある」ということを明記したわけですから、すばらしかったと思います。

岩間　一九八八年四月に「今、天皇制を問う全国フォーラム」が開かれて、それをきっかけに反天皇制運動が始まったんです。

高橋　言ってみれば、そこから反天皇制運動が始まったんです。

常に大きな結集で、彼、天皇、天皇制をターゲットにしたというところでは、彼の功績が大きいんですね。でも、その前に田中さんの『ドキュメント昭和天皇』があったわけで、もちろん天野さんもそれを読んでいたと思います。しかし、どんなに日本一般の報道と違うかがわかりますよね。

岩間　それで役割を終えられないから今も続いていると言えば、そうとも言えるのかもしれません。

高橋　民衆法廷をやった組織は、戦争責任を中心にした追及を課題とするものが必要だということで、当時期待されていたんです。結果それに応えるようなものになったのかと思います。いろんな人が加わってより大きくなったのかと思います。そういう意味ではかなっていたという言い方になるのでしょうね。みんなが考えていたことだったから、賛同人がどんどん増え、大物が随分名を連ねたわけです。それで、天皇制となれば、最後は代がわりの問題まで行くんですね。

岩間　何人ぐらい集まっていたようですかね。

高橋　一緒にというか、一番大事なこととして事務所を提供してくれたんですね。

一九八八年に発足集会をして、大法廷は一九九五年十二月でしたね。水道橋の近くに全水道会館というのがありまして、そこを借りてやりました。僕は、代ゼミで教えた後、そこに行きました。途中で内海さんと出会い、一緒に行きました。それは覚えています。

岩間　随分集まっていたように思いますね。

高橋　一緒にというか、実質的な仕事は小法廷の記録や『戦争責任』という雑誌で進めていましたが、積み重ねた上でそれをやったという格好になります。

岩間　小法廷も同じ場所ですか。

高橋　小法廷は全部キリスト教会館だったよう

（アクティブ・ミュージアム　女たちの戦争と平和資料館）がある、あのあたりの建物です。

岩間　どうして日本キリスト教協議会だったんですか。

高橋　戦後、キリスト教団は、宗教団体なのに戦争中に国家によって統制されてしまったことをすごく自己批判して、そういう告白をしているわけですね（「第二次大戦下における日本キリスト教団の責任についての告白」一九六七年三月二六日、日本キリスト教団総会議長・鈴木正久を参照）。だから、信頼できる人たちだったのです。

岩間　NCC（National Council of Christian Churches）ですね。

高橋　事務所もこのときは「日本キリスト教会館内」とありますね。

岩間　事務所がいろんな意味で助けてくれたことに感謝するとどこかに書いてあったかと思いますが、Japanがいろんな意味で助けてくれたことに感謝するとどこかに書いてあったかと思いますが、

高橋　最初はそこでやっていました。今でも西早稲田に事務所があって、今の慰安婦のwam

たということで小田切秀雄さんが非常に褒めていました。ただ、理事長になってから問題があって、結局わだつみ会の中で裁判沙汰になってしまって、そういう悲しいこともあったんですが、それはもう取り返しがつかないことですし、もちろんどこにも書いてありません。あと、田口さんも「持続した「戦争責任」追及への課題」という文章を書いていますね。彼はその後も、『戦後世代の戦争責任』（樹花舎、一九九六年）という単著を出していまして、今その本が評価されているようです。

こういう多彩な人たちがいたことからも、いかに幅が広かったかがわかりますよね。木下順二さんのような人が書いてくれたことは、やはりすごくよかった。力づけられたと思います。

あと、一つ重要な証言をしておくと、ラッセル法廷が開かれたとき、実は僕はパリにいたんです。それで、最初の法廷はストックホルムで開かれたんですが、そこには日本からも代表団が来ていまして、このメンバーの中にいた弁護士の森川金寿さんという方が陪審員として実際に法廷に参加していました。日本の代表的な弁護士さんで、戦争責任についても熱心でした。

ラッセル法廷は、ドゴールの政策で、最初パリでやろうとしたんですよ。アメリカの言いなりにならずにフランスの独立性を保つのだという政策でしたから、一言で言えば、ドゴールは、アメリカの犯罪を裁くという方で、僕はその方から奨励賞を受け取ったということには賛成だったと思うんです。しかし、あまり反米ととられると、それもまた望ましくない。ですから、彼はバランスをとってパリで開くことをやめさせたんです。そのとき朝日新聞のパリ支局長が「忙しくならずに済んでよかった」と言ったのを聞いたときは、本当にひどいことを言うなと思いましたけどね。ラッセル法廷をいいことだと思うなら、言い方があったろうと思うので、実は僕は今でもすごく怒っているんです。

それから、日本ジャーナリスト会議の奨励賞（一九八九年、アジアに対する日本の責任を問う民衆法廷準備会『海外紙誌に見る天皇報道』（一九八八年九月二一日～一一月四日）凱風社、一九八八年、に対して）を僕は受けとったんですが、ジャーナリスト会議の議長をしていた人も、やはり先ほどのメンバーの中に入っています。もちろん亡くなっていますが、斎藤茂男さんという方です。日本ジャーナリスト会議の当時代表で、僕はその方から奨励賞を受け取ったんです。

『天皇報道』は、その後二集・三集も発行され、Xデー直後に、昭和天皇の戦争責任を公然と論ずる素材を提供することができ、どれも刷を重ねた記憶があります。

もう一つ大事なこととして、大法廷はしたのですが、この団体はまだ解散していません。去年〔二〇一五年〕、安保法制についての反対声明を出しています。つまり、残っている以上は人が本当にみんな入っていますよね。今わだつみのこえ記念館の館長をしている渡辺総子さんも、当時学習院の先生だった越田稜さんも、多くの予備校の先生たちもここに名を連ねています。ですから、これが戦争責任を追及する運動の一番の刺激になったということは、間違いなく言えると思います。そこからいろんな団体が戦争責任ということをとりあげましたし、わだつみ会も規約に「戦争責任を追及し」という文言を入れました。わだつみ会員もこのメンバーの中に入っています。「戦争責任」という言葉だけでなく、その実態として戦争責任を追及

す。今は恵比寿に移りましたが、当時は御茶ノ水に日仏会館がありまして、そこが会場でした。

散したほうがいいほうの意見だったんですが、今も現役で存在しているんです。それでみのこえ記念館の館長をしている渡辺総子さんも、当時学習院の先生だった越田稜さんも、多くの予備校の先生たちもここに名を連ねています。ですから、これが戦争責任を追及する運動の一番の刺激になったということは、間違いなく言えると思います。そこからいろんな団体が戦争責任ということをとりあげましたし、わだつみ会も規約に「戦争責任を追及し」という文言を入れました。わだつみ会員もこのメンバーの中に入っています。「戦争責任」という言葉だけでなく、その実態として戦争責任を追及

最初が何人だったかは別としても、勢の人が賛同していて、しかも当時の代表的な出さなければいけないということで、一応インターネット上で発表したわけです。

う解散しようという意見も随分あって、僕は解

岩間　アジアに対する日本の戦争責任を問う民衆法廷準備会からは、三冊の単行本を出しています。最初が『時効なき戦争責任　裁かれる天皇と日本』で、これは一九八九年に発行されています。二冊目が『問い直す東京裁判』（緑風出版、一九九五年）です。これも一人で書いているわけではなくて、もちろん何人かで書いています。三冊目が一九九八年発行の『戦争責任　過去から未来へ』（緑風出版）で、これがまとめのようなものかと思います。

また、一九九五年に大法廷を開いたんですが、それまでにこの会で小法廷というのをいくつも開いていまして、そのときの議論の記録が全部、雑誌のような形の小さな本におさめられています『アジア民衆法廷ブックレット――連続小法廷』の記録）。大法廷の前にテーマ別で小法廷を重ねたわけですが、例えば、スポーツの戦争責任とか、経済界の戦争責任とか、ものすごく細かく議論しています。民衆の戦争責任というのももちろんあったと思います。もう一つは、『戦争責任』（樹花舎）という雑誌を出しました。これも結構蓄積になりました。

そして、内海さんが『アジア民衆法廷』は何をめざすのか」というのを書いていて、僕が「アジア民衆法廷の課題」というのを書いています。この本にはいろいろな人がそれぞれに書いて

ル法廷に学ぶということで、それが「民衆法廷」という言い方で出てきているんです。そういう意味なんですね。ラッセル法廷からヒントを得たということは、田中さんの文章にも明らかに書いてあります。

そのころには多くの人が戦争責任を主題にし始めていましたから、そういう人がみんなここへ集まったという感じでして、すごく大勢の名前が出ているでしょう。「呼びかけ人・賛同人」ということで、そこに全部ひっくるめて五十音順に書いてあります。木下順二さんがまだ生きておられて、ここ『時効なき戦争責任　裁かれる天皇と日本』緑風出版、一九八九年）にも「東京裁判が考えさせてくれたもの」という文章が載っています。

高橋　本当ですね。
岩間　もちろん出発点は東京裁判です。しかし、言うまでもありませんが、あれは連合国全体が裁いたわけですね。BC級は各国の軍隊が裁いたものとはかなり違うんです。BC級の場合、戦犯ではあるけれども、公平・公正という点からいうとかなりばらつきがあります。東京裁判の場合、裁判長のウェッブという人はオーストラリア国籍でしたし、検事のキーナンという人は米国の検察官でしたし、フランスなどほかの連合国の判事もいたわけで、フランス人判事の回想も覚えがありますが、それはそれなりに公平な裁判だったと言えます。

くださっています。木下さんは文学者で、作家と言ってもいい方ですから、「東京裁判が考えさせてくれたもの」と、こういう文章を書いてくださったのはありがたいことでした。それから、岡本愛彦さんは、『神・天皇制』はいつ作られたのか」という文章を書いてくれています。

岩間　テレビ番組の演出などをされていた方ですね。

高橋　そうそう。たしかフランキー堺が主演で、BC級で裁かれて死刑になるというような内容の「私は貝になりたい」というドラマがあったんです。僕も細かいことはよく覚えていませんが、無実の罪で死刑になるぐらいなら貝になりたいというようなセリフがあったためにそういうタイトルになっていて、彼はそのプロデューサーだったのですが、後に映画化もされました。最初テレビ番組だったのが、後に映画化もされました。

それから、法律学者の星野安三郎さんは、「天皇と憲法をどうするか」という文章を書いてくれています。吉田裕さんは歴史学者ですね。「戦争責任論の今日的視角」ということで、終始こういう立場で今も続けていらっしゃいます。「民衆による戦争責任追及を」という文章を書いてくださった中村克郎さんは、わだつみ会の何代か前の理事長だった方で、『きけわだつみのこえ』の初版の編集委員だったのこえ』の初版の編集委員だったのこえ』に載っています。中村徳郎さんの大事な仕事をなさっています。中村徳郎さんの遺稿が『きけ　わだつみのこえ』に載っていて、献身的に編集活動をされその方の弟さんです。

メント　昭和天皇」という本を緑風出版から出しているんです。それは昭和天皇の問題をまとめに取り上げたほとんど唯一の本でした。わだつみのこえ記念館の書庫にありますから、いつ出たのかは調べることができます。彼の言葉を今でも記憶していますが、彼は朝日新聞の新聞記者で、いつも麻雀をしたり酔っぱらったりしていたけれども、そういうことをやめてその作品に取りかかったのだと。これは本人の言うことですから全部まともに信じる必要はないんですが、やはり思うところがあったのでしょう。もちろんその後も天皇物はいっぱい出ていますね。ついこの最近も『昭和天皇実録』とかいうものが出てきていますが、これは宮内庁が出しているものですし、僕らの間で言えば、そういったものの前に彼が先駆的な仕事をしてくれたことがとても重要で、そこからこういう企てにつながっていったということなんですね。

岩間　その三人の中で、どういう経緯で話が出てきたんですか。

高橋　それは覚えていません。でも、全く同じではないにせよ、みんなが同じようなことを考えていたということなんでしょうね。まだ当時は「戦後責任」という言葉がなくて、「戦争責任」という言葉しかありませんでしたから、戦争責任の追及を最大の任務とするような仕事をしようということだったと思います。そういうことを内海さんはかなり早くからしていますし、田中さんは本の中でしていました。そして、僕

何人か呼びかけ人がいたはずだから、その名前はわからないかと聞いたら、それは記録に残っていないと言われました。これはあくまでも僕の記憶ですが、ここに出てくる田中伸尚さんと内海愛子さんと僕が最初の言い出しっぺだったのではないかと思います。三人でこういうものをつくろうという話をして、一年かけて準備をして、その間に賛同人が増えて、最後にはこんなふうになったんでしょう。僕らが言い出しっぺであることは言わないことになっているらしいので、田口さんもそれは調べようがないと答えたんだと思いますが、僕の記憶ではそうだったと思います。

一九八九年一一月二〇日現在でこれだけといるメンバーだった人が当然入っていなければいけないのに、落ちています。弁護士の内田雅敏さんという方です。その方がいなければ、僕らはこの事務所に入れなかったんです。当たり前過ぎて落としてしまったのだろうと思います。

岩間　四谷総合法律事務所ですね。

高橋　そうです。四谷総合法律事務所。そこのメンバーだった人が当然入っていなければいけないのに、落ちています。弁護士の内田雅敏さんという方です。その方がいなければ、僕らはこの事務所に入れなかったんです。当たり前過ぎて落としてしまったのだろうと思います。

僕の記憶では、最初の呼びかけをしたのはその三人で、一年の間にどんどん人が入り、発足集会のときには既に何人もいたということであったかと思います。中でも一番の大もとは田中伸尚さんで、この人は何冊本だったか、『ドキュ

及ばずながらそういう仕事をしていたわけです。「戦争責任」というのが一つ目のキーワードですね。

岩間　その三人は、それをきっかけに一緒に仕事をされるようになったんですか。それとも、それ以前から親しくされていたのか。

高橋　もちろんお互いに知り合ってはいたんですが、それまで戦争責任を中心にした運動というのはなかったんですね。

岩間　個々でそういったお仕事に取り組まれていた方々が、集まってやりましょうと。

高橋　そうそう。個人個人の仕事はあったとしても、やはりそれがキーワードになったのだろうと思います。「戦争責任」を主題にして、もちろんそれを追及するという立場ですね。しかも、「アジアに対する日本の戦争責任を問う民衆法廷準備会」というのが正式名称になるわけで、アジアという視点を出しているでしょう。「アジアに対する日本の戦争責任を問う」というところに全てが尽くされているんですね。

民衆法廷に集った人々

高橋　「民衆法廷」という考え方はヴェトナム戦争のときのラッセル法廷から来ています。ヴェトナム戦争でアメリカが行った戦争犯罪を裁こうとして行われたもので、哲学者のバートランド・ラッセルが提唱し、サルトルが裁判長を務めました。僕らはラッセル法廷をモデルにしてやろうということになったわけです。形式をラッセ

●記憶の歴史学>>>越境による抵抗、あるいは抵抗のための越境 2……高橋武智氏に聞く

日、文京区不忍通りふれあい館にて実施。演題「市民が戦争と闘った時代」）。山本さんはそのプロジェクトのために奔走していて、僕も一〇月にそのプロジェクトで講演することになっています（二〇一六年一〇月八日、主婦会館プラザエフにて実施。演題「ジャテック活動を今振り返って」）。

それでそのためにこの前、僕はその人たちのグループに呼ばれて打ち合わせをしたんです。銀座の弁護士事務所でしたが、そのあと一杯飲んだんですね。駿台ですか。彼は予備校の先生をしているでしょう、駿台の若い日本史の先生たちが協力しています。だから心強いんですよ。山本さんにはお会いする前にインタヴューの抜き刷りを送っておいたんですが、コピーして他の人たちにも配っておいてくれていました。みんな読んでくださって、山本さんもとても褒めてくださいましたよ。

それでしゃべってたら、ベ平連が六五年四月にできたことを聞きました。八月一四日から一五日にかけて、「徹夜ティーチイン」っていうのをやったんですね。日本テレビが放送したんですが、最後明け方になって無着成恭さんが「天皇…」っていう一言を出したらとたんに放映が切れたんですよ。その徹夜ティーチインの受付、当時の赤坂プリンスホテルでしたが、あそこで受付を山本さんがやっていたんだそうです。だから彼は本当にね、限りなくベ平連に近いんですよ。彼は六六年九月に

「東大ベトナム反戦会議」というのを立ち上げたわけですね。ベ平連からいろんなところに行った人もいっぱいいます。もちろんセクトには行った人もいますけど、彼はセクトには行かなかった。むしろベ平連なんですよね。ベ平連の典型的な歩み方だと思っているんですよ、本当に。

僕は偉いと思っているんですよ、本当に。だからやっぱり僕は偉いと思っているんですよ、本当に。

岩間 それは興味深い歴史的事実ですね。

アジア民衆法廷準備会の立ち上げ

岩間 今日は高橋さんが一九七七年に日本に帰国されてからなさってきたお仕事についていろいろ伺っていきたいと思います。本当に多岐にわたるお仕事をなさっていて、最初は同一人物だとは思わなかったくらいです。そのすべてをお伺いすることは難しいのですが、とりわけ日本の戦争責任をめぐる議論の中で高橋さんがされたお仕事として、「アジアに対する日本の戦争責任を問う民衆法廷」とクロード・ランズマン『ショアー』の日本への紹介についてお聞きしたいと思います。

まず民衆法廷ですが、これは戦争犯罪や虐殺などの犯罪的行為でありながら現行の国際司法制度では裁かれることのない行為について、市民やNGOが裁こうという、いわば模擬裁判です。法的執行力はないものの、出来事を問題視したり共通認識を形成したりその犯罪性を社会に訴えかけていくことができますし、すでにいろんな民衆法廷が開かれましたが、高橋さんは「アジアに対する日本の戦争責任を問う民衆法廷」で中心的役割を果たしておられますね。これは、どのような経緯で実施されるに至ったのでしょうか。

高橋 はじめに、「アジアに対する日本の戦争責任を問う民衆法廷準備会」というものができました。最初のスタートがいつだったかというと、一年間準備をした後で、一九八八年十二月に発足集会のような性質のものを開きました。田口裕史という人がいて、当時は若いほうのメンバーでしたが、もう若くはないと思います。今でも予備校で仕事をしていまして、大事なところは彼に聞いて確かめました。ただ、最初に

記憶の歴史学

越境による抵抗、あるいは抵抗のための越境 2
――高橋武智氏に聞く

聞き手● 岩間優希（中部大学国際関係学部専任講師）

岩間 本日はよろしくお願いします。二〇一五年に高橋さんにロングインタヴューをさせていただいて、少年時代の戦争体験からヴェトナム脱走米兵支援、その後のヨーロッパでの活動について詳しくお話しいただきました（「インタヴュー　越境による抵抗、あるいは抵抗のための越境――高橋武智氏に聞く――」『アリーナ』一八号別冊）。四〇年間お話しされなかった脱走米兵支援以後についても語ってくださり、大変興味深い戦後世界の一幕を教えていただいたことを感謝しております。インタヴュー記録の価値を非常に高く評価してくださる声が私のところにもたくさん届いたのですが、高橋さんの方でも反響はございましたか。

高橋 わだつみ会で今活発に動いてくれている若い人、例えば事務局長の永島昇さんからすごくいい反響がありました。第三書館の北川明さんも、全く問題はないと言ってくれましたよ。

それから山本義隆さんが今、「一〇・八　山崎博昭プロジェクト」という運動をやっているんですね。一九六七年一〇月八日の羽田闘争で亡くなった山崎博昭さんの碑をつくろうという企画で、もちろんそれだけではないんですが、すごく熱心にやっています。来年が五〇年なんです。来年ちゃんとしたことをやるわけですが、今から着々と準備していて、「六〇年代の反戦闘争」というような展示会もやっているんですよ。最後の日か途中の週末の日に和田春樹さんを呼んだ講演会をやるんです（二〇一六年六月一一

高橋 武智（たかはし・たけとも）

1935年、東京生まれ。東大仏文科卒業後、同大学大学院で18世紀仏文学・思想を専攻。65年からべ平連、ついでジャテック運動に深く関わる。65〜67年、パリ大学に留学。63年から立教大学講師・助教授を経て70年辞職。以後、自由に教鞭をとり他方で翻訳・著述に専念する。98〜2007年、リュブリャーナ大学（スロヴェニア）文学部客員教授。高校時代から日本戦没学生記念会（わだつみ会）の会員として活動、94〜97年、2014〜現在まで、同会の理事長。2010〜13年、わだつみのこえ記念館館長を務める。著書に『私たちは、脱走アメリカ兵を越境させた…』（作品社、2007）、『日本思想におけるユートピア』（くろしお出版、2014）他多数。

●記憶の歴史学>>>中部大学と私……科学者・飯吉厚夫の歩み　第3回

撮影●おだ・やすは
兵庫県神戸市出身、中部大学国際関係学部卒。2008年、Northern Melbourne Institute of TAFE Diploma of Photo-imaging を卒業。「ウェディングフォトアワード2016」金賞。

©Yasuha

飯吉　言いますよね。
そうです。そこでオーバーカムすることでしょう。そうすることができるかできないかがリーダーなり研究者の技量ですから。でも、もうそろそろ疲れてきました（笑）。

岩間　ちなみに、先生は何時間ぐらい寝ていらっしゃるんですか。

飯吉　七時間ぐらいは寝ているんじゃないですか。ただし最近は、割と早く九時とか一〇時に一回寝て、二時とか三時ごろに起きて、そこから二時間ぐらい仕事をしてまた寝ています。

岩間　ええっ。そうなんですか。

飯吉　特に最近はそれがルーチンになりました。

本を読んでいると、だんだん目が疲れてくるでしょう。今はスポーツというとゴルフですね。ゴルフもコースは一日がかりだから相当疲れるんですが、たまにはそのぐらいやったほうがいいみたいです。

岩間　いい運動になりそうですね。

飯吉　対等とはいえないにせよ、年をとってからも若者と一緒にフェアにできるスポーツはゴルフぐらいでしょうね。力だけあっても、方向が合わないとOBになっちゃいますから。僕らはもう力がないから思い出しながらできると思いますが、今はほとんどしません。以前は家内の母親が渋谷のカルチャーセンターで教えていましたので、時々見ようみまねでやっていましたが、最近は女性も増えていますよ。

岩間　そうですか。

飯吉　山本［尚］先生もうまい。

岩間　一緒に行かれるんですか。

飯吉　たまに行きます。

岩間　今回もいろいろお話を聞かせていただいて、本当にありがとうございました。

（二〇一八年五月一〇日、六月一四日　理事長室にて）

っ張っていくときの違いはありましたか。

飯吉 大学は民主的にやらなければいけないんですね。先生方はみんな思想的に進んでいるから、デモクラティックにやらないと納得しない。でも、直轄研みたいなところでは、デモクラティックにみんなの意見を聞いていたら進まないんです。

僕は、核融合研究所の所長に決まったとき、真っ先に梅棹忠夫先生のところへ行きました。梅棹さんは京都大学にいらして、万博の跡につくった国立民族学博物館で館長をされていて、あれも共同利用機関でしたから、それで、「実は私、共同利用機関の所長にさせられたんですが、どうやればうまく運営できるでしょうか」と聞いたら、「それはね、君、民主的に独断専行でやりたまえ」と、強権をもって一見デモクラティックにやれと言うんですね。みんなの意見を聞いているような顔をしながらあなたの信ずるところをやればよいと言われて、なるほどと思いました。ただ、それはあの先生独特の言い方で、実際には、自分の考えをわっと出しちゃうとついてこないから、デモクラティックにみんなの意見を聞いて、いいところは取り込みなさいという意味だったと思うんですが、随分参考になります。

岩間 それはおもしろいエピソードですね。

飯吉 中部大学では、僕は独断専行にならないようにしてきました。どうも実際にはそうなっているみたいですが(笑)。僕としては、みんなの意見を聞いて、学長、学部長、皆さんに任せつつ、どうしてもだめな部分はだめということでやっているつもりです。見ていてどうですか。

岩間 見えます(笑)。

飯吉 核融合研では、あれだけの大きなお金と

©Yasuha

計画とスタッフを動かそうと思ったら、やはりみんなの意見を一つ一つ聞いていてはとても進められませんからね。でも、大学では同じようにやってもうまくいきません。こういう方針でやりますよというところは大事ですから、そこははっきり示しつつ、皆さんの考えや意見を尊重しながら進めるということですよね。そこが大学と研究所との違いだと思います。これはシークレットで。

岩間 でも、梅棹先生のお話はおもしろいので、ぜひ残しましょう。

飯吉 そうですか(笑)。それはいいですよ。あの先生もすごいよね。

岩間 それと、特にエンジニアリングなどについては、人のやったことをフォローアップするのではなくて、新しいことをするということ。フォローアップでは結局まねだよねという話になってしまいますから、おもしろくないんです。そうじゃなくて中部大学のオリジナルということになれば、少しぐらい失敗したりつまずいたりしても、初めてだからしょうがないと皆さんも大目に見てくれます。岩間さんのやっておられるような文系的な仕事は別ですが、われわれのやっているのは泥臭い話ですから。

岩間 特に理系の研究では失敗はつきものだと

●記憶の歴史学>>>中部大学と私……科学者・飯吉厚夫の歩み　第3回

$$\delta \int_0^T \{C(x,t) + \mu(x, \frac{dx}{dt}, t)(\frac{dx}{dt} - f(x,\lambda) - G(x,t))\}dt = 0$$

心の基本方程式（『JSTnews』2018年6月号、国立研究開発法人科学技術振興機構、より転載）

岩間　まさにそれが創発学術院でこれからやっていかれることなんでしょうね。

飯吉　いや、僕個人がそう思っているだけです。ここだけの話ですが、今少しずつ誘導しているところです（笑）。

この間も、津田先生と話したときに、あの先生は『心はすべて数学である』（文藝春秋、二〇一五年）とか『脳のなかに数学を見る』（共立出版、二〇一六年）といった本まで書いているので、脳科学、複雑系の科学というからには、心の基本方程式というのがあるのかと聞いてみたんです。例えば、ニュートンの古典力学では運動方程式があり、量子力学ではシュレーディンガーの方程式がありまして、サイエンス的に考えると研究の対象物はみんな数学であらわせるはずなんです。それで津田先生に聞いてみたんですが、何と、そういう基本方程式があると言うわけです。どんな方程式な
のかと聞いたら、これはJSTのニュースに出た「心を数学で解き明かし、人工知能との共生社会をつくる」という記事ですが、その中に書かれているこの方程式がそうだということでした（本ページ上に転載）。これではわかりませんよね。津田先生にはわかっているらしいので、それならこれからこれを勉強しなければいけないねと言っているところです。もうちょっとシンプルなものがあるんじゃないかとは思うんですが、でもすごいですよね。

岩間　方程式になってしまうんですね。

飯吉　でも、脳のほうはわかるにしても、心はわかるのかなというのはあります。脳と心はどちらが先なんでしょうね。僕としては、生命が生まれたときから、その芽があったんじゃないかと思うんですね。脳のほうは、もうちょっと成長した段階で、後で形ができてきたんじゃないか。心のほうが脳より前にあったのかどうか、岩間さんも寝る前にちょっと考えてみてください（笑）。

宇宙にもわからないことはありますが、ビッグバンでできたということで、もう行くところまで行っていると思うんです。人間の限界を越えています。確かめることができませんから、それ以上のことを考えてもどうしようもない。
寝る前に時々考えたりしています。でも、脳の問題は何とかわかるんじゃないかと思うんですね。わからないほうがいいこともありますから、あまりつまらないことを考えないでよと言われるのかもしれませんが（笑）。

今の話の延長で、この中で直感というのはどの部分ですかと津田先生に聞いてみたら、それはまだわからないということでしたが、心というものについて、少しずつ創発の中で先生方を巻き込んでできないかなと思っているところです。

岩間　飯吉先生は一つでもやるのが難しいほどの大きな事業を本当に幾つも同時並行的になさっていて、怒涛のような毎日だったのではないかと思います。

ただ、最後の仕事としてこの「創発」ができなければ、今までの人生は何だったのかということになりますから、岩間さんもまたいろいろな機会に参加してくださいね。

岩間　はい、ぜひ。

研究所と大学

岩間　最後に、前にもちょっとおっしゃっていましたが、核融合研のような研究所と中部大学では、組織の違いというか、リーダーとして引

一緒にいれば、僕は何か出てくると思っております。客員教授に名を連ねているのはみんな総長クラスの人です。専任教授の津田一郎先生は、複雑系の数学の世界的な研究者です。ちょうど北大を定年になって、ぜひ来てくださいとお願いして来ていただきました。あとは、京都府大から腸内細菌学の権威の牛田一成先生とか、若手では数学の研究をしている北大から荒井迅さん、京大からのテングザルの研究をしている松田一希さん、棗畑裕子さんという研究者もおられます。

今のところ各先生の専門の紹介から始めていきます。同時に、せっかく森先生と津田先生がいるんだから、地域の中高生に数学のおもしろさを教えてもらえればということで、「数学キャラバン」というのをやっています。今度で二回目になります。要するに、創発は一足す一は二じゃないんですね。一足す一は二以上になるという話です。水は H_2O で構成分子は H と O ですが、「H と O」と「H_2O」は全く違うでしょう。H_2O は、H としても持っていない、O としても持っていない、全く新しい独特の性質を持つ物質ですね。それが創発ということなんです。

新しい学問分野も、既成の学問分野を足しただけでは出てこないんですね。ですから、まだ今は模索している段階ですが、これだけの人が

一緒にいれば、僕は何か出てくると思っており点を入れればいいのかが問題です。
ます。これは大変なことですよ。松沢先生でもない、森先生でもない、山本先生でもない、新しいアイデアが出てくる可能性があるということです。専門を越えるのがこれからの学問です。ちょうど北大を定年になって、ぜひ来てください。専門はみんな専門に特化していっていますから、それでいろいろな問題が起きてくるわけですね。総合・包括的な学問がこれから必要で、それが僕の最後の仕事になるんじゃないかと思っているところです。

岩間　ところで、この「学術院」というのは、「研究所」とは違うんですか。

飯吉　そこにもちょっと思いが込められています。「創発研究所」とすると、今までの延長線上にあるように聞こえませんか。でも、「創発学術院」というと、ちょっと違いますよね。「何なの？」と思いませんか。

岩間　思います。

飯吉　この「何なの？」が大事なんです。

岩間　今までとは違ったものにしたかったと。

飯吉　そういうことです。

　ちなみに、僕が一番やりたいと思っているのは心の研究なんです。

岩間　脳科学の観点からですか。

飯吉　そうです。でも、今の脳科学からだけでは答えが出てこないので、それならどういう視点を入れればいいのかが問題です。心とは何かと心理学科の先生に聞いても、答えは返ってきません。脳科学を研究している先生に聞いても、やはり答えは返ってきません。脳と関係があることはわかっているんですが、どこまでが脳でどこまでが心かわからない。恐らくそういう考え方もよくないんでしょうから、そこで既成概念から新しく一歩踏み出さないと何も出てこないんだろうと思います。

　心理学でも医学でも、今は心理療法とかいろいろありますが、ああいうところで教えられているのは、「心」という何かわかっているものを前提にした研究ですよね。ですから、ちょっとうまい表現が出てこないんですが、「心」を通した研究というのは違うと思うんです。

岩間　確かに心自体の研究をすることなしに、何かしらの「心」というものを前提にして研究しているよね。その前提になっている「心」については、よくわからないままです。

飯吉　そうでしょう。ですから、今度はそれをどうやってクリアするのか。僕は心がすべての学問の原点にあるんじゃないかと思っているので、やっぱりそこのところを研究しないといけない気がするんですね。まだ答えはないので、自分で

●記憶の歴史学>>>中部大学と私……科学者・飯吉厚夫の歩み 第3回

岩間　聞いたことがあります。

飯吉　ところが、もうそろそろ定年だというから、それならうちの教授になってくださいと言って、いいですよということになっていたのに、さすが京都大学でも、それほど簡単に看板教授の一人を手放さなかったわけですね。それで、僕が今の山極壽一総長と話をしたんです。松沢先生にうちへ来てもらいたいんだと言ったら、基本的には賛成だけれども、実は京都大学でも高等研究院というのをつくろうとしていて、松沢さんと森重文さんの二人をそこの特別教授にしたいと思っていたんだという話でした。そこで、うちの専任は無理だとしても特任で来てもらうのはいいかと聞いたら、それならいいということだったので、両総長の特区としてお互いにつくりましょうということになったわけです。

われわれは創発学術院をつくり、京都大学は高等研究院をつくって、一緒にシェアして協力しましょうという話になりました。これは両総長の総長特区なんです。いいものができたと思っています。中部大学からは山本尚先生、福井弘道先生、安藤隆穂先生たちがメンバーです。松沢先生は人を集めるのも得意で、いろいろな人を次々に集めてきてくれました。教育学者の辻本雅史先生もそうですし、宇宙飛行士の土

創発学術院開所記念式典。左から津田、飯吉、森、松沢（敬称略）

とき来ていただいて以来、中部大学へ足しげく来てくださって、そうこうしているうちに松沢先生が京都大学で定年を迎えられると聞いたので、それならその時は中部大学へ来てくださいということになったわけです。

これからは心の研究が大事なんじゃないかという共通した認識がありました。彼はチンパンジーを通して心を研究していましたし、僕は脳と心がどうつながっているんだろうと常々考えていました。宇宙についてもまだわかっていないことはいっぱいあるんですが、まだ心の分野はほとんどわかっていません。ですから、これからは脳科学が中心になってくるだろうし、まさにこれからの学問じゃないかと思ったわけです。

そんな話をしながら、とにかく人がやっていないこと、新しい分野をやりたいということで、松沢先生もいろいろ企画するのが好きだから、「創発（Emergence）」ということを考えてくれたんですね。いろんな複雑な現象の中から新しい現象が出てきて、それがブレイクスルーにつながることが多いんじゃないかといったようなことなんですが、「創発」というのはまだしっかりした学問分野になっていないでしょう。創発学部なんていうのはありませんよね。

飯吉　松沢哲郎先生と森重文先生にコーディネーターをやってもらっています。松沢先生とは、僕が国立大学の研究所群の審査をする審議会みたいなものの長をやっていたときに知り合って、やはり何となく息が合ったわけです。犬山にモンキーセンターと京都大学霊長類研究所がありますから、松沢先生も入っていたんですね。それで、中部大学の五〇周年の記念講演をだれかに頼まなければいけないというときに、松沢先生にご専門のチンパンジーの話をしてもらおうとお願いしたんです。その

を目指すのが目的とのことですが。

の理に達する）というのがあります。要するに、自然の中でその美を探しているうちに自然の法則なりが見つかるのだと、そういうことから先生は今までだれも気がつかなかった中間子というものを見つけたわけです。原子核の周りを電子が回って原子をつくっているのですが、原子核は陽子と中性子から構成されている。湯川先生は、どうして原子核の中の正の電荷を持つ陽子と中性子の中性子が引き合っているのかと考えたんですね。そして、それを結びつけている核力として別の粒子の存在を予言して、それに中間子という名前をつけたわけです。これは先生の全く新しいアイデアでした。その後、宇宙線の中に中間子の存在が確認されて、ノーベル賞を受けられたのです。

岩間　おもしろいですね。

飯吉　そういう時代になっていくんじゃないかな。

岩間　文科省とのやりとりの面においてはいかがでしたか。

飯吉　それは、文科省に今そんな話をしても乗ってきませんよ。わからないからね。ですから、まずそういう事例をどんどんつくっていかないといけないと思っているところです。

岩間　新しい学科をつくる認可自体は、そんなに厳しいわけではないんですか。

飯吉　ユニークだとか、認めてくれます。それは将来性がありそうだと思えば、認めてくれます。ですから、ちゃんと説得できるかどうかということですね。

へと視点を変えると、いろいろな新しいものが出てくるんですね。今みたいにどんどん細かく科していっても、もう出てこないかもしれませんが、広がり過ぎてもよくないのかもしれませんが、そういう意味でも新しいと思っています。でも、「宇宙航空」と聞いても、何も不自然じゃないでしょう。

岩間　はい。

飯吉　でも、今までの学問のセンスから言うと、宇宙学と航空学は全く別物なんです。それらを対にして考えるのは何も不自然でないし、むしろなぜもっと早く気がつかなかったのかということなんですけどね。これは既成の学問がだめだという意味ではなくて、視点、見方を変えて新しいものをつくっていくことが大事なんじゃないかという意味で言っています。岩間先生も、今の学問をそのまま続けていかれるのもいいんですが、そこに何か新しい視点を取り入れてみてはいかがですか。とはいえ、とてつもなくでたらめなものを入れてもしようがないんですが、できあがった学問同士でも、僕は新しいものが出てくると思っています。

岩間　そのことにも関係するかと思いますが、二〇一六年には創発学術院が創設されましたね。既存の領域を超えて、新しい学問の開拓と発信

創発学術院の創設

岩間　先ほど時代の要請ということをおっしゃったんですが、新しい学科をつくるのは難しいことではないんですか。

飯吉　僕が今言ったように分解・分析から総合

設置しなければいけないのかという話になるから、まずは二つつくって、ここからだんだん例を見せていけばいいのかなと。

例えば宇宙航空理工学科も、学科名に「理」を入れないと飛行機をつくるだけの学科になってしまいますよね。でも、「理」をつけると少しサイエンスが入ってきて、宇宙の起源みたいなことも教えていい学科になります。さっきから言っているように、学問そのものが広がりを持って、分析よりも総合に向かわなければいけないわけです。物理学でいえば、デカルト、ニュートン以来、研究する手法として今まではずっと分解して細かくして物質の性質を調べるといった流れになっていました。でも、それが限界に来ているわけで、素粒子みたいな目に見えないものを一生懸命研究してきたんですが、そういう時代はもうそろそろ終わりなんじゃないかということ。世界で一番小さなものを研究するために一番大きなお金を使っているのはおかしいでしょう。

昔、まだ僕が京都大学におられて、亡くなるまでの間さんも京都大学にいたときに、湯川秀樹でちょっとオーバーラップしている時期があるんです。核融合も応援してくれました。子が好きだったんですが、荘子の言葉の中に「原天地之美而達萬物之理（天地の美をたずねて万物

●記憶の歴史学＞＞＞中部大学と私……科学者・飯吉厚夫の歩み　第3回

一番いい例が上智大学で、本当に狭いところにうちと同じかもう少し多いぐらいの学生が学んでいるんですが、あそこが四谷キャンパスに建てた二〇階ぐらいのソフィアタワーというところは、下半分を上智大学が使い、上半分をおおぞら銀行に貸しているんです。すごいでしょう。銀行なら信用しているでしょう。その毎年の上がりで借金を返していくときにも借りて、その賃料で借金を返していくということもあります。もう少し国際的なものでもいいと思うんですが、あまりもうかりませんからね。何かいいアイデアがあったら教えてください。

岩間　思いついたらお伝えします（笑）。

ロボット理工学科・宇宙航空理工学科の設置

岩間　新しい学科についてもお伺いしたいと思います。最近でいうと、ロボット理工学科を二〇一八年に、宇宙航空理工学科を二〇一四年に、

ひとつは、名大病院が近くにあるので、クリニックはどうか。中日ビルの四階にクリニックだけの階があるんですね。そういう感じで、名古屋大学の先生がリタイアしてどこかで開業したいというときに借りてもらって、その賃料で借金を返していくということもありかなと。

岩間　今は宇宙が流行っているといいますか、ロケットも昔より身近なものになってきていて、憧れる子も多いみたいですね。イーロン・マスクのスペースＸしかり、ホリエモン・ロケットしかりです。

飯吉　工学部の中につくったんだけれども、新しい学科にはみんな「理」がついているでしょう。僕が一番注意したのは、工学だけでなく理学と工学のマージしたものが必要なのではないかという部分なんです。要するに、今はある意味サイエンスとテクノロジーが一体になっているんですね。ですから、本当は将来、工学部を理工学部にしたいんです。でも、なぜ理工学

設置することになりましたね。どういった経緯で新しい学科をつくることになったんですか。

飯吉　時代の要請ですよね。宇宙航空理工学科はどうなるかなと思って心配していたんですが、人気があって、全国から応募があったんですね。恒例の新入生に対する数学と英語の試験では今までにない点数だったとか、結構レベルの高い学生が入ってきているみたいです。優秀な女子学生も大勢入学してくれました。初年度としてはよかったのかなと思っています。「宇宙」がつくとどうしてそんなに人気が出るんでしょうね（笑）。

ない歯科や眼科や耳鼻科が入っているんですね。あまり重症な患者が来

して聞いていました。ところが最後に、実はうちでは超電導を研究していて、将来はこれがこの技術のかなめになると思うし、車にも応用できるんだというような技術の話をしたら急に目覚めまして、いろいろと話をすることができたんですよ。それで、結局三〇〇万円出してくれたんです。もうちょっと出してくれたらもっとよかったんですが、とにかくそのおかげでほかの会社との話がざーっと決まりました。

また次は八〇周年のためにお金を集めなきゃいけないんですが、寄附もいいし、頭を下げるのも別に嫌じゃないにせよ、やっぱり頭を下げなくてもお金が入ってくるのが一番いいですよね。ですから、うちの知財を何とか表に出してもらって、中部大学で財団か基金をつくり、そこにフィードバックしていただいて、できるだけ国に頼らなくてもいいようにしたいというのが僕の今の考えです。

岩間 そうですよね。

飯吉 これも福沢諭吉で、前にも教員総会でも話したことがあると思いますが、あの明治の時代に、彼は「立国は私なり。公に非ざるなり。」と言っているんです。要するに、国をつくるのは私であるということです。大学でいえば私立大学が頑張らなければいけないということですよね。

今まで日本人は国に頼り過ぎていたんです。でも大学にしても、最近は運営費交付金がどんどん減って国立大学にお金が入らなくなったものだから、科研費でもいろんな新しい研究プログラムを打ち出してもらっていいなと、そういう時代になるといいなと思っています。でも、ほとんど国立が取っていっちゃうわけですね。つけ足し程度に私立が一つか二つ入っている状態です。内容じゃないんです。評価する側がみんな国立の先生で、私立からは一人か二人入っているぐらいだから、国立自身が何とか生き残らないといけないということで、最近はいいテーマを出しても私立大は通らなくなってきています。

そういうことも一つありながら、とにかく原点にかえって、自分たちでお金を生み出すことを考えようというわけです。それが私の今の最大の関心事です。アメリカの有名私立大学なんかといった大学は資産を持っているからいいとしても、うちには資産がないのによく建物が建つねと言われたわけ。そのとき山田学長は「うちは借金コンクリートで建てていますから」と言っていた（笑）。うまいこと言うなと思いました。寄附も集めなければいけないし、商売もしなければいけない。まだあまり具体的になってはいませんが、鶴舞に一二階ぐらいのものを建てて、半分はほかに貸して家賃をもらうといっ

にもお金を配れるぐらいにならないと（笑）。どうも中部大学はお金を持っているみたいだから、寄附で六億円ほど集めって、全体としてはどれくらいかかったのでしょうか。

岩間 今度鶴舞の校舎を建て直そうと思っているんですが、五〇から六〇億円はかかるんじゃないかなと思います。

飯吉 全体で二〇億円ぐらいかかっています。

僕の前の山田先生が学長だったころ、中部大学はどんどん新しく建物を建てる時代に入っていて、みんなから「よくお金がありますね」と言われたんだそうです。愛知学院、名城、中京といった大学は資産を持っているからいいと言われたんだそうです。愛知学院、名城、中京といった大学は資産を持っているからいいとしても、うちには資産がないのによく建物が建つねと言われたわけ。そのとき山田学長は「うちは借金コンクリートで建てていますから」と言っていた（笑）。うまいこと言うなと思いました。寄附も集めなければいけないし、商売もしなければいけない。まだあまり具体的になってはいませんが、鶴舞に一二階ぐらいのものを建てて、半分はほかに貸して家賃をもらうといった方式も今ほかに考えているところです。

岩間 それはすばらしいですね。今本当に大学の運営費や研究費の問題は話題になっていますんに潤沢にお金を使ってもらえるということでやっています。それができれば、皆さんに潤沢にお金を使ってもらえるということです。

飯吉 だんだん厳しくなりますよね。ですから、基金か財団をつくって、そのうち国立の先生方

飯吉 いろんな試行錯誤をしてもらったらいいと思いますよ。先生のところへいろいろと相談に来たりする学生も増えていますよ。

岩間 リピーターで何度も来る子もいますし、特に一、二年生はまだゼミの先生のような学科内で話せる特定の先生がいるわけではないので結構来ていますね。

不言実行館をつくるときに、何かアイデアのきっかけになるような、ヒントになるようなものはあったんですか。

飯吉 建物のことですか、それとも仕組みのことですか。

岩間 ではまず建物について。

飯吉 あそこは昔、一五号館の講義棟でした。ちょうどツタの生えた建物がありましたよね。その建て直しが必要になってきていたんですね。加えて、位置的にキャンパスのほとんど中心に当たりますから、そこに学園を代表するシンボリックな建物をつくりたいということで不言実行館をつくったんです。

岩間 機能面でのアイデアのヒントになるようなものは。

飯吉 そこは専門家に任せたんですが、とにかく学生と教員と事務方が一緒に活動しているような建物にしようということで、事務系もあそこにあるんですね。全国的にも珍しいんじゃないかと思います。

岩間 あそこを建てるとき、寄附ももらいましたよね。

飯吉 企業のトップも含めて、随分寄附集めに回りました。六億円ぐらい集まったのかな。

企業に行って、「今あなたの会社はどういう学生を求めているんですか。知識のある学生ですか、人間力のある学生ですか」と聞くと、ほとんど一〇〇％が「それは人間力ですよ」という答えでした。だから、企業もそれを要求しているんですね。それで、人間力を育む建物をつくりましたから寄附してくださいというふうに（笑）。

うちには地域の方や企業に入ってもらう幸友会という組織がありますからね。うちの就職がいいというのも、一つには、そういう企業が中部大学の学生なら安心してとれると考えてくれるからだと思います。プラスに働いていますよね。

岩間 どういう企業が寄附してくださったんですか。たしか清水建設が入っていましたよね。

飯吉 清水建設も結構大口だったと思います。

あと、トヨタ系の会社はおもしろかった。デンソーなど大きな会社も幾つかあったんですが、トヨタ系の会社に行くと、みんな「トヨタは幾らぐらい出しましたか」と言うわけ。つまり、まずはトヨタに行かないと、ほかの関連会社が金額を決められないんですね。それで、当時の松原教雄渉外部長が「理事長、まずはトヨタに行ってください」と言うから、豊田章一郎さんのところへ行ったわけです。僕は章一郎さんが会長をしていた中部の科学技術関連の会議に評議員として入っていたので、少し顔見知りでした。

章一郎さんは、こういうことをやりたいんだという話をしても、あまり乗り気でないような顔を

てくれたからよかったんですけどね。今までにないような形で三次元的に地球を見るということで、平面でなく立体で見ていくことによって、いろんな新しい発見があったり、新しい分野が開けたりという可能性があるわけです。一見ドローンを飛ばして遊んでいるだけのようにも見えますが、例えば本多潔先生は農業のほうにそれを応用しています。農作物の生産にしても何にしても、上から見るのが一番いいわけですね。そういうところにドローンをうまく活用すると、農業の促進に限らず、いろんな分野に応用することができます。

ただ、あれはあまりたくさん飛び過ぎると危ないと思いませんか。お互いに衝突したらどうするのかなと思うんですが、今のところはうまくやっているようです。特に災害があったとき、ここで被害が大きいからすぐに救助を出さなければいけないとか、いろいろな面で一番役に立つんですね。今そういうことも自治体と一緒になってやっているんじゃないかと思います。

不言実行館とコモンズセンター

岩間　不言実行館 ACTIVE PLAZA についてもお伺いしたいと思います。不言実行館は学生が「人間力」をつけるための施設ということで二〇一五年に開設されました。メインは二階、三階のコモンズセンターで、学生が自由に勉強したり、議論したりできるラーニングコモンズになっています。私もコモンズセンターに所属し、日々やってくる学生のサポートをしていますが、三年たって、センターもようやくいろんなことが定着したという感じがいたします。なぜ、この施設をつくろうと考えられたのでしょうか。

飯吉　五〇周年を記念して何か新しいことをしよう、しかも何かメモラブルなもの、後世に残るようなものをと考えたときに、不言実行館というのをつくったらどうだろうという発想が出てきたんです。そして、つくるからには、今までにないユニークな機能を持たせたいということで、先生が手とり足とり自分の講義をトランスファーするようなものでなく、学生たちが自学自習を促進できるようなものにしようと考えました。福沢諭吉の教えの中にも、「半学半教」といって、要するに互いに教えあって学ぶことが教育効果として非常に大事だというようなこともありますので、リンカーンじゃないけれども、「学生の学生による学生のための館」ということでつくったわけです。

岩間さんには一生懸命やっていただいていますが、うまくいっていますか。

岩間　うまくいっていると思います。最初は学生もどんな施設か分かりませんし、「自由に勉強できる」というと、真面目な人の行くところだと思って来にくかったらしいんです。最近は、授業の課題や資格試験の勉強、ゼミ発表の練習などで気軽に利用する学生が増えています。コモンズサポーターの学生たちもみんな一生懸命

岩間　申請先が複数あるというのは利点ですね。

飯吉　ESDからさらに発展したというのは予想外でした。やはりそれだけ世の中が深刻になっているんじゃないですかね。

岩間　もうほとんど絶望的じゃないかと思うようなことも多いですから、こうして世界全体が一応の方向性をつけていくというのは有意義なことだと思います。

SDGsの前、二〇〇七年とか二〇〇八年のあたりでも政府から予算はついていたんでしょうか。

飯吉　県と環境省から出ていましたが、ユネスコなどからは出ていませんでした。

岩間　ESDの事業を進める中で印象深かったエピソードなどはありますか。

飯吉　会議なんかでユネスコへ行くといつも感じるんですが、日本人女性の方がそこで働いているわけですね。でも、圧倒的に数が少ない。ポストはいっぱいあるらしいんですよ。日本はお金をかなり出しているほうだから、ポストが余っているというわけです。向こうで働いているスタッフには女性の方も多くて、もっと日本から送ってくださいとよく言われます。応募してもらえればチャンスは広がるはずだということをやってみて、いい計画なら各省庁から補助金が出るようになっています。

予算は、それぞれ担当があるんですが、全部の省庁が関連していますから、それぞれのテーマによって、いい計画なら各省庁から補助金が出るようになっています。

飯吉　そうです。今日聞いていただいて大体わかると思うんですが、とにかく新しいことをやりたいんですね（笑）。人のやっていることはあまりやりたくない。それでは元気が出ない。周りを見てもだれもやっていないことで、かつ大事なサブジェクトだと思うと、がぜんファイトが出てくるんです。そういうときに、やっぱりまず大事なのは人なんです。人材を探すこと。総長や理事長の役目は、いい人を集めてくることなんだと思います。学問分野も大事ですが、それを実際にリードしてくれるしっかりした人が要るということです。

岩間　福井先生に来ていただくときはスムーズでしたか。

飯吉　それは本人に聞いてみないとわかりませんが僕はスムーズだったと思っています。ただ、一つ問題だったのは、彼が慶應の体育会の山岳部の顧問か部長をしていたんですね。そちらのほうが大変でしょうが。要するに、昨今の日大の話を見てもおわかりでしょうが、大学では結構スポーツ部の人たちの力が強いんですね。ですから、塾長には了承をとったみたいですが、塾長にまで会って了解を得ました。

岩間　その分野の研究を取り入れたいと思われたのが先だったんですね。

飯吉　でも、結果として、本人が来たいと言っ

きて、石原学長に、国際関係学部からマスターまでちゃんと行かせて、国際公務員になってもらいたいと注文をつけています。せっかくチャンスがあるんだから、もう少し国際的に活躍してもらいたいと思っているんです。

岩間　中高研にはESDセンターともう一つ、国際GISセンターがありますね。GIS（Geographic Information System）、「地理情報システム」を利用して災害や資源管理などといった様々な問題の解決に役立てていくということですが、これはどういう経緯でできたものでしょうか。

飯吉　GISセンターは福井弘道先生ですね。福井先生は僕が慶應から来てもらったんです。GISが災害などいろいろな方面で大切な学問分野になってきていると聞いて、だれか専門家はいないものかと思っていたら、慶應に福井先生という方がいるということでスカウトに行ったんです。

岩間　飯吉先生が直接行かれたんですか。

飯吉　塾長にまで会って了解を得ました。

村知事と一緒に中央官庁へ随分誘致活動に行きました。決まってからは、今度は事前のセレモニーがパリのユネスコの本部であったので、そのときも知事と一緒に行きました。

岩間 二〇一五年に国連サミットが行われて、今は、二〇三〇年までを目標とするSDGsが始まっています。「SDGs」という言葉は聞いたことがありますか。

飯吉 「Sustainable Development Goals（持続可能な開発目標）」でしたね。

岩間 そうです。全世界で一七の課題に取り組みましょうというものです。

要するに、環境の問題にしても核兵器の問題にしても、今の世の中、持続不可能じゃないかと思うようなことが多過ぎるわけですね。それを世界的にみんなが認識する時代になってきたんでしょう。それぞれの国で取り組むと同時に、何とかしてグローバルに取り組んでいかないと地球がどうにかなってしまうという危機感が本当にみんなに行き渡ってきたんじゃないかと。政治もそれを受けとめるようになってきていて、日本でも安倍首相を中心にSDGs推進本部ができ、各省庁にお金を配って、それぞれやりなさいという形で今進んでいます。

飯吉 サステナブルな社会をつくるリーダーとなるような若者を養成しようということで、元犬山市長の石田芳弘先生が協力してくださって、これも古澤先生が一生懸命やってくれています。これも古澤先生が一生懸命やってくれています。政治家を育成するのではなく、政策を考えることが主眼です。いろんな講師を招いて講演を聞いてディスカッションしたり、塾生でフィールドワークをしたりするんです。ちょうど明後日、第三期の開校式がありまして、そこで挨拶をすることになっています。一応面接をして、今年は二五人とったということでした。面接には僕は関係していなくて、古澤先生たちが選ぶんですが、中部大学の学生や院生もいれば、ほかの大学の学生や院生も、近隣市町の職員や議員も入っています。非常にやる気満々の人が多いですよ。

岩間 中部ESD拠点協議会が主体となってやっているんですね。

飯吉 そうです。持続可能な社会づくりを先導できる若者を育成したいというのがそもそもの趣旨で、ESDをいろいろやってきた先生方が中心になって今動いています。

SDGsの一七項目には、「貧困をなくそう」、「飢餓をゼロに」、「すべての人に健康と福祉を」といったことで、みんな入ってしまうんですね。これに関連して、三年前からサステナ政策塾というのも開いています。僕が塾長をしているんです。

岩間 私の知ってい

る学生も昨年、塾生になっていました。サステナ塾はどういったことをやっているのでしょうか。

中部高等学術研究所と二つのセンター

飯吉 僕は二〇〇三年から二〇一一年まで中高研の所長も兼ねていたわけですが、持続可能性を中高研の一つの研究テーマにしたらどうかということで、始まってたんですね。世界的にもサステナビリティ、持続可能性ということが話題になるような時代になっていて、タイミングよく国連でもESDが出てきていました。二〇〇六年からESDの研究会をはじめたんですが、国連は実際に各国で啓蒙活動をしてほしいということで、RCE（ESDに関する地域拠点）の認定が始まっていました。そこに申請したところ、二〇〇七年にRCE中部として認定され、僕と名古屋大学の濱口道成学長を共同代表として中部ESD拠点協議会ができました。名古屋大学ではなかなかフレキシブルにやれないから、事務局は中部大学でもってくださいということだったので、中部大学で引き受けました。今も古澤礼太先生、名古屋大学の竹内恒夫教授らが運営してくれています。二〇〇九年には中高研に国際ESDセンターをつくりました。古澤先生が随分頑張ってくれまして、今では中部圏ではESDといえば中部大学ということになっています。

岩間 ちょうど国連でも本格的に取り組まれはじめ、そこでさらにESDに力を入れていった

岩間 では、次にESDのことをお伺いしていきたいと思います。ESDは Education for Sustainable Development の略で、「持続可能な開発のための教育」と訳されています。もともと、「持続可能な開発」という概念が、一九八〇年に国連や自然保護関係の国際機関がとりまとめた世界保全戦略で示され、その後、九二年のリオ宣言などで中心的な考え方として具体化されます。二〇〇二年のヨハネスブルクサミットの際に、日本政府とNGOが「持続可能な開発のための教育」としてESDを提唱したのがはじまりで、二〇〇五年から二〇一四年までの一〇年間を「ESDの一〇年」とすることが国連で定められました。

中部大学ではESDに力を入れていて、中部ESD拠点の代表にもなっています。この話を持ってきたのも飯吉先生なのでしょうか。

という形なんですね。

飯吉 ある程度うちで実績ができていたので、これなら公募に応募できるだろうということでアプライし、ユネスコの中で検討されて選ばれました。大変よかったと思います。そうこうしているうちに、今度は二〇一四年に名古屋でESDの世界会議が開かれることになったでしょう。ですから、また一段と愛知県の中でも中部大学のESDがみんなに認識されるようになったんです。

ESD拠点としての活動はこのパンフレット（「中部ESD拠点」）にまとめられています。愛知県のほかに岐阜県、三重県も関連しておりますね。要するに、伊勢湾に流れ込む河川の流域圏なんですね。各河川の上流、中流、下流の地域それぞれに持続可能性に関する課題がいろいろあるので、それをみんなで考えていこうというわけです。それをどうやってクリアするのか、といったことを一緒になって研究し、どこに問題があって、その結果を世界会議のときに発表しました。

岩間 二〇〇五年に愛・地球博もあったんでしょうか。

飯吉 そうですね。ユネスコの世界会議を日本のどこでやるかというときに、RCEの中から愛知と岡山が立候補したんですが、愛知には愛・地球博からの流れがあるということで、僕も大

岩間　寄附講座で来てもらったのが先ですか。
飯吉　いや、着任してからです。いろいろなところと共同研究していたんですが、一番大きいのは新東工業でした。
岩間　トヨタから来ることになったのは、もともと先生がお知り合いだったんですか。
飯吉　よく覚えていないんですが、やっぱりだれか先生が間に入っていたと思います。
岩間　そういった紹介という形でいい研究をされている方が入ってこられるんですね。
飯吉　そうですね。みんなそうです。薄膜研究センターができたのは二〇〇七年のことです。

岩間　あともう一つが、エネルギー変換化学研究センターですね。
飯吉　成田吉徳先生がやられているものですね。これも総工研ですが、九州大学から来られたんです。みんなお金を持ってこられるんですか。CRESTとか、いろいろあるじゃないですか。そういった大きなお金を持ってこられる先生は、優先的に総工研のほうに入ってもらっていました。国立大学から来る先生方というのは、六五歳で定年になるので、どこか私立で研究を受け入れてくれるような大学を探すと、このあたりでは中部大学がいいよといった口コミがあるんじゃないですか（笑）。

岩間　なるほど。
飯吉　例えば、澤本光男先生が総工研にいるんですが、山本先生の紹介です。そういうようなつながりで、中部大学へ行きたいというような話がだれかに持ち込まれると、そ

れならちょっと理事長に会ってみますかといった話になるのでしょう。ただ、やはり研究も人物なので、確かにテーマそのものもユニークでなければいけないんですが、人物がしっかりしていて研究者・教育者として立派でないと、中部大学では受け入れないことになっています。こういうスタイルは中部圏ではうちだけじゃないですか。

飯吉　そういえば、武田邦彦先生はどうして来られることになったんですか。
岩間　やはり武田先生も山内先生の名大とのつながりですね。うちは名大からが多いんです。名古屋大学へ来る前は芝浦工大におられて、ノーベル賞を取ったころ江崎玲於奈さんが芝浦工大の学長をしていたころ学長補佐をしていました。最後は名古屋大学へ来られて、山内先生と懇意になり、その流れで山内先生から紹介されました。それで、これはなかなかおもしろい人だなと（笑）。あの人は、どちらかというと今は、研究というよりも広報担当ですよね。
飯吉　メディアにたくさん出られていますね。
岩間　中部大学の宣伝になっているでしょう。
飯吉　かなり（笑）。
岩間　どうしてこんな番組に出ているんだろうな話がだれかに持ち込まれると、そと思ったりすることもありますが、ものすごく

本尚人先生などに非常にユニークなノーベル賞クラスの先端研究をおこなっていただきました。山本先生の場合は科研費やJST（科学技術振興機構）のCREST（戦略的創造研究推進事業）など大きなお金がありましたので、そういう先生には研究を中心にやってもらったわけです。やはり、なぜあの先生は授業をあまり持たなくてもいいのかといった話が出ますから、理事長特区という形にしたということです。幸いそういう先生には次々と研究資金が入ってきますので、ずっと続いていまして、山本先生も、特別講義なんかはしてもらうこともありますが、普通の講義はしていないと思います。

岩間　山本先生はどういった経緯で中部大学にいらしたんですか。

飯吉　山本先生はシカゴ大学におられて、日本に戻ってくるとなったとき、工学部長をしていた山内睦文先生に紹介していただいたんです。こういういい先生がいますから、中部大学でとったらどうですかということでしたから、ぜひ来てくださいと。

岩間　そうですね、着任されてセンターをつくられた。

飯吉　そうです。分子性触媒研究センターということで、JSTなどから大きな予算をもらうことで、その最初の名前をつけなければいけないので、

究資金のプールができるわけです。そうすると、国に頼らなくても研究ができるようになります。幸い、現在理事をお願いしている原丈人さんは、「公益資本主義」の提唱者でもあり、ベンチャーキャピタリストでもあり、いろいろと助言をいただいています。また今年の四月から、黒川卓さんという日経新聞で記者をしていた方に教授として来てもらい、そういうことに取り組む学術支援室を発足させました。

岩間　もう一つ研究特区として挙げられている薄膜研究センターの経緯はどういったものでしたか。

飯吉　多賀康訓先生ですよね。多賀先生はトヨタの中央研究所におられたんですが、企業には定年があるということで、中部大学で薄膜の研究を続けたいということで、来ていただいたんです。あの先生は企業と一緒になって寄附講座をつくり、そこに企業からお金を入れてもらってずっと研究しておられました。去年まで続いていたと思っています。今年から自立した学園をつくろうと言っているのはそういうことで、まだうちにはいろいろな宝が埋もれているので、そういう研究を見つけ出して特許を取ってもらい、企業とドッキングして製品化してもらう。それがうまくいけばもうけにつながり、その一部を大学に、いけばもうけにつながり、その一部を大学に

アミノ酸の一種にペプチドというユニットの有機体があって、それをつないでいく有機合成によって、いろいろな医薬品につながるんですね。それをどうつないでいくかというのが山本先生の研究テーマで、先生は独特の触媒の有機合成を使ってアミノ酸の有機合成を使ってアミノ酸の有機合成をいたわけです。それを使ってアミノ酸の有機合成をすると、今までの何十倍、何百倍という個数がぱっとつながるんですね。今もどんどん増えているんですが、普通に使われている合成の千倍ぐらいの効率があります。これが実験的に実証されれば薬品として革新的に広がると思うので、今いろいろ特許を取ってもらっています。

どちらにしても最後は薬品会社などと一緒に企業化するんでしょうが、その特許を使って薬を開発すればお金が入ってくるので、一部を中部大学にロイヤリティとしてフィードバックしてもらって、またいろいろな研究ができるようにしたいと思っています。

岩間　寄附講座はトヨタからですか。

飯吉　トヨタではなく、主に新東工業です。僕が財団の評議員をしていた会社で、そこと寄附講座という形で。五年ぐらいじゃなかったかードバックしてもらうだけで中部大学の中に研究を入れてもらう

(「超有識者場外ヒアリングシリーズ（三一）」『ファイナンス』二〇一四年五月号、財務省）の中で「理事長の研究特区」という話が出てきて、山本尚先生の分子性触媒や多賀康訓先生の薄膜などを研究特区として取り上げ、選択と集中を図っているということが書かれています。

飯吉　研究面の推進については、総長になった二〇〇五年から特区的なことをしてきました。

岩間　この「研究特区」というのは、慣習的な言い方でしょうか。それとも実際にそういう制度があるのでしょうか。

飯吉　中部大学には研究機関として各学部に研究所がありまして、そこが一年ごとに何をしたかを紀要として出しています。「領域研究所」と言っていますが、特に組織的に何かしているわけではありません。紀要も外にオープンになるわけでもないので、読んでもらえるようなものでないならあまり意味ないんじゃないかという話もありますが、それでも毎年どういうことをしたのかをまとめておくのはいいことですので、今も続いているかと思います。

ただ、やはりそれだけではだめなんじゃないかということで、幾つか研究所をつくったわけですね。現在、山本尚教授が所長をしている総合工学研究所（以下、総工研）は、私が学長になる前からあったと思います。国立大学の著名な先生などを呼んできたときに、学部に入れるんじゃなくて、その研究所に入って研究を続けてもらうような運営がされていました。ですから、それを少し積極的に活用して、科研費などの大きな外部資金を取ってきた先生は研究専従というか、もちろん授業もやってもらうにせよ、その比重を減らして、お金を取っている間は研究を中心にしていただくという制度にしたんです。

文系の著名な先生が大学に来られたときには、どこの学部にも入らないような形で中部高等学術研究所（以下、中高研）に入ってもらうことにしました。僕が学長として来たとき、中高研には加藤秀俊先生がおられたんですが、加藤先生も国立大学の共同利用機関の所長をしておられたんですね。私も核融合科学研究所にいたので、中部大学のような私学でも学外の先生方と一緒になって全国的なスタイルで共同研究をすることが大事だということで話が合いました。

岩間　各学部にある研究所とは別に、既にどこからかお金を取ってきている先生や著名な先生方を中心にセンターなどを組織し、それを研究特区というふうに呼んでいるということですか。

飯吉　そうです。中高研ではいろいろなことをしたんですよ。一九九六年に大学直属の研究所としてできたんですが、まず加藤秀俊先生を所長に当時はアジアに関する稲作の研究というのがテーマでした。ユネスコからも支援をもらい、最後にはユネスコのUNITWIN（大学連合共同研究）賞を受賞しました。第二期は、武者小路公秀先生が所長をされ、人間の安全保障がテーマになりました。このころは岩間さんも大学にいたんじゃありませんか。

岩間　はい、学生としていました。

飯吉　当時はオサマ・ビン・ラディンの話があって、僕が人間の安全保障というのは結局ビン・ラディンとブッシュを仲よくさせるための研究ですよねと言ったら、武者小路先生がそうだと言われたのを覚えています。それではやってくださいということになったので、阪上孝先生や長島昭先生と「はかる」という新しい研究テーマに取り組みました。これについては中公新書から本も出しています（『"はかる"科学──計・測・量・謀⋯』二〇〇七年）。かなりジェネラルなテーマを取り上げながら、いろいろな人たちと研究活動をしました。これがESD（持続可能な開発のための教育。詳細は後述）につながり、今も続いているわけです。総工研の中に幾つかのセンターをつくり、山

岩間　考える規模が大きいですね。

飯吉　安倍さんの発想だと今治かどこかに学校をつくるぐらいのことなんですが、プーチンのほうは世界に向けてそこから発信しようとしているわけですから大したものです。やはりスケールが違うんじゃないですか。

岩間　山口先生はもともと核融合研究所で研究していらっしゃったんですよね。それで、中部大学で超電導をやっていきたいということから、こちらへ引っ張ってこられたわけですか。

飯吉　そうです。彼自身のキャラクターとしても、どちらかというと、ビッグプロジェクトの中の一ユニットの仕事をしているより、自分のアイデアを次々とやっていくほうが合っているんじゃないかと思ったんですね。そういう人は、大学で超電導をやってみたいということで、中部大学に入るわけです。普通、文科省からお金をもらうなら、中部大学に入ってきて、そこからいろいろなメーカーに、あなたはこれをつくってください、あなたはあれをつくってくださいというふうにしてやらせます。中部大学の収入として科研費みたいに四〇億円というのが入るんです。でも、経産省は大学へ直接お金を出さないんですね。

ンターネット、千代田化工、住友電工、日揮、JFEといった企業に委託された事業ということで、経産省のほうからこれらの企業とやるようにと話があったわけです。

飯吉　やはりそれは経産省の好みの企業でとだめなんですね。たまたまその五社はわれもとも仲がよかったからいいんですが。

岩間　石狩でのプロジェクトとして、さくらインターネット……

岩間　石狩でのプロジェクトは経産省のプロジェクトとして、さくらイ

飯吉　電力会社は邪魔をするでしょうし、やはり今度はもう少ししっかりした組織をつくらないと、中部大学だけではできないと思っていまして、昨日の新聞だったか、内閣府のビッグプロジェクトもみんな、内閣府のお気に入りのところへしか行かないんですよ。中部大学のような一私学は入れてもらえません。これは今問題になっていることですが、国立大学とか国の研究所とか、そういうところでないと大きな予算がつかない仕組みになっています。

岩間　では次に、超電導以外にも現在中部大学で行われている先進的研究についてお伺いしたいと思います。財務省の神田眞人さんとの対談

「理事長の研究特区」

大きな集団の中に入ると、埋没してしまったりすることがあるんです。この場合は千代田化工がまとめ会社になり、非常にアイデアマンです。やっぱりお金が入って、そこから中部大学へ餅は餅屋というやつで、キャラクターがあるわけです。彼は今、飛行機実際に取ってきたのは中部大学なんですが、そにも超電導を使って電力供給しようういう変なシステムになっています。僕らは物というアイデアを持っているんですができればいいんですが、次のステップの何百億円というよ。やっていると、経産省がかなり本腰を入れてくれないときには、経産省は大学へ直接お金を出さないんですね。

岩間　なるほど。

経産省は企業にお金を出すということで、

飯吉 その大学のど真ん中にあるホールでフォーラムをしたんです。本当は日本からもパネラーとして経産省の世耕さんあたりの大臣級の人が出なきゃいけないだろうに。ほかはみんな副大臣や電力会社の社長が呼ばれていました。学者は僕だけで、ここに一人ぽつんといますよね（笑）（本ページ写真上）。話してくれと言うから行って、極東ロシアは天然ガスですから、LNG（液化天然ガス）と電力を一緒に流せば、天然ガスの輸送と同時に超電導送電の冷却にも役に立って一挙両得であるということで、ロシアから天然ガスを送ってもらったら日本から超電導で電力を送りましょうという話をしたら一番いになってきたら、やっぱり国がしっかりしてくれないと、気がついたらみんな持っていかれちゃっていたということにもなりかねないでしょう。だから、早く特許を取るように山口先生に言っているところなんです。

岩間 前回の核融合研究の戦国時代の話ではありませんが、超電導の研究も今いろいろな機関がしのぎを削っているんですか。

飯吉 そうですね。韓国と中国が意外に頑張っています。あと、ヨーロッパでいうとフランスです。日本は、太陽光発電や風力発電を既に使っていて、しかも国が小さいから遠距離用はあまり必要ないんですね。でも、例えばサハラ砂漠で発電してヨーロッパに送るなんてことになると、それこそ何百キロ、何千キロという送電が必要になります。そんなとき、長くなればなるほどロスが少なくなってメリットが出るというのが超電導送電のいいところで、ロシアなんかも非常にいいんです。広い敷地の中を超電導で送電するという技術は非常に価値があるから、彼らはぜひやりたいと言っているわけです。

とにかく、まず大学をつくったというのにはびっくりしました。プーチン大統領の慧眼に感じ入りました。

受けました。

みんなまだ夢の話と思っているんでしょうが、そういう話をしたらすぐ翌日にロスセチ送電会社から連絡があって、ぜひ協力したいということでオルクホヴィチという副社長と覚書にサインを交わし、共同研究を開始することになりました。

おもしろいのはこれです。フォーラムの最後の日には四巨頭が集まってパネルをしたんですね。一番こちらにいるのが安倍さん、その隣にいるのがモンゴルの大統領、それから、プーチン大統領、文在寅大統領、中国からは財閥の方です（本ページ写真下）。プーチンは、自分たちはここをこういうふうに開発したいんだと、いろいろ現実的な夢を語っていました。日本からは医薬品の分野、農業の分野で何かできるかもしれないぐらいのことは言っていましたが、超電導送電の話は出ませんでした。

いずれにせよ超電導は今そういうところまで進んでいます。ただ、これから先、国同士の技術の取り合

●記憶の歴史学>>>中部大学と私……科学者・飯吉厚夫の歩み 第3回

石狩超伝導国際フォーラム。前列左から山口、石原、涌井、飯吉、田岡、増田、後列右からテンドラー、本島、一人おいてブダルギン（敬称略）

日本はそういうところが問題なんですよね。プーチン、安倍、モンゴルの大統領、韓国の文大統領など要するに極東のメンバーが集まって経済フォーラムをしたんですが、せっかくいいことをしているのに、残念です。そう思いませんか。

岩間　石狩プロジェクトを二〇一三年から三年間やって成功しているわけですから、もっと日本で進めていく機運が高まるといいですよね。

飯吉　みんな自分たちの既成のものがあるところへ大学が勝手に入ってきて進められては困ると言うんです。もう僕らも諦めて、これはしばらく寝ようと言っていました。そうしたら、ある日突然プーチンサイドから招待状が来て、ウラジオストクは日本にものすごく近いんで話をしに行くことになったわけです。

ウラジオストクは日本にもものすごく近いんですね。その極東の地には、六〇万人ぐらいしか住んでいませんが、天然ガスの宝庫です。日本、ロシア、韓国、モンゴル、中国の五カ国から参加者が集まって開催されたわけですが、行ってびっくりしたのは、ウラジオストクにファーイースタン・フェデラル・ユニバーシティ（極東連邦大学）という国立の大学ができていたことです。学生数は四万人だそうです。

岩間　大きいですね。中部大学は一万人くらいですもんね。

ぐらいのものを少しやりたいという話でした。僕も、これは将来全世界で使ってもらいたい技術だから、何も日本だけでやる必要はないので あって、日本であまりやる気がないなら、やりたいところとやろうという話をしています。

石狩では一・五キロをやったんですが、さくらインターネットのデータセンターにちゃんと通電してうまく動いたんですよ。ちょっと専門の話になりますが、電力損失は一〇分の一に減りました。

これは石狩で国際会議を開いたときの集合写真です（本ページ写真）。田岡克介石狩市長と、テレビによく出ている涌井史郎先生と、増田寛也さんと、石原修学長と、山口先生と、スウェーデンのミカエル・テンドラー先生、本島修学事顧問と、ロシアの送電会社のブダルギン社長も写っています。韓国や中国の電力会社のトップも参加していました。

イースタン・エコノミック・フォーラム

飯吉　そうしたら、去年の九月六日からウラジオストクで開かれたイースタン・エコノミック・フォーラム（EEF）へ参加して石狩の結果を話してくれという注文が、安倍さんからではなくてプーチン大統領サイドから来たんですよ。

らは極東でエネルギー開発をしており、今は天然ガスしかないので電力を導入したいんだということで、これはおもしろそうだからロシアでやりますよという話になりました。

幸いここまではうまくできているんですが、結局人なんですよね。金のつながりは人と人のつながりから、その辺がうまく合うと物事というのは進むわけです。山口先生もこの間ロシアへ行ってきたんですが、モスクワで三キロ

のは慶應のIT関係で、日吉の校舎のホールなどを寄附されているかと思います。

二〇〇メートルの次は石狩で一・五キロの送電実証を行ったのですが、このときもまた幸運なことがありました。まず、財務省に主計局があって、そこに主計官がいるんですが、文科省担当、経産省担当、環境省担当とみんな分かれていて、そのうち当時の文科省担当だった神田眞人さんという方がセンターに来られたんですね。財務省の主計官というのは、その人がノーと言ったらお金がつかないので、各省庁にとってすごく重要な人なんですが、そういう人が珍しく見に来たいと言ったものだから、文科省の研究機関課の課長、会計課長、私学課長三人がついてきていました。帰るときに、これはなかなかおもしろいからということで、神田さんが「これはひやらなきゃだめだよ」と言って、文科省の課長たちも快諾（？）していました。

一方で、もう二〇〇メートルまでは構内にできていたのですが、次の二キロというと、構内にはそんな場所はないので、適当な場所を探さなければいけませんでした。山口先生が、北海道に適当な場所があることを見つけてきました。一番エネルギーを使う企業はどこかというと、

昔は鉄鋼関係でしたが、今はITの時代になりデータセンターなんです。つまり、超電導送電の一番のユーザーはデータセンターなんですね。それで、北海道の石狩にさくらインターネットのデータセンターができたという話を山口先生が聞きつけて、そこの若い田中邦裕社長がおもしろいからやりましょうということになって、石狩で話が進みました。

ただし、幾らぐらい要るのだろうと考えると、今度は六億円のさらに一〇倍のですね。やはりそれなりにかかることになるわけですから、五〇億から六〇億円はかかる。ところが、神田主計官の担当が文科省から経産省になってしまっていたんです。役人というのはおもしろいもので、担当を外れた途端に、かつていい返事をしていた文科省の課長が、「先生のところの仕事は基礎じゃありませんよね。あれはもう実用に近いですから、文科省ではなくて経産省ですよ。ですから、そちらからもらってください」と、本当に豹変したんです。

岩間　おもしろいですね。

飯吉　それで神田さんのところへ行って、「あのとき神田さんの前でいい返事をしていた文科省の役人に、それは経産省の仕事だと言われたんですよ」と言ったら、神田さんはけしからんと

怒って、それなら経産省でということで補正予算で四〇億円つけてくれました。実験は三年間で四〇億円ということでつくり、実験はうまくいきました。現在使われている送電線は銅線に比べて一〇分の一くらいの電力ロスで送電できることが実証できました。

実は石狩での実験のとき、日本の電力会社はみんな冷たかったんです。なぜかというと、やはりお金がかかりますからね。次をやろうとすると何百億円というお金がかかります。福島の原発事故以来、電力会社はあっぷあっぷしているから、どうしてもお金がない。昔だったら電力会社へ持っていけば開発研究も協力してくれたんですが、あまり変なものを入れないでくれよりむしろ、やる気が全然ないんです。それに、せっかく交流方式で電力を送っているのに、なぜ今さらそんな難しい技術を導入しなきゃいけないのかというスタンスなんですね。二〇一七年に石狩で国際会議を開いても、日本の電力会社は地元の北電以外は一社も来ませんでした。ロシア、韓国、中国の電力関係の代表は来ました。

岩間　それは残念な話ですね。

飯吉　僕はたまたまそこへ来ていたロシアのロスセチ（Rossetti）という送電会社のオレグ・ブダルギン社長と非常によく気が合いまして、彼

超電導研究

岩間 では、次に超電導研究についてお聞きしていきたいと思います。

飯吉 そうです。核融合研究所のLHD（大型ヘリカル装置）という装置をつくるときに、ヘリカルコイルを超電導にしたと前にお話ししたと思うんですが、今世紀でも一番大きな超電導の機械でないかと思います。

力を入れているわけですが、本学も超電導研究もすでに応用されています。リニアモーターカーや医療機器のMRIなどにもすでに応用されています。このほかにも、電力だけでなく、合金を非常に低い温度にすると電気抵抗がゼロになる現象で、これが安定的に実用できるようになれば、電力をより効率的に利用できるようになるということで現在注目されている研究分野の一つです。超電導は特定の金属や合金を非常に低い温度にすると電気抵抗がゼロになる現象で、これが安定的に実用できるようになれば、電力をより効率的に利用できるようになるということで現在注目されている研究分野の一つです。そのほかにも、電力だけでなく、一般の社会で実用的なものにできるようになればと考えて、超電導は電気抵抗がゼロの導線で送電したら電力がもっと有効に使えるんじゃないかということで、山口作太郎先生に核融合研から来てもらって超電導直流送電をやることにしたわけです。

今の鉄塔を通して電力を送る方法の最大の問題は距離が長くなるとロスが多いことで、発電量の五〜一〇％ぐらいがロスになってしまってもったいないんですね。でも送らなければいけないから、今はそれでやっているわけです。まだだれもやったことがないうちにやろうということで、アイデアマンの山口先生がやってくれて、文科省から一億円ぐらいのお金をもらって最初に二〇メートルの実験装置（CASER-1）をつくっています。

岩間 どこにあるか知っていますか。現在、超伝導センターというのができていますが、あそこにはないんですよ。野球のグラウンドの脇に掘っ立て小屋があって、その中にあるんです。ちょうど外野のセンターの方向なので、強打者がホームランを打つと実験室にボールが飛び込んでくるおそれがあるということで、ネットが張ってありま

す。行けばすぐわかると思います。そこで二〇メートルのものをやって、とりあえずうまくいったので、次に一〇倍の二〇〇メートルをやろうと考えていたんですが、ちょうどその頃、藤原洋さんという日本で今一番活躍しているIT企業家の方が、何かの関係で山口君と知り合って、二〇〇メートルの実験装置を見に来たんですね。それで、「これはおもしろそうですね」と言われて、僕が大学から名古屋駅までお送りする車の中で今度はもう少し長いものをやりたいという話をしたら、幾らぐらいかかるのかと聞かれたので、五、六億円あればできると思うと言ったら、それならやりましょうと（笑）。物事が決まるときは簡単に決まるんですね。名古屋駅へ着くまでには二〇〇メートルのものができました。センターは「藤原洋記念超伝導・持続可能エネルギー研究センター」と名づけました。藤原さんは今うちの理事をお願いしている方です。文科省からのお金も少しもらっていますが、大部分は藤原さんの寄附で賄いました。この方はもともと天文少年だったんですね。それで、いろいろな大学の天文関連の研究にもお金を出されています。一番関係が深い

飯吉 中部大学へ来て、僕が自分で研究をする余裕はなかったんですが、何かやりたいとは思っていたんですね。そして、超電導がこれからの新しい技術の一つになるんじゃないかとい

飯吉　その辺を歩いていても、あちこちに彫刻などの作品があってね。それでいて、一度もい覧会をしているから、よかったらちょっと見てください」と言ったらすぐ見に行かれたようで、翌日にはもう購入を決めていたのでびっくりしました（笑）。

岩間　すごく気に入られたみたいですね。

飯吉　生命健康科学部がある五〇号館ロビーに、あそこは面積が広いから、ちょうど合うものはないか、何を飾ろうかと困っていたらしいんです。本当に奇遇ですよね。

岩間　そんないきさつがあったとは、面白いですね。生命健康科学部の学生もみんな知らないと思いますから、そのエピソードを知ったらまた違った目で作品を見られると思います。

飯吉　後に平岡先生が弟子たちを連れて、バスツアーで作品を見に来られたこともありました。

岩間　そうでしたか。

飯吉　でも、あれはぴったりですよね。今日もちょっとあちらのほうへ行ったから見たんですが、建物とよく合っています。

岩間　人間の命をテーマにしているので、イメージにぴったりだったと思ったそうです。

飯吉　なるほど。そこは全然知りませんでした。でもいい絵です。キャンパスがきれいで、茶室まで持っている大学なんてめったにないですよ

先生は地元の私学の中では学長懇話会などでもリーダー的な存在で、南山大学を出ておられて、専門は英語だったか、とにかく文系でした。

岩間　大西学園長の本を読んで気づいたんですが、絵画や彫刻も中部大学には結構ありますよね。

飯吉　それは大西理事長。山田理事長は音楽を入れてきたんですね。

岩間　中部大学は文化的なところにも意外と力を入れてきたんですね。

飯吉　そうなんですよ。

岩間　ふだん生活していてあまり目が行かないんですが、考えたらものすごくたくさんあることに気がつきます。

飯吉　その辺を歩いていても、あちこちに彫刻などの作品があってね。それでいて、一度もいたずらされたことがないんです。図書館の収蔵庫にもいろいろあります。美濃焼などの陶器も寄贈してもらっていますし、カメラのコレクションは日本一だということです。今度新しく鶴舞のキャンパスを建て直したら、今は蝶類研究資料館が入っていますが、総合博物館ができるんじゃないかと思っています。文化的なことは僕以前の理事長の功績です。

岩間　でも、平岡靖弘先生の作品を大西学園長に紹介したのは飯吉先生だったということですね。

飯吉　そうなんです。実は僕が京都にいたとき一時期、家内が平岡先生に習っていたことがありました。あると き、名古屋駅の高島屋で個展をするというので、見に行ったんです。帰りに立ち寄った書籍コーナーでふと横を見たら、何と、大西理事長がいるではありませ

©Yasuha

んか。それで、「下で平岡さんという画家が今展

●記憶の歴史学>>>中部大学と私……科学者・飯吉厚夫の歩み　第3回

大学内の芸術

岩間　ちょっと話が戻りますが、山田和夫先生は飯吉先生から見てどんな方でしたか。

飯吉　あの先生は教育者としていろいろ考えて

いなことでいいんですが、やっぱり人間を養成しなければいけないでしょう。どういう人間を育てればいいのか。僕も、アイデアはあっても、どうやって教えるかというと、なかなか難しい。それを教える先生もまだ育っていないからね。ハワード・ガードナーという人のマルチプル・インテリジェンス、要するに人間は八つのインテリジェンスから成っているんだというようなことを、たしかあのころ教員総会でお話しした覚えはあります。人間の八つの知能をどのように育てていくか。全部はなかなか大変ですが、これは大事な点だと思うんですね。一人一人個性が全部違うから、それをうまく考えて、それぞれ選択できるようにして教育していかないといけないというようなことを話したと思います。今は教員養成学部みたいになっていて、それではちょっと現代教育にならないんですが、辻本雅史先生に来ていただいたので、彼が何かしてくれるだろうと期待しているところです。辻本先生がこれから改革していかれると思います。

50号館ロビーにある平岡靖弘氏の作品『風の棲処』

おられて、創立者の遺志を継ぎながらも、やはりそれだけでは時代の流れについていけないからということで、新しい試みにも取り組んでおられました。『和すれども流れず』（中部大学、一九九八年）という著書があります。

特に音楽を愛されていました。今も中部大学に残っている財産の一つに幸友会というのがあります。この界隈の企業が今八〇〇社ぐらい入っていて、支援団体であると同時に就職の行き先でもあるので、本当に持ちつ持たれつなんですが、こんなことは珍しいんですよ。それも、地元の商工会議所会頭の川口将二さんとうちの山田理事長が一緒になって幸友会をつくった最初の趣旨が、今だったらとかく就職に有利とかいろんな企業との共同研究ができるとかいう話になるんですが、全然そういうことではなくて、音楽、文化から入っているんです。幸友会の支援を受けてつくられた三浦幸平メモリアルホールは音楽ホールとしてつくられていて、それ以来ずっと毎年三回ほど無料でコンサートを開いて地元の方々に来てもらっています。そんな応援団体はめったにないんです。今は、最初の趣旨であった文化的なことにプラスして、就職や共同研究や共同事業についてもやっているということです。

あれば本当にいいと思います。今でも多くの人が、あまり意味のないサプリに大金を費やしているのではないでしょうか。

飯吉 それで、ここまではうまくいったんですが、次の現代教育学部が問題山積でした。要するに、大西理事長が昔から教育学部をつくりたかったんですね。ぜひつくってもらいたいという話だったんですが、山下学長も僕も「うーん、だれがやるかだよね」と。まず「現代教育」とは何なのかというところがしっかりしないと、つくってもしょうがないというのが僕のスタンスでした。

理事長はすごく熱が入っていたんですが、そんなことだったから、文科省へ説明に行った人も、「『現代教育』とはどういうことですか」と、答えられずに帰ってきていたんですね。最後には理事長の何としてもつくりたいという熱意だけで理事会を通したんですが、大分苦労しました。現代教育学部はいつごろつくったんでしたか。

岩間 二〇〇八年です。

飯吉 「現代教育」とは何なのか、いまだにちょっとわかっていないでしょう。

岩間 教育学部ではなくて現代教育学部ですからね。

飯吉 教育学部でも難しいのに、現代教育学部という名前をつけるというのはね。でも、本当に大事なことなんですよ。教育も変えなければいけないから、現代教育を教えなきゃいけないんですが、それはどういうことを教えるのかと聞かれて答えられなかったわけです。しかも、結局やっていることは教員養成でしょう。それでは ちょっと現代教育とは言えないので、「なるほど、中部大学はいい現代教育学部をつくったのかわり内容はちゃんとしっかりやろうということを言ったんですが、あまりにも理事長が一生懸命だったから、最後には、もうそろそろいいんじゃないかということで通しました。そのかわり内容はちゃんとしっかりやろうということを言ったんですが、やはり教育学部というのは難しいんですね。そうでしょう。愛知教育大学でも問題ですからね。

岩間 教育大学としてやっていても大変なぐらいなんですね。

飯吉 「現代教育」というのはどういう教育をすればいいのか、岩間さんだったらどうしますか。

岩間 ちょっと難しいですね。最近ですと、ただ知識を教えるだけではなく考えたり議論させたり、体験型だったりする教育が重視されてはいますが、そういうことなのかどうか。

飯吉 教育者を養成するなら愛知教育大学みた

いわま・ゆうき◎専門はマス・コミュニケーション研究。主に「戦争とジャーナリズム」をテーマとする。著作に『PANA通信社と戦後日本』（人文書院、2017）、『文献目録 ベトナム戦争と日本』（人間社、2008）など。オーラルヒストリー調査を数多く行い、その記録を『伽藍が赤かったとき』（共著、風媒社、2012）、「越境による抵抗、あるいは抵抗のための越境—高橋武智氏に聞く—」『アリーナ』（18号別冊、中部大学、2015）などに発表。

と言われるようにしたいんですね。理事会のメンバーはみんな反対だったんです。

その理由は二つあって、一つは、現代教育とは何なのかがはっきりしないこと、もう一つは、うちの財政がずっと赤字だったことです。応用生物をつくり、生命健康科学をつくったので、どうしても建物

や新しい設備がいりましたからね。生命健康科学なんて、動物実験をしなければいけないとか、ものすごくいろいろなことがありました。そういった理由の中で、企業人の理事にも二つのグループがあって、理事会は赤字のまま新しい学部をつくることに反対し、もともと大学にいた理事は現代教育という名前で何をするのかで反対していたんです。

もっと検討してくださいということで何度も差し戻しをしたんですが、あまりにも理事長が一生懸命だったから、最後には、もうそろそろいいんじゃないかということで通しました。そのかわり内容はちゃんとしっかりやろうということを言ったんですが、やはり教育学部というのは難しいんですね。そうでしょう。愛知教育大学でも問題ですからね。

岩間　大西学園長の書かれた『学園回想』（中部大学、二〇一二年）によれば、二〇〇〇年一二月二一日に取りに行って、二四日に倒られたようです。

飯吉　クリスマスイヴに倒れたわけですが、朝食のあとに倒れ、私のところに報告が来たときにはもうお亡くなりになっていました。応用生物学部新設が山田先生の最後の置き土産になりました。いろんなところからいい先生を呼んできましたし、ちょうどバイオの時代への変わり目の時期だったから、いい学部になりました。学生も、受験生の数もぐっと伸びて、いい学生が入ってくれました。野口初代学部長は僕ととても息が合っていました。「大学院生を増やしてください」と言って、最初の四年が終わったときにはもう大学院をつくり、卒業生の三割が大学院へ行きました。三割といっても全部うちではなくて、外の大学院、例えば国立大学の大学院やしっかりした私学の大学院へ行った人も入れて三割ですけどね。本学の中だけで言うと二割ぐらいだったと記憶しています。いずれにしても、いい学生が入ってきてくれて、その多くが大学院へ進んでくれたことが非常に印象に残っています。中部大学も、やろうと思えば、各学部から三割ぐらい大学院へ進んでもらえるんです。

岩間　そうです。外へ出て他流試合をしろというのが小島亮先生からの厳命でして（笑）。

飯吉　外でもいいんですが、今は外にもあまりいきませんからね。国際でもあまり行かないでしょう。

岩間　そうかもしれませんね。

飯吉　僕が学長をしていた一九九九年からの六年間の中で、最初は岩田先生と田中先生が副学長だったんですが、次の年から応用生物学部をつくるときに来ていただいた山下先生にも副学長になってもらい、そのコンビでずっとやってきて、二〇〇五年には僕が総長になり、学長を山下さんにバトンタッチしたということです。

生命健康科学部・現代教育学部の設置

飯吉　生命健康科学部の構想も僕が学長の間にしました。なぜそういう学部をつくったのかというと、中部大学はオハイオ大学と提携しているんですが、当時、山田理事長のあとを継いだ大西理事長と僕と山下さんの三人でオハイオ大学の二〇〇周年の記念の会に招待されて行ったときに、ちょうどライフ・アンド・ヘルスという学部ができていたんですね。これはなかなかいい学部だな、生命と健康はこれからのテーマになるのだろうなということで、生命健康科学部をつくろうという話になったわけです。そのとき僕が一つだけ注文を出したのは、いろいろな大学で似たようなものができ始めていたので、中部大学のこの学部に持ってくれていたので、中部大学のこの学部に持ってくれば、そのサプリメントが何に効くのかがわかるようなセンターをつくったらどうかと言ったんですね。いろいろなものが出ていて、どれがいいか全然わからないでしょう。わけもわからないままに飲んでいますよね。ですから、うちへ持ってくればテストができて、これでは効かないとか、これはこういうことに効くといったようなことがアドバイスできるセンターをつくれば、みんなの役に立つんじゃないかと考えたんです。いまだにできていませんが（笑）。

岩間　すごくおもしろい発想ですね。

飯吉　そのときそう言って、みんながやってくれることを期待していたんですが、実際には難しかったんだろうと思います。でも、今どこかそういうことをやっているんでしょうね。いまだにあまりないんじゃないですか。

岩間　聞いたことがありませんね。対企業でいろいろ難しいのかもしれませんが、そういうの

学部で偉くなるためには論文を書かないといけませんから、論文を書けと言われたらしく、工学部の先生方と同じように論文らしきものを書いていましたね。ちょうどバイオの時代に入ろうとしていましたので、非常によかったと思います。

岩間 応用生物学部ができたのは二〇〇一年ですが、先生が来られたときには、もうその話は出ていたということですね。

飯吉 何をつくるかということですよね。

「そろそろ山下副総長が定年だからどうですか」という形で、定年の一年前ぐらいに来ていただきました。久しぶりに学部をつくったので、対文部省についてはいろいろ大変でしたが、そういうときも、僕が文部省の仕事をしていたこともあって、割とスムーズに行ったのかなと思います。申請に二年ぐらいかかったんですが、許可がおりたということで、山田理事長と、文部省と大西良三事務局長と岩田幸二副学長と、文部省に行って許可証をもらいました。帰ってきてすぐに山田理事長が倒れたんです。

それから全体的なこととしては、これからの学部を新設しようと考えました。既に山田理事長が新しい学部をつくりたいということを言っていて、僕が来て最初にできたのが応用生物学部でした。それをつくるために、名古屋大学から杉山達夫先生と山下興亜先生の二人に来ていただいて、東京大学から野口忠先生も招いて、いろいろ企画して今の応用生物学部ができたんですね。

それで僕は、やはり体育はスポーツの科目だからということで、それを分けたんです。その上で全校のスポーツ大会をしようと投げかけたから、先生方は生き返りました。今では別で独立しているでしょう。そこの先生方がスポーツ大会を仕切っているんですね。号令をかけているのも、みんな元気のいい体育の先生方です。第一回目から学生が何千人と集まって大成功し、ずっと続いています。第一回目には雨が降った直後だったので、グラウンドを人工芝に変えたりしたんですが、みんな全然気にしないで一生懸命やってくれました。あれが各学科の、各学部の、そして大学全体の一体感に貢献しているのかなと思っています。

応用生物学部の設置

飯吉 それからずっと開催していますよね。最初は大変だったんですが、あれがうまくいった理由の一つは、体育の先生方に頑張っていただいたことなんです。

僕が来たとき、当時の健康科学教室には、剣道の渡邉香先生やハンドボールの蒲生晴明先生やフライングディスクの手塚麻美先生など、その先生方がリーダー的な先生方が五、六人いたんですが、その先生方が工学部に入っていたんですね。でも、所属が工学部というのはちょっとおかしいと僕は思った。しかも、何をしているのかと思ったら、論文を書いていました。工

2003年学長杯学科別対抗スポーツ大会

飯吉　あれをつくったことが一つです。役に立ちましたか。

岩間　いろいろな先生のお話を聞けて、とても役立ちました。特に経営情報学科の寺澤朝子先生と、心理学科にいらっしゃった小塩真司先生の講義が印象に残っています。私は国際関係学科の学生だったのですが、寺澤先生にソフトバンクの経営モデルを聞いたときは目から鱗でしたし、小塩先生の心理学では「人ってこういうふうにして自信ややる気を持つのか」と、ものすごく興味深かったのを覚えています。他分野の話を聞けるというのはいいですよね。

飯吉　学部を越えていろいろな先生が集まるということで、あの時は鶴田正道先生という音楽の先生にまとめ役として一生懸命やっていただきました。ほかに国際からもしっかりした方に入ってもらったりしました。

僕はほとんど講義はしなかったんですが、一回だけ半期の物理の講義をしたことが記憶に残っています。どうせなら学生たちが関心を持つような新しい講義の仕方はないかと考えて、僕と鈴木肇先生のタッグマッチにして、二人でやりました。鈴木先生は今は情報やコンピュータ ーのほうを仕切っておられる先生ですが、あの方も物理の専門家で、毎夏ヨーロッパのCERN（欧州原子核研究機構）へ行って研究・実験をしています。彼は素粒子や量子論が得意で、二人でやろうかということになったわけです。

講義の半分は僕から物理とはどういうものかというような仕組みの話や歴史的な話をして、あとの半分は鈴木君がかなり詳しく物理の専門的なことを話すんですが、彼が話しているときには鈴木君が後ろに立っていて、僕が話しているときには僕が後ろに立っています。そうすると、学生は私語ができないわけ（笑）。一生懸命聞いてくれました。授業の仕方もいろいろあっていいんじゃないかということでそうしたんですが、あまり受けがよくなかったのか、後が続かなかったみたいですね。

でも、半期が終わって、最後に今日でこの授業を終わりますと言ったら、一斉に拍手が起こりました。今まで長い間講義をしてきましたが、一拍手で終わったのはそのときが初めてでした。彼らにとっても、二人の全く違う先生が違った教え方で講義をするというのが新鮮だったんじゃないでしょうか。そういうことをこれからもやっていいと思うんですが、なかなかね。

それともう一つ、教育面では顕彰制度を取り入れました。僕が来たのが一九九九年で、顕彰制度が実際に始まったのは二〇〇二年でしたね。なぜそういうことをしたのかというと、大学は教育と研究の両方の質を上げなければいけないと考えたからです。とにかく研究力を上げようということで、特区的に研究専従制度みたいなものを取り入れたり、研究力を上げる仕掛けはいろいろつくっていたんですが、だからといって教育をなにがしろにしているわけではなく、教育面も上げてもらいたいということで顕彰制度を導入しました。当時の大学教育研究センターの先生方が協力してくれました。これはずっと今も続いているんじゃないですか。

岩間　続いています。

飯吉　例えば、先生方が昇格するとき、研究論文の数とかいうことはあまり言われますが、やはり教育のことはあまり言われません。でも、やはり教育の評価もできるようにしたほうがいいということで細かい仕掛けをつくり、この顕彰を受けた先生は昇格のときに考慮してもらえるというな形にしたんです。それが今も生きているんじゃないですかね。

もう一つは、スポーツ大会を始めました。全部の学生が参加して一体感を持ってもらえるようなものはないかと考えて、スポーツ大会をし

をしていていいのかなと思いましたよ。みんな評価を恐れて研究よりも分厚い評価書を書くことに随分いろいろ熱心になっちゃうから、僕はそれに反対して随分いろいろ言ったものです。こんなにがちがちに評価をしたら日本の学術はどんどん低下するだろうと思っていたもので、案の定、今はもうだめでしょう。

岩間　残念ながら。

飯吉　だから、ちょっと僕にも先走って言うと、僕はものすごく文科省に貢献しているんですね。一番多いときには一六の委員会の委員をしていたんですよ。しかも、委員長、主査としてが多いんです。となると、僕がいないと会議が開けませんから、それでどうしたかというと、東京に行ったときに三つ委員会をしてもらったりしていました。そうすると何とかこなせるでしょう。

岩間　それはすごいですね。

飯吉　それこそ、あのころの僕の日程もどこかに残っていると思いますが、週に何回かは東京へ行っていました。

岩間　文科省のCOE（Center Of Excellence：卓越した研究拠点への形成費等補助金）の委員もしていらっしゃいましたよね。

飯吉　それもしていました。それから、私立大学の高度化推進という大きな事業の主査もしていました。一方で、中部大学も高度化推進の研究テーマで補助金をもらっていろいろなものをつくりました。リサーチセンターも総合研究センターもそうです。あのころは建物でも高度化推進の予算がついたんですね。全部ではありませんが、それを一部にしながらうちの予算もつぎ込みました。この界隈の私学のいろいろなプロジェクトもサポートしたりして、少しは地元にとってもいいことをしたと思うんです。対外的な仕事も引き続きしていましたが、中部大学を世界トップレベルの研究拠点にということもしていきました。

岩間　評価委員などの仕事もされていたので、大学法人化のことも切実に考えていらっしゃったんですね。

飯吉　ある意味では、私立大学が何をしなければいけないのかということですよね。同じことをしていてもしようがないと考えました。

着任後の取組み

岩間　僕が記憶していることとして、ポケットゼミというのをやったらどうかと提案したんですね。京都大学で行われていたゼミ方式で、少人数の学生に先生が授業とは別で自分の専門のことを話し、学生と一緒になって、いわゆる講義形式ではなくゼミナールみたいなものをしたらどうかと言った覚えがあります。

岩間さんが学生時代というと、何年ごろになるんですか。

岩間　私は二〇〇一年に入学したんですが、もう中部大学も高度化推進の研究である総合科目という中部大学独自の教養科目である総合科目というのをつくりました。

工学部と経営情報学部と人文学部と国際関係学部は前から学部としてあったんですが、そんなに大きくなかったし、専門に限られていたでしょう。それぞれが独立していろいろなことをしていたので、これからの時代の流れとしては学問の総合化といった方向性が大事だろうということで、教育改革を少し考えましょうという中から出てきたのが総合科目でした。今の教養教育につながった、その前の段階ですね。教養教育部の後が全学共通教育部で、もう今は変わりましたが、それらの前身です。

僕が記憶していることとして、ポケットゼミというのをやったらどうかと提案したんですね。京都大学で行われていたゼミ方式で、少人数の学生に先生が授業とは別で自分の専門のことを話し、学生と一緒になって、いわゆる講義形式ではなくゼミナールみたいなものをしたらどうかと言った覚えがあります。

岩間　岩間さんが学生時代というと、何年ごろになるんですか。

岩間　私は二〇〇一年に入学したんですが、もう中部大学へ来たとき、まずはもう少し視野を広げるということに幾つかチャレンジした覚えがあります。教育の面では、先ほど言ったように、縦軸はいいんだけれども、横軸の教養う総合科目がありました。

●記憶の歴史学>>>中部大学と私……科学者・飯吉厚夫の歩み 第3回

岩間 ということで、その日に何をしゃべったのかもよく覚えていません。でも、どこかに学長式辞として残っているはずです。

飯吉 着任してからはいかがでしたか。

岩間 どういう学校なのかよくわからなかったので、まず全体を回って見せてもらったんですが、とにかく環境がいいことは気に入りました。緑のキャンパスが広々として美しく、濃尾平野が一望できる丘の上にある。今までは研究のことばかり考えていたので、大学がどうあるべきかといったことも、来てから初めていろいろ考えましたね。

飯吉 大学生の教育現場というのは、研究所の一〇年間とは大分違いますよね。

岩間 若い学部の学生とは全然かかわりがなかったのでね。ただ、時代の流れとして、大学は一つの大きな転換期にあったので、まずそこをよく考えて、これからの中部大学を運営していかなきゃいけないと思いました。

一つは、情報化が始まっていて、これからは情報があっという間に全世界に広がるような、いわゆるIT絡みのグローバル社会の時代になるということ。もう一つは、学問が専門化し過ぎているから、もう少し総合的に考えていく必要があるということ。これは何も中部大学だけでなく、日本全体を見てそう感じていたんですね。垂直思考と水平思考といいますか、こういう表現がいいのかどうかわかりませんが、専門を縦軸とするなら教養が横軸で、中部大学は少し縦軸が強いから横軸も何とかしないといけないというような第一印象がありました。

岩間 一九九九年というのは歴史の転換期でしたよね。

飯吉 そうそう。一九九九年に学長になりましたから、ちょうど世紀の変わり目でもあったんですね。あと、少子化が始まろうとしていましたから、それもしっかり受け止めなければいけないということが頭にありました。

岩間 その時期に先生が発言されたものを読んでおりますと、大学にとって危機の時代にある

1999年入学式

ことを認識されていて、大変なところに来てしまったというようなこともおっしゃっておられました（笑）。本当にそういう時代でしたよね。国立大学の法人化の話もこのころから出ています。

飯吉 そうですね。法人化したのはいつでしたか。

岩間 二〇〇三年に国立大学法人法が成立し、二〇〇四年に法人化しています。

飯吉 ということは、平成一六年に法人化したんですね。

僕は平成一五年に文部科学省の国立大学法人評価委員になっているんですよ。野依良治先生が委員長で、僕は委員長代理をやりました。これは結局僕が私立にいたからでして、国立の評価を国立の先生だけにさせることはできないでしょう。だからといって、国立を全然知らない人にやってもらうと、何をされるかわからない。そのとき僕が国の直轄研から私学に移ったところだったから、これはいいのが来たということで、それ以来ずっと使われているんです。国立大学評価機構というのが別にできていて、評価自体はそこがするんですが、僕らはいろいろな注文を出したり、いわば方針を出すような立場でした。でも、この評価委員になって国立大学の多くのところへ評価に行く中で、こんなこと

中部大学の理事長であった山田和夫さんに入ってもらったんです。そういう形で一〇人近くのメンバーでスタートしました。

僕は山田先生を直接は知らなかったけれども、当時副学長をしていた山本鉎先生を通して、山本先生を通して「おたくの理事長にうちの評議員になってもらいたいんですが」と話して、「それはいいですね」ということになったんです。

評議会は年に二回ずつあったので、その後、僕が退任するまで一〇年間ずっと山田先生とのお付き合いがありました。僕の所長の任期の一〇年がたち、引き続きやって欲しいという話もあったのですが、もうやめさせてくださいといって所長をやめました。先ほど言ったように、所長の人事は評議会が決めるでしょう。ですから、評議員のメンバーは最初に僕がやめることを知る立場にありました。たまたま山田和夫先生には中部大学に新しい風を入れたいという気持ちがあったらしくて、僕がやめることが決まってすぐに、山本鉎先生を通して「山田理事長もぜひということですので、うちの学長になってくれませんか」と最初に話を持ってきて、それで決まったということです。

岩間　そういうことだったんですね。その評議

会というのは、研究所ができてすぐからあったのでしょうか。

飯吉　そうです。最初の議長は日本学術会議の会長をしていた近藤次郎先生でした。その中に、初めから地元の私学の学長の一人として山田和夫さんが入っていたわけですね。山田先生は会議を通して僕のことを知っていて、まあいいんじゃないかと思われたんでしょう。

岩間　所長をやめられることになり、次は中部大学に来てくださいと言われたのはいつごろのことですか。

飯吉　最後の評議会で決まった直後でしたから、そんなにたっていなかったと思いますよ。ちょっと調べてみないとわかりませんが、次の所長を選んだりしないといけないから、数カ月前とかいう感じだったんじゃないでしょうか。

岩間　中部大学に着任する数カ月ほど前ということですか。

飯吉　最後の決定の評議会がそのぐらいじゃなかったかと思います。

岩間　わりと直前ですね。

飯吉　そうですね。やめることは僕も決断していたんですが、それからどこへ行くかは全然決めていなかったんです。

岩間　中部大学のことは、それ以前によくご存

じだったんでしょうか。

飯吉　ほとんど知りませんでした。ただ、近くにある工学系の大学だということは知っていました。

岩間　ではそのお話があったときにも、どのような大学だとか、どのような状況だとかいうことはあまり認識されていなかったのでしょうか。

飯吉　全然わかりませんでした。山本鉎先生が副学長をしているということぐらいで、岩田幸二先生も田中裕先生も副学長でしたが、ほとんど知りませんでした。もちろんこちらへ来ることが決まってから、四月一日に大学へ行く前に、一度みんなで会食をした覚えはあります。そのときに初めてトップの方々とお会いしたんです。三月三一日に核融合研の皆さんに「さようなら」と言って花束をもらって帰ってきて、翌日にはもう中部大学へ行っていました。そうしたら、その場で「明後日は入学式ですから学長の挨拶をお願いします」と言われたんですね（笑）。

岩間　がらりと変わるんですね。

飯吉　国の機関ですと、普通は秘書がいて、少なくともいろんな情報は入れてくれるわけですね。でも、それも一切なし（笑）。「何をしゃべればいいの」と聞いたら、「それは先生にお任せします」と言われました。もうしようがないな

●記憶の歴史学＞＞＞中部大学と私……科学者・飯吉厚夫の歩み　第3回

記憶の歴史学

中部大学と私
科学者・飯吉厚夫の歩み 第3回

飯吉厚夫（学校法人中部大学理事長）

聞き手● 岩間優希（中部大学国際関係学部専任講師）

中部大学着任のきっかけ

岩間　本日はありがとうございます。前回のインタヴューでは核融合科学研究所の設立やそこでのご研究についてお話しいただきました。今回は中部大学へご着任後のお仕事について伺っていければと思います。
　まず、長らく核融合研で所長をしていらっしゃった飯吉先生が中部大学に来られることになったきっかけはどういったものだったのでしょうか。

飯吉　直接のきっかけは当時の中部大学の山田和夫理事長です。核融合科学研究所の最高決議機関である評議会のメンバーの一人として入ってもらっていたんですね。国立の研究所には評議会があって、所長を選ぶことなどの重要事項を審議します。メンバーには、東京大学の学長、名古屋大学の学長、私学では慶應義塾大学の塾長と、国からも文部省局長級の人が入って構成し、さらに外国からも二人、ドイツとアメリカのプラズマ関係の研究所の所長が入っていました。僕はできるだけバランスをとりたいと思ったものですから、私立大学から、慶應塾長と、もう一人ぐらい入れたかった。やはりそれには地元の大学からがいいんじゃないかと考えて、

飯吉 厚夫（いいよし・あつお）
1936年生まれ。1965年慶應義塾大学大学院工学研究科博士課程修了。工学博士。米国プリンストン大学プラズマ物理学研究所客員研究員、英国原子力局カラム研究所研究員、慶應義塾大学工学部助教授、京都大学工学部教授、京都大学ヘリオトロン核融合研究センター長などを経て、1989年、文部省核融合科学研究所初代所長に就任。1999年中部大学長、2005年総長を経て、2011年から理事長、総長。（国連大学認定RCE）中部ESD拠点代表。2015年瑞宝中綬章受章。京都大学名誉教授、核融合科学研究所名誉教授、総合研究大学院大学名誉教授、ロシア科学アカデミー名誉博士。文部科学省科学技術・学術審議会委員、文部科学省国立大学法人評価委員会委員、財団法人かすがい市民文化財団理事長などを歴任。共著に『核融合入門－高温プラズマの閉じ込め－（増補版）』（共立出版、1976年）、『ビッグプロジェクト－その成功と失敗の研究』（新潮新書、2008年）などがある。

©Yasuha

アルフレッド・シュッツ
他者と日常生活世界の意味を問い続けた「知の巨人」

ALFRED SCHUTZ: An Intellectual Biography

ヘルムート・R・ワーグナー 著
佐藤嘉一 監訳
森重拓三・中村正 訳

真理の根っこを掘り起こせ！
（宇宙の観察科学）　（私の日常体験の理解）
コスモロジーからエゴロジーへ！

実務と研究の二重生活を続けながら、理解社会学の金字塔を打ち建てたアルフレッド・シュッツ。現象学的社会学を創始したほか、エスノメソドロジーの源流をなし、いまなお人文系諸学問に広い影響を与えている。師フッサール、ベルクソンとの真摯な対峙、W・ジェームズらとの知的交流、知られざるライプニッツの影響──弟子ワーグナーが未公表の資料を交えてその圧倒的な知的活動の全貌を明らかにした歴史的名著。

四六判／上製／552頁
◎4500円＋税

●内容構成●

第Ⅰ部　知的献身の生涯
- 第一章　生い立ちと覚悟
- 第二章　最初の大きな企て
- 第三章　現象学の基礎
- 第四章　不安の連続と混乱
- 第五章　アメリカ的思考との出会い
- 第六章　統合から応用へ
- 第七章　最後の努力

第Ⅱ部　学者のコミュニティ
- 第八章　西洋の伝統と先人たち
- 第九章　先生世代との幅広い交流
- 第十章　同世代の学者たち
- 第十一章　学者友だち
- 第十二章　エリク・フェーゲリン
  ──哲学の逆境にある友人
- 第十三章　アロン・グルヴィッチ
  ──哲学上の収斂
- 第十四章　教え子世代の学者たち

第Ⅲ部　「生活世界の社会学」以前・以後
- 第十五章　ライプニッツ
  ──合理主義者の伝統
- 第十六章　ベルクソン
  ──内的時間意識と行為
- 第十七章　フッサール
  ──現象学の基本線
- 第十八章　フッサール
  ──限界と批評

明石書店
〒101-0021 東京都千代田区外神田6-9-5　TEL.03-5818-1171　FAX.03-5818-1174
http://www.akashi.co.jp/　振替00100-7-24505　＊目録送呈　＊価格税別

小嶋十三子作品集　〈書〉と〈ちぎり絵〉

草書体　小倉百人一首
定価（本体2,000円＋税）

なかめせしまに　和風ちぎり絵の風景
定価（本体1,800円＋税）

風媒社
〒460-0011 名古屋市中区大須1-16-29　Tel.052-218-7808　Fax.052-218-7709
URL：http://www.fubaisha.com　E-mail：info@fubaisha.com

編集後記

　本号は中部大学中部高等学術研究所特任教授・佐々木力先生の古稀に因み、科学史・科学哲学特集を標榜する一冊である。戦後日本の学問史研究（とりわけ数学史）を大きく進展させた佐々木教授の人生を振り返る資料として、この一冊は末長く参照されると確信する。おそらく時間がたてばたつほど真価の発揮される文献となるだろう。

　個人的な挿話ながら、佐々木先生の名前は編集者の青年期の思い出とともにある。1970年代末、まだ京都にいた20歳代前半、編集者は東北大学から転入した桂島宣弘氏（現在、立命館大学教授）に「佐々木力」という神話的存在をはじめて教えられた。この時期の編集者は日本史の勉強をする気を喪失し、歴史学研究の「パラダイム」を形成していた考えにも大きな疑念を抱いていた。ポストモダンの烈風が巻き起こる前夜、歴史学の世界でもいわゆる「社会史」台頭の「夜明け前」であった。所在ない放浪を始めていた編集者の耳に「佐々木力」の名前はしっかりと記憶された。この時期には「佐々木力」は「知る人ぞ知る」伝説に留まっていたのであった。ところが驚いたのは、上京し東欧現代史・国際関係論に転じた編集者の目前に当の「佐々木力」は現れたことであった。折しもプリンストン大学で博士論文を執筆され、科学史・科学哲学講師として佐々木先生は東大教養学部に赴任されたのである（ただし一度、駒場にできたばかりの河野書店でお見かけしただけであった）。これ以降、佐々木先生の八面六臂の活躍は周知の通りであろう。日本学問史において、佐々木先生は数学史研究者というよりも、同時期の東大駒場と岩波書店の『思想』を二拠点とした知的巨人として語り継がれるに相違ない。佐々木先生の依拠されたその二つの舞台は、知的梁山泊として黄金時代を作り上げ、佐々木先生が去ってからはともに凋落の一途を辿ったのである。

　東大を定年退職後、その後、佐々木先生は北京の中国科学院大学に研究の場を移された。飯吉厚夫・中部大学理事長の特命を受け、編集者が先生に連絡を取ったのは2014年冬であった。経緯はすべて省略するが、結果的に中部高等学術研究所にお迎えすることができた。ここに教授の古稀記念を兼ねた『アリーナ』21号を編集する幸運を得たのである。

　最後に本号にご執筆いただいた世界各地の執筆者の皆様に改めて心からお礼を申し上げたい。本号は連載してきた高橋武智、飯吉厚夫インタヴューの最終回を飾り、同時に佐々木力自伝の連載も始まるので楽しみにしていただきたい。

　余談ながら自慢話を。若き佐々木先生を鼓吹したハンガリーの数学史家・サボー・アールパード教授と編集者はほんの少しの接点がある。サボー教授の最初の赴任地は編集者の博士論文提出先であるデブレツェン大学（旧コシュート・ラヨシュ大学）、さらにサボー教授が体制転換後に教鞭を執られたのはブダペストのカーロイ・ガシュパール改革派大学であった。サボー教授の人生の最初と最後を飾る二つの大学で編集者は講義を担当したのである。サボー教授について書き下ろし原稿を出していただいたエトヴェシュ・ロラーンド大学（いわゆるブダペスト大学）准教授のクトロヴァーツ・ガーボル氏にも心からの感謝を！

（追記）

　本誌前号別冊「戦後日本を拓く」に収録した「ハルビン・ニューヨーク・京都」において、塩川伸明先生を「塩川喜信氏の兄弟」と私が話した点は事実誤解でした。ここに訂正し、ご指摘をいただいた塩川伸明先生にお詫びいたします。

カーロイ・ガシュパール大学での講義

デブレツェン大学での講義

こじま・りょう◎中部大学人文学部教授、本誌創刊以来の編集長。昨年以来、逝去した両親の事績をまとめている。母の小伝「小さな写真帖―私を知らない母」（『丁卯』44号）を書き終わり、来年には父の従軍記草稿を刊行する予定でいる。

アリーナ 第21号● 2018年11月22日発行
発行●中部大学　研究推進機構（代表　太田明徳）
〒487-8501 愛知県春日井市松本町1200　TEL.0568-51-1111
編集長●小島 亮　arena_edit_chubu_university@yahoo.co.jp
発売●風媒社　〒460-0011 名古屋市中区大須1-16-29　TEL.052-218-7808
印刷／製本●モリモト印刷
ISSN1349-0435　ISBN978-4-8331-4137-6